HEYNE HARDCORE

Murray Engleheart
mit Arnaud Durieux

AC/DC
MAXIMUM ROCK 'N' ROLL

Aus dem Englischen von
Kirsten Borchardt und Stefan Rohmig

WILHELM HEYNE VERLAG
MÜNCHEN

Die Originalausgabe erschien 2006
bei HarperCollins*Publishers* Australia Pty Limited.

Unter www.heyne-hardcore.de finden Sie das komplette Hardcore-Programm,
den monatlichen Newsletter sowie alles rund um das Hardcore-Universum.

Weitere News unter www.heyne-hardcore.de/facebook

MIX
Papier aus verantwortungsvollen Quellen
FSC® C083411
Verlagsgruppe Random House FSC® N001967

2. Auflage
Aktualisierte Taschenbuchausgabe 07/2017

Umschlaggestaltung: Nele Schütz Design, München
Umschlagfoto: Gettyimages / Rob Verhorst
Satz: Schaber Datentechnik, Austria
Druck und Bindung: CPI books GmbH, Leck
Printed in Germany

ISBN: 978-3-453-67722-7

www.heyne-hardcore.de

Für Malcolm

INHALT

Einleitung 9

1. Kapitel Hartes Pflaster 15
2. Kapitel Der Rhythmiker 31
3. Kapitel Der siebte Sohn 47
4. Kapitel Die Anfänge 63
5. Kapitel Der Verrückte 87
6. Kapitel Wie ein Wirbelwind 109
7. Kapitel Sind sie zu laut, bist du zu schwach 123
8. Kapitel Achtung, Hochspannung! 137
9. Kapitel TNT 157
10. Kapitel Dirty Deeds 179
11. Kapitel Anarchy In The UK 189
12. Kapitel Ärger zu Hause 213
13. Kapitel Let There Be Rock 229
14. Kapitel Das Gelobte Land 253
15. Kapitel Powerage 279
16. Kapitel Highway To Hell 309
17. Kapitel Zu nah an der Sonne 343
18. Kapitel Nicht gerade ein ehrgeiziger Typ 367
19. Kapitel Back In Black 387
20. Kapitel For Those About To Rock 421
21. Kapitel Flick Of The Switch 435

22. Kapitel **Fly On The Wall** 449
23. Kapitel **Blow Up Your Video** 459
24. Kapitel **The Razors Edge** 469
25. Kapitel **Ballbreaker** 489
26. Kapitel **Stiff Upper Lip** 507
27. Kapitel **No Particular Place To Go** 525
28. Kapitel **Back In Black Ice** 535
29. Kapitel **Mann am Boden – Rock Or Bust** 541
30. Kapitel **Noch einmal über den Highway To Hell** 557
31. Kapitel **AXL/DC** 569

Diskografie 587
Danksagung 601
Fotocredits 607
Register 609

EINLEITUNG

Jerry Lee Lewis wusste, dass etwas nicht stimmte. Er begriff nicht genau was, aber er hatte den Eindruck, als ob ein paar Zuschauer in einer der VIP-Logen mehr Aufmerksamkeit auf sich zogen als er selbst.

»The Killer« ertrug die zunehmende Missachtung seiner Person, solange er konnte, dann warf er dem Publikum einen typischen »Killer«-Blick zu – und stürmte von der Bühne. Niemand war darüber mehr enttäuscht als das prominente Paar oben auf dem Rang – John Lennon und Yoko Ono. Wären Malcolm und Angus Young von AC/DC Zeuge dieser Szene geworden, hätten sie dem ehemaligen Beatle schnellstens klargemacht, dass er sich gefälligst zu entschuldigen hatte, auch wenn seine einzige Verfehlung wohl darin bestand, bei der Show im Publikum zu sitzen.

»Bloß, weil du *Sgt. Pepper* gemacht hast, glaubst du wohl, du wärst ein größerer Star als Jerry Lee?«, hätte Malcolm ihn angezischt. »Du entschuldigst dich jetzt beim echten King. SOFORT!« Lennon ging tatsächlich hinunter in Lewis' Garderobe, fiel dort in ehrfürchtiger Pose vor seinem Helden auf die Knie und rief: »Jerry Lee Lewis! Der wahre König des Rock 'n' Roll!«

Seit mehr als vierzig Jahren haben sich AC/DC mit Hingabe der Aufgabe gewidmet, die kollektive Energie, die einer der größten Rock 'n' Roller der Fünfziger bei seinen Revival-Shows der

Sechziger und Siebziger entfesselte, zu einer Einheit zu verdichten, die man körperlich noch aus einigen Hundert Metern Entfernung fühlen und kilometerweit hören kann.

Eine dieser für AC/DC prägenden Shows fand im August 1972 im Londoner Wembley-Stadion statt: Jerry Lee, Chuck Berry, Bo Diddley und Little Richard traten dabei vor sechzigtausend Zuschauern auf, ebenso wie die nicht ganz ins Konzept passenden Härterocker The MC5, deren Gitarristen Fred »Sonic« Smith und Wayne Kramer als Superheld verkleidet beziehungsweise ganz mit Gold bemalt auf der Bühne erschienen. Wenn man AC/DC weiter im Licht des Rock 'n' Roll der Fünfziger betrachtet, dann war Malcolm Bo Diddley und für einen gnadenlosen, treibenden Rhythmus verantwortlich, dessen Suchtpotenzial mit jedem Takt wächst, und Angus war der schweißgetränkte, sich die Kleider vom Leib reißende Little Richard.

Mit zweihundert Millionen verkauften Alben ist es Australiens lautestem Rock-Export gelungen, bei gutem Sex, Abenteuern unter Alkoholeinfluss, Schlägereien, Hochzeiten, Beerdigungen, Fahrten in heißen Schlitten oder Sitzungen beim Tätowierer zwischen Brüssel und Brisbane, Montreal und Manchester und Millionen anderen Orten auf dem Globus für die richtige musikalische Untermalung zu sorgen.

Und damit haben es AC/DC nicht nur geschafft, eine großartige Rockband zu werden, sondern eine globale Kulturinstitution – eine Marke, an die nicht einmal die Stones oder Led Zeppelin heranreichen.

Es wurden Kinder nach ihnen benannt, teilweise sogar mit allen erdenklichen Details, wie bei dem Jungen, der offiziell den Namen Angus Malcolm George erhielt (George nach dem älteren Bruder der Youngs, dem früheren Mitglied der Easybeats und Mentor der Band). Und als die Eltern der Kombination aus Vornamen am Ende noch einen Bon hinzusetzten – was für ein genialer Geburtsregistereintrag –, bekam der zuständige Standesbeamte vermutlich nervöse Zuckungen.

Jetzt mal ehrlich: Wer hätte je seinem Nachwuchs den Namen des Zeppelin-Sängers Robert Plant verpasst? Oder würde als Keith Richards verkleidet zu einer Faschingsparty gehen? (Nein, Johnny Depp zählt nicht.)

Dann gibt es da auch noch die dänische Stripperin, die nur zu AC/DC-Songs arbeitet, den Fan aus Melbourne, der seine Alkoholabhängigkeit überwand, indem er eine Woche lang über Kopfhörer in voller Lautstärke das Album *Powerage* hörte, und den Radiosender aus Los Angeles, der eine Zeit lang die sogenannte »AC/DC-Rammelstunde« im Programm hatte: eine Sendung zu Ehren des Pärchens, das ständig anrief, um zu vermelden, zu welchem Song der Australier sie gerade Sex gehabt hatten.

Angeblich sollen sogar in den Grabstein des Doors-Sängers Jim Morrison alle Namen der klassischen, von Bon Scott angeführten AC/DC-Besetzung eingeritzt sein. Vom ersten Tag an war es dieses spezielle musikalische Band zwischen Malcolm und Angus, das beinahe ohne Worte funktionierte, ihre Akribie, ihr Selbstbewusstsein und ihre geradezu schweizerische Präzision in Sachen Timing und Groove, das die Fans in ihren Bann zog.

Ihr Erbe besteht aus einem unendlichen Katalog donnernder Gitarrenriffs, die sie zuerst mit Bon Scott erschufen und dann mit Brian Johnson zur vollen Blüte brachten. Dabei sind es vor allem die Momente zwischen den Akkorden – die Atempausen, wenn man so will –, die zu ihrem Markenzeichen geworden sind.

In der indischen Musik spricht man von »ausgelassenen Tönen«. Oder, wie Steve Marriott von den Small Faces und Humble Pie einmal dem australischen Gitarristen Chris Turner sagte: »Es sind die Pausen, die wirklich rocken.«

Was aber ist das Geheimelixier der Band, die sich ursprünglich, nach den Gesetzlosen im Wilden Westen, The Younger Brothers nennen wollte?

Wie haben sie es geschafft, aus Rockmusik eine wahre, wenn auch zunächst simpel erscheinende und vollkommen reine Kunstform zu machen?

Wie ist es ihnen gelungen, aller widrigen, scheinbar unüberwindbaren Umstände zum Trotz weiterzumachen – nach dem Verlust von Bon Scott, dem traurigen Abschied von Malcolm Young und dem Ärger, mit dem sich Drummer Phil Rudd zuletzt herumschlagen musste –, während viele ihrer Zeitgenossen unter die Räder kamen? Wie kam es, dass AC/DC mit verächtlichem Blick zusehen konnten, wie ihre vielen Kritiker einer nach dem anderen kapitulierten?

Die Erfolgsformel hat viel damit zu tun, dass AC/DC heute weltweit als Garanten der ewigwährenden Samstagnacht betrachtet werden. Und wenn erwachsene Männer davon träumen, Angus zu sein, dann deswegen, weil das eine Möglichkeit des Loslassens, des rücksichtslosen Spaßhabens verspricht, wenn sie in eine Schuluniform schlüpfen und sich damit für einen kurzen Augenblick wieder wie ein Vierzehnjähriger aufführen dürfen.

Und die Frauen? Sie lieben AC/DC wegen ihres Killer-Rhythmus. Und außerdem möchten sie auf genau die Partys gehen, auf denen auch Angus abhängt.

So war es jedenfalls, bis Brian Johnson plötzlich aufhören musste und mit Axl Rose einer der unwahrscheinlichsten Kandidaten für den Sängerposten einsprang – der sich dann zur allgemeinen Überraschung auch noch hervorragend machte. Da spürte man den Boden unter den Füßen beben. Mit einem Mal war alles anders; sogar das Bier schmeckte plötzlich komisch. Die Erde war zu einem Planeten geworden, auf dem alles möglich war und auf dem es keinerlei Gewissheiten mehr gab.

Murray Engleheart
Arnaud Durieux

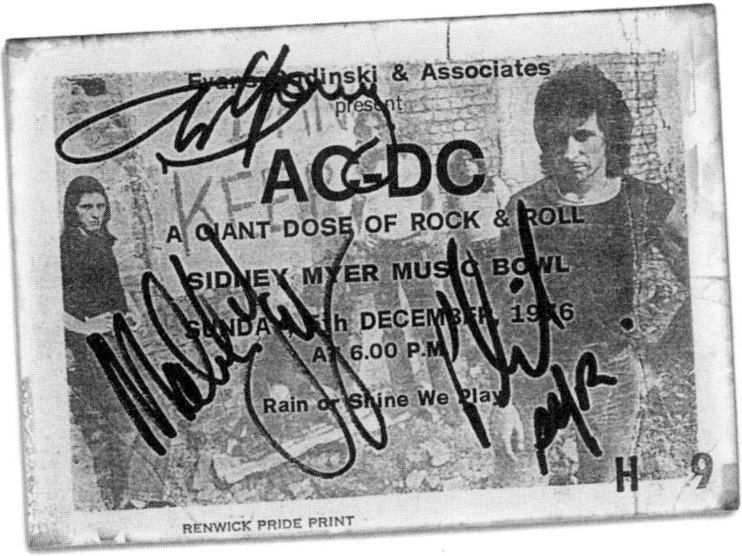
& Associates
A GIANT DOSE OF ROCK & ROLL
AT 6.00 P.M
Rain or Shine We Play
H 9
RENWICK PRIDE PRINT

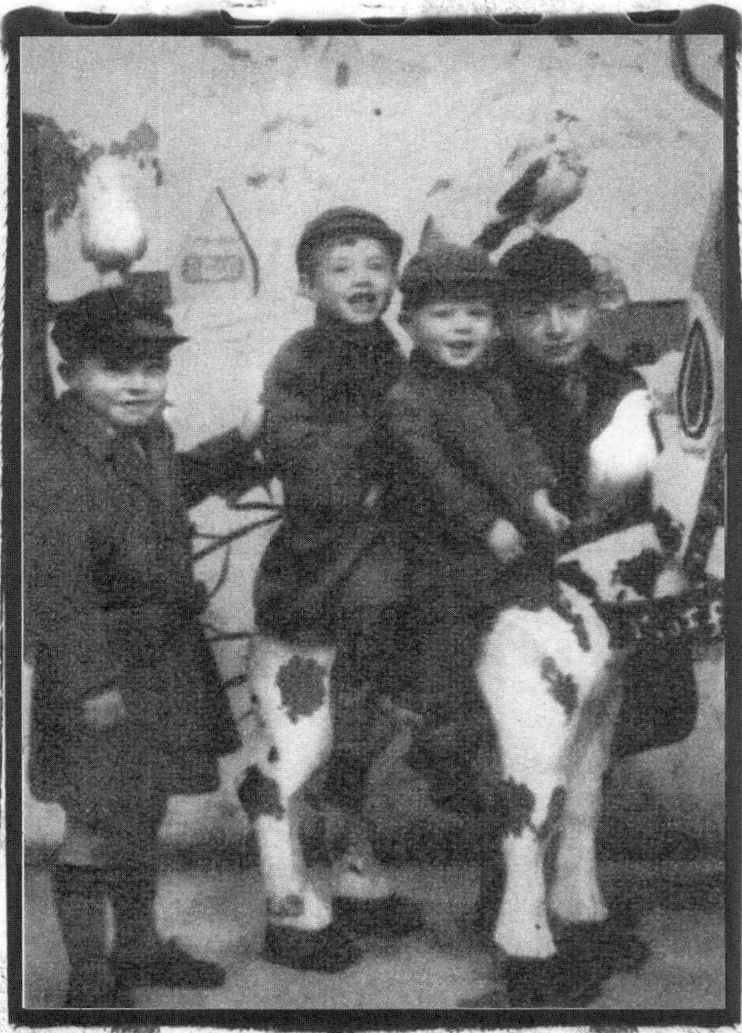

Anfang der Sechziger

Auf dem Schaukelpferd: Malcolm und Angus
mit einem Neffen und einem Cousin in Glasgow.

1. Kapitel

HARTES PFLASTER

Mitte der 1960er-Jahre war die erdrückende Sommerhitze in North Queensland, Australiens letztem Pioniergebiet, schon quälend genug. Aber die Mentalität der Landbevölkerung stellte für die Easybeats und ihre Supportband, die Purple Hearts, eine Gefahr dar, die weit tödlicher war als ein möglicher Hitzschlag. Niemand mochte Fremde in diesen Breitengraden, schon gar nicht solche, die *so* aussahen. Irgendwann musste es zum Knall kommen. Es geschah in Cairns, während Hearts-Gitarrist Barry Lyde alias Lobby Loyde seelenruhig auf einen Hamburger wartete. Ein in die Jahre gekommener Einheimischer, der sich an der Länge von Lobbys Haaren störte, sprang auf und setzte ihm ein Messer an die Kehle. Glücklicherweise waren George Young und Harry Vanda von den Easybeats zur Stelle.

Lobby Loyde: »George hat dem Wichser eine Kopfnuss verpasst. Er ist zwar bloß einen halben Meter groß, aber Alter, ich sag dir, komm ihm nicht in die Quere, der Kerl ist ein Killer! Er machte einfach nur ›buff‹, und Harry sagte: ›Steh bloß nicht wieder auf!‹ Das hat der Typ dann auch schön gelassen. Denn Harry war ebenfalls in der Lage, ein paar nette Schwinger zu verteilen.«

Georges Devise – erst k. o. schlagen, dann Fragen stellen – war eine Vorgehensweise, die er sich in seiner Kindheit und Jugend auf den Straßen des Glasgower Vororts Cranhill angewöhnt hatte.

Cranhill verdankte seine Existenz einer Regierungsinitiative aus den 1950er-Jahren, bei der Familien aus den Mietskasernen der Glasgower Innenstadt zwangsweise in ein Viertel weiter im Osten umgesiedelt wurden. Diese stadtplanerische Maßnahme hatte man sich bei einem ähnlichen Projekt in Süddeutschland abgeguckt, das dort sehr erfolgreich verlaufen war. Im Glasgower Umland scheiterte sie erbärmlich. Das Viertel entwickelte sich zu einer tickenden sozialpolitischen Zeitbombe, die noch dadurch verschärft wurde, dass Cranhill hinsichtlich der Infrastruktur von den Behörden völlig vergessen wurde. In den Sechzigern wurden die Straßen dann bereits von Banden beherrscht, die mit Rasiermessern aufeinander losgingen.

In dieser sozialen Umgebung zogen William Young (*1910) und seine Frau Margaret (*1915) acht Kinder groß: Steven (*1933), Margaret (*1936), John (*1938), Alex (*1939), William (*1941), George (*1946), Malcolm (*1953) und Angus (*1955).

Die wichtigsten Industriezweige der Stadt waren Stahlproduktion und Schiffbau, ansonsten gab es kaum Arbeit. William, der eigentlich Lackierer gelernt und während des Zweiten Weltkriegs als Bodenmechaniker gearbeitet hatte, litt sehr unter der schwierigen Lage.

Um die Realität vergessen zu können, gab es im Hause Young stets Musik. Margaret, die vergötterte einzige Schwester unter den sieben Brüdern, versuchte mit einem geradezu missionarischen Eifer, ihre Geschwister mit allen Arten von Blues und Jazz vertraut zu machen. Beispielsweise mit dem Improvisationstalent eines Louis Armstrong, mit R&B oder den frühen Rock-'n'-Roll-Aufnahmen von Fats Domino, Little Richard und Chuck Berry.

Es dauerte nicht lange, bis einige Familienmitglieder begannen, selbst Instrumente zu erlernen, angefangen bei Gitarre, Klavier und Saxofon, bis hin zu Akkordeon und Klarinette. John und Alex suchten sich als Erstes die Gitarre aus, während Stevie anfing, auf ein Klavierakkordeon einzuhämmern.

Anfang der Sechziger zog Alex los, um sein Talent auch anderswo unter Beweis zu stellen: Er erhielt ein Engagement in Deutschland, als Saxofonist und Bassist bei Tony Sheridan, dessen vorherige Begleitband die damals noch unbekannten Beatles gewesen waren.

Dass Alex sich nun tatsächlich als Musiker selbstständig machte, stärkte die Tagträume von George, der bereits als Fußballer großes Talent an den Tag gelegt hatte. Die Youngs waren natürlich Fußballfans und hielten zu den Glasgow Rangers, die in den Fünfzigern einen Mittelfeldspieler im Team hatten, der ebenfalls George Young hieß. 1961 erreichten die Rangers als erstes schottisches Team das Finale eines europäischen Wettbewerbs, verloren jedoch im Endspiel um den Europapokal der Pokalsieger gegen den AC Florenz. In den folgenden Jahren heimste der Club jedoch auf heimischem Boden eine Trophäe nach der anderen ein und gewann 1964 die schottische Meisterschaft und den FA Cup.

Zu dieser Zeit waren die Youngs bereits auf der anderen Seite des Erdballs angekommen. 1963 war die Familie, angelockt von der Einwandererprämie der australischen Regierung in Höhe von zehn britischen Pfund, nach Sydney umgezogen. Die Eltern kamen auch in der Hoffnung nach Australien, den damals achtjährigen Angus davor zu bewahren, noch einmal vor ein Auto zu laufen, wie es ihm auf den Straßen von Cranhill schon passiert war. Der kleine Angus markierte jedenfalls sein Revier bereits kurz nach der Ankunft, als er den Flughafen von Sydney mit dem gesamten Inhalt seines Magens dekorierte.

Zwar hatte Australien den Ruf, stets Sonnenschein und schönes Wetter zu bieten, aber nach der Ankunft der Youngs regnete es erst einmal sechs Wochen lang. Schlimmer noch, die Familie musste ihre karge Unterkunft in einem Übergangswohnheim, dem Villawood Migrant Hostel im Westen der Stadt, mit zahlreichen Schlangen und Eidechsen teilen, die verzweifelt ein trockenes Plätzchen als Unterschlupf suchten. Alle Youngs litten an Heimweh, und eines Abends brachen auch William und Margaret in Tränen aus. Doch dieser Moment stärkte die Familienbande nur noch mehr. Alle waren nun fest entschlossen, in der neuen Heimat ein erfolgreiches neues Leben zu beginnen.

William hatte noch eine weitere Sorge. Von dem Umzug hatte er sich nicht nur mehr Chancen auf Arbeit erhofft, sondern auch darauf vertraut, dass einige seiner Söhne von den musikalischen Berufswünschen abrücken würden, die sie zuletzt gehegt hatten. Diese Annahme sollte sich als Fehleinschätzung herausstellen.

Denn Rock 'n' Roll war, als die Youngs in Australien ankamen, dort bereits etabliert. Der Funke war schon 1955 übergesprungen, als *Die Saat der Gewalt*, ein Film über rebellierende Jugendbanden, in den Kinos angelaufen war. Der Soundtrack, auf dem der Klassiker »Rock Around The Clock« von Bill Haley And His Comets zu hören war, verwandelte eher gediegene Lichtspielhäuser in Tanzhallen. Und dann kamen die Helden des Rock 'n' Roll auch noch höchstpersönlich ins Land.

Im Januar 1957 tauchte Haley in Australien auf, im Oktober Eddie Cochran, Gene Vincent und Little Richard, und als die Musik von Elvis Presley und, im Januar 1958, eine Tournee von Jerry Lee Lewis sowie Buddy Holly And The Crickets den roten Kontinent erschütterten, gab es endgültig kein Halten mehr.

Little Richard, der sich nicht damit zufriedengab, einen seiner wilden Auftritte abzuliefern, schrieb ebenfalls Geschichte. Während des Flugs nach Australien glaubte der religiöse Sänger zu spüren, wie das Flugzeug von Engeln in der Luft gehalten wurde. Als dann der russische Sputnik-Satellit am Nachthimmel über Sydney auftauchte, war er überzeugt, das Licht sei ein Fingerzeig Gottes. Als Reaktion darauf erklärte er seinen Ausstieg aus dem Rockgeschäft, um sich einem Leben im Dienste Gottes zu widmen. Der üppige Klunker, den er am folgenden Tag in den Hafen von Sydney warf, um zu beweisen, wie ernst es ihm mit seinem Glauben war, liegt dort bis heute irgendwo im Schlamm.

Abgesehen davon gab es auch australische Rocker, beispielsweise den populären Johnny O'Keefe, und sie alle waren William Young zutiefst zuwider. George entging das alles nicht. Der inzwischen fast Achtzehnjährige hatte gerade begonnen, mit viel Talent Rock 'n' Roll auf seiner Gitarre zu spielen. Dann, im Juli 1964, kamen die Beatles und stellten alles auf den Kopf.

Für George bot das Wohnheim, in dem die Familie lebte, mehr Möglichkeiten, als man auf den ersten Blick vermutet hätte. Es war ein großer Vorteil, dass er inzwischen alt genug war, um allein auszugehen, und es gelang ihm in kürzester Zeit, zahlreiche musikalische Kontakte in seinem Viertel zu knüpfen. Im Wohnheim gab es einen Gemeinschaftsraum und einen Speisesaal, daher kam man leicht mit anderen Menschen zusammen. Zum Musizieren traf man sich zunächst in der Waschküche. George tat sich schon bald mit zwei jungen Holländern zusammen – Dingeman Vandersluys (einem Bassisten, später bekannt als Dick Diamonde) und Johannes Vandenberg (Harry Vanda, Gitarre) – sowie mit dem Engländer Stevie Wright (Gesang), der etwas jünger war als George und im Stadtteil Villawood wohnte.

Das erste Treffen von George und Wright wäre um ein Haar eher hart als herzlich ausgefallen, da Wright George zuerst für den Bruder eines Jungen hielt, mit dem er sich kurz zuvor geprügelt hatte. George stritt jedoch ab, mit der Sache zu tun zu haben, obwohl er den leicht gebauten Wright sicher problemlos umgehauen hätte, wenn der dumm genug gewesen wäre, ihm wirklich Ärger zu machen.

Die ersten Auftritte der Band fanden, ohne größere Werbung, bei Veranstaltungen statt, die unter dem humorigen Motto »Wogs And Rockers« liefen. Die Bezeichnung »Wogs«, ein Schimpfwort für Ausländer, spielte dabei auf die Herkunft der Familien im Wohnheim an.

Der Band fehlte schließlich nur noch ein ordentlicher Schlagzeuger. Den Posten übernahm ein weiterer Engländer, Gordon »Snowy« Fleet, der acht Jahre älter war als der jüngste seiner Mitstreiter.

Als die Youngs sich eingelebt hatten, zogen sie in das näher an Sydney gelegene Burwood. Eine Ortschaft an einer großen Eisenbahnlinie, die bessere Aussichten auf Arbeit und Schulbildung bot. Stevie Wright, den mit George inzwischen eine enge Freundschaft verband, zog ebenfalls bei der Familie ein.

Wright: »Ich fand es großartig, in den großen Young-Clan aufgenommen zu werden. Sie teilten ihre Liebe gern. In diesem Kosmos entstanden die frühen Songs der Easybeats.«

Durch den Umzug vergrößerte sich auch der Aktionsradius der Band. Mit der Unterstützung von Allan Kissick, der schließlich als Manager fungierte, bekam man eine Reihe von Konzerten in der Stadt organisiert. Die Band startete durch – auch wenn vor allem Seeleute auf Landgang und Einheimische der Meinung waren, sie seien nicht nur zu laut, sondern hätten auch viel zu lange Haare. Die Easybeats explodierten geradezu, weil sie eine ähnlich gute Intuition wie die Beatles oder die Kinks besaßen. Sie erkannten ganz einfach, was zu dieser Zeit angesagt war.

Nach nur wenigen Monaten bot ihnen Mike Vaughan an, das Management zu übernehmen. Die Band sagte zu, ohne zu ahnen, welch guten Deal sie damit eingegangen waren. Vaughn kannte den aufstrebenden Produzenten Ted Albert von J. Albert & Son, den Sohn von Alexis Albert, der als angesehener Bürger nicht nur in den besseren Kreisen Sydneys verkehrte, sondern auch auf internationalem Parkett zu Hause war und 1972 zum Ritter geschlagen wurde. Der Familie Albert gehörte das Unternehmen Commonwealth Broadcasting, welches den Sydneyer Radiosender 2UW betrieb, und das Albert-Bürogebäude in der King Street im Geschäftsviertel. Außerdem leitete sie den mit Abstand erfolgreichsten Musikverlag in ganz Australien. So gesehen gab es in der Gegend kaum ein wichtigeres Paar Ohren als das von Ted Albert. Nur wenige Tage nach einem privaten Vorspieltermin im 2UW Theatre holte Albert die Easybeats ins Studio, um mit ihnen Aufnahmen zu machen.

Im März 1965 veröffentlichte Albert Productions die erste Single, das von Stevie Wright und George Young geschriebene »For My Woman«, die auf wenig Resonanz stieß. Die zweite Single jedoch, das im Mai erschienene »She's So Fine«, nistete sich sofort an der Spitze der Hitparade ein.

Die Radioszene in Melbourne wiederum tat sich schwer damit, den Charme der Band zu entdecken. Deshalb organisierte man einen Showcase für die Sender der Stadt. Doch es gab Ärger. Einige einheimische Arbeiter begannen, während des Gigs die Band wegen ihres Aussehens zu verspotten. Offenbar bemerkten sie nicht, dass sie mit dem Feuer spielten.

Stevie Wright: »Ein paar von den Gästen nannten uns ›Schwuchteln‹ und so was, und irgendwann bekam ich einen Stoß von hinten. Ich ging zu den Jungs und erzählte: ›Da hat mich gerade einer geschubst!‹ George war total außer sich. Wir gingen zu den Typen rüber, wollten eigentlich nur mit ihnen reden, aber sie fielen über uns her. Also trat George einem von ihnen zwischen die Beine und schickte gleich darauf einen zweiten auf die Bretter.«

Die Musik war also nicht das Einzige, das die Easys mit den Kinks und The Who gemeinsam hatten, die ebenfalls für ihre berüchtigten Wutausbrüche bekannt waren. Aber trotz des Vorfalls nahm Melbourne die Band freundlich auf. Mehr noch, wie auch sonst im ganzen Land breitete sich auch hier schnell das Easy-Fever aus.

Die Erfahrungen, die George Young machte, als »She's So Fine« Platz 1 der Charts eroberte und in Australien die wilde Antwort auf die Beatlemania losbrach, prägten seine später so unbarmherzig harte Einstellung gegenüber der Musikindustrie.

»Da fing der ganze Schwachsinn an«, sagte George im Interview mit Glenn A. Baker für den australischen *Rolling Stone* im Juli 1976. »Wir spielten eigentlich gar nicht mehr richtig. Wir versuchten nur, die Nachfrage zu decken (...) Wir gingen raus und rissen unsere halbe Stunde ab, obwohl niemand hören konnte, was wir spielten.«

Ein Auftritt in der Festival Hall von Brisbane im Dezember 1965 vor 5000 durchgedrehten Fans dauerte keine 15 Minuten. Dann schritt die Polizei ein und ließ den Saal räumen. Draußen vor der Halle war das Taxi der Band von hysterischen Fans umgeben, die alles zerlegten, was ihnen den Weg zu ihren – zunehmend entsetzten – Idolen versperrte.

Aber es gab auch andere Erlebnisse. Beispielsweise überwältigten bei einem Auftritt in einem Club in Bankstown, südwestlich von Sydney, ein paar Stammgäste die Band und versuchten, den Musikern einen neuen Haarschnitt zu verpassen.

Georges jüngster Bruder Angus erlebte die weiblichen Fans der Easybeats aus nächster Nähe, als er eines Tages aus der Schule kam und feststellte, dass das Haus belagert wurde, weil eine Zeitschrift die Adresse der Youngs abgedruckt hatte. Die Polizei hatte das Grundstück komplett abgeriegelt. Angus, der sich davon nicht zurückhalten ließ, lief einmal um den Block, sprang beim Nachbarn über den Zaun und erreichte so das elterliche Heim. Er hatte jedoch nicht bemerkt, dass man ihm folgte, und nur wenige Sekunden später riss eine schreiende Mädchenhorde die Tür aus den Angeln und trampelte den winzigen Teenager nieder. Das Erlebnis, auch die anschließende Räumung des Hauses durch die Polizei, blieb unvergesslich.

Die Polizei hätten die Easys und die Purple Hearts auf ihrer Tour durch North Queensland auch gebraucht, aber vermutlich hätten sich die Beamten vom Erscheinungsbild der Bands ähnlich irritiert und bedroht gefühlt wie die Landbevölkerung.

Lobby Loyde: »Nach einem Gig standen alle [Bandmitglieder] am Hinterausgang, bewaffnet mit Mikrofonständern, Nulla-Nullas [Aborigine-Keulen] und allem möglichen Kram, und warteten darauf, dass die Türen aufgingen. Denn die halbe Stadt war erschienen, um uns zu verprügeln. Damit wir überhaupt bis zum Truck gelangen konnten, mussten wir uns im wahrsten Sinne des Wortes durchschlagen. Wenn ich daran zurückdenke, wird mir jetzt noch ganz schlecht. Es gab fast immer Rangeleien, wenn wir aus solchen Clubs rauswollten.«

Die Band lieferte weitere Hitsingles ab, beispielsweise das von Vanda und Young verfasste »Wedding Ring«, das im August 1965 erschien. Im September folgte das Album *Easy*. Nachdem dann im März 1966 das zweite Album, *It's 2 Easy*, in Australien auf den Markt gekommen war, dachte man darüber nach, das Easy-Fever in die USA zu exportieren. Zunächst arrangierte man einen Vertrag mit United Artists, und gerüchteweise war sogar ein Auftritt bei der einflussreichen *Ed Sullivan Show* eingeplant. Eine beiläufige Bemerkung des Beatles-Produzenten George Martin wurde von den Medien so interpretiert, als wolle er zu den Easys überlaufen – alles schien bestens zusammenzupassen. Selbst die Rolling Stones, die im Februar zum zweiten Mal in Australien spielten, wurden von der Begeisterung erfasst. Keith Richards sprach mit großer Bewunderung über die Band. Aber dann schien eine Reise nach London doch wichtiger als die Eroberung Amerikas.

Im Juli 1966, kurz nach ihrer Ankunft in London, erlebten die Easybeats an einem Abend im Marquee, wie The Move den Laden auseinandernahmen und das Gehör der Anwesenden gleich mit in Trümmer legten. Angesichts solcher Konkurrenz erschien ihnen die anstrengende Reise vom anderen Ende der Welt eher sinnlos. Dennoch nahmen sie mit Ted Albert in den Abbey Road Studios auf. Dann schickte ihnen United Artists den Produzenten Shel Talmy vorbei, der bereits mit The Who und den Kinks gearbeitet hatte.

Die folgenden Sessions, an denen sich auch der Pianist Nicky Hopkins, ein späterer Wegbegleiter der Stones, beteiligte, waren zunächst nicht besonders aufregend. Das änderte sich nach einem Nachmittag im Kino. Der Vorfilm, der von einer französischen Doo-Wop-Band handelte, den Swingle Singers, inspirierte George und Harry zu dem Riff und dem Backgroundchor eines Songs, der später den Titel »Friday On My Mind« erhielt.

In Australien wurde derweil im Oktober Stevie Wrights und George Youngs »Sorry« veröffentlicht. Dieser Titel zeigte der Öffentlichkeit, was die meisten Insider sowieso schon wussten: George war ein höllisch guter Rhythmusgitarrist.

Lobby Loyde: »Egal, was die Leute über die Art, Rhythmusgitarre zu spielen, auch sagen: Es war George. Es war sein Stil, so spielte niemand sonst auf der Welt. George hatte einfach das gewisse Etwas, durch das sich der Rhythmus selbst um den Beat wand. George war das immer klar. Er spielte total offensiv. Er war immer schon der verdammte Motor. Er brach durch wie ein Sattelschlepper.«

Das etwas geschliffene »Friday On My Mind« erschien in Großbritannien im Oktober 1966, einen Monat später – zeitgleich mit dem Album *Volume 3* – auch in Australien und im Mai 1967 in den USA. Es wurde weltweit ein Riesenhit.

Harry Vanda betrachtete den Song als einen schlichten Geniestreich, schon allein aus dem Blickwinkel eines Gitarristen: »Ich glaube, das einzig wirklich Geniale, was wir je gemacht haben, ist das verdammte Riff von ›Friday On My Mind‹. Es hört sich an, als wäre es eine Gitarre, aber es sind zwei. Die Leute fragen oft: ›Wie schaffst du das, gleichzeitig aufwärts und abwärts zu gehen?‹ Tja, einer spielt den einen Teil des Riffs und lässt es weiterlaufen, und der andere spielt ihm dann entgegen. Aber es hört sich an, als wäre es nur eine Gitarre. Deswegen kommen die Leute immer und wollen wissen, wie das geht. Ich antworte stets: Berufsgeheimnis.«

»Friday On My Mind« wurde live erstmals beim allerersten Auftritt der Band in Großbritannien vorgestellt. Es war am 13. November 1966 im Saville Theatre, das dem Beatles-Manager Brian Epstein gehörte. Die Atmosphäre dort war allerdings alles andere als entspannt.

»Wir guckten ins Publikum und sahen die Rolling Stones und die Beatles in der ersten Reihe«, berichtete Vanda dem Journalisten Christie Eliezer vom Magazin *Beat*, »und wir haben uns fast in die Hosen geschissen!«

»Friday On My Mind« war eine solche Glanzleistung von Vanda und Young, dass es sich als beinahe unmöglich erwies, einen würdigen Nachfolger zu schreiben. Eine Europatournee mit den Rolling Stones im März 1967 bot Gelegenheit, etwas Druck abzulassen. Sie brachte aber auch neuen Stress, als die Bands beispielsweise auf dem Wiener Flughafen von 13 000 Fans und einer 500 Mann starken Polizeitruppe empfangen wurden.

Im Mai, als in Europa das Album *Good Friday* und in den USA »Friday On My Mind« erschien, kehrten sie nach Australien zurück, und es war unübersehbar, dass das Easy-Fever kein bisschen nachgelassen hatte. Am Ende der Tour, kurz bevor es erstmals in die USA gehen sollte, erklärte Drummer Snowy Fleet seinen Ausstieg. Er wurde von Tony Cahill ersetzt, der zuvor bei den Purple Hearts getrommelt hatte.

Cahills erster Auftritt in Schottland geriet zur Feuertaufe, denn auch hier zeigte sich, dass die Band ungeachtet ihres Namens alles andere als »easy« war. Dank der langen Gitarrenkabel konnten sich George und Harry mitten im Publikum um unliebsame Radaubrüder kümmern und schritten oft selbst ein, um Rangeleien zwischen Zuschauern zu beenden.

Verglichen damit ging es auf der US-Tournee im August 1967 wesentlich ruhiger zu, obwohl die Beliebtheit der Band ihren absoluten Höhepunkt erreicht hatte. In dem später berüchtigten Punkclub Max's Kansas City in New York hatte die Single »Falling Off The Edge Of The World« einen Ehrenplatz in der Jukebox. Sie wurde von einem begeisterten Lou Reed immer wieder angewählt. Und Szenepapst Andy Warhol ließ es sich nicht nehmen, sich der Band vorzustellen.

Währenddessen bemühten sich die Easybeats, irgendetwas zu schreiben, das zumindest im Ansatz eine ähnliche Güteklasse wie »Friday On My Mind« hatte. Für George war allein das belastend genug. Dass die Band dann zwischenzeitlich noch mit verschiedenen Stilrichtungen experimentierte, sogar mit üppig orchestrierten Balladen, regte ihn maßlos auf.

»Es war aus unserer Sicht ein klassischer Fehler«, erklärte er Glenn A. Baker im *Rolling Stone.* »Wir waren eine Rockband, und wieso sollte sich eine Rockband mit diesem schmalzigen Scheiß befassen?«

Allmählich gerieten die Easybeats unter Druck, und es taten sich erste Risse im Bandgefüge auf. Das blieb dem Young'schen Familienverband in Sydney nicht verborgen, ebenso wenig wie das zunehmende Interesse an Drogen, die in der Musikindustrie allmählich allgegenwärtig waren. William kam zunehmend zu dem Schluss, dass es für George an der Zeit war, sich eine ordentliche Arbeit mit regelmäßiger Bezahlung zu suchen. Und seine Überzeugung wuchs, dass seine jüngsten Söhne Malcolm und Angus mit ihrem Leben etwas anderes anfangen sollten, als Musik zu machen.

Die Easybeats veröffentlichten im Juni 1968 das Album *Vigil* in Australien und Europa sowie *Falling Off The Edge Of The World* in den USA. Im Juli erschien in Australien die hymnische Single »Good Times«, die im September auch in Großbritannien und Amerika ausgekoppelt wurde. Hier trug nun auch die Freundschaft zu den Small Faces hörbar Früchte, denn Steve Marriotts charakteristische Reibeisenstimme prägte den Begleitgesang. Gerüchten zufolge soll Paul McCartney, als er »Good Times« zum ersten Mal hörte, so begeistert gewesen sein, dass er an der nächsten Telefonzelle parkte und bei der BBC anrief, ob man den Titel nicht gleich noch einmal spielen könne.

Georges Bruder Alex arbeitete damals in London als Songwriter für den Verlag des Beatles-Labels Apple und wurde gefragt, ob er zu der Apple-Band gehören wolle, die dort gerade aus der Taufe gehoben wurde. Sie sollte die Lücke in der Popmusik füllen, die die Beatles hinterlassen hatten. John Lennon hatte die Idee gehabt, das Projekt – bei dem Alex als George Alexander mitmischte – Grapefruit zu taufen, als kleine Verbeugung vor einem Buch von Yoko Ono. Die Beatles halfen dem Projekt auf die Beine: Der Abend, an dem die Band offiziell der Öffentlichkeit vorgestellt wurde, wurde durch die Anwesenheit von Lennon, McCartney und Ringo Starr sowie dem Rolling Stone Brian Jones aufgewertet. Gerüchten zufolge soll John Lennon auf der dritten Grapefruit-Single »C'mon Marianne« zu hören sein. Gemeinsam mit McCartney soll er sogar das Debütalbum *Around Grapefruit* produziert haben.

George hatte etwas weniger Glück. Er war von Woche zu Woche enttäuschter vom Musikgeschäft, und es war für ihn eine angenehme Ablenkung, in Londoner Clubs wie dem Bag O'Nails Ska-Musik zu hören. Die Easybeats hatten ihren Zauber noch nicht verloren, wie die energiegeladene Single »St. Louis« von 1969 bewies, aber es war der letzte Gruß einer Band, die als Einheit kaum zu erkennen war. Dass es nachträglich hieß, Brian Epstein habe eine Zeit lang überlegt, die Easybeats zu managen – eine Entwicklung, die das Schicksal der Band sicherlich positiv beeinflusst hätte –, klingt inzwischen wie ein Treppenwitz der Geschichte.

Im August erschien *Friends*, ein Album, das größtenteils aus Demos von Vanda und Young bestand, weil man Polydor noch eine Platte schuldete. Auf der anschließenden Tour im September war die Band ohne viel Tamtam schlicht in Jeans und T-Shirt unterwegs. Zwar waren die Konzerte gut besucht, aber von der Hysterie, die noch zwei Jahre zuvor getobt hatte, konnte keine Rede mehr sein. Dennoch legten die Easybeats ein paar überzeugende Auftritte hin. Als sie in der zweiten Oktoberhälfte in Sydney eintrafen, griffen ihnen bei den Gigs ein paar alte Freunde als Supportband unter die Arme: die Valentines mit ihren beiden Sängern Vince Lovegrove und Bon Scott. Es war Ironie, dass Scott die Show seines Idols Wright inzwischen besser draufhatte als Stevie Wright selbst.

Als die Tour zu Ende ging, warfen die Easybeats das Handtuch. Es blieb George und Harry überlassen, für die Bandschulden in Höhe von etwa 85 000 Dollar aufzukommen. Während der Bandkarriere hatte es reihenweise Pleiten gegeben, als beispielsweise eine Single in Kanada auf zwei verschiedenen Labels erschien und andere Titel exklusiv an weitere Plattenfirmen verkauft wurden. Später entdeckte man zudem, dass die Goldene Schallplatte für »Friday On My Mind«, die stolz bei den Youngs im Wohnzimmer gehangen hatte, in Wirklichkeit die Single »Sorry« enthielt.

George und Harry kehrten 1970 nach London zurück, wo sie sich die nächsten Jahre in die Abgeschiedenheit von Aufnahmestudios zurückzogen, die sie so faszinierte. Sie bildeten ein äußerst kreatives Team, das unter den verschiedensten Decknamen produzierte, beispielsweise als Tramp and Moondance (1970), Paintbox (1970–71) oder Haffy's Whisky Sour (ebenfalls 1971). Außerdem waren sie 1971 an der letzten Grapefruit-Single mit Alex Young beteiligt. In Europa wurden ihre Platten mit wechselndem Erfolg veröffentlicht.

Das letzte Projekt, das sie während ihres Englandaufenthalts Mitte 1972 in Angriff nahmen, war eine spaßige Zusammenarbeit mit dem ehemaligen Pretty-Things-Bassisten Alan »Wally« Waller (Wally Allen), die sich die Marcus Hook Roll Band nannte. Die »Band« war gewissermaßen eine Schnapsidee von Waller, der während der Sessions in den Abbey Road Studios für die Versorgung der Bands mit alkoholischen Erfrischungen zuständig war. Aber nach zwei Singles – »Natural Man« im August 1972 und »Louisiana Lady« im Februar 1973 – war die Party vorbei.

Als George im Januar und Harry im Spätjahr 1973 nach Australien zurückkehrten, erfuhren sie zu ihrer Überraschung, dass ausgerechnet dieses Projekt in den USA auf Interesse gestoßen war, wo »Natural Man« gerade erst erschienen war. Nach alldem, was sie mit den Easybeats erlebt hatten, wussten sie nicht, ob sie lachen oder weinen sollten. Also beschlossen sie, das zu beenden, was sie in London angefangen hatten. Waller übernahm wieder die Getränkeversorgung, dann stieß auch noch Georges Bruder Malcolm an der Gitarre zum Studioteam in Sydney, wobei auch Angus oft vor Ort war.

Harry Vanda: »Malcolm machte mit, weil vorher nur ich Gitarre spielte und George bloß auf einem Bass herumhämmerte. Wir brauchten also einen Schlagzeuger und einen zweiten Gitarristen. Ich sang auch ein bisschen, ebenso wie George.«

Sie verbrachten einen Monat in den EMI-Studios in Sydney, betreut vom Toningenieur Richard Lush. Der Brite wohnte zwar erst seit einigen Monaten in Australien, verfügte aber bereits über eindrucksvolle Referenzen, da er beispielsweise beim legendären *Sgt. Pepper*-Album der Beatles zweiter Tontechniker gewesen war. Lush war von Malcolms und Angus' Fähigkeiten begeistert.

Richard Lush: »Ich staunte, wie viel Talent in diesen Jungs steckte, denn sie waren im Grunde noch Kinder. Ich dachte nur, wow, das ist ja der Hammer! Vor allem bei Angus.«

Aus den Sessions entstand das 1973 veröffentlichte Album *Tales Of Old Grand-Daddy*, das zunächst nur in Australien erschien. Es sorgte zunächst für weitere Enttäuschungen, denn zu Georges großem Ärger zeigte das ursprüngliche Cover einen alten Mann in einem Schaukelstuhl, obwohl der Titel des Albums eigentlich auf die Bourbon-Marke Old Grand-Dad zurückging – als Verweis auf den Brennstoff, der bei den Sessions für das richtige Energielevel gesorgt hatte. Um noch ein bisschen mehr Salz in die Wunde zu streuen, kam das Album, obwohl das Interesse aus den USA der eigentliche Grund für die Aufnahmen war, dort erst nach sechs Jahren in die Läden. Es roch verdammt wie das Generve bei den Easybeats. George war fest entschlossen, dass seine Brüder niemals einen ähnlich holprigen Weg einschlagen sollten wie er. Aber davon abgesehen äußerte er weise Worte, was die Zukunft betraf: »Eines Tages«, erklärte er einer Zeitschrift, »wird eine Band kommen, die für unsere heutige Gesellschaft ebenso bedeutsam sein wird wie Dylan für die Sechziger. Diese Band wird uns alle umhauen.«

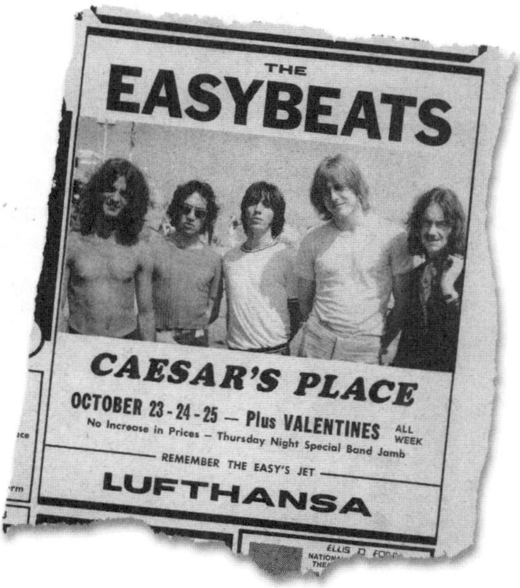

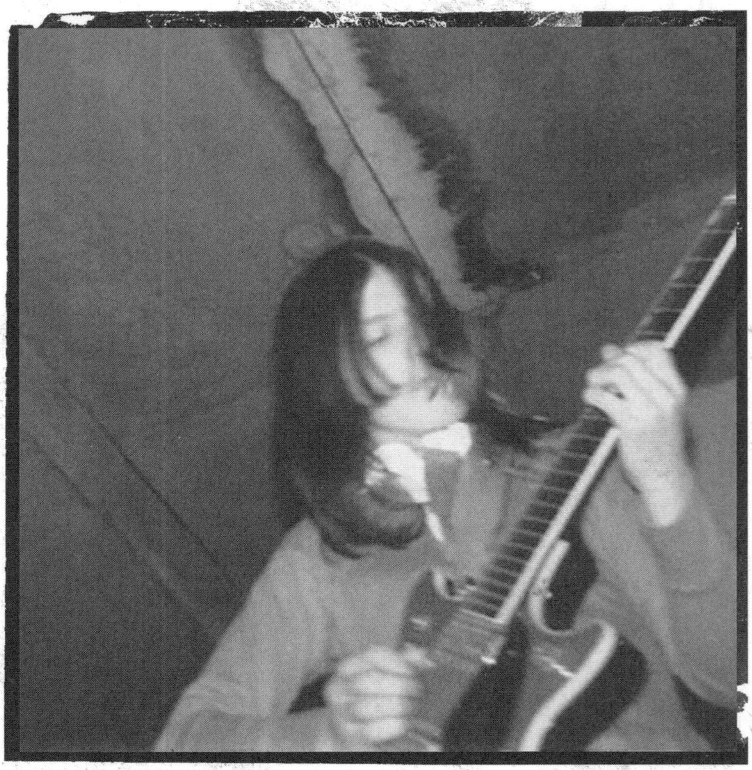

1971

Malcolm bei Velvet Underground

2. Kapitel

DER RHYTHMIKER

Malcolm Young wurde am 6. Januar 1953 geboren, in jenem Jahr, in dem Elvis Presley aus der sengenden Hitze der amerikanischen Südstaaten trat und erstmals den Fuß in das Memphis Recording Service setzte, um seine ersten Aufnahmen zu machen. Es ist sicher kein Zufall, dass Malcolm zunächst zu Elvis-Platten übte, bevor er Mitte der 1960er die Songs der Beatles entdeckte.

Malcolms erste Gitarre war eine der beiden billigen Akustikinstrumente, die seine Mutter für ihn und Angus gekauft hatte, um die beiden aufrührerischen Brüder durch eine sinnvolle Beschäftigung davon abzuhalten, sich gegenseitig an die Kehle zu gehen.

Zunächst stürzte er sich auf die Surf-Instrumentals jener Zeit. Aufgrund seiner kleinen Hände und der dadurch eingeschränkten Reichweite fiel es ihm nicht leicht, Akkorde zu greifen. Die Musik war damals noch Hobby, nicht diese alles verzehrende Leidenschaft, zu der sie später wurde. Wie George war auch Malcolm ein talentierter Fußballer und dachte ernsthaft über eine Sportlerkarriere nach. Aber als er dreizehn oder vierzehn war, machte ihm der Wachstumsschub der Teenagerzeit einen Strich durch die Rechnung – denn alle erlebten ihn, nur er nicht. Malcolm blieb in seinem winzigen Körper gefangen, angeblich aufgrund des Bleigehalts in den schottischen Wasserrohren, dem die Familie noch in Glasgow ausgesetzt gewesen war. Beinahe über Nacht waren alle anderen

Jungen um ihn herum wesentlich größer, robuster und vor allem deutlich schneller als er. Besonders übel war, dass Malcolms Kumpels nun auch wesentlich älter aussahen und von daher leichter – wenn auch immer noch verbotenerweise – durch die Pubs ziehen konnten. Malcolm hingegen wirkte immer noch derart kindlich, dass nicht einmal der freundlichste Kneipenwirt ein Auge zugedrückt hätte.

Ungefähr zur gleichen Zeit, als sein großer Bruder George mit den Easybeats allmählich den Glauben ans Musikgeschäft verlor, wurde Malcolms Liebe zur Musik übermächtig.

Die neu geweckte Leidenschaft des Fünfzehnjährigen traf zeitlich mit einigen anderen entscheidenden Ereignissen zusammen. 1968 endete Malcolms Schulzeit in der Ashfield Boys High School. Für ihn war es, als hätte man ihn aus einem fünf Tage die Woche währenden Gefängnis befreit. Obwohl er, vermutlich aufgrund seines guten Aussehens und seiner musikalischen Fähigkeiten, schon damals in dem Ruf stand, ein kleiner Ladykiller zu sein. Aber dass er einen großen Bruder hatte, der mit langen Haaren herumlief (was George damals als Hooligan brandmarkte), und der nebenbei auch noch zu einer der größten Rockbands jener Zeit gehörte, machte Malcolm zum Gezeichneten und brachte ihm immer wieder Schwierigkeiten mit den Lehrern ein.

1968 schenkte Harry Vanda Malcolm seine geliebte Gretsch-Jet-Firebird-Gitarre, die ihm einst so gute Dienste geleistet hatte. Der internationale Erfolg der Easybeats und die Beachtung, die sie überall fanden, übten großen Reiz auf Malcolm aus. Nun besaß er sogar eines der Werkzeuge, mit denen es Harry gelungen war, diese großen Erfolge zu erreichen.

George fachte Malcolms wachsendes Musikinteresse weiter an: Während er im Ausland unterwegs war, sorgte er dafür, dass sein Bruder all jene Alben und Zeitschriften bekam, die er für bedeutend hielt. Das einzige Problem war, dass diese wunderbaren Päckchen stets auf dem Seeweg ins ferne Australien befördert wurden und eine halbe Ewigkeit unterwegs waren.

Manchmal dauerte es Monate, bis sie ihren Bestimmungsort erreichten, und dann waren die Cover vieler Alben – die ebenso geheimnisumwittert und heilig waren wie der Inhalt – trotz bester Verpackung oft verknickt und an den Ecken abgestoßen.

Aber trotz der Verzögerung war Malcolm den meisten Radio-Playlists um Monate voraus, ebenso den samstagmorgens im Fernsehen ausgestrahlten Musiksendungen, die sich die Familie gemeinsam bei einer Tasse Tee ansah, um dann die Auftritte der einzelnen Künstler zu kommentieren.

Wenn George in Sydney war, lud er zu Jamsessions im Haus der Youngs ein. Dabei spielte er Bass und versuchte, über den Lärm hinweg laut brüllend vorzuzählen oder die Akkordwechsel anzugeben. Er nahm auch einige rüde Eingriffe an den Gitarren vor und entfernte mit Gewalt einige der Saiten, die er für »nicht rockig genug« hielt. Damit meinte er jene, die für seine Musik ungefähr so nützlich waren wie ein Zahnstocher bei einer Straßenschlägerei. George wusste: Wer richtigen Rock 'n' Roll spielen will, muss anständig ausgestattet sein.

Malcolm kombinierte diesen Unterricht im eigenen Wohnzimmer hinsichtlich Stil und Rockereinstellung, indem er sich immer wieder Eric Claptons energiegeladenes Gitarrenspiel bei John Mayall's Bluesbreakers reinzog oder die Werke von Paul Butterfield, Mike Bloomfield oder auch von Fleetwood Mac in der Zeit mit Peter Green und Jeremy »Deltahead« Spencer.

Die großen Bluesmusiker, die all diese Künstler inspiriert hatten, beispielsweise Muddy Waters oder auch die frühen Rock-'n'-Roll-Legenden wie Little Richard, Jerry Lee Lewis und natürlich Chuck Berry, spielten bei Malcolms musikalischer Erziehung ebenfalls eine wichtige Rolle.

Malcolm: »Als kleiner Junge fing ich mit Chuck Berry an. Den konnte man einfach nicht ignorieren. Ich meine, alles, was er damals machte, war absolut großartig.«

Am meisten aber begeisterten ihn die englischen Gitarristen, die aus dem Blues und R&B dreiminütige Popsongs gemacht hatten.

Malcolm: »Als ich zum ersten Mal ›My Generation‹ von The Who hörte, hat mich das total gepackt. Die Beatles und die Stones waren damals angesagt, und dann kam da plötzlich dieser Hammersong, der so viel härter klang. Der hat mich für immer verändert. Dann kam ›Jumpin' Jack Flash‹, und ich will noch zwei Titel nennen: ›Honky Tonk Woman‹ von den Stones und ›Get Back‹ von den Beatles – Songs, die absolut für sich stehen. Das ist die perfekte Weiterentwicklung des echten, reinen Rock 'n' Roll.«

Das erste Mal hörte Malcolm »My Generation« ausgerechnet bei einem Konzert der Easybeats. Zuerst hielt er den Song für ein weiteres Meisterwerk aus der Feder von Vanda und Young. Doch dann sagte man ihm, dass die Band den Song selbst zum ersten Mal bei Radio Luxemburg gehört hatte.

Da William Young Arbeit und Geldverdienen für eine wichtige Tugend hielt, war klar, dass Malcolm sich nach der Schule einen Job suchen musste: Einfach nur in seinem Zimmer sitzen, Gitarre üben und sich nach gut aussehenden Frauen und ebenso attraktiven Autos umschauen, kam nicht infrage. Malcolm versuchte es mit den verschiedensten Berufen: als Nähmaschinentechniker, als Installateurslehrling, als Dreher und Lagerarbeiter.

Aber anders als bei seinen Kollegen klingelte in Malcolms Ohren den Tag über nicht nur der gewöhnliche Arbeitslärm. Das eintönige Klappern und Klicken der verschiedenen Maschinen um ihn herum fügte sich für ihn zu einem verschwommenen, ursprünglichen Rhythmus, aus dem sich nach einer Weile Songideen und Strukturen herausschälten. Dabei entstand die Grundlage für seine spätere Rolle als Gitarrist, die sich wohl nur mit dem Mann vergleichen lässt, der das »menschliche Riff« genannt wird.

Malcolm: »Das muss man Keith Richards lassen, er hat wirklich vorgemacht, wie man im Rock 'n' Roll Rhythmusgitarre spielt, oder? Außerhalb Amerikas jedenfalls, mit diesem Crossover zwischen Blues und Rock 'n' Roll, als solider Gitarrist, der wie ein Schuster bei seinen Leisten bleibt. Auf der Welt gibt es zwar jede Menge gute Rhythmusgitarristen, aber die spielen nicht in Rockbands oder Rock 'n' Roll-Bands, sondern eher Jazz oder sogar Soul. Im Rockbereich gibt es nicht allzu viele, an denen man sich orientieren kann!«

Abgesehen davon erwies es sich als vorteilhaft, dass Malcolm, ähnlich wie George, mit einem sehr guten Gehör ausgestattet war. Er war zudem ein talentierter Gitarrist mit der Gabe, eine Melodie schon nach wenigen Minuten nachspielen zu können, wobei ihm zugutekam, dass er einen Plattenspieler mit stufenlos regelbarer Geschwindigkeit besaß, sodass er zu den Platten spielen konnte.

Schließlich begann er, gemeinsam mit dem Bassisten und Sänger Mick Sheffzick und Drummer Brian Curby, eigenen Lärm zu produzieren, allerdings nur für kurze Zeit. Etwas ernsthafter widmete er sich ab 1968 der Band Beelzebub Blues, die gelegentlich auch unter den Namen Red House oder The Rubberband firmierte, und zu der neben Malcolm an der Leadgitarre der Sänger Ed Golab, Drummer Gerry Tierney, Gitarrist George Miller und Bassist Sheffzick gehörten. Von Zeit zu Zeit stieg auch Larry Van Kriedt in die Sessions mit ein, ein jazzbeeinflusster Gitarrist, der gerade erst aus Amerika nach Australien gekommen war.

Malcolm war der kleine Gitarrenvirtuose, der sich mit beeindruckendem Talent und scheinbar mühelos durch die Songs von Bloodwyn Pig, Savoy Brown, Black Sabbath, den Animals, Eric Claptons Bluesbreakers-Phase, dem ersten Cream-Album und *Are You Experienced?* von Jimi Hendrix spielte. Die Grundrichtung der Band war Blues, allerdings nicht von der gewöhnlichen Sorte. Die Band verzichtete komplett auf Songs, die damals im Radio liefen. Das radiotauglichste Stück in ihrem Programm war »Come Together« von den Beatles.

Ed Golab: »Malcolm war DER Gitarrist, Mann. Wir haben jede Menge Covers von Cream und Hendrix gespielt, und er hatte sie alle perfekt drauf.«

Ideen zu eigenen Songs entstanden hin und wieder in Malcolms Zimmer, bevor er sie dann etwas lauter in Rhodes, dem Stadtteil nördlich von Sydneys Zentrum, in einem Pfadfinder-Versammlungsraum ausprobierte, in den sich die Band von Zeit zu Zeit einschloss und dort dann auch übernachtete. In den ruhigeren Momenten beschäftigen sich Golab und Malcolm mit Latin Rock, manchmal hörten sie sogar Stevie Wonder.

Der Verstärker, den Malcolm benutzte, war alles andere als ein Leichtgewicht. Das gute Stück war von einem Freund der Band, dem Elektrofrickler Bevan Boranjee, speziell für Malcolms Ansprüche konstruiert worden.

Ed Golab: »Er hatte Malcolm diesen Riesenkasten gebaut, eine enorm große Box, die ungefähr die Größe von zwei Zimmertüren hatte. Das muss man sich mal vorstellen. Und dieses Scheißding haben wir überall in die Säle reingerollt. Die Leute glaubten immer, wow, jetzt geht's aber richtig ab. Es wusste ja keiner, dass in das Teil bloß vier Lautsprecher eingebaut waren. Malcolm stand davor, und das Teil überragte ihn so weit, dass er noch kleiner aussah.«

Ohnehin wirkte Malcolm immer noch sehr jung für sein Alter. Ed Golab: »Als wir so um die achtzehn, neunzehn waren, sah er immer noch wie zwölf, dreizehn aus. Er war einfach so klein. Und ich glaube, das hat ihm sehr zu schaffen gemacht, denn seine Freundinnen waren immer ziemlich junge Mädchen, weil die dachten, dass er noch in ihrem Alter sei.«

Nebenbei gab es immer wieder auch andere Schwierigkeiten. Es entpuppte sich etwa als gar nicht so einfach, die Band für einen Auftritt in eine Kirche zu kriegen – vielleicht lag es auch am unchristlichen Bandnamen Beelzebub Blues. Einmal verwechselte der Fahrer der Band den Fußweg zur altertümlichen Kirche mit der Auffahrt, und erst als der Wagen zwischen zwei Steinpfosten stecken blieb, wurde klar, dass Beelzebub Blues gewissermaßen vom rechten Pfad abgekommen waren. Man kam zu dem Schluss, dass es in dieser misslichen Lage nur eine Lösung gab, nämlich die Flucht nach vorn. Der Fahrer gab also kräftig Gas, der ganze Torbogen krachte über der Band zusammen und überschüttete den Kleinbus mit Bauschutt.

Bei anderen Gigs ging es noch weitaus gefährlicher zu. Zum Glück war der zweite Gitarrist der Band, George, ein hoch aufgeschossener, bedrohlich aussehender Russe, der den Eindruck eines Menschen machte, mit dem man sich besser nicht anlegte.

Ed Golab: »Wenn wir in den Clubs ankamen, hatten wir oft einen Mikrofonständer bei der Hand, nur zum Schutz. Wir haben in ein paar echt üblen Gegenden gespielt.«

Das erste Album von Led Zeppelin, das 1969 erschien, war eine Sensation. Malcolm zählte zu den ersten Fans, wobei er trotz aller Begeisterung sehr kritisch blieb.

Für ihn stand und fiel der Reiz der Band mit dem Opener der Platte, »Good Times, Bad Times«, an dem Malcolm – ähnlich wie bei den bahnbrechenden Titeln der Stones und der Who – deutlich erkannte, wie ein Song aufgebaut und mit großartiger Gitarrenarbeit unterlegt werden musste. Er dachte jetzt immer mehr darüber nach, wie Songs arrangiert werden müssen, anstatt sie einfach nur irgendwie rauszuhauen. Er beschäftigte sich auch zunehmend mit Jazzakkorden und nutzte Keyboards, um Songs weiter auszufeilen.

1971 war es mit Beelzebub Blues vorbei. Malcolm zeigte sich also offen, an allen Jamsessions teilzunehmen, die sich ergaben. Dabei versuchte er sich auch an Songs wie Joe Cockers rauer Version von »The Letter« oder an schwierigen Blues-Zwölftaktern. Bei den Sessions wurde er häufig von Freunden wie Larry Van Kriedt an der Gitarre, Ray Day am Klavier, Gerry Tierney am Schlagzeug und Mick Sheffzick am Bass unterstützt.

Aber dann bot sich im Sommer 1971 eine neue Gelegenheit, als die Velvet Underground – nicht zu verwechseln mit der legendären New Yorker Band um Lou Reed – aus der 170 Kilometer entfernten Industriestadt Newcastle nach Sydney zogen.

Die frühen Velvets hatten einen keyboardlastigen Sound, der ein wenig an die Doors erinnerte, benahmen sich auf der Bühne so wild und zerstörerisch wie The Move und The Who und hatten in Steve Phillipson einen Sänger, der buchstäblich Feuer spuckte. Sie hatten bereits eine Version des Jefferson-Airplane-Hits »Somebody To Love« als Single aufgenommen. Auf der Rückseite befand sich das Cover von »She Comes In Colours« von Love. In Newcastle hatten sie außerdem einen lokalen Rockwettbewerb gewonnen. Nun brachen sie auf zu neuen Ufern.

Nach ihrer Ankunft in Sydney holte die Band nach einigen Umbesetzungen den Sänger Brian Johnson ins Boot (der mit dem Mann, der in Malcolms späterer Karriere noch eine wichtige Rolle spielen sollte, nur den Namen gemein hatte) und suchten einen zweiten Gitarristen. Malcolms guter Ruf kam ihm dabei zugute.

Auf Empfehlung des ehemaligen Easybeats-Sängers Stevie Wright zogen Schlagzeuger Herm Kovac und Gitarrist Les Hall los, um sich mit Malcolm bei den Youngs in Burwood zu treffen. Dort stellten die beiden Musiker verblüfft fest, dass sich die Familie untereinander in einem breiten, fast unverständlichen schottischen Akzent unterhielt. Das war allerdings nicht der einzige Schock. Malcolm erwies sich als echter Fan von T. Rex und dem Gitarrenspiel von Marc Bolan.

Herm Kovac: »Ich sagte, das ist doch Kacke, Malcolm! Die ganzen Singles hören sich völlig gleich an! Er hatte überhaupt keine Blueser an der Wand, da hing bloß ein Riesenposter von Marc Bolan.«

Nach der unvermeidlichen Tasse Tee schlug man dennoch vor, dass Malcolm, sobald er Zeit hatte, zum Vorspielen zur Band nach Mona Vale kommen sollte. Zu Kovacs und Halls Überraschung ließ Malcolm sie nicht warten: Er schnappte sich seine Gretsch-Gitarre und erklärte seiner Mutter, er müsse noch mal weg.

In Mona Vale angekommen, blieben sie die ganze Nacht wach. Malcolm erzählte von seinen Bluesheiden, und Kovac spielte ihm seine eigenen Lieblingsalben vor. Malcolm schlief im Wohnzimmer. Kovac, der aufgrund der Größe und des Aussehens seines Gastes davon ausging, der Gitarrist sei erst zwölf, erwartete jeden Augenblick die Polizei vor seiner Tür, die von Margaret, Malcolms besorgter großer Schwester, oder seiner Mutter alarmiert worden war.

Am nächsten Tag jammten alle gemeinsam und es war sofort klar, dass Velvet Underground ihren neuen Gitarristen gefunden hatten. Einen neuen Sänger gab es inzwischen auch wieder, und so bestand das Line-up aus Malcolm (Gitarre), Kovac (Drums), Les Hall (Gitarre), Andy Imlah (Gesang) und Mick Sheffzick (Bass). Im Juli 1971 gaben sie ihr Debütkonzert im Parramatta Rivoli in Sydney, und es dauerte nicht lange, bis ihnen ein ähnlich schlechter Ruf wie den Stones vorauseilte und Slogans wie »Haltet eure Töchter fern von den Velvet Underground« die Runde machten.

Wie die meisten Bands ihrer Zeit hatten auch die Velvets einen äußerst vielseitigen Geschmack. Ihnen war beinahe jeder Titel recht, von Deep Purples »Black Night« über »Venus« von Shocking Blue bis zu George Harrisons »My Sweet Lord« oder »Can't You Hear Me Knocking« von den Stones. Aber sie spielten auch Songs von Badfinger oder Slade. Bei den meisten übernahm Malcolm die Leadgitarre.

»Can't You Hear Me Knocking« kam zu seinem dramatischen ersten Einsatz, als die Band auf einem Ball am Santa Sabina College spielte, einer katholischen Mädchenschule in Strathfield, einem im Westen Sydneys gelegenen Stadtviertel, und bei diesem Gig durfte auch Angus zum ersten Mal seinen großen Bruder auf der Bühne erleben. Herm Kovac: »Der Jam am Schluss des Songs uferte immer weiter aus. Les spielte ein Solo und sah dann Malcolm an, der ein fantastischer Leadgitarrist war. Malcolm setzte noch einmal ein, gab schließlich wieder zurück an Les, und so dauerte der Song gut zwanzig Minuten!«

Malcolm stand damals besonders auf das erste Album von Gary Wright, *Extraction*, das er bei jeder Gelegenheit mit größter Lautstärke auflegte. Er brachte auch einige Songs daraus ins Programm der Band mit ein.

Aber ebenso igelte er sich auch mit Kovac in dessen Zimmer ein, und die beiden jammten acht Stunden lang vor sich hin, auch wenn andere Bandmitglieder diese Vorstellung grauenhaft fanden.

Der Hot-Cottage-Gitarrist Kim Humphreys erinnert sich an sein erstes Treffen mit Malcolm bei einer Probe der Velvets: »Ich weiß noch, dass er mir erzählte, dass er einen kleinen Bruder habe. Er lobte ihn über den grünen Klee. Ich weiß nicht, wie alt Angus damals war. Vermutlich 15 oder 16.«

Die Velvets spielten samstags- und sonntagsnachts. Nach dem Gig am Sonntag fuhren sie Malcolm nach Burwood zurück, sodass er Montag früh wieder zur Arbeit in die Büstenhalterfabrik gehen konnte, in der er die Nähmaschinen wartete. Als sie einmal gemeinsam nach Newcastle fuhren, kam heraus, dass Malcolm offenbar zum ersten Mal das Stadtgebiet von Sydney verließ und von den neuen Eindrücken vollkommen überwältigt war. Herm Kovac: »Malcolm rief: ›Das ist ja die Härte! Guck dir das mal an, die ganzen verdammten Bäume hier!‹ Klar, Mann, na und? Bei Mulbring an dieser steilen Anhöhe hielten wir das erste Mal zum Pinkeln an. Wir waren kaum ausgestiegen, da wollte Malcolm rauf auf diesen Berg, und uns wurde klar, dass er von Glasgow direkt in ein Kaff wie Burwood gekommen und noch nie draußen auf dem Land gewesen war. Er war die ganze Fahrt über völlig hin und weg.«

Dass Malcolm aber auch sehr kaltschnäuzig sein konnte, zeigte sich, als die Band dem australischen Sänger und Songwriter Richard Clapton begegnete, der damals am Anfang seiner Karriere stand.

Herm Kovac: »Malcolm sagte zu mir: ›Guck dir diesen verdammten Wichser Richard Clapton an! Der wird nie weit kommen, wenn er versucht, unter dem Namen Clapton erfolgreich zu sein!‹ Malcolm war der Meinung, es könne nur einen Musiker dieses Namens geben!«

Der kleine Gitarrist ließ sich nichts gefallen. Er hatte nichts übrig für Idioten oder Leute, von denen er glaubte, dass sie sich auf seine Kosten einen Vorteil verschaffen wollten. Die potenziellen Manager, die sich für die Band interessierten, wurden heftig in die Zange genommen, wenn er das Gefühl hatte, dass sie nicht »echt« waren. »Nee, kann den Drecksack nicht ausstehen«, knurrte er dann. »Der hat nichts mit Rockmusik am Hut, der will sich bloß wichtigmachen.«

Dennoch mochte er einige der Promoter vor Ort, auch wenn diese Gestalten später, als der Einfluss seines Bruders George seine Einstellung deutlich geändert hatte, seinen Zorn oft auch körperlich zu spüren bekamen. Harm Kovac: »Einmal auf Tournee wären wir am dritten oder vierten Tag am liebsten nach Hause gefahren, weil wir kein Geld bekommen hatten und fast am Verhungern waren, und was sagte Mal? ›Leute, was habt ihr denn erwartet? Auf Rosen gebettet zu werden?‹ Und dann sagte er: ›Denkt doch bloß an den armen Promoter, der verdient doch wirklich kein Geld.‹« Malcolm war keineswegs jemand, der zum Lachen in den Keller ging. Als die Velvets einmal in Tamworth im Norden von Neusüdwales spielten, teilte er sich mit Kovac ein Hotelzimmer. Sie hatten beide weibliche Gesellschaft gefunden, und als es allmählich heißer zuging, drehte Malcolm auf.

Herm Kovac: »Ich fragte: ›Hey Mal, hast du noch Präser dabei?‹ Er sagte: ›Nein.‹ Und dann meinte er: ›Was trägst du denn für Socken? Nylon oder Wolle?‹ ›Nylon‹, sagte ich. Und er: ›Hey Mann, da hast du Glück, Nylon tötet die Spermien ab.‹ Na jedenfalls, es war ja dunkel, und ich fummelte da so rum. Von wegen, verdammte Scheiße! Wie bleibt das Scheißding denn bloß drauf? Plötzlich macht Malcolm das Licht an, als ich mich gerade über diese Frau beuge und versuche, mir diese schwarze Socke überzuziehen. Malcolm, der mit dem anderen Mädel im Bett war, hat sich fast bepisst vor Lachen. Die Frau unter mir war total entgeistert. Aber ich hatte es dann für uns alle ruiniert. Denn Malcolm kam auch nicht mehr zum Schuss, weil er immer wieder einen Lachkrampf kriegte.«

Zwischenzeitlich hatten Malcolm und Imlah großen Spaß daran, in Palm Beach nördlich von Sydney angeln zu gehen. Kovac hatte die Aufgabe, alles zu arrangieren, vom Köder bis zu den Angelruten und dem Boot. Was der Drummer aber nicht begriff: Wieso fuhren die zwei aufs Meer hinaus und angelten dann doch nicht?!

Die ganze Angelegenheit war zwar ihre Idee gewesen, aber letzten Endes kicherten sie nur die ganze Zeit. Irgendwann kam Kovac schließlich drauf, dass es einen Zusammenhang zwischen dem Gekicher und einigen ziemlich lausigen Liveauftritten gab.

Herm Kovac: »Ich brauchte ungefähr ein Jahr, bis ich kapierte, dass sie das Angelboot nur mieteten, um da draußen Pot zu rauchen! Das war der einzige Grund! Ich sagte zu ihm: ›Verdammte Scheiße, Malcolm, du bist nichts als ein blöder Hippie!‹ Wenn ich dann merkte, dass sie wieder nur rumkicherten, sagte ich gleich: ›Der Auftritt war absolut unterirdisch! Ihr habt beschissen gespielt!‹ Malcolm meinte dann: ›Ich war doch super!‹ Also fing ich an, die Gigs aufzunehmen, damit ich ihnen, wenn sie mal wieder stoned waren, beweisen konnte, wie grausig es sich angehört hatte.«

Der Name Velvet Underground hatte Malcolm noch nie gefallen. Als die Band sich langsam einem härteren, ruppigeren Sound zuwandte und ihr Programm unter anderem durch ein paar Songs von Free ergänzte, darunter auch »Ride On Pony«, beschlossen sie im September 1972, sich als Hommage an die britische Band in Pony umzubenennen, ein Ausdruck, der sich zudem auf ein Blues-Thema bezog.

Ihren ersten Gig unter dem neuen Namen spielten sie in Manly, in Sydneys nördlichem Strandgebiet. Dort entdeckte Malcolm jene Soundkombination, der er für den Rest seiner Karriere treu bleiben sollte – die Gretsch-Gitarre, die Harry Vanda ihm geschenkt hatte, eingestöpselt in einen Marshall-Verstärker.

Herm Kovac: »Das probierte er zum ersten Mal in der Kangaroo Hall in der Kangaroo Street in Manly. Malcolm hatte öfter schon gesagt, dass er sich eine Gibson kaufen wollte, weil ihm die Gretsch nicht gefiel, und Les Hall schlug daraufhin vor: ›Dann kaufe ich sie dir ab.‹ Aber gerade weil Les Interesse an der Gitarre zeigte, kam Malcolm zu der Überzeugung, dass sie doch gut sein musste, und beschloss, sie doch nicht abzugeben. Jedenfalls bauten wir unsere Verstärker auf, und Les sagte: ›Weißt du was, Mal, die rote Gretsch würde sich über meinen Marshall sicher toll anhören.‹ Und Mal sagte: ›Nee, lass mal, mein Sound mit dem Fi-Sonic passt schon so.‹ Aber als Les dann meinte, ›wie du willst‹, beschloss Malcolm, die Kombination einmal zu testen. Les sah den Marshall nicht wieder! Am nächsten Tag trafen wir uns mit Barry Farrell, dem Besitzer von Farrell's Music in Brookvale, dem wahrscheinlich bis heute noch nicht bewusst ist, wie sehr er Malcolms Sound geprägt hat. Er überprüfte nicht einmal Mals Kreditwürdigkeit, sondern sagte sofort: ›Klar, er kann einen Marshall-Verstärker auf Ratenzahlung kriegen.‹«

Die neugewonnene Energie verlieh ihnen bei vielen Songs wesentlich mehr Biss, wie bei »Won't Get Fooled Again« deutlich zu hören war, bei dem Mal die Synthesizer-Elemente des Originals übernahm.

Auf Malcolms Drängen begann die Band nun verstärkt, eigene Songs zu schreiben, und schließlich nahmen sie die Single »Keep Me Company« auf, die aber nie veröffentlicht wurde. Gleichzeitig begannen die Musiker, als Begleitband für Ted Mulry aufzutreten, eine Zusammenarbeit, aus der langfristig die äußerst erfolgreiche Ted Mulry Gang entstand, schlicht TMG genannt, die später den Boogie-Meistern Status Quo durchaus das Wasser reichen konnte. Die vielen gemeinsamen Auftritte führten dazu, dass man sich stärker dem Pop zuwandte – viel zu stark für Malcolms Geschmack. Er hatte keine Lust, Mulrys nette Popsongs über Herzchen und Blümchen wie »Falling In Love Again« oder »Julia« zu begleiten und stieg wenig später aus.

Herm Kovac: »Malcolm verließ die Band, weil wir zu poppig wurden. Er wollte etwas Härteres machen und mehr in Richtung Deep Purple gehen.«

Sänger Imlah wurde kurz nach Malcolms Weggang durch Dave Evans ersetzt. Wenige Wochen später lösten sich Pony ganz auf.

Im Februar 1973 erlebte Malcolm die wahren Rockgötter, als die Rolling Stones zwei Konzerte im Sydneyer Randwick Racecourse gaben. Die Band erschien in weißen Pferdekutschen, die aussahen, als stammten sie aus den Kulissen von *Cinderella*. Das

Feuerwerk, das am ersten Abend den Nachthimmel erhellte, wurde für den zweiten gestrichen, da die Explosionsgeräusche die Pferde in den nahe gelegenen Ställen verrückt gemacht hatten. Dennoch zeigten sich die Stones bei dieser pompös ausgestatteten Show auf dem düsteren Zenit ihres Schaffens.

Vor allem lebten sie mit jeder Faser ihres Körpers das, was ihr Image vermittelte. Bei einer Pressekonferenz geriet ein schlecht gelaunter Keith Richards mit einer Journalistin aneinander, die ihm gesagt hatte, er sähe aus wie Dresden nach der Bombardierung. Richards fauchte zurück, sie selbst sei auch nicht gerade ein toller Anblick. Seine Abwehrhaltung war perfekt. Die Stones waren wirklich eine großartige Band.

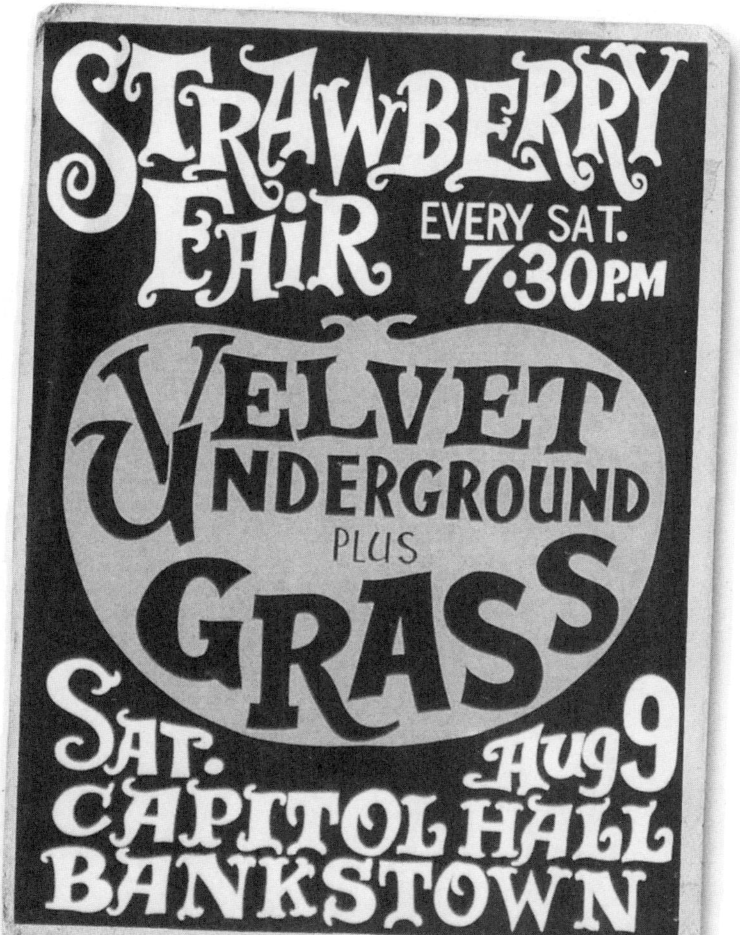
STRAWBERRY
FAIR
EVERY SAT.
7·30 P.M
VELVET
UNDERGROUND
PLUS
GRASS
SAT.
Aug 9
CAPITOL HALL
BANKSTOWN

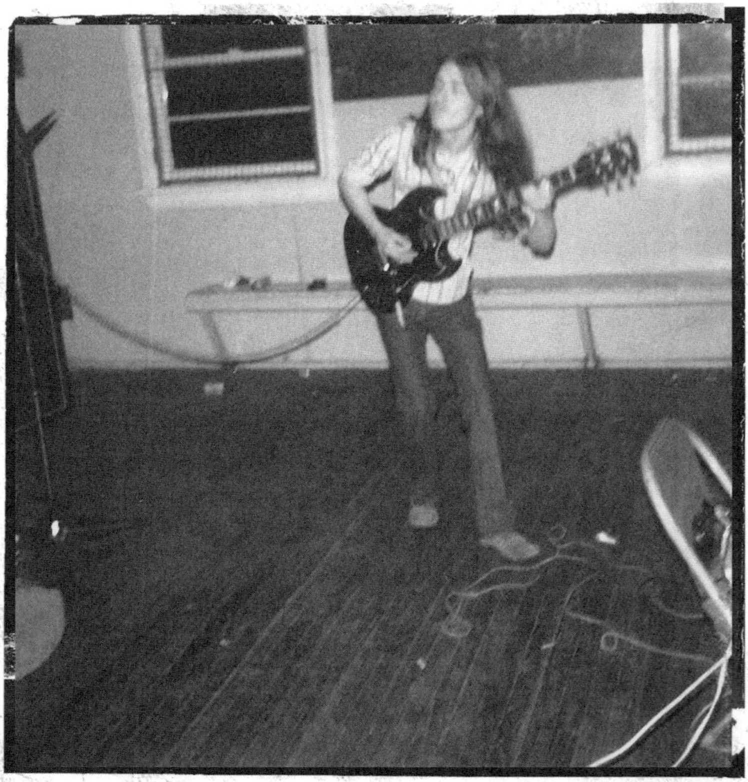

1973

Angus bei Kantuckee, Sydney

3. Kapitel

DER SIEBTE SOHN

Angus Young machte nicht gerade einen entgegenkommenden Eindruck, als Herm Kovac zum ersten Mal bei den Youngs in Burwood an die Tür klopfte.

Herm Kovac: »Da stand ein kleiner Skinhead, der fieseste, gemeinste Typ, den man sich vorstellen kann, mit rasiertem Kopf, und raunzte: ›Was wollt ihr?‹ Als er das sagte, trat ich tatsächlich einen Schritt hinter Les [Hall], weil ich dachte, gleich schlägt mir der Kerl die Rübe ein. Ich sagte: ›Wir wollen Malcolm besuchen.‹ – ›Na schön, kommt rein.‹ Der kleine Skinhead blieb aber weiter in unserer Nähe. Er hatte diese Springerstiefel an, das volle Programm. Er rief: ›Ey! Kommt mal hier rein!‹ Wir also in sein Zimmer, und er stöpselt seine SG [Gibson-SG-Gitarre] ein und legt los. Springt auf die Kommode, reißt die Beine hoch, springt aufs Bett, hüpft wie ein Gummiball durch den ganzen Raum und fragt dann: ›Na? Was sagt ihr?‹ Klugscheißer, der ich war, meinte ich nur: ›Kannst du auch ein paar Akkorde?‹«

Kovac hatte allen Grund, von Angus' Äußerem eingeschüchtert zu sein. Anfang der Siebziger suchten die Sharpies oder Sharps, eine etwas flotter gekleidete Version der englischen Skinhead-Bewegung, nicht nur die Tanzveranstaltungen in Sydney und Melbourne heim, sondern auch die Züge und Bahnhöfe. In Hornsby, einem der nördlichen Vororte Sydneys, versammelten sich bis zu 400 dieser Jungs.

Weitere Hochburgen der Bewegung waren Burwood, Strathfield, Campsie und Town Hall in der Innenstadt.

Auch wenn Angus vielleicht nur so aussah, mit seinem Jähzorn und der Zähigkeit eines Pitbulls war er trotz seiner geringen Größe ein guter Begleiter, wenn es an Samstagabenden Ärger gab.

Angus wurde am 31. März 1955 geboren und war der siebte Sohn der Familie – eine Position von großer mythologischer Bedeutung. Gerade die Blueslegenden schreiben diesen Menschen oft besondere Kräfte zu. Seine Geburt fiel zudem in dasselbe Jahr, in dem Little Richard sein wildes »Tutti Frutti« aufnahm.

Ursprünglich spielte Angus ein extra für ihn entworfenes Banjo, dann bekam er von seiner Mutter die erste richtige Gitarre und fing schon bald an, das nachzuspielen, was zu Hause lief.

Angus: »Als Kind hörte ich vor allem Sachen von Chuck Berry und Little Richard, weil meine Brüder diese Platten ständig auflegten. Ich würde sagen, von Chuck Berry habe ich mir als Erstes Sachen abgeguckt. Das Erste, was ich überhaupt je gespielt habe, war ein Blues-Zwölftakter. Einer meiner Brüder, Alex, zeigte mir ein paar Licks. Das war vermutlich der einzige Unterricht, den ich je hatte!«

Nach einigen hitzigen Auseinandersetzungen erbte Angus eine alte Höfner-Gitarre von Malcolm, der nun die Gretsch verwendete, die Harry Vanda ihm geschenkt hatte. Er stöpselte sie an einen 60-Watt-Verstärker und konnte es ab sofort auch krachen lassen.

Wie Malcolm war Angus ein Autodidakt, der jeden Tag nach der Schule auf seiner Gitarre übte. Sein Fleiß machte sich bezahlt. Obwohl auch er mit Surf-Instrumentals begann, hatte er sich schon mit elf Jahren bis zu Jimi Hendrix vorgearbeitet. Seine Freunde mühten sich derweil noch damit ab, Top-40-Songs für sich zu erschließen.

Seinen ersten öffentlichen Auftritt hatte er mit dreizehn in einem Coffeeshop. Aber sein offizielles Debüt fand in einer Kirche in der

Nähe statt, wo er kurzfristig für einen Freund einsprang und dann so laut spielte, dass er sämtliche Besucher verscheuchte.

Die erste Platte, die er sich kaufte, war die Single »Club A Go-Go« von den Animals, gefolgt von »I'm A Man« von den Yardbirds. Er mochte sie wegen ihrer Bodenständigkeit. Ihn faszinierte aber auch der futuristisch-schräge Gitarrensound in »I'm A Man«. Davon abgesehen stand er auf australische Bands wie die Missing Links und die Loved Ones, weil beide dreckigen Blues spielten. Nachdem er gemeinsam mit seiner Schwester im Stadion von Sydney die überlebensgroße Legende Louis Armstrong in all ihrer souligen Herrlichkeit erlebt hatte, war er tagelang zu nichts mehr zu gebrauchen.

Die magnetische Anziehungskraft, die Little Richards »You Keep A Knockin'« auf ihn ausübte, hätte allerdings fast sein Wohlergehen gefährdet. Angus spielte den Song – eher gesagt, einen Teil davon – so lange, bis seine Mutter es nicht mehr aushielt und ihrem Spross unmissverständlich klarmachte, dass es in seinem ureigensten Interesse sei, sich nach einer anderen Beschäftigung umzusehen.

Natürlich übte auch Angus' Nähe zum Easy-Fever einen großen Einfluss auf ihn aus. Schließlich wurde auch er – wenn auch nur in zweiter Linie – Nutznießer der Päckchen, die George aus Übersee an Malcolm schickte. Angus reichte das aber nicht. Er wollte mehr herausfinden und nahm die Dinge oft selbst in die Hand: »Ich sparte mein Taschengeld, fuhr in die Stadt, und wenn ich eine Platte von Buddy Guy wollte, musste ich sie importieren lassen, weil sie die Läden vor Ort nicht führten.«

Der Blues war für ihn, als beträte er eine andere Welt, in der die Leute wie Geister und Dämonen sangen. Angus war begierig nach mehr Hintergrundinformationen. Sein Vater schlug ihm vor, er solle sich in der Bücherei des Viertels umsehen. Von da an war er dort Stammgast, selbst wenn er eigentlich Schule gehabt hätte.

In der Bücherei war man gern bereit, auch Material aus Übersee zu bestellen. Angus fräste sich durch die alten Ausgaben des

Downbeat, in dem es Artikel über Blueshelden wie Muddy Waters gab.

In seiner Schule, der Ashfield Boys High, gefiel es ihm deutlich weniger als in der Bücherei. Angus, der den Spitznamen »The Banker« trug, weil er es verstand, sein Geld zusammenzuhalten, hatte es dank seines großen Bruders Malcolm vom ersten Tag an nicht leicht. Als der Schulleiter verlangte, dass Angus sich die Haare abschneiden lassen solle, zog er sich den Zorn von Angus' Mutter zu, denn private Entscheidungen fällte bei den Youngs nur die Familie selbst.

Im Gegensatz zu George oder Malcolm interessierte sich Angus überhaupt nicht für Fußball oder andere Sportarten. Seine große Leidenschaft galt der Musik und den Gitarren. In der Schule schnitt er sonst nur beim Zeichnen und Malen im Kunstunterricht gut ab, wo er mit seinen kleinen Händen gut zurechtkam. Außerdem spürte er hier, wenn er gerade mal nicht schwänzte, eine gewisse Freiheit.

Angus: »Den Kunstunterricht fand ich klasse, weil man da mit vielen Sachen durchkommen konnte.«

Und wo sonst hätte er eine zwei Meter lange Fliege aus Pappmaschee basteln können, wie er es für ein denkwürdiges Schulprojekt einmal tat?

Musik als Schulfach war allerdings trotz seines Interesses keine Option.

Angus: »Die ließen mich nicht! Einmal haben sie eine Geige in der Klasse herumgereicht, damit sich jeder so ein Instrument einmal angucken konnte. Die kam dann irgendwie nicht wieder zum Lehrer zurück. Damit war der Musikunterricht gelaufen!«

Bei einer anderen Gelegenheit riss ihm ein genervter Musiklehrer eine Triangel aus den Händen und erklärte, Young junior hätte überhaupt kein Rhythmusgefühl.

1969 traf Angus den fünfzehnjährigen Larry Van Kriedt, selbst ein sehr talentierter Gitarrist, der gerade aus San Francisco nach

Sydney gezogen war. Van Kriedt fand schnell heraus, dass Angus so gut wie nie allein unterwegs war.

Larry Van Kriedt: »Er hatte eine Gang von Freunden um sich. Das waren ziemlich harte Typen. Angus war der Anführer! Er war der Kleinste. Sie trugen alle ihre Schuluniformen und rauchten Zigaretten. Manchmal hackten die anderen ein bisschen auf mir rum, weil ich ein eher ruhiger Typ war. Und obwohl Angus nur halb so groß war wie ich, brüllte er dann: ›Lasst ihn in Ruhe! Ich sag's euch, wenn ihr ihn anfasst, hau ich euch kurz und klein!‹ Er hat sich nie wirklich viel geprügelt, aber er hat immer so getan, als wäre er richtig hart drauf. Er kam ziemlich selbstbewusst rüber. Er hat zwar immer viel Ärger gemacht, aber ich hatte immer das Gefühl, dass er viel von Ehre hielt und auch sehr loyal war.«

Angus wollte sich unbedingt eine Gibson-Gitarre zulegen. Als ein Freund erwähnte, dass Van Kriedt eine habe, musterte Angus den Gitarristen verächtlich von oben bis unten.

Larry Van Kriedt: »Er sagte: ›So'n Quatsch!‹ Dann fragte er mich noch einmal: ›Echt, hast du eine Gibson?‹ Und ich sagte: ›Ja, hab ich.‹ Und er: ›Ich glaub's nicht!‹ Dann sah er mich wieder an und fragte schließlich: ›Kann ich die mal sehen?‹ Ich war nicht besonders begeistert, weil ich nicht die ganzen Typen bei mir zu Hause haben wollte, deswegen sagte ich: ›Okay, du kannst mitkommen, aber nicht die ganzen anderen, klar?‹ Er war einverstanden und verabschiedete sich von seinen Kumpels. Nur er und noch ein anderer Freund kamen mit zu mir.«

Nachdem er sich davon überzeugt hatte, dass Van Kriedt nicht nur die Gitarre seiner Träume besaß, sondern auch noch einen Gibson-Gitarrenkatalog hatte, war Angus so beeindruckt, dass er und Van Kriedt ab sofort öfter zusammen abhingen, Schallplatten hörten und sich gegenseitig Gitarrentechniken beibrachten.

Ähnlich wie Malcolm war auch Angus fasziniert von Eric Claptons Spiel bei John Mayall's Bluesbreakers, ebenso wie vom ersten

Album von Led Zeppelin. Angus' absolutes Idol jener Zeit war jedoch Jeff Beck, von dem Moment an, als er zum ersten Mal »Hi Ho Silver Lining« gehört hatte. Er kaufte Herm Kovac für zwei Dollar die Single ab und nudelte das Vinyl in seinem Zimmer, bis das Kratzen der Nadel fast lauter war als die Musik.

Zwar verbrachte er endlos viel Zeit allein zu Hause, aber er war dennoch in der Lage sich durchzusetzen, wenn er unterwegs war. Wenn es bei den Partys, bei denen er spielte, Schlägereien gab, schwang er seine Sechssaitige ohne Zögern wie eine Streitaxt. Er war kein Engel und wurde sogar, wie *Juke* vom 24. Februar 1979 berichtete, einmal für eine Nacht eingebuchtet, nachdem man ihn dabei erwischt hatte, wie er Milchflaschen klaute.

1970 stand der fünfzehnjährige Angus vor dem Aus seiner Schulkarriere. Wegen ständigen Schwänzens hatte ihn die Schulleitung freigestellt. Die Berufsberatung der Schule – wenn man sie überhaupt so nennen darf – war auch keine große Hilfe für die Zukunft des ungelernten Angus. Er wollte Songwriter werden, bekam jedoch von einem augenrollenden Beamten gesagt, diese Berufsbezeichnung gäbe es schon lange nicht mehr. Der jüngste Young versuchte sich also erfolglos in einigen Jobs. Beispielsweise schob er mörderische Nachtschichten in einer Schlachterei, bevor er sich schließlich eine Lehrstelle als Drucker suchte.

Entgegen einer hübschen Geschichte, die wunderbar zur AC/DC-Legende gepasst hätte, wurde Angus jedoch nie vom Sydneyer Pornomagazin *Ribald* eingestellt.

Angus: »Ich glaube, sie zogen mit ihrem Magazin von einer Druckerei zur nächsten, weil sie dauernd Ärger mit der Polizei hatten. In einer Woche war dann auch der Laden dran, bei dem ich arbeitete. Das war aber nur für eine Woche, dann druckten sie schon wieder woanders. Ich kann nur sagen, dass ich mal ein paar Seiten für sie gesetzt habe, das ist alles.«

Da er nun ein geregeltes Einkommen hatte, beschloss Angus, sich bei Chord Music in Burwood eine neue Gitarre zu kaufen. Zwar hatte er stets von einer Gibson SG geträumt, aber auch von der Gibson Les Paul war er mehr als begeistert. Das Problem war nur, dass ausgerechnet eins der Mitglieder der Teeniepopper Sherbet sich die Les Paul kaufte, auf die Angus ein Auge geworfen hatte. Damit ihm das kein zweites Mal passierte, griff er sich schließlich die noch verbliebene Gibson SG. Davon abgesehen war die SG auch das Instrument, das seine Helden Leslie West von Mountain, Pete Townshend von The Who und der arme Esel auf dem Cover des Stones-Livealbums *Get Yer Ya-Yas Out* spielten.

Angus wurde Stammgast bei den Auftritten seines Bruders mit den Velvet Underground, allerdings nur zu den strikten Bedingungen, die ihre Schwester Margaret festlegte, die wie üblich »Onkel Herm« die Aufsicht übertrug.

Herm Kovac: »Angus durfte mitkommen, wenn er sich irgendwo vorn so hinsetzte, dass wir ihn im Blick hatten. Sobald wir zu spielen aufhörten, musste er sofort zu uns herüberkommen. Anschließend waren wir verpflichtet, Angus nach Hause zu bringen. Dort machte er uns noch eine Tasse Ovomaltine. Zu der Zeit entwickelte ich eine regelrechte Ovomaltinesucht.«

In einer seiner ersten Bands spielte Angus mit Les Golab zusammen, dem kleinen Bruder von Ed Golab, der mit Malcolm bei Beelzebub Blues war.

Ed Golab: »Das war die Kleine-Brüder-Band. Mein Bruder machte für ein paar Gigs den Leadsänger bei ihm. Wir nahmen das nicht ernst – die waren doch noch Kids.«

Herm Kovac war es dann, der Angus durch einen Tipp 1972 zu seiner ersten »richtigen« Band verhalf: Kantuckee hatten sich nach der führenden Hähnchen-Schnellimbisskette der damaligen Zeit benannt. Kovac gab dem Drummer Trevor James, der mit Bassist John Stevens und später auch mit Sänger Bob McGlynn zusammen spielte, Schlagzeugunterricht.

Als McGlynn zur Band stieß, hatte er von Angus zunächst einen eher gemischten Eindruck.

Bob McGlynn: »Er hatte grüne Zähne, weil er sie sich nicht putzte. Ein komischer Typ – nicht komisch im Sinne von haha, eher eigenartig. Er jammerte ziemlich viel, von wegen: ›Ich bräuchte das hier gar nicht mitmachen müssen – meine Brüder mussten das auch nicht!‹ Obwohl das natürlich nicht stimmte. Er meinte immer, dass man uns nicht richtig behandelte. Aber wir hatten damals eben einfach noch keinen Namen. Grundsätzlich war er ein netter Kerl, mit dem man immer Spaß haben konnte. Er hatte nicht gerade viel Selbstbewusstsein, aber wenn wir erst mal spielten, drehte er ganz schön auf. Allerdings sprang er damals noch nicht so viel herum. Er stand einfach da. Privat wirkte er wesentlich souveräner, aber auf der Bühne war er überhaupt noch nicht der Showmann, zu dem er sich später entwickelte. Die Bühnenaction ging eher von mir aus. Wäre es nach ihm gegangen, hätten Kantuckee The Clan geheißen, typisch schottisch halt, denn Angus war jemand, der sehr für seine Familie und seine Freunde eintrat.«

Für ihren Weggefährten Steve Morcom war Kantuckee ein Zusammenschluss völlig entgegengesetzter Subkulturen.

Steve Morcom: »Angus gehörte zu den Town Hall Sharps, der Burwood-Connection, und Trevor zu den Long Hairs. Das waren eigentlich zwei Gangs, die sich gegenseitig zwar zutiefst verabscheuten, aber nie wirklich aneinandergerieten. Schließlich spielten sie sogar in einer Band. Ein guter Witz.«

Angus ließ seine Gitarre über einen kleinen Verstärker laufen, obwohl Malcolm ihm gelegentlich seinen Marshall-Verstärkerturm lieh, der Angus natürlich überragte, sodass er gerade so oben an die Knöpfe kam. In der Band war sein Arm jedoch wesentlich länger. Es dauerte nicht lange, bis er das Material bestimmte, das gespielt wurde. Angus holte sich die Sachen aus einem Import-Plattenladen in Burwood.

Von dort nahm er etwa zehn Alben die Woche mit, größtenteils Bands, die damals in Australien völlig unbekannt waren. Dann lernte er alle Songs und brachte die Platten zurück in den Laden, gab sie zurück und holte sich neue. Das einzig wichtige Kriterium für die Band war, dass die Titel ein starkes Gitarrenriff bieten mussten. Deswegen tauchten regelmäßig Songs von Mountain, Cactus, Argent, Deep Purple, Ursa Major (angeblich jammte Angus in Melbourne sogar einmal mit dem Gitarristen Dick Wagner, der sich später bei Alice Cooper und Lou Reed einen Namen machte), Hendrix, den Stones und von Jeff Beck aus dessen *Truth*- und *Beck Ola*-Phase in ihrem Programm auf.

Geprobt wurde an Sonntagen oder, wenn es nötig war, auch zwischendurch in dem Pfadfindersaal nahe der viel befahrenen Concord Road in Rhodes, wo auch Malcolm übte. Wenn es richtig knallen sollte, drängten sich alle Bandmitglieder in die kleine Küche des Saals, damit nichts von ihrem Sound verhallte.

Wenn der Saal nicht frei war, wichen sie auf das Gemeindehaus von Hornsby Heights aus oder, wenn es gar nicht mehr anders ging, auf Angus' tipptopp aufgeräumtes Zimmer, in dem stets das Bett gemacht war und alle seine Platten sauber geordnet nebeneinanderstanden. Bei den Youngs zu Hause gab es dabei nie etwas Stärkeres als literweise Tee mit Keksen sowie Zigaretten. Und wenn sich jemand anerkennend über die Zeichnungen äußerte, die manchmal herumlagen, wiegelte Angus ab und drängte alle, sich wieder darauf zu konzentrieren, was gerade gespielt wurde. Die Musik war alles, worauf es ihm ankam.

In den Pausen vergnügten sie sich gelegentlich an einem Poolbillardtisch, der so groß war, dass man den Queue im 90-Grad-Winkel halten musste, um nicht mit dem anderen Ende an die Wand zu stoßen. Nach den Proben schloss sich Angus meist in seinem Zimmer ein und übte noch ein paar Stunden.

Kantuckees erster offizieller Auftritt fand im Batemans Bay an der Südküste statt, ein paar Stunden von Sydney entfernt. Das Hauptprogramm bestritten niemand anders als die Velvet Underground. Nach und nach bekam Angus' Band gelegentliche Engagements im Chequers in der Sydneyer Innenstadt und baute sich dort eine kleine Fangemeinde auf, nachdem sie an einem Dienstagnachmittag das Vorspielen bei MC Mr. Casey bestanden hatte. Allmählich häuften sich die Auftritte, und da sie nun öfter und länger unterwegs waren, wurde das Thema Transport und Ausrüstung wichtiger. Sie hatten große Pläne.

Bob McGlynn: »John Stevens und Angus kauften einen großen ehemaligen Krankenwagen, ein riesiges weißes Ding. Sie fuhren damit durch die Gegend und hatten hinten zwei Verstärker drin. Es war wie ein halber Sattelschlepper, der Boxen geladen hatte!«

Ihre erste Aufnahme betreute der ehemalige Hot-Cottage-Gitarrist Kim Humphreys während einer Probe in Rhodes. Humphreys war mitgekommen, um McGlynn einen Gefallen zu tun, aber davon abgesehen wollte er als erfahrener Gitarrist herausfinden, ob Angus wirklich so unglaublich war, wie sein Freund ihm erzählt hatte.

Kim Humphreys: »Alter, ich wäre beinahe gleich wieder rausgegangen, so gut war der! Später gab die Band mal irgendwo ein Konzert. Als die Jungs mich im Publikum entdeckten, baten sie mich, zu ihnen auf die Bühne zu kommen. Ich sagte, ihr macht wohl Witze! Angus lieh mir seine Gitarre, und ich spielte ein paar Songs. Er war einfach brillant – unheimlich energisch. Mir war klar, dass er mich total an die Wand spielen konnte. Die Leute im Publikum merkten das vielleicht nicht, aber ich hörte den Unterschied.«

Bob McGlynn: »Er war unglaublich schnell. Kim gab ihm ein paar Tipps und sagte: ›Mach mal ein bisschen langsamer und denk nicht immer nur an die Geschwindigkeit. Du kannst mit viel mehr Gefühl spielen.‹ Ein paar der Sachen, die wir draufhatten, waren nicht leicht. Aber er brachte sie selbst mit seinem grässlichen 50-Watt-Verstärker überzeugend rüber.«

Humphreys kam auch nicht dahinter, wie Angus den Sound, den er hatte, mit einem Fi-Sonic-Verstärker erzeugte.

Kim Humphreys: »Ich hatte selbst mal so einen und fragte mich: ›Verdammt, wie holt dieser Typ da so einen Sound raus? Meiner klingt nie so!‹ Dieser Drecksack bekam es hin, dass das Gerät absolut unglaublich klang. Er war damals vielleicht noch ein bisschen abgehobener als heute, wegen der Sachen, die er hörte. Er mochte Jeff Beck und auch Paul Kossoff von Free. Einer seiner Lieblingsgitarristen war Leslie West von Mountain. Ich habe noch immer eine alte Ausgabe vom *Guitar Player*, die Angus mir mal geliehen hat, mit Leslie West vorn drauf. Ich habe sie ihm nie zurückgegeben. Die andere Band, die ihm gefiel – und ich glaube, da hab ich auch immer noch eine seiner Platten –, war Cactus.«

Angus' Ehrgeiz und Entschlossenheit ließen wenig Zeit für allgemeines Geplänkel und oberflächliche Nettigkeiten. Smalltalk führte bei ihm immer zu Missverständnissen.

Kim Humphreys: »Ich denke, er glaubte so sehr an das, was er tat, dass andere Leute für ihn keine Rolle spielten. Er wusste, was er machte, und er nahm sich einfach nicht die Zeit, Konversation zu machen und übers Wetter zu reden.«

Schließlich beschloss die Band, einen zweiten Gitarristen anzuheuern, damit Angus, den andere Gruppen ständig abzuwerben versuchten, mehr Freiraum bekam. Mark Sneddon erlebte eine echte Feuertaufe: In weniger als einer Woche musste er fünfzig neue Songs lernen.

Mark Sneddon: »Angus gab mir einen ganzen Berg von Platten, auf denen jeweils ein Song angestrichen war, und sagte: ›Geh nach Hause und lern die.‹ Von einigen der Bands hatte ich noch nie etwas gehört. Ich glaube, ich saß die ersten vier Tage rund um die Uhr da und übte. Als ich schließlich zum Konzert kam, war ich so müde, dass es ein Wunder war, dass ich mich überhaupt noch an irgendwas erinnerte.«

Mit Sneddon als Verstärkung konnte die inzwischen fünfköpfige Band mit der Doppelgitarrenpower richtig loslegen, vor allem im Chequers, einem Club, in dem man erwartete, dass die Bands bis zu vier Stunden Programm am Abend boten. Glücklicherweise hatte Angus seinen Veitstanz auf der Bühne noch nicht entwickelt, sonst wäre er vermutlich jeden Abend aus Erschöpfung zusammengebrochen.

Mark Sneddon: »Angus bewegte sich immer auf seine ganz eigene Art. Er stand nur da, warf sich in Pose und rührte sich kein bisschen, zuckte vielleicht mal mit dem Bein. Aber er sprang nicht viel herum.«

Neben eigenen Kompositionen wie »The Kantuckee Stomp« hatte die Band eine Zeit lang bis zu zehn Mountain-Nummern im Set, darunter »Long Red«, »Blood Of The Sun« und »Mississippi Queen«, außerdem Material von Leafhound, Bulldog und Cactus. Ihr 1972 erschienenes Album *'Ot 'N' Sweaty* war ein wichtiger Bestandteil des Kantuckee-Programms und wurde fast in voller Länge gespielt.

Die Dynamik innerhalb der Band begann sich zu verändern, als Sneddon zeigte, dass er nicht nur Gitarre spielen, sondern auch singen konnte. McGlynn erkannte die Zeichen der Zeit und beschloss auszusteigen. Daraufhin bot man Dave Evans, der kurzzeitig nach Malcolms Weggang bei Pony, den früheren Velvet Underground, gesungen hatte, den Job am Mikrofon an. Wie schon McGlynn fiel auch Evans sofort der Zustand von Angus' Zähnen auf.

Dave Evans: »Das fand ich echt eklig. Ich hab gleich gesagt: ›Verdammt, der Typ muss sich mal die Zähne reinigen!‹ Dann hatte er immer diesen großen Bassisten dabei, ein Typ hoch wie breit. Das war vielleicht ein Paar – der Bassist gut eins achtzig, Angus daneben eins fünfzig oder so. Er stellte sich mir als Angus Young vor, Bruder von George Young von den Easybeats und Bruder von Malcolm Young. Von Malcolm hatte ich aufgrund von Velvet Underground natürlich schon gehört. Sie spielten harten Gitarrenrock, weniger Songs mit viel Text. Ich hörte mir an, was sie machten, aber ich stand nicht auf ihren Stil. Daher schloss ich mich ihnen nicht an.«

Die geschrumpfte Band machte also mit Sneddon als Sänger und Gitarristen weiter und taufte sich in Tantrum um. Die Gigs häuften sich, und Tantrum spielten nun auch im Blacktown RSL im Westen von Sydney und im Coogee Oceanic, das in einem der östlichen Vororte der Stadt gelegen war. Besonders gern traten sie im Manly Vale Hotel an Sydneys Nordstrand auf. Eines Abends bekam Stevens Streit mit ein paar Stammgästen, und die schlecht gelaunten Einheimischen drohten damit, die Band gründlich auseinanderzunehmen.

Ein anderes Mal wurden sie fälschlicherweise als gemütliche Country-und-Western-Band engagiert. Nach den ersten sechs Songs, bei denen sie einigen Zuschauern die Trommelfelle weggesprengt hatten, machte man ihnen unmissverständlich klar, dass ihre Dienste nun nicht mehr benötigt würden.

Und dann kam der Abend, an dem sie ihre Instrumente noch gar nicht richtig eingestöpselt hatten, als man sie schon wieder zum Gehen aufforderte.

Mark Sneddon: »Wir hatten unseren ganzen Kram zwei Treppen runtergeschleppt, aufgebaut und machten gerade Soundcheck, als ein Typ ankam und sagte: ›Hör mal, Alter, du bist noch keine achtzehn.‹ Und Angus darauf: ›Klar bin ich das.‹ Er hatte Geburtstag und er hatte sogar seine Geburtsurkunde dabei, eine schottische mit einer Distel drauf, die er dem Kerl zeigte und sagte: ›Guck, ich bin achtzehn, ich habe heute Geburtstag.‹ Aber die glaubten uns nicht. Also mussten wir unser Equipment zusammenpacken und wieder raustragen.«

Angus nutzte es gründlich aus, dass er endlich volljährig war. Als Sneddon eines Abends eine Party veranstaltete, kam außer der Band kein Mensch.

Mark Sneddon: »Er kreuzte total breit bei uns auf, in der Hand eine Flasche Bond 7. Darauf fuhr er damals total ab. Er trank allerdings nie richtig viel, er war mehr der Rauchertyp.«

Gelegentlich tauchte Malcolm bei den Proben der Band in Rhodes auf und jammte mit. Nicht nur, um seinen Bruder zu unterstützen, sondern auch, weil ihm schlicht gefiel, was sie da trieben.

Malcolm: »Sie waren keine schlechte Band, ich war ehrlich überrascht, als ich sie das erste Mal sah. Es war richtig laut, und Angus machte auf der Bühne mächtig Lärm.«

Es dauerte nicht lange, bis auch George sich einmal ansah, was sein kleinster Bruder so trieb. Irgendwann 1973 erschien er mit

Harry Vanda und einem riesigen Tonbandgerät und machte Aufnahmen. Kantuckee konnten kaum glauben, dass sie selbst es waren, die sie da hörten.

Mark Sneddon: »Wir hörten uns das irgendwann mal an und dachten nur: Holy shit! Das sind wir? Fuck! Das hört sich ja echt fett an!«

Wenig später ging es mit George und Harry in die EMI-Studios zu einer Session, bei der »Evie«, ein Song der beiden, und vermutlich auch »Guitar Band« eingespielt wurden.

Tantrum machten noch ungefähr neun Monate weiter, dann begannen die Probleme zu gären.

Mark Sneddon: »Angus hatte ein paar Reibereien mit Trevor, dem Drummer. Er kam einfach nicht mit ihm klar. Ein paar Mal kam es sogar zu Schlägereien. Und schließlich brüllte Angus: ›Das reicht jetzt! Lasst uns einen anderen Drummer suchen und ihn rausschmeißen!‹«

Allerdings erwies es sich als gar nicht so einfach, einen Ersatz zu finden. Angus stellte jedoch bald fest, dass sich ihm auch andere Möglichkeiten boten.

Mark Sneddon: »Malcolm hatte eine halbe Band beisammen, ich weiß gar nicht mehr, in welche Richtung die gingen. Irgendwann kam dann die Frage auf: Wieso spielst du nicht einfach mit Malcolm? Angus war zuerst nicht so richtig begeistert, aber irgendwann freundete er sich mit der Idee an.«

Tatsächlich war Angus' erste Reaktion auf die Vorstellung, mit seinem Bruder zusammen zu spielen, das blanke Entsetzen gewesen.

Mark Sneddon: »Angus sagte: ›Oh Gott, das können wir nicht machen, da bringen wir uns gegenseitig um.‹ Drei Wochen später taten sie es aber doch. Ich weiß nicht, ob jemand mit ihm geredet hat, oder ob er eine Erleuchtung hatte.«

Kim Humphreys hingegen ist der Meinung, dass es von Anfang an Angus' eigene Idee war, mit Malcolm zusammen zu spielen. »Er sagte: ›Pass auf, irgendwann in naher Zukunft werde ich eine

Band mit meinem Bruder aufbauen.‹ Das, erklärte er, sei sein großes Ziel.«

Mark Sneddon: »Der Name AC/DC war ihnen schon lange vorher eingefallen, ebenso die Idee mit der Schuluniform. Jedenfalls wurde vorher schon mal erwähnt, dass AC/DC doch ein guter Name sei. Allerdings hat das niemand von uns damals ernst genommen.«

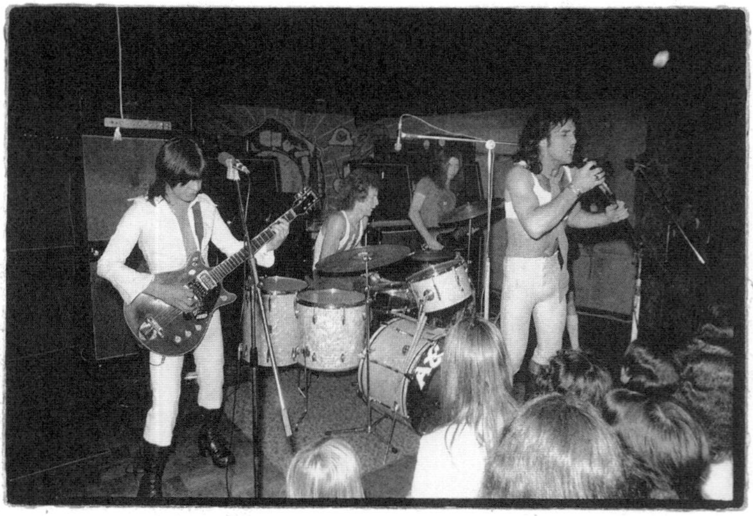

1974

Malcolm, Peter Clack, Rob Bailey, Dave Evans, Angus – im Chequers in Sydney

4. Kapitel

DIE ANFÄNGE

Es gab eine Sache, die George Young bedauerte, wenn er an seine Zeit mit den Easybeats dachte: dass sich die Band von der eigenen Erfolgsformel abgewandt und von der einfachen Magie der drei Akkorde verabschiedet hatte, um stattdessen mehr mit ihrem musikalischem Können zu beeindrucken. Und er war fest entschlossen, Malcolm mit seiner Band nicht denselben Fehler machen zu lassen.

Als George wieder nach Australien zurückkehrte, berichtete er Malcolm von den großen englischen Rocklegenden der damaligen Zeit, den Stones und den Faces. Aber Malcolm war schon gut informiert. Er hatte sich die Großen nicht nur angehört, er hatte sie studiert, und dabei hatte er eine Entdeckung gemacht. Sowohl die Stones als auch die Beatles hatten experimentiert, die Stones auf *Their Satanic Majesties Request*, die Beatles bei ihren wegweisenden Konzeptalben *Sgt. Pepper* und *Magical Mystery Tour*.

Aber sie waren beide zu ihren Rockwurzeln zurückgekehrt, die Stones mit dem überragenden *Exile On Main Street*, die Beatles, nicht ganz so überzeugend, mit *Let It Be* und Songs wie »Get Back«.

Es lag auf der Hand, welche Lehre daraus zu ziehen war.

»Man findet ja doch zu seinen Ursprüngen zurück«, sagte Malcolm im *Juke* vom 23. Februar 1991 dem Journalisten David Horowitz,

»warum sie also überhaupt verlassen? Wieso arbeitet man nicht lieber besser und härter an dem, was man schon kann?« Das war eine bahnbrechende Erkenntnis.

In einer Zeit, in der Status Quo, Slade und Foghat gerade sehr angesagt waren, träumte Malcolm von einer Band mit mehr Bodenständigkeit. Muddy Waters' enorm beeindruckende Australientour hatte im Mai 1973 viele Musikerseelen tief bewegt. Malcolm wollte sich die verlorene Kunst des echten Rock zurückerobern, mit der rohen Energie, Emotion und Power eines Little Richard, Chuck Berry, Jerry Lee Lewis. Mit der ungeschliffenen Kraft, wie sie sich in Beatles-Rockern wie »Get Back« zeigte, und die den Stones, neben all dem Hippiequatsch und den Drogenexzessen, eigen war.

Seine Pläne, die er nach dem Ausstieg bei Pony gehabt hatte, konnte er nicht verwirklichen. Den alten, ursprünglichen Sound hingegen beherrschte er im Schlaf.

Malcolm: »Eigentlich hatte ich nach einem Keyboard gesucht, weil ich mich an einem Rocksound mit Klavierelementen versuchen wollte, etwas vielseitiger eben. Aber das hat einfach nicht hingehauen. Wahrscheinlich, weil ich als Solomusiker nicht genug Selbstvertrauen hatte. Dabei wollte ich gar nicht so viele Soli spielen, nur eben das eine oder andere Lick. Es klappte einfach nicht, ich kriegte das Ding nicht zum Laufen. Und dann entwickelte sich diese Zusammenarbeit mit Angus. An ihn hatte ich vorher gar nicht gedacht.«

Ursprünglich hatte er sich mit Mike Sheffzick, dem Bassisten der Velvets und von Pony, und mit dem ehemaligen Masters-Apprentices-Drummer Colin Burgess zusammengetan. Das lief ganz ordentlich, war aber nicht der totale Bringer. Dann ersetzte im November Larry Van Kriedt, den Malcolm schon seit einigen Jahren kannte, Mike Sheffzick, und die Band beschloss, einen Sänger zu suchen, der die Texte, die Malcolm geschrieben hatte, gut rüberbringen würde.

Nach einer Reihe wenig vielversprechender Kandidaten begegnete Dave Evans dem Young-Clan erneut, dieses Mal über eine

Anzeige im *Sydney Morning Herald.* Der Ex-Sänger von Velvet Underground und Pony hatte sich schon lange gefragt, was hinter den kryptischen Bemerkungen steckte, die seine Bandkollegen über ein ehemaliges Mitglied machten, den sie »den Kleinen« nannten. Nun lernte er diesen Typen endlich persönlich kennen.

Evans war bei seinen Mitmusikern von Pony nicht gerade beliebt gewesen. Daher gab es durchaus ablehnende Stimmen, als Malcolm laut darüber nachdachte, ihn als Sänger zu testen; allerdings mussten alle zugeben, dass er eine ziemlich gute Rockröhre hatte. Man vereinbarte einen Probetermin in einem alten Bürogebäude in Newtown, in Sydneys westlicher Innenstadt, das Allan Kissick gehörte, einem angesehenen Szenetypen, der wesentlich einflussreicher war, als sein biederes Aussehen vermuten ließ. Er war bereits Manager, Agent und Berater vieler Bands gewesen, hatte zehn Jahre zuvor Stevie Wright mit den Easybeats zusammengebracht und die Band bei ihren ersten Schritten im Musikgeschäft betreut. Er war es auch gewesen, der Colin Burgess an Malcolms neue Band vermittelt hatte.

Evans war wie vom Donner gerührt, als er zu dem Treffen erschien und Burgess sah. Schließlich waren Masters Apprentices Ende der Sechziger und Anfang der Siebziger eine von Australiens Topbands gewesen und hatten sogar schon in London gespielt.

Dave Evans: »Colin war für mich ein Riesenstar. Als ich noch zur Schule ging, waren Masters Apprentices nämlich richtig angesagt.«

Man jammte sich gemeinsam durch ein paar Standard-Zwölftakter und ein paar Free-Songs. Alle waren begeistert. Obwohl die Band noch keinen Namen hatte, stellte Evans überrascht fest, dass Malcolm schon genau wusste, wohin er mit der Gruppe wollte.

Dave Evans: »Er sagte immer: ›Dieses Land ist mir scheißegal! Australien interessiert mich einen Dreck! Wir werden richtig groß werden, Mann! Wir werden die Welt erobern!‹ Er hatte immer die Vision, international Riesenerfolg zu haben.«

Nach weiteren Proben dachte Malcolm darüber nach, Angus dazuzuholen. Die beiden Brüder gingen nicht nur ähnlich an Musik heran, sie hatten zusammen auch eine Reihe ausländischer Bands live erlebt. Dabei hatten sie ähnliche Ansichten dazu entwickelt, was im Rock 'n' Roll funktionierte und was nicht. Und das machte Angus für Malcolm zum idealen Verbündeten.

Das erste gemeinsame Konzert, das sie besucht hatten, waren die Yardbirds im Januar 1967 im Sydney Stadium gewesen. Die Geschichte der legendären Band neigte sich zwar schon ihrem Ende zu und verfügte auch schon nicht mehr über die zweifache Gitarrenpower von Jimmy Page und Jeff Beck, aber die Briten verströmten trotzdem noch jede Menge Energie und bluesgetränkte Magie. Selbst auf den billigen Plätzen machte es in Angus' Hirn Klick. So musste Musik klingen.

Angus: »Ich schnallte erst, worauf es wirklich ankam, als ich mit zehn Jahren zusammen mit Malcolm die Yardbirds sah. Es war eine tolle Atmosphäre. Für mich waren sie immer schon eine gute Band. Sie kamen auf die Bühne und legten los. Es war echt überwältigend. Damals waren sie schon ziemlich schnell und wild, aber musikalisch wie immer sehr besonders.«

Fast auf den Tag genau ein Jahr später hinterließen The Who und die Small Faces eine Brandspur auf der australischen Erde, mit gewalttätiger Bühnenshow und ohrenbetäubender Lautstärke. Faces-Sänger Steve Marriott spuckte Gift und Galle in Richtung des Publikums im Sydney Stadium. The Who zerschlugen alles, was sie nicht in die Luft jagen konnten. Die ganze Show war ein Paradebeispiel für das Draufgängertum im Rockgeschäft. Malcolm und Angus Young sahen es sich mit großen Augen und offenem Mund an.

Im April und Mai 1971 kamen die nächsten Großmeister harter englischer Rockmusik auf den Sydney Racecourse: Deep Purple, Free und Manfred Mann, die damals ebenso keyboardlastig waren wie Purple selbst. Wieder waren Malcolm und Angus im Publikum, aber die größte Lehre und Inspiration an diesem Tag waren nicht die schwermetallischen Headliner, die in Angus' Augen nichts brachten, was er selbst nicht genauso gut gekonnt hätte, sondern der kantige Bluesrock von Free. Dieses Konzert war ein Schlüsselmoment, denn Free-Gitarrist Paul Kossoff und Drummer Simon Kirke wie auch Manfred Manns Drummer Chris Slade und Bassist Colin Pattenden sollten später alle noch auf die eine oder andere Art den Brüdern Young begegnen.

Dann rumpelte im März 1972 der Tross von Led Zeppelin in die Sydney Showgrounds. Die Band lieferte eine Marathonvorstellung ab. Doch Angus gefiel weit besser, was er von Gitarrist Jimmy Page einige Jahre zuvor zu Zeiten der Yardbirds gehört hatte.

Angus: »Als ich Led Zeppelin sah, hatten sie sich schon sehr weit von den Yardbirds entfernt. Ich fand die Yardbirds, ihre ganze Herangehensweise, viel besser. Vielleicht war ich bei dem Led-Zeppelin-Konzert auch nur enttäuscht, weil ich mehr aus dieser Richtung erwartet hatte. Der Sänger hat mich auch ein bisschen genervt. Der klang, als ob er sich in der Nase bohrte, und er war mehr damit beschäftigt, die Hüften kreisen zu lassen als zu singen. Ich will Zeppelin damit nicht schlechtmachen. Ich hatte nur mehr erwartet, weil die Yardbirds mit Keith Relf so einen fantastischen Sänger hatten. Der hat einen nicht mit seinen Hüften geblendet, sondern sich darauf konzentriert, was sein Job war – harten Rock 'n' Roll zu singen.«

Und genau das hatte Malcolm auch vor.

Malcolm: »Eines Tages sagte ich zu Angus: ›Wie läuft's denn so? Wie geht's mit der Band voran?‹ – ›Ach, da passiert im Moment nicht viel. Es ist ja eigentlich auch nur noch John da, der Bassist, und wir hängen so rum.‹ Also sagte ich: ›Dann komm doch bei uns vorbei für eine Jam und guck dir diesen Typen mit uns an. Ich habe einen Sänger entdeckt, von dem ich noch nicht weiß, was ich von ihm halten soll. Und vielleicht können wir einfach ein bisschen was losmachen. Nur mit dem Bassisten und dem Schlagzeuger ist es doch ein wenig einsam im Proberaum.«

Malcolm sprach die Idee auch in seiner Band an. Einige Mitglieder hatten Bedenken, ob Angus neben Malcolm, der schließlich unübersehbar ein wirklich guter und versierter Gitarrist war, wirklich würde überzeugen können.

Colin Burgess: »Malcolm spielte gleichzeitig Lead- und Rhythmusgitarre. Das fand ich damals unglaublich – die Band klang einfach großartig. Als Angus dazukommen sollte, fragte ich mich, ob er wohl gut genug sein würde?«

Das Problem lag jedoch überhaupt nicht in den musikalischen Fähigkeiten. Es schien viel wichtiger zu sein, dass ein Krankenhaus in der Nähe war und bei Bedarf schnell eine ärztliche Notversorgung leisten konnte.

Angus und Malcolm hatten schon immer eine stürmische, wenn auch sehr enge brüderliche Beziehung. Angus bastelte bei sich an seinen überragenden Gitarrenläufen, während Malcolm an Songstrukturen herumfeilte – in *seinem* Zimmer, zu dem Angus keinen Zutritt hatte. Allmählich näherten sich ihre Interessen einander an; sie entwickelten eine große Achtung füreinander. Wenn Anzeichen auftraten, einer der beiden könne Ärger bekommen, eilte ihm der andere umgehend zu Hilfe. Dennoch enthielt ihre Beziehung nach wie vor viel Sprengstoff, der jeden Augenblick hochgehen konnte.

William Young beobachtete recht verwundert, dass seine beiden Jüngsten offenbar beschlossen hatten, sich zusammenzutun. Er gab dem gemeinsamen Unternehmen eine Woche, bevor sie einander an die Gurgel gehen würden. Dabei lag der unerwartete Schulterschluss darin begründet, dass er den Bedürfnissen beider entgegenkam. George hingegen war bereits klar, welches Potenzial in ihrer Zusammenarbeit steckte. Manche behaupten sogar, dass er heimlich darauf hingearbeitet hatte.

Sollte Angus auch Bedenken gehabt haben – Malcolms ausgefeilte Vision für die Band wog die Aussicht auf ein paar blaue Flecken in vollem Umfang auf. Niemand spielte noch richtige Rockmusik, hatte Malcolm ihm erklärt, nachdem er seinen Helden Marc Bolan mit T. Rex im Holdern Pavilion in Sydney gesehen hatte. Es war an der Zeit, selbst in Aktion zu treten.

Angus war bereit anzuheuern.

Larry Van Kriedt: »Malcolm hatte etwas von einem Visionär. Er war schon immer so, er sah die Band als Ganzes. Er dachte nie ausschließlich an die Gitarre. Einmal verkündete er, dass er der Typ sein wolle, der strukturiert Gitarre spielt – derjenige, der die Gitarrenparts ausarbeitet. Und Angus sollte der Leadgitarrist werden, der die Show macht.«

Bei der ersten Probe war Angus nervös und sprach nicht viel. Offenbar überwältigte ihn der Glanz, der von den anderen Musikern ausging, wie Van Kriedt und natürlich Burgess, der immer noch ein richtiger Star war.

Er hätte sich keine Sorgen zu machen brauchen.

Malcolm: »Er legte los, und sofort waren alle in der Band total begeistert: ›Wahnsinn, das ist ja echt großartig!‹ Es machte sofort klick. Ich war ziemlich überrascht. Angus sicher auch.«

Dave Evans berichtet, dass er sich damals über Angus' Einstieg freute und den Gitarristen willkommen hieß. Malcolm erinnert sich jedoch ganz anders an die erste gemeinsame Probe.

Malcolm: »Der Sänger muss weg! [lacht] Es war Abneigung auf den ersten Blick. Evans mochte Angus nicht, weil Angus kleiner als ich und damals auch noch dünner war. Er wollte Angus nicht in der Band haben, was wir anderen alle unglaublich daneben fanden.«

Dennoch kam das Line-up wie geplant zustande, und einer der ersten, wenn nicht sogar *der* erste Auftritt der noch namenlosen Band fand an einem Abend im Dezember als zweite von drei Gruppen im Last Picture Show in Sydney statt. Aber ohne einen Namen konnte die Band auf Dauer nicht bestehen, daher setzte man sich bei einer Probe zusammen und versuchte, sich etwas einfallen zu lassen.

Der Name AC/DC wurde lange Margaret zugeschrieben, der Schwester von Malcolm und Angus, die diese Abkürzung hinten auf ihrem Staubsauger oder ihrer Nähmaschine entdeckt hatte. Anderen Quellen zufolge war er eine Idee des genialen George

Young, wobei zu allererst Georges Ehefrau als Urheberin des Namens genannt werden muss.

»Georges Frau Sandra meinte, es wäre ein guter Name für eine Band«, erklärte Malcolm im *Go-Set* vom 15. Juni 1974 der Journalistin Michele Driscoll.

Albert's Rocka Souvenir Songbook bestätigte das im August 1976. Hier hieß es ebenfalls: »Georges Frau kam auf den Namen AC/DC.« Die Aussage bestätigte Angus, als er einen Monat später mit Bob Hart vom *Spunky* sprach: »Der Name kam von der Rückfront der Nähmaschine meiner Schwägerin.«

Gleichzeitig bedeutete die Bezeichnung AC/DC aber auch so etwas wie »beidseitig bespielbar« – und weckte daher auch homosexuelle Assoziationen. Das führte dazu, dass die Band am Anfang häufig für Schwulenclubs gebucht wurde, was der testosteronlastigen Musik der Band ziemlich entgegenlief. Allerdings hatten die Mitglieder auch ihren Spaß an dieser Zweideutigkeit. Malcolm und Angus fanden den Gedanken lustig, einem Idioten, der sie wirklich für schwul halten würde, das Gegenteil zu beweisen.

Unmissverständlich hingegen waren die musikalischen Einflüsse, auf die sie sich beriefen. Die Yardbirds, The Who, die Kinks, die Small Faces, die Stones und sogar die Spencer Davis Group zählten zu ihren Favoriten. Sie waren beide auch begeisterte Fans des rhythmischen Zusammenspiels von Dusty Hill und Billy Gibbons – dem Bassisten und dem Gitarristen von ZZ Top, den sogar Jimi Hendrix bewunderte – sowie von klassischen Shoutern wie Fats Domino oder Ike und Tina Turner. Angus fand Jerry Lee Lewis so großartig, dass er das erste Mal, als er in den Redaktionsräumen der Zeitschrift *Juke* erschien, mehr daran interessiert war, das Archivmaterial über den »Killer« durchzublättern, als selbst ein Interview zu geben. Davon abgesehen hatte er sich stilistisch einiges vom Flamenco abgeschaut. Ebenso wie Malcolm war er fasziniert vom Fingerpicking des Countrygitarristen Jerry Reed mit seinem Südstaaten-Swamp-Feeling.

Malcolm: »Für uns gab es immer wichtigere Bands als die Stones oder die Beatles … Jeder hatte zu der Zeit ja irgendwelche Einflüsse. Dann fing man an, auf die härteren Sachen zu stehen, wie Led Zeppelin oder Hendrix. All das hat uns geprägt. Vor allem natürlich Typen wie Jeff Beck. Wir waren immer große Bluesfans, insbesondere von Muddy Waters und Willie Dixon. Was den Rock 'n' Roll anging, mochten wir Little Richard, Chuck Berry und Jerry Lee Lewis. Das war die Musik, zu der wir Party machten. Es war alles ziemlich ungeschliffen und wild – grinsen und loslegen. So waren wir damals. Was die Musik angeht, gab es massig gute Vorbilder.«

Bei dem Stil, den die Band nun anstrebte, musste Malcolm sich mit seinen Fähigkeiten ein wenig zurückhalten. Er und Angus liebten die schlichte Art, mit der Rockmusik gemacht wurde, die einfachen Techniken, die diesen Sound so urwüchsig wirken ließen.

Steve Morcom erinnert sich an eine Unterhaltung mit Angus, in der es um Yes und deren Gitarristen Steve Howe ging. »Angus sagte: ›Klar, Malcolm kann genauso spielen, aber wir wollen uns auf die wesentlichen Elemente konzentrieren.‹ Das meinte er ganz positiv. Ich wusste, dass Malcolm durchaus in der Lage war, komplexere Musik zu spielen. Er war ein sehr ausgefuchster Gitarrist, als AC/DC anfingen.«

Den Auftritt, bei dem diese Formel offiziell erstmals der Öffentlichkeit präsentiert wurde, hatte Allan Kissick im Chequers für den Silvesterabend 1973 organisiert. Die Band hatte dort schon öfters gespielt und war auch gelegentlich kurzfristig für andere eingesprungen. Dieses Mal aber war es eine große Sache: Sie sollten eine Woche lang im Chequers die Headliner sein.

Der Club, der am südlichen Rand des Geschäftsviertels im Sydneyer Zentrum lag, war in den Sechzigern eine der ersten Adressen der Stadt gewesen. Der Club im Souterrain war über eine weiß gefleckte Marmortreppe zu erreichen, und innen war er so glamourös und elegant, wie man es angesichts der Künstler erwartete, die dort aufgetreten waren, unter anderem auch Frank Sinatra und

Shirley Bassey. Durch die Abende führte der oft in einen lila Anzug gekleidete Mr. Casey.

In den Siebzigern war der Club mehr zum Trinktreffpunkt für Leute aus der Musikindustrie geworden, aber er zählte noch immer zu den angesagten Plätzen, an denen man sehen und gesehen werden konnte. AC/DC erschienen zu jenem Auftritt ganz normal in ihren Straßenklamotten.

Angus: »Ich glaube, wir waren ein bisschen nervös. Aber wir hatten das Gefühl, nicht viel verlieren zu können. Schließlich war Silvester, und im Laufe des Abends würden sich die meisten Leute betrinken und nicht mehr mitkriegen, was wir machten. Casey war mir und Malcolm gegenüber sehr nett. Das Gute daran war, dass wir zu den wenigen Bands gehörten, denen er ein bisschen mehr bezahlte. Davon waren alle ziemlich beeindruckt.«

Das Engagement im Chequers beinhaltete drei oder vier Sets jeden Abend, sodass die Band insgesamt bis zu fünf Stunden auf der Bühne stand. Dafür brauchte man eine schnelle Auffassungsgabe und musste viel jammen. Van Kriedt spielte gelegentlich auch Saxofon, Malcolm übernahm dann den Bass. Sie brachten eigene Songs wie »The Old Bay Road« und »Midnight Rock«, und um die Zeit rumzukriegen, erzählten sie zwischendurch auch ein paar Witze.

Angus: »Ich glaube, wir spielten ein paar Sachen von den Stones, viel Chuck Berry und Little Richard – ›School Days‹, ›Nadine‹ und dann noch ›No Particular Place To Go‹. Von den Beatles hatten wir ›I Want You (She's So Heavy)‹ im Programm. Bei anderen Nummern haben wir manchmal auch nur so ein bisschen vor uns hingeklampft. Malcolm sagte: ›Das ist jetzt unsere Jazz-Einlage: Ang, spiel mal ein Gitarrensolo. Beschäftige dich mal für eine halbe Stunde.‹«

Auf die Gigs im Chequers folgten andere in der Sydneyer Clubszene. Die Musiker und das Equipment wurden dabei in Malcolms VW-Bus von einem Ort zum anderen transportiert. Die Attraktion jedes Konzerts war immer wieder das musikalische Feuerwerk, das die beiden kleinen Gitarristen gemeinsam abfeuerten.

Dave Evans: »Die zwei fochten richtige Gitarrenduelle auf der Bühne aus. Diese beiden kleinen Kerle hauten die Leute wirklich um. Malcolm drehte total auf, dann zog Angus nach, dann kam Malcolm wieder und schließlich spielten beide gleichzeitig. Es war ziemlich abgefahren.«

Zwischendurch gab es immer wieder ein paar ungewöhnliche Gigs, etwa, als die Band gebeten wurde, bei der griechischen Hochzeit des Cousins eines Freundes von Dave Evans aufzutreten. Alles lief gut, bis einer der Gäste die wohl nicht völlig überraschende Bitte äußerte, er wolle die Titelmelodie von *Alexis Sorbas* hören. Die Musiker warfen sich panische Blicke zu. Dann nahm Malcolm die Sache in die Hand.

Dave Evans: »Er ist unglaublich musikalisch. Den Titel hatte er noch nie in seinem ganzen Leben gespielt. Aber er sagte: ›Klar, kein Problem! Orientiert euch an mir, Jungs.‹ Und so spielten AC/DC ›Alexis Sorbas‹ und hinterließen bei der griechischen Hochzeit einen Mordseindruck.«

Aus der Entfernung beobachtete George Young die Entwicklungen mit stolzgeschwellter Brust. AC/DC stellten für ihn eine neue Hoffnung dar, denn sie gaben ihm jenen Enthusiasmus zurück, den die letzten Tage der Easybeats aus ihm herausgesaugt hatten. Alle paar Wochen sah er daher bei den Proben vorbei und gab der Band Ratschläge. Malcolm und Angus nahmen diese Hinweise gern an, ebenso wie die anderen Mitglieder, denen Georges Erfahrung Ehrfurcht einflößte.

Larry Van Kriedt: »Ich war echt beeindruckt, als George mit einem Text und einem Songfragment zu uns kam und uns fragte: ›Was haltet ihr davon?‹ Dave meinte: ›Der Text gefällt mir nicht.‹ George fragte: ›Warum?‹ – ›Na ja, er ist ein bisschen negativ.‹ Anstatt zu sagen: ›Der ist doch gar nicht negativ‹, meinte George nur: ›Oh‹, und nahm sich den Text noch einmal vor. Ganz spontan dachte er sich noch ein paar positive Zeilen aus.«

Bei Albert Productions, bei denen die Easybeats in früheren Zeiten unter Vertrag gestanden hatten, fing im Februar 1973 Chris

Gilbey als A&R-Manager an, also auf jenem Posten, der für die Entdeckung neuer Künstler und ihre Betreuung zuständig ist. Einige Monate später bat Ted Albert ihn, auch Promotionaufgaben zu übernehmen. Ende des Jahres war Gilbey Vizepräsident. Nach seiner Ansicht spielte George eine große Rolle beim Aufbau der neuen Band.

Chris Gilbey: »Ich glaube, in den Anfangstagen übte George auf AC/DC mehr Kontrolle aus als irgendeiner aus der Band. George war schließlich der große Bruder und hatte mit den Easybeats viel erlebt. Er kannte Fußangeln des Geschäfts, er war in England gewesen, er hatte Hits gehabt. Er hat ihnen sicher sehr anschaulich vermittelt, wie es im Musikgeschäft läuft, worum es bei Musik wirklich geht, und dass man seinen Wurzeln treu bleiben sollte. Das waren Grundlagen, über die George oft sprach.«

Im Januar 1974 gingen George und Harry Vanda mit der Band in die EMI-Studios in Sydney, unterstützt von Toningenieur Richard Rush. Nach den Sessions spielte George Van Kriedts Bassläufe noch einmal neu ein. Es entstanden mehrere Songs, darunter »Can I Sit Next To You, Girl« und »Rockin' The Parlour«, aber auch »Sunset Strip« (aus dem sich später »Show Business« entwickelte) und eine frühe Version von »Rock 'n' Roll Singer«, das schon mal für das Debütalbum der Band eingeplant wurde.

Harry Vanda erkannte bei diesen Sessions, dass Malcolm und Angus in eine Richtung drängten, die kaum Platz für die Rolle ließ, die sich Dave Evans erträumte.

Harry Vanda: »Die Jungs waren damals noch auf der Suche nach einer eigenen Identität. Dave tendierte immer mehr zur Glitterseite des Rock, was ja auch völlig okay ist, wenn man so etwas machen will. Aber für die anderen war das ein fremdartiges Konzept, einfach nicht ihr Ding. An dem, was damals bei ihren Demos rüberkam, merkte man, dass sie auf alle Fälle eine echte Rockband werden würden.«

Eine Woche nach der Session brach Colin Burgess auf der Bühne im Chequers zusammen.

Colin Burgess: »Mir muss da jemand was in meinen Drink geschüttet haben, denn ich war richtig ausgeknockt und bin buchstäblich vom Schlagzeughocker gefallen. Ich weiß, das klingt komisch. Mir war so was vorher auch noch nie passiert.«

Er wurde auf der Stelle entlassen und humpelte, da ihm ein Stiefelabsatz abgebrochen war, hinaus in die Sydneyer Nacht. Malcolm rief sofort bei George an, der für den Rest des Abends als Schlagzeuger einsprang.

Burgess' Abschied brachte Bewegung in das Personalkarussell. Auch Van Kriedt wurde kurz darauf vor die Tür gesetzt. Schon zuvor hatten sich entscheidende Veränderungen angekündigt.

Larry Van Kriedt: »Es war die Rede davon, dass jeder in der Band eine Rolle übernehmen sollte. Angus zum Beispiel sollte einen Schuljungen spielen. Ich sollte ein amerikanischer Polizist sein. Ich weiß, das klingt nach den Village People, aber die gab es damals noch nicht! Malcolm wollte einen Piloten darstellen und sich dafür die Haare blau färben. Angus war davon zuerst total genervt, weil er kein Clown sein wollte! Malcolm hat ihn aber schnell auf Linie gebracht.«

George und Harry hatten währenddessen, nachdem sich mit Ted Albert und Albert Productions Ende 1973 eine sehr intensive und vertrauensvolle Arbeitsbeziehung entwickelt hatte, an anderen Aufnahmen gearbeitet. Bei dem Projekt handelte es sich um das Debütalbum des ehemaligen Easybeats-Sängers Stevie Wright, der damals unter anderem bei der australischen Musicalproduktion von *Jesus Christ Superstar* mitgewirkt hatte.

Bei *Hard Road* brachten George und Harry nicht nur ihre Fähigkeiten als Produzenten ein, Malcolm und Harry waren zudem auch als Gitarristen zu hören. Der zentrale Titel der Platte war »Evie«, ein elfminütiges Epos aus der Feder von Young und Vanda, das in Teil 1, 2 und 3 unterteilt war und den größten Teil der ersten Seite einnahm.

Drummer Russell Coleman nahm ebenfalls an einigen Sessions für das Album teil und war von Georges musikalischem Instinkt und Talent überrascht, aber auch von seiner Begabung, Geräusche in Musik zu verwandeln.

Russell Coleman: »Er hörte sich zum Beispiel riesengroße Stahlpressen an, so ähnlich wie Stanzmaschinen, nur eben 20 Tonnen schwer, und sagte: ›So sollte sich die Snaredrum anhören!‹ Eines Tages kam ich mit Stevie Wright rein und hatte meine auf Hochglanz polierten Becken dabei. Georges erster Kommentar lautete: ›Schmeiß den ganzen Schrott weg, Mann!‹ Dann holte er die hässlichsten Becken, die ich je gesehen habe, und meinte: ›Das ist Rock 'n' Roll!‹ Dabei hatte er auch eine Sammlung von Gitarren, wunderschöne Gibsons, Epiphones und Fenders, die alle sauber aufgereiht nebeneinander in einer Ecke standen.«

Malcolm war überrascht und auch ein bisschen enttäuscht, als er die komplexen Abläufe, das ganze Herausschneiden und Wiedereinfügen, bei den Aufnahmen der Marcus Hook Roll Band mitbekommen hatte – jenem Studioprojekt von George und Harry, aus dem das Album *Tales Of Old Grand-Daddy* entstanden war. Die Vorgehensweise bei den *Hard Road*-Sessions bestätigte ihn nur in seinem stillen Entsetzen.

Daraufhin ergriff er, kaum dass er wieder zu Hause war, drastische Maßnahmen: Er schmiss alle seine Platten weg. Die einzigen Ausnahmen bildeten *Get Yer Ya-Ya's Out* von den Stones und seine Bluesalben, von denen er wusste, dass ihre Stärke gerade in ihren Fehlern lag.

Schon im Februar hatte Allan Kissick Malcolm angeworben, um ihn kurzzeitig als Ersatzgitarrist für die Sydneyer Band Jasper zu gewinnen, deren Frontmann – John oder Johnny Cave – eine Zeit lang als AC/DC-Sänger im Gespräch war. Cave änderte seinen Bühnennamen später in William Shakespeare, entwickelte einen glitzernden Modegeschmack und hatte auf dem Albert-Label mit den Vanda/Young-Kompositionen »Can't Stop Myself From Loving You« und »My Little Angel« zwei Charthits.

Malcolm war während dieses Intermezzos von dem straighten Rhythmus recht beeindruckt und fragte Bassist Neil Smith und

Schlagzeuger Noel Taylor, ob sie Lust hätten, bei AC/DC einzusteigen. Die beiden erwiesen sich als äußerst guter Fang, da sie nicht nur einen Van mitbrachten, sondern auch eine eigene PA.

Ende Februar bekam das neue Line-up ein vierwöchiges Engagement im Hampton Court Hotel, nachdem sie dort geprobt und den Barbesitzer von ihren Qualitäten überzeugt hatten. Wie im Chequers waren auch im Hampton drei anstrengende 45-Minuten-Sets Pflicht. Zwischen den Auftritten machte die Band jeweils eine halbe Stunde Pause, sodass die Auftritte, inklusive aller Zugaben, selten kürzer als vier Stunden dauerten.

AC/DC hatten inzwischen zwei feste Showelemente ins Programm eingebaut, die besonders die Aufmerksamkeit der Leute auf sich zogen. Das eine war eine pulsierende Version von »Jumpin' Jack Flash«, die fast zwölf Minuten dauerte und bei der sich Malcolm und Angus wilde Gitarrenduelle lieferten. Das andere war eine Langfassung von »Baby, Please Don't Go«, bei der Malcolm den Gesang übernahm.

Damals gingen Malcolm und Angus noch einer geregelten Arbeit nach, die sie zu frühem Aufstehen zwang, daher rollte sich Angus in den Pausen oft in einer Ecke zusammen und versuchte, ein bisschen zu schlafen.

Neil Smith merkte schnell, dass er bei einer ganz besonderen Band gelandet war, nicht nur wegen des Talents von Malcolm und Angus oder der Tatsache, dass sie die kleinen Brüder von George Young waren. Es wunderte ihn allerdings, dass die beiden nie mit Leuten aus der Musikindustrie abhingen, sondern sich eher so weit wie möglich von ihnen fernhielten. Nach den Gigs ging Angus nach Hause und übte allein weiter. Die beiden hatten generell eine ausgeprägte Schwarz-Weiß-Perspektive auf den Sound und die Musiker der damaligen Zeit.

»Eines Abends war ich im Chequers. Malcolm trank einen Scotch und ich ein Bier, als er mich fragte: ›Was hältst du denn von der Band?‹ Ich antwortete: ›Ich finde sie ganz okay.‹ Und er: ›Sind sie gut?‹ – ›Na ja, nicht besonders …‹ – ›Sie sind scheiße, oder?‹ So dachten sie eben. Es gab immer nur Schwarz oder Weiß, nichts dazwischen. Sie wussten einfach, was ging. Angus hat mal zu mir gesagt: ›Schade, dass Hendrix gestorben ist, wir hätten ihn sonst von der Bühne spielen können!‹ Wenn man mit ihm ein paar Bier trank, sagte er irgendwann: ›Du weißt ja, wir werden eines Tages eine der größten Bands der Welt sein.‹ Ich meine, da stand so ein zwanzigjähriges Bürschchen und erzählte so was. Ich habe dann nur gesagt: ›Alter, sag bloß. Dolle Sache. Willste noch 'n Bier?‹«

Im Februar und März tourten Geordie, eine Glamrock-Band aus Großbritannien, mit ihrem Leadsänger Brian Johnson durch Australien. Chris Gilbey von Albert's half, die Tour zu organisieren, da die Firma die Interessen des britischen Verlags Red Bus Magic vertrat, bei dem Geordie unter Vertrag standen. Angus sah die Briten im Hornsby Police Boys Club, Malcolm erlebte Geordie im Chequers.

George war derweil immer noch bestrebt, jeden Fortschritt in der musikalischen Entwicklung seiner Brüder zu dokumentieren. Er lud AC/DC in sein Haus in Epping ein, wo er ein kleines Studio eingerichtet hatte. Leider verursachte Smiths Bassverstärker einen Kurzschluss, und die Sessions mussten abgebrochen werden. Immerhin entstand dabei noch eine neue Version von »Can I Sit Next To You, Girl«.

AC/DC spielten weiterhin bei jeder sich bietenden Gelegenheit. Im April begann mit einem Open-Air-Konzert im Victoria Park unweit des Sydneyer Geschäftsszentrums ein neues Kapitel in der Bandgeschichte. AC/DC waren fest entschlossen, einen bleibenden Eindruck zu hinterlassen. Wenn sie bei einer so großen Veranstaltung überzeugen konnten, würde der Publicity-Effekt enorm sein.

Bei dem Gig wurden die Kostüme zum ersten Mal vorgestellt, über die schon so lange diskutiert worden war.

Dave Evans: »Wir hatten beschlossen, uns bizarr anzuziehen, um etwas mehr Aufmerksamkeit zu bekommen. Für Angus war seine Schwester auf die Idee gekommen, ihn als Schuljungen mit kurzen Hosen und einem Schulranzen auf dem Rücken zu verkleiden. Der Bassist hatte sich für Reithosen, Sturzhelm und dunkle Sonnenbrille entschieden. Er sah aus wie ein Highway-Cop. Der Schlagzeuger trug ein Clownskostüm mit Zylinderhut; er sah fast aus wie ein Harlekin. Und Malcolm hatte einen weißen Overall und blaue Schuhe wie ein Pilot. Ich trug rote Stiefel, mörderisch enge Hosen und eine grelle rot-weiß gestreifte Jacke. Die Leute waren wirklich ziemlich verblüfft, vor allem wegen der Schuluniform. Die ganze Band sah aus, als käme sie aus dem All. Es war etwas total anderes. Das Konzert lief natürlich vom Allerfeinsten.«

Von all den verschiedenen Outfits war es vor allem Angus als Schuljunge, der besonders glaubhaft und eindrucksvoll rüberkam. Sein Look war auch deshalb besonders authentisch, weil die Zeiten noch gar nicht lang zurücklagen, als er noch zur Schule ging, am Nachmittag in der Uniform durch die Haustür stürmte, sofort wieder die Gitarre zur Hand nahm und vergaß, sich umzuziehen. Seine große Schwester Margaret hatte begriffen, dass dieses Bühnenkostüm eine einzigartige Möglichkeit bot, um Angus auf ewig als Sechzehnjährigen zu stilisieren. Da er schüchtern war, war er von der Idee zunächst überhaupt nicht angetan. Aber Malcolm und George gelang es schließlich, ihn zu überzeugen.

Diese Verkleidung war vielleicht die auffälligste, aber längst nicht die einzige, die Angus in den kommenden Monaten ausprobierte. Als Zorro spielte er beispielsweise die Gitarre mit einem Plastikschwert – in stiller Verbeugung vor Jimmy Pages Experimenten mit dem Geigenbogen, die Angus und Malcolm live erlebt hatten, als sie beim Konzert der Yardbirds gewesen waren.

Dave Evans: »Er lieferte sich auf der Bühne ständig Kämpfe mit mir und attackierte mich mit dem Schwert. Ich hatte den Mikrofonständer, also duellierten wir uns ein bisschen. Am Ende hob ich ihn dann auf meine Schultern. Da oben hat er dann weitergespielt.«

Der Auftritt im Victoria Park war ein Wendepunkt in der Karriere der Band. Für Neil Smith und Noel Taylor war es zudem das Ende ihrer Zeit bei AC/DC – sie wurden nach nur sechs Wochen gefeuert. Mit ihnen verschwanden auch ihre Bühnencharaktere. Das ganze Konzept mit den Verkleidungen verlor zunehmend an Durchschlagskraft.

Neil Smith: »Diese Typen erzählten uns dauernd: ›Wir werden die größte Band der Welt!‹ Und wir sagten immer nur: ›Ja, ja, klar‹ – und haben noch ein Bier bestellt. Wir haben das nicht so ernst genommen wie sie. Ich kann mir gut vorstellen, dass das für Malcolm sehr frustrierend war.«

Smith und Taylor waren draußen, und die Band ließ in ihrem Proberaum in Newtown von Neuem Musiker vorspielen. Der Bassist Rob Bailey, der beim Konzert im Victoria Park mit der Gruppe Flake aufgetreten war, und Schlagzeuger Peter Clack machten das Rennen.

Dennis James: »Damals waren die beiden in meiner Band, die, wenn ich mich recht erinnere, Train hieß. Sie bekamen einen Anruf von Ray Arnold (AC/DCs erstem Manager), der sie zum Vorspielen einlud. Ich begleitete sie, und beide – dazu auch mein Sänger Wayne Green – bekamen das Angebot einzusteigen. Wayne lehnte dummerweise ab. Ich wurde leider nicht gefragt … Ich war ja selbst Leadgitarrist!«

Steve Wrights »Evie« erschien im Mai 1974 und entwickelte sich zur erfolgreichsten australischen Single des Jahres. Zudem war der Song die erste Gelegenheit, Malcolms Gitarrenzauber weltweit auf Platte zu hören. Am 9. Juni, »Evie« war gerade in aller Munde, spielte Wright im Sydney Opera House. Mit seinem im März erschienenen Album *Hard Road* war er zum großen Solostar geworden. Ungefähr 10 000 Zuschauer erschienen zu dem kostenlosen Konzert, obwohl höchstens für ein paar Tausend Platz war. Bei diesem Gig kam es zu einer kleinen Easybeats-Reunion, da Wright von George Young am Bass und Harry Vanda an der Gitarre begleitet wurde. Es war ihr erster gemeinsamer Auftritt seit der Trennung der Band. Dazu spielte Malcolm Rhythmusgitarre, Dave Evans, John Paul Young und Neil Johns von Blackfeather übernahmen den Backgroundgesang. Malcolm und Evans mussten an dem Abend gleich zweimal ran, da AC/DC auch noch das Vorprogramm übernahmen.

Go-Set schrieb in seiner Ausgabe vom 22. Juni 1974, die Supportband sei »eine Gruppe, mit der noch zu rechnen sein wird«. Fazit: »AC/DC sahen toll aus und hörten sich auch so an.«

Derartige Kritiken waren unbezahlbar, vor allem, da die Band noch im gleichen Monat offiziell bei Albert Productions unterschrieb. Zu dieser Zeit entstand auch ein weiteres unverwechselbares Merkmal für die Band: Als die Musiker bei einem Gig in einem südlichen Vorort von Sydney aufkreuzten, entdeckten sie ein Plakat, auf dem die Veranstalter für den Gig Werbung machten. Auf dem Poster war ein Blitz zu sehen, der das AC vom DC trennte. Es war die Idee von Chris Gilbey, der damit die Assoziation zu Strom und Energie betonen wollte, die der Bandname hervorrief. Es passte perfekt. Das Logo wurde zum Markenzeichen.

Am 22. Juli erschien AC/DCs erste Single »Can I Sit Next To You, Girl« mit der B-Seite »Rockin' The Parlour« in Australien. Beide Titel stammten von den EMI-Sessions aus dem Januar. Dank Georges und Harrys kreativer Schützenhilfe gelangten ein paar Exemplare der Platte sogar ins Ausland, wo sie schnell begeisterte Fans fand.

Die erste Kritik in einer ausländischen Zeitung erschien 1975 in den USA in der Frühjahrsausgabe von Greg Shaws Fanzine *Who Put The Bomp*. Darin stellte Shaw, ein langjähriger Easybeats-Fan, einige interessante Überlegungen an, da er keine anderen Informationen zu der Single erhalten hatte: »Hinter AC/DC verbergen sich vermutlich Vanda & Young sowie einige Studiomusiker. Falls es sich um eine echte Band handelt, ist die Ähnlichkeit mit den Easybeats frappierend (...) Es ist eine moderne Weiterentwicklung ihres klassischen Sounds. Eine überwältigende Platte.«

Ein kurzer Clip zu diesem Song entstand wenig später in einem leeren Kino, dem Last Picture Show in Cronulla, in dem AC/DC regelmäßig spielten. Bernie Cannon, der für ABC Television die zehnminütige Sendung *GTK* (Get To Know) produzierte, die von Montag bis Donnerstag jeweils um 18 Uhr 30 lief, drehte das Video an einem Sonntagmorgen mit hohem technischen Aufwand: Er beschloss, einen Farbfilm zu verwenden, obwohl die Sendung noch gar nicht in Farbe ausgestrahlt wurde.

Trotz der Sendezeit und der billigen Produktionsweise war *GTK* landesweit zu sehen. Sie half der Band dabei, in Gebieten bekannt zu werden, die sie selbst noch nie bereist hatte. Allerdings sorgte *GTK* schon bald dafür, dass sich diese Flecken auf der australischen Landkarte drastisch verkleinerten. Denn mit dem Charterfolg von »Can I Sit Next To You, Girl« gingen AC/DC im Süden und Westen auf eine kleine Australientournee. Die Single hatte es in einigen Gegenden sogar in die Top 5 geschafft.

In Sydney setzte sich die Band mit ihrer einzigartigen Energie und ihrer Spielfreude inzwischen auch bei einem Publikum durch, das bis dato als schwierig galt. Wizard, ein Mitglied der 60 Mann starken Gang Annandale/Leichhardt-Sharpies, erinnert sich an einen Gig im Hornsby Police Boys Club: »Einer der Typen sprang auf die Bühne, riss Angus die Mütze vom Kopf, setzte ihm eine von den Sharpies auf, die wie eine Golfermütze aussah, und haute mit Angus' Kopfbedeckung ab. Wir gaben sie ihm nachher wieder – es war nur für ein paar Songs.«

Im August hatte »Can I Sit Next To You, Girl« bei *GTK* Premiere. Zur gleichen Zeit tourte Lou Reed, der König dekadenter Rockmusik, erstmals durch Australien. Wer wäre besser als Aufwärmer für ihn geeignet gewesen als eine junge Band mit einem Schuljungen als Gitarristen, deren Name noch dazu auf Bisexualität anspielte? Da es sich um eine Tour handelte, die über den ganzen Kontinent führen sollte, war es eine hervorragende Promotionmöglichkeit für AC/DC.

In Melbourne erfuhren die Musiker jedoch, dass sie die Lautsprecheranlage nicht in vollem Umfang nutzen durften. Malcolm explodierte und rief sofort bei George an.

Dave Evans: »George setzte sich in den nächsten Flieger und kam nach Melbourne. Er baute sich vor Lou Reeds Soundtechnikern auf und fauchte: ›Ihr gebt diesen Jungs die Vollbedienung, kapiert?‹ Dann blieb er neben dem Mischpult stehen und passte auf, dass wir die ganze Power bekamen. Mit George Young legt sich niemand an!«

Während der Reed-Tournee kam es beim Konzert in Perth zu einer neuen Aufgabenverteilung innerhalb der Band. Malcolm erklärte, dass Angus von nun an die Leadgitarre übernehmen solle und er ab sofort Rhythmusgitarre spielen würde. Sie würden sich nicht mehr abwechseln, so wie bisher.

Dave Evans: »Er sagte: ›Wir brauchen einen neuen Schwerpunkt in der Band.‹ Malcolm ist ein ziemlich cleverer Typ und hat einen sehr ausgeprägten Geschäftssinn. Ich weiß noch, dass ich damals zu Malcolm sagte: ›Alter, ich finde es super, was du auf der Gitarre machst! Es wäre eine verdammte Verschwendung, wenn du nur noch Rhythmusgitarre spielst. Du bist besser als Angus!‹ Doch er meinte nur: ›Spielt keine Rolle.‹«

Angus hatte sich immer schon gewünscht, der aufsehenerregende Solokünstler zu sein. Und wenn er in technischer Hinsicht Rat brauchte, stand ja Malcolm, der Gitarrenmeister, nur einen Schritt hinter ihm. Das neue Arrangement erwies sich als ideal.

Zu der klaren Aufteilung im Gitarrenbereich kamen noch weitere Veränderungen. Die wachsende Beliebtheit der Skyhooks aus Melbourne, die mit aufwendigen Kostümen und Theatereinlagen auf die Bühne gingen, gab für AC/DC den letzten Ausschlag, auf Verkleidungen zu verzichten. Die beiden Youngs und ihre Mitstreiter hatten nicht die Absicht, in einen Kostümwettbewerb mit anderen Bands zu treten, schon gar nicht mit den überkandidelt ausstaffierten Skyhooks. Das Einzige, was übrig blieb, war Angus' Schuluniform.

Gleichzeitig wurde der frischgebackene Leadgitarrist allmählich aktiver. Fortan stand er nicht mehr nur konzentriert auf der Bühne und spielte. Er begann sich mehr und mehr zu bewegen –

und das, obwohl er seine Energie aus wenig anderem speiste als aus Milch, Keksen und Zigaretten.

In einem Fernsehinterview Anfang der Neunziger erklärte ihr schottischer Landsmann, der Schauspieler und Sänger Billy Connolly, dass er zu Beginn seiner Karriere auch in seltsame Verkleidungen geschlüpft war, weil es ihm das Gefühl gab, alles tun zu können, was er wollte. Für Angus hatte die Schuluniform allmählich eine ähnlich befreiende Wirkung.

Ermutigt von George und Malcolm entdeckte er, dass er wie ein Irrer über die Bühne wirbeln konnte, während er gleichzeitig mit einer emotionalen Tiefe spielte, wie er sie an Instrumenten wie Saxofonen bewunderte. Er brillierte mehr und mehr mit Soli, auf die seine Helden Jeff Beck oder Leslie West von Mountain stolz gewesen wären. Da Angus nun aber noch mehr Aufmerksamkeit erhielt, kamen auch die schwelenden Spannungen zwischen Dave Evans und den Youngs – die in erster Linie auf charakterlichen Gegensätzen beruhten – endgültig zum Ausbruch.

Eines Abends kam es zwischen Evans, befeuert von einer Flasche Drambuie, und dem genervten Angus zu einer Schlägerei, in deren Verlauf der kleine Gitarrist den Sänger, mit dessen Leistung er schon länger nicht zufrieden war, windelweich prügelte. Seine Aggression trug dazu bei, Angus' Rolle in der Band zu stärken und allen anderen Respekt einzuflößen. Es kam zu weiteren Streitigkeiten über Geld – trotz vieler Auftritte war die Band chronisch knapp bei Kasse – und über das Management. Evans und Dennis Laughlin, der zweite Manager von AC/DC, gingen bei einem Auftritt in Adelaide mit den Fäusten aufeinander los und mussten mühsam von anderen Bandmitgliedern getrennt werden.

Trotz aller Reibereien – oder gerade deswegen – waren die Brüder Young nach wie vor davon überzeugt, dass AC/DC zu Höherem berufen waren. Geordie Leach, damals bei der Melbourner Band Buster Brown, erinnert sich, wie er Malcolm und Angus bei einem Konzert in Adelaide begegnete.

Geordie Leach: »Wir hatten uns gerade im Hospital Hotel die Zimmerschlüssel geholt, da sahen wir Angus und Malcolm auf der Eingangstreppe einer Pinte sitzen, wie sie auf ihren E-Gitarren spielten, nur zum Spaß und rein akustisch. Irgendjemand sagte: ›Ihr seid echt heiß, Jungs!‹ Sie meinten darauf: ›Klar, wir werden richtig groß.‹«

In Adelaide trafen sie schließlich auch jenen Mann, der ihnen dabei helfen sollte.

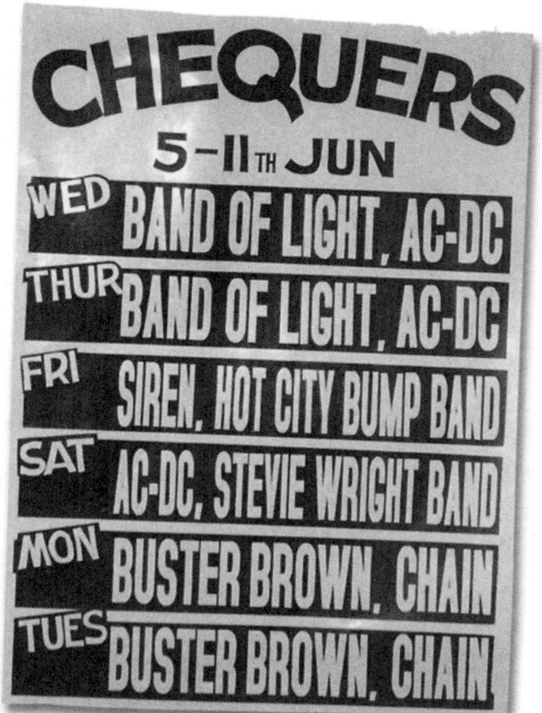

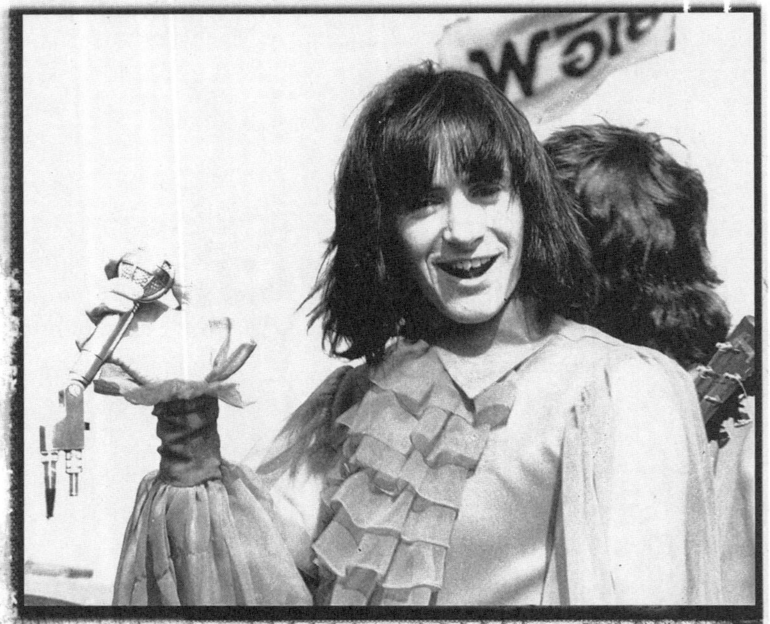

1969

Bon Scott bei The Valentines, Melbourne

5. Kapitel

DER VERRÜCKTE

Bon Scott hörte die AC/DC-Single »Can I Sit Next To You, Girl« in Adelaide im Radio und sang sofort begeistert mit. Es war genau die Sorte Musik, zu der er schon immer gern laut mitgesungen hatte. Dann nannte der Moderator den Namen der Band – und die Freude, die er beim Hören des Songs empfunden hatte, verflog von einem Moment auf den anderen und wich eisiger Verachtung, denn schließlich herrschten damals noch wenig aufgeklärte Zeiten. Mit einem Namen wie AC/DC, dachte der enttäuschte Bon, mussten diese Typen einfach schwul sein.

1974 war Ronald Belford Scott achtundzwanzig Jahre alt und hatte es in der australischen Musikszene bereits zu einem gewissen Legendenstatus gebracht. Er war am 9. Juli 1946 in Forfar, einem schottischen Städtchen nördlich von Dundee, zur Welt gekommen. Als er sechs Jahre alt war, wanderte seine Familie nach Australien aus. Die Scotts ließen sich zunächst in Melbourne nieder, zogen aber 1956 nach Perth. In der Schule fiel er immer wieder durch seinen starken Akzent auf. Häufig wurde er ermahnt, er solle sich endlich bemühen, wie alle anderen zu sprechen, oder er bekäme Ärger. Aber Bon war nicht so schnell einzuschüchtern.

»Mir war das schnurzegal«, erklärte er Daniela Soave im *Record Mirror* vom 18. August 1979. »Mich kriegt so schnell keiner klein.«

Für andere Probleme fand sich eine schnellere Lösung. In seiner Klasse war noch ein Junge, der Ron hieß. Damit man die beiden besser auseinanderhalten konnte, ließ er sich schließlich Bonnie nennen, als Hommage an seine Heimat, »Bonnie« Scotland. Aufgrund dieser Heimatliebe beschloss er auch, gemeinsam mit seinem Vater dem Dudelsackzug von Fremantle beizutreten: Von 1958 bis 1963 war er einer der besten Junioren an der Marschtrommel. Zur Freude seiner Eltern gehörte er auch zu jener Dudelsackformation, die im November 1962 bei der Eröffnungsfeier der Empire-Sportwettkämpfe in Perth auftrat.

Doch je älter er wurde, desto unpassender fand er den Namen Bonnie. Denn wie alle Jungs seines Alters wollte er beweisen, was für ein Kerl er war.

Nachdem er die Schule verlassen hatte, nahm er verschiedene Jobs an; unter anderem war er als Postbote unterwegs. Aber keine andere Erfahrung seines jungen Lebens prägte ihn so sehr wie die Arbeit auf einem Krabbenfischerboot, an der Seite eines echten Raubeins mit Tätowierungen und Ohrringen. Die harte, aber herzliche Einstellung und auch das Aussehen seines Arbeitskollegen beeindruckten Bon so sehr, dass er sich ebenfalls Ohrlöcher stechen und den Arm tätowieren ließ.

Seit Ende der Fünfziger hatte Bon Songs von Chuck Berry oder Elvis gesungen. Zum großen Entsetzen seiner Mutter, die Rock 'n' Roll als unanständige Musik betrachtete. Seinen ersten öffentlichen Auftritt hatte er jedoch erst mit achtzehn im Port Beach Stomp in Perth mit seiner ersten Band, den Spektors, die sich nach Phil Spector benannt hatten, jenem Produzenten, der die pompösen »Wall of Sound«-Arrangements konzipiert hatte.

Die Proben fanden in einem kleinen Gemeindehaus statt. Dabei stand die Band immer ein wenig unter Zeitdruck, da Bon, beileibe kein gottesfürchtiger Mann, unter der Woche seine Zeit in einer Besserungsanstalt verbringen musste.

Wyn Milson: »Wir konnten nur am Samstag und Sonntag auftreten, weil er den Rest der Woche in diesem Knast saß. Er stellte halt immer mal wieder irgendwas an. In die Besserungsanstalt war er gekommen, weil er als Minderjähriger mit ein paar Freunden ein Auto geklaut hatte und von der Freemantle-Brücke ins Hafenbecken gerauscht war. Wenn sie ihn am Wochenende rausließen, schnitten sie ihm vorher das Haar so kurz, dass er fast kahl war.«

Nachdem er seine Zeit abgesessen hatte, war Bon wieder flexibel, und die Band machte allmählich Fortschritte. Nach und nach entwickelte sich eine gesunde Fanbasis in Perth und Umgebung.

Auf der Bühne wechselte Bon zwischen dem Schlagzeug und dem Gesang. Die Rolle als Sänger gefiel ihm dabei jedoch wesentlich besser. Der zweite Sänger der Band trommelte ebenfalls gelegentlich, aber Bon hielt sich selbst auch für den besseren Drummer. Dennis James erinnert sich an einen Auftritt der Spektors bei einer Tanzveranstaltung an seiner Highschool im November 1964:

»Bon war der Schlagzeuger, aber ich sehe ihn noch, wie er vorn am Bühnenrand herumsprang und ›You Really Got Me‹ von den Kinks sang. Schon damals merkte das Publikum, dass er einzigartig war.«

1966 lösten sich die Spektors auf. Bon und Wyn Milson taten sich mit dem Sänger Vince Lovegrove zusammen, der vorher den in Perth ziemlich populären The Wynstons angehört hatte. Auf Vorschlag von Alan Robinson vom Perther Radiosender 6KA nannten sie sich The Valentines und orientierten sich stilistisch am Soul von Wilson Pickett oder Sam & Dave.

Es gelang ihnen schnell, sich in der lokalen Szene einen Namen zu machen. Im Oktober waren sie bereits für das Vorprogramm von P. J. Proby gebucht. Im März 1967 unterschrieben sie bei Clarion Records, und ihre erste Single erschien im Mai: Bei »Everyday I Have To Cry«/»I Can't Dance With You« handelte es sich um Coverversionen von den Small Faces und von Arthur Alexander. Bon übernahm auf der A-Seite die Backgroundvocals, auf der B-Seite den Leadgesang.

Im Juni war dann der große Augenblick für die Valentines gekommen: Sie spielten im Vorprogramm der Easybeats, die gerade von ihren Triumphzügen in Übersee zurückgekehrt waren und im Capital Theatre auftraten. Bon war ein Riesenfan und hätte sich für das Konzert andernfalls auch eine Karte gekauft. An diesem Abend schloss er Freundschaft mit George Young.

Der neue Kontakt trieb die Entwicklung der Valentines voran. Auch Bons musikalischer Vielseitigkeit tat die neue Freundschaft gut.

Wyn Milson: »George sagte, er hätte einen Song für uns. Wir fuhren also raus zu ihm, er sang und spielte uns den Titel in einem Hotelzimmer in Scarborough vor, während wir ihn auf einem billigen Tonband mitschnitten. Später ließen wir beim Radiosender eine Rohpressung anfertigen und lernten den Song nach dem Demo. Bei ›She Said‹ gab es ein kleines Flötenelement, das Bon eingespielt hatte. Er beherrschte eine ganze Reihe von Instrumenten – er war auch ein passabler Gitarrist. Es fiel ihm nicht schwer, sich ein Instrument zu nehmen und sich schnell ein paar Grundlagen zu erarbeiten.«

»Everyday I Have To Cry« entwickelte sich zu einer der bestverkauften Singles Westaustraliens. Die Band stand nun sechs Abende in der Woche auf der Bühne. Schließlich gewannen die Valentines den Wettbewerb »Western Australian Hoadley's Battle Of The Bands« und reisten vier Wochen später nach Melbourne, wo alle Regionalsieger zur landesweiten Endausscheidung antraten. Die Begeisterung, die ihnen in der Stadt entgegenschlug, brachte die Musiker auf die Idee, dass es Zeit war, neue Wege zu beschreiten.

Im August erschien »She Said«, geschrieben von Vanda und Young. Die Nummer erreichte die Top 10 in Westaustralien. Es war das Abschiedsgeschenk an ihre Heimatregion.

Im Oktober 1967 zogen die Valentines nach Melbourne um, wo die Musikszene geradezu brodelte: Am Samstagmorgen traten hier gelegentlich sogar Bands auf den Dächern der großen Kaufhäuser auf. In dieser Umgebung veränderte sich die Struktur innerhalb der Band. Bon, der zuvor zwischen Schlagzeug und Mikrofon gewechselt war, drängte auf der Bühne nach vorn. An der Seite von Vince Lovegrove wurde ihm dieser Wunsch erfüllt.

Um in Melbourne bestehen zu können, musste sich die Band aber von der Soulmusik verabschieden. Die Valentines wandten sich also den Rolling Stones, Them und The Who zu – genau der Richtung, die Bon persönlich am meisten mochte.

Zeitweise spielte die Band bis zu vier Konzerte an einem Samstagabend, die in direkter Nähe voneinander stattfanden. Die Musiker wohnten trotzdem gemeinsam in einem Haus und hatten selten genug Geld, um über die Runden zu kommen. Einmal waren sie so verzweifelt, dass sie in den örtlichen Supermarkt gingen, sich so viel Essen wie möglich in den Mund steckten und sich in der Hoffnung an der Kasse vorbeischlichen, von niemandem angesprochen zu werden.

Im Februar 1968 erschien die erste selbst geschriebene Single der Valentines, »Why Me?«/»I Can Hear The Raindrops«. In ihrer Heimatstadt Perth, wo sie immer noch auf eine loyale Fanbasis zählen konnten, erreichte der Titel die Top 30, in Melbourne und in den anderen Landesteilen aber floppte die Single.

Mitte des Jahres beschloss die Gruppe, für kurze Zeit nach Sydney umzuziehen. Hier nahmen die Valentines eine Coverversion von Love Machines »Love Makes Sweet Music« sowie »Peculiar Hole In The Sky« auf, das Harry Vanda und George Young für sie geschrieben hatten. Im August erreichte die Single die Top 20 in Adelaide und Perth. Im Rest von Australien ließ der Erfolg weiter auf sich warten.

Im November schließlich gab es einen erneuten Imagewechsel. Die Valentines mutierten zu einer reinen Popband, die hauptsächlich Coverversionen spielte und offenbar vom gerade angesagten »Bubblegum«-Trend zu profitieren hoffte. Dementsprechend änderte sich auch das Bühnenoutfit, wobei die bunten Anzüge mit den durchsichtigen Ärmeln für Bon ein Problem darstellten. Innerlich wollte er sich für nichts und niemanden ändern, aber seine Tätowierungen musste er nun mit dickem Make-up kaschieren. Denn

Tattoos waren zur damaligen Zeit gesellschaftlich geächtet. Wenn er auf der Bühne schwitzte, sah man sie durch den dünnen Stoff.

Wer jedoch aufgrund der Art, wie Bon sich auf der Bühne kleidete, den Eindruck bekam, ein Weichei vor sich zu haben, konnte sein blaues Wunder erleben.

Wyn Milson: »Er war ziemlich hart drauf. Ich habe mit ihm eine Reihe von Situationen erlebt, in denen ich von anderen Leuten bedroht oder blöd angemacht wurde. Jedes Mal ging er dazwischen und wollte den Streithähnen eins aufs Maul geben. Es war nicht so, dass er von sich aus Streit suchte. Aber wenn ihm jemand dumm kam, nahm er die Situation dankend an. Er war stets auf der Suche nach extremen Erfahrungen. Egal, was die anderen auch an Verrücktheiten trieben, er musste immer noch einen draufsetzen. Oft hat er es auch übertrieben – egal, ob bei Alkohol, Speed oder sonst was. Wenn du sein Freund warst, dann für alle Ewigkeit, egal, was passierte. So war er – man konnte ihm sein Leben anvertrauen. Wenn man ein Problem hatte, in eine schwierige Lage geriet, dann war er genau derjenige, auf den man dann unbedingt zählen konnte. Eines Abends war ich mit ihm in Melbourne unterwegs, und die Polizei hielt uns an. Bon begann, die Beamten zu beschimpfen und verbrachte prompt die Nacht im Knast. Wir mussten ihn am Morgen auslösen. So was passierte nur, weil er nicht die Klappe halten konnte, wenn es besser gewesen wäre.«

Noel Jefferson, der viel mit den Valentines zu tun hatte, lernte Bon zudem für seine kraftvolle Linke schätzen. »Bon wirkte auf mich wie ein harter Kerl, der einen weichen Kern hatte. Ich habe nie erlebt, dass er bei einer Schlägerei besiegt wurde. Er war sehr schnell mit seiner Linken und konnte heftig zuschlagen. Er prügelte sich ständig mit Leuten, die größer waren als er. Eigentlich muss es auch für ihn hin und wieder kitzlige Momente gegeben haben. Aber wenn ich ihn sah, hatte er nie ernstere Blessuren.«

Im März 1969 erschien die Single »Ebenezer«/»My Old Man's A Groovy Old Man«, die ursprünglich am Valentinstag veröffentlicht werden sollte. »My Old Man«, das Vanda und Young erneut speziell für die Valentines geschrieben hatten, wurde in Australien ein Hit. Und plötzlich – zum ersten Mal – war Geld kein Problem mehr, genauso wenig wie die allgemeine Anerkennung.

Bei den Tanzveranstaltungen in Melbourne zogen sie inzwischen ein riesiges Publikum an. In Sydney bot man den Valentines plötzlich horrende Summen für ihre Auftritte. Oft stürmten Fans schon wenige Minuten nach Konzertbeginn die Bühne. Wenn man der Menge nicht mehr Herr werden konnte, wurden die Shows mitunter sogar unterbrochen. Die kreischenden Zuschauer wussten allerdings nicht, dass es eigentlich zwei Valentines gab: die einen, die früh am Abend Konzerte für sehr junge Leute gaben. Und die anderen, die wesentlich lauter und härter nachts in den Clubs auftraten, ohne schrille Anzüge und Kommerzpop.

In dieser aggressiven Umgebung kam Bon verstärkt zu seinem Recht, als Frontmann aufzutreten. Wobei er sich ab und zu auf Timbales begleitete, kubanischen Trommeln, die er kurz zuvor gekauft hatte.

Wyn Milson: »Bon sang frühe Sachen von Led Zeppelin oder auch vom ersten Santana-Album. Wir brauchten dafür auch eine Stimme, wie er sie hatte. Ich – und Bon auf alle Fälle auch – wollte genau in diese Richtung gehen. Uns brachte es überhaupt keine Befriedigung, in grellbunten Anzügen herumzuhüpfen und alberne Texte zu singen.«

In Melbourne begegnete Bon schließlich seinem alten Kumpel Billy Thorpe, den er Mitte der Sechziger in Perth kennengelernt hatte. Thorpe war neu in der Stadt und feilte an einer neuen, aggressiveren Variante seiner Band, den Aztecs. Bon war einer der Ersten, der sie sich live ansah. Die Power der Gruppe warf ihn beinahe um.

Billy Thorpe: »Bon war ein verdammter Irrer, er war komplett durchgeknallt, Alter. Kleine Männer leiden alle am Kleine-Männer-Komplex. Ich auch. Wir haben alle diese Macke: ›Was hast du Wichser gerade gesagt? Was guckst du mich so blöde an?‹ Bon war da nicht anders. Damals waren ja auch noch einige üble Substanzen im Umlauf, die uns noch schneller in die Luft gehen ließen als unter normalen Umständen. Kombiniert mit Whisky entstand schnell eine aggressive Stimmung. Bon war kräftig dabei. Er war wie wir alle. Wir waren damals vierundzwanzig, fünfundzwanzig Jahre alt, Bon war ein bisschen jünger als ich. Er war ein guter Kerl, auf den man sich verlassen konnte.

Es war komisch zu sehen, wie sich Bon, der Rocksänger, in Bon, den Kabarettsänger, verwandelte, weil es zwei so extrem unterschiedliche Persönlichkeiten waren. Der eine Bon verdiente das Geld im Smoking und mit Fliege, der andere hing nach den Konzerten backstage herum, rauchte Dope und soff mit den Aztecs, sprang dann wieder auf die Bühne und kreischte ins Mikrofon, wann immer er dazu Gelegenheit bekam. Ich erinnere mich, wie er eines Abends zu mir sagte: ›Ich werde es schaffen, eines Tages werde ich ganz nach oben kommen.‹ Er war gefrustet, weil er in dieser Valentines-Kiste drinhing. Schließlich wäre er viel lieber völlig durchgeknallt über die Bühne getobt. Aber damit konnte er damals noch kein Geld verdienen.«

Außerdem war Bon ein echter Romantiker. Einmal fuhr er mit dem Zug von Melbourne nach Sydney, nur um mit einem Mädchen ins Kino zu gehen. Schon am nächsten Tag kehrte er nach Melbourne zurück – nach einer Tour von über 2000 Kilometern.

Währenddessen ging der Siegeszug der Valentines weiter. Bon und Vince sprangen auf der Bühne umher wie die Bergziegen, umringt von farbigen Rauchbomben und Verstärkern. Lovegrove erklärte dem *Go-Set* recht zufrieden, das Geheimnis des Banderfolgs sei die Kombination der beiden Sänger.

»Ich bin zwar beliebter als Bon«, erklärte er in der *Go-Set*-Ausgabe vom 14. Juni 1969, »aber er ist ein viel besserer Sänger als ich. Ich würde sogar sagen, er ist der am meisten unterschätzte Sänger in ganz Australien.«

Wie poppig die Valentines inzwischen geworden waren, zeigte sich im Juli, als die Single »Nick Nack Paddy Whack« erschien (der Text der B-Seite, »Getting Better«, stammte erstmals aus der

Feder von Bon). Im *Go-Set* wählten die Leser die Valentines auf Platz 9 der beliebtesten australischen Bands.

Im September bekam das Nette-Jungs-Image der Band einen bösen Kratzer, als die Polizei mit großem Aufgebot einen Rettungsschwimmerklub in Melbourne stürmte, in dem die Band probte und ihre Songs schrieb. Man verhaftete die Musiker wegen Besitzes von Marihuana, nachdem ein Mitglied einer befreundeten Band den Beamten einen Tipp gegeben hatte, um den eigenen Hals zu retten. Die folgende Anklage und der Entschluss der Band, öffentlich für die Legalisierung von Marihuana einzutreten, führten allerdings nicht dazu, dass die Popularität nachließ.

Zu Bons großer Freude wurden die Valentines nach einem Auftritt in einem Fernseh-Special über die Easybeats noch einmal als Support für ihre Idole gebucht, diesmal im Caesar's Place in Sydney. Dort bekamen sie ähnlich viel Applaus wie die aus Übersee zurückgekehrten Helden. Eines Abends erlebte Stevie Wright die Band von ihrer dunkleren Seite in einem Club. Er konnte kaum glauben, wie hoch Bons Stimme klang, als er Led Zeppelins »Whole Lotta Love« herausbrüllte.

Auch wenn die gute Stimmung nach dem Gig mit den Easybeats noch eine Weile vorhielt, langfristig ging es für die Valentines abwärts. Die Hoffnung, dass »My Old Man's A Groovy Old Man« auch in England erscheinen würde, erfüllte sich nicht. Und als sie beim Hoadley Battle Of The Sounds nur Dritte wurden, schien es, als ob sich alles gegen sie verschworen hätte. Und so war es auch.

Gerade als die Valentines begannen, einen eigenen Sound zu entwickeln, brach im Radio eine Debatte über Copyrightzahlungen aus, in deren Folge alle australischen Titel aus den Playlists gestrichen wurden. Die im Februar erschienene Valentines-Single »Juliette«, für die Bon Scott allein verantwortlich zeichnete, zählte zu den ersten Opfern der Debatte.

Zudem musste sich die Band in Geelong wegen des Vorwurfs, Marihuana besessen und geraucht zu haben, vor Gericht verantworten. Jeder aus der Band bekannte sich schuldig und wurde zu einer Haftstrafe auf Bewährung und zu einer Zahlung von 150 Dollar verurteilt. Die ABC-Fernsehsendung *GTK* beschloss jedoch, eine eigene Strafe zu verhängen – und die Valentines aus dem Programm zu verbannen.

Aber immerhin war das Bubblegum-Image zur allgemeinen Erleichterung der Gruppe ad acta gelegt. Und bei der Kleidung entschied sich die Band fortan für konventionelle Jeans und T-Shirts.

Im April zogen die Valentines nach Sydney um, aber es wurde immer deutlicher, dass die Band vor dem Aus stand. Bon fühlte sich ihnen zwar verpflichtet und tat sich schwer, die Valentines in die Wüste zu schicken, aber er wollte mehr. An ihm nagte das Gefühl, dass die Welt – und das, was er wirklich machen wollte – an ihm vorbeirauschte.

Wyn Milson: »Ich glaube, er fühlte sich bei den Valentines künstlerisch und persönlich eingeschränkt. Er wollte der einzige Frontmann sein und das Rampenlicht nicht teilen, so wie er es bei den Valentines gewohnt war.«

Anfang Juli 1970 gab die Band ihr letztes Konzert im Bertie's in Melbourne. Gleichzeitig wählten sie die Leser des *Go-Set* bei der Wahl zur besten australischen Band auf Platz 6. Am 1. August 1970 lösten sie sich offiziell auf.

Bon war zu diesem Zeitpunkt bereits zu Fraternity gewechselt, bei denen außer ihm noch Bruce Howe (Bass), Mick Jurd (Gitarre), John Bisset (Keyboards) und Tony Buettel (Schlagzeug, er wurde später von John Freeman ersetzt) spielten. Die Band ging in eine wesentlich ernsthaftere Richtung. Bon war begeistert. Allerdings war anfangs nicht jeder in der Sydneyer Gruppe überzeugt, dass er auch der Richtige war.

John Bisset: »Eines Tages erklärte Bruce, dass Bon bei uns als Sänger einsteigen wollte. Ich war ein bisschen skeptisch, weil ich von den Valentines nicht allzu viel gehalten hatte. Aber jeder versicherte mir, dass Bon es ernst meinte. Die Valentines waren eine Popband, wir hingegen betrachteten uns als Rockband. Wir hielten uns für etwas Besseres.«

Aber mit dem ersten Konzert waren alle Zweifel wie weggeblasen. Sie hatten vorher noch nicht einmal miteinander geprobt, aber Bon stellte sich den neuen Anforderungen mit Leichtigkeit. Schließlich hatte er schon lange dieselbe Musik gehört wie seine neuen Kollegen. Davon abgesehen hatte er eine unglaublich starke Stimme. Sie half ihm dabei, seinen Platz in der Band zu festigen. Schon bald zog er in das Bandhaus ein, das in einem östlichen Vorort von Sydney lag.

Fraternity hatten bereits eine Single aufgenommen (»Why Did It Have To Be Me«) und arbeiteten im Studio an weiteren Songs.

Auf Tourneen war es damals durchaus üblich, in Melbourne an einem Abend drei Konzerte in verschiedenen Clubs zu geben und dabei jedes Mal die Anlage selbst auf- und wieder abzubauen. Es war eine harte und unromantische Arbeit. Aber für ehemalige Stars wie Bon gab es auch Annehmlichkeiten, die das ausglichen.

John Bisset: »Es gab einen Klüngel von Groupies in Melbourne, die wir später die ›Baby-Brigade‹ nannten – sie hatten alle Babys von Rockstars oder Möchtegern-Rockstars. Alle ließen sich völlig ohne Schamgefühl von Musikern schwängern. Einmal – ich glaube, es war beim Battle Of The Sounds in Melbourne – stellte mich Bon einer unheimlich hübschen jungen Frau vor, die ungefähr im achten Monat schwanger war – von ihm. Ich war völlig geschockt und fragte naiv: ›Oh, du wirst heiraten?‹ Die beiden haben sich kaputtgelacht. Das wäre ihnen im Leben nicht eingefallen – sie wollte einfach nur ein Kind von ihm.«

Bon konnte sein Glück kaum fassen, als Fraternity für das Vorprogramm von Jerry Lee Lewis im White City in Sydney gebucht wurden. Leider war es nicht der beste Auftritt der Band. Für viele der Zuschauer war die Tatsache, dass Bon Tätowierung trug, das Aufregendste an der Performance. Über die Verstärkeranlage war seine Stimme so gut wie gar nicht zu hören. Deshalb war der Rest der Band gezwungen, ein beinahe komplettes Instrumentalset abzuliefern. Dennoch lohnte sich der Abend für Bon. Er war ein Riesenfan von Jerry Lee und verstand sich auf Anhieb bestens mit dem »Killer«.

Es eröffnete sich sogar die Möglichkeit, mit Jerry Lee in die USA weiterzutouren, denn das Sweet Peach Label aus Adelaide gab bekannt, dass die amerikanische Plattenfirma MCA Interesse an Fraternity habe und ein komplettes Album mit der Band aufnehmen wolle. Die Platte wurde im Dezember in Sydney in weniger als vierzehn Stunden eingespielt. Es blieb so wenig Zeit, dass noch nicht einmal der Sound nachträglich abgeschliffen werden konnte.

Bon war bekannt dafür, dass er keine Möglichkeit zum Musikmachen ausließ, schon gar nicht, wenn Freunde beteiligt waren. Daher hatte er auch bei den Sessions für *At The Mountains Of Madness* von Blackfeather mitgewirkt, das ungefähr zur gleichen Zeit entstand. Bei »Seasons Of Change« steuerte er eine gefühlvolle Flöte bei, bei »The Rat (Suite)« Timbales und Tamburin. Wie sich später herausstellen sollte, war es ein großer Fehler, dass er seine Kräfte ausgerechnet für dieses Album zur Verfügung stellte. Aber damals machte ihm die Sache einfach nur Spaß.

Fraternity entschlossen sich im Januar 1971, mitten im ultraheißen Hochsommer, zu einer Luftveränderung: Sie zogen nach Südaustralien, um 27 Kilometer entfernt von Adelaide in den Hügeln von Aldgate als Kommune auf einer Farm mit knapp drei Hektar Land zu leben. Es war die Zeit, in der The Band mit ihrem Meisterwerk der pastoralen Rockmusik, *Music From The Big Pink*, großen Einfluss auf die Musikszene hatten. Aber Bon zeigte schon mit seinem T-Shirt, das den Aufdruck »Super Screw« – »Super-Ficker« – trug, dass er immer noch für alle dreckigen Spielereien zu haben war. Wie ihre amerikanischen Vorbilder betrachteten sich auch Fraternity als *die Band*, die als einzige von Bedeutung war.

Der Umzug nach Adelaide war ein Vorschlag des dort ansässigen Unternehmers Hamish Henry gewesen, eines umtriebigen Manns mit großem Vermögen und klugem Geschäftssinn, der den ehrgeizigen Plan gefasst hatte, die Musikwelt von Südaustralien aus zu erobern. In seinem Büro gaben sich ständig Künstler, Fotografen, Promoter, Roadies, Fahrer und andere Rock-'n'-Roll-Hilfskräfte die Klinke in die Hand. Henry erwarb einen 26-sitzigen Bus, um seine Mannen von einem Ort zum anderen bringen zu können.

Als Bon in diesen Zirkel geriet, übernahm er zunächst ein paar Hilfsarbeiten für Henry. Er verdiente sich ein paar Dollar, indem er den Hof aufräumte, den Rasen mähte und andere Kleinigkeiten erledigte. Es war nicht besonders aufregend, aber große Ereignisse warfen ihre Schatten voraus. Das war deutlich zu spüren.

Bons ehemaligen Valentine-Kollegen Vince Lovegrove hatte es ebenfalls nach Adelaide verschlagen: Er hatte dort eine Promotionagentur gegründet und arbeitete als Journalist, Agent für Musikgruppen, Fernsehproduzent und Ansager.

Henrys Einfluss zeigte sich erstmals auf dem Myponga Festival, auf dem Fraternity mit den im Aufwind befindlichen britischen Schwermetallern Black Sabbath auftraten.

Im April 1971 spielten Fraternity dann als Anheizer für das Tour-Package Deep Purple, Free und Manfred Mann, das in Adelaide Station machte.

Ihr Tagesprogramm war äußerst anstrengend, aber niemand beklagte sich. Oft wurde bis zu sechs Stunden am Tag geprobt, abends live gespielt und danach gefeiert bis zum Abwinken. Es war harte Arbeit. Sie nahmen ihren Job sehr ernst, schließlich spielten sie auch ernsthafte Musik.

Manchmal nahmen sich Fraternity auch zu ernst, wie Bandmitarbeiter Peter Head berichtet: »Es war immer wieder eine nervtötende Erfahrung. Die Jungs stritten sich über die kleinsten Kleinigkeiten – die Phrasierung eines Akkords, einen Halleffekt, ein einzelnes Wort im Text. Schnell wurde es dann laut, sie schrien sich an, manchmal kam es wegen der Streits über die Musik sogar zu Schlägereien.«

Da war das Leben in den Hügeln von Adelaide doch wesentlich entspannter. Teil der dortigen Szene war auch der Künstler Vytas Serelis. Wenn sie zufällig am Sonntag einmal frei hatten, machten sich einige der Musiker zu Serelis Sieben-Hektar-Gelände in Carey Gully auf, wo sich seine Gemälde, Skulpturen und Installationen zwischen alten Autos und Bussen stapelten.

Peter Head: »Vince, Bon, Vytas und ich hatten damals ein sehr enges Verhältnis untereinander. Wir saßen oft gemeinsam am Lagerfeuer, spielten Gitarre, sangen, schrieben neue Songs, jammten zu Vytas' Sitarspiel und knallten uns zu mit Marihuana, Magic Mushrooms, Acid, Alk, oder was gerade verfügbar war. Wir hatten wirklich viel Spaß. Frauen, Kinder, Freundinnen, Musikerkollegen und andere Künstler leisteten uns Gesellschaft. Diese Zusammenkünfte dauerten oft Tage.«

Es war die Ruhe vor einem Sturm der Enttäuschung. John Ayers stieß im März zur Band. Im Mai erschien Fraternitys zweite Single »Seasons Of Change« – ihre erste mit Bon – auf dem Label Sweet Peach. Der Song, den Bon schon mit Blackfeather aufgenommen hatte, war von Fraternity zwischen Februar und März in Adelaide eingespielt worden und schoss an die Spitze der südaustralischen Charts.

Im April jedoch war Blackfeathers *At The Mountains Of Madness* erschienen, und ihre Version von »Seasons Of Change« entwickelte sich dummerweise landesweit zu einem Riesenhit – obwohl Infinity/Festival Records angeblich versprochen hatten, den Blackfeather-Titel nicht in direkter Konkurrenz zu Fraternity zu veröffentlichen. Bon äußerte sich leidenschaftlich, fast handgreiflich zu dem Thema im australischen Fernsehen. Die Situation zeigte deutlich, dass er eine ziemlich niedrige Toleranzschwelle besaß, wenn er sich einmal wirklich ärgerte. Dabei gab es sogar Pläne, laut denen der Sänger als Frontmann bei einer Neuauflage von Blackfeather dabei sein sollte, nachdem sich die ursprüngliche Band aufgelöst hatte. Wäre es so gekommen, hätte sich Bons Schicksal wohl dramatisch anders entwickelt. Aber er beschloss, dort zu bleiben, wo er war.

John Swan, der später für Fraternity am Schlagzeug saß, spielte damals bei der Band Hard Time Killing Floor, die oft gemeinsam mit Fraternity auftraten. Er sagt über die damalige Band von Bon Scott: »Sie waren überall angesagt, aber in Adelaide waren sie besonders beliebt, weil sie diesen bestimmten Sound hatten. Sie hörten sich an wie The Band, die damals noch niemand zu schätzen wusste. Meiner Meinung nach aber spielten Fraternity in einer total anderen Liga, womit ich jetzt The Band nicht schlechtmachen will. Das hat auch nichts damit zu tun, dass wir mit ihnen befreundet waren. Wir waren von ihnen beeindruckt, und wir konnten gar nicht glauben, dass Leute, die wir kannten, so verdammt talentiert waren.«

Als der geplante Trip in die USA schließlich ins Wasser fiel, konnten sich Fraternity zumindest damit trösten, dass sie in der Zeitschrift *Go-Set* zu einer der besten Bands Australiens gewählt worden waren. Es half natürlich auch, dass sie den Bandwettbewerb Hoadley Battle Of Sounds im Juli gewannen und dafür eine Reise nach Los Angeles, 2000 Dollar Preisgeld und Aufnahmezeit in einem Melbourner Studio im Wert von 300 Dollar bekamen. Zwar fuhr die Band nie in die USA, aber sie nutzten die Studiozeit, um ihr zweites Album einzuspielen.

Schließlich stieß der Gitarrist und Pianist Sam See zu ihnen, um der Musik ein ausgeprägteres Countryfeeling zu verleihen. Diese Richtungsänderung war deutlich erkennbar, als Ende 1971 endlich das lang erwartete Debütalbum *Livestock* erschien, ein Jahr nach Abschluss der Aufnahmen. Die Band, die auf dieser Platte zu hören war, hatte mit dem aktuellen Sound von Fraternity nicht mehr viel gemein. In den nächsten Monaten ging es jedoch nicht recht vorwärts. Immerhin erschien im März 1972 die Single »Welfare Boogie«, die bewies, dass Bon trotz des hippieesken musikalischen Kontextes ein Talent für bodenständige Texte entwickelte. Wer aber aufgrund von »Welfare Boogie« den Eindruck bekommen hatte, Fraternity hätten sich nun in Status Quo verwandelt, sah sich eines Besseren belehrt, als die Band im Rahmen von Peter Sculthorpes Musical *Love 200* mit dem Melbourner Sinfonieorchester und Jeannie Lewis auftrat. Wieder einmal täuschte der äußere Eindruck.

Lobby Loyde: »Schon möglich, dass Bon in Adelaide in einigen Avantgardebands gewesen war, aber es war auch so, dass man ihn schon ein paar Blocks entfernt hören konnte, weil er schon immer am äußersten Rand der Tonskala sang. Er hielt sich nicht mit irgendwelchen abgefahrenen Phrasierungsmöglichkeiten auf. Er legte einfach los.«

Zu dieser Zeit schielte die Band vor allem hinüber nach Großbritannien. Das Jahr 1972 war ein paar Monate alt, als Fraternity nach London umzogen. Kurz zuvor hatte Bon seine Freundin Irene, eine attraktive Blondine, geheiratet.

Das zweite Album der Band, *Flaming Galah* – ein australischer Slangausdruck für »Idiot« –, erschien im April in ihrer Heimat.

Leider stellte sich heraus, dass England längst nicht so glamourös war, wie es von der anderen Seite des Planeten aus den Anschein gehabt hatte und wie die Berichte in Zeitschriften wie *Go-Set* vermuten ließen. Fraternity probten viel, aber es gab nur wenige Möglichkeiten für Auftritte. Die Band und ihr Tross – insgesamt siebzehn Personen – lebten in einem ungeheizten Haus in Finchley, einem Vorort, in dem Bon später einmal Schlimmes widerfahren sollte.

In den ersten Monaten konnten sie nicht viel mehr tun als zuzusehen, wie ihre Schulden in die Höhe schossen, während es gleichzeitig mit ihren Beziehungen bergab ging. Um zumindest ansatzweise über die Runden zu kommen, arbeitete Bon als Barmann in einem Pub.

Ende 1972 ergab sich die Möglichkeit zu einer kurzen Deutschlandtournee mit drei Clubkonzerten in Berlin, Frankfurt und Wiesbaden. Langsam zeigte sich ein Silberstreif am Horizont.

John Bisset: »Die Leute wollten nur, dass wir richtig abrockten. Und die Band gab ihnen, was sie wollten. Bon machte seine Ansagen auf Deutsch, und das Publikum liebte ihn.«

Auf dem Rückweg nach England jammten Fraternity mit Brian Augers Oblivion Express in einer französischen Kleinstadt. Bei einer anderen Gelegenheit war der ehemalige Vanilla-Fudge-Bassist, Tim Bogert, der damals gerade bei Cactus spielte, begeistert von der Idee, mit den Australiern auf die Bühne zu gehen.

Aber gelegentliche Auftritte mit kleineren Berühmtheiten oder im Vorprogramm etablierter Musiker (etwa Status Quo, die von der Supportband an die Wand gespielt wurden) brachten nicht genug Geld ein, um die Rechnungen zu bezahlen. Im März 1973 stieg John Bisset aus. Sam See war da schon seit Längerem nicht mehr dabei.

John Bisset: »Wir hatten eigentlich keine größeren Pläne, als uns möglichst gut zu amüsieren. In England war es mit der guten Laune aber bald vorbei. Als wir nicht mal mehr genug Geld hatten, um uns zu besaufen, machte es wirklich keinen Spaß mehr. Aber die Musik und das Songschreiben spielten die meiste Zeit nur die zweite Geige.«

In ihrer Verzweiflung beschlossen die Musiker, die Band in Fang umzutaufen, um sich Bands wie Slade oder Geordie ein wenig anzunähern, die der harten britischen Arbeiterklasse verbunden waren. Aber mit ihren Bärten und dem stark zurückgehenden Haaransatz einiger Mitglieder sahen Fang weder ihren englischen Kollegen ähnlich, noch hörten sie sich so an. Und das, obwohl sie wahrscheinlich eine ähnliche Leidenschaft für Lautstärke und Spaß mitbrachten.

Fang spielten im Vorprogramm von Geordie am 23. April in der Torquay Town Hall und tags darauf in Plymouth. Bon war von der rauchigen Stimme, der warmherzigen Art und der Bodenständigkeit des Geordie-Sängers Brian Johnson fasziniert, der während des Konzerts immer wieder den Gitarristen seiner Band auf die Schultern hob. Zwar sollten sie sich nie wieder begegnen, aber das Leben des einen sollte später an genau der Stelle weitergehen, wo das des anderen zu Ende gegangen war.

Nach den Gigs mit Geordie übernahmen Fang im Mai das Vorprogramm bei den deutschen Krautrockern Amon Düül II, die damals nicht nur die Ohren beschallten, sondern auch das Bewusstsein erweiterten. Anfang Juni folgte ein Auftritt als Support der Pink Fairies im Village Roundhouse in London.

Schließlich ließ sich die Rückkehr nach Australien nicht mehr aufschieben, und als Fraternity nach ihrem letzten England-Auftritt im August in die Heimat zurückkehrten, taten sie das mit gesenkten Köpfen.

John Bisset: »Wir haben den Preis dafür bezahlt, dass wir überhaupt keine eigene Richtung hatten. In der ganzen Zeit mit Fraternity haben wir uns nur von einer Woche zur nächsten gehangelt. Und dabei war es immer hart, denn wir hatten nie Geld.«

Lobby Loyde: »Fraternity waren eine großartige Band. Für mich waren sie eine der besten in ganz Australien. Aber damals hatte man es mit dieser Art von Rockmusik sehr schwer.«

Zu dieser Zeit führte der versierte Gitarrist Loyde die Coloured Balls, eine toughe Truppe aus Melbourne, die ihren Hard Rock mit ohrenbetäubender Lautstärke spielte und sich für einen Look entschieden hatte, der irgendwo zwischen den Droogs aus *Uhrwerk Orange* und dem Outfit eines durchschnittlichen Skinheads oszillierte. Zweifelsohne waren sie genau die Sorte Band, die Bon gesucht hatte.

Lobby Loyde: »Bon Scott stand mit den Jungs bei jeder Gelegenheit, die sich bot, auf der Bühne, weil er es einfach so liebte. Er wollte da sein, wo es gerade heiß war. Wenn Bon damals irgendeiner anderen Band hätte beitreten können, wäre es wahrscheinlich eine Gruppe wie die Coloured Balls gewesen. Er hätte zu gern bei uns gesungen. Er sagte immer zu mir: ›Du bist als Sänger ein echter Wichser! Du brauchst mich!‹ Und das stimmte auch, ich war als Sänger ein Wichser, aber wir konnten keinen anderen Wichser finden, der die Sachen so bringen wollte, wie wir uns das vorstellten. Also machte ich das. Nicht, weil ich es wollte, sondern weil ich es verdammt noch mal musste. Bon war der Einzige, der es außer mir hinbekommen hätte.«

Billy Thorpe: »Bon schaute immer vorbei und hing backstage bei uns ab. Er verehrte zwei Bands: die Aztecs und Lobby mit seinen Coloured Balls. Er wollte unbedingt bei einer dieser Gruppen

Leadsänger werden! Zu mir sagte er: ›Ich würde dafür töten, in so einer Band zu spielen!‹«

1974 war Bon wieder in Adelaide und tat sich mit seinem Freund Peter Head zusammen. Sie beschlossen, eine neue Gruppe zu gründen, die sich voll und ganz auf Countrymusik konzentrieren sollte. Das Line-up war ständig in Bewegung, denn sie schienen es sich zum Grundsatz gemacht zu haben, nie zwei Gigs hintereinander in derselben Besetzung aufzutreten. Insgesamt spielten bei den Mount Lofty Rangers, wie sie sich nachher nannten, über 200 verschiedene Musiker. Sie waren etwas ganz anderes als Fraternity.

Bon wurde in seiner ehemaligen Band schließlich von Jimmy Barnes ersetzt, der später mit Cold Chisel berühmt werden sollte. Sein erster Gig war so laut, dass der Legende zufolge in dem Pub, in dem Fraternity spielten, Fensterscheiben zersprangen.

Tagsüber hatte Bon einen echten Knochenjob, denn er belud Lkws mit Düngemittel. Aber dabei hatte er Zeit, nachzudenken und gelegentlich auch Songs zu schreiben.

Peter Head: »Er kam zu mir nach Hause und sagte, dass er während der Arbeit im Kopf die ganze Zeit über an Songs gearbeitet hatte. Und da er in Musiktheorie nicht so beschlagen war, wollte er, dass ich ihm beim Schreiben half, die Songs arrangierte und sie dann mit den Mount Lofty Rangers spielte. Er kam gleich mit zwei richtig großartigen Nummern! ›Clarissa‹ war eine wundervoll sehnsüchtige Country-Ballade an eine frühere Freundin, und ›I've Been Up In The Hills Too Long‹ war eine witzige Nummer. Im Gegenzug für meine Hilfe bot Bon mir an, meine Songs für Demoaufnahmen einzusingen. Und so zahlte ich irgendwann die horrende Summe von 40 Dollar für die Miete eines neuen Slater-Achtspurstudios und nahm zwei Titel auf, bei denen Bon sang: ›Round And Round‹ und ›Carey Gully‹.«

Für Bon boten die Rangers ein gemütliches Umfeld und die ideale Möglichkeit, sich musikalisch auszutoben. Auch wenn die Musik nicht immer zu den Zeilen passte, die er in seinem Notizbuch niederschrieb. Alles ging seinen ruhigen Gang, bis zu einem Streit während einer Probe im Lion Hotel.

Bon hatte eine Auseinandersetzung mit Irene gehabt und erschien aufgewühlt und ziemlich betrunken zu den Proben. In diesem Zustand sprang er schließlich auf sein Motorrad, raste davon und kollidierte mit einem Auto. Er verlor ein paar Zähne, erlitt eine Schnittwunde am Hals, brach sich das Schlüsselbein und lag drei Tage lang im Koma. Sein Herz setzte während dieser Zeit mehrere Male aus, und schließlich musste ihm der Kiefer verdrahtet werden.

Das Motorrad hatte Totalschaden, und Bon sah ganz ähnlich aus. Sein wundervolles Lächeln war zerstört, sein ausdrucksvolles Gesicht stark mitgenommen, sein stolzer Gang war nur noch ein Humpeln. Vor allem aber war sein Selbstbewusstsein komplett im Eimer. So kurz nach dem Ausstieg bei Fraternity war dieser Unfall ein weiterer Schlag ins Kontor. Viele seiner Freunde litten mit ihm.

Trevor Young, der bei der berüchtigten Melbourner Band Coloured Balls trommelte, traf seinen niedergeschlagenen Freund während einer Tournee durch den australischen Süden: »Eines Nachts blieb ich sechs Stunden lang mit Bon wach, weil er so am Boden zerstört war. Er liebte seine Frau wirklich, und er hatte Probleme in seiner Ehe, aber auch mit Alkohol und Drogen. Dabei war er ein wunderbarer Mensch. Als ich wieder nach Melbourne kam, fragte mich der Agent Bill Joseph, ob ich jemanden wüsste, der zu seiner neuen Band passen würde, und ich sagte, klar, Bon Scott. Aber als ich Bon dann deswegen anrief, wehrte er ab: ›Oh, die würden mich doch nicht wollen, Mann, die würden mich nicht wollen.‹«

Bon kam nur langsam wieder auf die Beine. Doch schließlich war er so weit genesen, dass er im Hafen von Adelaide wieder Muscheln von den Bootsrümpfen der Schiffe kratzen konnte, die dort im Trockendock lagen. Um ein bisschen dazuzuverdienen, half er Lovegrove dabei, sein Büro zu streichen, oder er hängte Konzertplakate für dessen Agentur auf.

Gerade Poster anderer Bands aufzuhängen, war wirklich keine leichte Aufgabe, denn Bon wurde von quälenden Träumen heimgesucht, was nach Fraternitys vielversprechendem Start alles hätte passieren können. Zu den Bands, deren Konzerte Bon in dieser Zeit plakatierte, zählte möglicherweise auch die Gruppe, für die Trevor Young den Sänger vorgeschlagen hatte – eine Band, der Lovegrove und seine Frau in Adelaide Gigs verschafften. Und während sie in der Stadt weilten, vermittelte Vince ihnen schließlich Bon Scott als Betreuer, Aufpasser und Höllenfahrer.

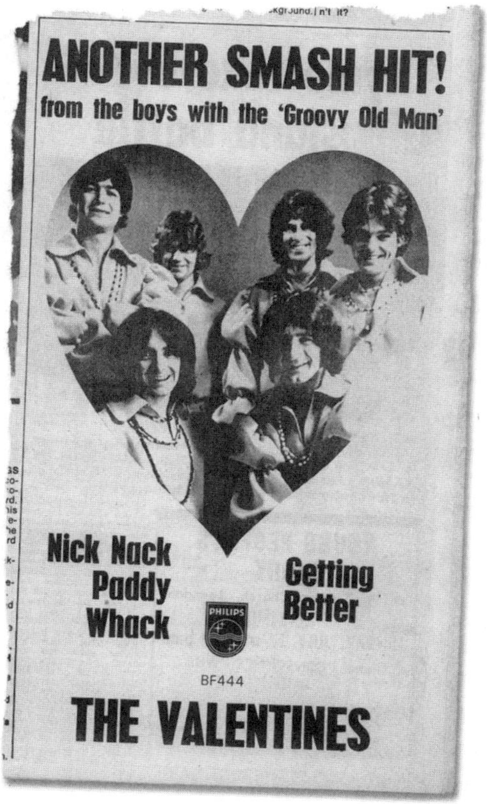

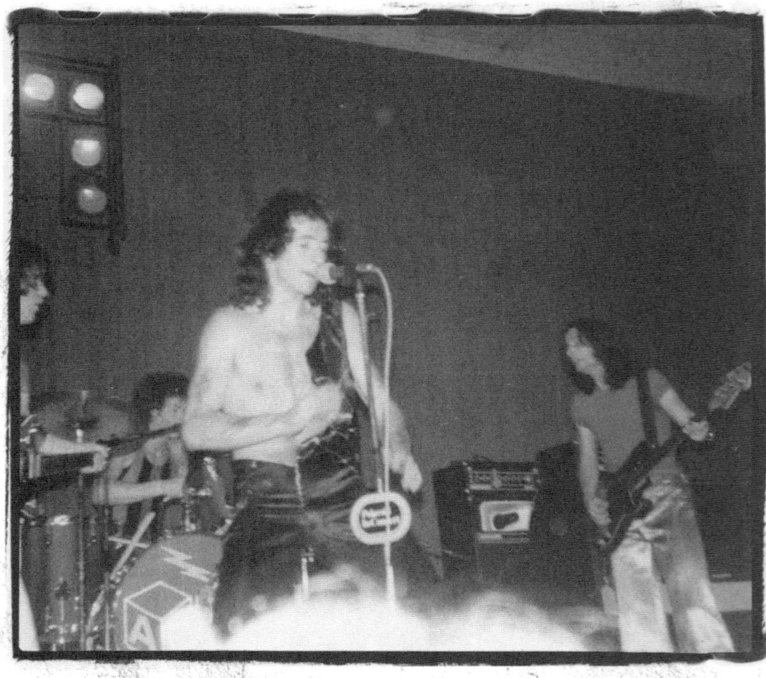

1974

Malcolm, Peter Clack, Bon und Rob Bailey im Hordern Pavilion, Sydney

6. Kapitel

WIE EIN WIRBELWIND

Aus Versehen hatte Bon Scott irrtümlich die Unterwäsche seiner Frau angezogen. Jeder andere hätte das wohl einfach für sich behalten, ein kleines Geheimnis, das außer dem Mann und seinen Jeans niemand erfahren hätte müssen. Aber nicht Bon. Vielmehr war es beinahe das Erste, was er erzählte, als er Malcolm und Angus Young zum ersten Mal begegnete. Es war der passende Einstand für diesen Wirbelwind von einem Mann, der sich allmählich wieder wie sein altes Ich zu fühlen begann.

Der erste Tag, an dem sich Bon ans Steuer setzte, war beinahe auch sein letzter. Während sie in seinem gut zwanzig Jahre alten FJ Holden (einer in Australien sehr beliebten Automarke) über die Straße bretterten, erzählte er freimütig davon, dass er nach einem schweren Motorradunfall gerade erst aus dem Krankenhaus entlassen worden war. Das flößte seinen Beifahrern nicht gerade Vertrauen in seine Dienste ein. Glücklicherweise erreichten sie dennoch jedes Mal unverletzt ihr Ziel.

Bon nahm seine Rolle sehr ernst, zumal er seine Schützlinge sehr gut leiden konnte. Er stellte sich der Band von morgens bis abends zur Verfügung, bot ihnen schon unanständig früh am Morgen dicke Joints an und ließ ständig kleine Hinweise auf sein Talent als Schlagzeuger fallen. Ob er es ahnte oder nicht – Bon empfahl sich bestens für einen Job, wenn auch nicht für den des Drummers.

George hatte Lovegrove bereits davon informiert, dass die Band dringend einen Ersatz für Dave Evans suchte, der sich inzwischen überhaupt nicht mehr mit Malcolm und Angus verstand. Sie hatten Steve Wright gefragt, der allerdings mit dem Hinweis ablehnte, dass Malcolm und Angus alles andere nötiger brauchten als ausgerechnet seine Unterstützung. Lovegrove schlug Bon vor, und George, dem der Sänger von dem Aufeinandertreffen zwischen den Easybeats und Valentines noch gut in Erinnerung war, fand die Idee ganz gut. Daher richtete Lovegrove es so ein, dass Bon bei dem Konzert, das AC/DC wenig später im Pooraka Hotel gaben, vor Ort war.

Bon konnte kaum fassen, was er sah, als AC/DC auf die Bühne kamen. Allein der Anblick des ständig im Turbogang spielenden Angus brachte ihn pausenlos zum Lachen. Für einen kurzen Moment sah er vor seinem geistigen Auge aufleuchten, dass dort seine Zukunft auf der Bühne stand. Er war fest entschlossen, die Gelegenheit beim Schopf zu packen.

Vor der Bühne hatte sich ein Grüppchen Krawallmacher zusammengefunden, die Angus den ganzen Abend über Beleidigungen entgegenbrüllten. Sie ahnten ja nicht, dass für den Gitarristen weder seine Körpergröße noch die Anzahl seiner Widersacher einen Grund darstellten, sich zurückzuhalten. Als er explodierte, überschüttete er seinerseits seine Gegner mit Beleidigungen, dann blieb er vorn an der Bühne stehen und wartete, ob sie darauf reagierten. Bon war überwältigt, dass der kleinste Kerl im ganzen Laden überhaupt keine Angst kannte.

Nach dem Konzert traf man sich in der Garderobe. Bon, der inzwischen ziemlich betrunken war, provozierte Malcolm und Angus ein wenig. Sie seien zu jung, um zu wissen, wie man wirklich abrockte, witzelte er. Aber er sei gern bereit, ihnen einen Crashkurs zu verpassen. Die beiden lachten und forderten Bon, von dem sie wussten, dass er wesentlich älter war, auf, zu zeigen, was er draufhatte.

Der spaßige Showdown nach dem Pooraka-Konzert fand im Keller des Hauses von Fraternity-Mann Bruce Howe in einem Vorort von Adelaide statt. Es waren einige neugierige Fraternity-Musiker dabei, die miterleben wollten, wie ihr ehemaliger Bandkollege gegen die Youngs bestehen würde.

Malcolm und Angus kannten Bon aus seiner Zeit bei den Valentines und bei Fraternity. Deshalb wussten sie, dass er singen konnte. Bon wiederum hatte gleich gemerkt, dass die Brüder Young das Zentrum der Band waren, und wusste auch, dass George Young nicht weit sein konnte, wenn sie irgendwo aufkreuzten. Ihm war bewusst, dass sich ihm eine einmalige Gelegenheit bot, und er wollte den Auftritt seines Lebens hinlegen.

Aber Bon liebte immer noch das Schlagzeug. Während er einerseits danach lechzte, bei AC/DC den Gesang zu übernehmen, hatte er gleichzeitig ein ganz anderes Line-up im Kopf: George am Bass, Angus und Malcolm an den Gitarren und er selbst an den Drums.

Angus: »Er brachte uns in ein kleines Studio und setzte sich gleich ans Schlagzeug. Wir meinten: ›Hey, wir haben schon einen Drummer, Bon, was wir brauchen, ist ein guter Sänger!‹ Aber er sagte immer wieder: ›Aber ich bin Schlagzeuger! Ich habe als Rockschlagzeuger angefangen!‹ Das wussten wir ja. Er war ein guter Drummer.«

Nachdem Bon dann jedoch endlich das Mikrofon übernahm und sich John Freeman von Fraternity ans Schlagzeug setzte, jammten sie die ganze Nacht. Und als die Sonne aufging, bot ihm sein alter Freund und AC/DC-Manager Dennis Laughlin den Platz in der Band an.

Bon war begeistert, aber dennoch ein wenig besorgt, was den Altersunterschied zu den anderen Bandmitgliedern betraf. Er wusste, dass er keine einundzwanzig mehr war, und fragte sich, ob er mit Malcolm – und vor allem Angus – würde mithalten können.

Während Bon über das Angebot nachdachte, erfüllte die Band ihre Verpflichtungen auf der anderen Seite des roten Kontinents, unter anderem bei einem sechswöchigen Dauerengagement in Perth in Beethoven's Disco im Vorprogramm des Transvestiten Carlotta.

Ein Arrangement, an dem vermutlich die Zeiten mit Lou Reed nicht unschuldig waren. Evans, der noch nicht wusste, dass er kurz vor dem Rauswurf stand, reiste mit nach Perth.

Die Band fuhr 2700 Kilometer quer durch die Nullarbor-Ebene, eine Wüste, die den Großteil des mittleren Australiens einnimmt. Die Straße, die als eine der längsten geraden Strecken der Welt gilt, war damals noch nicht asphaltiert und führte durch einige der unwirtlichsten Landstriche auf dem Planeten. Dazu kam, dass einige Bandmitglieder die Fahrt hinten im Lkw verbringen mussten.

Dave Evans: »Hinten war der ganze Kram verstaut, die PA und so. Wir mussten dazwischen irgendwie noch einen kleinen Platz finden, wo man sitzen konnte. Dann ging das Rolltor runter und es war stockdunkel – man konnte die Hand vor Augen nicht sehen. Wir hatten Taschenlampen mit, und wer etwas trinken wollte, musste ein Feuerzeug anzünden. Derweil hielten wir Stirnbänder und Taschentücher vor Mund und Nase – wegen des roten Wüstenstaubs.«

Irgendwann hatten sie einen Reifenschaden. Und zu allem Überfluss fing es auch noch an zu regnen. Glücklicherweise hielt jemand an und half ihnen beim Reifenwechsel.

Als sie endlich in Perth ankamen, blieb Dave Evans bei einem Konzert die Stimme weg und Dennis Laughlin musste als Sänger einspringen. Nachdem sie ihre Verpflichtungen erfüllt hatten, machte sich die Band im September auf die anstrengende Rückreise gen Osten und schlug für ein paar Konzerte am Wochenende wieder in Adelaide auf.

Bon hatte auf sie gewartet. Als man ihm den Job des Sängers noch einmal anbot, sagte er auf Anhieb zu.

Nach einer Willkommens-Jam im Pooraka gab Bon seinen Einstand bei den neuen Arbeitgebern im Countdown-Club in Adelaide. Unter den Zuschauern war auch Phil Eastick, der später auch zur AC/DC-Crew stoßen sollte.

Phil Eastick: »Er ging einfach auf die Bühne und sang ein paar Songs. Ich glaube, Dave Evans hatte noch gar nicht richtig mitbekommen, was da lief. Aber in dem Augenblick, als Bon mit der Band sang, merkte jeder, dass etwas Magisches vor sich ging.«

Für Bon waren AC/DC wie eine Verjüngungskur. Zum ersten Mal in seiner Karriere konnte er wirklich er selbst sein. Songs wie »She's Got Balls« erlaubten ihm endlich, auch durch die Regionen unterhalb der Gürtellinie zu denken. Die Fraternity-Musiker hätten bei dem Gedanken, mit so viel Urschreigebrüll in Verbindung gebracht zu werden, wahrscheinlich angeekelt mit den Augen gerollt.

Bons Situation war ein wenig mit der seines Idols Alex Harvey vergleichbar, dem schottischen Sänger der Sensational Alex Harvey Band. Wie Bon war auch Harvey kein grüner Junge mehr und hatte musikalisch öfters aufs falsche Pferd gesetzt, bevor es 1972 mit SAHB so richtig losging, und er endlich das tun konnte, was er immer gewollt hatte.

Wyn Milson: »Das war der wahre Bon Scott. Es war die Seite an ihm, die es schon bei den Valentines gegeben hatte, die aber nicht raus durfte.«

Leider fiel der Neuanfang mit AC/DC mit dem Ende seiner Ehe mit Irene zusammen. Trotzig versuchte er, seine Niedergeschlagenheit mit Großmäuligkeit zu überspielen.

»Mir war die Band wichtiger als meine Schnecke, also bin ich bei denen eingestiegen und habe sie sitzen lassen«, erklärte er Anthony O'Grady im *RAM*.

Abgesehen vom Liebeskummer hatte er durch die neue Situation in jeder Hinsicht gewonnen. Bon sang jetzt nicht nur bei einer verdammt angesagten Band, die genau das war, was er sich immer erhofft hatte, er hatte auch noch bei einer Band mit großartigem Stammbaum angeheuert.

Bon hatte den Eindruck, dass AC/DC genau da weitermachten, wo seine Helden, die Easybeats, aufgehört hatten. Mit George Young – den Bon überaus bewunderte – als Mentor schien es überhaupt keinen Grund zu geben, weshalb die zweite Runde nicht ebenso gut werden sollte wie die erste. Bon legte sich einen ordentlichen Vorrat an Betäubungsmitteln an und packte seine Sachen für den Umzug nach Sydney, wo er sich mit der Band treffen und seinen neuen Karriereabschnitt beginnen wollte.

Das Problem war jedoch, dass AC/DC nun praktisch zwei Sänger hatten. Aber die Gruppe war von Bon derart begeistert, dass es für Evans allmählich verdammt eng wurde. Inzwischen hatte er kaum noch etwas mit der Band zu tun, und er sah die Kollegen nur noch auf der Bühne. Er wusste, dass etwas gegen ihn im Gange war, denn niemand bemühte sich, die Sache großartig geheim zu halten.

Auf dem Rückweg nach Sydney ereilte Evans schließlich bei einem Gig im Esplanade Hotel in St. Kilda sein Schicksal. Der Sänger ging zurück nach Sydney und gründete dort Rabbit, eine harte Glam-Rock-Band, die Gary Glitters urwüchsige Beats mit Rock 'n' Roll und einem feuerspeienden Bassisten kombinierte. Rabbit veröffentlichten zwei Alben: *Rabbit* (1975) und das etwas erfolgreichere *Too Much Rock 'n' Roll* (1976).

Nachdem AC/DC ebenfalls nach Sydney zurückgekehrt waren, gab Bon sein offizielles Debüt in der Rockdale Masonic Hall, einem Veranstaltungsort etwa eine Stunde südlich vom Stadtzentrum gelegen. Fifa Riccobono von Albert Music erinnert sich: »George und Harry schafften es nicht zum Gig und fragten mich, ob ich an ihrer Stelle hingehen würde. Als ich dort ankam, war der Laden gerammelt voll, bis zur Decke. Bon kam auf die Bühne, und ich konnte kaum meinen Augen trauen. Er trug einen roten Satinoverall und hatte eine Kette mit einem Haifischzahn um den Hals, ihm selbst fehlte ein Zahn, und dann hatte er diese Tattoos und war insgesamt so … krass! So krass! Und wenn ich geglaubt hatte, dass die Band schon eine richtig rotzige Einstellung hatte, dann setzte er noch mal eins drauf.

Er kannte nicht alle Texte und erfand zwischendurch ein paar Zeilen, aber er überstand das Konzert recht gut. Am Schluss wollte ich gerade gehen, als Michael [Browning, eine Melbourner Musikgröße, die bald AC/DCs Manager werden sollte] mich fragte: ›Willst du noch hinter die Bühne kommen und Bon kennenlernen?‹. Also ging ich mit. Und er war so charmant! Ich konnte kaum glauben, dass das derselbe Typ war, den ich gerade auf der Bühne erlebt hatte. Er versprühte so viel Charme und war so wahnsinnig elegant. Am nächsten Tag traf ich George und Harry und sagte: ›Du meine Güte, der ist so ordinär!‹ Aber ich sagte auch, dass er sehr gut in die Band passte. Und dass es keine Frage war, überhaupt keine, dass er Teil dieser Band sein würde. Keine Ahnung, wie die Band selbst das sah, aber nachdem ich so viele verschiedene Leute bei ihnen erlebt hatte, war mir klar, dass er sozusagen der fehlende fünfte Finger am Handschuh war, so perfekt passte er zu ihnen. Sein Charisma war schlicht unglaublich.«

Die meisten Leute waren von Bons Auftritt zu verblüfft, um schockiert zu sein: Niemand hatte je zuvor so etwas gehört wie »She's Got Balls«, den ersten Song, den das neue Line-up gemeinsam geschrieben hatte. Das größte Geheimnis jedoch war, wie Bon, der nun wenig überraschenderweise George Youngs ganze Zustimmung erhielt, es geschafft hatte, diesen Abend überhaupt zu meistern.

Angus: »Ich erinnere mich nur an literweise Bourbon und das ganze verdammte Dope! Ich sagte zu Malcolm: ›Verdammte Scheiße, Mal, wenn der Typ später überhaupt noch stehen kann, sollte mich das wundern!‹ Da ging der Bourbon wirklich flaschenweise weg. Mal trank allerdings auch ordentlich Ingwerwein und meinte nur: ›Ach, und wenn schon!‹ Als wir auf die Bühne kamen, hat's mich dann aber fast umgehauen. Mir war schon klar, dass Bon versuchte, mich zu beeindrucken, aber seine Stimme war wie ein Tornado. Er ließ einfach einen unglaublichen, wilden Brüller raus. Die Leute waren wie vom Donner gerührt. Das muss man gesehen haben. Mich hat es umgehauen. Und dann haben wir losgelegt.«

Den größten Schock bekamen natürlich die Fans des geschassten Dave Evans, die gekommen waren, um ihr Idol zu sehen. Bon übernahm es, ihnen die traurige Nachricht zu übermitteln.

Malcolm: »Bon kam noch vor dem Rest der Band auf die Bühne. Er marschierte nach vorn, griff sich das Mikro und erklärte: ›An alle, die hier sind, um Dave Evans zu sehen – der kommt heute nicht. Die Band hat ihn gefeuert, weil er geheiratet hat.‹ Wir dachten nur: Verdammte Scheiße, was erzählt der Typ da? Aber auf der Bühne übernahm er einfach das Kommando. Man konnte unglaublich gut mit ihm arbeiten. Es war kaum zu glauben, wie professionell er war, denn auf den ersten Blick schien es ganz anders zu sein. Aber daran merkte man, dass Bon richtig Spaß hatte. Er wusste wirklich, worauf es live ankam.«

Bon, der ein großer Fan des Komikers Lenny Bruce und seines rasiermesserscharfen Humors war, brachte mehr mit als nur eine großartige Stimme und eine umwerfende Persönlichkeit, die ihn durchaus dazu befähigt hätte, Schauspieler zu werden. Zwar änderte er das Image der Band nicht über Nacht, denn Bon trug selbst oft weiße oder rote Satinoveralls, und die übrigen Musiker waren mit ihren Stiefeln auch ein wenig von der Glamszene beeinflusst, aber mit ihm wurde die Band endlich zu einer festen Einheit. Sein Erfahrungsschatz sorgte live für eine völlig neue Qualität, auf die Angus und vor allem Malcolm lange hingearbeitet hatten. Bon gab ihrer »Scheiß drauf«-Attitüde, die George Young ihnen schon früh eingeimpft hatte, die entscheidende Durchschlagskraft.

Angus' Talent für Humor kam an der Seite des schlagfertigen Bon noch mehr zur Geltung. Wie ein eingespieltes Comedy-Duo warfen sich die beiden die Bälle zu. Angus behauptete lachend, dass er Bon in der Anfangszeit ein bisschen Benehmen beibringen wollte. Er forderte beispielsweise, dass der Sänger seine derbe Ausdrucksweise etwas entschärfte, indem er Dinge wie »Entschuldigung, du Wichser« oder »Verpiss dich, wenn es dir nichts ausmacht« sagte.

Wie die Band schnell herausfand, zog Bon die Frauen magisch an. Man erzählte sich sogar, dass völlig fremde Männer ihm ihre Frauen vorführten, damit er sie glücklich machte.

Dann gab es da auch noch Bon, den Musikerzieher, der stapelweise alte Singles und LPs in Secondhandläden ankaufte, sie an Angus weitergab, um dem Gitarristen lange Vorträge über die Songs und die dazugehörigen Künstler zu halten. Jerry Lee Lewis' »High School Confidential« und »Great Balls Of Fire« – das Bon schon allein wegen des Wortspiels mit den »Bällen« gefiel – zählten zu den Schätzen, die er seinem Bandkollegen ans Herz legte. Angus brachte es vermutlich nicht über sich, ihm zu sagen, dass er die Songs bereits in- und auswendig kannte. Außerdem konnte Bon mit Erlebnissen aus erster Hand punkten, nachdem er mit Fraternity bei Jerry Lee im Vorprogramm gespielt hatte.

Angus: »Jerry Lee Lewis hatte in Bon wohl den idealen Saufkumpan gesehen. Bon erzählte mir, dass Lewis' Manager immer den Schnaps versteckte. Zu dem Typen, der mit ihm unterwegs war, sagte Jerry Lee dann stets: ›Vergiss bloß nicht meine Stiefel!‹ Bon fragte sich natürlich, wieso er immer so viel Aufhebens um seine Stiefel machte. Als sie dann vor der Garderobe ankamen, sagte Jerry Lee zu Bon: ›Hier rein!‹, holte die Stiefel raus und zog aus den Schäften zwei Flaschen Bourbon!«

Nach der Show in Rockdale hatte Bon seine Position in der Band gefestigt. Auch die folgenden Konzerte in Adelaide und Melbourne – unter anderem bei den Gay Nights in Michael Brownings Hard Rock Café – gaben Bon die perfekte Gelegenheit, sich vor Publikum auszutoben und zu sehen, wie weit er gehen konnte.

Ein paar der Stammgäste hielten Vibratoren hoch und zeigten ihre Brüste, die dank der Löcher, die sie in ihre T-Shirts geschnitten hatten, problemlos sichtbar waren. Bon sonnte sich im Rampenlicht – im positiven wie im negativen –, genoss die Provokationen und teilte ebenso viel aus, wie er einsteckte. Dazu brachte er sich seine eigenen Requisiten mit, zu denen neben ein paar Vibratoren auch eine Peitsche gehörte. Er hatte eben alles dabei, womit er im Mittelpunkt stehen konnte.

Michael Browning, der frühere Manager der erfolgreichen Billy Thorpe & The Aztecs, zählte zu den einflussreichsten Leute in der

Musikszene von Melbourne. Er war von den neuen AC/DC überwältigt. Schon das Line-up mit Dave Evans hatte ihn umgehauen, insbesondere wegen Angus' Showeinlagen. Aber mit Bon an der Spitze wurden AC/DC zu einem Rockzirkus mit zwei Manegen. Obwohl Browning, der Bon aus seinen früheren Tagen gut kannte, sich erst einmal an das neue Image des Sängers gewöhnen musste.

Michael Browning: »Ich hatte Bon kennengelernt, als er noch bei den Valentines war, daher war er für mich immer dieses Teenie-Idol. Ich konnte ihn mir zu Anfang bei AC/DC nur schwer vorstellen. Aber offenbar war er bei den Valentines fehl am Platz gewesen, denn bei AC/DC war er richtig – daran gab es keinen Zweifel. Diese Band passte haargenau zu Bons Persönlichkeit.«

Browning arbeitete ein Angebot für das Management der Band aus. Schnell war ihm klar, an wen er sich deswegen wenden musste.

Michael Browning: »Malcolm war der Denker, der interne Organisator. Er war schlicht und ergreifend der Boss. Er hatte genau im Blick, was auf geschäftlicher Ebene lief. Als Manager findet man schnell heraus, mit wem in der Band man über solche Fragen reden kann. Bei AC/DC war es Malcolm. Er sagte stellvertretend für die Band, was gemacht wurde. Wenn ich AC/DC eine Idee vermitteln wollte, musste ich mich zuerst an ihn wenden. Dann machten wir uns gemeinsam daran, die Sache der Band zu verklickern.«

Das Managementangebot wurde erst einmal von Malcolm durchleuchtet, dann wurde es George vorgelegt.

Michael Browning: »George war sich der Abgründe der Musikindustrie sehr bewusst. Er wollte nicht, dass AC/DC dieselben schlechten Erfahrungen machten, die ihm mit den Easybeats widerfahren waren. Das war mir die ganze Zeit über bewusst.«

Nachdem Browning im November offiziell die Zügel übernommen hatte, ging es für die Band nachhaltig voran. Er war ein ausgezeichneter Stratege und ein cleverer Manager. Eine seiner ersten Amtshandlungen zahlte sich am meisten aus: Er überredete die Band, dauerhaft nach Melbourne umzuziehen, und ließ AC/DC vor demselben harten, aufgeheizten Publikum spielen, das schon die Aztecs und die Coloured Balls gemocht hatte. Melbourne war eine Rockstadt. Es war ein großer Schritt für Malcolm und Angus, denn ihnen bedeuteten die Familie und die Bodenhaftung, die ihnen ihre große Schwester Margaret vermittelte, sehr, sehr viel.

John Swan erinnert sich sehr gern an Margaret und auch an das Haus der Youngs in Burwood.

John Swan: »Ich fuhr mit dem Bus raus nach Burwood und hatte stets den Eindruck, dass bei ihnen immer ein riesiger Topf Suppe auf dem Feuer stand. Es war ein typisch schottischer Haushalt. Aus der ganzen Gegend waren Musiker da, die Karten spielten oder gemeinsam tranken. Margaret kümmerte sich immer darum, dass jeder einen Teller Suppe bekam, damit nicht ganz so viel getrunken wurde und wir es ruhig angehen ließen. Denn solange wir wir vor dem Teller saßen, hatten wir kein Glas in der Hand! Margaret war die ultimative Mutter oder Schwester. Natürlich durfte man ihr nicht dumm kommen. Es war klar, dass man mit ihr nicht so sprach wie mit anderen Frauen. Jeder wusste, dass man sich sonst ziemlich heftig eine einfangen konnte – die Youngs konnten schließlich alle gehörig austeilen!«

Anfang November spielten AC/DC im Vorprogramm von Black Sabbath im Hordern Pavilion. Es war Bons zweites Zusammentreffen mit den britischen Heavy-Rockern in gut zwei Jahren. Für AC/DC wurde es der Beginn ihrer Abschiedsvorstellung in Sydney. Aber vor dem Umzug nach Melbourne sollte noch das erste Album *High Voltage* in den Albert Studios eingespielt werden. George und Harry Vanda kümmerten sich um die Produktion der Platte. Die Aufnahmen begannen jeweils direkt nach den abendlichen Konzerten der Band: Nach Mitternacht traf man sich im Studio und gegen sechs oder sieben Uhr früh war dann Schluss.

Die Mitwirkenden an dieser Platte bildeten ein Kollektiv. George spielte Bass, ebenso wie AC/DCs Rob Bailey. Den größten Teil der Schlagzeugarbeit übernahm Tony Currenti von The 69ers.

Der eigentliche Drummer, Peter Clack, und auch John Proud, der schon am Album der Marcus Hook Roll Band mitgewirkt hatte, spielten auf jeweils einem Track – auf »Little Lover« und »She's Got Balls«, das zur Überraschung der Band Bons Exfrau Irene gewidmet war. Fast wäre auch Herm Kovac noch zum Einsatz gekommen.

Herm Kovac: »Ich stand kurz davor, mit der Ted Mulry Gang auf Tour zu gehen, als Malcolm bei mir anrief. Er meinte: ›Hör mal, wir haben da ein paar Probleme mit ein paar langsamen Tracks auf unserem Album. Wir brauchen ein Feeling, wie es Simon Kirke von Free draufhat. Könntest du nicht mal vorbeikommen und einspringen?‹ Aber ich musste leider auf die Tour.«

Während Malcolm und Angus auf der Bühne ihre Rollen schon fest im Griff hatten, wurde im Studio noch reichlich experimentiert. Auf »Soul Stripper« spielte sich das Brüderpaar bei den Riffs gegenseitig die Bälle zu, und bei »You Ain't Got A Hold On Me« übernahm Malcolm das Solo.

Harry Vanda: »Wir haben im Studio einiges ausprobiert und die Rollen ein paar Mal getauscht. Es hätte funktionieren können. Es hat sich auch okay angehört, aber es klang nicht so gut wie das, für das sie live berühmt waren. Es hätte die Identität der ganzen Sache gefährdet.«

In nur zehn Tagen wurde *High Voltage* fertiggestellt.

Chris Gilbey: »Ich schlug vor, die Platte *High Voltage* zu nennen, um die Idee mit dem Blitz im Logo weiter auszubauen und das Motto mit der Elektrizität weiterzuspinnen. Sie fanden die Idee großartig.«

Angus' Gitarrensound war derweil schon im Radio zu hören, auf »Guitar Band«, der ersten Single aus Stevie Wrights damals noch unveröffentlichtem zweiten Soloalbum *Black Eyed Bruiser*.

Allmählich kam die Karriere der Band in Schwung. Am 29. November hatte sie ihren ersten Auftritt bei der neuen sonntäglichen Musiksendung *Countdown* auf ABC. Dort spielten sie ihre Version von Big Joe Williams' »Baby, Please Don't Go«.

Der Song sollte zwar erst einige Monate später als Single erscheinen. Aber da *Countdown* landesweit ausgestrahlt wurde, war eine solche Werbung kurz vor dem Umzug in die Stadt unbezahlbar. Dadurch, dass die Sendung drei Wochen später wiederholt wurde, prägte sich der Bandname bei noch mehr Leuten ein.

Brownings großer Plan funktionierte hervorragend. Dank seiner Erfahrung war ihm bewusst, dass Melbourne *die* Stadt für AC/DC werden würde.

Michael Browning: »Wenn Melbourne nicht gewesen wäre, hätte es AC/DC nicht gegeben. Nirgendwo sonst hätte die Band eine solche Unterstützung bekommen.«

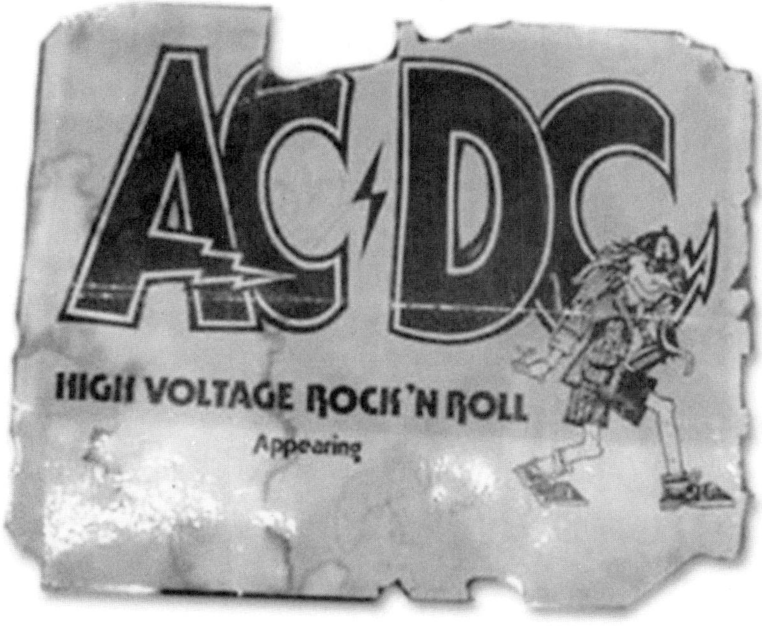

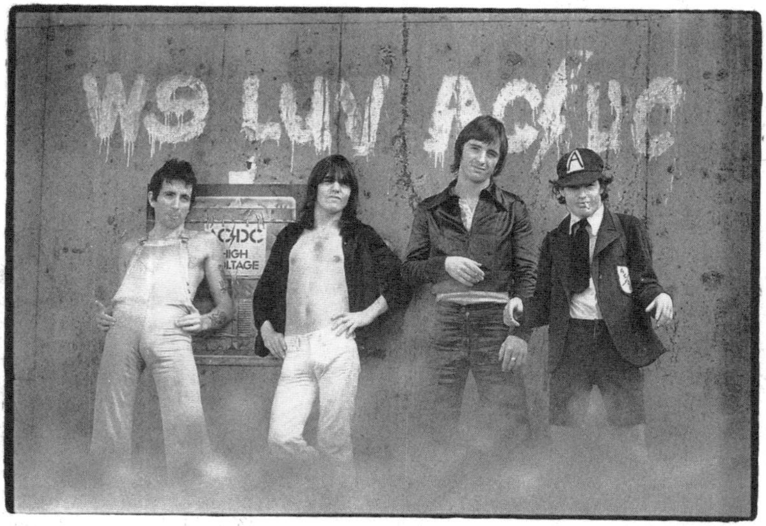

1975

Bon, Malcolm, Phil Rudd und Angus in Sydney

7. Kapitel

SIND SIE ZU LAUT, BIST DU ZU SCHWACH

Melbourne war berühmt für hemmungslosen Alkoholkonsum, und die Mentalität in der südaustralischen Hauptstadt trat wohl selten so deutlich zutage wie beim ersten Sunbury Festival im Januar 1972. Die dreitägige Veranstaltung am Stadtrand wurde nicht wegen Love & Peace berühmt, sondern vielmehr wegen der Unmengen Bier, die dort flossen und dabei halfen, dass sich die Aztecs vor den 30 000 Zuschauern in die Königsklasse des Rock spielten.

Das Livealbum der Aztecs, das bei diesem Konzert entstand – *Live At Sunbury*, einer der Schlüsselmomente australischer Rockmusik –, behauptete sich in den australischen Charts neben *Exile On Main Street* von den Stones und Led Zeppelins mystischem vierten Album.

Die Platte überzeugte vor allem durch die Intensität der Musik. Michael Browning sprach von »Aztec-Energie«, dem Inbegriff von Härte und Lautstärke, lange vor der Bezeichnung Heavy Metal.

Die zweite Band, die von 1972 bis 1974 ungefähr im gleichen Genre wilderte wie die Aztecs, waren Lobby Loyde und seine Coloured Balls. Ihr Image passte zu dem furchterregenden Sound.

Den Sharpies gefielen bereits die Aztecs, aber in Loyde – dessen Look durchaus mit dem der Sharps zu vergleichen war – sahen sie ihren Messias. Massenweise pilgerten sie zu seinen Konzerten und machten dort ordentlich Rabatz. Die Coloured Balls erhielten dadurch reichlich schlechte Presse, die zu noch mehr Auseinandersetzungen zwischen Fans und Behörden führte. Als sie 1974 ihr drittes Album *Heavy Metal Kid* einspielten, stand bereits fest, dass sie sich anschließend trennen würden.

Dank eines massiven Polizeiaufgebots waren marodierende Horden der Sharps zu der Zeit, als AC/DC in die Stadt kamen, weitgehend verschwunden. Aber Melbourne zeichnete sich immer noch durch ein hartes Publikum aus. Der Charakter der dortigen Szene glich durchaus der Art, wie die Mitglieder von AC/DC tickten.

Ihr Ruf eilte der Band bereits voraus, dank eines energiegeladenen Silvesterauftritts in der Melbourner Festival Hall und eines Gigs im Prahran Station Hotel, bei dem Angus sich über einen teilnahmslosen Fan geärgert hatte.

Malcolm: »Angus sprang runter ins Publikum und lief auf den Typen zu, schnappte sich dessen Bier und goss es ihm über den Kopf. Der Kerl hatte krause Haare, sodass das Bier erst wie in einer Art See oben auf der Matte stehen blieb und dann ganz allmählich über das ganze Gesicht lief. Ich dachte, der Typ bringt ihn um, aber er blieb sitzen und ließ es geschehen. Es war ihm wohl peinlich. Damals fand ich es etwas übertrieben von Angus, aber die Leute waren begeistert. Der Kerl, der das Bier abgekriegt hatte, wurde in Melbourne anschließend zur Kultfigur!«

Im nächsten Schritt verschaffte Browning der Band einen Deal mit dem Agenten Bill Joseph, der eine Reihe großer Veranstaltungsorte in Melbourne buchte. Über einen Sechs-Monats-Vertrag mit Josephs Agentur Premier Artists erhielt jedes Bandmitglied 60 Dollar die Woche. Joseph kam zudem für die PA-Kosten und für die Reparaturen des Tourbusses auf, einem riesigen Kasten, der früher der Fluglinie Ansett Airlines gehört hatte.

Während sich Browning um die langfristigen Arrangements kümmerte, logierte die Band zunächst im Octagon Hotel in Prahran. Dort waren AC/DC schon bald wegen ihres ungehobelten Benehmens und wegen ihrer Gastfreundlichkeit gegenüber Mädchen und anderen Musikern berüchtigt. Einige Zeit später fand Browning eine Unterkunft in St. Kilda, ein frei stehendes Haus im viktorianischen Stil an der Lansdowne Road. Malcolm und Angus waren nun zum ersten Mal nicht mehr unter den Fittichen ihrer Familie und genossen ihre Freiheit in vollen Zügen.

Viele Kellnerinnen aus der Gegend, besonders die aus der Nachtschicht, stellten schnell fest, dass das Haus in der Lansdowne Road eine billige und aufregende Alternative zu den örtlichen Pubs darstellte. Sie tauchten daher regelmäßig mit Partyvorrat in den frühen Morgenstunden dort auf. Irgendjemand war immer da, der sich über Besuch freute.

Oft kam es vor, dass die Band es bei ihren wechselnden Damenbekanntschaften etwas übertrieb. Eine ärztliche Versorgung wurde öfter mal in Anspruch genommen, um die diversen Ausschläge oder den Juckreiz zu kurieren.

St. Kilda war ein Rotlichtviertel. Daher war es nicht weiter verwunderlich, dass auch das nächste Bordell nicht allzu weit entfernt war. Und es überraschte auch nicht, dass es Bon gelang, eine der Damen zu einem Treffen zu überreden. Davon abgesehen hingen im Haus stets viele der Musiker herum, die gerade in der Stadt auftraten, außerdem ein paar stadtbekannte Gangster und auch Mitglieder der örtlichen Hare-Krishna-Sekte.

Die Polizei tauchte regelmäßig im Haus der Band auf, bis den Beamten klar wurde, dass das einzige Verbrechen der Bewohner darin bestand, eine Party nach der anderen zu feiern. Schließlich begannen sie lieber die Instrumente auszuprobieren, die überall im Haus herumstanden, anstatt Haftbefehle auszustellen.

Während das Haus zur Partyzentrale wurde, mehrte die Band bei ihren Auftritten ihren Ruf als brachiale Livegruppe. Bei einem Konzert im Hard Rock war Bon aufgrund seines ausschweifenden Lebens allerdings so erledigt, dass er den Gig ausfallen lassen musste und Malcolm und Angus den Gesang übernahmen.

Die Autorin Jen Jewel Brown erinnert sich an einen frühen Gig: »Angus kletterte wie eine Bergziege auf alle Erhöhungen im Saal, und überall ringelten sich seine Gitarrenkabel herum. Es war faszinierend, den Jungs zuzusehen. Ich kann mich nicht daran erinnern, dass sie je einen schlechten Gig abgeliefert hätten. Sie waren wie eine kleine Armee. Sie wollten ihr Publikum unterhalten, und sie hämmerten den Leuten geradezu ein, Spaß zu haben.«

Die örtlichen Musiker waren ebenfalls beeindruckt.

Billy Thorpe: »Ich erinnere mich an einen Gig in einem Cricketstadion in Melbourne. Wir standen in der Mitte des Geländes auf der Ladefläche eines Lkw, so wie das zu der Zeit oft gemacht wurde. Die PA und die Band auf dem Wagen, rundherum Absperrgitter und eine Armee aus Sicherheitskräften mit vor der Brust gekreuzten Armen, voll auf Speed, die die Leute anstarrten. Wir standen neben der Bühne und sahen den Jungs zu. Jeder konnte sehen, wie sie aufdrehten. Man spürt, wenn die nächste große Band in der Szene durchstartet. Die australische Rock-'n'-Roll-Legende Johnny O'Keefe hat mal zu mir gesagt: ›Ich wusste, ihr werdet richtig groß.‹ Ich wusste es bei AC/DC.«

Bassist Rob Bailey und Schlagzeuger Peter Clack bekamen von dem wilden Partyleben in der Lansdowne Road nicht viel mit. Sie wurden Anfang Januar 1975 gefeuert.

Clacks Ersatzmann, Russell Coleman, kannte die Band bereits, weil er live mit Stevie Wright unterwegs war und bei den Sessions zu dessen Album *Hard Road* mitgespielt hatte. Als AC/DC und Wright gemeinsam in Perth auftraten, hatte Angus einmal vorsichtig bei Coleman vorgefühlt.

Russell Coleman: »Er sagte: ›Eines Tages spielen wir mal zusammen‹, weil er glaubte, dass Stevie Wright dabei der Sänger sein würde.«

Als Coleman an Bord kam, stand jedoch Bon am Mikrofon. Coleman kannte den Sänger noch aus der Zeit mit den Valentines. Etwas beunruhigt stellte er fest, dass sich Bons Lust auf Partys nicht gelegt hatte.

»Er stand besonders auf junge Mädchen. Wir waren immer alle ein bisschen nervös, weil die Väter öfter mit Baseballschlägern oder Ähnlichem aufkreuzten und nach ihren Töchtern suchten. Diese Teeniemädchen warfen sich Bon geradezu an den Hals – er konnte nichts dafür. Er war auf einer einzigen, unaufhörlichen Party.«

Nach Baileys Abschied sprang George Young als Bassist ein. Für ihn spielten Spaß und Party lediglich eine untergeordnete Rolle. Er konnte sich noch lebhaft – und schmerzhaft – daran erinnern, wie es gewesen war, als er die Fahrer der Easybeats selbst zu Zeiten, als »Friday On My Mind« ein Riesenhit war, um Zigaretten anschnorren musste. Und da George seine Brüder auf seine ihm eigene Art sehr gern hatte, bereitete er sie und ihre Bandkollegen nun darauf vor, was ihnen für harte Zeiten bevorstanden, wenn sie nach Übersee gehen wollten, um sich in vergammelten Bars einen Namen zu machen. Coleman erlebte einen Vorgeschmack auf die nahe Zukunft, indem er wesentlich weniger Geld verdiente als bei Stevie Wright und in einem Vehikel – dem sogenannten »Folterbus« – von einem Ende Australiens zum anderen reiste.

Russell Coleman: »George wollte sie nur hart und stark machen, damit sie für die USA und England fit würden.«

Aber George hatte sich nicht nur Gedanken über die psychologische Fitness gemacht.

Russell Coleman: »George sagte mir, er wollte alles genauso haben wie bei den Easybeats: Etwa einen älteren Drummer [Snowy Fleet war mit Abstand der Älteste bei den Easybeats gewesen], deshalb stellte er hinten eine Puppe auf, damit es ähnlich wirkte. George hatte eine rigorose Art, so etwas durchzuziehen! Er sagte: ›Sie werden alles erreichen, was den Easybeats verwehrt blieb.‹«

Zwar war Coleman von George beeindruckt, aber Angus' Ehrgeiz begeisterte ihn noch mehr. Für Angus spielten Partys keine große Rolle. Er wollte bloß der beste Gitarrist der Welt werden.

Russell Coleman: »In diesem Haus ging er sogar mit seiner Gitarre schlafen. Die anderen zogen um die Häuser, soffen, waren hinter den Mädels her, und er blieb den ganzen Tag zu Hause und übte. Ich gab ihm all meine Chuck-Berry- und Little-Richard-Platten, und er war begeistert. Er hörte sie rauf und runter und spielte dazu, während er durchs Haus hampelte. Seine Überzeugung und Konzentration waren unglaublich. Ohne seine Gitarre traf man ihn so gut wie nie an.«

Bon konnte sich derweil nicht zurückhalten, wie Coleman bald herausfand. Er ging jedes Risiko ein, ohne lange darüber nachzudenken. Bei einer Party mit einigen bekannten Rockern testete Bon seine Grenzen beinahe bis zum Exitus, indem er ahnungslos eine große Dosis Morphin schluckte.

Russell Coleman: »Bei mir tauchte ein Groupie auf und schrie: ›Bon ist tot, du musst zum Haus kommen!‹ Als ich ankam, war er blau im Gesicht und lag bäuchlings auf dem Boden. Zwei dieser abgefuckten Typen versuchten, ihn zu wecken. Nichts passierte. Sie übergossen ihn mit Wasser. Er rührte sich nicht. Also brachte ich ihn ins Krankenhaus. Bon hatte überhaupt keine Ahnung, was Drogen anging. Er hatte damit nie was zu tun. Er hat nur gesoffen, er liebte seinen Scotch. Die Morphin-Geschichte war ein ziemlicher Schock. Die ganze Band hielt sich stets von Drogen fern, es wurde nur noch mehr gesoffen. Angus aß den ganzen Tag Schokoflocken. Die waren seine Droge.«

Coleman beschloss, dass es an der Zeit war, sich zu verabschieden. Später, als er bei der Produktion der TV-Sendung *Countdown* in den ABC-Studios arbeitete, begegnete er Angus wieder, der noch immer überzeugt war, dass AC/DC die Welt erobern würden.

Russell Coleman: »Angus fragte: ›Was treibst du so?‹ Ich erzählte, dass ich in einer Band sei, die Fünfziger-Rock-'n'-Roll spiele, und er meinte: ›Du warst mal in der besten Rockband der Welt!‹«

Phil Rudd, der am 19. Mai 1954 in Melbourne als Philip Hugh Norman Witschke Rudzevcuts geboren wurde, übernahm den Posten des Drummers. Rudd war auf der Highschool auf die Idee gekommen, Schlagzeuger zu werden. Als er anfing, seine Mutter zu löchern, ihm ein Drum-Kit zu kaufen, hielt sie seine Begeisterung aber nur für ein flüchtiges Interesse.

Nachdem er mit fünfzehn die Schule verlassen hatte und Geld verdiente, legte er sich eine Sammlung billiger Trommeln und Becken zu. Er probierte es auch mit Unterricht, gab aber schon nach der ersten Stunde wieder auf. Er brauchte kein Lehrbuch, um so energisch wie möglich auf seine Drums einzudreschen.

Zu seinen frühen Helden zählten Simon Kirke von Bad Company, Corky Laing von Mountain und Ringo Starr. Phil spielte zu Beatles-Platten und saß dabei möglichst nah an den Lautsprechern, um parallel die Musik hören zu können und dabei selbst den Rhythmus einzuhalten.

Der entscheidende Moment war gekommen, als er zum ersten Mal »Tin Soldier« von den Small Faces hörte. Die Art und Weise, wie Drummer Kenny Jones die Band nach dem Zwischenspiel mit der Orgel wieder mit aller Energie in den Song zurückführte, verursachte ihm eine Gänsehaut.

Seine ersten Banderfahrungen sammelte Rudd bei den Lokalmatadoren Mad Mole und Krayne, einer kurzlebigen Hobbyband, deren Sound von Led Zeppelin, Uriah Heep und Deep Purple beeinflusst war und durch einen Hauch von Jazz ergänzt wurde. Bei Krayne spielte Geordie Leach Bass, ein Schulfreund von Rudd. 1972 gründeten die beiden Charlemagne, die in ihrer einjährigen Existenz vor allem Songs von Humble Pie, den Small Faces und Free in kleinen Bars oder bei Partys zu Gehör brachten. Keine dieser Bands war so wichtig, dass Rudd dafür seine Elektrikerlehre abbrach, die er zeitgleich absolvierte.

Smack, die sich im Juni 1973 formierten, waren ein erstes seriöseres Projekt. Nach ein paar Wochen luden sie Gary »Angry« Anderson zu einer Probe ein, der auf der Stelle als Sänger einstieg. Nach einiger Zeit benannte sich die Combo in Buster Brown um, da sich die Musikindustrie an den Drogenassoziationen stieß, die der Name Smack hervorrief. Dazu kam, dass keiner der Musiker sich in seiner Freizeit mit derartigen Dingen beschäftigte.

Bei ihren Gigs servierten Buster Brown alles vom »Jumpin' Jack Flash« der Stones über »Stay With Me« von den Faces oder Elton Johns »Saturday Night's Alright (For Fighting)« bis zu Stevie Wonders »Superstition«. Hinzu kamen Songs von Eric Clapton und Jeff Beck, denen Anderson mit seiner ein wenig an Rod Stewart erinnernden Stimme das richtige Feeling verpasste.

Geordie Leach, der im Dezember zur Band stieß, war sofort klar, dass Rudd ein magisches Rhythmusgefühl besaß.

Geordie Leach: »Phil war dazu geschaffen, Rockstar zu werden. Er hatte ein tolles Gespür für Timing, deswegen wollten ihn alle in ihrer Band haben. Mit seinem Beat hielt er die Musik zusammen. Er hat mich zu dem Bassisten gemacht, der ich heute bin. Digger [Dallas »Digger« Royal, der Drummer von Rose Tattoo] hat später einen brillanten Bassisten aus mir gemacht, aber Phil war der, der sagte: ›Hör nur auf mich, damit wir als Einheit in der Musik verschmelzen.‹ Phil wusste schon damals mit 19, worauf es ankam.«

Nur vier Wochen nach Leachs Bandeintritt spielten Buster Brown beim Sunbury '74 Festival. Bei Tageslicht vor 30 000 Zuschauern zu stehen, war etwas anderes, als in einem kleinen Club auf die Bühne zu klettern, wo man die Leute im schummrigen Licht kaum sah. Die Band hatte regelrecht Panik. Aber sie holte das Beste aus sich heraus und kam – was bei diesem Festival ein absolutes Novum war – für zwei Zugaben zurück.

Nach dem Sunbury bekam die Band mehr Angebote. Rudd war gezwungen, nach fast fünf Jahren seinen Job aufzugeben, um der Band gerecht zu werden.

Buster Browns hartes, beinahe punkiges Image zog die Aufmerksamkeit der Sharps auf sich: Im Gegensatz zum damals populärsten australischen Act, den Skyhooks, die sich ganz schamlos zum Mainstream bekannten, waren Buster Brown eine echte Rockband. Und Phil fuhr ein Auto, das perfekt zu diesem Image passte.

Geordie Leach: »Er war immer schon autoverrückt. Sein Vater hatte einen Autohandel. Der erste Wagen, den er sich kaufte und in dem Buster Brown fuhren, war ein gelber HK Monaro mit einem viergängigen Schaltgetriebe. Allererste Sahne.«

Im März unterschrieb die Band bei Mushroom Records. Im Juli erschien die Single »Buster Brown«, gefolgt von Auftritten bei *GTK* im September und Oktober. Ende 1974 nahm die Band ihr erstes Album auf, *Something To Say*, das – wie schon die Single – von Lobby Loyde produziert wurde. Es wurde in einer kurzen, zwölfstündigen Session eingespielt.

Finanzielle Mittel waren praktisch nicht vorhanden. Rudd beschloss offenbar eines Abends, dieses Problem mit seinen Fäusten zu lösen und drohte einem Promoter eine Tracht Prügel an. Das brachte ihm den Ruf eines unbequemen Typen ein, der nichts als Ärger machte, und dementsprechend erhielt er im November die Kündigung durch seine Bandkollegen.

Die folgenden Monate verbrachte Rudd damit, bei seinem Vater Autos zu waschen. Dann schaute Trevor Young von den Coloured Balls vorbei. Young hatte kurzzeitig bei Buster Brown gespielt, während Rudd ein Gastspiel bei den Balls hinlegte. Trevor Young erwähnte, dass AC/DC einen Drummer suchten, und schlug vor, Rudd solle sich doch einmal bei ihnen melden. Rudd wies seinerseits Geordie Leach darauf hin, sich um die freie Stelle als Bassist bei AC/DC zu bewerben. Aber sein Kumpel hatte keine Lust dazu.

Die Band nutzte den Flur im Haus an der Lansdowne Road als Proberaum. Dort musste der neue Drummer zeigen, was er draufhatte. Die anderen Musiker spielten in Unterwäsche. Sie jammten zu Songs, die sie kürzlich für *High Voltage* eingespielt hatten, aber auch zu Rockklassikern, die ihnen verrieten, ob Rudd ein Händchen für den Beat hatte, auf den es ankam. Es stellte sich schnell heraus, dass Rudd den nötigen Groove besaß. Er wurde auf der Stelle engagiert und man versprach ihm regelmäßige Arbeit. Rudd war begeistert.

»Jungs wie Malcolm oder Angus begegnet man nicht allzu oft«, sagte er Matt Peiken im *Modern Drummer*. »Eigentlich wollte Bon Schlagzeug spielen, aber er war als Sänger einfach zu gut.«

Da er selbst vom Fach war, war Scott natürlich in der Lage, einen guten Drummer von einem schlechten zu unterscheiden. Er liebte Rudds schnörkelloses Spiel, war allerdings auch ein bisschen eifersüchtig. So gut wäre er gern selbst gewesen.

Nachdem Rudd nun verbindlich an Bord war – ein Umstand, der durch seine Vergangenheit bei Buster Brown noch mehr Sharps zu AC/DC-Konzerten zog –, suchte die Band weiter nach einem Bassisten. Erneut fragten die Youngs bei Geordie Leach an. Zwischenzeitlich übernahmen auch Malcolm oder George das Instrument, je nachdem ob George gerade Zeit hatte.

Drei Wochen nachdem Rudd zur Band gestoßen war, fuhr die aktuelle Besetzung – Bon, Angus, Malcolm, George und Phil – im Januar 1975 zum vierten Sunbury Festival in die Melbourner Vorstadt. Dort hätte George beinahe das Bassistenproblem gelöst.

Lobby Loyde: »Beim Sunbury kam George zu mir: ›Hör mal, Alter, ich weiß, du spielst Gitarre, aber wir haben hier eine geile kleine Band, für die du ein Killerbassist wärst, denn du hast den richtigen Rhythmus.‹ Ich dachte tatsächlich darüber nach, weil wir eine Weile mit Phil geprobt hatten, als wir einen neuen Drummer für die Coloured Balls suchten. Keine Frage, Phil war großartig, er spielte Synkopen wie eine klappernde Klotür. Er rockte total.«

Das Sunbury ’75 unterschied sich stark von dem dreitägigen Festival der früheren Jahre. 1974 waren die damals noch unbekannten Queen mit dabei und mussten von den bierseligen Massen, wie zu erwarten war, einiges erdulden. Auch die gerade in Melbourne sehr angesagten Skyhooks hatten ihre Probleme mit den Zuschauern.

1975 hatte die Entscheidung, Deep Purple statt den Aztecs als Headliner zu buchen, bereits für einige Kontroversen gesorgt, ebenso wie das Comeback der Skyhooks mit ihrem provozierenden neuen Sänger Graeme »Shirley« Strachan. Deep Purple sollten für ihren Gig 150 000 Dollar erhalten, was dafür sorgte, dass für die zahlreichen Lokalbands kaum noch Gage übrig blieb. Viele fühlten sich zu Acts zweiter Klasse degradiert.

Als Billy Thorpe herausfand, dass Purple, denen damals mit David Coverdale am Mikrofon der Ruf vorauseilte, die lauteste Band der Welt zu sein, mit einer eigenen PA zusätzliche 14 000 Watt an den Start bringen würden, tat er alles, um nicht seinen Spitznamen »Mr. Lärm« einzubüßen.

Billy Thorpe: »Wir mieteten jedes Stück PA, das in Melbourne zu kriegen war, und stellten die Teile als Gitarrenverstärker auf die Bühne. Es war so was von arschlaut. Ihr Wichser denkt, ihr seid laut? Wir werden euch zeigen, was laut ist.«

Thorpe hatte entdeckt, dass AC/DC einige Elemente, die die Aztecs etabliert hatten, in ihr Programm einbauten. Beispielsweise das »Aztec-Songende«, ein Soundorkan, der beinahe so lange dauern konnte wie der Song an sich.

Billy Thorpe: »Alle Bands eigneten sich das an, AC/DC auch. Viele der Mätzchen, die sie brachten, waren bei den Aztecs geklaut und hatten ihren Ursprung im Zusammenspiel von Lobby und mir. Wenn ich fertig war, hängte er noch ein paar Takte dran, und wenn er dann aufhörte, machte ich noch ein bisschen weiter. Der Bombast, die Wahnsinnslautstärke und die ganze Power kamen von uns, weil Michael Browning erkannte, welche Wirkung das hatte, wenn man es richtig machte. Die Bands, die gegen Lautstärke wetterten, hatten doch bloß Angst vor so viel Energie. Es gab nur ein paar, die wirklich damit umgehen konnten. Lobby und die Balls konnten das, die Aztecs und auch AC/DC. Das hatte mit unserer speziellen Mischung zu tun, diese knackigen Riffs und der laute Sound entsprachen dem damaligen Sound der Aztecs. AC/DC haben ihn dann weiterentwickelt. Ich will damit nicht sagen, dass ihr Sound direkt auf uns zurückgeht, aber wir haben sie inspiriert. Dazu kam, dass sie einen der besten Riff-Schreiber aller Zeiten in ihren Reihen hatten: George.«

Der Dezibelwettstreit war nicht die einzige Auseinandersetzung beim Sunbury ’75. Plötzlich war nur von einem AC/DC-Gig die Rede, da es Gerüchte gab, Deep Purple würden gar nicht spielen. Als die Youngs und ihre Mannen das Gelände erreichten, mussten sie sich zunächst mit ihrem Equipment einen Weg durch die Menge bahnen, dann stellten sie fest, dass Purple doch auftraten und sie selbst erst im Anschluss dran waren.

Die Briten waren entschlossen, für ihren Auftritt alle Register zu ziehen. Danach sollte ihre Anlage wieder abgebaut werden, was bedeutete, dass ein paar Stunden lang keine andere Band auf die Bühne konnte. Eine Scheißidee.

Michael Browning: »AC/DC standen seitlich an der Bühne, als Deep Purple ihr Set beendeten. Plötzlich begannen die Roadies die Scheinwerfer abzubauen. Purples Production-Manager hatte beschlossen, alles, was sie mitgebracht hatten, jetzt abzubauen. Die nächste Band hätte bis vier Uhr morgens warten müssen, um aufzutreten. Daher sagte ich: So geht das nicht! Und gab meiner Roadcrew die Anweisung, alles aufzubauen, damit die Band möglichst schnell auf die Bühne konnte. Prompt gerieten AC/DC, meine Roadies, George Young und ich in eine heftige Auseinandersetzung mit der Purple-Crew und ihrem Manager. Es wurde eine schöne Schlägerei mitten auf der Bühne.«

Michael Browning und George Young machten ihren Standpunkt recht unmissverständlich klar. Die vereinbarte Gage für diesen Tag lag nur bei 300 Dollar, eine Summe, wie man sie auch für einen durchschnittlichen Auftritt in den örtlichen Hotels bekam. Dass es zu einem Titelkampf kommen würde, war dabei nicht mit eingerechnet worden.

AC/DC packten ihre Sachen und fuhren nach Melbourne zurück, ohne eine Note gespielt zu haben. Das Angebot, den Gig am nächsten Tag nachzuholen, lehnten sie schroff ab. Vierundzwanzig Stunden später spielten sie im Sorrento RSL Club – vor einem wesentlich kleineren Publikum, als ihnen beim Sunbury zugehört hätte. Aber es ging George dabei vor allem darum, den Durchhaltewillen der Jungs zu stärken.

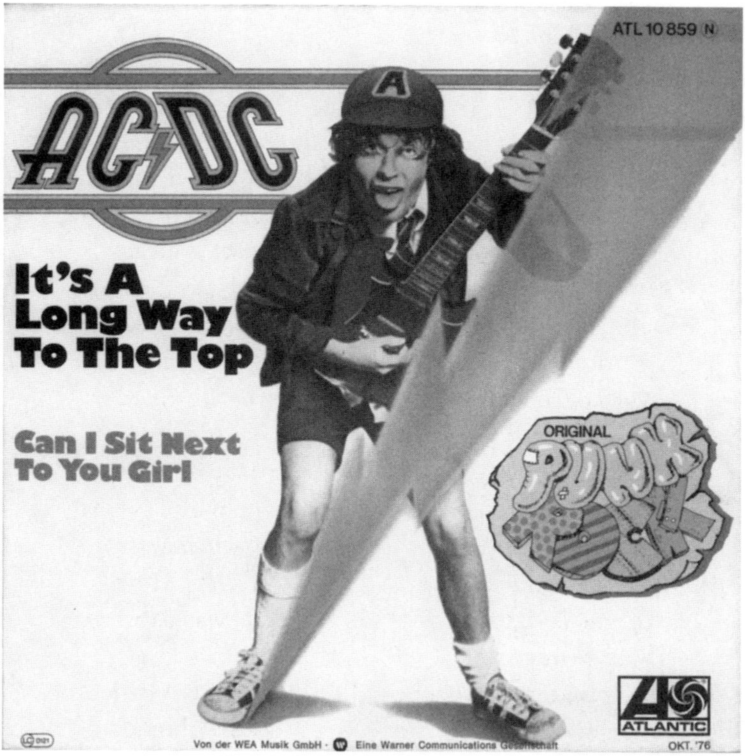
ATL 10 859 (N)
AC/DC
It's A Long Way To The Top
Can I Sit Next To You Girl
ORIGINAL PUNK ROCK
ATLANTIC
LC 0121
Von der WEA Musik GmbH · Eine Warner Communications Gesellschaft
OKT. '76

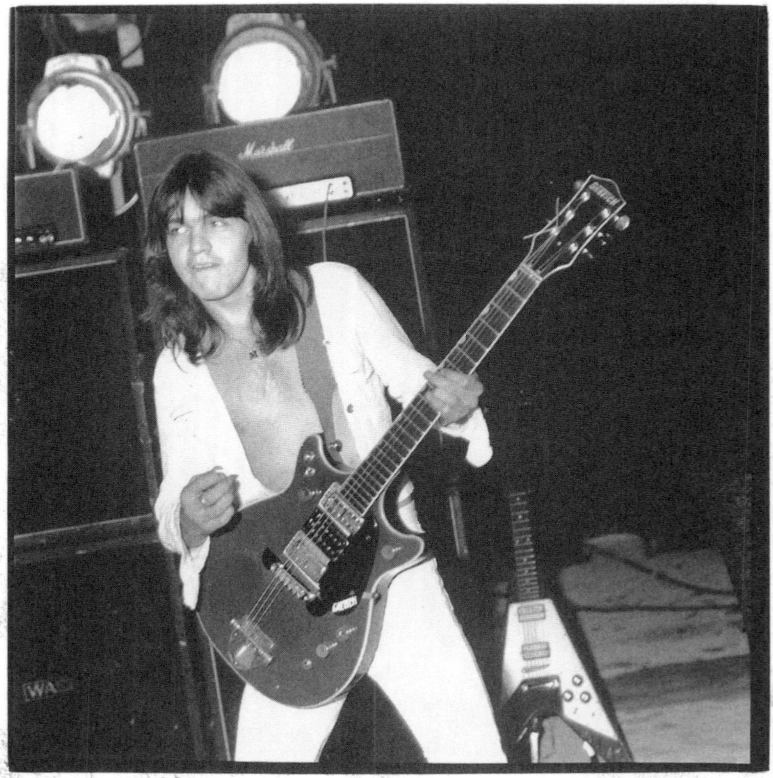

1975

Nicht nur ein hübsches Kerlchen: Malcolm bei den Aufnahmen des Filmclips zu »High Voltage«, Supreme Sound Studios – Sydney

8. Kapitel

ACHTUNG, HOCHSPANNUNG!

Malcolm Young konnte nicht viel sehen, da er sich ungefähr einen halben Meter unterhalb des angepeilten Ziels befand, aber eins sah er ganz deutlich: rot. Wütend starrte er den Typen an, der das Pech hatte, an der Abendkasse des Gemeindesaals zu sitzen, in dem AC/DC in einer knappen Stunde auftreten sollten. Der winzige Gitarrist hatte gerade erfahren, dass einige seiner Freunde nicht hineingelassen worden waren, und hatte sich nun Angus als Verstärkung mitgebracht.

»Was soll das heißen, die können hier nicht rein?«, brüllte Malcolm in die Höhe. »Was glaubst du, wer du bist, du Arsch? Wenn die hier nicht reindürfen, dann spielen wir nicht, so einfach ist das!«

Und damit drehten er und sein Bruder sich mit den Gitarren in der Hand um und verließen das Gebäude. Sofort schallten Entschuldigungen hinter ihnen her, und nachdem sie das Gefühl hatten, ihren Ärger deutlich genug gezeigt zu haben, kehrten sie und ihre Kumpel wieder um und marschierten in den Saal zurück, wobei sie den Türsteher, der sich immer noch wortreich entschuldigte, komplett ignorierten.

Regel Nummer eins: dem Feind niemals Respekt zollen.

AC/DCs Debütalbum *High Voltage* erschien am 17. Februar 1975 auf dem Albert-Label im Vertrieb von EMI und lieferte den ersten Beweis, dass AC/DC eine Band war, mit der man sich besser nicht anlegte.

Die Rückseite des Plattencovers war recht zurückhaltend gestaltet, beinahe geheimnisvoll. Es waren lediglich ein paar Fotos von Malcolm, Angus und Bon zu sehen sowie die Kontaktadresse des damaligen Fanclubs in Sans Souci im Süden Sydneys.

Das Artwork auf der Vorderseite war da schon von anderer Qualität. Nach einer Idee Chris Gilbeys vom Albert-Label zeigte es einen Zeichentrickhund, der auf eine elektrische Schaltanlage pinkelt, sowie etwas, das zerknüllte Bierdosen hätten sein können.

Chris Gilbey: »Wenn ich mir das heute ansehe, denke ich: Wie platt ist das denn? Aber damals erschien es, na ja, vielleicht nicht revolutionär, aber doch zumindest kontrovers. Es gab Leute, die zu mir sagten: ›Man kann doch nicht einen pinkelnden Hund auf dem Cover einer Schallplatte abbilden! Das ist doch eklig!‹«

Der Grafiker Paul Power, der in Sydney für EMI arbeitete, hatte sich bereit erklärt, das Cover-Artwork gemeinsam mit einem anderen EMI-Zeichner, dem inzwischen verstorbenen Paul Winter, zu übernehmen.

Paul Power: »Einige Leute ein paar Ebenen höher haben mich dafür echt angepisst, dass ich ein so geschmackloses Cover ablieferte. Ich war der Auffassung, dass ich den Geist der Band ziemlich gut eingefangen hatte. Man stand kurz davor, mich zu feuern. Und wer kam zu meiner Rettung? Bon Scott! Er hatte wohl schon auf dem Flur gehört, dass die Sache ziemlich schieflief. Also legte er mir den Arm um die Schultern und sagte: ›Ist das nicht großartig? Du hast wirklich genau auf den Punkt gebracht, worum es der Band geht! Ich finde es super!‹ Die drei Manager waren wie vom Blitz getroffen. Man hätte eine Stecknadel zu Boden fallen hören können! Bon sagte ihnen: ›Ich geh jetzt mit Paulie ein Bier zischen. Stört euch doch nicht? Oder? Ich meine, so ein geiles Cover muss doch gefeiert werden!‹ Die drei Manager brummten: ›Klar.‹ Kaum, dass wir aus dem EMI-Gebäude raus waren, haben wir uns den Arsch abgelacht. Er hat meinen Job gerettet – und das *High Voltage*-Cover.«

Es war nicht nur das Cover, das sich von anderen, geschliffenen Produkten der damaligen Zeit grundlegend unterschied – was auf der Platte selbst zu hören war, nämlich Tracks wie »She's Got Balls«, der Song über Bons Exfrau, war ein noch härterer Verstoß gegen jede Konvention.

»Sie hatte wirklich die Bälle in der Hand«, erklärte Bon dem Sydneyer Radiosender 2SM im Februar, »meine jedenfalls, und das für ziemlich lange Zeit.«

Auch »Stick Around« bot Einblicke in Bons damaliges Liebesleben. Es handelt von seiner Unfähigkeit, eine Frau für länger als eine Nacht an sich zu binden.

»Ich habe zumindest einen guten Song daraus gemacht«, sagte er 2SM. »Sie hauen noch immer sofort wieder ab. Jetzt singe ich ihn jede Nacht im Bett.«

»Show Business« bot einen Ausblick darauf, was von Bon hinsichtlich des Tourneelebens zu erwarten war. »Little Lover« – ein Song, dessen Grundstruktur Malcolm schon mit 14 entwickelt hatte – hieß ursprünglich »Front Row Fantasies« und wurde dann zum Schutze Minderjähriger und unschuldiger Seelen geändert. Bon hatte den Text nämlich über Angus geschrieben, »den kleinsten, heißesten Lover, den ich kenne«.

Wie »Baby, Please Don't Go« stammte auch »Love Song« aus der Zeit, als Dave Evans noch für die Band sang. Damals hieß der Titel noch »Fell In Love«. Bon hatte den Text umgeschrieben. George Young und Harry Vanda rasteten vor Begeisterung aus, als sie ihn zum ersten Mal hörten. Sie glaubten, er könnte für AC/DC einen ebenso großen Karriereschub bewirken wie das 11-Minuten-Epos »Evie« für Stevie Wright.

»Wir sind nicht komplett verdorben«, erklärte Phil Rudd dem Radiosender 2SM bezüglich »Love Song« in einem seiner seltenen Interviews. »Wir haben auch unsere sanften Seiten.« – »Du vielleicht!«, schoss Bon zurück.

Als der Song als Single erschien, hieß er dank eines Schreibfehlers zunächst »Love Song (Oh Jene)« – anstelle von »Love Song (Oh Jean)«.

High Voltage wurde im Hard Rock Café in Melbourne am 19. Februar präsentiert. Der Eintritt kostete einen Dollar, es sei denn, man erschien mit »AC/DC-Sonnenblende«, einem damals sehr beliebten Modeaccessoire, das wie der Schirm einer Baseballkappe aussah.

Inzwischen hatte Bon sich das Haar kurz geschoren, da sich ein großer Teil der Melbourner AC/DC-Fans aus dem Lager der Sharps rekrutierte. Wenn er sie schon nicht besiegen konnte – jedenfalls nicht alle zur gleichen Zeit –, dann erschien es ihm am schlauesten, zumindest einen Teil ihres Looks anzunehmen.

Angst kannte in dieser Band allerdings niemand. Als es tatsächlich eines Abends im Council Club Hotel zwischen der Roadcrew der Band und den berüchtigten Heidelberg Sharps zu einer Schlägerei kam, endete sie mit einem deutlichen Sieg für das AC/DC-Lager.

Bei einigen Kämpfen waren die Youngs und ihr Anhang gar nicht selbst beteiligt, weil es nach den Gigs rundging – beispielsweise eines Abends in der Chelsea Town Hall, die als Chelsea Rock bekannt war.

Chane Chance, der spätere Frontmann von La Femme, war mitten im Gewühl dabei: »Es war das erste Mal, dass ich AC/DC live erlebte, und sie waren großartig. Nach dem Konzert gingen wir alle zum Bahnhof, gegenüber von der Halle, und dort trafen die Frankston Sharps und die Melbourne Sharps aufeinander, also haben wir uns ordentlich die Fresse poliert. Das war die erste Gang-Schlägerei der Melbourne Sharps, bei der ich mitmischte, und es war eine richtige Schlacht. Die Leute sprangen auf die Gleise und kämpften. Das Ganze fand erst ein Ende, als Züge kamen.«

Diese Straßenkämpfe beeinflussten AC/DC nicht direkt, sie liefen vielmehr zeitgleich ab. Die Band konnte in einem leeren Haus einen Kampf entfesseln – das lag einfach in ihrer Natur. Für John

Swan, einen alten Kumpel der Band, verhielten sich AC/DC stets getreu ihrem alten Motto: »Ein Hund ist nicht deshalb gefährlich, weil er groß ist, sondern, wenn er sich traut zu beißen.«

»Die Jungs – Malcolm und Angus und Bon – kamen auch mal runter von der Bühne, wenn irgendein Idiot eine Flasche geworfen hatte oder Bon beschimpfte, und wir standen am Bühnenrand, während sie direkt ins Publikum eintauchten. Sie sind nicht die Größten, auch nicht die Kräftigsten, aber eins steht fest: Man sollte ihnen besser nicht in die Quere kommen, denn ihr könnt euch gar nicht vorstellen, wie viel Kampfgeist in ihnen steckt …«

Kurz nach Veröffentlichung des Albums stieß auf Empfehlung von George Young der Bassist Paul Matters zur Band, den er bei der aus Newcastle stammenden Band Armageddon entdeckt hatte.

Da AC/DCs Label Albert's immer noch in Sydney zu Hause war und die Band trotz aller Energie die Stadt noch immer nicht erobert hatte, fand auch dort eine Release-Party für *High Voltage* statt. Erst danach gab die Band weitere Gigs im Chequers.

Dennoch, als die erste Single aus dem Album, »Love Song (Oh Jene)«/ »Baby, Please Don't Go«, am 3. März herauskam, waren es die Radiosender aus Melbourne und Adelaide, die die Platte am häufigsten spielten – allerdings eher die B-Seite als den Prog-Rock-beeinflussten »Love Song«, dessen eingeklammerter Titelzusatz eigentlich »Oh Jean« hätte heißen sollen.

Im März flog Matters aus der Band, und George übernahm übergangsweise wieder den Bass. Inzwischen gab es konkrete Pläne für einen Trip nach Großbritannien, und die Band kehrte in die Albert Studios zurück, um eine neue Single aufzunehmen.

Der Titel für das Album hatte ihnen wegen seines Verweises auf den Bandnamen und die Energie der Gruppe gut gefallen. Daher wurde beschlossen, einen Song mit dem Titel »High Voltage« zu schreiben, nachdem George vorschlug, einen Song zu machen, in dem die Akkorde A, C, D, C vorkämen. Chris Gilbey von Albert's wusste nicht, ob er darüber lachen oder weinen sollte.

Chris Gilbey: »Das Album wurde schon kräftig beworben und lief sehr gut, als George und Harry reinkamen und mir den Rohmix eines Songs vorspielten, der ›High Voltage‹ hieß. Ich sagte: ›Verdammt noch mal, Jungs! Wir haben ein Album draußen, das *High Voltage* heißt. Jetzt bringt ihr mir einen Song mit dem Titel! Es ist zu spät, die Platte zurückzuziehen und einen Track zu ergänzen. Es wird viele enttäuschte Gesichter geben, bla bla bla.‹ Ich dachte nur, verdammt, wie biegen wir das jetzt noch um?«

George spielte auf der Aufnahme Bass. Auch wenn er gut war, konnte er keine langfristige Lösung sein. Die Band begann also, in der Lansdowne Road wieder zum Vorspielen einzuladen.

Unter denen, die sich dazu einfanden, war auch Robin Riley, der später zu Rose Tattoo ging und sich damals deswegen bei AC/DC meldete, weil er dachte, dass sie einen Gitarristen suchten: »Das werde ich nie vergessen. Ich sah mir ihren Gig im Southside Six an, und sie waren verdammt großartig. Anschließend ging ich zu ihnen und sagte: ›Jungs, ihr braucht mich unbedingt!‹ Sie guckten sich alle an, lachten sich kaputt und sagten: ›Wer zum Teufel bist du denn?‹ Ich sagte: ›Ich heiße Rob Riley!‹ Mit meinen siebzehn Jahren machte ich mir beinahe in die Hosen. Das Lustige daran war, ich stand als Typ von einsfünfundachtzig vor ihnen, eine lange, dürre Bohnenstange, und sie waren vielleicht einsfünfzig. Aber wir spielten dann tatsächlich mal zusammen, und sie fanden mich ziemlich gut. Dass trotzdem weiter nichts daraus wurde, lag schlicht daran, dass sie einen Bassisten suchten. Und wahrscheinlich auch daran, dass ich einsfünfundachtzig war. Das hätte ausgesehen, als hätte ein schwarzer Hund weiße Klöten.«

Das fehlende Puzzleteilchen, das AC/DC noch gesucht hatten, tauchte am 16. März auf. Sein Name war Mark Evans. Der achtzehnjährige Musiker war in dem Melbourner Vorort Prahran aufgewachsen und passte vom Background her ideal zu den anderen.

Steve McGrath, einer der AC/DC-Roadies, hatte ihm den Tipp gegeben, dass die Band einen Gitarristen suchte. Evans kannte die Gruppe, die er in *Countdown* schon gesehen hatte. An einem

Samstag bekam er ein Tape von *High Voltage*, damit er sich aufs Vorspielen am nächsten Tag vorbereiten konnte. Erst dabei erfuhr er, dass ein Bassist und nicht etwa ein Gitarrist gesucht wurde.

Das spielte für ihn keine Rolle. Er hatte mit vierzehn mit der Gitarre angefangen und war mit siebzehn auf den Bass gewechselt. Zwar spielte er dieses Instrument erst eineinhalb Jahre, aber er kam hervorragend zurecht.

Nach dem Probetermin ging Evans ins Station Hotel und brach dort einen Streit mit einem der Rausschmeißer vom Zaun, sodass er in dem Laden Hausverbot bekam. Am folgenden Dienstag, als er sich AC/DC in besagtem Hotel live ansehen wollte, erinnerten sich die Sicherheitskräfte unglücklicherweise noch an sein Gesicht. Bon, der Evans noch nicht getroffen hatte, machte sich für ihn stark. Was Evans jedoch noch nicht wusste, als Malcolm ihn von dem Gig im Station Hotel benachrichtigte, war, dass der Bassist soeben in seine erste ernst zu nehmende Band aufgenommen worden war.

Das Timing für den Einstieg des geselligen Evans hätte nicht besser sein können – weder für die Karriere des Musikers selbst noch für die Band, die mit ihm endlich ein solides Fundament bekam. Endlich konnte auch Malcolm, der in den Monaten zuvor immer wieder den Bass übernommen hatte, dauerhaft an die Gitarre zurückkehren. Erstmals präsentierten sich AC/DC als eine Einheit, als sie am 23. März bei *Countdown* mit »Baby, Please Don't Go« auftraten. Es wurde ein legendärer Auftritt.

Die Band hatte den Song bereits bei den Proben für die Show gespielt, aber kurz vor der Aufzeichnung war Bon plötzlich verschwunden. Erst im letzten Augenblick tauchte er wieder auf – als aufreizendes Schulmädchen verkleidet. Er sah so albern aus – und war nebenbei die perfekte Ergänzung zu Angus in seiner Schuluniform –, aber sein Auftritt hatte einen bedrohlichen Beigeschmack. Das sonntägliche Familienfernsehen sollte danach nie mehr wie vorher sein. Dabei wollten AC/DC lediglich den *Countdown*-Showmaster, Ian »Molly« Meldrum, ein bisschen ärgern.

Angus: »Es war Bons Idee. Er dachte: Mal sehen, wie sehr ich die Leute schocken kann! Also hat er die Schulmädchennummer durchgezogen. Bon dachte, wenn wir einfach nur auftreten und uns so geben würden, wie wir sind, würde Meldrum sich lediglich am Kinn kratzen. Aber als Bon in dem Outfit auf die Bühne kam, rastete er völlig aus!«

Billy Thorpe erkannte viel von sich selbst als Frontmann in Bons Aktionen wieder.

Billy Thorpe: »Wir hatten Biersaufwettbewerbe und Wet-T-Shirt-Contests, bei denen sich die Leute krügeweise Bier über den Kopf gossen. Alles drehte sich bloß ums Saufen. Ich kam dabei mit den gröbsten Dingen durch, und Bon beobachtete wie wir alle, was besonders gut ankam. Ich hatte mir viel von Johnny O'Keefe abgeguckt, deswegen merkte ich, was wiederum Bon für sich verwendete. Ich will damit nicht andeuten, dass Bon Scott nur Billy Thorpe nachgeäfft hat, aber ich war neben anderen sicher ein Einfluss für ihn.«

Spätere Fernsehauftritte bei *Countdown* – eine Sendung, in der die Band zwischen November 1974 und Dezember 1976 insgesamt 38 Mal zu sehen war, entweder live oder mit einem Videoclip – waren weniger provokant, aber oft ähnlich dramatisch. Es ging AC/DC darum, im Fernsehen den größtmöglichen Eindruck zu hinterlassen. Deshalb wurde jede *Countdown*-Show zum Event ausgebaut.

Angus' Schuluniform war zwar bei Liveauftritten sein Lieblingsoutfit, aber für einen *Countdown*-Auftritt ließ er sich zu »Super-Angus« umstylen, für einen anderen verwandelte er sich in einen Piloten, der ein gebasteltes Flugzeug dabeihatte. Besonders erinnerungswürdig – neben Bons Schulmädchennummer – war Angus, wie er in einem Gorillaanzug in einem Käfig herumsprang, während Bon den Tarzan gab.

Countdown-Produzent und -Regisseur Paul Drane erinnert sich: »Vor dem Auftritt steckten wir Angus in das Gorillafell und in den Käfig, der dann hoch über der Bühne in die Scheinwerfergerüste gezogen wurde, noch bevor das Publikum den Saal betrat. Er hing

Stars in Streifen: Die Easybeats – George Young, Harry Vanda, Dick Diamonde, Snowy Fleet, Stevie Wright, 1966 in London.

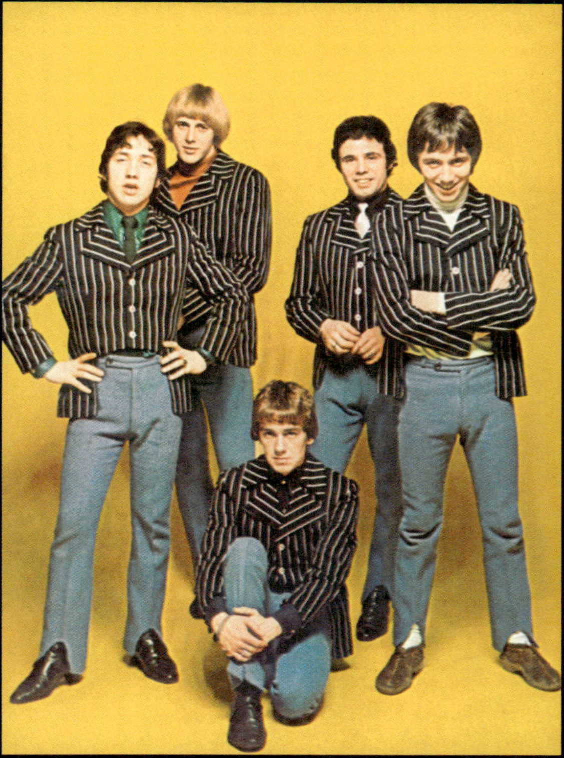

Die anderen Velvet Underground: Les Hall, Malcom Young und Andy Imlah 1971 in Australien.

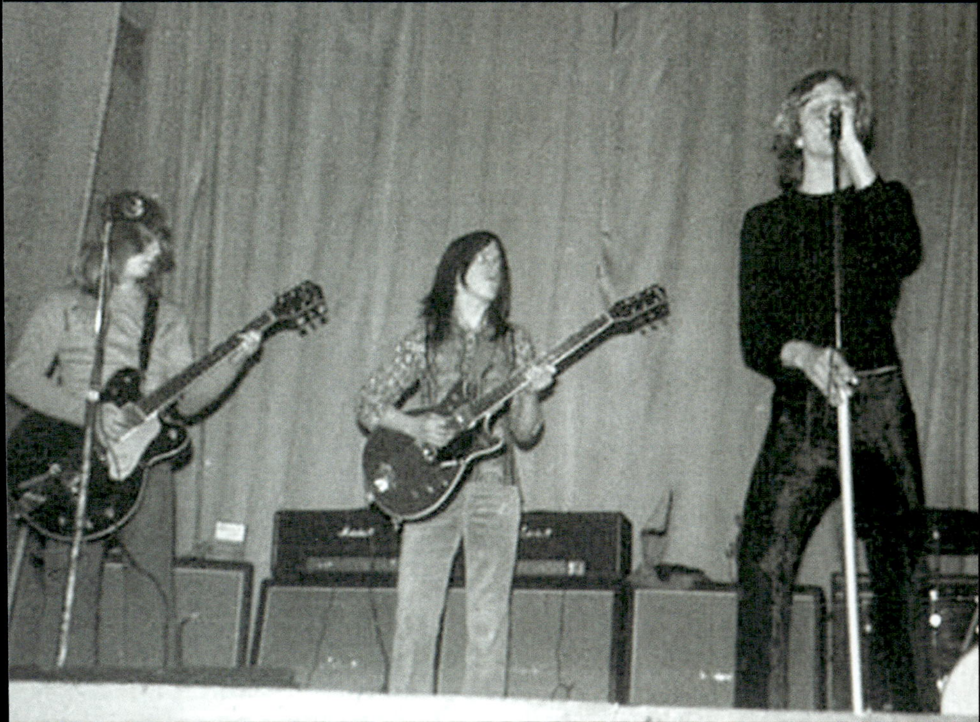

Teenieherzen werden schwach: The Valentines – (hinten) Ted Ward und John Cooksey, (Mitte) Paddy Beach und Bon Scott, (vorn) Wyn Milson und Vince Lovegrove – Melbourne, 1969.

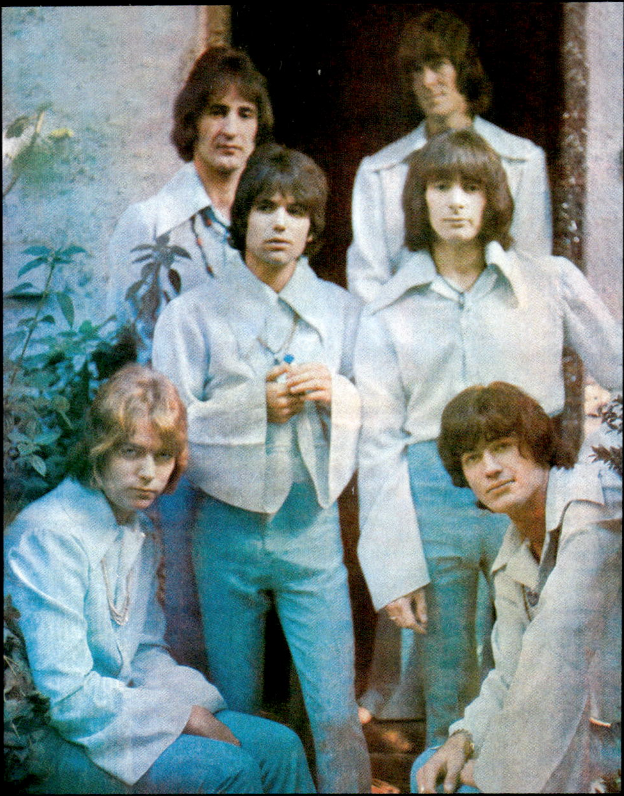

Bon Scott als kleiner Schottentrommler in den Fünfzigern.

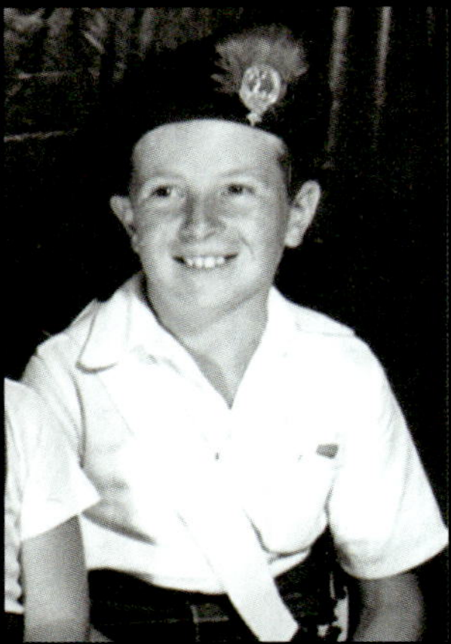

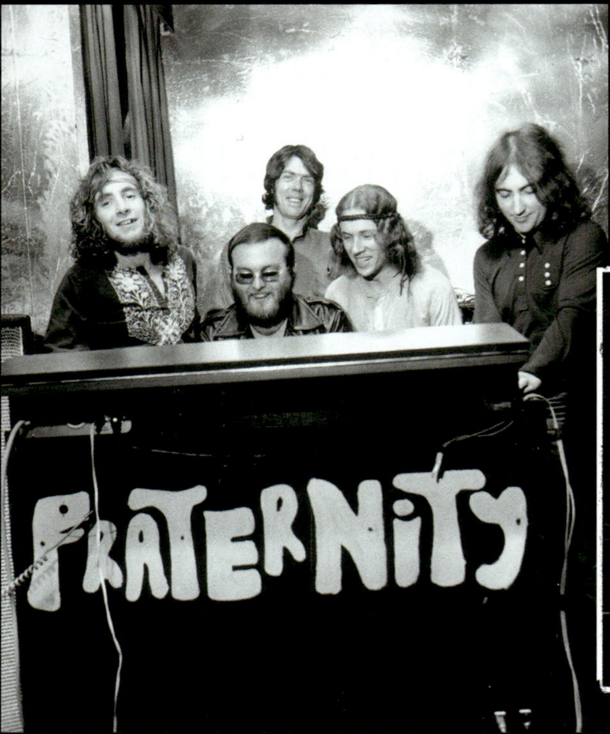

Irgendwelche Wünsche? Fraternity: Bon Scott, Bruce Howe, Mick Jurd, John Freeman und John Bisset in Jonathan's Disco – Sydney, Ende 1970.

Ein Mann bringt Farbe ins Spiel: Bon bei Fraternity, Ende 1970.

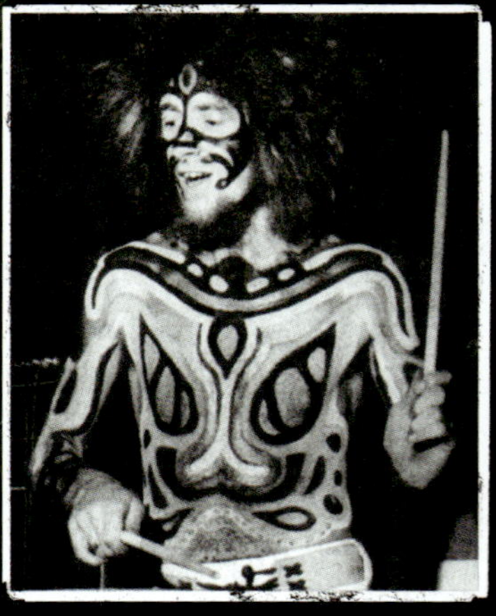

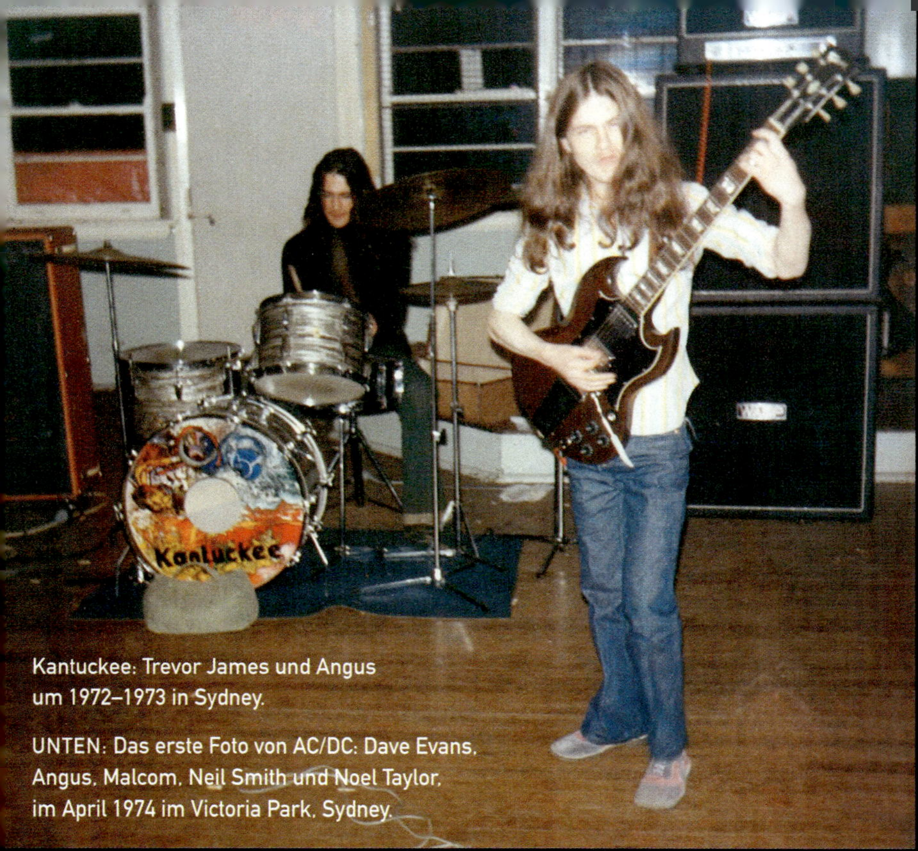

Kantuckee: Trevor James und Angus um 1972–1973 in Sydney.

UNTEN: Das erste Foto von AC/DC: Dave Evans, Angus, Malcom, Neil Smith und Noel Taylor, im April 1974 im Victoria Park, Sydney.

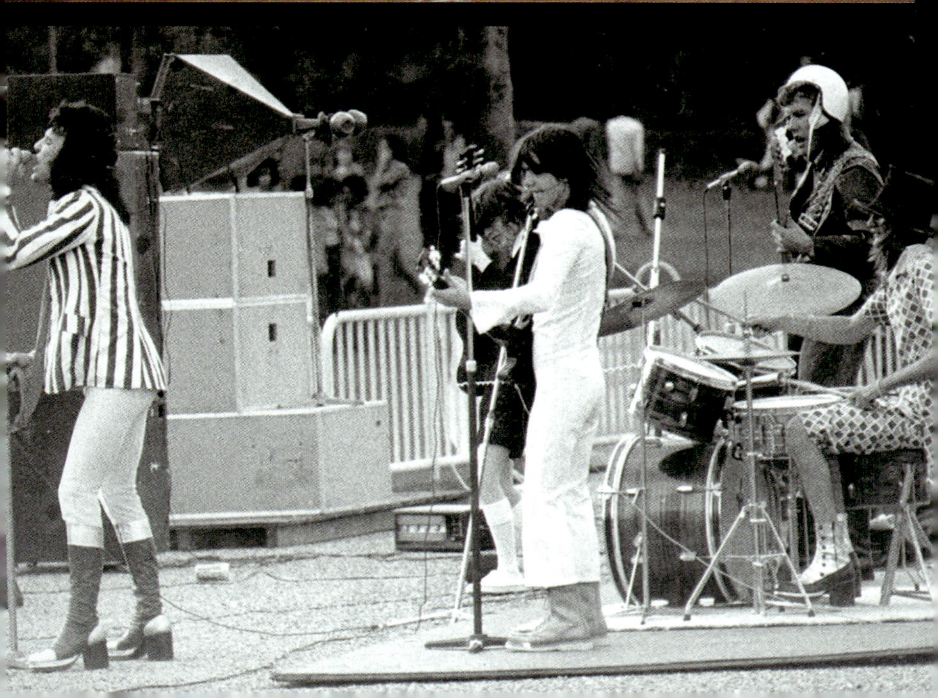

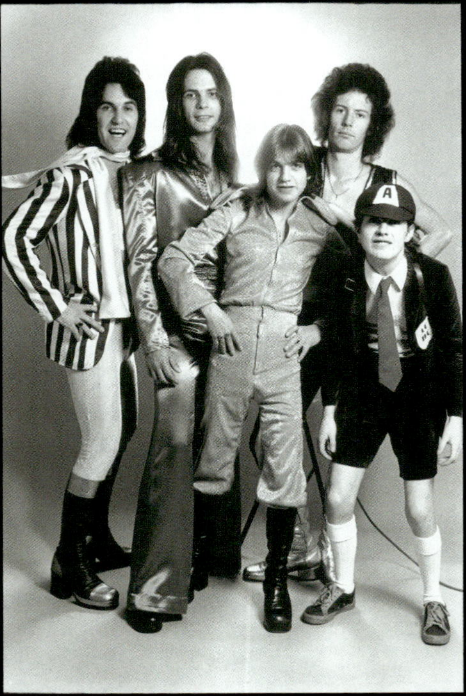

Die erste Fotosession:
Dave Evans, Rob Bailey, Malcom, Peter Clack und Angus, im Juli 1974 in Sydney.

Dressed to kill: Malcolm im Parooka Hotel – Adelaide, August 1974.

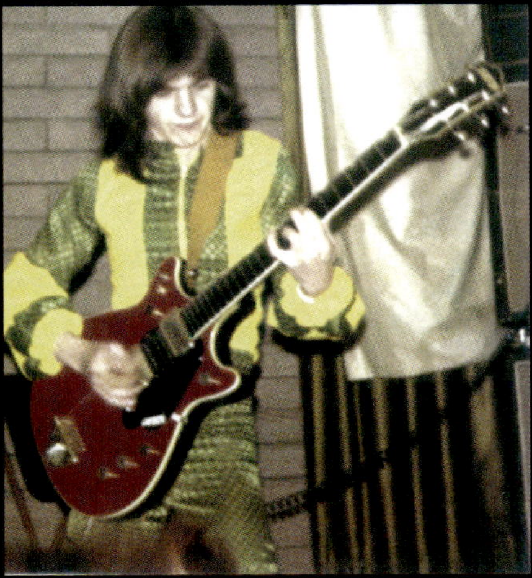

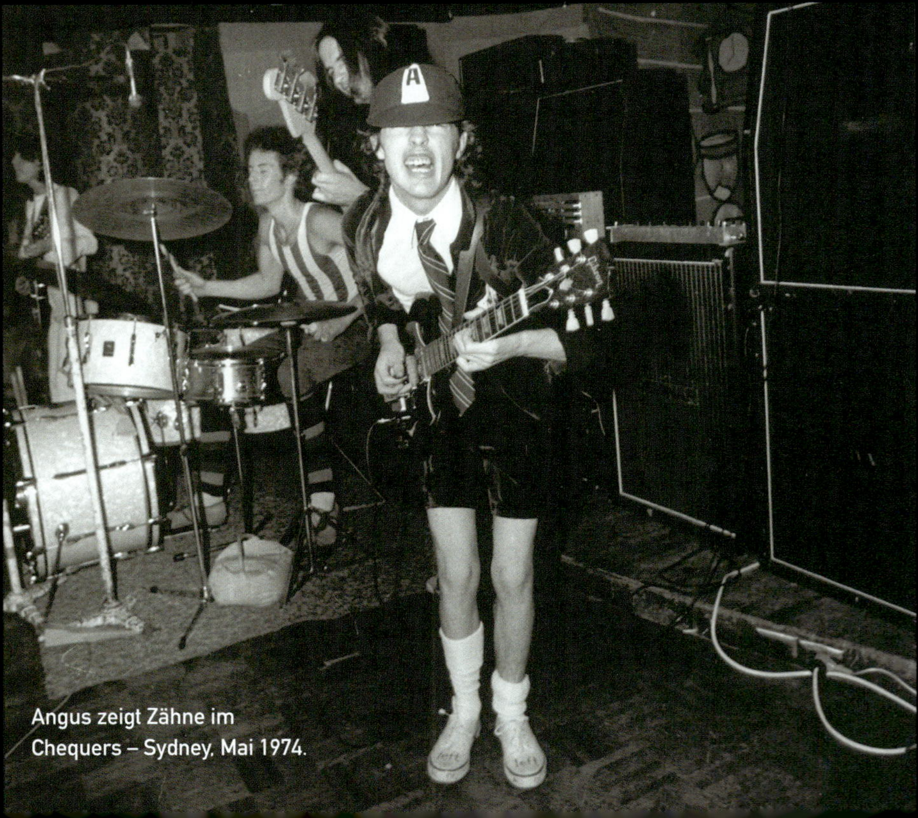

Angus zeigt Zähne im Chequers – Sydney, Mai 1974.

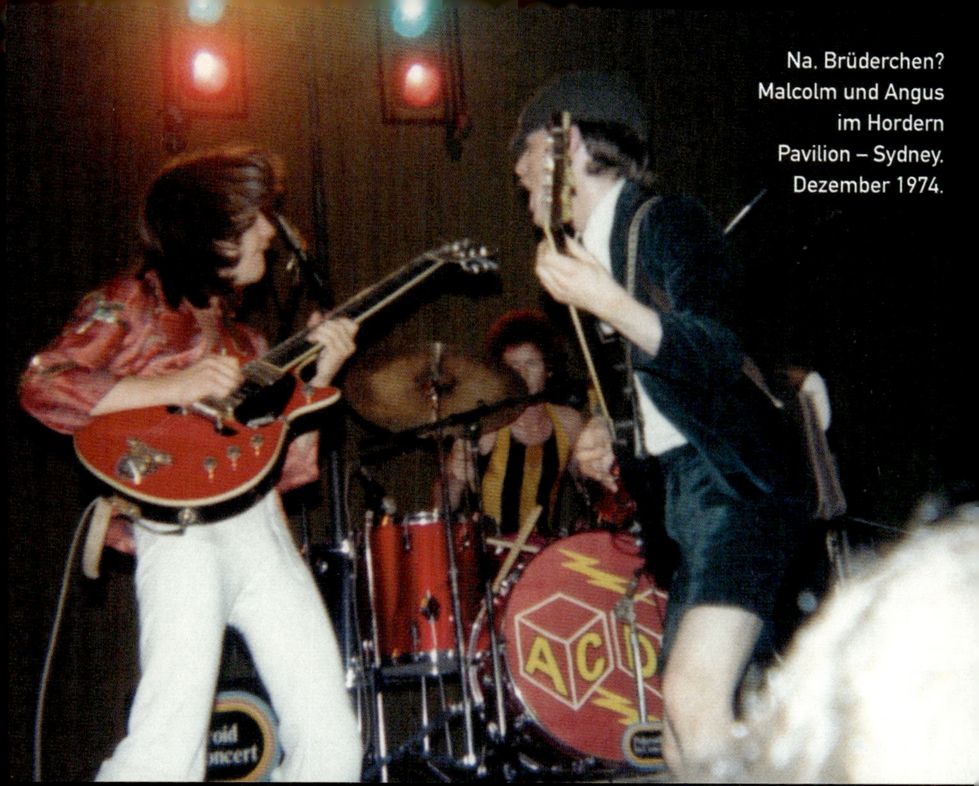

Na. Brüderchen? Malcolm und Angus im Hordern Pavilion – Sydney. Dezember 1974.

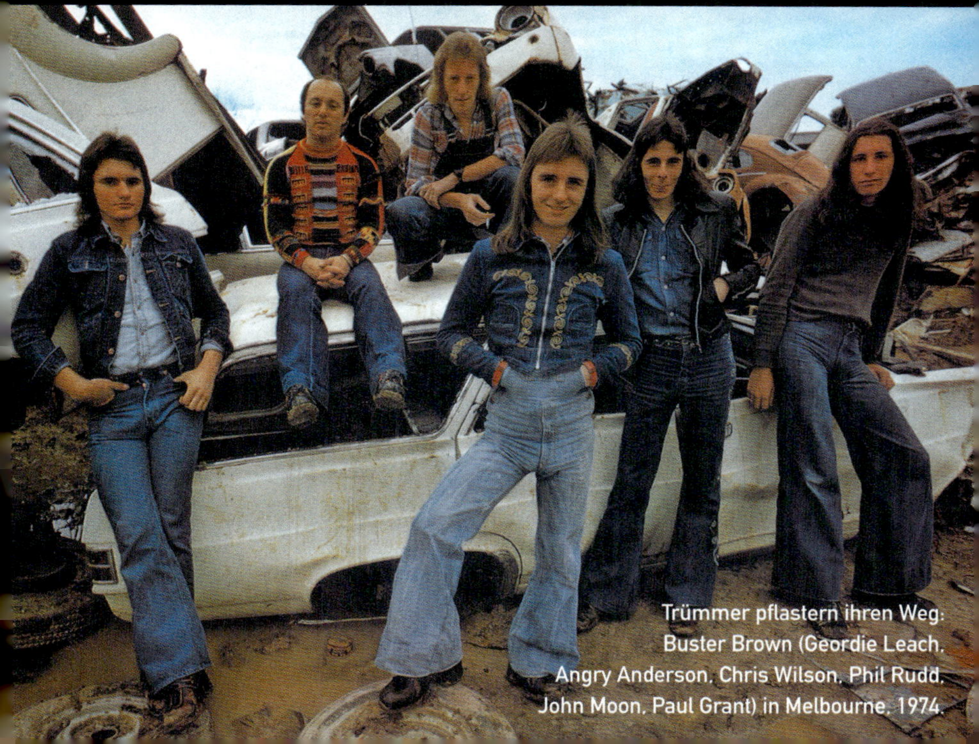

Trümmer pflastern ihren Weg: Buster Brown (Geordie Leach, Angry Anderson, Chris Wilson, Phil Rudd, John Moon, Paul Grant) in Melbourne, 1974.

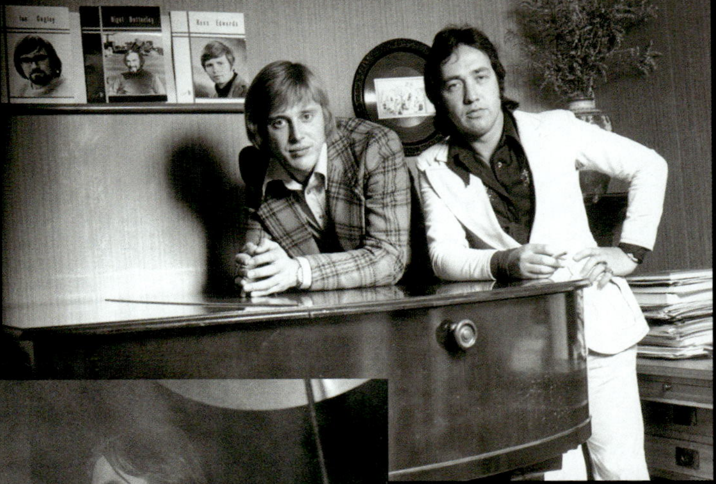

Die Maestros: Harry Vanda und George Young – Sydney, November 1974.

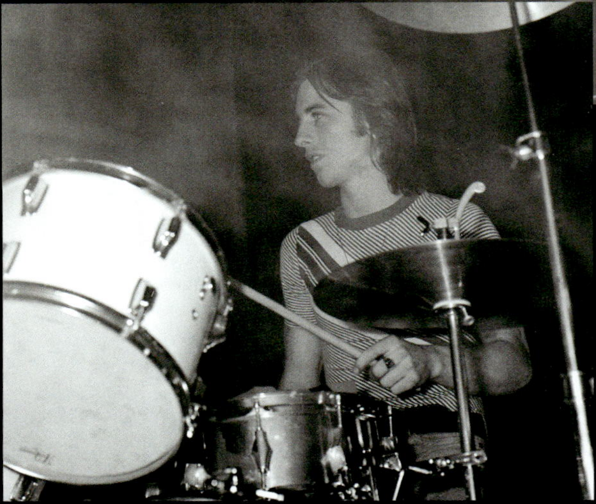

Phil Rudd im Supreme Sound Studio – Melbourne, Juli 1975.

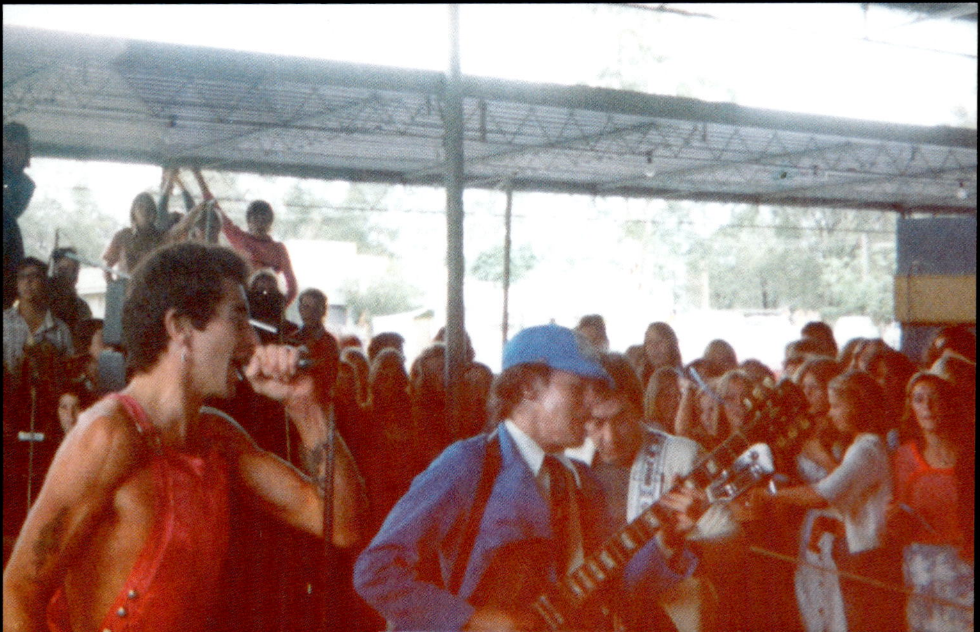

Da ist was los: Bon und Angus mit George Young am Bass im Fairfield Showgrounds – Sydney, März 1975.

Phil Rudd, Paul Matters, Angus, Malcolm und Bon in Melbourne, Februar 1975.

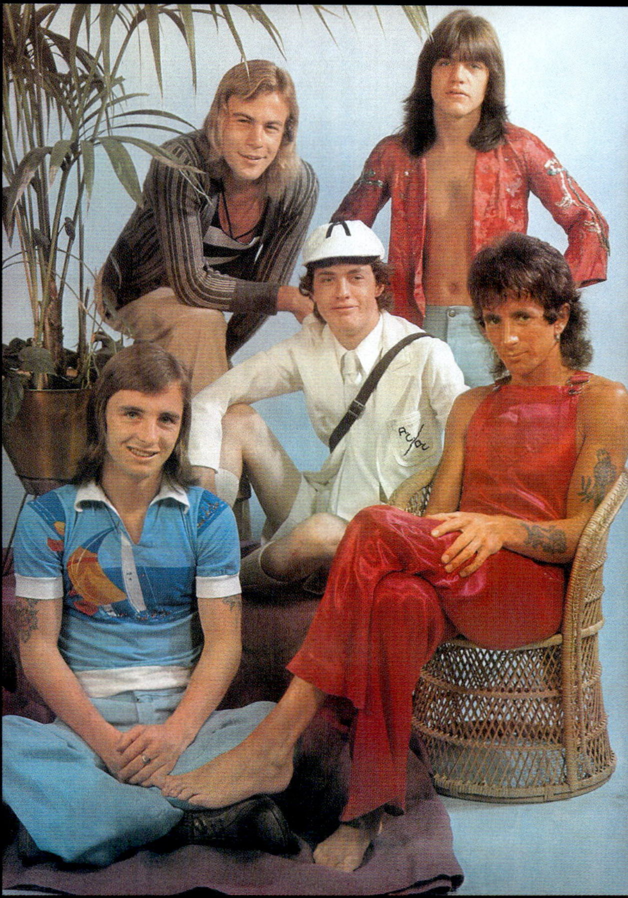

Wer ist der Typ mit dem Umhang? Malcolm, Angus als »Super-Ang« und Mark Evans in der Sendung Countdown – Melbourne, April 1975.

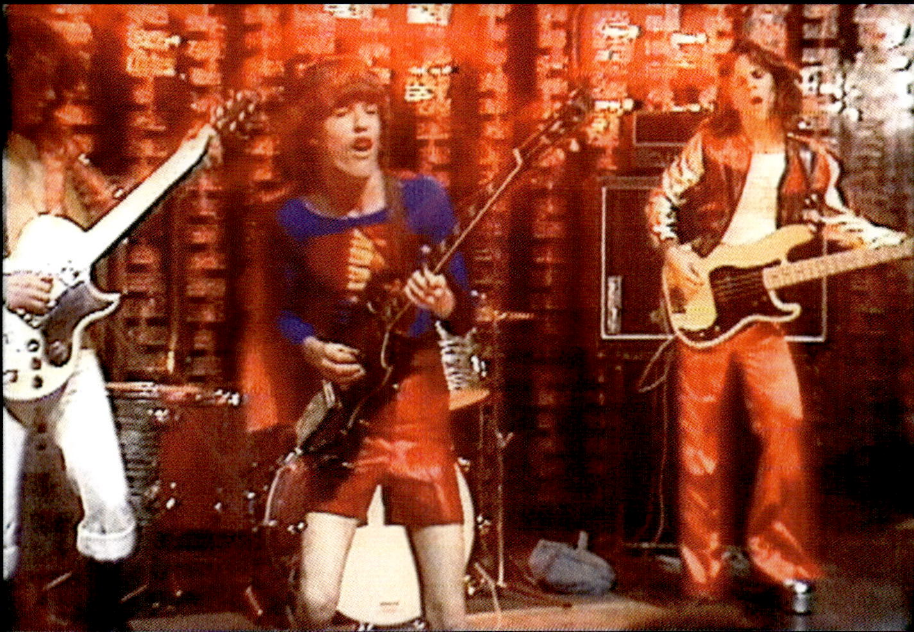

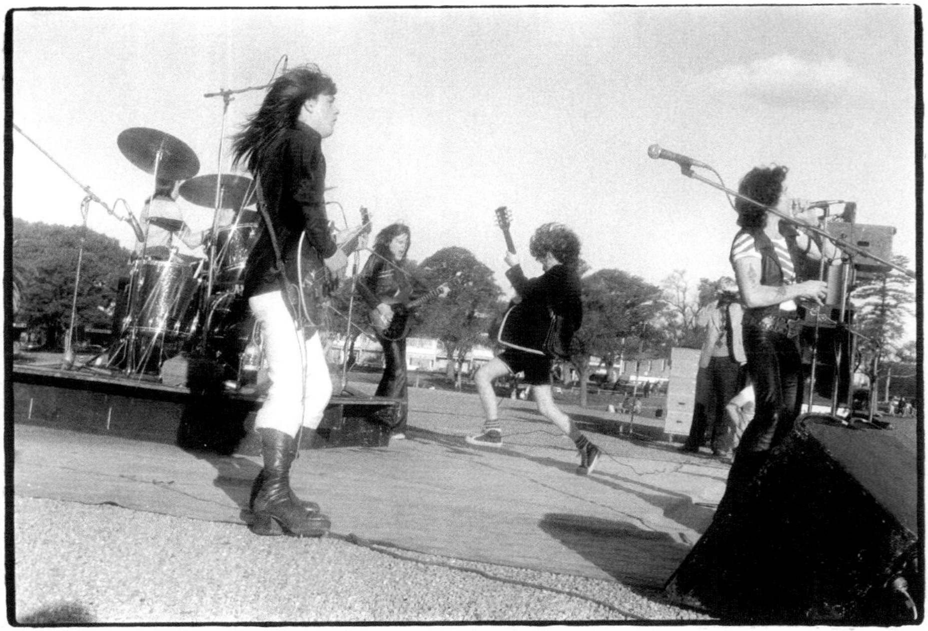

Volle Energie: Victoria Park – Sydney, September 1975.

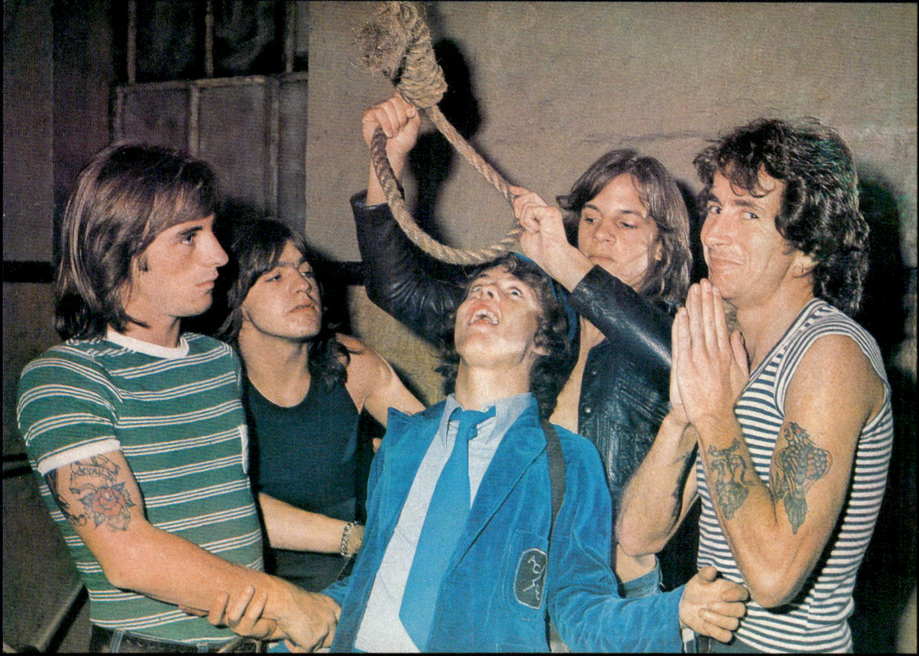

Rumhänger:
Phil, Malcolm, Angus,
Mark Evans und Bon –
Melbourne, Ende 1975.

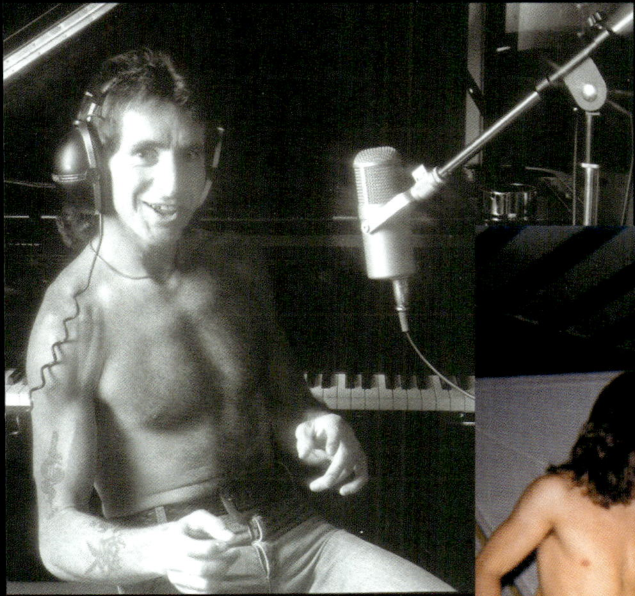

Ein Killerlächeln: Bon bei den Aufnahmen zu Dirty Deeds in den Albert Studios – Sydney, März 1976.

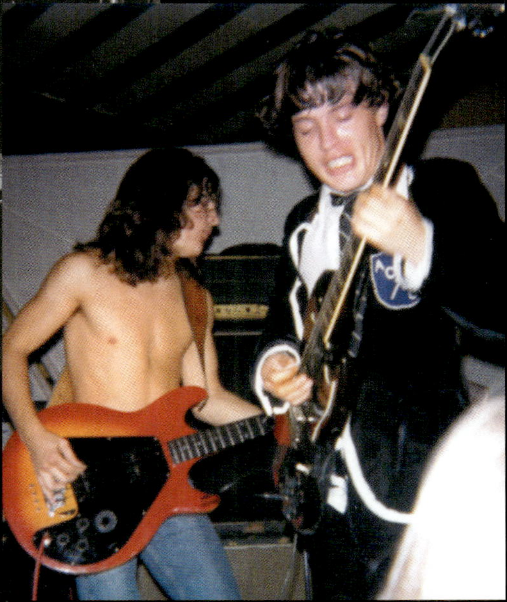

Auf zu neuen Ufern: Mark Evans und Angus beim Abschiedsgig im Bondi Lifesaver – Sydney, März 1976.

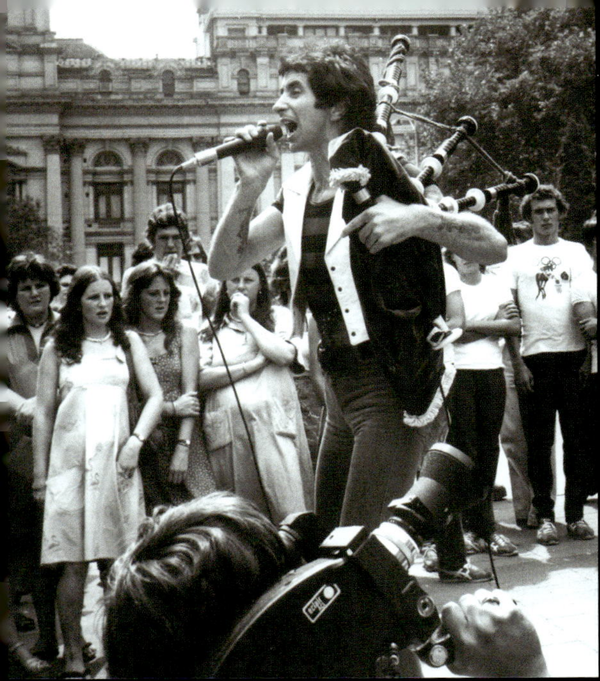

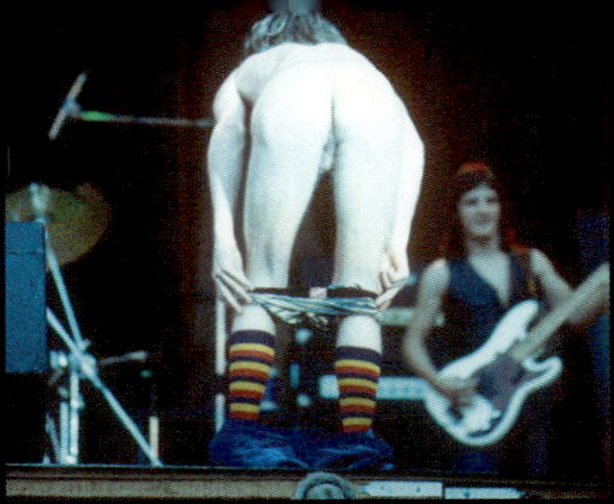

Bitte freimachen: Angus beim Reading Rock Festival in England, August 1976.

Hey, wo ist jetzt mein Dudelsack? Bei den Aufnahmen zum Video von »It's A Long Way To The Top« – Melbourne, Februar 1976.

So hart kann das Leben angehender Rockstars sein: Bon, Mark Evans, Angus, Phil und Malcolm sind geschafft – London, August 1976.

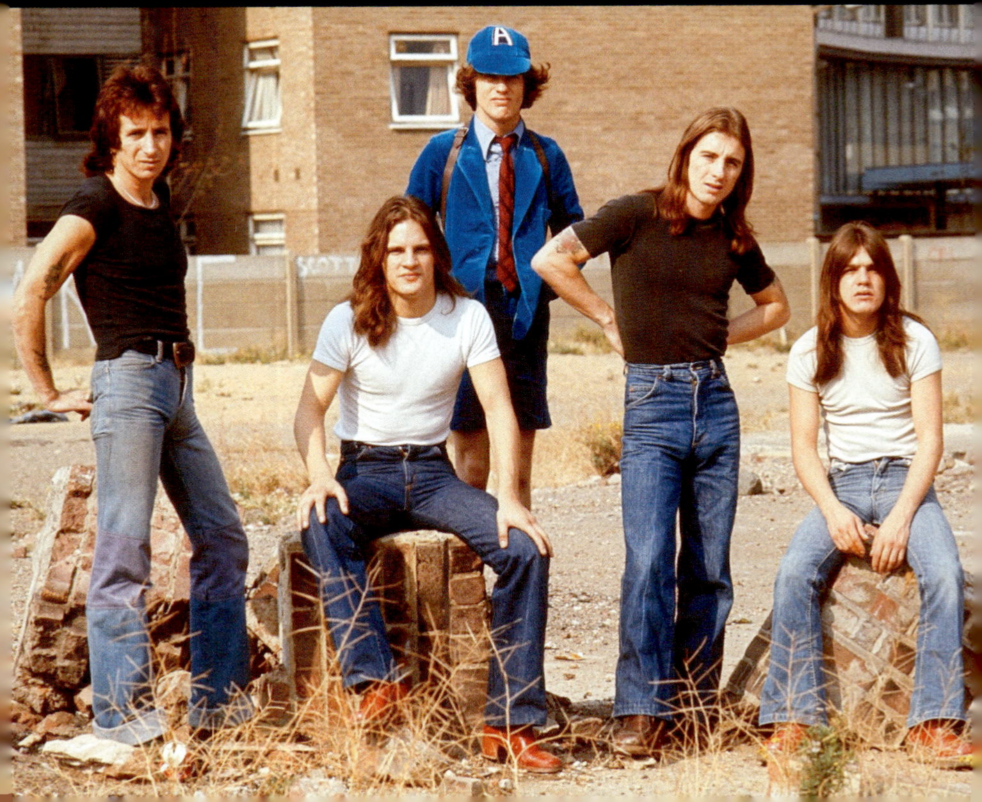

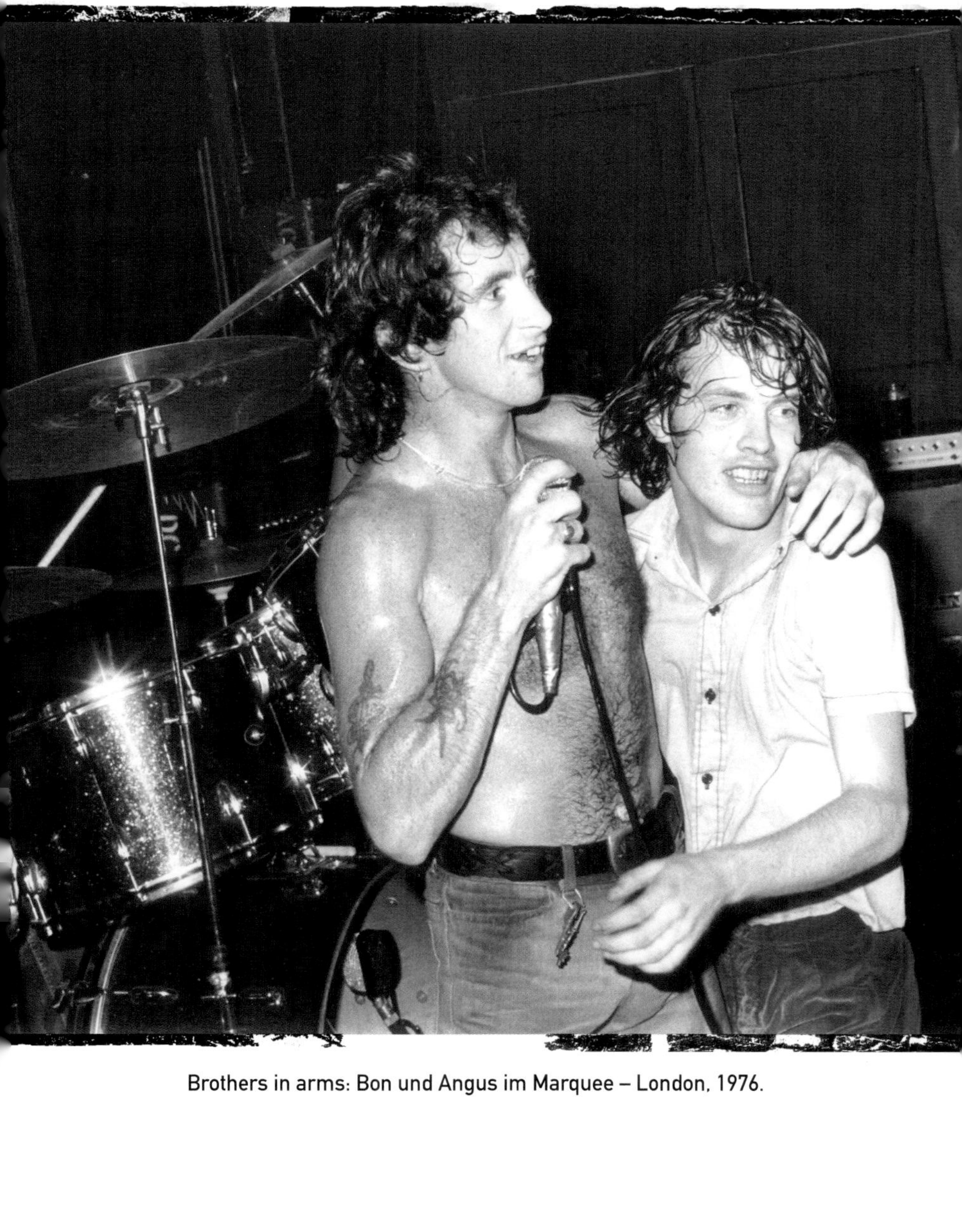

Brothers in arms: Bon und Angus im Marquee – London, 1976.

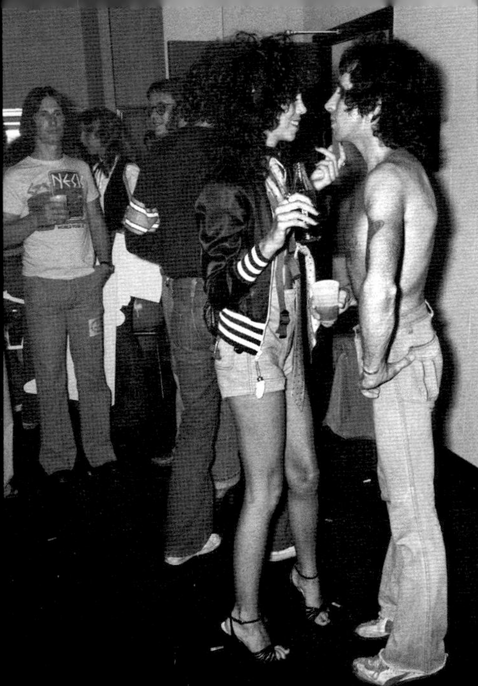

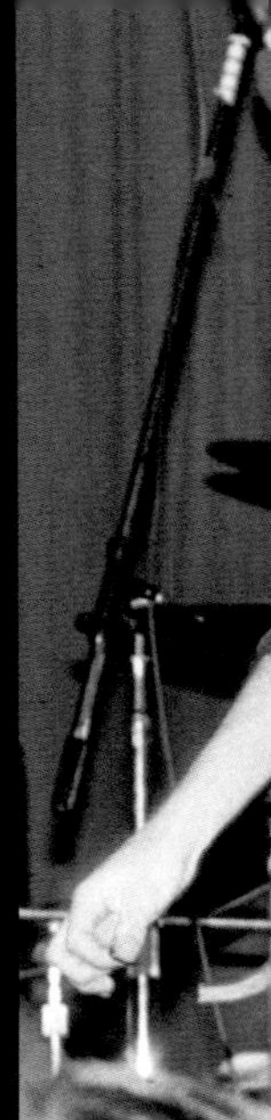

Bon backstage in Atlanta – Georgia, 1978.

Angus gibt alles beim Gig im The Old Waldorf – San Francisco, 1977.

RECHTS AUSSEN: Backstage im Whisky: Bon bewundert Iggy Pops bemalten Körper – Los Angeles, 1977.

Bei einem der ersten AC/DC-Gigs im Nashville Rooms – London, April 1976.

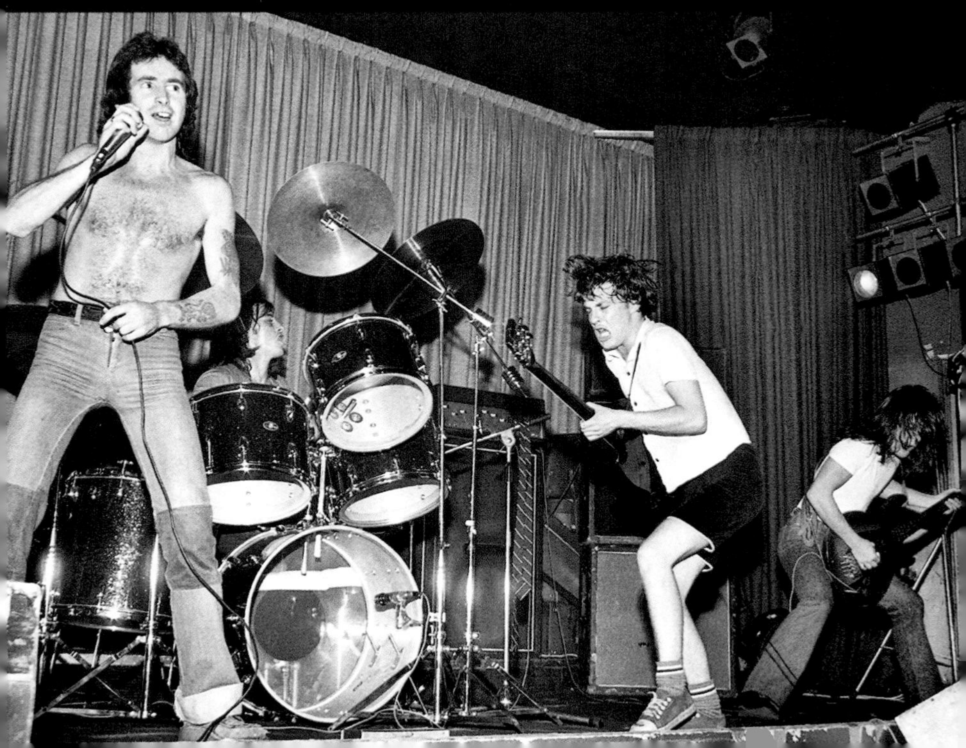

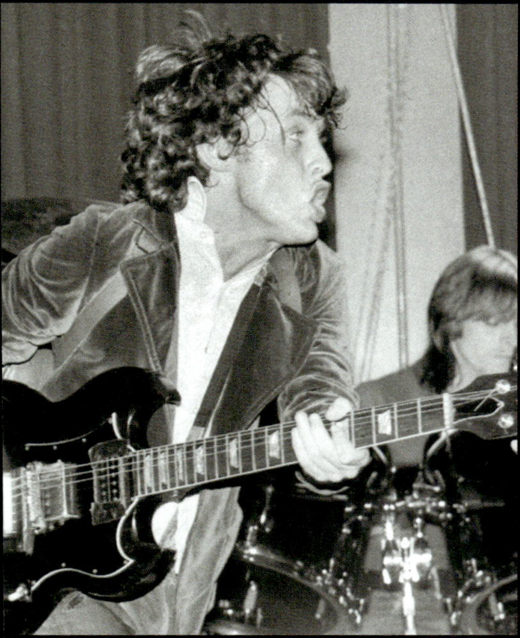

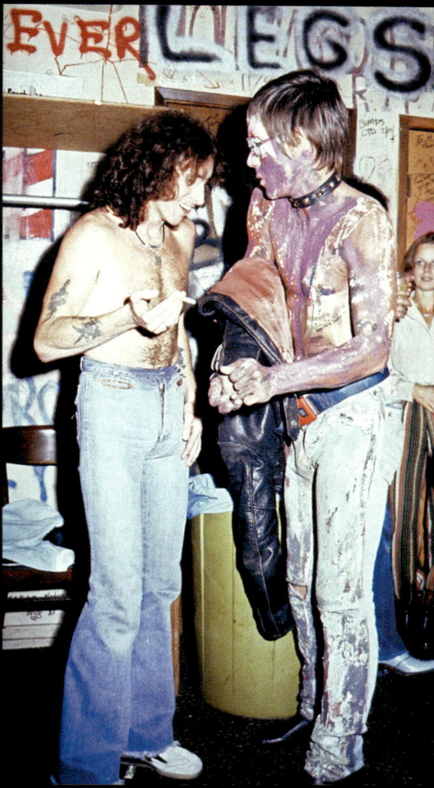

Let's go to San Francisco: Malcolm, Phil, Angus, Cliff und Bon im The Old Waldorf – San Francisco, September 1977.

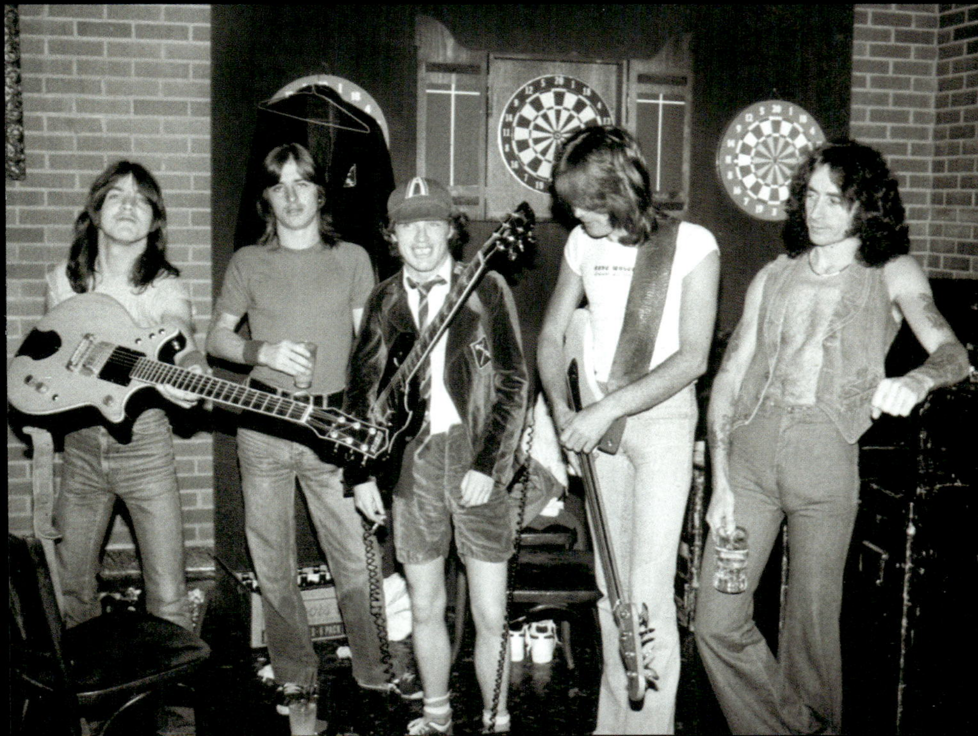

Bon in seinem Element – Coventry, England, November 1978.

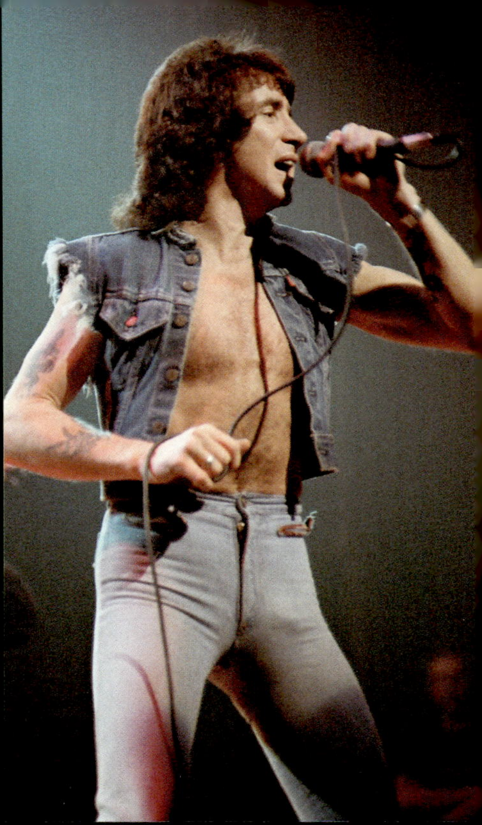

Ruhe vor dem Sturm: Angus bei den Powerage-Sessions in den Albert Studios – Sydney, Februar/März 1978.

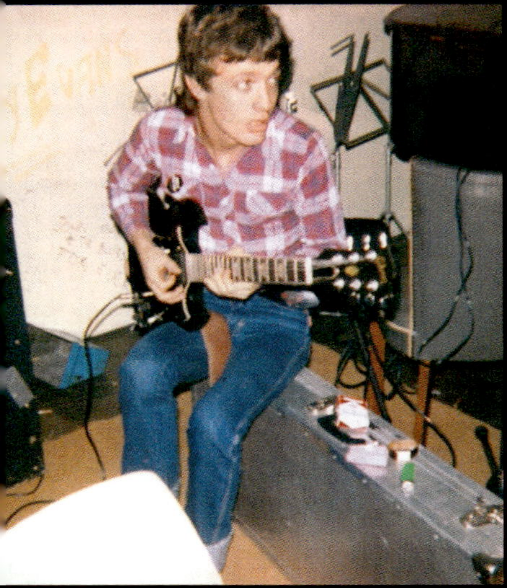

Cliff, Malcolm, Phil, Angus und Bon – New York, Dezember 1977.

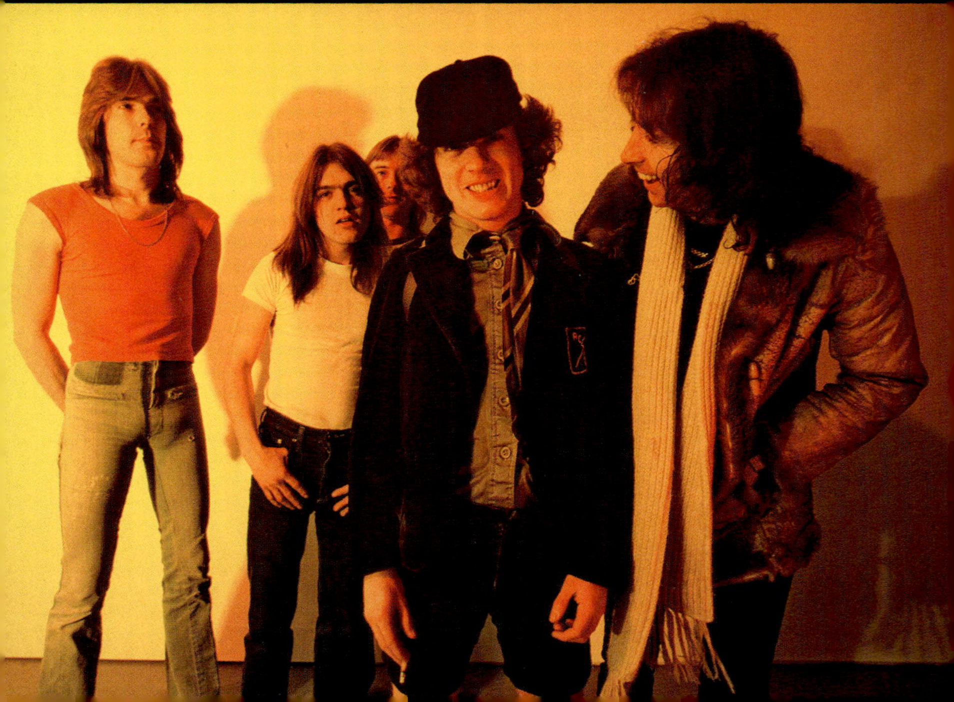

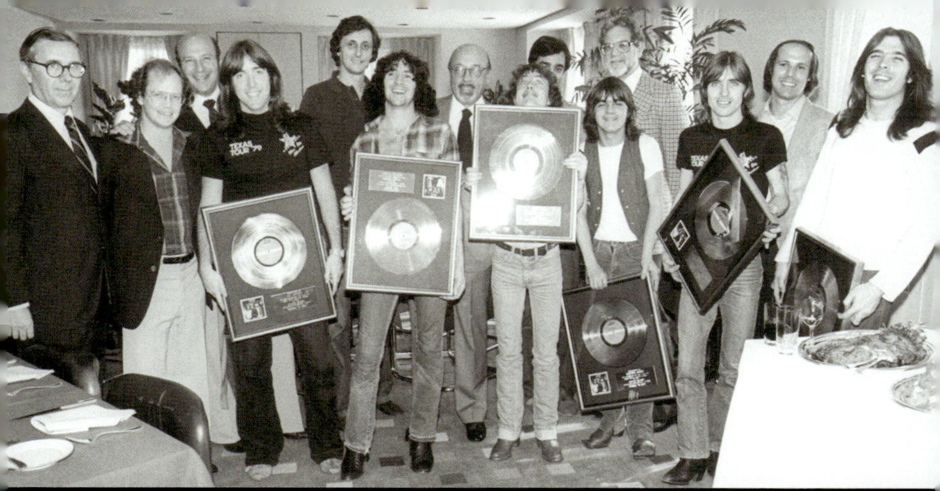

Highway To Hell holt Gold in den USA: AC/DCs Anwalt John Clark, Perry Cooper, Steve Leber, Ian Jeffery, David Krebs, Bon, Ahmet Ertegün, Angus, Peter Mensch, Malcolm, Sheldon Vogel (Atlantic), Phil, Dave Glew (Atlantic), Cliff – New York, Oktober 1979.

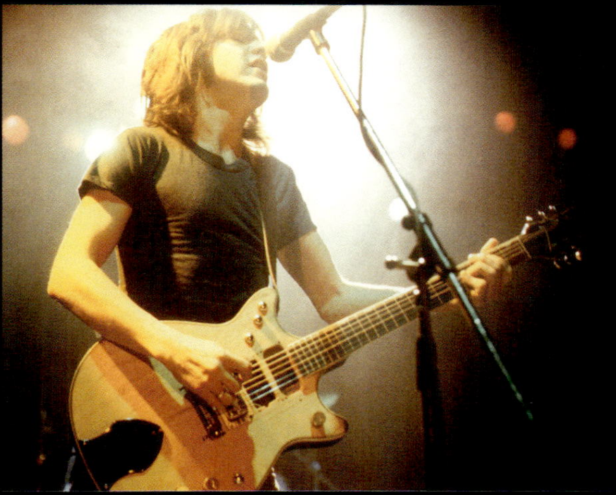

Malcolm in Grenoble, Frankreich, Dezember 1979.

Phil – Cleveland Stadium, Juli 1979.

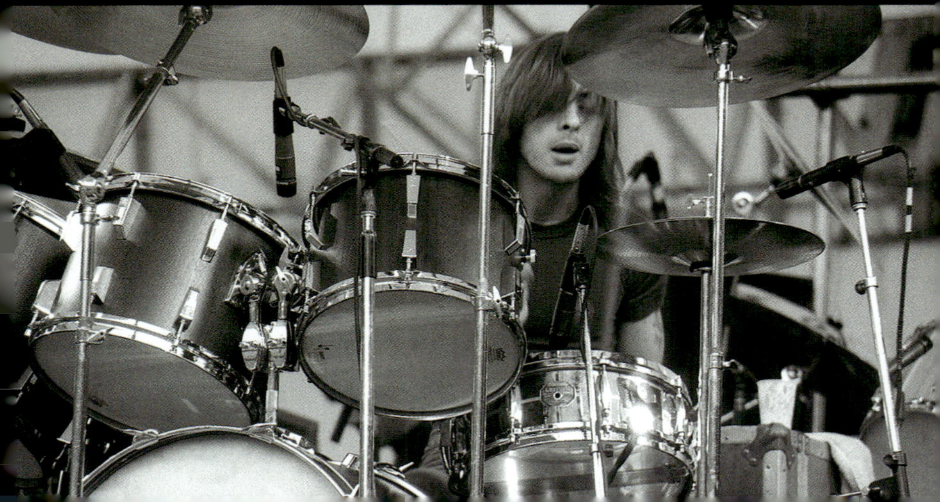

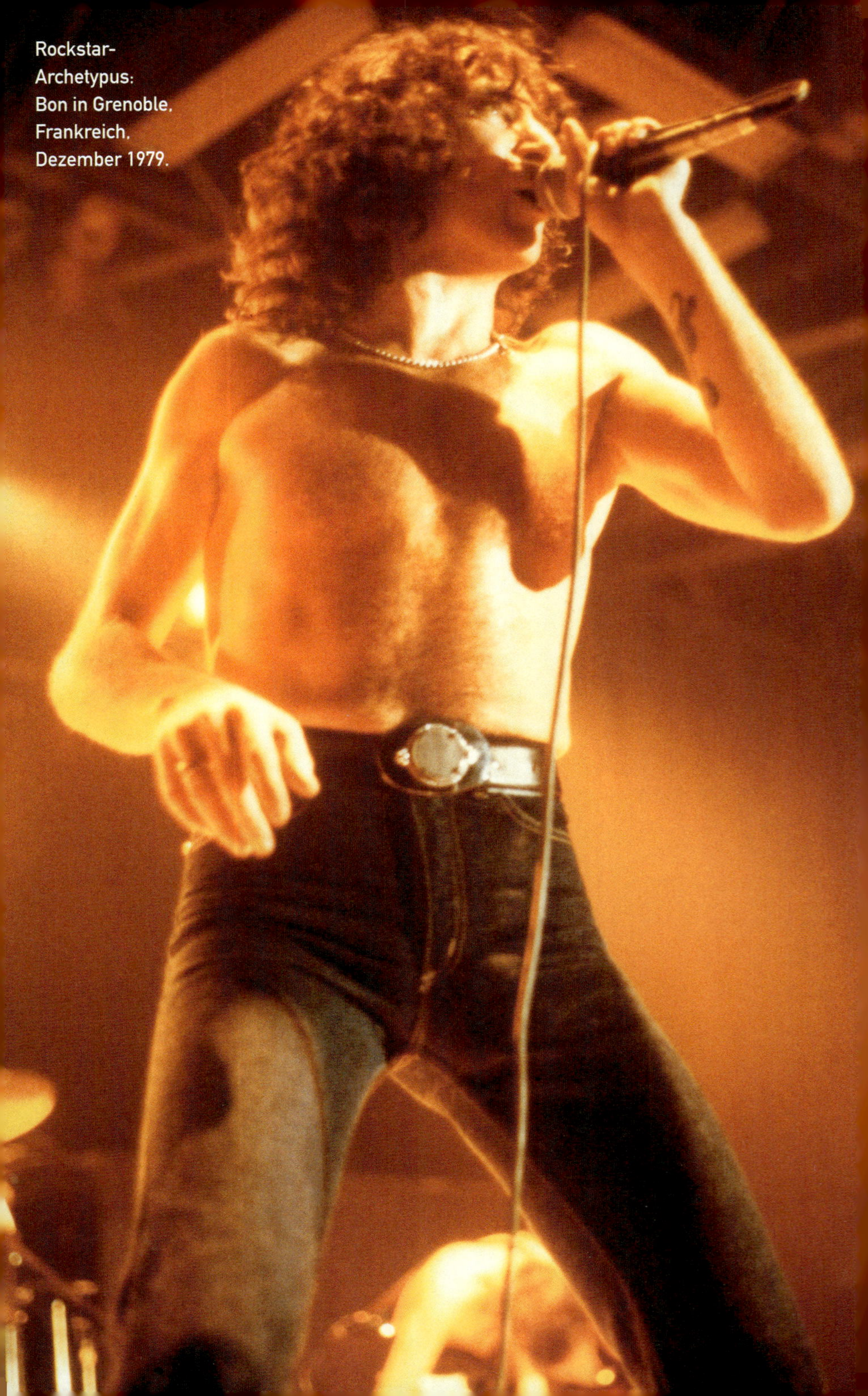

Rockstar-Archetypus: Bon in Grenoble, Frankreich, Dezember 1979.

mit seiner Gitarre da oben in seinem Affenanzug – was schon an sich nicht so wirklich bequem war – und war ganz still. Die anderen Jungs versteckten sich irgendwo in den Kulissen. Das Publikum hatte keine Ahnung, dass Angus schon über ihnen herumschwebte. Als wir ihn nach der Ansage direkt in die Menge herunterließen – er war vielleicht eine halbe Stunde da oben gewesen –, flippten die Leute völlig aus.«

Showeinlagen wie diese waren jedoch nicht auf die *Countdown*-Sendungen beschränkt. Michael Browning beschäftigte im Hard Rock Café einen Handwerker, der fast jede Vorrichtung bauen konnte, die AC/DC in den Sinn kam.

Einmal entwarf er ein großes Spinnennetz aus Seilen, in denen Angus als Spiderman herumkletterte. Dann kam Bon in einem Spinnenanzug mit zusätzlichen Armen und Beinen ausstaffiert auf die Bühne. Ein anderes Mal stand eine Telefonzelle auf der Bühne, in der Clark Kent alias Angus Young sich in »Super-Angus« verwandeln sollte. Bon trickste ihn jedoch aus, indem er die Tür verkeilte. Vielleicht klemmte sie auch von selbst – jedenfalls saß Angus während des Auftritts in der Zelle fest.

Diese Ideen passten allesamt sehr gut zu dem Image, das in dem Schuluniformkostüm seinen Ursprung hatte.

»Die Ideen für diese Showeinlagen kamen mir in der Schule. Auch wenn man es kaum glauben mag, Zeichentrickfiguren wie Bugs Bunny, Roadrunner oder der kleine Coyote hatten durchaus Anteil daran«, sagte Angus Ben Wener im *Orange County Register* vom 13. April 2003. »Die prügelten sich auch immer das Hirn raus oder sprengten sich gegenseitig weg.«

Die Energie ihrer Liveauftritte und die Show, die sie bei *Countdown* regelmäßig abzogen, hatten den gewünschten Effekt. Am 20. April spielte die Band bei einer Show im Myer Music Bowl in Melbourne, die von Freedom From Hunger organisiert und als das australische Concert For Bangladesh angekündigt worden war. Headliner des elf Bands umfassenden Billings waren Daddy Cool, AC/DC standen nach Hush an sechster Stelle.

Bon erschien wieder in seiner Schulmädchenverkleidung und machte sich offenbar keine Sorgen, dass sich sein Make-up im Regen auflösen würde. Zwar kamen wegen des schlechten Wetters weniger Besucher als erhofft, aber die meisten warteten, bis AC/DC gespielt hatten, bevor sie wieder gingen.

In Sydney trat die Band wieder im Hordern Pavilion für die neue Sendung *Polaroid In Concert* von Channel Nine auf, in der AC/DC erstmals in ganz Australien mit ihrer überragenden Livepower zu sehen waren. Bei *Countdown* kam die Musik in der Regel vom Band, es wurde lediglich live gesungen. Nun erlebten die TV-Zuschauer die Band, wie sie wirklich war.

Ihre offensive Machoattitüde, ihre aggressive Grundhaltung sowie ihre offenkundige Begeisterung dafür, das Establishment mit provokanten Aktionen zu kitzeln, veranlasste die Musikzeitschrift *RAM* am 19. April zu einem interessanten Vergleich. AC/DC wurden zum ersten Mal als Punkband bezeichnet: »AC/DC: Auch in Australien gibt es Punks.« Der australische *Rolling Stone* schlug in dieselbe Kerbe und bezeichnete AC/DC als »Melbournes größte Punkband«.

Auch wenn sie damals eher bei den »Heavy Metal Nites« im Hard Rock Café spielten, passte das Etikett Punk im weitesten Sinne sogar. AC/DC waren Straßenpunks, ebenso wie Elvis, die frühen Stones, die Pretty Things, The Who, die Small Faces und die Kinks es waren. Sie hatten kein Problem damit, die Dinge beim Namen zu nennen, am liebsten eingebettet in einen Schwall wüster Obszönitäten.

Seltsam war daher nur der Zeitpunkt, zu dem *RAM* und der *Rolling Stone* zu ihren Erkenntnissen gelangten. Die Sex Pistols sollten erst sieben Monate später ihren ersten Gig spielen, und The Clash traten im August 1976 erstmals öffentlich auf.

Angus' höllische Bühnenshow machte den Eindruck, dass AC/DC ausgezogen waren, um so viel Verwüstung wie nur möglich anzurichten und das Leben anständiger Leute zu ruinieren. Seine Schuluniformen stellten mitunter eine Gesundheitsgefährdung dar, weil er bei den Auftritten einen beträchtlichen Teil seines Körpergewichts in die Sachen geschwitzt und sie mit Zigarettenrauch und reichlich Rotz angereichert hatte. Er war immer wieder fasziniert, wenn er bei Konzerten feststellte, dass Mädchen sich geehrt fühlten, wenn sie seine Spucke, seinen Schweiß oder Rotz abbekamen. Aber während das Publikum zum größten Teil ganz und gar auf Angus fixiert war, gab es auch andere, die sich genau ansahen, was Malcolm so trieb, wie zum Beispiel die ziemlich lauten Typen von Cloud Nine.

Ken Murdoch: »Wir brauchten einen weiteren Gitarristen, und da meine Freundin AC/DC kannte und wusste, wo sie wohnten, fuhren wir dort einfach mal vorbei. Es war vier Uhr nachmittags. Bon kam zur Tür; offenbar war er gerade erst aufgestanden und noch in Unterhosen. Meine Freundin sagte, dass wir Malcolm sprechen wollten, der daraufhin rauskam und fragte: ›Was wollt ihr denn?‹ Meine Freundin erklärte: ›Die Typen da im Auto wollen mit dir reden.‹ Als er zu uns rüberkam, sagten wir: ›Steig ein!‹ Er fand das schon ein bisschen beunruhigend, glaube ich, aber er kannte uns vom Sehen. Wir fuhren mit ihm zum Haus meiner Eltern und erklärten ihm dort: ›Wir wollen, dass du bei uns einsteigst.‹ – ›Das ist ja sehr schmeichelhaft‹, meinte er, ›aber ich habe eine Band mit meinem Bruder.‹ Woraufhin wir sagten: ›Ach, die kannst du doch vergessen!‹«

AC/DCs energiegeladenes Liveprogramm war ähnlich fesselnd: Es bestand größtenteils aus den Songs von *High Voltage* sowie verschiedenen Covers von Chuck Berry und den Stones. Manchmal gaben sie sogar den alten Elvis-Klassiker »Heartbreak Hotel« zum Besten.

Während Angus' Schuljungenverkleidung sich allmählich etablierte, überlegte sich auch Bon bei verschiedenen Anlässen, ein besonders schrilles oder aber extrem unauffälliges Outfit zu wählen. Bei einem Gig in der Melbourner Festival Hall, als AC/DC neben Split Enz und den Headlinern, den Skyhooks, auftraten, wollte Bon auf keinen Fall übersehen werden. Daher quetschte er sich als

Tarzan in einen schmerzhaft engen Lendenschurz und schwang an einem Seil zwischen den Verstärkertürmen hin und her. Bei den Proben hatte es perfekt geklappt, bei der Show aber stellte sich heraus, dass Bon bei solchen Späßen körperlich an seine Grenzen geriet.

Angus: »Heutzutage gibt es Gurte und Gestelle, aber Bon machte einfach ein Seil an sich fest und schwang an der ganzen PA vorbei. Er räumte alles ab. Dann, beim Konzert, hängte er sich auch ans Seil, aber plötzlich war es wie bei Sylvester, dem Kater bei Bugs Bunny, wenn er in eine Meute Hunde fällt. Bon hatte vergessen, dass die Kids auf den Stühlen standen und schwang direkt in die Menge hinein. Es waren Unmengen junger Mädchen da, und als er wieder zurück auf die Bühne kletterte, hatte er nur noch seinen Tanga an. Sie hatten ihm alle anderen Kleidungsstücke vom Leib gerissen!«

Crewmitglied Phil Eastick: »Das Konzert in Melbourne war das erste Mal, dass ich sah, wie Bon Angus auf die Schultern nahm. Man darf nicht vergessen, dass es damals keine Sender für die Gitarren gab. Angus' Instrument hing also an einem Kabel, das beinahe bis ans Ende der Festival Hall reichte. Bon trug ihn in seinem Lendenschurz bis dahin und wieder zurück.«

AC/DC waren inzwischen in Melbourne ein etablierter Act und traten im Juni viermal bei *Countdown* auf. Um die herrschende Begeisterung zu konservieren, wurde das nächste Headliner-Konzert der Band in der Festival Hall am 16. Juni mit Stevie Wright und John Paul Young teilweise gefilmt.

Aus diesen Aufnahmen wurde später ein Video für die nächste Single »High Voltage« zusammengeschnitten (für den späteren Clip zu »Show Business« blieb auch noch Material übrig) und um zusätzliche Livesequenzen ergänzt, die Anfang Juli in den Supreme Sound Studios in Sydney entstanden. Das Video zu »High Voltage« drehte der Amerikaner Larry Larstead mit fünf Kameras – etwas völlig Neues zur damaligen Zeit.

Chris Gilbey von Albert's hatte Larstead ausgesucht, weil er zuvor einige nette Coca-Cola-Werbeclips gedreht hatte. Nachdem er die

Band live gefilmt hatte, wurden noch einige Nahaufnahmen von Bon gemacht. Larstead sprühte ihn mit einem Zerstäuber ständig Wasser ins Gesicht, damit es aussah, als ob ihm der Schweiß das Gesicht runterlief. Gleichzeitig sollte Bon möglichst laut singen – gar nicht unbedingt, wie sonst gefordert, lippensynchron: Es kam darauf an, die angespannten Halsmuskeln zu zeigen. »Er wollte einfangen, wie Bon sich auf der Bühne gab«, sagte Gilbey, »und das Video war so echt wie nur möglich.«

Mitte des Jahres zog die Band aus dem Haus in der Lansdowne Road aus. Nur ein Modellflugzeug von Phil Rudd blieb als kurioses Souvenir ihrer Zeit dort zurück. Nun residierten sie im Freeway Gardens Motel, wo alle Bands unterkamen, die sich in der Stadt aufhielten. Es war die ideale Unterkunft, um so hemmungslos weiterzufeiern wie zuvor.

Dort erschien der Band auch bald die gewaltige, rothaarige Tasmanierin namens Rosie – sie und ihre Freundin wurden die Jumbo Twins genannt –, die später als eine von Bons horizontalen Eroberungen in Form eines AC/DC-Songs zur Legende wurde. Sie hatte ihn, den werdenden Rockstar, natürlich sofort erkannt. Bon gefiel, dass Rosie ungefähr 1,80 Meter groß war und damals knapp 130 Kilo wog.

»Sie war einfach ein Viel-zu-viel, als dass ich hätte Nein sagen können«, sagte er Bill Scott von WABX im Juli 1979, »oh Gott, ich wünschte, ich hätte es nicht getan ... Sie war wie ein Berg. Du kannst dir nicht vorstellen, was ich für Probleme mit ihr hatte.«

Typisch Bon. Für ihn war das Leben wie ein Rummelplatz. Jedes Fahrgeschäft musste getestet werden, bevor die Schausteller in die nächste Stadt weiterzogen. Der Legende nach will Bon am nächsten Morgen, als er sich schlafend stellte, gehört haben, wie Rosie mit ihrer Freundin ihre Statistik überschlug: »Der Typ war der 28. in dieser Woche!«

Die Band sah Rosie im Februar des nächsten Jahres wieder, als sie in Georgetown in Tasmanien spielte. Zu Bons großer Enttäuschung war sie aber wesentlich schmaler geworden.

Ende Juni erschien die Single »High Voltage« mit der B-Seite »Soul Stripper« in Australien, während das gleichnamige Album bereits Goldstatus erreichte. Die neue Single schlug mächtig ein.

Chris Gilbey: »Sie schaffte es sofort in die Playlists aller wichtigen Radiosender. Die Leute liebten den Song. *High Voltage* verkaufte sich 125 000 Mal. Die letzten 50 000 Exemplare gingen garantiert nur wegen der Single über den Tresen. Und das Beste daran: Der Song war auf dem Album überhaupt nicht enthalten.«

Mit »High Voltage«, samt seinem kraftstrotzenden Video, gelang AC/DC endlich der große Sprung, ohne jedoch gegenüber Pop-Phänomenen wie den Skyhooks oder Sherbet ihren Underdog-Status einzubüßen.

Sherbet, die später mit »Howzat« einen internationalen Hit landeten, waren mit ihrem harmlosen, melodischen Pop im ganzen Land sehr beliebt, verkauften sehr hohe Stückzahlen und gingen auf groß angelegte, landesweite Tourneen. Mit ihrem guten Aussehen und ihrem Sound hoben sie sich grundlegend vom Arbeiterimage ab, für das AC/DC mit ihren blauen Unterhemden und den Tätowierungen standen.

Die Skyhooks waren das Projekt von Bassist Greg Macainsh, den die Jeans-Outfits und der bluesbeeinflusste Sound vieler aktueller Bands langweilten. Seine Band kam so übertrieben gestylt auf die Bühne, dass die New York Dolls, The Tubes oder Alice Cooper daneben fast brav aussahen. Das 1974 erschienene Debüt der Skyhooks, *Living In The Seventies*, war in Australien das mit Abstand umsatzstärkste Album seiner Zeit.

Im Gegensatz zum Erfolg von Sherbet und der Skyhooks war AC/DCs Popularität größtenteils auf Melbourne beschränkt, wo sich die wöchentliche Tretmühle von vier Gigs pro Tag zwar bezahlt machte, aber ziemlich in die Knochen ging. Auf eine Mittagsshow an einer Schule folgten oft drei bis vier weitere Auftritte bis spät in die Nacht. Malcolm und Angus zogen das Programm widerspruchslos durch, fest davon überzeugt, dass es einen Sinn haben würde.

Bon war zwar ein erfahrener Musiker, der das Geschäft noch immer mit einer gewissen Romantik betrachtete, aber selbst ihn langweilte der immer wiederkehrende Wochenrhythmus. Einmal legte er sich auf dem Heimweg von einem Konzert einen neuen Ohrring zu, nur um die Zeit totzuschlagen.

»Ich hatte kein Ohrloch mehr frei«, erzählte er Anthony O'Grady vom *RAM* am 19. April 1975, »deswegen holte ich eine Sicherheitsnadel raus und sagte einem Roadie, er sollte sie mal irgendwo reinbohren. Mit solchem Unsinn schlug ich damals die Zeit tot.«

Es erwies sich mitunter auch als schwierig, zu den Gigs anzureisen. Wenn der Bus liegen blieb, was reichlich oft passierte, klingelte in der Regel bei Phil Rudds Kumpel Geordie Leach das Telefon.

»Phil rief mich an und fragte: ›Braucht deine Mutter gerade das Auto? Kannst du uns nicht mal schnell zum Konzert fahren?‹ Ich hatte einen Toyota Crown, in den sich fünf Mann reinquetschten. Wenn wir von den Gigs wieder abreisten, wurde es öfter mal hysterisch. Einmal brach mir ein Zuschauer den Seitenspiegel ab, weshalb meine Mutter total ausrastete! Ein anderes Mal war die Antenne verschwunden oder die Radkappen fehlten …«

Die harte Arbeit machte sich für die Band jedoch bezahlt, wenn auch nicht sofort in Form von Bargeld. Eine Zeitung machte sich die Mühe aufzulisten, wie viele Frauen in dem Motel in einer Woche zu Gast gewesen waren, in dem AC/DC residierten. Die Redaktion kam auf eine Zahl von um die Hundert.

Eher hundertzehn, korrigierte Angus in einer Mischung aus gespieltem Schrecken und verletztem Stolz. In Wirklichkeit waren es sicher viel mehr.

Bon kannte nur eine Methode, um Frauen aufzureißen: Er setzte auf seine Wirkung auf der Bühne. Die Scheinwerfer, der Sound und das Adrenalin verleihen einem Musiker automatisch magnetische Anziehungskraft. Nach den Gigs von AC/DC gab es stets Partys – und dahin kamen Frauen. Ganz einfach. Es war ein ständiger Exzess.

Dabei gingen mit der Band mitunter die Pferde durch. Zum Beispiel bei der Granny-Geschichte. Eines Abends nach einem Konzert machten zwei Mädchen der Band den Vorschlag, noch zu einem Plätzchen weiterzuziehen, das sie mysteriös »Granny«, also Oma, nannten. Als dort dann kurz darauf ein nackter Bon wilde Verrenkungen vollführte, kam plötzlich eine echte Oma herein und sorgte in kürzester Zeit dafür, dass Ruhe einkehrte.

Im Gegensatz zu den anderen Bandmitgliedern war Angus nur selten unterwegs. Er blieb am liebsten zu Hause, aß Schokolade, las Comics, trank Tee oder Milch, spielte Gitarre und guckte sich jeden Clint-Eastwood-Film an, der im Fernsehen lief. Es verwirrte ihn, dass manche Frauen zwar bei den Konzerten völlig begeistert von ihm waren, aber dann entsetzt reagierten, wenn sie die Nacht mit ihm verbringen sollten.

Bon hingegen geriet oft in Schwierigkeiten, denn er war pausenlos von seinen Hormonen gesteuert.

Einmal bekam er mächtig Ärger, weil er nach einem nächtlichen Abenteuer einen ganzen Stapel Fotos hinterlassen hatte, die ihn mit einer weiblichen Bekanntschaft im Bett zeigten. An sich war das nicht weiter schlimm, hätte die Freundin nicht am nächsten Morgen, als sie verkatert zur Arbeit fuhr, die Aufmerksamkeit der Polizei auf sich gezogen. Die Beamten brachten sie nach Hause, fanden die Fotos und drohten, den Sänger wegen Pornografie vor Gericht zu bringen.

Natürlich hatten nicht alle Querelen, in die Bon geriet, mit den Gesetzeshütern zu tun. Aber generell reagierte er höchst ungehalten, wenn jemand laut an seine Zimmertür klopfte. Bons Antwort zitierte Irvin Sealey im *Rock Gossip* wie folgt: »Verpiss dich! Ich bin am Ficken!«

In einem speziellen Fall war das keine gute Idee.

Vor der Tür stand nämlich der Vater des Mädchens.

Vince Lovegrove: »Der Vater der Kleinen wollte nicht, dass sie mit Bon ging. Er kam mit einem Freund bei ihm vorbei, sie traten die Tür ein, zerrten Bon nach draußen, schlugen ihn zusammen und warfen ihn in eine Rosenhecke. Bon verlor dabei alle Schneidezähne. Ich war total entsetzt, als das passierte, aber so was konnte eben nur ihm passieren. Er war ein guter Kämpfer und hatte kein Problem damit, sich zu prügeln. Aber in der Regel versuchte er, Schlägereien zu vermeiden.«

Ähnlich wie Bon musste auch Angus körperliche Qualen erdulden, aber er fügte sie sich selbst zu. Inzwischen sah er nach den Auftritten aus, als ob ein unsichtbarer Gegner ihn verdroschen hatte. Regelmäßig erging er sich in einem urzeitlichen Ritual, bei dem er sich wie ein Besessener hin und her warf. Seine Bewegungen waren dabei so unkontrollierbar und ungewöhnlich, dass sogar Gerüchte kursierten, er leide unter schweren Verhaltensstörungen.

Angus kannte kein Limit. Er sprang ins Publikum und schaffte sich selbst Platz, indem er sich auf der Seite liegend wild um die eigene Achse drehte. Dabei verknotete sich sein Gitarrenkabel derart, dass es die Roadcrew später mühsam wieder entknoten musste.

Aber die wilden Bewegungen, das abwechselnde Mitstampfen des Rhythmus mit beiden Beinen, das er sogar aufführte, wenn er spät nachts in einem Hotel mit anderen jammte, waren nicht nur die schlichte Übertreibung seiner Begeisterung für den AC/DC-Sound. Dass er so entrückt wirkte, rührte auch daher, dass er sich so konzentrierte. Er konnte es sich schlicht nicht leisten, während eines Gigs zu lächeln und den Fans zuzuwinken.

Aber seine Show hatte natürlich einen einzigartigen Unterhaltungsfaktor. George hatte Angus immer ermutigt, sich auf dem Boden zu wälzen oder Chuck Berrys Entengang zu imitieren.

»Ich würde auf die Leute auch scheißen oder pissen, wenn es sein müsste«, sagte er dem *Beat Instrumental.*

Einem ähnlichen Prinzip war auch Dave Hill gefolgt, der grell ausstaffierte Gitarrist von Slade. Wenn seine Kollegen sein neuestes Bühnenkostüm wieder einmal mit »Verdammte Scheiße, was hast du denn an?« kommentierten, erwiderte er gelassen: »Jungs, ihr schreibt die Songs, und ich verkaufe sie, okay?«

Bei Angus verhielt es sich größtenteils genauso, allerdings war das keine Schauspielerei. Nach einiger Zeit übernahm Angus' nervöse Energie ganz einfach die Kontrolle über ihn. Seine wilden Bewegungen wurden eine unwillkürliche Handlung, sobald er eine Bühne betrat, und er spürte, wie der Sound aus den Lautsprechern durch seinen Körper jagte.

Angus: »Die meisten Leute dehnen beim Gitarrespielen nur die Saiten. Weil ich aber so klein bin, dehne ich aus einem unerfindlichen Grund alles an mir. Wenn ich einen Akkord ganz unten auf dem Griffbrett spiele, bücke ich mich eben auch. Andere Jungs lassen nur ihre Finger auf und ab gleiten. Bei mir bewegt sich der ganze Körper.«

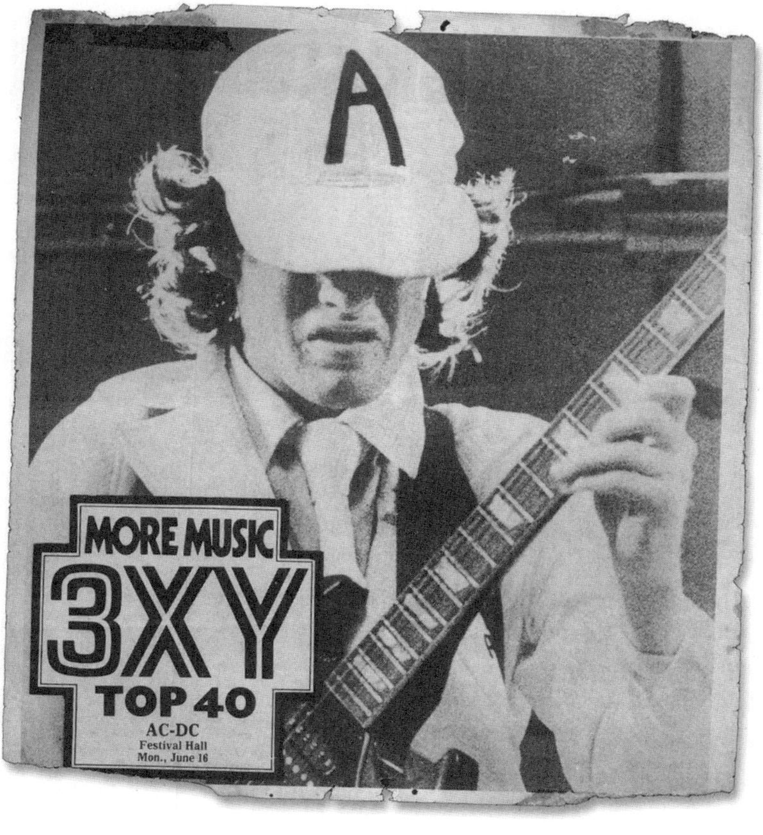
MORE MUSIC
3XY
TOP 40
AC-DC
Festival Hall
Mon., June 16

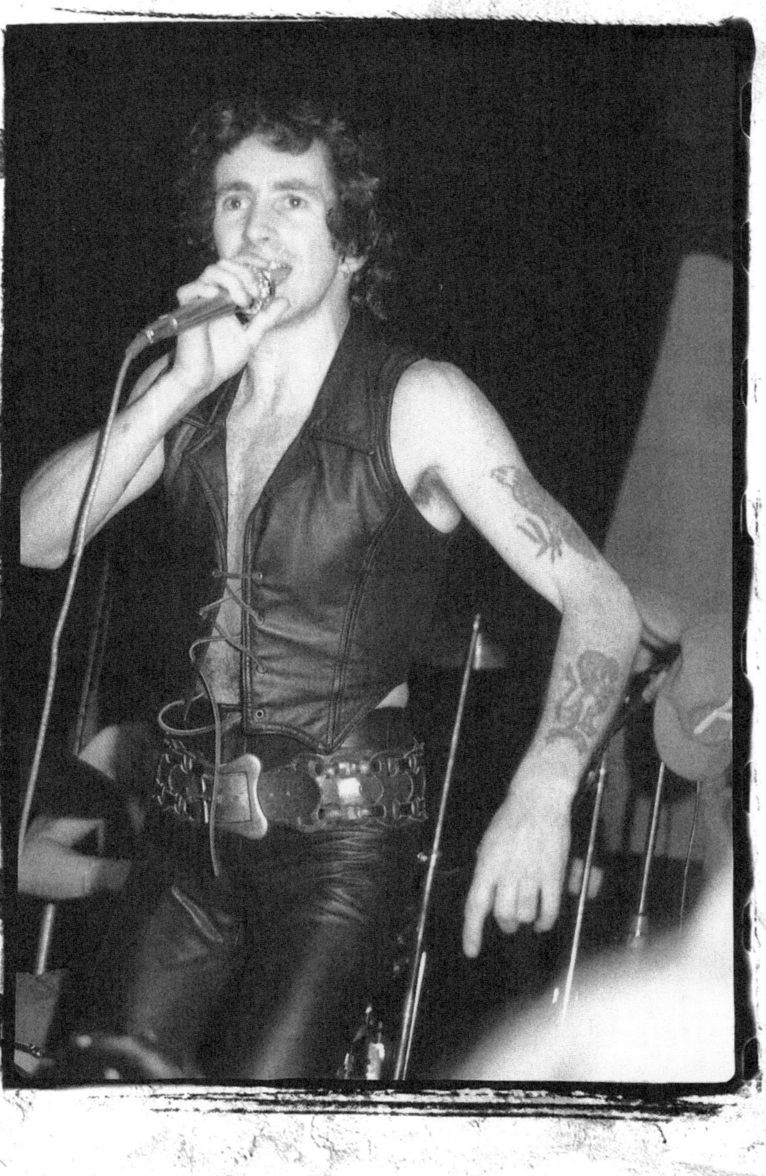

1975

Bon Scott in Albury, Neusüdwales

9. KAPITEL

TNT

Angus Young saß allein ganz hinten im leeren Tourbus und rauchte, als der örtliche Promoter einstieg und zu ihm hinüberging. Er wollte übers Geschäft reden und scherte sich nicht darum, dass er sich dabei gerade an den Falschen wandte.

Angus antwortete zwar höflich auf die Fragen, schien aber seltsam abgelenkt. Der aufdringliche Promoter gab jedoch keine Ruhe, bis das ewige Schulkind sich plötzlich leicht bewegte. Eine attraktive junge Frau, die von den Sitzen verborgen vor ihm gekniet hatte, stand auf, strich sich die Kleidung glatt und schritt betont langsam den Gang zur Tür hinunter, als ginge sie über einen Laufsteg. Damit war die Besprechung vorbei. Damals, 1975, war Angus der King, und es fühlte sich verdammt gut an.

Die Tonbandstimme, die AC/DC ankündigte, wenn sie auf die Bühne kamen, klang am Anfang eher nüchtern. Aber mit jedem Mal, bei dem der Bandname wiederholt wurde, klang sie gehetzter, höher und durchdringender. Nach ein oder zwei Minuten hatte man den Eindruck, als ob da ein roboterhafter Freak auf Speed redete. Die Stimme bebte vor Aufregung.

Einen ähnlichen Eindruck bekam der Zuhörer vom Album *TNT*, das im Juli 1975 in den Albert Studios in Sydney entstand – wieder mit George Young und Harry Vanda als Produzenten.

Songs wie »The Jack«, das bei Konzerten zu den Favoriten gehörte, waren schon im April eingespielt worden. Beim Schreiben der Songs gingen die Brüder häufig so vor, dass sie ihre Ideen zunächst am Klavier ausarbeiteten, wobei sich George, Malcolm und Angus oft sogar nebeneinander auf die Pianobank quetschten: Auf dem Klavier konnten sie die Gitarren- und Bassmelodien gleichzeitig spielen. George achtete stets darauf, dass kein überflüssiger »Schwachsinn« den Weg ins Arrangement fand, und gab damit den guten Ideen, die Malcolm mitbrachte, so den nötigen Biss.

Harry Vanda: »Bei vielen Songs nahmen wir mehrere Takes auf, aber meistens griffen wir auf die ersten Versionen zurück, weil in denen diese unmittelbare, spontane Energie steckte. Die Musiker befanden sich dabei alle in einem Raum – die Verstärker standen direkt neben dem Schlagzeug! Aufnahmetechnisch war es ein Albtraum, aber es klappte.«

In Sydney spielten AC/DC einige Gigs, zwei im legendären Bondi Lifesaver. Roger Grierson, später Mitglied bei The Thought Criminals, war damals einer derjenigen in der Sydneyer Punkszene, die AC/DC wegen ihrer Energie bei den Lifesaver-Shows bewunderten.

»Ihr Sound überrollte dich einfach. Er war so mächtig, fett und auf den Punkt. Ich ging hinter die Bühne, aber keiner sprach mit mir. Sie wollten nicht, dass ich ihr Bier soff. Phil Rudd konnte ich wenigstens um eine Zigarette anschnorren. Eine Unterhaltung gab es nicht – sie waren einfach kaputt. Ich hatte noch nie jemanden bei einem Konzert so schwitzen sehen. Damals erzählte ich Jules Normington [dem Mitbegründer des Plattenladens Phantom Records in Sydney, aus dem später das gleichnamige Label entstand], dass AC/DC so richtig durchstarteten. Er sagte nur: ›So ein Quatsch! Du solltest mal die Band sehen, die ich gerade manage: Radio Birdman!‹ Ich habe nur gesagt: ›Niemand kann AC/DC das Wasser reichen! Mach dir nichts vor, Alter!‹ Später guckten wir uns Birdman in der Heffron Hall an, aber ich war nicht überzeugt. Birdman waren ganz in Ordnung, aber sie waren nicht AC/DC.«

Das *TNT*-Album wurde innerhalb von zwei Wochen fertiggestellt, anschließend kehrte die Band nach Melbourne zurück. Im August begann Michael Browning zu verhandeln, um AC/DC bis Herbst auch einem internationalen Publikum vorzustellen. In ihrer Wahlheimat waren sie bereits auf dem Gipfel der Popularität angelangt.

Ende des Monats, während der Schulferien, spielten sie eine Serie von Mittagskonzerten, die eine Woche lang im Kaufhaus Myer in der Melbourner Innenstadt stattfanden.

Auf dem Papier schien es eine tolle Marketingidee zu sein, Gratisgigs zu geben. Aber als AC/DC für das erste Konzert – das in der Abteilung für Damenbekleidung stattfinden sollte – ihre Verstärker aufbauten, brach das Chaos aus. Tausende Fans waren erschienen. Einige fielen in Ohnmacht, Verstärker stürzten um, als die vordersten Reihen der kreischenden Menge auf die kleine Bühne gedrängt wurden. Nach zwei Songs wurde das Konzert aus Sicherheitsgründen abgebrochen.

Die Band musste in eine Umkleidekabine flüchten. Bon wurde von den anderen getrennt, und eine Gruppe Mädchen riss ihm seine Schuhe und einige Kleidungsstücke, unter anderem Fetzen seiner Hosen, vom Leib. Malcolm trug einen Schnitt über dem Auge davon. Den schlimmsten Schaden aber hatte das Kaufhaus, denn abgesehen vom Sachschaden wurden auch Waren im Wert von mehreren Tausend Dollar gestohlen.

Damit hatte sich das viertägige Engagement erledigt.

Im August erschien Stevie Wrights zweites Soloalbum, das von Vanda und Young produzierte *Black Eyed Bruiser*, neun Monate nachdem »Guitar Band« (mit einem Gastauftritt von Angus) als Single veröffentlicht worden war. Den energiegeladenen Titeltrack prägte eine ähnliche Stimme, wie auch Bon sie sich mittlerweile angeeignet hatte.

Es machte wenig Sinn, sich im Ausland einen Namen machen zu wollen, solange AC/DC noch nicht einmal Sydney erobert hatten.

Browning arrangierte daher am 7. September ein Gratiskonzert im Victoria Park, um den Stein ins Rollen zu bringen.

Chris Gilbey von Albert's kam auf die Idee, vorab mit einigen Radiojingles auf 2SM Werbung für das Konzert zu machen. An einem Sonntagmorgen fuhr er deshalb zu Sydneys Nordstränden nach Manly. Im Gepäck hatte er ein Tonband und ein Mikrofon mit dem Senderlogo. Damit wollte er die Aufmerksamkeit einiger Jugendlicher auf sich ziehen, die AC/DC kannten, und positive Kommentare über die Band mitschneiden, um daraus einen 30 Sekunden langen Werbejingle zu schneiden. Sein Vorhaben aber erwies sich als gar nicht so einfach.

Chris Gilbey: »Habt ihr schon von AC/DC gehört? – Nee, wer ist das denn? – Kennt ihr AC/DC? – Nee, was machen die? – Niemand kannte AC/DC! Ich dachte nur, ach du Scheiße! Das wird eine Katastrophe!«

Gilbey entschied sich für Plan B und fragte die Leute einfach nach ihren Lieblingsbands. Mit ein bisschen kreativer Bearbeitung wollte er aus diesen Kommentaren genau das herausholen, was er hören wollte. »Wir fragten also: ›Wer ist deine Lieblingsband?‹ – ›Oh, ich steh auf Sherbet!‹ – ›Und wieso?‹ – ›Mir gefallen die Beine [von Sänger Daryl Braithwaite]!‹, sagte eines von den Mädchen. Ich dachte, das nehmen wir für Angus! Wir fragen zuerst: ›Was magst du an Angus?‹, und schneiden dahinter: ›Mir gefallen die Beine!‹«

Mit einem Tape voll passender Statements kehrte Gilbey nach Sydney zurück. Kurz vorher besuchte er einen Freund, dessen Freundin eine sehr tiefe Stimme hatte. Gilbey fragte, ob sie Lust habe, an dem Werbejingle mitzuwirken.

Chris Gilbey: »Ich schlug vor: ›Fang einfach an, wie bekifft irgendwas zu erzählen. Oder stell dir vor, du wärst die Mutter von einem Jugendlichen, der auf ein AC/DC-Konzert will. Was würdest du sagen?‹ Wir gingen mit ihr an die Haustür, als würden wir gerade eine Umfrage machen. Sie sagte: ›Ich würde meine Tochter nie auf so ein Konzert lassen – die sind doch ekelhaft, bla bla

bla …‹ Es war eine herrlich ironische Schimpftirade auf diese ach so grässliche und verkommene Rockband namens AC/DC. Einfach toll.«

Die O-Töne der Kids vom Strand waren danach vergessen. Radiomoderator Mike Drayson sprach aus dem Off mit seiner tiefen Stimme eine einzige, von Gilbey geschriebene Zeile zu dem Radiobeitrag: »AC/DC – alles andere als eine nette Band!«

Das Konzert im Victoria Park war ein so großer Erfolg, dass Angus und Bon fast in Panik gerieten.

Angus: »Als wir beide ins Publikum gingen, sprangen alle auf einmal auf und kamen auf uns zu. Wir beide brüllten nur: ›Ach du Scheiße! Los, weg hier!‹ Es war wie die Schlacht am Little Big Horn.«

Chris Gilbey: »In der darauffolgenden Woche kam die Platte in die Charts und brachte AC/DC den Durchbruch in Sydney – durch einen Werbefeldzug, der daraus resultierte, dass niemand die Band kannte, außer den Radiomachern und Leuten von den Plattenfirmen. Bumm. Ab da ging es richtig los.«

Wenig später, als sie wieder in Melbourne waren, brach sich Phil Rudd den Daumen bei einer Schlägerei im Matthew Flinders Hotel, einem Veranstaltungsort in der Vorstadt. Es hatte damit angefangen, dass jemand ein Glas nach Angus geworfen und dem Gitarristen die Hand aufgeschlitzt hatte. Rudd musste abschließend sogar ins Krankenhaus, um sich den Daumen richten zu lassen. Doch trotz der schwerwiegenden Verletzung spielte er den Gig zu Ende. Loyalität war bei AC/DC immer Gesetz.

»Mit einer Hand, von mir aus auch freihändig«, erklärte er Phil Lageat im französischen *Rock Hard* vom Juni 2001, »wollte ich durchhalten und zeigen, dass ich die Band unterstützte.«

Michael Browning: »Es gab ein paar Clubs, in denen es ziemlich ruppig zuging. Ich erinnere mich, dass Angus sagte: ›Wenn wir das nächste Mal da auftreten, brauchen wir eine Absperrung oder ein Netz oder so was.‹ Aber das lag nicht an AC/DC. Es war einfach so in diesen Läden.«

Am nächsten Abend spielte die Band hinter einem Gitter. Hinterm Schlagzeug saß Ex-Drummer Colin Burgess, der für die Termine einsprang, bei denen Rudd wegen seines Daumens noch nicht wieder einsatzfähig war. Bei einem der nächsten Gigs lief einer der Zuschauer mit einem Beil Amok. Und AC/DC waren froh, dass es nicht noch mehr Verletzte in der Band gab.

Burgess freute sich, dass sich inzwischen einer von Angus' lang gehegten Träumen erfüllt hatte.

Colin Burgess: »Sie hatten einen Bus, auf dem vorn *AC/DC* stand. Angus hatte früher immer gesagt, dass er davon träume – von einem Bus mit AC/DC-Schriftzug.«

Ein Ritual, mit dem Bon seine Stimmbänder vor einem Gig aufzuwärmen pflegte, beeindruckte den Drummer nachhaltig.

Colin Burgess: »Bon gurgelte jeden Abend vorm Konzert mit Portwein. Er trank das Zeug nicht, er spuckte es nach dem Gurgeln einfach wieder aus. Er wollte, dass seine Stimme vor dem Gig richtig rau wurde.«

Burgess stellte dabei auch fest, wie wunderbar spontan Bon sein konnte.

Colin Burgess: »Als das Personal nach einem Gig in dem Club die Bar schließen wollte, ging Bon hin und sagte: ›Ich übernehme, kein Problem!‹ Dann versorgte er alle mit Drinks.«

Angus: »Einmal hat Bon auf einem Tresen seine Jeans gebügelt. Die anderen waren alle ein bisschen sauer, als er ihre Gläser umwarf, aber seine Hosen saßen anschließend wieder perfekt.«

Mit Burgess als Ersatzmann reiste die Band nach Adelaide, wo sie mit den Keystone Angels auftraten, die gerade als Support für die Australientournee von Chuck Berry unterwegs gewesen waren. Gitarrist John Brewster war begeistert, als er AC/DC zum ersten Mal live erlebte:

»Die Musik war sensationell. Viele Elemente, die heute ein AC/DC-Konzert ausmachen, hatten sie damals schon drauf. Angus machte diesen Striptease und statt der hydraulischen Bühne, auf der er jetzt bei den Gigs steht und sich dreht, sprang er damals für diese Einlage auf einen Kneipentisch. Dabei gingen natürlich massenweise Gläser und Flaschen und Bierkrüge zu Bruch, es war unglaublich. Bon trug ihn auch schon auf Schultern durchs Publikum. Damals gab es noch keine Gitarrensender, deswegen schleppte Angus stets ein paar Kilometer Kabel hinter sich her. Die Roadies standen auf der Bühne wie ein Bergnotrettungsteam, das zunehmend mehr Seil nachgibt, während Angus immer weiter ins Publikum vordrang.«

In Whyalla bewies Angus gleich bei zwei Gelegenheiten an einem Tag, dass er sich nicht zum Besten halten ließ. Zum ersten Vorfall kam es bei einem örtlichen Radiosender, wo die Young-Brüder ein Interview gaben, während Rick Brewster von den Keystone Angels im Nebenraum saß und zusah.

Rick Brewster: »Dieser arme, junge Moderator hatte null Ahnung, mit wem er es zu tun bekam! Ganz höflich fragte er: ›Also, Jungs, was haltet ihr denn von den Skyhooks?‹ Angus zuckte nicht einmal mit der Wimper: ›Die Skyhooks interessieren uns einen Scheißdreck! Wir sind AC/DC, verdammte Scheiße! Und wir sind hier, um über AC/DC zu reden!‹ Damit war klar, wie das Interview weiterging. Der Moderator konnte sie danach gar nicht schnell genug wieder loswerden!«

Beim Konzert am Abend gab es dann Ärger wegen ein paar Typen, die irgendwelche Beleidigungen brüllten und ebenfalls nicht wussten, wen sie vor sich hatten. Die Tatsache, dass es sich bei ihnen um eine Gruppe Biker handelte, war zumindest Angus herzlich egal.

Rick Brewster: »Angus explodierte plötzlich, mitten in einem Song. Er stöpselte seine Gitarre aus, hatte sie aber noch umhängen, als er mit einem langen Satz auf diesen riesigen Biker sprang – direkt auf seinen Kopf! Natürlich wurde es für ihn sofort brenzlig, weil der Biker sechs Kumpels mitgebracht hatte, ihn selbst noch gar nicht mitgezählt, und er war ein massiger Kerl, der Angus zu Brei geschlagen hätte. Aber sofort sprang auch Bon Scott von der Bühne, gefolgt von Malcolm, und dann ging richtig die Post ab.«

Nach dem letzten Konzert in Port Augusta, 300 Kilometer von Adelaide entfernt, saß Brewster mit Bon vorn im Bandbus, während hinten die Ausrüstung verstaut wurde.

John Brewster: »Er schilderte mir in allen Einzelheiten, wie er sich seine Zukunft vorstellte. Es war keine Angeberei, aber er wusste genau, wie gut sie waren. Es war ihm völlig klar, dass er in einer Band war, die die Welt erobern würde. Er sagte, dass sie ins Ausland gehen und dort bleiben würden, bis sie sich international einen Namen gemacht hatten.«

AC/DC waren von den Keystone Angels sehr begeistert. Bon und Malcolm erzählten George und Harry Vanda von der Band, und die beiden Veteranen sorgten ihrerseits dafür, dass die Angels einen Vertrag bei Albert's bekamen und schon bald in ganz Australien sehr beliebt wurden.

Mitte September hatte sich *High Voltage* 25 000 Mal verkauft, aber die Pläne für einen Promotionausflug nach London hatten sich zerschlagen. AC/DC blieb nichts anderes übrig, als erneut auf eine endlose Australientour zu gehen.

Sie legten eine kurze Pause ein, um bei der Verleihung der »King Of Pop«-Awards des Fernsehmagazins *TV Week* aufzutreten und »High Voltage« zu spielen. Dabei waren derartige Ereignisse – vor allem das Umarmen und Küssen irgendwelcher Musikbusinessgestalten – gar nicht so ihr Ding und stellten ihre Toleranz enorm auf die Probe.

Beim offiziellen Abendessen an jenem Abend holte Bon, der niemals eine Gelegenheit ausließ, um zu schockieren, vor den Augen eines Fernsehbosses einen riesigen Vibrator aus der Tasche. Ein paar Drinks später erklärte der Sänger noch genauer, welch große Kluft zwischen AC/DC und der Musikindustrie klaffe.

Als Erstes fräste er sich mit verächtlichem Gesichtsausdruck im Backstagebereich durch einen Stapel *TV Week*. Kurz darauf entdeckte er auf einem Tisch einen Truthahn und hatte einen Geistesblitz. Er füllte die Körperöffnungen des Tiers mit Champagner, nahm ein paar Bissen Fleisch und trank immer wieder ein paar Schluck, um bei Laune zu bleiben. Schließlich erschien Daryl Braithwaite von Sherbet und ließ sich von Bon gern zu einer prickelnden Erfrischung einladen. Der AC/DC-Frontmann stand daneben und platzte fast vor Lachen. Es wurde ein langer Abend und irgendwo musste er sich schließlich erleichtern.

Die erste große Australientournee von AC/DC begann am 10. November 1975 und dauerte bis zum Januar 1976. Sie führte nicht nur in Städte, die längst zu den Fanbastionen der Band gehörten, wie Sydney oder Melbourne, sondern auch in kleine Orte in der Provinz. Und oft wurde es da erst richtig lustig.

Konzerte in Städten abseits der bevölkerten Küstenregionen waren häufig ein zweifelhaftes Vergnügen. Einerseits bekamen die Musikfans dort selten die Möglichkeit, Bands, die sie sonst nur im Fernsehen oder Radio erlebten, live zu sehen. Deshalb waren sie leicht zu begeistern. Andererseits wurden durchreisende Musiker, vor allem, wenn sie besonders provozierend auftraten, als Rivalen für die Männer aus dem Ort betrachtet.

»Man war dauernd damit beschäftigt, Gläsern oder Fäusten auszuweichen«, erzählte Angus dem *Juke*. »Die Leute hörten nur dann auf, einen anzupöbeln, wenn die Songs hart und schnell waren. Sie durften zwar langsam anfangen, aber spätestens ab der Mitte musste es abgehen!«

Bei einem Konzert in Perth kletterte ein Zuschauer auf die Bühne und nahm den Gitarristen in den Schwitzkasten. Angus wehrte sich, das Publikum rastete noch mehr aus, und schließlich rückte die Polizei mit Helmen und Schutzschilden an.

Malcolm: »In Bendigo in Victoria waren alle Jugendlichen der Stadt gekommen, um uns zu verdreschen, nur weil einer von uns beim letzten Gig in der Gegend mit der Freundin eines Typen was angefangen hatte. Erst gab es eine Verfolgungsjagd im Auto. Phil ist ein Wahnsinnsfahrer – egal, welche Tricks die anderen auch versuchten, Phil war ihnen immer eine Nasenlänge voraus. Wir rasten auf Straßen durch den Busch, fuhren Schlangenlinien und bogen dann von der Straße ab und machten die Lichter aus. Wenig später schossen diese Typen mit viel Gebrüll an uns vorbei. Wir wendeten in aller Ruhe, fuhren zurück in die Stadt und gingen dann zu ihren Mädchen!«

Wenn sich körperliche Auseinandersetzungen nicht vermeiden ließen, spielte es nie eine Rolle, dass die Bandmitglieder keine Hünen waren.

Malcolm: »Wir sind alle ziemlich klein. Ich meine, jeder hätte uns umhauen können. Aber je kleiner du bist, desto größer musst du dich machen. Bon überragte uns ein kleines bisschen, war aber auch kein Riese. Außerdem trank er ziemlich viel und hatte meist keinen so sicheren Stand. Und wir brachen alle schnell einen Streit vom Zaun. Wenn uns irgendjemand anmachte, schlugen wir zu. Wir hielten alle zusammen. Normalerweise kam der härteste Typ der Gegend immer hinter die Bühne und machte sich mit Bon bekannt – aus irgendeinem Grund wollten die größten Krawallmacher immer seine besten Kumpel sein. Das war ein Vorteil. Aber es gab auch Momente, in denen solche Leute nicht da waren.«

Es waren natürlich nicht etwa Bons gute Tischmanieren (die er durchaus besaß), die solche Kerle dazu brachten, immer wieder seine Gesellschaft zu suchen. Er sprach ihre Sprache und war ihnen durchaus ähnlich. Schlagzeuger Ray Arnott, ein Freund der Band, der bei einer Reihe von Studiosessions für das Albert-Label mit Harry Vanda und George Young trommelte, erinnert sich, wie Bon einmal – wissentlich oder nicht – in Melbourne für Gerechtigkeit sorgte.

»Da war so ein Typ, der mir im Prahan Hotel einmal eine verpasst hatte. Einen Monat später gab Bon ihm eine Kopfnuss, dass er fast über die Chapel Street kugelte!«

Am 8. Dezember 1975 erschien »It's A Long Way To The Top (If You Wanna Rock 'n' Roll)«, das den *Countdown*-Zuschauern im Vormonat schon zweimal präsentiert worden war. Der Text war eine perfekte Kostprobe von Bons spezieller Lyrik, die er ständig in sein liniertes Notizbuch kritzelte.

Angus: »Darin lag seine Größe. Er nannte es Toilettenlyrik, aber es war eine Kunstform, der er sich mit viel Stolz widmete. Er schrieb Sachen wie ›Long Way To The Top‹ immer zwischendurch auf. Eines Tages sah George die Zeile ›It's a long way to the top if you wanna rock and roll‹ in Bons Buch. Er hatte noch keinen Text, nur den Titel. Wir sagten dann so was wie: ›Hey Bon, das kannst du aber besser‹, und er feilte dann ständig daran herum. Wenn er irgendwo hängen blieb, wandte er sich an Mal. Mal half ihm dann mit einer Zeile, und Bon war wieder im Fluss. Manchmal fragte er auch mich, ob ich noch einen schmutzigen Vers für ihn hätte …«

Bon zündete sein Textfeuerwerk in der Regel erst, wenn die Band schon im Studio war und er eine grobe Vorstellung vom Song und vom Rhythmusgerüst bekommen hatte. Dann setzte er sich mit Papier, Stift und seinem Notizbuch bewaffnet in eine ruhige Ecke, in ein leeres Büro oder in die Küche bei Albert's. Als Inspirationsquelle diente ihm auch sein damaliges Lieblingsgetränk, Stone's-Green-Ingwerwein. Und George war auch immer in der Nähe, um den Druck von Bon zu nehmen.

Michael Browning: »Er hängte sich wirklich rein. Für Bon war es jedes Mal wieder eine große Belastung, weil seine Texte so wichtig waren: Ich glaube, da zählte jedes Wort.«

Die Aufnahme von »It's A Long Way To The Top« zeugte schließlich von Georges außergewöhnlichem Produzententalent wie von der Energie der Band.

Harry Vanda: »›A Long Way To The Top‹ war eine einzige große Session – und alle dachten nur, verdammte Scheiße, hört euch das an! Das könnte ein Wahnsinnssong werden.«

Malcolm: »Am Ende brach es dann einfach ab. So ist es doch meistens: Man macht weiter, bis es plötzlich vorbei ist. Das ist ein bisschen wie beim Sex, weißte?«

Die Einlage mit den dröhnenden Dudelsäcken war Georges Idee gewesen. Der Produzent suchte einen neuen Sound für die entscheidende Hookline des Songs. Klangelemente, die wiedererkennbar und doch einzigartig waren. Bon hatte das schwierige Instrument aber noch nie angefasst und nicht die geringste Ahnung, wie man ihm ein paar Töne entlockte.

Da Bon gelegentlich von seiner Zeit im Dudelsackzug erzählt hatte, war George aber davon ausgegangen, dass der Sänger dort selbst gedudelt hatte. Er wäre nie auf die Idee gekommen, dass Bon eine der großen Marschtrommeln gespielt hatte. Aber Bon konnte sich die meisten Instrumente schnell aneignen. Da er schon in der Schule und bei Fraternity Flöte gespielt hatte und daher mit der grundlegenden Atemtechnik vertraut war, beherrschte er nach einiger Zeit auch den Dudelsack.

Das Instrument gab den knallharten Konzerten der Band eine seltsame, beinahe humorvolle Komponente. Auch wenn die meisten Schotten (wenn sie Scott heißen, natürlich sowieso) beim Klang eines Dudelsacks unwillkürlich sentimental werden, erwies sich das Instrument für Bon als permanenter Stressfaktor.

Michael Browning: »Das Ding hat ihn mehr gestresst als alles andere. Es funktionierte einfach nie! Es ist ziemlich schwierig, den richtigen Einsatz damit zu finden, weil man es erst einmal voll Luft pumpen muss. Wenn dann genug Luft im Balg ist, setzt es automatisch ein, ob es zu den Gitarren passt oder nicht.«

Im Dezember näherten sich AC/DC einen weiteren Schritt ihrer internationalen Karriere. Nachdem der amerikanische Zweig von Atlantic nichts von der Band hatte wissen wollen, verschaffte ihnen der Boss von Atlantic Records Großbritannien, Phil Carson, einen weltweiten Deal.

Damit befanden sich AC/DC in bester Gesellschaft, denn sie waren nun auf dem gleichen Label wie die Stones, Led Zeppelin, Ray Charles, Aretha Franklin, Buddy Guy und Junior Wells sowie die von Angus verehrten Cactus. Für eine Band aus Australien war es ein regelrechter Coup. Besonders, da sich die inländischen Plattenfirmen viel mehr darauf konzentrierten, ihr Geld für die Repräsentation internationaler Künstler rauszublasen, anstatt einheimische Gruppen wie AC/DC zu fördern.

Browning hatte für Anfang 1976 eine Großbritannientour geplant. Seine Schwester Coral, die in London lebte, hatte sich nach einem Plattenvertrag umgesehen und erste Clubkonzerte gebucht. Phil Carson kannte Coral noch aus der Zeit, als sie Managerin des Keyboarders Rabbit war, der früher einmal bei Free gespielt hatte.

Phil Carson: »Da kam diese Frau in mein Büro. Die Braut ist wirklich heiß, dachte ich damals, die hätte ich gern ein bisschen näher kennengelernt. Aber sie war ein absoluter Profi. Sie setzte sich, wir redeten über Rabbit und schlossen einen Vertrag. Sie konzentrierte sich nur aufs Geschäft. Ich wollte sie gerade fragen, ob sie mit mir essen gehen wollte, als sie sagte: ›Hören Sie, ich hoffe, dass ich Ihnen nicht auf die Nerven gehe, aber mein kleiner Bruder managt in Australien eine Band, die dort extrem angesagt ist.‹ 1975 interessierte es keinen Manager, der Bands unter Vertrag nahm, was gerade in Australien lief. Aber ich wollte mit ihr ausgehen, also meinte ich: ›Wenn Sie mir Material dalassen wollen, höre ich mal rein.‹«

Coral war auf eine solche Einladung bestens vorbereitet. Sie öffnete ihren Aktenkoffer, der zu Carsons Überraschung einen Projektor und eine Leinwand enthielt und spielte ihm eine Aufnahme von einem AC/DC-Auftritt vor. Carson war begeistert: Er bot der Band einen Vertrag an und buchte sie als Vorgruppe von Back Street Crawler, deren Großbritannientour ein paar Monate später anstand.

Phil Carson: »Ich dachte: ›Ich würde diese Band gern verpflichten, aber wenn ich jetzt warte, wird diese Managerin die Band nach England holen, und jemand anders wird sie sich schnappen.‹ Auf der anderen Seite war es mir wichtig, dass es ein billiger Deal würde, damit Jerry Greenberg (der Präsident von Atlantic USA) nicht ausflippte, falls ihm AC/DC nach seiner Rückkehr aus dem Urlaub nicht gefiel. Also einigten wir uns 1975 auf rund 12 Prozent Tantiemen und einen Vorschuss von 25 000 Dollar pro Album für die Weltrechte außerhalb Australiens. Aber es war ein Deal über ein Album, mit einer Option auf zwei weitere Alben in zwei

Jahren und vier weitere gleichlautende Optionen. Ich habe AC/DC also für 25 000 Dollar verpflichtet. So lautete jedenfalls der ursprüngliche Vertrag. Damals dachte ich, es könne mir niemand übel nehmen, wenn ich die Sache so preiswert hielte. Sie mussten schließlich nur 10 000 Exemplare in England verkaufen, damit sie ihre Kosten wieder eingespielt hätten. Und ich war überzeugt, dass sie das schaffen würden.«

Carson rief Michael Browning um drei Uhr früh an und erklärte, AC/DC hätten ab sofort einen Plattenvertrag in Übersee.

Kurz vor Weihnachten kehrte die Band in die Albert Studios zurück, um zwei neue Singles aufzunehmen, darunter auch den Song »Jailbreak«.

Herm Kovac: »Eines Abends tauchte ich im Octagon Hotel in Prahran auf. Malcolm und Angus – im Grunde alle außer Phil Rudd – liefen nackt herum! Es waren noch ein paar Frauen da, und Malcolm sagte: ›Hör dir das mal an!‹ Dann spielte er mir ›Jailbreak‹ vor. Er hatte den Song gerade erst geschrieben. Ich meinte nur: ›Verdammt, Alter, das klingt ja wie ›Gloria‹!‹«

Doc Neeson (The Angels): »Diese Geschichte hat uns George Young mal erzählt: Bon war während der Aufnahmen von ›Jailbreak‹ in der Gesangskabine, die man vom Mischpult aus nicht richtig einsehen konnte. Und dann kam er schließlich zu der Zeile mit ›bullet in his back‹. Er hatte schon ein paar Flaschen Ingwerwein intus. Die anderen meinten: ›Sing es noch mal, Bon, mit ein bisschen mehr Ausdruck!‹ Meist nahm man bestimmte Parts ja mehrfach auf. Bon sang nun also: ›With a bullet in his BACK!‹. Dann hörte man ein Gluckgluckgluck. ›Bullet in his BACK!‹ Gluckgluckgluck. ›Bullet in his BACK!‹ – ›... Bon?‹ Da kam dann diese kleine Pause. ›Bon? Bon?‹ Die anderen gingen rüber zur Gesangskabine. Er war aus den Latschen gekippt, denn er hatte so viel Energie in die Zeile hineingelegt, dass er ohnmächtig geworden war. Sie mussten den Song einen Tag später fertigstellen. Wenn er sang, baute er eine solche Spannung auf, als wolle er jemandem die Eier abreißen. Und wenn man dann dachte, jetzt kommt's aber, machte er: ›Hihihi!‹ Er war einfach unnachahmlich. Man wusste auch nie, ob er ins Publikum springen und einem der Zuschauer eine reinhauen würde. Deshalb hatten die Leute immer ein bisschen Angst vor ihm, denn sie fragten sich bei Bon stets: Wird alles glattgehen oder nicht? Seine Show vermittelte immer eine gefährliche Ungewissheit.«

Ende Dezember erschien *TNT*, jenes Album, das den klassischen AC/DC-Sound etablierte – mit Bons aggressiven Vocals und den bodenständigen Texten, der Zwillingsgitarrenattacke von Malcolm und Angus, die in brüderlicher Telepathie miteinander verbunden waren, und einer Rhythmussektion mit der Präzision eines Uhrwerks.

Lobby Loyde: »Der tighte Rhythmus ist etwas typisch Australisches. Unsere Rhythmusgruppen unterscheiden uns von allen anderen auf der Welt. Wenn sich da keine Energie aufbaut, ist das auch kein Rock 'n' Roll. Und wenn es nicht rockt, ist es Scheiße.«

Vor allem war *TNT* von einer Eigenständigkeit geprägt, die das noch ein wenig unausgereifte *High Voltage* noch nicht gehabt hatte. *TNT* war ein Manifest.

Harry Vanda: »Auf dem ersten Album waren ein oder zwei Sachen, bei denen sie noch ein bisschen experimentierten. Sachen, die sie später nicht mehr so gemacht hätten. Daher würde ich schon sagen, dass *TNT* das erste AC/DC-Album ist, an dem sich die Identität der Band vollständig ablesen lässt. Frei nach dem Motto: Das hier sind AC/DC, so klingen sie, so wird es bleiben. Wenn man erst einmal eine solche Identität hat, weiß man auch, was man vermeiden muss.«

Die Covergestaltung erinnerte ein wenig an die Sensational Alex Harvey Band. Die Innenseite des Klappcovers enthielt die nicht ganz ernst zu nehmenden Daten der Bandmitglieder. Die Geburtsdaten waren allesamt verdeckt, außer dem Geburtstag von Bon – warum auch immer?!

Die Profile der anderen Mitglieder unterstrichen, dass es sich hier nicht um eine leichtgewichtige Popband handelte. Als Alias für Phil Rudd war beispielsweise »Left Hook« (Linker Haken) aufgeführt, während bei Malcolms persönlichen Angaben stand: » … schiefe Riffs dank exzessivem Konsum alkoholischer Getränke«. Den Linernotes zufolge trug Mal unter anderem den Spitznamen »slob hand«, die Gammlerhand – möglicherweise eine deftige Anspielung auf Eric Clapton, der als »Slowhand« bekannt war.

Simon Maynard von der Zeitschrift *Juke* bezeichnete *TNT* als Fantasiesoundtrack, eine Art *Brats Out Of Hell*. Er glaubte, die Platte sei als Anleitung für junge Rockbands entworfen worden: Zunächst gab es mit »It's A Long Way To The Top (If You Wanna Rock 'n' Roll)« eine Warnung, dann ging es weiter zur Ausbildung (»Rock 'n' Roll Singer«), weiter zu den Gesundheitsrisiken (»The Jack«) und dem Aufbau der richtigen Sängerpersönlichkeit (»Live Wire«, »TNT« und »The Rocker«) bis zu den Triumphen (»High Voltage«) und schließlich ein bisschen Romantik (die Coverversion von »School Days« von Chuck Berry).

Außerdem befanden sich auf der Platte noch eine Neuaufnahme von »Can I Sit Next To You, Girl« sowie »The Jack«, allerdings in einer textlich etwas entschärften Version, um nicht gleich wieder den Zorn der Zensoren und der konservativen Radiomacher auf sich zu ziehen.

Angus: »Als wir ›The Jack‹ erstmals im Studio spielten, hieß es, wir sollten zwei Versionen davon machen, weil es ein Song mit einer guten Hookline sei, der auch fürs Radio geeignet wäre. Also meinte Bon: ›Okay, dann werde ich mir mal was einfallen lassen.‹ Wenn wir den Song live spielten, brachte er immer die unzensierte Version. Mit seinen Wortspielen war er mehr als zufrieden. Als er den entschärften Song im Studio sang, haben wir uns vor Lachen fast weggeschmissen, weil wir ja den Originaltext kannten.«

Der Song war nach ein paar Gigs in Adelaide entstanden, als Malcolm einen Brief von einem Mädchen in Melbourne erhielt, mit dem er dort geschlafen hatte.

Malcolm: »Wir übernachteten damals in einem ziemlich großen Haus. Jimmy Barnes und Cold Chisel waren da, Swanee (John

Swan) und viele Bekannte aus Adelaide. Wir saßen zusammen, spielten Gitarre und sangen. Irgendjemand gab mir einen Brief von dieser Tussi aus Melbourne, die mir vorwarf, sie hätte sich bei mir einen Tripper geholt. Dabei hatte ich so was nie gehabt. Also ging ich davon aus, wenn überhaupt, habe die Olle mich angesteckt, nicht umgekehrt! Ich bin zum Arzt und habe mich untersuchen lassen. Zum Glück war ich sauber. Aber als ich den Brief bekam, zeigte ich ihn Bon. Und weil wir gerade einen schönen Blues spielten, sangen wir gemeinsam: ›She's got the jack‹ – ›sie hat Tripper‹, haben es dann aber gleich wieder verworfen. Ein paar Tage später fielen Bon diese Zeilen bei einer anderen Jam wieder ein. Daraus hat sich dann der Song entwickelt. Bon selbst hatte sich in Melbourne schon so oft auf Geschlechtskrankheiten untersuchen lassen, dass ihn der Arzt schon beim Vornamen nannte. Alle anderen wurden mit Nummern aufgerufen, aber bei Bon hieß es nicht ›1102, bitte‹, sondern ›Bon?‹!«

Einmal steckte sich die ganze Band bei einer Gruppe von Damen an. Da die Musiker der Auffassung waren, dass so eine Schweinerei nach Rache schrie, stellte sich Bon beim nächsten Konzert, bei dem die Ladys anwesend waren, vorn an die Bühne. Bei jedem Refrain von »The Jack« zeigte er zu ihnen rüber.

Wenn es um Infektionen ging, war Bon gut im Austeilen wie im Einstecken. Was Safer Sex anging, hatte er offenkundig seine eigenen Theorien.

»Ich hatte mal Tripper«, erzählte er Phil Sutcliffe in der *Sounds*, »und traf eine Frau, die unbedingt gevögelt werden wollte. Sie war so hässlich, dass ich dachte: Scheiße, die nimmt doch sowieso keiner, also kann sie es auch nicht weiterverbreiten.«

Das Problem war aber, dass sie die Infektion prompt an Phil Rudd weiterreichte, der einige Wochen später wieder von ihr hörte, als sie von ihm die Erstattung der Behandlungskosten verlangte. Beim nächsten Konzert, das sie besuchte, erklärte Bon bei »The Jack«, dass er es war, der die Rechnung hätte bezahlen müssen.

Mit *TNT* war der Punkt erreicht, an dem Michael Browning seine Management-Kniffe richtig zum Einsatz bringen konnte.

Michael Browning: »Meine Helden waren Manager wie Andrew Loog Oldham und Gordon Mills, der Tom Jones und Chas Chandler vertrat. Sie zeigten stets viel Initiative, bauten das Image ihrer Künstler auf und sorgten für kontroverse Publicity. Diese Typen waren für mich ein wichtiger Einfluss. Ihr Konzept lautete: ›Wenn die Eltern sie hassen, werden die Kids sie lieben‹ – das Bad-Boy-Image.«

Zu dieser Theorie gehörte bei AC/DC der Aufbau einer »Wir gegen den Rest der Welt«-Philosophie, wie sie Malcolm und Angus ohnehin vertraten. Sie verteidigten ihre »Gang« mit wilder Entschlossenheit. Andere Bands, wenn sie nicht gerade zum inneren Freundeskreis gehörten, wurden bei Konzerten ignoriert. Ihre Devise lautete: AC/DC brauchen niemanden – auch keine Journalisten.

Die Autorin Jen Jewel Brown erinnert sich, wie sie nach einem Konzert zu einer Aftershowparty ging und diese Mentalität live und in Farbe erlebte.

Jen Jewel Brown: »Man hatte das Gefühl, mit einer Gruppe Boxer in einem Zimmer zu sein. Unter ihnen herrschte eine eigentümliche Verschworenheit, die keinem Außenstehenden Zugang gewährte. Zum Teil lag es bestimmt daran, dass ich eine Frau war, andererseits aber wohl auch daran, dass ich nicht zum inneren Kreis, zur Albert's-Connection, gehörte. Sie redeten über meinen Kopf hinweg miteinander. Es haute mich um, wie sehr sie andere ausgrenzten. Es war ein bisschen ein Machoding, diese Kumpelattitüde, die es unter Männern gibt.«

Teil der Werbekampagne für *TNT* war ein Päckchen für die Medienvertreter mit einer roten Unterhose, die über dem Schritt den schwarz-weißen Schriftzug »Dynamite?« trug und das Bad-Boy-Image, das Browning vermitteln wollte, im Kern symbolisierte. In der ersten Woche nach seinem Erscheinen verkaufte sich *TNT* 11 000 Mal.

Damit erhöhte sich auch die Zahl der weiblichen Fans der Band. Bon war der Star und bekam säckeweise Briefe, in denen ihm detaillierte Vorschläge für Sexpraktiken gemacht wurden. Eine Schreiberin verewigte ihre Oralsexwünsche sogar auf einem Tampon.

»Das fand ich klasse«, sagte Bon Irvin Sealey von *Rock Gossip*. »Vielleicht war sie eine alte Schnalle, wer weiß das schon. Aber für ein bisschen Nervenkitzel bin ich jederzeit zu haben.«

Angus: »Bon hat mal von einem Mädchen erzählt, das ihn an irgendeinem Abend ansprach, als wir auswärts spielten. Sie stand da mit zwei Babys auf dem Arm und sah ihn an. Schließlich sagte sie: ›Hallo, Bon.‹ Dann redeten sie eine Zeit lang, in der er dauernd die beiden Kinder ansehen musste und sich fragte, ob er wohl …«

Auch Angus war gegen solche Avancen nicht gefeit. Oft schrieben ihm Mädchen, sie würden ihre Jungfernschaft für ihn aufsparen. Manche legten für den Tag der tatsächlichen Begegnung schon mal Verhütungsmittel bei. Dabei hätte der Gitarrist die Kondome gut und gern selbst kaufen können, denn in Sachen Sparsamkeit machte Angus keiner was vor.

Chris Gilbey: »Michael erzählte mal, dass Angus am Ende jeder Woche den anderen Bandmitgliedern finanziell aushalf, da er selbst überhaupt nie Geld ausgab. Er trank nur Milchshakes und rauchte Zigaretten. Im Gegensatz dazu soff Bon richtig heftig. Michael sagte, dass Angus haufenweise Schuldscheine von Bon besaß.«

Aber weder die erotischen Avancen noch der Erfolg dämpften den Kampfgeist der Band. Im Dezember spielten AC/DC im Rahmen der landesweiten *Lock Up Your Daughters*-Vacation-Tour im Vorprogramm der Skyhooks im Hordern Pavilion in Sydney.

Bei ihrem Auftritt brach die Hölle los, als Bon von einem seiner Bandkollegen einen kräftigen Tritt in den Hintern bekam und sich plötzlich mitten unter den Fans im Zuschauerbereich wiederfand. Die Fans in der ersten Reihe konnten ihr Glück kaum fassen und nahmen ihr Idol so sehr in die Mangel, dass er hinterher aussah, als hätte er ein paar Runden eines Schwergewichtsfights hinter sich.

Es lag Spannung in der Luft. Das zeigte sich auch ein paar Wochen später bei einem Gig in Shepparton im nördlichen Victoria. Während des Konzerts hielt sich Angus noch zurück, als er Zielscheibe dauernder Beschimpfungen durch einige Zuschauer wurde. Danach aber scharte er die Roadcrew um sich und stellte die Krawallmacher. Es kam zu einer hübschen Schlägerei, leider nur ein paar Meter von der örtlichen Polizeiwache entfernt. Wie *RAM* vom 23. April 1976 berichtete, packte einer der Cops Angus am Schlafittchen und steckte ihn über Nacht in eine Zelle.

Angus: »Es gibt ein paar Käffer, wo echte Vollidioten leben. In neun von zehn Fällen kann ich sie ignorieren. Wenn ich aber körperlich angegriffen werde, sorge ich dafür, dass so ein Spinner fertiggemacht wird.«

Es war symptomatisch, dass Bon Angus ein T-Shirt schenkte, auf dem »Here's trouble« – »Hier kommt Ärger« – stand.

Ende des Jahres hatte *High Voltage* dreifachen Goldstatus erreicht und sich 45 000 Mal verkauft. Aber beim Neujahrsgig in Adelaide wurde nicht gefeiert. Stattdessen gab es einen Eklat.

Die Band war ohne eigenes Verschulden zu spät auf die Bühne gekommen. Nach nur zwei Songs wurde der Strom abgestellt. Bon wandte sich daraufhin direkt ans Publikum, und später konnte er von Glück sagen, dass er nicht wegen Aufruf zum Ungehorsam festgenommen wurde. Der *Countdown*-Showmaster Molly Meldrum gab Bon seinen Dudelsack. Der Sänger nahm ihn und ließ sich anschließend von einem Fan auf den Schultern durchs Publikum tragen. Hinter ihm fielen die Fans über die Bühne und das Equipment her und schlugen alles kurz und klein.

Australien wurde AC/DC allmählich zu eng. Sie mussten raus.

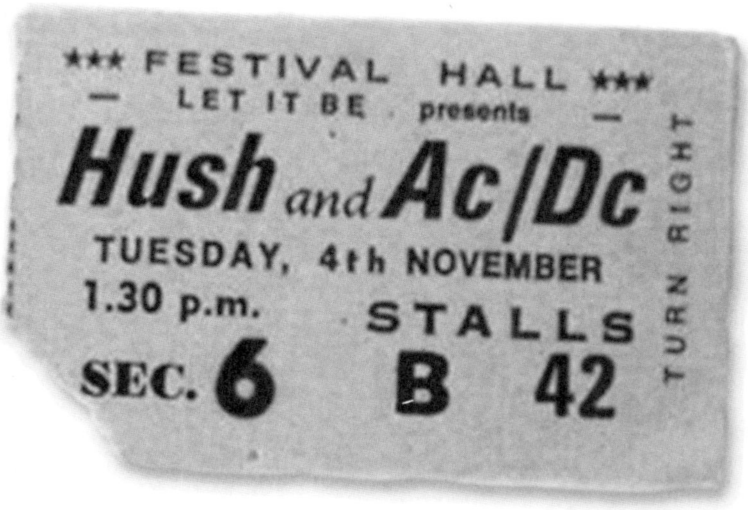
*** FESTIVAL HALL ***
— LET IT BE presents —
Hush and Ac/Dc
TUESDAY, 4th NOVEMBER
1.30 p.m.
STALLS
SEC. 6 B 42
TURN RIGHT

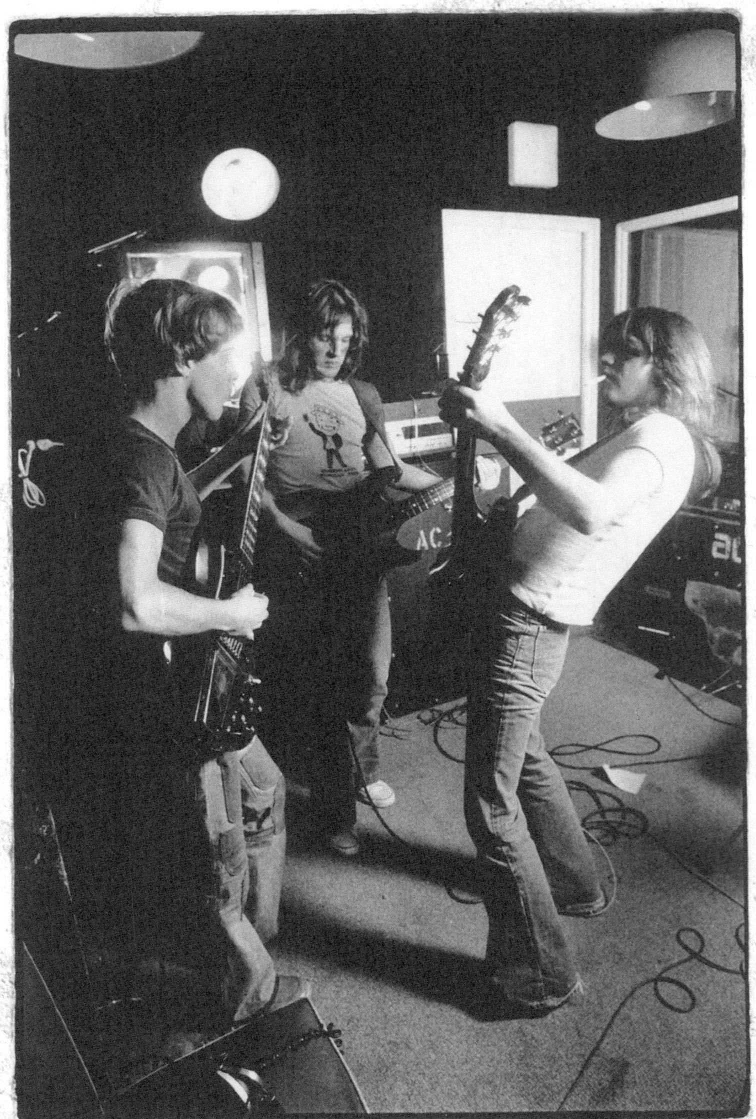

1976

Es hört sich nur so an, als sei es leicht zu spielen: Angus, Mark Evans und Malcolm bei den Aufnahmen zum Album *Dirty Deeds* in den Albert Studios – Sydney

10. Kapitel

DIRTY DEEDS

»Bist du vom *Juke*? Bist du Al Webb?«

Diese Frage wurde während der Party im März 1976 anlässlich der Verleihung der Goldenen Schallplatten für *TNT* und *High Voltage* immer wieder gestellt – und zwar in recht bedrohlichem Ton. AC/DC waren stinksauer über ein paar Bemerkungen, die Webb gemacht hatte. Nun wollte die Band es dem Schreiberling höchstpersönlich begreiflich machen, was sie nervte.

Frank Peters vom *Juke* verbrachte den ganzen Abend damit, sich von dem Mob fernzuhalten, der Webb am liebsten gelyncht hätte. Dabei erwies es sich als besonders problematisch, dass einige der Anwesenden nicht davon abzubringen waren, er selbst sei der in Ungnade gefallene Journalist. Dennoch wurde Peters zum Weiterfeiern ins Hotel eingeladen. Nur damit George Young dort mit derselben Fragerei weitermachen konnte: Er war doch Al Webb, oder nicht?

Nach einer Weile kam Malcolm rüber, packte Peters so fest am Hemdkragen, dass die Knöchel seiner Hand weiß hervortraten, und sagte durch die zusammengebissenen Zähne, er habe verdammtes Schwein, dass er nicht Webb sei. Es verwunderte deshalb niemanden, dass auf der Titelseite der nächsten *Juke*-Ausgabe die Schlagzeile stand: »AC/DC attackieren das *Juke*«. Ein zweiseitiger Artikel trat die Vorkommnisse in allen Details breit.

Aber immerhin hatte die Band eines klargestellt: Mit uns legt sich niemand ungestraft an.

Frank Zappa hätte diese knallharte Einstellung gegenüber den Medien gefallen. Ende der Sechziger hatte er ohne Rücksicht auf Konventionen der Musikindustrie schrägen Künstlern wie Alice Cooper und Captain Beefheart auf seinem Label Straight eine Heimat gegeben. Bei einem Australienbesuch im Januar 1976 stieß Zappa nun auf AC/DC, und ihm gefiel, was er sah: eine wilde Rockband aus lauter kleinen Kerlen, mit einem virtuosen Gitarristen in Schuluniform und einem Sänger, der wie eine Mischung aus Dichter, Pirat und Straßenkämpfer wirkte.

Malcolm, Angus und Bon liebten Zappas Humor. Die Young-Brüder staunten zudem über die musikalischen Fähigkeiten des schnauzbärtigen Bürgerschrecks.

»Der Erste, der uns in die USA holen wollte, war Frank Zappa«, erzählte Angus Phil Lageat vom *HM* im Dezember 1996. »Er war bei einem unserer Konzerte in Australien und fand uns großartig.«

Einen Monat vor dem Treffen mit Zappa war die Single »It's A Long Way To The Top« in den australischen Charts bis auf Platz 5 geschossen. Nach der Begegnung mit dem amerikanischen Musiker schien sich kurzzeitig eine Abkürzung auf dem Weg zum internationalen Durchbruch aufzutun. Doch letztlich wurde nichts aus Zappas Vorschlag – aus welchen Gründen auch immer. Daher konzentrierten sich AC/DC auf die Aufnahmen zum nächsten Album, das den Titel *Dirty Deeds Done Dirt Cheap* tragen sollte. Die ersten Sessions fanden in den Albert Studios im Januar 1976 statt, wieder unter der Ägide von George Young und Harry Vanda.

Wie immer legte George auch abseits des Mischpults Hand an und spielte auf »There's Gonna Be Some Rockin'« Bass. Nicht das erste Mal. Zwar war in erster Linie Mark Evans für die Bassgitarre zuständig, aber auch Malcolm und George hatten auf den frühen AC/DC-Alben für das rhythmisch-melodische Gerüst gesorgt. George, der praktisch jedes Instrument beherrschte, blieb an vielen Tagen länger im Studio und experimentierte in aller Ruhe am aufgenommenen Material herum. Das Studio war sein Labor.

Mindestens einer der aufgenommenen Songs, »Back Seat Confidential«, wurde später für das Album nicht berücksichtigt. Dafür kam das schottische Volkslied »Bonny Banks Of Loch Lomond« unter dem Titel »Fling Thing« mit auf die »Jailbreak«-Single, die 1976 erschien.

Die Aufnahmesessions wurden eine Weile unterbrochen, damit die Band weiterhin bei der *Lock Up Your Daughters*-Vacation-Tour mit dabei sein konnte, die bis 23. Januar 1976 dauerte. Dann kehrten AC/DC ins Studio zurück, bevor noch einige Konzerte in Melbourne an der Reihe waren, bei denen australische Rockgeschichte geschrieben werden sollte.

Am 23. Februar filmte das *Countdown*-Team AC/DC dabei, wie sie auf einem Tieflader, der die Swanston Street mitten im Melbourner Geschäftsviertel auf und ab fuhr, »It's A Long Way To The Top« zum Besten gaben. Die Idee dazu ging auf Malcolm zurück, der seit den Anfangstagen der Band von so etwas träumte, obwohl schon andere vor ihm diesen Einfall in die Tat umgesetzt hatten, etwa Jerry Lee Lewis in seiner Jugend oder die Rolling Stones, die als Werbekampagne für ihre 1975er-Tournee auf einem Tieflader über die New Yorker Fifth Avenue tuckerten und dabei »Brown Sugar« spielten.

Aus dem geplanten Start um sieben Uhr früh wurde nichts, obwohl der Produzent, Paul Drane, das Unternehmen sorgfältig geplant hatte. *Countdown* stand kein üppiges Budget zur Verfügung. Für Aufnahmen außerhalb des Studios musste der Produzent Geld zurücklegen.

Paul Drane: »Ich glaube, wir haben mit zwei Kameras gearbeitet. Es war möglich, den Truck ein paar Mal die Straße auf und ab fahren zu lassen, obwohl wir natürlich immer nur in eine Richtung filmten. Es dauerte um die zwei Stunden, und wir fuhren viermal hin und her, bis wir alles im Kasten hatten. Es war nicht ganz einfach, den Truck zu wenden, die Jungs zurückfahren zu lassen und die Kameras in leicht veränderte Positionen zu bringen. Wenn ich mich recht erinnere, übertrieb es Bon ein bisschen mit dem Dudelsack, den er spielte. Aber er amüsierte sich offensichtlich blendend.«

Angus: »Ein paar Mal wären wir beinahe von der Ladefläche runtergefallen. Bon sagte: ›Ich halte dich hinten an deiner Hose fest.‹ Und Malcolm lehnte sich gegen Bon.«

Michael Browning: »Wenn man sich das Video genau ansieht, merkt man, dass die Leute drum herum von der ganzen Sache kaum Notiz nehmen. Aber für die Band war es rückblickend ein sehr wichtiges Ereignis, obwohl wir damals das Gefühl hatten, es sei ein normaler Tag und kein großes Ding.«

Die Kosten der ganzen Unternehmung? Weniger als 400 Dollar. Zwar wurde auch noch ein zweites Video auf dem City Square gedreht, doch die Bilder wurden nie verwendet – es war schlicht und einfach unnötig.

Die Singles folgten nun im Akkord hintereinander: Am 1. März erschien »TNT« mit »Rocker« auf der Rückseite. »Rocker« entwickelte sich aus einer Session um ein altes Rock-'n'-Roll-Schema, das AC/DC gern bei Soundchecks spielten. Bei »TNT« war die erste Zeile der zweiten Strophe übrigens eine Anspielung auf eine australische Fernsehwerbung für Fliegenspray mit einer sehr ekligen Zeichentrickfliege. Sie wurde um eine Akkordfolge herum geschrieben, die Malcolm einfiel.

Angus: »Den Titel hatten wir schon – ›TNT‹. Aber als er den Text schrieb, meinte Bon: ›Jungs, ich komme beim Refrain nicht weiter.‹ Bei der Session fing ich also an, die kurzen Ausrufe zu skandieren. George meinte: ›Geh doch mal ans Mikro und schau mal, ob das funktioniert.‹ Er überlegte, ob es vielleicht ein tolles Intro wäre, wenn Bon erst nach dem Schlachtgesang einsetzen würde. Ich war nie ein besonderer Backgroundsänger, aber George meinte: ›Hey, so was liegt dir wohl.‹«

Das Album *TNT* verkaufte sich derweil sehr gut und hatte sich bis auf Platz 2 der Charts vorgearbeitet. Dieser Erfolg spiegelte sich auch darin wider, wie die Band in der Myer Music Bowl von Melbourne empfangen wurde, wo sie als Vorgruppe der Little River Band auftrat – ein Line-up, als ob The Who in all ihrer zerstörerischen Herrlichkeit im Vorprogramm der Eagles spielen würden.

Die Bowl war so voll wie lang nicht mehr. AC/DC wurden begeistert begrüßt. Aus irgendeinem Grund schalteten die Betreiber jedoch den Strom ab, bevor die Band eine Zugabe geben konnte. Daraufhin ließen die Zuschauer einen Dosenhagel auf die Bühne niedergehen. Der Regisseur Chris Lofven war mit einem Filmteam vor Ort und drehte einige Szenen für den Film *Oz*, der später in den USA unter dem Titel *20th Century Oz* startete.

Nachdem sowohl *High Voltage* als auch *TNT* mit Dreifach-Gold ausgezeichnet worden waren, ging man die Aufnahmesessions für *Dirty Deeds Done Dirt Cheap* ein wenig entspannter an.

Wenige Wochen später schien es so, als habe es den triumphalen Gig in der Myer Music Bowl nie gegeben. Die Band spielte als Headliner auf der Rennbahn von Warwick Farm im Westen von Sydney nach Sebastian Hardie, Ol' 55 und Finch. Auf dem Platz drückten sich gerade mal 200 Zuschauer herum, wobei sich schwer nachweisen ließ, ob es an dem abgelegenen Veranstaltungsort oder am Regen lag.

Die winzige Bühne war gerade groß genug, damit Angus sich auf seine typische wilde Weise drehen konnte, und noch bevor der erste Ton gespielt war, machten AC/DC deutlich, wie sie drauf waren. »Verficktes Scheißteil«, knurrte Malcolm in ein Mikrofon, das ihn aus irgendeinem Grund verärgert hatte.

Bon hatte schon ein paar Drinks intus. Jedenfalls dauerte es nicht lange, bis er begann, die Bühnengerüste als Kletterwand zu benutzen. Die Roadcrew machte seinem Fitnessprogramm jedoch schnell ein Ende. Seinem Dudelsack hatte Bon offenbar ähnlich viel gegönnt wie sich selbst. Das Teil war hinüber, als »It's A Long Way To The Top« an der Reihe war. Da es allerdings an diesem trüben Herbstnachmittag schon früh dunkel wurde und es auf der Bühne keine Beleuchtung gab, war nach einer Weile sowieso nur noch schwer zu erkennen, wer da gerade auftrat.

Bei einem Gratiskonzert auf dem Uferstreifen des Sydneyer Hafens kamen dann jedoch wieder massenhaft Leute. Das Festival stand unter dem Motto »Bicentenary Rock Stars And Stripes Concert« und fand anlässlich des 200. Jahrestages der amerikanischen Unabhängigkeitserklärung statt. Wieder spielten AC/DC, als es allmählich dunkel wurde. Diesmal aber vor Tausenden von Fans. Außer ihnen traten auf einem Ponton mitten im Wasser Billy Thorpe, die Ted Mulry Gang und John Paul Young auf. Die schwimmende Bühne hielt einige entschlossene Mädchen nicht davon ab, zur Band hinauszupaddeln. Sie wurden daraufhin von der Wasserschutzpolizei in Gewahrsam genommen. Einige von ihnen wären wohl sogar bis nach Großbritannien geschwommen, wohin es AC/DC in den darauffolgenden Wochen verschlagen sollte.

Da es sich um einen längeren Auslandsaufenthalt handelte, war vor der Abreise noch viel zu tun. Um das demnächst erscheinende »Jailbreak« bei *Countdown* vorzustellen, wurde schnell noch ein Video gedreht, das wieder unter der Leitung von Paul Drane in einem abgelegenen Steinbruch in der Nähe von Sunshine im Westen von Melbourne entstand.

Paul Drane: »Unsere Special-Effects-Abteilung war noch nicht so gut ausgerüstet. Weil ich nur wenig Geld zur Verfügung hatte, konnte ich gerade mal sechs kleine Sprengkörper zünden. Sobald so ein Ding hochging, musste die Szene im Kasten sein, denn wir konnten es uns nicht leisten, einen solchen Take noch mal zu drehen.«

Das TV-Team hatte zudem ein paar Gefängnistore aufgebaut, durch die Bon hindurchstürmen sollte, nachdem sie von einer Explosion aufgeworfen worden waren.

»Wir wussten nicht genau, wie viel Sprengstoff nötig war, um die Türen auffliegen zu lassen. Ich hatte ein paar Jungs aus der Requisite dabei, die notfalls mit Stöcken nachhelfen sollten. Weil die Angeln nicht besonders solide waren, fiel das Ganze schon vor der Aufnahme in sich zusammen. Darüber hinaus brauchten wir ein paar Einstellungen, die zeigten, wie Bon in den Rücken geschossen wurde, inklusive einiger Nahaufnahmen. Es war das erste Mal, dass wir mit diesen explodierenden Blutpäckchen arbeiteten. Man steckte sie unter das Hemd, und innen gab es dann eine winzige Explosion, die dafür sorgte, dass das ›Blut‹ in den Stoff sickerte. Wir mussten diese Szene nach unserer Rückkehr in die Stadt drehen, in einem kleinen Park nahe dem Bahnhof Elsternwick. Wir fingen tags drauf um die Mittagszeit an. Bon rannte wieder durch die Gegend, Malcolm stand mit einer Spielzeugpistole da, und dann gab es diese kleinen Explosionen. Alle Szenen entstanden in einem Take.«

»Jailbreak« war nicht das einzige Video, das in dieser Zeit fertiggestellt wurde. Albert's gaben noch einen dritten Clip für »It's A Long Way To The Top« und einen zweiten Drehtermin für »Jailbreak« in Auftrag.

Nebenbei liefen in den Albert Studios bis Ende März die Aufnahmen für *Dirty Deeds Done Dirt Cheap* weiter.

Bevor sie nach Großbritannien aufbrachen, gaben AC/DC am 27. März ein Abschiedskonzert im Bondi Lifesaver in Sydney. Angus beschloss, die geballte Aufmerksamkeit bei diesem Großereignis auszunutzen und zeigte – vermutlich zum ersten Mal – auf der Bühne seinen nackten Hintern. Er lief auf der Bar des Clubs, die an einer Seite der Halle entlangführte, wie auf einem Laufsteg auf und ab, lediglich mit seinen Unterhosen bekleidet. Das Publikum traute seinen Augen kaum.

Billy Thorpe kam für die abschließende Jam auf die Bühne. Dann stand die große Reise nach England an. Es war alles sehr schnell gegangen: Bon war erst siebzehn Monate in der Band.

Aber George Young hatte einen Fünfjahresplan, in dem er Malcolm und Angus der ganzen Welt vorstellen wollte. AC/DC lagen also gut in der Zeit.

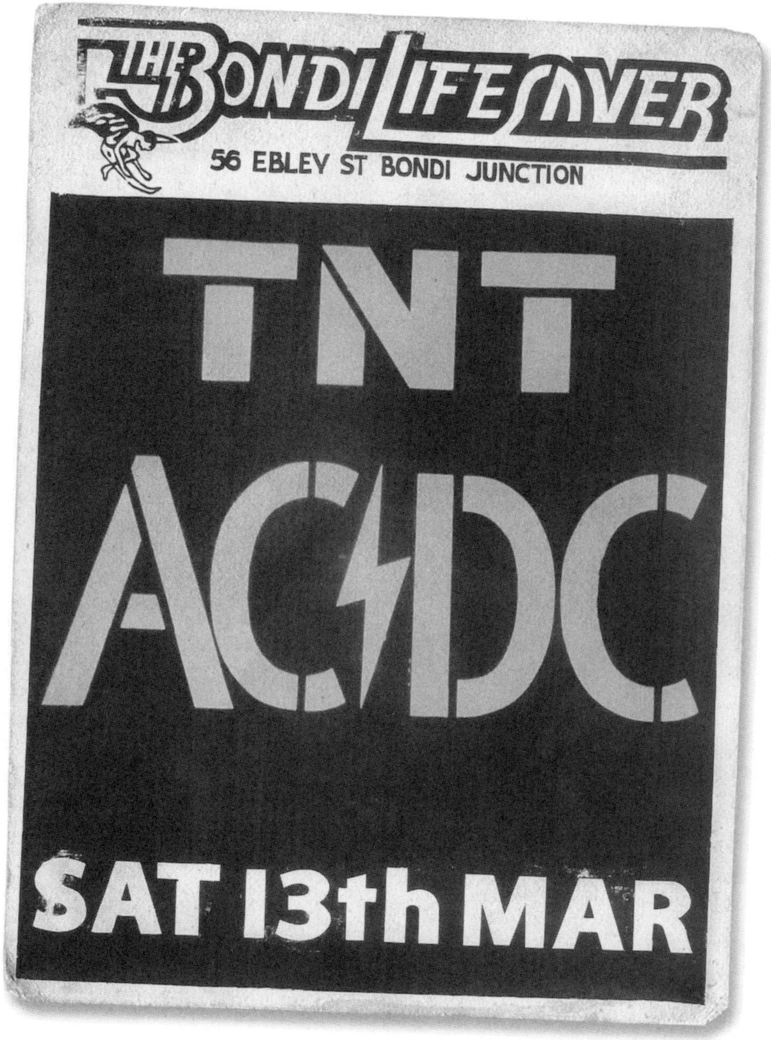
THE BONDI LIFESAVER
56 EBLEY ST BONDI JUNCTION
TNT
AC/DC
SAT 13th MAR

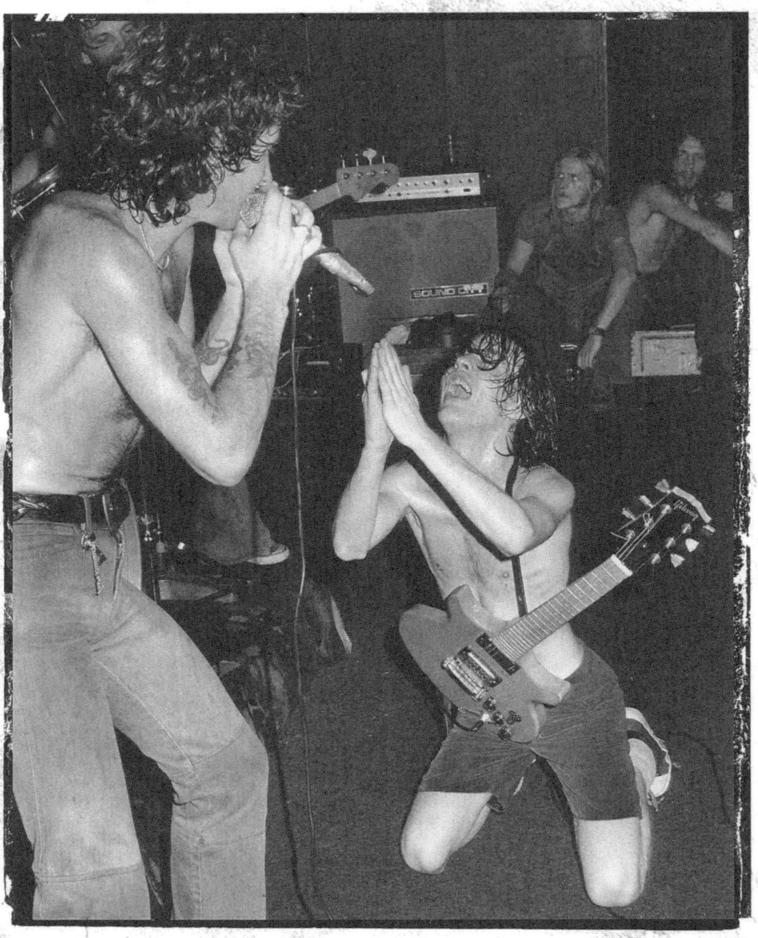

1976

Komm, mein Jung', mach Männchen! Bon und Angus im Marquee

11. Kapitel

ANARCHY IN THE UK

Die eiserne Dekoration vor dem Farmhaus, das AC/DC vor den Toren Londons als Übungsbasis nutzten, prägte sich Malcolm und Angus sofort ein. Bürgerkriegskanonen inmitten der englischen Landschaft haben das wohl so an sich. Die beiden speicherten diesen Anblick innerlich ab, ebenso wie andere wichtige Eindrücke.

Vor der Abreise nach London hatte Bon sich ein neues Tattoo stechen lassen – als Glücksbringer, vielleicht auch nur als Abschiedsgeschenk an sich selbst. Als Verweis auf seine spirituelle Heimat zierte ab jetzt der schottische Wappenlöwe seinen Arm.

Am 1. April flog die Band nach England. Eine Woche später strahlte *Countdown* das »Jailbreak«-Video aus – Monate, bevor die Single in die Läden kommen sollte. Es war beinahe ein symbolischer Akt: AC/DC brachen aus Australien aus.

In Großbritannien war man schon ein bisschen auf sie vorbereitet – nicht nur durch den eindrucksvollen Clip zu »High Voltage«, die Sattelschlepper-Nummer von »It's A Long Way To The Top« und die guten Verkaufszahlen in ihrer Heimat, sondern auch durch zahllose Artikel in Zeitschriften sowie Fotos von Bon und dem wie immer komplett durchdrehenden Angus: Lobby Loyde griff ihnen bei ihrem Siegeszug durch Großbritannien kräftig unter die Arme.

Lobby Loyde: »Ich schrieb unter falschem Namen allen möglichen Scheiß über sie. Für Browning hatte ich auch schon die ganz frühen AC/DC-Berichte verfasst. Hinter den Namen – zumindest den meisten –, die unter den ersten Artikeln stehen, stecke ich, denn ich fand die Band genial, und alle anderen Journalisten hassten sie. Wir verfassten Stapel von irgendwelchem Kram, um ihn mit nach England zu nehmen, ließen ihn setzen und drucken.«

An dem Tag, an dem AC/DC Australien verließen, erschien in Großbritannien »It's A Long Way To The Top« mit »Can I Sit Next To You, Girl« auf der Rückseite. Der einflussreiche Sender Radio Luxembourg wählte es zur Single der Woche. Es war ein hoffnungsvoller Start, aber in der Band machte sich niemand Illusionen darüber, was noch vor ihnen lag.

»Wir waren bereit, noch einmal ganz unten anzufangen«, sagte Malcolm dem Journalisten Brad Lonard in der Zeitschrift *Countdown*. »Aber wir wussten, dass wir gut waren.«

Lobby Loyde: »Die Leute meinten, als AC/DC nach England gingen, das sei, wie Eulen nach Athen tragen. Ich entgegnete, dass diese Typen hypnotische Riffs hätten. Wenn AC/DC sich richtig an einem Track festbissen, rockten sie wie Sau! Ich habe immer gesagt: ›Mann, ich wette meine Eier drauf, dass AC/DC richtig groß werden, während die anderen Ärsche rund um sie herum abkacken.‹ AC/DC hatten internationales Flair.«

Die Band zog samt ihrer Crew in den Londoner Vorort Barnes, wo Bon ein eigenes Zimmer hatte – wenn er dort war und darauf Anspruch erhob –, während sich Malcolm und Angus einen Raum teilten, wie auch Mark Evans und Phil Rudd.

Rudd suchte sich gleich nach dem Umzug wieder ein neues Hobby. In Melbourne hatte er sich mit Modellflugzeugen beschäftigt. Eine Zeit lang hatte er mit einer alten Filmkamera alles aufgenommen, was sich bewegte. In Barnes begann er sich für Spielzeugboote zu interessieren. Die Kinder aus der Gegend sahen ihm ungläubig dabei zu, wie er die Wasseroberfläche der Teiche in der Nachbarschaft mit seinen neuesten Miniaturfahrzeugen durchpflügte.

Und wenn er keine Lust mehr hatte, ließ er sein Spielzeug einfach dort zurück.

Michael Browning war mit den Aztecs schon einmal in London gewesen. Bon mit Fraternity natürlich auch, aber für Malcolm, Angus, Mark und Phil war Großbritannien komplettes Neuland. Auf sie warteten nicht allzu viele Annehmlichkeiten – stattdessen eine Mischung aus Déjà-vu und Katastrophe.

Zunächst einmal scheiterten die Tourneepläne, deretwegen AC/DC in erster Linie angereist waren. Ursprünglich hatten sie mit ihren Labelkollegen The Kids unterwegs sein sollen, den ehemaligen Heavy Metal Kids, deren Londoner Sänger Gary Holton später noch eine Rolle in der Karriere von AC/DC spielen sollte. Die Tour wurde allerdings abgesagt.

Dann waren da noch die Konzerte, die ihnen Phil Carson, der Boss der britischen Atlantic-Niederlassung, versprochen hatte. Sie sollten im Vorprogramm von Back Street Crawler spielen. Back Street Crawler waren die neue Band des ehemaligen Free-Gitarristen Paul Kossoff, der Malcolm und Angus ein paar Jahre zuvor beim Gig an der Rennbahn von Randwick in Sydney beeindruckt hatte. Back Street Crawler standen ebenfalls bei Atlantic unter Vertrag. Ihr Sänger, Terry Slesser, sollte später auch noch einmal im Dunstkreis der Australier auftauchen.

Aber auch aus den Gigs mit Back Street Crawler – oder Back Scratcher, Rückenkratzer, wie AC/DC sie später nannten – wurde nichts. Eigentlich hätte es Ende April losgehen sollen, aber dann war Kossoff, dessen Drogenprobleme bekannt waren, auf einem Flug nach New York gestorben – zwar einige Wochen bevor AC/DC ihren Langstreckenflug nahmen, aber die Zeit reichte trotzdem nicht mehr, um einen anderen passenden Tourneepartner zu finden.

So kam es, dass AC/DC in London nicht gerade in einer Fünf-Sterne-Unterkunft landeten und keine Arbeit in Aussicht hatten, von der sie ihr Leben in dem fremden Land hätten bestreiten können.

Carson litt unter der Entwicklung der Ereignisse. Er hatte Back Street Crawler aufgebaut, er hatte Kossoff für die Promotion nach

Amerika geschickt, und nun war er erledigt – genauso wie die Tour von AC/DC.

Bon hatte wenig Mitleid mit dem Mann, der gerade ihre Karrierechancen ruiniert hatte. »Dieses Arschloch Kossoff hat uns unsere erste Tour kaputt gemacht«, grollte er in einem Interview, das im *RAM* erschien.

Dabei hatte Bon selbst jede Menge Ärger. Gerüchten zufolge war er kurz nach Ankunft der Band in England ins Krankenhaus eingeliefert worden, vermutlich aufgrund einer Überdosis. Aber das war nicht die einzige brenzlige Situation, in die Bon geriet. Eines Abends ging er allein in den Pub in Finchley, in dem er während seiner Londoner Fraternity-Zeit hinter der Bar gestanden hatte. Was dort tatsächlich passierte, darüber gibt es widersprüchliche Berichte. Entweder hatte dort jemandem Bons Gesicht nicht gefallen, oder aber er hatte mal wieder die falsche Frau angesehen. Manche behaupten auch, Bon sei es gewesen, der Streit gesucht habe. Unterm Strich bekam er jedenfalls ein großes Bierglas gegen den Kopf – und kippte um.

Für die Fotosession, die kurz darauf anstand, versteckte er sein zerbeultes Gesicht hinter einer dunklen Sonnenbrille, was ihn ziemlich unheimlich wirken ließ. Für ihn selbst gehörten solche Ereignisse aber fraglos zu seinem Lebensstil dazu.

Die erzwungene Auszeit – den Vorschlag, einen Gig zusammen mit der aus Ghana stammenden, stark perkussiv geprägten Gruppe Osibisa zu absolvieren, verwarf die Band – sowie die Tatsache, dass sie so weit von zu Hause entfernt waren und so eng zusammenlebten, gab Browning die Gelegenheit, seine Schützlinge aus nächster Nähe kennenzulernen.

Michael Browning: »Angus übte den ganzen Tag. Er saß im Grunde fast nur mit der Gitarre auf dem Bettrand und guckte Fernsehen – er liebte (die Agentenserie) *Mini-Max*. Er trank kaum Alkohol. Und er war auch nicht gerade ein Connaisseur, wenn es ums Essen ging. Essen war für ihn lediglich das Stillen des Hungers. Punkt. Malcolm liebte Fußball und ging gern zu den Spielen. Ich trat gelegentlich auf dem Golfplatz gegen ihn an, und wir gingen manchmal gemeinsam indisch essen. Er war ein bisschen abenteuerlustiger, ging öfter abends was trinken, um Spaß zu haben. Bon lebte ein ganz und gar dekadentes, sexverrücktes Leben ... Na ja, Sex mochten sie alle. Das war vermutlich ihre liebste Freizeitbeschäftigung. Bon war von seinem Charakter her eher etwas intellektueller, vergeistigter, gebildeter. Er interessierte sich für die schönen Dinge im Leben – Bon war jemand, der einen guten Tropfen Wein zu schätzen wusste.«

Endlich trat Richard Griffiths, ein Promoter vor Ort, mit dem sich Browning angefreundet hatte, auf den Plan und verschaffte AC/DC für den 23. April ihren ersten Gig in England: ein Gratiskonzert im winzigen Red Cow Pub in Hammersmith.

Malcolm und Angus besaßen jeder einen Marshall-Verstärker und beteten, dass nichts kaputtging, da es keine Ersatzgeräte gab. Der Legende nach waren zunächst nur etwa 50 Leute bei dem Gig, bei dem die Band zwei Sets von je 45 Minuten spielte. Als sie zwischendurch eine kleine Pause machte, stürmten jedoch sämtliche Zuschauer nach draußen zur nächsten Telefonzelle und riefen ihre Freunde an. Beim zweiten Set war der Laden gerammelt voll.

Buzz Bidstrup (Schlagzeuger von The Angels): »Es war nicht so viel los, vielleicht 100 oder 150 Leute, und Bon brachte die komplette Show, mit Angus auf seinen Schultern und all das. Ein paar Zuschauer meinten später, das sei doch ein bisschen übertrieben gewesen. Es ging so in die Richtung von: ›Die scheinen es aber nötig zu haben.‹«

Ein paar Tage nach dem Gig im Red Cow trat die Band – erneut ohne Eintritt – im Nashville Rooms in West Kensington auf, wo nur ein paar Tage zuvor die Sex Pistols im Vorprogramm der 101'ers, Joe Strummers Band vor The Clash, gespielt hatten. AC/DC wurden auf den Plakaten als »Antipodean Punk Extravaganza« – »Australien-Punk der Extraklasse« – angekündigt, einem Schlagwort, das von dem britischen Radio-DJ John Peel stammte, der schon lange vor dem Atlantic-Vertrag auf BBC Radio 1 das Album *High Voltage* gespielt hatte.

Unter den Zuschauern war auch Glen Matlock von den Sex Pistols: »Ich habe mir AC/DC damals gern angesehen, ich fand das voll okay.«

Auch Lemmy von Motörhead war bei dem Konzert im Nashville und war sogar noch begeisterter als der Pistols-Bassist.

Lemmy: »Es war großartig. Bon nahm Angus auf die Schultern und trug ihn durch die Menge. Er war ein hervorragender Sänger – er hörte sich an, als ob er mit jemandem Sex hatte, während er sang!«

Vielleicht war es sogar so – bei Bon war schließlich nichts unmöglich. Ab 30. April waren seine ungehobelten Vocals in Europa erstmals auf Platte zu erwerben, auf *High Voltage*, das hier als Mixtur aus den besten Songs der beiden ersten australischen Alben *High Voltage* und *TNT* erschien.

Aufgrund der enormen Intensität ihrer Livekonzerte steckte die Presse AC/DC schnell mit der aufkommenden Punkszene in eine Schublade. Viele Journalisten nahmen AC/DC nicht richtig ernst und bastelten ihre Schlagzeilen immer wieder um die Tatsache herum, dass die Band von »down under« kam.

Nur ließen sich AC/DC von niemandem irgendwelche blöden Sprüche gefallen, schon gar nicht von minderbemittelten Schreiberlingen, die oft lange und lautstarke Vorträge darüber hielten, wie heruntergekommen die Rockmusik inzwischen war. Dass sie nun vorzeitig in eine Schublade gesteckt wurden, machte ihren Zorn nur noch größer.

Malcolm und Angus hatten den größten Teil ihres Lebens damit verbracht, mit viel Elan an musikalischen Fertigkeiten zu feilen, von denen es seit dem Aufkommen des Punk allgemein hieß, dass niemand sie mehr brauchte. Bon sah die ganze Sache etwas philosophischer: Er fand Punk im Grunde recht gesund, weil er dem Rock 'n' Roll einen kräftigen Tritt in den Hintern verpasste.

Dass man sie mit der Punkbewegung in Verbindung brachte, war vom Marketing- und Promotionstandpunkt her möglicherweise ein cleverer Schachzug, aber es irritierte das Publikum, das AC/DC eigentlich erreichen wollten. Sie galten nun als zu punkig für die Rocker und zu rockig für die Punks.

Michael Browning: »AC/DC wurden von vielen Leuten, die sich unter anderen Umständen sicher sofort für sie begeistert hätten, lange ignoriert. Wenn überhaupt, dann arbeitete die Punk-Ära mehr gegen sie als für sie.«

Trotz dieser Verwirrung überzeugten AC/DC ihr Publikum bei vereinzelten Clubgigs im Mai mit ihrer Energie – und mit dem angeblich erst sechzehnjährigen Angus. Jedenfalls stand es so in der Presseinfo der Band, obwohl Angus bereits einundzwanzig war.

Einige seiner Showeinlagen, etwa, wenn er Bon seine Gitarre anzüglich zwischen die Beine stieß, erinnerten britische Fans sicher an die Pubrock-Helden Dr. Feelgood, deren Gitarrist Wilko Johnson ebenfalls für seine ausgefallene Bühnenshow bekannt war. Aber dem kleinen AC/DC-Gitarristen konnte niemand das mit Bühnenschweiß zusammengelaufene Wasser reichen.

Die erste Großbritannientour begann am 11. Mai. Unter anderem waren neun Konzerte als Support der wiederauferstandenen Back Street Crawler darunter, sowie die ersten AC/DC-Shows im berühmten Marquee. Aber auch wenn die Gigs mit »Back Scratcher« jetzt zustande kamen, war es kein Vergleich zu der ursprünglich geplanten Tour: AC/DC machten jetzt den Anheizer für eine Band, die ohne Kossoff noch unbekannter war als sie selbst.

An einem freien Abend fanden sich AC/DC im Hammersmith Odeon ein, um herauszufinden, was es mit dem ganzen Wirbel um Kiss und ihren Rock-'n'-Roll-Zirkus auf sich hatte. Bon war ausgesprochen beeindruckt.

Eine Woche später sahen sie sich die Rolling Stones an, die eine Reihe von Konzerten im Londoner Earl's Court gaben.

»Sie waren grässlich«, erklärte Angus Bob Hart im *Spunky*. »Die hätten wir von der Bühne gepustet.«

Am 4. Juni spielten AC/DC erstmals als Headliner im Marquee, nachdem sie am Tag zuvor vier Songs für John Peels Radiosendung aufgenommen hatten. Für sie war es ein ganz besonderer Moment. Die Stones, die Yardbirds, Hendrix und The Who – all die Helden der AC/DC-Entourage – waren schon mal im Marquee aufgetreten, auch wenn der Club immer wieder mal die Adresse gewechselt hatte.

Nur wenige Tage nachdem diese erste Tour beendet war, ging es in der zweiten Juniwoche schon mit der *Lock Up Your Daughters*-Vacation-Tour weiter, einer Reihe von Clubkonzerten, die auf Vorschlag von Atlantic-Boss Phil Carson von *Sounds* präsentiert wurden. Dementsprechend zierte die aktuelle Ausgabe des Musikwochenmagazins ein anzüglich grinsender, schwitzender Angus, und darunter prangte die Frage: »Würdet ihr diesem Schulabgänger einen Job geben?«

Michael Browning: »Bei *Sounds* arbeitete ein Journalist namens Phil Sutcliffe, der sehr stark daran beteiligt war, dass die Stimmung in den Medien umschwang. *NME* und *Melody Maker* waren der Band gegenüber sehr kühl gewesen, aber bei *Sounds* urteilte man sehr positiv. Für *Sounds* war das natürlich auch gut.«

Das Konzept der Tour versprach eine satte Rockshow. Für 50 Pence Eintritt bot man den Zuschauern einen DJ, Filmclips der großen Rockbands der damaligen Zeit, darunter auch von den Stones und Kiss, dann einen Auftritt von AC/DC. Die Zuschauer, die als Erste Eintritt zahlten, bekamen zudem noch eine Single geschenkt. Die Band konnte es kaum fassen, dass sie sozusagen als Support für einen Typen auftrat, der Platten auflegte.

Ian Jeffery, der bereits mit Rick Wakeman von Yes gearbeitet und von Carson den Auftrag erhalten hatte, sich um die Band zu kümmern, solange sie in Großbritannien auf Tour war, erinnert sich:

»Es gab Wettbewerbe für den ›bestgekleideten Schuljungen‹ und das ›heißeste Schulmädchen‹ bei diesen Veranstaltungen. Die Zuschauer stimmten ab, wer das beste Outfit hatte. ›Wie findet ihr sie?‹ Und alle brüllten: ›Suuuper!‹ Die Typen wurden hingegen ausgebuht, daher gewannen hier immer jene, welche die lautesten Buhrufe bekamen.«

Es stand nun offiziell fest: AC/DC waren in England eine Männerband. Die schreienden Teenie-Mädchen hatten sie in Australien gelassen.

Die Reaktionen auf die Tour waren durchwachsen, je nachdem, wo die Konzerte stattfanden. Gut kamen sie in Glasgow an, der eigentlichen Heimat von Angus, Malcolm und Bon, der stolz sein neues schottisches Tattoo zeigte und die Menge damit zum Toben brachte.

Iain Shedden, heute Musikjournalist für die Zeitung *The Australian*, bekam diesen phänomenalen Auftritt seiner damaligen Lieblingsband aus nächster Nähe mit: »Die Glasgow City Hall war ein ziemlich altehrwürdiges Gebäude, in dem bisher kaum jemals Rockkonzerte stattgefunden hatten. Aber offenbar hatte man sich gedacht, dass AC/DC für den Anfang genau die Richtigen wären. Sie drehten völlig durch! Und es war scheißlaut! Richtig laut! Wahrscheinlich der lauteste Gig, bei dem ich je gewesen bin. Bon rastete richtig aus, er verarschte alle anderen und kletterte die Scheinwerfergerüste hoch. Er kam bis zu den Rängen und sang von dort oben weiter. Und das war richtig hoch, nicht bloß ein paar Meter!«

Die Fans lieferten sich schon nach dem ersten Song eine Schlacht mit den Sicherheitskräften der City Hall und zündeten schließlich die Sitze an. Die ersten fünf oder sechs Reihen wurden anderweitig zerlegt, in anderen wurden die Polster aufgeschlitzt. Nach der vierten Zugabe gab die völlig erschöpfte Band schließlich auf.

Dabei war es schon vorher richtig lustig geworden.

Iain Shedden: »Das Publikum war total begeistert, die Sicherheitskräfte aber nicht – sie hatten sich noch nie mit etwas Derartigem herumschlagen müssen. Und sie hatten keine Ahnung, wie sie reagieren sollten. Man konnte sehen, wie sie an der Bühnenseite ausflippten! Der Saal war bestuhlt, aber natürlich standen die Zuschauer schon fast vom ersten Song an auf. Die Sicherheitskräfte versuchten immer wieder, die Leute dazu zu bewegen, dass sie sich endlich hinsetzten, so wie man das in Glasgow gewohnt war, auch bei anderen, normalen Rockkonzerten, die im Apollo veranstaltet wurden. Wir fanden das schon immer grässlich – wenn wir ins Apollo gingen, gab es jedesmal einen Streit mit den Sicherheitskräften, die einen anschnauzten, man sollte sich gefälligst setzen. In der City Hall klappte das nun aber nicht mehr, und als Bon die Scheinwerfergerüste hochkletterte, waren diese Typen mit ihren Nerven am Ende. Sie befahlen ihm herunterzukommen, und er tat das auch, obwohl er sich sehr viel Zeit ließ. Aber all dieses Maßregeln war einfach zu viel. Auf den Stühlen lagen Sitzkissen – auch ein Fehler – und die flogen ziemlich schnell durch die Gegend, schon bald begleitet von anderen Dingen, die gerade greifbar waren. Nach kurzer Zeit war das wie ein Mini-Aufstand. Wirkte aber gar nicht so schlimm, weil es irgendwie gut zum Konzert zu passen schien.«

Der vermaledeite Dudelsack bereitete Bon wieder einmal Kopfzerbrechen. »Ich weiß nicht, ob dieses verdammte Ding jetzt funktioniert«, sagte er der begeistert brüllenden Menge im Leith Theatre in Edinburgh beim zweiten Gig der Tour. »Es ist, als wollte man mit einem Kraken schlafen – man weiß nie, welches Ende man packen muss!«

Während die Tour noch lief, gaben die Ramones am 4. Juli ihr erstes Konzert auf englischem Boden im Londoner Roundhouse – ein prägendes Ereignis für die Punkbewegung in Großbritannien. Dee Dee Ramone hatte bereits von AC/DC gehört, schließlich war die englische Presse auch in den USA zu beziehen – ein Umstand, der den Australiern bei ihrem ersten Amerika-Ausflug noch zugutekommen sollte.

Dee Dee Ramone: »Ich glaube, sie spielten im Marquee, und ich schaffte es nicht hinzugehen. Ich wünschte, ich wäre da gewesen! Damals gab es in England richtig gute Musikzeitschriften: *Sounds*, *NME* und *Melody Maker*. Ich kaufte sie mir jede Woche. Sie boten die einzige Möglichkeit, den Überblick über die britische Musik zu behalten, bevor es später *Rock Scene* gab. AC/DC waren mir über diese Zeitschriften sehr sympathisch geworden. Ich fand sie einfach super.«

Die *Lock Up Your Daughters*-Vacation-Tour ging am 7. Juli im Londoner Lyceum zu Ende, wo John Peel durchs Programm führte. Atlantic Records ließen wieder den »bestgekleideten Schuljungen« und das »heißeste Schulmädchen« wählen. Die Gewinner wurden mit Schallplatten und Jeans bedacht. Der Hauptgewinn war eine Epiphone-»Folk«-Gitarre, was angesichts der Lautstärke von AC/DC etwas seltsam wirkte.

Auf den bestgekleideten Schuljungen wurde kein weiteres Wort verschwendet, auf die glückliche Gewinnerin aber schon.

»Wunderschöne lange Beine«, berichtete Bon Anthony O'Grady im *RAM*, »lange blonde Haare, und sie sah echt sexy aus. Das volle Programm, mit Strumpfbändern, Strapsen, Strümpfen und Mini.«

Wenn Bon auch an diesem Abend keine Gelegenheit bekam, von diesen Früchten zu naschen, so änderte sich das zwei Tage später. Die Band richtete ihm eine Geburtstagsfeier aus, und obwohl er sich sehr darüber freute, ließ er sich an dem Abend gar nicht blicken und blieb einige Tage lang verschollen. Er hatte sich im Alleingang amüsiert.

Wie Bon dem *RAM* verriet, hatte er in seinen Geburtstag »hineingefickt« – er hatte um 23:50 Uhr angefangen und war um 0:15 fertig gewesen. Er genoss seinen Ruf in vollen Zügen und war gern bereit, davon Zeugnis abzulegen. »Wenn ihr glaubt, ganz normales Verhalten wie saufen, Mädels bumsen und auf den Bürgersteig spucken sei obszön«, sagte er dem *RAM*, »dann werde ich euch mal zeigen, was wirklich obszön ist.«

Eine begeisterte Livekritik jagte die nächste, und allmählich ging es für die Band wirklich voran. Es war eine ganz andere Situation als einige Jahre zuvor, als Bon mit Fraternity in England gescheitert war. Jedenfalls hatte er es damals nicht bis ins Fernsehen geschafft, so wie AC/DC im Londoner Wimbledon Theatre. Sie wurden für ihren ersten Fernsehauftritt in Europa gefilmt, anlässlich eines Marc-Bolan-Specials, das als Teil der LWT-Reihe *Superpop* den Titel »Rollin' Bolan« trug. Der ehemalige T.-Rex-

Frontmann selbst trat dabei auf – für Malcolm ging damit ein Traum in Erfüllung.

Das englische Publikum bekam eine kurze Ruhepause, als AC/DC einen kurzen Ausflug aufs europäische Festland wagten und unter anderem eine Reihe von Clubkonzerten in Schweden absolvierten. Dort änderte Bon plötzlich eine seiner Bühnengewohnheiten.

Angus: »Bon trug auf der Bühne nie Schuhe – er trat immer barfuß auf. Erst als wir in Europa spielten, zog er plötzlich Schuhe an. Ich dachte, ach du Scheiße, was ist denn jetzt los?«

Während AC/DC sich in Schweden die ersten Sporen verdienten, brachte das britische Boulevardblatt *The Sun* einen ganzseitigen Bericht über die Band, der mit »Power Crazy!« überschrieben war. Selbst eine bezahlte Anzeige hätte zu keiner besseren Zeit kommen können: Die Band hatte sich vom 26. Juli bis zum 23. August ein Dauerengagement im Marquee gesichert.

Die Auftritte hatte Carson organisiert, indem er sich direkt an Jack Barry, den Manager des legendären Clubs, gewandt hatte.

Phil Carson: »Beim ersten Auftritt im Marquee ein paar Wochen zuvor bestand das Publikum aus fünfzehn Au-Pair-Mädchen, die irgendwie schon von AC/DC gehört hatten, sowie zwanzig, dreißig anderen Leuten, die einfach bloß gekommen waren, weil das Marquee ein legendärer Rockclub war. Aber nach der dritten Woche konnte man kaum noch Eintrittskarten bekommen. So schnell sprach sich herum, wie gut AC/DC waren. Wir verkauften am Anfang nicht sehr viele Platten, aber live überzeugte die Band restlos – und zwar jedes Mal. Sie baute sich mit ihren Konzerten ein eigenes Publikum auf.«

Es dauerte nicht lange, bis sich schon um fünf Uhr nachmittags eine Schlange von Fans vor dem Marquee bildete, die darauf hofften, zu den mehr als tausend Leuten zu gehören, die in den eigentlich nur 700 Zuschauer fassenden Club reinkamen, um AC/DC um neun Uhr abends abrocken zu sehen. Es kam so weit, dass die Polizei die Menge in Schach halten musste und Fernsehteams anrückten, um das regelmäßig stattfindende Chaos zu filmen. Nach dem Konzert kamen viele Zuschauer beinahe nackt wieder aus dem Club, da sie sich wegen der Wärme fast ganz ausgezogen hatten. Drinnen war es definitiv noch ein paar Grad heißer als draußen, trotz des extrem warmen Sommers 1976.

Den Musikern ging es nicht viel anders, auch sie waren kaum noch bekleidet, wenn sie in die winzige Garderobe des Marquee zurückkehrten. Angus spielte schließlich schon gewohnheitsmäßig nur in Unterwäsche – einmal sogar ganz nackt.

»Der Laden sah aus wie ein Nudistencamp, wenn wir mit dem Set durch waren«, berichtete Bon Debbie Sharpe vom Melbourner *Herald*.

Die Australier brachen den Besucherrekord im Marquee immer wieder aufs Neue, sodass man ihr Engagement verlängerte, um dem Ansturm gerecht zu werden. Es wundert daher nicht, dass Jack Barry mit den Worten zitiert wurde, AC/DC seien »die aufregendste Band, die ich seit Led Zeppelin im Marquee erlebt habe«.

Michael Browning: »Kürzlich habe ich eine Dokumentation über das Marquee gesehen. Die Betreiber erzählten von den Bands, die dort gespielt hatten, und AC/DC wurden komplett übergangen. Das fand ich sehr, sehr seltsam. Sie haben den Besucherrekord gebrochen und definitiv Geschichte geschrieben. Ich habe nie wieder erlebt, dass der Club so voll war oder so viel Kondenswasser die Wände herunterlief. Es war, als ob man die Mauern mit einem Wasserschlauch abgespritzt hätte.«

Zu den Zuschauern, die sich die körperliche Tortur eines AC/DC-Konzerts im Marquee ebenfalls antaten, gehörten auch zwei Ex-Mitglieder von Creedence Clearwater Revival, weil sie sich AC/DC genauer anschauen wollten.

Michael Browning: »Die Jungs von Creedence Clearwater – die Rhythmusleute – waren da, weil Atlantic bereits bei mir angefragt hatte, ob sie als Produzenten für AC/DC infrage kämen.«

Diese Zusammenarbeit kam aus unbekannten Gründen nie über das Planungsstadium hinaus.

Andere, die mit AC/DC in dem berühmten Club zusammentrafen, sahen sich jedoch in erster Linie als Konkurrenten. Eddie And The Hot Rods buhlten ebenfalls um das Hausrecht im Marquee und hatten gerade eine brandheiße Single vorgelegt, die den Titel »Live At The Marquee« trug.

Ihr Sänger, Barrie Masters, erinnert sich: »Allein wegen Hendrix und den Stones ging es um das Prestige, das mit dem Namen Marquee verbunden war. Wir standen ein paar Mal vorm Zuschauerrekord, schrammten aber immer wieder knapp vorbei. Der damalige Besitzer, Jack Barry, hat uns dauernd damit verarscht. Als wir es dann endlich schafften, gab es eine Riesenparty mit einem schönen Saufgelage. Wir waren überzeugt, dass unser Name damit in die Rockgeschichte eingehen sollte. Und nur eine Woche später kamen AC/DC und haben uns übertroffen! Vor der Bühne herrschte ein solches Gedränge, vor allem gegen Ende der Konzerte. Die Hitze war einfach unglaublich, und die Leute kippten reihenweise um. Das Problem war, dass die Sanitäter gar nicht bis zu ihnen vordringen und sie rausholen konnten. Wenn also jemand umfiel, mussten die anderen Zuschauer ihn hochheben und über die Köpfe hinweg zu den Seiten befördern. Das ist meine Erinnerung an die AC/DC-Gigs – die Leute, die rausgetragen wurden.«

Angus' Bühnenakrobatik im Marquee trug nicht dazu bei, dass die Schlagzeilen, in denen die Band regelmäßig mit der australischen Tierwelt in Zusammenhang gebracht wurde, verstummten: Er hatte die Angewohnheit, sich die Kleider vom Leib zu reißen und wie ein schwitzendes und verrotztes Känguru über die Bühne zu hüpfen. Eine Marotte, die er, wie er sagte, von Bon übernommen hatte.

Während ihnen noch der Schweiß aus der Marquee-Sauna in den Augen brannte, wurde eine im Vormonat entstandene Aufnahme von »Jailbreak« in der Musiksendung *So It Goes* des nordenglischen Fernsehsenders Granada TV gezeigt. Fünf Wochen später hatten in der gleichen Sendung die Sex Pistols ihren legendären ersten Fernsehauftritt und präsentierten ihre Single »Anarchy In The UK«.

Durch den Aufstieg der Pistols und von Punk im Allgemeinen erhöhte sich das Berufsrisiko, gelegentlich angespuckt zu werden. Wie man sich denken kann, ließen sich AC/DC das nicht ohne Weiteres gefallen und tauchten in der Regel sofort ins Publikum ein, um sich die entsprechenden Leute vorzuknöpfen.

Dabei begegneten sie nur wenigen großen Namen aus der Punkszene persönlich. Obwohl eine Rangelei zwischen Bon, dem Straßenkämpfer, und dem Stranglers-Bassisten J.J. Burnel, der einen schwarzen Gürtel in Karate hatte und ebenfalls bekannt dafür war, dass er sich von niemandem etwas gefallen ließ, sicher einen prächtigen Fight bedeutet hätte.

Angus hatte ohnehin den Eindruck, dass die Pistols lediglich Bons Look aus der Zeit abgekupfert hatten, als sie im Nashville spielten.

Angus: »Irgendwann waren wir bei einer Fotosession. Der Typ zeigte uns ein Foto von den Sex Pistols, auf dem Johnny Rotten aussah wie Rod Stewart – ganz blond. Und ich weiß, dass sie später im Nashville Rooms waren, als wir da spielten. Es dauerte nicht lange, da erschien Rotten von Kopf bis Fuß in dem Outfit, das Bon damals angehabt hatte – bis ins kleinste Detail!«

Im Gegensatz zu den Pistols, die sich alle Mühe gaben, die gesamte Musikindustrie zu verprellen, führte die hohe Arbeitsdisziplin der Youngs dazu, dass sich ihnen einige Möglichkeiten auftaten, die Karriereleiter weiter emporzuklettern, beispielsweise ein Auftritt beim prestigeträchtigen Reading Festival im August.

Aber vor den schätzungsweise 50 000 Zuschauern – und in Gesellschaft von Rockern wie Ted Nugent oder Eddie And The Hot Rods – konnten AC/DC aus unerfindlichen Gründen nicht wie gewohnt abräumen. Dabei war die Show der Band so kraftvoll wie immer. Aber zum ersten Mal spielten sie vor einem sehr großen Publikum, das zum größten Teil überhaupt keine Ahnung hatte, wer AC/DC waren. Außerdem regnete es in Strömen, was auch nicht eben hilfreich war.

Bon war von Anfang an klar, dass es kein leichter Job werden würde. »Hallo zusammen!«, brüllte er. »Bei dem Regen ist es wohl am besten, wenn ihr so viel Hitze aufbaut, dass die Tropfen verdunsten, bevor sie euch treffen, oder? Zeigt mal, was ihr könnt!«

»Ihr seid es ja wohl, die sich hier beweisen müssen!«, rief jemand aus der Menge.

Michael Browning: »Ich glaube, an diesem Punkt waren wir ein bisschen verdorben von Atlantic Records. Sie hatten vorher Zeppelin nach Reading geschickt, und jetzt hieß es: ›Das ist euer großer Moment. Ihr fahrt da hin, habt hinter der Bühne eure eigene Crew, da könnt ihr mal richtig den Superstar spielen.‹ Das ist dann wohl ein bisschen nach hinten losgegangen. Der Moderator – ich glaube, es war John Peel – fand es wohl ziemlich lächerlich, als wir erklärten, dass niemand auf der Bühne oder Backstage rumlaufen dürfe, wenn die Band sich dort gerade aufhielte. Solche Sachen waren zu diesem Zeitpunkt einfach noch überzogen. Damit haben wir die Leute gegen uns aufgebracht. Das erste Reading Festival war kein großer Erfolg für AC/DC. Aber es lag an der Atmosphäre, nicht an der Band.«

Nicht einmal die Tatsache, dass Angus seine Hosen runterzog, um die Aufmerksamkeit von der dickbusigen Frau abzulenken, die während ihres Konzerts vor der Bühne herumlief, konnte das missglückte Gastspiel retten. Es machte sich das Gefühl breit, dass sie Monate harter Arbeit in nur einer Stunde ruiniert hatten. Anschließend kam es zu einer hitzigen Debatte darüber, was schiefgelaufen war, und wieso sie gerade in diesem entscheidenden Moment so sehr enttäuscht hatten. An dem Auftritt an sich war wenig auszusetzen gewesen. Aber letzten Endes warf es sie nicht weit zurück. Allen war klar, dass es nicht nötig sei, eine neue Strategie zu entwickeln – es war nur wichtig, dranzubleiben.

George Young war inzwischen auch in England angekommen, um gemeinsam mit Harry Vanda vier Titel für eine EP zu produzieren, die Anfang September in den Vineyard Studios aufgenommen werden sollte. Harry und George hatten dort schon früher gearbeitet. Obwohl die Platte nie erschien, waren die Songs – »Love At First Feel«, »Carry Me Home« (in dessen Text Bon davon erzählt, wie er sich zu Tode trinkt) und »Dirty Eyes« (aus dem nach späteren Überarbeitungen »Whole Lotta Rosie« wurde) – ein deutlicher Schritt nach vorn und wurden später anderweitig eingesetzt.

Nach den Aufnahmen freute sich die Band auf die bevorstehende Reise nach Deutschland, wo AC/DC als Punkrockband angekündigt wurden. Vor allem Bon war begeistert von der Aussicht, ein stickiges Studio gegen neue Liveerfahrungen eintauschen zu können.

»Wir werden wie die Sturmtruppen übers deutsche Publikum kommen und wie die Gestapo über die Groupies«, erklärte er Anthony O'Grady im *RAM*.

Damit lag er allerdings nicht ganz richtig. Da sich *High Voltage* in Deutschland gut verkauft hatte, ging man davon aus, dass die Männer AC/DC mit offenen Armen und die Damen sie mit – na ja – geöffneten Schenkeln willkommen heißen würden. Doch die Reaktionen bei den ersten Gigs waren weitaus verhaltener. Das Publikum saß gelangweilt auf dem Boden. Erst als die Show schon fast zu Ende war, standen alle auf und flippten aus.

Während ihres Aufenthalts, bei dem sie sich auch ausgiebig in den örtlichen Striplokalen umsahen, nahmen AC/DC in einem Hamburger Studio »I'm A Rebel« auf, einen Song von Alex Young, der damals in der Hansestadt lebte. Die Aufnahme wurde nie veröffentlicht. Die deutschen Schwermetaller von Accept spielten jedoch später eine Coverversion des Songs ein.

Zu dieser Zeit unterschrieb die Band einen Vertrag mit John Jacksons Agentur Cowbell, die unter anderem auch Rod Stewart und Roxy Music betreute, und stieg damit offiziell in die Oberliga der Rockgrößen auf. Von September bis Ende Oktober stand eine Europatour an, darunter weitere Gigs in Deutschland, wo einige Veranstalter auf einer Vertragsklausel bestanden, die es Angus untersagte, sich auf der Bühne auszuziehen.

Inzwischen bekamen sie pro Gig um die tausend Dollar und hatten damit die Gage, die sie bei ihren ersten Auftritten in Europa bekommen hatten, um ein Hundertfaches gesteigert.

Während dieser Tour spielten sie unter anderem im Vorprogramm von Rainbow, der neuen Band des ehemaligen Deep-Purple-Gitarristen Ritchie Blackmore. Der Meister selbst war nicht an der Auseinandersetzung beteiligt gewesen, die sich AC/DC im Januar 1975 beim Sunbury Festival mit der Purple-Crew geliefert hatten. Allerdings war er später mit ein paar bösartigen Sprüchen aufgefallen, unter anderem mit dem Kommentar, AC/DC stellten »einen neuen Tiefpunkt in der Geschichte der Rockmusik« dar.

Der Grund für diese Äußerung war eine Geschichte, die sich zuvor im Marquee ereignet hatte. Angus erklärte den Vorfall Christie Eliezer ausführlich im *Juke*: Demnach war Blackmore gemeinsam mit Screaming Lord Sutch ins Marquee gekommen, jenem englischen Rockveteran, der zuvor auch schon Noel Redding und Mitch Mitchell, ehemals zwei Drittel der Jimi Hendrix Experience, zu AC/DC in den Club geschleppt hatte. Blackmore hatte bei der Zugabe mit ihnen jammen wollen, aber da es wie immer unerträglich heiß war und Angus am Ende des Konzerts kaum noch aufrecht stehen konnte, war die Band nicht mehr auf die Bühne gekommen.

Leider machte sich niemand die Mühe, Blackmore davon zu informieren, der nun auf der Bühne des Marquee stand und wartete. Als er ein paar Tage später ein Interview gab, überschüttete er AC/DC wegen der peinlichen Situation mit ordentlich Hass.

Alex Young, der Blackmore schon seit Jahren kannte, nahm ihn später in einem ruhigen Moment beiseite. Angus beschrieb Christie Eliezer vom *Juke* das Gespräch: »Er sagte: ›Meine kleinen Brüder spielen bei dir im Vorprogramm. Wieso erzählst du in irgendwelchen Zeitschriften so viel Scheiße über sie? Ich würde an deiner Stelle nicht so viel über sie herziehen. Mach dir lieber Gedanken, was sie von dir halten – denn sie finden, du bist echt Scheiße.‹«

Obwohl beide Seiten anfänglich viel Gift verspritzten, war der Streit bald beigelegt. Alex und Blackmore verbrüderten sich bei ein paar Drinks wieder.

Die Band konnte bei dieser Tour endlich all die Verlockungen genießen, die Städte wie Hamburg zu bieten haben.

Bon und Phil Rudd staunten nicht schlecht, als sie in einem der Nachtclubs entdeckten, dass neben ihnen ein Mann splitterfasernackt auf einem Sessel lümmelte und sich einen runterholte. Als wäre das nicht schon seltsam genug, kam auch noch eine Frau, die langsam ihren Mantel auszog – und nichts drunter trug. Die beiden hatten Sex auf einer Plattform, die allmählich nach oben entschwebte.

Auch für AC/DC ging es weiter nach oben, wenn auch nicht, wie zunächst vorgesehen, mit einem Livealbum. Dafür stand mit fünfzehn Gigs ab Ende Oktober die bis dato längste Großbritannientournee an. Die Veröffentlichung der Single »High Voltage« sorgte für zusätzliche Publicity.

Aber es dauerte nicht lange, bis es wieder Ärger gab. Das Oxforder Polytechnic verbot den Auftritt der Band, weil die Songs der Band »beleidigende Inhalte über das Geschlechtsleben von Männer und Frauen« enthielten.

Nachdem Angus sich in Birmingham auf der Bühne wieder einmal ausgezogen hatte und man ihm vorwarf, masturbiert zu haben, war das Sittendezernat der Polizei überall in Alarmbereitschaft, wo AC/DC auftraten. In Liverpool und Glasgow drohte man dem Gitarristen sogar, ihn festzunehmen, falls er die Hosen auf der Bühne fallen ließe.

Nach der Zerstörungswut der Zuschauer beim letzten Glasgower Konzert hatte die City Hall für ein großes Sicherheitsaufgebot gesorgt. Das Gelände vor der Halle wurde von der Bereitschaftspolizei kontrolliert.

Angus zog sich trotzdem aus, während gleichzeitig die Band vor ihn trat, damit man nichts sehen konnte. Sonst wäre es zu einem Aufruhr gekommen, und man hätte ihn festgenommen. Die Sache mit der großen Polizeipräsenz entwickelte sich im Verlauf der Tour anders als geplant. Immer wieder schauten Polizisten auch in der Garderobe vorbei, um der Band mitzuteilen, wie gut ihnen die Konzerte gefielen. Dass AC/DC plötzlich so gut mit den Ordnungshütern standen, schützte sie nicht davor, dass ein Rudel Fans Bons Dudelsack auseinandernahm. Er spielte das Instrument nie wieder.

Angus: »Bon hatte kleine Mikrofone einbauen lassen, die speziell für ihn angefertigt worden waren. Sie steckten überall in den Pfeifen. Er hatte es inzwischen richtig gut raus, wie das Ding einzusetzen war. Er war auch ziemlich stolz drauf. Aber dann ließ er es irgendwann während des Konzerts am Bühnenrand liegen, und natürlich griffen die Fans danach und rissen es in null Komma nichts kaputt! Hinterher zündeten sie damit auch noch die Vorhänge an. Damit hatte sich die Sache dann wirklich erledigt.«

Es war erst ein halbes Jahr her, dass AC/DC in England angekommen waren. Aber es war ihnen gelungen, sich von ganz unten so weit hochzuarbeiten, dass sie am 10. November einen triumphalen Gig im Londoner Hammersmith Odeon absolvierten. Es war ihr erster Headliner-Auftritt in dieser Halle vor 2500 tobenden Fans. Sie kamen in den Genuss einer Version des *Dirty Deeds*-Titels »Big Balls«, eines Songs, der dort vermutlich zum ersten und letzten Mal gespielt wurde.

Backstage tummelten sich Mitglieder von The Damned, Eddie And The Hot Rods und wahrscheinlich auch den Sex Pistols.

Steve Jones (Sex Pistols): »Ich glaube, ich habe sie mal live gesehen. Wo war das noch? Im Hammersmith Odeon? Ich war so besoffen, ich kann mich an nichts mehr erinnern.«

Damaligen Presseberichten zufolge waren die Hot Rods auf eine Revanche in dem Wettstreit aus, der damals im Marquee angefangen hatte, aber dieser Zwist war eine reine Publicity-Geschichte.

Barrie Masters (Hot Rods): »Wir waren Kumpels. Wir kamen vorbei und haben mit den Jungs einen gehoben.«

Die Show im Odeon war ein voller Erfolg – die Zeiten der England-Gigs für 10 bis 25 Pfund Gage schienen lange zurückzuliegen. Dabei wäre der Gig beinahe ausgefallen, weil Bon beschloss, mit der U-Bahn zum Konzert zu fahren und kurzzeitig im Londoner Nahverkehr verloren ging. Zehn Minuten nachdem AC/DC auf die Bühne kommen sollten, tauchte er in der Halle auf.

Einige Tage später stellte Michael Browning fest, dass Fotos von Bons Ankunft am Hammersmith Odeon im Umlauf waren. Um das denkwürdige Konzert im Bild festzuhalten, hatte er dafür gesorgt, dass ein Fotograf vor der Halle stand.

Michael Browning: »Vier oder fünf Tage nach dem Gig sahen wir uns die Kontaktabzüge an, und tatsächlich, da sah man Bon, wie er auf den Eingang zuschlenderte, direkt von der U-Bahnstation Hammersmith. Ganz locker.«

Bevor die Großbritannientour Mitte November erst einmal zu Ende ging, hatten AC/DC noch ein verfrühtes Weihnachtsgeschenk für ihre Fans: das Album *Dirty Deeds Done Dirt Cheap*, das in diesem Monat erschien.

Die britische Version unterschied sich insofern von der ursprünglichen australischen Veröffentlichung, dass »RIP (Rock In Peace)« und »Jailbreak« durch »Rocker« von *TNT* und »Love At First Feel« von der Vineyard-Session ersetzt wurden. Zudem gab es ein neues Cover, das bei Hipgnosis in Auftrag gegeben wurde, der Designfirma, die schon für die Albumgestaltung von Pink Floyd und Led Zeppelin verantwortlich gewesen war.

Die LP-Kritik in der *Sounds* war überschrieben mit: »Alter Wein in neuen Schläuchen« – ein Kommentar, an den sich eine Band wie Status Quo längst gewöhnt hatte.

Francis Rossi: »Die Leute meinen: ›Wie jetzt? Schon wieder derselbe Sound?‹ Ich kann dann nur sagen: ›Na ja, irgendwie schon, sorry.‹ Eine Frage, die man uns immer wieder stellt, lautet: ›Wann werdet ihr euren Stil endlich ändern?‹ Ich entgegne dann: ›B. B. King würdet ihr so was doch auch nicht fragen. Und wenn doch, würde er euch vermutlich eins überziehen!‹«

Der *NME* brachte eine ganzseitige Anzeige, die weiter mit dem Bad-Boy-Image von *Dirty Deeds* spielte und wie die Titelseite des billigen Boulevardblatts *Sunday Purple* gestaltet war. Die Schlagzeile verkündete: »AC/DC schockieren die Welt«, darunter war das Albumcover zu sehen. Eingerückt in der rechten unteren Ecke stand mit einer Telefonnummer versehen »Perverser Schuljunge zeigt alles«.

Kurz nach Erscheinen fing die Presseabteilung von Atlantic hastig an, Entschuldigungsschreiben an den armen Menschen zu formulieren, der diese Telefonnummer tatsächlich besaß.

Wenig später erschien »It's A Long Way To The Top« in den USA, und die ersten AC/DC-Gigs im Land der unbegrenzten Möglichkeiten standen an. Zwei Konzerte in Starwood in Los Angeles waren für Ende November gebucht. Offensichtlich hatten sich die zusehends begeisterter klingenden Berichte in der englischen Presse herumgesprochen.

High Voltage, das in den USA wie in England auch in der Kombination der härtesten Songs der Australien-LPs *High Voltage* und *TNT* in die Läden kam, war dort im September erschienen. Ursprünglich waren zu dieser Zeit auch erste Promotiongigs geplant, die sich aber verschoben und nun perfekt mit den Shows im Starwood zusammenfielen.

»Leute wie Wolfman Jack spielten schon seit zwei Jahren unsere Songs in ihrem Programm«, sagte Bon Christie Eliezer vom *Juke*, »genau wie John Peel in England.«

Der *Rolling Stone* hingegen zeigte sich weniger begeistert von der Band. Wie Ritchie Blackmore war auch Kritiker Billy Altman der Meinung, dass AC/DC auf dem Gebiet des Hardrock »einen echten Tiefpunkt« darstellten.

Dann allerdings scheiterte die ganze US-Reise an Visaproblemen. Jedenfalls wurde das als Grund angegeben, warum der Trip abgesagt wurde. Die eigentliche Ursache aber war, dass sich die amerikanische Firmenmutter Atlantic überhaupt nicht für die Band interessierte.

Phil Carson: »In den USA wollte kein Schwein was von AC/DC wissen.«

Daher wurde beschlossen, die Tournee aufs nächste Jahr zu verschieben und wie geplant nach Australien zurückzukehren. Die

Heimfahrt war zwar nicht zwingend notwendig, aber nachdem es mit Amerika sowieso nicht klappen wollte und in Australien ein dankbares Publikum wartete, erschien es der Band sinnvoll. Die finanzielle Situation spielte dabei auch eine Rolle. Tourneen im Ausland waren teuer, und trotz der begeisterten Zuschauer bei den Konzerten in Europa waren die internationalen Albumverkäufe noch nicht so gut, dass sie den Musikern ein gutes Auskommen garantiert hätten.

Davon abgesehen stand Weihnachten vor der Tür – und zu dieser Jahreszeit ist schließlich jeder gern bei seiner Familie. Im Übrigen musste auch die nächste Platte schon wieder vorbereitet werden. Amerika konnte warten. Das Land lief ihnen ja nicht weg.

Hinter den Kulissen holte Atlantic zu einem großen Schlag aus. Ihre Investitionen in AC/DC sollten sich schließlich lohnen.

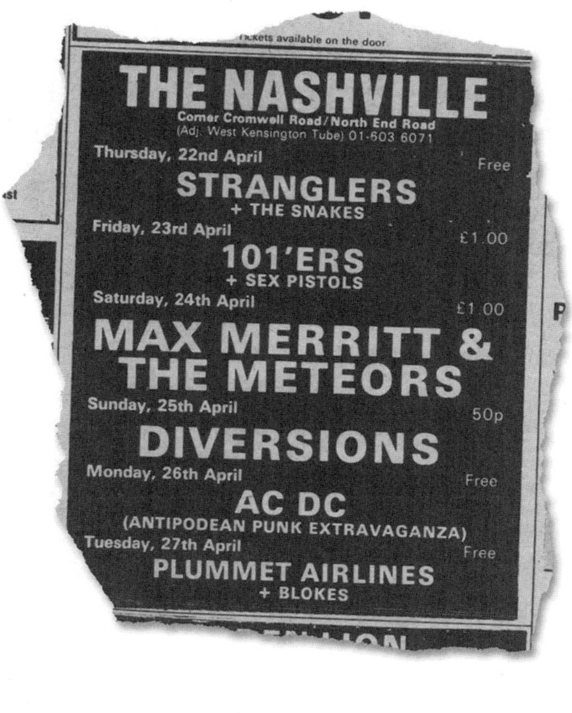

THE NASHVILLE
Corner Cromwell Road/North End Road
(Adj. West Kensington Tube) 01-603 6071

Thursday, 22nd April — Free
STRANGLERS
+ THE SNAKES

Friday, 23rd April — £1.00
101'ERS
+ SEX PISTOLS

Saturday, 24th April — £1.00
MAX MERRITT & THE METEORS

Sunday, 25th April — 50p
DIVERSIONS

Monday, 26th April — Free
AC DC
(ANTIPODEAN PUNK EXTRAVAGANZA)

Tuesday, 27th April — Free
PLUMMET AIRLINES
+ BLOKES

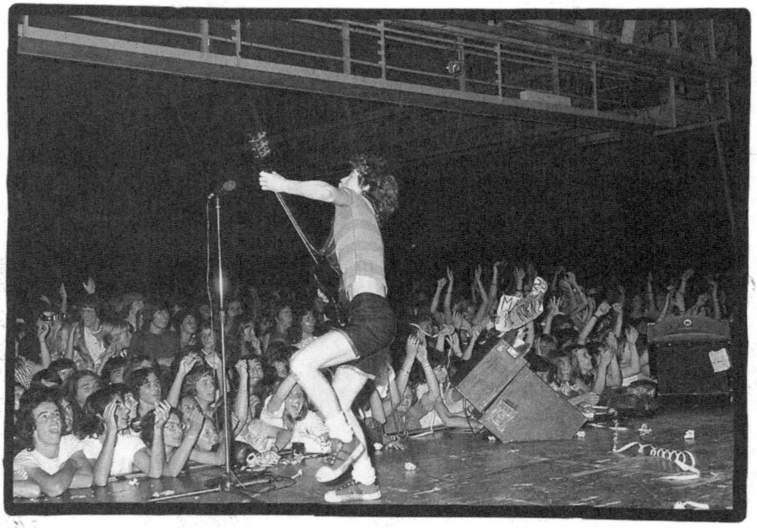

1976

Angus lässt es krachen: Hordern Pavilion – Sydney

12. Kapitel

ÄRGER ZU HAUSE

»The little cunts have done it« – »Die kleinen Ärsche haben es geschafft«. Diese Aufschrift hätte eigentlich das Banner haben sollen, das bei AC/DCs ersten Konzerten nach der Rückkehr aus Europa aufgehängt wurde. Nach sieben Monaten harter, schweißtreibender Arbeit in der nördlichen Hemisphäre ließen sie natürlich ihre Muskeln spielen, als sie am 26. November 1976 in die Heimat zurückreisten.

Trotz des anstrengenden 32-Stunden-Flugs, den sie gerade hinter sich hatten, hielten sie gleich nach ihrer Ankunft am Flughafen Sydney eine Pressekonferenz ab. Die Interviews fanden – zum ersten Mal bei einer australischen Band – im größten Konferenzraum des Flughafengeländes statt, in dem auch schon Frank Sinatra und Bob Hope Hof gehalten hatten. Der Medienansturm war so überwältigend, dass nicht einmal alte Freunde an die Band herankommen konnten.

Bon genoss jede Sekunde. Er hatte lange auf diesen Augenblick hingearbeitet und beherrschte die Szene komplett.

Fifa Riccobono: »Bon wurde gefragt, wieso er nach England gegangen war, und er antwortete: ›Um mehr Frauen flachzulegen und mehr Geld zu verdienen.‹ Woraufhin die nächste Frage lautete, was er als Nächstes tun wollte? ›Zurückfahren und noch mehr Geld verdienen!‹ Damit wollte er wohl sagen, dass er die Frauen schon alle gehabt hatte!«

Angus verbrachte einen großen Teil des Pressetermins damit, unschuldig an einem Milchshake zu nuckeln, während seine Bandkollegen den Boden mit einem Teppich aus Bierdosen bedeckten. Obwohl normalerweise abseits der Bühne eher schüchtern, ergriff der Gitarrist aber schließlich doch die Gelegenheit, den versammelten Kameras seinen nackten Hintern zu zeigen.

Damit spielte er den Medien in die Hände, die schon die ersten Schreckensmeldungen über Punkrock vernommen hatten und dachten, jetzt bekämen sie es mit echten Punks zu tun, die pöbelnd und saufend ihre Pobacken präsentierten.

Gut gemeinte Schlagzeilen wie »Punkrock-Helden spielen die Tommies an die Wand«, wie sie der *Sunday Observer* im August gebracht hatte, zementierten diesen Ruf zusätzlich.

Musikalisch stand die folgende Tour, die den Titel »A Giant Dose Of Rock 'n' Roll« trug, ganz im Zeichen der ruppigen *Dirty Deeds Done Dirt Cheap*, die am 20. September in Australien veröffentlicht worden war und vom Erfolg der am 14. Juni erschienenen Single »Jailbreak« profitierte.

Die Comiczeichnung auf dem Albumcover hätte das Image der Band – und Bons Rolle als Frontmann – nicht eindrücklicher vermitteln können. Auf seinem trotzig erhobenen Unterarm prangte eine Tätowierung mit dem Albumtitel, während im Hintergrund – wesentlich kleiner gezeichnet – Angus mit Zigarette im Mundwinkel und mürrisch dreinblickend eine obszöne Geste machte. Das von Michael Browning erdachte Bad-Boy-Image wurde bis an die Grenzen ausgereizt.

Der Albumtitel war eine Idee von Angus gewesen, der diesen Ausdruck der TV-Zeichentrickserie *Beany & Cecil* entnommen hatte. Der Erzfeind der beiden Titelfiguren war ein gewisser Dishonest John, auf dessen Visitenkarte in Großbuchstaben stand: »Dishonest John – Dirty Deeds Done Dirt Cheap« – »Dishonest John – übernimmt dreckige Jobs zu Dumpingpreisen«.

Für Anthony O'Grady von *RAM* ging Bon einige Songs des Albums durch und erklärte unter anderem, »Ain't No Fun« bezöge sich auf die Tatsache, »dass es verdammt lange dauert, bis man genug Geld verdient hat, um Britt Ekland bumsen zu können« – die damalige Partnerin von Rod Stewart.

Bon sprach in diesem Interview auch über Ursprünge von Tracks wie »Squealer«, der von einer Jungfrau handelte (»aber nachdem ich mit ihr fertig war …«), oder »Big Balls« (»Hab ich auch, hab gerade nachgeguckt«), »RIP (Rock In Peace)«, (»Nerv mich nicht, wenn ich gerade einen Song bringe«), »Ride On« (»Über einen Typen, der von den Weibern immer abgelinkt wird … und nicht das findet, was er will«) und »Problem Child«, der angeblich von Angus handelte.

Beim Radiosender 2SM redeten Bon und Angus gemeinsam über die Inspiration für einzelne Songs. Hier ließ der Gitarrist zusätzliche Erläuterungen fallen. Demnach handelte »Problem Child« von Bon, »weil er im Knast gewesen war«. Angus behauptete auch, »RIP« sei Malcolms Idee gewesen, als Widmung und zur Verteidigung der klassischen Rock 'n' Roller wie Jerry Lee Lewis, die ebenfalls bereits mit dem Gesetz in Konflikt gekommen waren. »Ain't No Fun« hatte seinen Ursprung wie »It's A Long Way To The Top« in einer Zeile von Bon, die George irgendwann aufgeschnappt hatte.

Insgesamt war *DDDDC* rauer als *TNT* und ließ die Schwierigkeiten erahnen, die AC/DC dabei gehabt hatten, zwischen den zahllosen Liveverpflichtungen ein zugkräftiges Album aufzunehmen. Songs wie »Ain't No Fun«, »RIP«, »Jailbreak« und vor allem das resignierte »Ride On« waren authentische Charakterstudien von Bon und verrieten den Widerspruch, mit dem er lebte. Den Widerspruch eines Menschen, der frei und ungebunden sein will und sich dabei gleichzeitig einsam fühlt.

Broderick Smith, der Sänger der Dingoes, hatte »Ain't No Fun« schon vorab einmal zu hören bekommen.

»In der vorderen Bar vom Station Hotel in Prahran traf ich zufällig Malcolm, der sagte: ›Ich habe da einen Song, der dir vielleicht gefällt.‹ Er hatte an die Dingoes gedacht, als er das Ding geschrieben hatte. Da hieß es noch ›Ain't No Fun Waiting Round To Be A Millionaire‹. Wir lehnten den Song ab, weil er letztlich doch nicht ganz unser Ding war, aber er gefiel uns. Ich weiß noch, dass Malcolm ihn uns auf einer alten Gibson-Gitarre vorspielte. Den Titel fand ich super.«

Später versuchte Smith, sich für Malcolms nette Geste erkenntlich zu zeigen: »Mein Dingoes-Kollege Chris Stockley und ich schrieben einmal nur als Gag einen Song für AC/DC, der ›Let's Burn Down The School‹ hieß, und der von zwei Kids handelte, die eben darüber diskutierten, ob sie die Schule niederbrennen wollten oder nicht. AC/DC fanden den Song klasse, wie wir auch erwartet hatten, aber Michael Browning war entsetzt und sagte: ›Das könnt ihr nicht aufnehmen!‹«

Bons provozierende Art führte nach der Veröffentlichung der Single »Dirty Deeds Done Dirt Cheap« am 5. Oktober zu einiger Verwirrung. Die Zahl, die er im Text nannte, hatte einer Witwe in Sydneys reichem Osten einige beunruhigende Telefonanrufe beschert, obwohl damit gar keine Anschlussnummer gemeint war.

Chris Gilbey: »Die besagte Zahl in dem Titel lautete 36-24-36 und bezog sich auf die damals angesagten Idealmaße einer Frau in Zoll [in Europa etwa 90-60-90]. Ich fragte ihn: ›Was ist das für eine Geschichte mit dieser Telefonnummer?‹ Und er sagte: ›Chris, das ist keine Telefonnummer! Es ist bloß 36-24-36! Was gibt's da für ein Problem?‹«

Albert's beeilten sich, das Problem aus der Welt zu schaffen. Sie entschuldigten sich nicht nur, sondern stellten auch sicher, dass besagte Dame eine neue Nummer erhielt.

Die *Giant Dose*-Tour – bei der Angus in Shorts und gestreiftem T-Shirt statt in Schuluniform auftrat – kam nur langsam in Fahrt, da der Eröffnungsgig am 2. Dezember im Perth Entertainment Centre aus unerfindlichen Gründen abgesagt werden musste. Dafür ging es zwei Tage später beim Konzert im Apollo Stadium von Adelaide richtig los. Es wurde sofort klar – nicht nur wegen des Instrumentalintros von »Love Song« –, dass hier eine andere Band auf der Bühne stand als jene, die vor einigen Monaten nach England abgereist war.

AC/DC hatten schon immer wie eine gut geölte Maschine funktioniert, aber jetzt zeigten sie sich völlig verwandelt. Die Instrumente wurden nicht mehr auf der Bühne gestimmt, es gab auch kein Gelaber mehr von Bon, nur uhrwerksgleiche Präzision, wie sie entsteht, wenn man sein Handwerk Tag für Tag bei Konzerten erprobt hat.

Eine Filmcrew unter der Leitung von Russell Mulcahy – der in den Achtzigern einige der schillerndsten Musikvideos aller Zeiten drehen sollte – begleitete die Band auf Tour und zeichnete Material für einen Dokumentarfilm auf. Zwar wurden die Aufnahmen, die roh geschnitten etwa zwei Stunden lang waren, nie in ganzer Länge veröffentlicht. Aber die später in den USA und Europa gezeigten Videos für »Baby, Please Don't Go« und »Problem Child« wurden aus diesem Material zusammengeschnitten. Auch Fotograf Colin Stead reiste auf der Tour mit, um Bilder für einen geplanten Fotoband zu machen.

Währenddessen brach der Sturm los, der sich wegen verschiedener Vergehen, die man den Bad Boys anlastete, allmählich zusammengebraut hatte. Der Sydneyer Radiosender 2SM, der die Band zu Beginn sehr unterstützt hatte, inzwischen aber wie die meisten Medien auf dem roten Kontinent von der englischen Presse beeinflusst war, bezeichnete AC/DC abschätzig als »Punkrockband« und drohte, ihre Songs nicht mehr zu spielen, wenn Angus weiterhin Striptease machte.

Während dieser Phase waren Angus und Bon beim Radiosender 2JJ zu Gast, und Angus zog sich dort die Hosen aus. Da man über den Äther aber nicht so viel sah, hielten sich die Beschwerden in Grenzen.

Auch die Politiker von Neusüdwales wurden allmählich aufmerksam, als sich die ersten jungen, weiblichen Fans die Namen ihrer jeweiligen Lieblings-AC/DC-Mitglieder tätowieren ließen. Rex Jackson, der Minister für Jugend und Gemeinwesen, versprach, dass die Polizei die Tattoo-Studios überprüfen und dafür sorgen würde, dass sich niemand unter sechzehn ohne Zustimmung seiner Erziehungsberechtigten etwas in die Haut ritzte.

Auf der anderen Seite des Planeten kämpften AC/DC währenddessen mit der Zustimmung viel einflussreicherer Personen: Atlantic Records in den USA lehnten es ab, *Dirty Deeds Done Dirt Cheap* zu veröffentlichen.

Damals leisteten nur wenige Hardrocker wie Ted Nugent, ZZ Top oder Kiss Widerstand gegen den Softrock-Trend, der von Künstlern wie Peter Frampton, Fleetwood Mac und den Eagles geprägt wurde, die damals das Airplay amerikanischer Radiosender dominierten.

Das bisschen an Aufmerksamkeit, das Hardrockbands von den Sendern bekamen, war ein Zugeständnis gegenüber der loyalen Fanbasis, die sich diese Bands durch jahrelange Livepräsenz erarbeitet hatten. AC/DC hatten noch nicht die Möglichkeit gehabt, auf einer längeren US-Tournee um Unterstützung zu werben. Es stand jedenfalls fest, dass etwas so Ruppiges wie *Dirty Deeds* es nie aus eigener Kraft auf die Radio-Playlists schaffen würde.

Zwar sagte es niemand offen, aber die Ablehnung der Amerikaner verletzte die Band. Es war ja prima, allabendlich das Gehör einiger Tausend britischer Fans zu ruinieren und ihnen in der Marquee-Sauna ein paar Liter Flüssigkeit zu entziehen, aber das eigentliche Ziel war natürlich, die USA zu erobern.

Dass nun das zweite Album komplett zurückgewiesen wurde, war psychisch schwer zu verkraften. Aber noch bitterer waren die Gerüchte, die immer wieder aus den Staaten zu ihnen drangen: Dort wollte man, dass sich AC/DC einen besseren Sänger suchten.

Angeblich hatten die amerikanischen Plattenbosse Schwierigkeiten damit, Bon zu verstehen. Und wenn schon die Leute, die mit der Band arbeiten sollten, die Texte nicht verstanden, wie sollte es dann bei den allmächtigen amerikanischen Radiostationen klappen?

Es entbehrte nicht einer gewissen Ironie, dass die Amerikaner das Album nicht wollten, wenn man bedachte, dass die Band gleichzeitig bei einer feierlichen Verleihung Doppel-Gold für die australischen Verkäufe von *Dirty Deeds* und zwei Platin-Platten für *TNT* überreicht bekam. *TNT* hatte sich inzwischen mehr als 100 000 Mal verkauft. Schon vorher hatten AC/DC acht Goldene Schallplatten eingeheimst.

Was wussten die Amis schon?

Die Verleihung war nicht nur Geschäft. Bon präsentierte ein neues Tattoo mit einer Blume und zwei Schwalben, das gefährlich nahe an der Schamhaargrenze prangte, und Angus zeigte – was man inzwischen schon von ihm erwartete – mal wieder seinen Hintern.

Überraschenderweise waren es weder diese Extravaganzen noch die vielen Auszeichnungen, die in den Medien die meiste Aufmerksamkeit erhielten, sondern die Tatsache, dass die Band damit angab, seit ihrer Rückkehr aus England mit etwa hundert Mädchen ins Bett gegangen zu sein.

»AC/DC prahlen mit Sexorgien«, titelte der *Sunday Mirror* am 5. Dezember. Es war genau die Art von Publicity, die AC/DC nicht gebrauchen konnten.

An dem Tag, an dem die »Orgien«-Geschichte herauskam, war die Band in der Myer Music Bowl in Melbourne gebucht, während die Bay City Rollers und ihre Schottenkaro-Fans die Festival Hall auf der anderen Seite der Stadt belagerten. AC/DCs neu bearbeitete Version von »The Jack« unterstrich auf simple Art den Unterschied zwischen ihnen und dem blitzsauberen Teeniepop ihrer schottischen Landsleute, den Rollers. Der Song bekam diesmal eine beinahe opernhafte Einleitung, bei der Bon zur Melodie von »Maria« aus der *West Side Story* davon erzählte, wie er sich den Tripper eingefangen hatte.

Richard Guilliatt vom *RAM* berichtete später, die Show in der Myer Music Bowl »war ohne Zweifel das wildeste Konzert, bei dem ich je war. Das Publikum bestand aus ausflippenden Teeniemädchen und aggressiven Jungs.«

Dieser Eindruck verstärkte sich noch, als Bon verlangte, die 2000 Fans, die vor den Toren des Stadions zuhörten, hineinzulassen, womit das Publikum auf insgesamt 5000 Zuschauer anwuchs.

Aber nicht jeder in der südlichen Hauptstadt – wo die Band im Tiger Room des Royal Oak Hotel in Richmond ein Überraschungskonzert gab – hieß die Band willkommen. Daran konnte auch die Tatsache nichts ändern, dass AC/DC Jungs aus der Gegend waren, die international den Durchbruch geschafft hatten. Für Bon wiederholte sich wieder einmal die Geschichte.

Ein junges Mädchen, das zu Hause ausgerissen war, hatte sich bis zum Hotel von AC/DC durchgeschlagen. Dort hielt sie sich zwar nur kurze Zeit auf, aber wenig später erschien die Polizei, die der Vater des Mädchens alarmiert hatte. Die Beamten durchsuchten die Zimmer der Band, fanden aber nichts. Das Drama war deswegen aber noch nicht vorbei.

Kurz darauf tauchte die Polizei ein zweites Mal auf und informierte Bon, dass der Vater alles andere als beruhigt sei. Er habe beschlossen, die Sache selbst in die Hand zu nehmen und mit einigen Freunden bei Bon vorbeizuschauen.

Hinter den Kulissen ging es dabei verhältnismäßig gesittet zu, wie Crewmitglied Phil Eastick berichtete:

»Eines Tages saß Angus hinter der Bühne einfach nur da und wartete darauf, dass irgendwas wegen des Equipments geklärt wurde. Angus spielte großartig Akustikgitarre. Ich weiß noch, ich sagte: ›Verdammte Scheiße, Alter! Ich wusste gar nicht, dass du so spielen kannst!‹ Und er meinte: ›Klar kann ich das, aber dafür bezahlt mich ja keine Sau.‹«

Als die Tour am 12. Dezember in Sydney Station machte, war Rory Petrie für *RAM* im Hordern Pavilion, um sich das Konzert anzusehen, das trotz der schwülen Sommerhitze bereits um zwei Uhr nachmittags begann.

»Laut war gar kein Ausdruck«, schrieb er. »Es war mehr eine Art markerschütternder Sound, der einem direkt in die Knochen ging.«

Im Hordern, das Platz für 5000 Besucher bot, waren lediglich 2500 Fans versammelt, was deutlich machte, wie sich die Lage in den acht Monaten verändert hatte, die AC/DC im Ausland zugebracht hatten. Vor allem die schlechte Presse wirkte sich negativ aus.

Abgesehen davon, dass die Zahlen rückläufig waren, veränderte sich auch die Zusammensetzung des AC/DC-Publikums. Zwar wurde die Band in Teeniezeitschriften wie *Spunky* immer noch berücksichtigt – dort gab es eine Anzeige mit einem Gewinnspiel, bei dem Exemplare der *Dirty Deeds* verlost wurden, und in der die Leser das Bild eines höchstens zwölfjährigen Mädchens sahen –, aber die wild kreischenden Teeniehorden, die rund um die Veröffentlichung von *TNT* bei jedem Auftritt aufliefen, blieben fern.

Stattdessen rückten nun junge Männer aus den Autowerkstätten und Fabriken überall im Land nach, vielleicht als Reaktion auf die Billardcafészene, die auf dem Cover von *Dirty Deeds* zu sehen war.

Michael Browning: »Bevor sie nach England gingen, spielten sie vor kreischenden Mädchen. In England hatten sie dann ein anderes Publikum, und diese neue Fanstruktur nahmen sie gewissermaßen mit zurück nach Australien.«

Malcolm gefiel das ausgesprochen gut. Er hatte AC/DC schon immer als Band von der Straße gesehen.

Malcolm Young: »Die Band gefiel den Typen. Immer mehr Jungs kamen zu den Auftritten. Schließlich war es so, dass wir dachten, hey, wir sind jetzt allmählich eine verdammte Jungsband.«

Sobald die *Giant Dose*-Tour in ländliche Gegenden führte, wurde es richtig lustig. Auch dorthin waren die Berichte vorgedrungen, und es formierten sich entsprechende Willkommenskomitees.

In Canberra und Wollongong drohte die Polizei damit, sie würde den Strom abschalten, wenn Angus sich nicht anständig benahm und die ganze Show über angezogen blieb. Die Band umschiffte diese Klippe in Canberra, indem sie Bon Angus' nackten Hintern mit einem »Zensiert«-Schild verdeckte.

In Albury wurde der Verkauf des Konzertprogramms verboten. Die Polizei konfiszierte alle Exemplare, weil unter einem der Fotos von Bon das berüchtigte Zitat prangte, er wolle genug Geld verdienen, um Britt Ekland bumsen zu können.

Miss Ekland tauchte übrigens Jahre später bei einem AC/DC-Konzert im Los Angeles Forum auf. Anscheinend wusste sie offensichtlich nichts von Bons Absichten.

Noch härter traf es die Band in Tamworth, wo der Bürgermeister das Konzert verbot. Die dortige Stadthalle war zuvor gebucht worden, und es war sogar eine Kaution für eventuell entstehende Schäden gezahlt worden. Bei einer späteren Versammlung des Stadtrats sorgte die schlechte Presse aber doch für ein Verbot.

Die merkwürdigen Cartoons, die das Albert-Label den Presseinformationen beilegte und die damit kokettierten, dass die Band gern mal einen über den Durst trank, waren dabei nicht besonders hilfreich.

Phil Eastick zufolge hatten die Probleme in Tamworth einen ganz konkreten Hintergrund:

»Auf der Tour kursierte das Gerücht, dass schon am Nachmittag, bevor die Band überhaupt eingetroffen war, ein paar Mädels auf sie warteten, die ziemlich deutlich machten, dass sie die Jungs wirklich sehr, sehr, sehr gern kennenlernen wollten. Offenbar war auch die Tochter des Bürgermeisters darunter, was wir gar nicht wussten. Aus der Perspektive ihres Vaters war sie durch uns auf Abwege geraten. Von da an bekam die Sache ein Eigenleben.«

Das Bad-Boy-Image, das der Band in der Vergangenheit durchaus zu Diensten gewesen war, entwickelte sich mit dem Aufstieg des Punk in Großbritannien und durch die Berichte von Angus' Stripteasekünsten zu einem echten PR-Problem.

Die Lage war nicht nur nervig, sie wurde auch zunehmend surreal. Es war wie ein Déjà-vu aus den frühen Tagen des Rock 'n' Roll, in denen man noch glaubte, die Musik würde das Denken junger Leute vergiften. Es ging soweit, dass in Tamworth das Fernsehteam einer Nachrichtensendung ausschließlich zum Konzert kam, um über AC/DCs angebliche Unarten und Perversionen zu berichten.

Leider gab es keinerlei Anzeichen von Ausschreitungen, es sei denn, man hätte es als Bedrohung für das Gemeinwohl darstellen wollen, dass die arme Coral Browning – Michael Brownings Schwester, die als Presseagentin der Band arbeitete – immer mal wieder in die Swimmingpools der Hotels geworfen wurde, in denen die Band abstieg.

Gelegentlich passierte es auch, dass Hotelmöbel aus dem Poolbereich im Wasser landeten, aber dort war es nun einmal kühler als in der glühenden Sommersonne. Größere Vergehen begingen AC/DC nicht.

Beim *RAM* versuchte die Redaktion das Konzertverbot von Tamworth direkt mit den Ereignissen in Großbritannien in Verbindung zu bringen, denn die entsprechende Meldung auf der News-Seite fand sich direkt über einem Foto des Sex-Pistols-Sängers Johnny Rotten und einem kurzen Bericht über den Skandal, den die Briten durch ihre unflätige Ausdrucksweise bei ihrem legendären Fernsehinterview mit Bill Grundy heraufbeschworen hatten.

Wenig später konnten auch AC/DC auf ein ähnliches Fernsehskandälchen verweisen. Sie waren in eine australische Talkshow eingeladen worden, deren Moderator gut gelaunt mit ihnen schwatzte, bevor man auf Sendung ging. Dann änderte sich sein Ton: Er stellte Malcolm als Mitglied der »berüchtigten« AC/DC vor. Ähnlich wie Grundy provozierte er ihn geradezu, etwas Obszönes zu sagen. Malcolm stürmte wutentbrannt aus dem Studio, woraufhin der Sendeleiter ihm nachlief und ihn fragte, ob er das nicht noch einmal tun könne, damit man seinen Abgang besser ins Bild setzen konnte.

In Malcolms Weltbild waren AC/DC keine Punks, genauso wenig wie die anderen Bands aus Großbritannien, die in diese Schublade gesteckt worden waren. Er wusste, wer die echten Aufrührer, die echten Punks waren – seine Blueshelden, harte Männer, die im Leben und Sterben die Zähne zusammenbissen und sich einen Scheißdreck dafür interessierten, welche Klamotten sie dabei trugen.

Malcolm: »Diese alten Blueser wie Little Walter – er war ein Mundharmonikaspieler – lebten einfach ihr Leben. Ein verrücktes Leben. Walter war ein bisschen wie Bon, war jeden Abend unterwegs, trank. Und er wurde ziemlich oft zusammengeschlagen. Sie waren die wahren James Deans. In Wirklichkeit war doch James Dean kein harter Typ. Er war Mr. Cool. Er hatte was zu verstecken. Die echten Punks, das waren die Schwarzen: Sie mussten von Anfang an darum kämpfen, akzeptiert zu werden. Und die Weißen, die nachrückten, waren nur von ihnen beeinflusst.«

Angus hingegen war der Ansicht, dass es die ganze Punkgeschichte schon einmal gegeben hatte – und zwar wesentlich besser.

»Die versuchen, so wie die Small Faces rüberzukommen«, erklärte er Christie Eliezer im *Juke*. »Sie kommen auf die Bühne, fluchen, spucken und beleidigen das Publikum. Aber die Small Faces und die Stones waren wenigstens gute Musiker.«

Vor Ort gerieten AC/DC schließlich mit jener Band aneinander, die von der britischen Presse gerade zur Speerspitze der australischen Punkbewegung gekürt worden war. Die aus Brisbane stammenden Saints hatten mit ihrer Single »(I'm) Stranded« für großes Aufsehen gesorgt und wurden international als die australische Antwort auf die Ramones gehandelt, obwohl sich beide Bands parallel zueinander entwickelt hatten. Sie waren eine der zwei Supportbands bei der letzten *Giant Dose*-Show des Jahres 1976, die in der Great Miami Hall an der Goldküste von Queensland stattfand.

Saints-Gitarrist Ed Kuepper erinnert sich:

»Wir hatten keinen Durchblick, wie man sich backstage benimmt. Wir hingen noch in der Garderobe rum. Es wurde wohl erwartet, dass sich alle verkrümelten. AC/DCs Roadcrew war total genervt von uns und unseren Roadies, die ja keine echten Roadies waren, sondern nur Kumpels, die uns ohne Bezahlung dabei halfen, das Equipment zu tragen. Irgendwie kam es dann zu einer kleinen Rauferei zwischen der Crew von AC/DC und unseren Leuten.«

Browning musste sich allerdings noch mit ganz anderem Ärger herumschlagen, als er einen Anruf von Atlantic-Manager Phil Carson bekam.

Michael Browning: »Carson hatte große Schwierigkeiten, Jerry Greenberg, den Vorsitzenden des Mutterkonzerns in den USA, davon zu überzeugen, an AC/DC festzuhalten. Der Vorschuss für das nächste Album betrug nur 35 000 Dollar, aber wir mussten noch auf 25 000 runtergehen. Das hört sich heute nach Peanuts an, aber man darf nicht vergessen, wir reden von den Siebzigern. Da war das schon ein Betrag, über den ein Unternehmen wie Atlantic wirklich nachdachte. Wir willigten ein, auf zehn Riesen zu verzichten, damit sie die Gruppe nicht fallen ließen.«

Phil Carson: »Beim Label [in den USA] glaubte niemand an AC/DC. Das ging so weit, dass das zweite Album, das die Band ablieferte, dort gar nicht veröffentlicht wurde. Sie ignorierten die Band einfach. Ich konnte bis zu den Atlantic-Gründern Ahmet und Nesuhi Ertegün vordringen und sagte ihnen: ›Ihr könnt AC/DC nicht fallen lassen. Ich habe doch schon 25 000 Platten in Europa verkauft, es geht gerade erst los.‹ Und Gott sei Dank hörten sie auf mich, obwohl der Vorsitzende des Unternehmens und die A&R-Leute die Band nicht mochten. Jerry Greenberg hat wahrscheinlich auf seine A&R-Manager gehört, denn sie hatten in den USA nur um die 7000 Alben abgesetzt. Wieso hätte er also um jeden Preis mit AC/DC weiterarbeiten sollen?«

Währenddessen war die *Giant Dose*-Tour in den ersten Januartagen des Jahres 1977 nach Tasmanien weitergezogen, wo bei jedem einzelnen Konzert nur 60 Zuschauer kamen. Das bedeutete allerdings nicht, dass sie in diesem Teil der Welt keine loyalen Fans besaßen.

Phil Eastick: »In Launceston gab es eine Gruppe wirklich hartgesottener Biker, die unglaublich auf AC/DC standen. Als Phil Rudd und ich nach dem Konzert aus der Halle kamen, stand plötzlich diese Truppe Rocker vor uns, und ich dachte, jetzt kriegen wir richtig was auf die Fresse. Aber sie wollten uns nur sagen, wie toll der Gig gewesen war und uns zu sich einladen. Bei ihnen lief dann eine Party, die komplett aus den Fugen geriet. Der Crew-Bus fuhr um halb acht am Morgen ab, und ich musste geradezu betteln, dass sie mich um Viertel nach sieben gehen ließen, sonst wäre ich wohl auf dem Sozius einer Harley zum nächsten Konzert gebrettert. Phil feierte noch, als ich mich verabschiedete.«

In Launceston erlebte Eastick zudem persönlich, dass die Darstellung AC/DCs in den Medien mit der Realität wirklich nichts zu tun hatte.

»Ein Mädel kam auf die Bühne und versuchte, Angus die Shorts runterzuziehen. Ich habe sie daraufhin angemessen ruppig wieder ins Publikum verfrachtet. Aber ich habe sie nicht geschlagen. Die Jungs waren aber absolut entsetzt! Sie hatten noch nie miterlebt, dass jemand so was mit ihren Fans gemacht hatte, weil es sonst einfach nicht nötig gewesen war. Am Ende der Show fragten sie: ›Mann, wieso musstest du sie denn so schubsen?‹ – ›Na ja, sie hat versucht, Angus die Hosen auszuziehen.‹ – ›Na und? Der hat doch schon öfter mal unten ohne gespielt.‹«

Fan Michael Eagling war beim Konzert in Burnie dabei und bekam die Bandethik aus nächster Nähe mit: Die Show ist alles, was zählt – egal ob mit oder ohne Hosen: »Angus riss bei ›Baby, Please Don't Go‹ eine Saite, und es dauerte ungefähr fünf Minuten, eine neue aufzuziehen. Malcolm, Mark Evans und Phil Rudd spielten währenddessen unentwegt einen Monster-Groove, um die Zeit zu überbrücken.«

Nach ihrer Rückkehr nach Australien kündigte sich der nächste Ärger mit den Behörden an. Bei der Polizei von Warrnambool in Victoria war eine Reihe von Beschwerden eingegangen, die auf verschiedene Presseberichte zurückgingen. Die Beamten beschlossen daraufhin, die Erlaubnis für den Auftritt der Band im Warrnambool Palais zurückzuziehen.

Es war das dritte Konzert dieser Tournee, das abgesagt wurde. Langsam erinnerte diese Geschichte an die von ähnlichen Problemen gezeichnete *Anarchy In The UK*-Tour der Sex Pistols, die einige Wochen zuvor in England ganz gestrichen worden war, nachdem die Band nur drei von neunzehn Konzerten geben konnte.

Nun war es an der Zeit, zurückzuschlagen. In der Provinz Victoria hatte man AC/DC auch nur beim kleinsten Vergehen mit der Polizei gedroht. Daher beschloss die Band, diese Behandlung auf ihre ganz eigene Art zu kommentieren. Nachdem man erfahren hatte, dass die Beamten vor Ort zu einem anderen Einsatz gerufen worden waren, zogen sich sämtliche Musiker und auch die Roadies auf der Bühne aus. Wäre gerade genügend Gewebeklebeband greifbar gewesen, hätten sie sich wahrscheinlich noch die Buchstaben FUCK YOU auf die Brust und den nackten Hintern geklebt. Aber wahrscheinlich schien das die Mühe dann doch nicht wert.

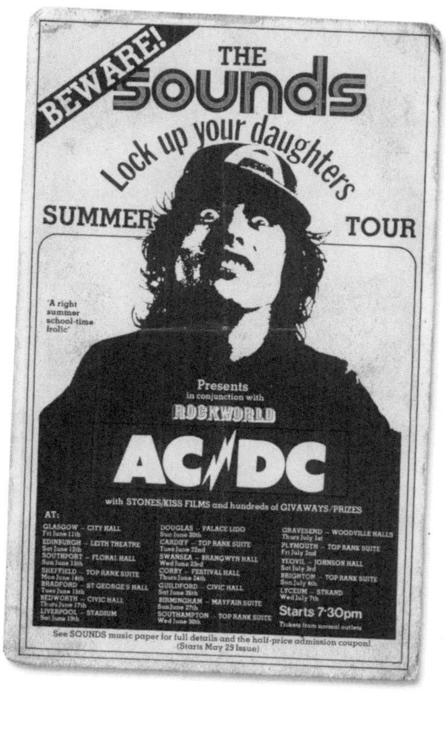

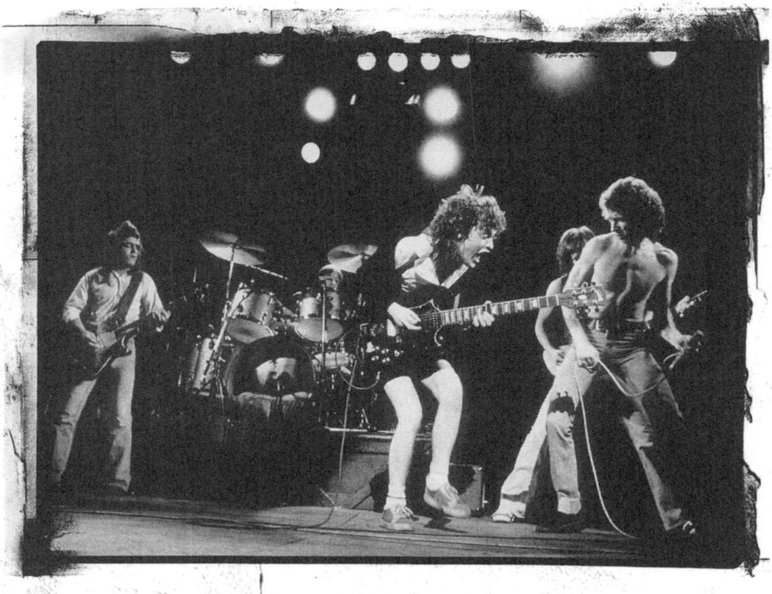

1977

Malcolm, Phil, Angus, Mark Evans und Bon im Rainbow – London

13. KAPITEL

LET THERE BE ROCK

Die Reaktionen auf die *Giant Dose*-Tour war in den Augen der Mitglieder von AC/DC das Todesurteil für Australien. Es war der Tropfen, der das Fass nach der Ablehnung des *Dirty-Deeds*-Albums durch die Amerikaner zum Überlaufen brachte: Jetzt wollten sie erst recht beweisen, notfalls mit Gewalt, dass sie es schaffen würden. Und zwar richtig.

Sie beschlossen, dass es nötig wäre, den Eindruck, den sie in Europa hinterlassen hatten, mit einem Album zu festigen, das nicht nur so krachig war, dass Publikum und Kritikern die Spucke wegblieb, sondern das auch gut genug war, dass die Band damit endlich bis in die Topliga des Heavy Rock aufsteigen konnte.

Malcolm war längst aufgefallen, dass einige Rockacts – vor allem Bands, die in Amerika durch die Stadien tourten – entdeckt hatten, welche Energie in längeren Songs mit ausgedehnten Gitarrensoli lag. Da niemand auf der Welt ein größeres Gitarrenfeuerwerk entfachen konnte als Angus, konnte er der Versuchung nicht widerstehen, der Konkurrenz – den aufstrebenden Punks auf der einen und den amerikanischen Softrockern auf der anderen Seite – zu zeigen, wie man richtig abrockte. Darüber, ob die Songs radiotauglich waren oder Hitpotenzial besaßen, sollten sich andere Gedanken machen.

Angus: »Wir beschlossen, ein verdammt geiles Gitarrenalbum aufzunehmen! Egal, was der Rest davon hielt!«

Die Tournee war kaum vorbei und die Band wieder in Sydney, da standen AC/DC Anfang 1977 wieder mit George und Harry in den Albert Studios, deren Aufbau sich für ihren neuen Plan perfekt eignete. Die Verstärker standen im selben Raum wie die Drums, die man in einer Ecke platziert hatte. Der Gitarrensound drang auch in die Gesangs- und Schlagzeugmikrofone, was es schwer machte, eine saubere Aufnahme hinzubekommen. Aber gerade das machte ja einen Teil der Faszination aus.

Die Verstärker waren nagelneu. Während ihrer Zeit in England hatte die Band einen Sponsorenvertrag mit der Verstärkerfirma Marshall abgeschlossen, über den Angus und Malcolm verschiedene Marshall-Türme erhalten hatten. Mark Evans hatte sich zudem mit sehr solidem Bass-Equipment versorgt.

Die alte Ausrüstung verscherbelten AC/DC für einen eher symbolischen Preis an die Musiker der Angels, die ihnen unendlich dankbar waren. Für Angels-Gitarrist John Brewster war es ein typischer Beweis für den Zusammenhalt, den es im Umfeld des Albert-Labels gab.

»Das betraf nicht nur AC/DC, die Angels, Rose Tattoo oder George und Harry – da war jeder mit eingeschlossen. Klar, wir hatten sicher alle unsere eigenen Ziele, aber man hatte dennoch das Gefühl, zu einer wunderbaren Großfamilie zu gehören, bei der sich jeder um den anderen kümmerte. Malcolm kam am Anfang immer zu unseren Gigs, stand im Publikum und gab uns positives Feedback: ›Der Song mit diesem langen Intro, den finde ich super.‹ Es war fantastisch.«

Ein ähnliches Gemeinschaftsgefühl herrschte in den Albert Studios. Die Arbeit dort hatte den Charakter eines Betriebs mit Schichtarbeit: Es war immer jemand vor einem da gewesen.

Buzz Bidstrup (The Angels): »Das war so ein bisschen wie im U-Boot, wo die Besatzung in Schichten schläft und die Leute sich eine Koje teilen, sodass sie jedes Mal in ein warmes Bett klettern.

Wenn wir ins Studio kamen, waren AC/DC schon zehn Stunden dort gewesen. Der Raum war vorgewärmt, und man spürte die Energie, die noch pulsierte.«

Genau so war das Szenario jeden Morgen nach den Sessions für das Album *Let There Be Rock*, bei denen sich die Band bei McDonald's stärkte. Das Material entstand im Studio und wurde vorab mit George am Klavier getestet.

Der Zeitdruck, unter dem die Band stand, passte perfekt zur Studiophilosophie von George und Harry.

Harry Vanda: »Spontanität war das Stichwort. Wir sprachen damals von gradlinigem Rock, ohne viel Schnickschnack. Und so meinten wir es auch! Volles Rohr! Nicht wie der saubere Rock der Amis, an dem zwei Jahre lang rumgefummelt wird. AC/DC hatten ganz, ganz klare Vorstellungen davon, was sie wollten. Und wir auch. In diesem Bereich sucht man stets nach größeren und besseren Basstrommeln, größeren und besseren Snares, und das führt dazu, dass alles drum herum auch immer größer wird. Aber wir machten uns nie Gedanken darüber, ob die Dinge sich korrekt anhörten. Für uns war es immer wichtiger, dass der Biss da war und die Atmosphäre stimmte, ob Herz dabei war. Wenn wir uns also zwischen einem Track mit Herz entscheiden mussten, der knisterte und knarzte, und einer sterilen Version, die zwar sauber gespielt, aber langweilig war, entschieden wir uns immer für die erste Variante. Auf *Let There Be Rock* konnten wir das allerdings oft verbinden. Es gab einige Tracks, bei denen der Sound genauso stimmte wie die Performance.«

Buzz Bidstrup erlebte einige Male, wie diese Theorie in der Praxis aussah.

»Sie spielten 15 oder 20 Minuten ein bestimmtes Riff oder arbeiteten an einem gewissen Feeling, spielten den Song ein paar Mal, und dann sagte George: ›Jungs, ich glaube, jetzt habt ihr es raus, das klingt jetzt richtig gut!‹ Dann drückten sie auf ›Aufnahme‹ und nahmen den Titel auf. Meistens sang Bon in der kleinen Seitenkabine, während der Rest der Band zusammen im Studio stand.

Angus wälzte sich bei seinen Soli am Boden oder kletterte auf die Verstärker. Sie waren ziemlich durchgeknallt.«

Der Titeltrack des Albums, dessen Text Bon im Büro von Albert Productions mithilfe einer Bibel verfasste, war ein Paradebeispiel für die Arbeitsweise.

Angus: »Gegen Ende der Aufnahme von ›Let There Be Rock‹ rauchte der verdammte Verstärker. Aus dem Scheißding quoll richtig dicker Rauch! Und George brüllte wie wild: ›Nicht aufhören!‹ Ich spielte weiter und sah die ganze Zeit, wie der Qualm sich nach und nach überall im Raum verteilte. Der Verstärker hielt bis zum Ende durch, dann machte dieses blöde Teil ›blaaaaaaah‹ und schmolz weg. *Let There Be Rock* war einfach ein verdammt heißes Album.«

John Brewster von den Angels war häufig im Studio und erlebte mit, wie *Let There Be Rock* eingespielt wurde:

»Es war total aufregend, ihnen bei den Aufnahmen zuzusehen, weil sie nicht wie die abgewichsten Studiomusiker mit Kopfhörern herumsaßen und ihren Job erledigten. Sie spielten so wie auf der Bühne, so waren sie nun mal. Sie waren eine echte Inspiration. Ich erinnere mich, dass Angus die Kopfhörer von den Ohren rutschten. Am Ende drehte er sich genau wie bei den Konzerten auf dem Boden!«

Fifa Riccobono: »Einen Teil der Texte schrieb Bon in meinem Büro. Eine ganze Weile tigerte er hin und her und probierte die verschiedensten Dinge aus. Dann ging ich zum Mittagessen, und er blieb noch da, setzte sich an meinen Schreibtisch und schrieb und schrieb. Als ich wiederkam, saß er da immer noch, aber zwischendurch war er mal in dem Buchladen um die Ecke gewesen und hatte sich eine Bibel gekauft – er suchte nach einer Inspiration für wirklich tolle Zeilen.«

Let There Be Rock entstand in etwa zwei Wochen – ähnlich wie *Dirty Deeds Done Dirt Cheap* –, und es hörte sich genau so gewaltig an, wie sie beabsichtigt hatten.

Nun hatte man auch den Kopf frei, im Rahmen des Festival Of Sydney am 30. Januar, einem schwülheißen Sommertag, ein großes

Konzert im Haymarket in der Innenstadt zu geben. Aus irgendeinem Grund mussten die Zuschauer drei Dollar für AC/DC zahlen, während es bei diesem Festival für nur einen Dollar die brave, aber international erfolgreiche Little River Band zu hören gab.

AC/DC lieferten einen brillanten Auftritt ab, und Bon, der sehr betrunken war, zeigte sich in Bestform. Er sagte »Can I Sit Next To You, Girl« als »Can I Sit On Your Face, Girl« an – ein Song, der bei anderen Gelegenheiten auch schon in »Can I Shit Next To You, Girl« umgedichtet worden war. Bei diesem Gig präsentierte er auch die neuen, strahlend weißen Vorderzähne, die er sich in London hatte einsetzen lassen, angeblich, weil er beim Schnäppchenpreis von 800 Pfund nicht hatte Nein sagen können. Die neuen Beißer waren eine Zeit lang noch ungewohnt, und Bon brauchte eine Weile, um mit ihnen zurechtzukommen. Aber bei einem Auftritt im Chequers kam er in den magischen Dunstkreis von Marc Hunter, dem charismatischen Sänger von Dragon, einem gut aussehenden Hünen, der die hartgesottensten australischen Groupies in lispelnde kleine Mädchen verwandelte. Und als der nun seinen ganzen Charme auf Bon richtete, wurde selbst der rot.

Todd Hunter (Dragon): »Bon kannte Marc damals eigentlich gar nicht, aber als er reinkam, rannte Marc auf ihn zu, zog ihn in eine bärige Umarmung und schwärmte: ›Bon! Bon! Du hast ja eine völlig neue Kauleiste! Die ist ja so was von klasse!‹ Als würden sie sich schon seit Ewigkeiten kennen. Bon war ziemlich verlegen, aber dann zogen die beiden los und gingen gemeinsam auf Sauftour.«

Vom 12. bis 15. Februar gab es weitere Konzerte in Adelaide, Melbourne und Perth sowie im Hurstville Civic Centre in Sydney. Es sollten Bons letzte – offiziell angekündigte – Auftritte mit AC/DC in Australien sein.

Phil Rudd hatte nicht die besten Erinnerungen an das Hurstville. Das letzte Mal, dass die Band dort gespielt hatte, war er mit einem Sicherheitsbeamten aneinandergeraten. Keiner der Musiker hatte große Lust, dorthin zurückzukehren. Der Gig hatte dann auch diese feindselige Atmosphäre – sowohl seitens der Zuschauer als auch seitens der Musiker –, die Rudd befürchtet hatte. Aber dieses Mal gab es keinen weiteren Ärger, abgesehen davon, dass die Anlage einige Male ausfiel.

Vor »TNT« ging Angus ans Mikrofon und heizte dem Publikum ein.

»Okay!«, brüllte er. »Jetzt haben wir hier genug Scheiß gespielt! Seid ihr gut drauf? Dann mal los! Bewegt eure Ärsche!« Rudd gab nun auf der Kickdrum und Hi-Hat einen gleichmäßigen Beat vor. »Come on! Oi! Oi! Oi! Oi!«, schrie Angus, bis ihm ein besseres Wort einfiel. »Fuck! Fuck! Fuck! Fuck! Ich will euch hören!«

Das Publikum war zwar laut und begeistert, aber in Großbritannien hatten AC/DC in der Regel vor zehnmal so vielen Zuschauern gespielt. Auch das war für die Band ein Zeichen dafür, dass in Australien etwas falsch lief.

Es konnte AC/DC nur bedingt beruhigen, dass die Leser der britischen *Sounds* noch immer zu ihren Helden standen. Beim Jahres-Poll, der in der Ausgabe vom 19. Februar 1977 erschien, nahmen AC/DC unter den besten neuen Bands den 7. Platz ein, vor Thin Lizzy und den Sex Pistols auf Platz 9 und 10. Die Leser des *NME* waren weniger überzeugt und wählten AC/DC nur auf Platz 14 der besten Newcomer.

Es war unübersehbar – der Rest der Welt lockte. Aber das bedeutete auch, dass man weniger Zeit bei der Familie in Sydney und mit Freunden bei George in Epping verbringen konnte, wo sich Bon, Malcolm und Angus, aber auch John und Rick Brewster von den Angels gern zu Grillpartys trafen.

Die familiären Zusammenkünfte endeten oft in einer großen Jamsession, bei denen unter Georges Führung gern Songs von Dylan, Little Richard oder Fats Domino gespielt wurden.

John Brewster: »George setzte sich ans Klavier, und Angus hängte sich immer mächtig rein. Er ist einfach ein toller Typ – und rein zufällig auch noch ein unglaublicher Gitarrist. Genau wie Malcolm, wenn es um die Rhythmusgitarre geht.«

Im Januar war »Dirty Deeds Done Dirt Cheap« in Großbritannien mit den B-Seiten »Big Balls« und »The Jack« als Single erschienen, was einen guten Nährboden für eine Tour im Februar bereitete. Um schon im Vorfeld allen den Stinkefinger zu zeigen, prangte auf den Tourplakaten ein dicker Warnhinweis, der verkündete: »Allen Radiosendern ist der Einsatz dieser Single strengstens verboten.«

Leider symbolisierte das Cover – ein gezeichneter Angus, der die Hände suggestiv tief in den Taschen vergrub – ein Image und eine Phase, die AC/DC mit der Aufnahme von *Let There Be Rock* mental längst hinter sich gelassen hatten. Aber nun war es so, dass es auf der Tour um *Dirty Deeds* ging, ein Album, das zwar schon ein Jahr zuvor entstanden war, aber erst jetzt in Großbritannien veröffentlicht wurde.

Die dreißig Tourdaten nahmen die ganze Rückseite der *Sounds* ein. Das erste Konzert fand am 18. Februar in der Edinburgh University statt und endete beinahe im Aufruhr. Bei »Dog Eat Dog« musste die Band aufhören zu spielen, damit sich die Gemüter abkühlten. Die Musiker waren nicht damit einverstanden, dass die Sicherheitskräfte mit großer Härte gegen die Fans vorgingen, die auf die Bühne kletterten.

Ein wenig erinnerte die Situation an die schwierige Zeit auf der letzten Australientour, bei der drei Konzerte abgesagt wurden. Auch die örtlichen Behörden in Großbritannien fürchteten sich vor allem, das nur entfernt mit Punk zu tun hatte. Oftmals war man nicht bereit, eine Rockband, welcher Art auch immer, in den örtlichen Hallen auftreten zu lassen. Dass AC/DC eine Single im Gepäck hatten, auf der sich Songs wie »Big Balls« oder »The Jack« befanden, kam erschwerend hinzu.

In Glasgow gingen die Behörden dieses Mal auf Nummer sicher und verboten das Konzert in der City Hall – die Erinnerungen an die letzten Ausschreitungen dort waren noch zu frisch.

Die Band nahm es gleichmütig hin. Die Musiker waren sich sicher, dass man sie eines Tages wieder willkommen heißen würde. Der Tag der Rache würde schon noch kommen.

Das Konzert im Londoner Rainbow am 14. März war in doppelter Hinsicht etwas Besonderes. Zum einen nahm Angus einen Kerl, der ihn angespuckt hatte, beinahe auseinander. Zum anderen war es der Auftritt, bei dem Doug Thaler, Mitarbeiter der Agentur American Talent International (ATI), AC/DC zum ersten Mal sah.

Thaler war im Umfeld der Band durchaus bekannt, weil er George und Harry schon zu Zeiten der Easybeats Ende der Sechziger kennengelernt hatte, als er selbst noch in Gene Pitneys Band spielte.

Doug Thaler: »George Young erzählte mir schon im Sommer 1967: ›Ich habe einen zwölfjährigen Bruder, der spielt besser Gitarre als alle Typen auf dieser Tour!‹ Damals dachte ich, der macht Witze. 1976 machte mich dann ein Promoter aus Columbus, Ohio, auf eine Platte aufmerksam, die in seinem Marktsegment sehr gut lief: *It's A Long Way To The Top* von AC/DC. Ich ließ mir ein Exemplar des Albums schicken, hörte mir den Titel an und dachte: Hey, das ist gut, das rockt ja wirklich.«

Thaler entdeckte, dass die Platte von seinen alten Freunden George und Harry produziert worden war. Es dauerte nicht lange, bis er die Telefonnummer von Albert Productions in Sydney herausgefunden hatte. Er bewarb sich darum, AC/DC im nordamerikanischen Raum vertreten zu können, eine Verbindung, die bis Ende 1979 Bestand haben sollte.

An jenem Abend im Rainbow war Thaler in Begleitung von David Krebs, der damals Ted Nugent und Aerosmith managte. Auch Krebs gefielen AC/DC ausgesprochen gut.

Währenddessen wurde immer wieder über ein Livealbum diskutiert, das aus Aufnahmen zusammengestellt werden sollte, die in Glasgow und bei einigen Gigs in Australien entstanden waren, ebenso wie über die Dokumentation, die Russell Mulcahy während der *Giant Dose*-Tour gedreht hatte. Beide Projekte wurden verworfen.

Im März, als die Großbritannientour gerade zu Ende ging, erschienen in Australien das Album *Let There Be Rock* und die Single

»Dog Eat Dog« mit der B-Seite »Carry Me Home«, Bons erschütternder Vision von einem Selbstmord durch Alkohol, die während der Vineyard-Sessions entstanden war. Das Album verkaufte sich nicht ganz so gut wie *TNT* oder *Dirty Deeds*, aber darauf kam es auch nicht an.

Wichtig war vielmehr, dass das Album die völlige Runderneuerung AC/DCs und eine entscheidende Weiterentwicklung ihres Sounds darstellte. Man konnte die durchschmorenden Röhren in den Verstärkern geradezu riechen. Das grobkörnige Schwarz-Weiß-Cover war wie ein Verweis auf das weiße Marshall-Logo auf der schwarzen Lautsprecherverkleidung.

Für Angus war das Album das gitarrenlastige Äquivalent zu den wilden Aufnahmen, die Little Richard in den 1950er-Jahren für das Speciality-Label abgeliefert hatte. Auf der ganzen Platte spielte er so, dass man seine Technik wohl am ehesten mit dem Begriff »Klangflächen« beschreiben konnte, die Saxofon-Legende John Coltrane geprägt hatte. Er verwischte viele Noten durch die hohe Geschwindigkeit, mit der er spielte.

Für Murray Engleheart, der das Album zum ersten Mal nach der Schule in einem Plattenladen in Parramatta im Westen Sydneys hörte, war es geradezu eine Erleuchtung. Es war, als ob man Rock 'n' Roll zum ersten Mal am eigenen Leib erfuhr, wie die erste durchschlagende Begegnung mit den Ramones, mit Humble Pies *Rockin' The Fillmore* oder dem legendären Auftritt von The Who bei Woodstock. So kraftvoll, so lebendig war das.

Dass dieses wilde Gebrüll von derselben Band stammte, die nur ein Jahr zuvor *Dirty Deeds* abgeliefert hatte, war beinahe unvorstellbar.

Zum ersten Mal wurden Frauen aus der Realität in Bons Texten namentlich erwähnt. Zum Beispiel Ruby, die eigentlich Wendy hieß, aber von Ted Mulry den Spitznamen »Ruby Lips« bekommen hatte. Sie tauchte in den Anfangszeilen von »Go Down« auf. Die Band hatte 1976 nach ihrem Auftritt beim Moomba Festival in Melbourne ihre Bekanntschaft gemacht.

Dann war da noch die legendäre rothaarige Tasmanierin Rosie. Bon erzählte von ihrer Eroberung in »Whole Lotta Rosie«, das stark von »Sixteen Tons« von Tennessee Ernie Ford beeinflusst war.

Angus: »Malcolm hatte ein Gitarrenriff, und George meinte: ›Wieso probieren wir nicht mal – so als kleines Experiment –, diese Breaks vorn in den Song einzubauen?‹ Malcolm und Bon mochten den alten Elvis-Song immer schon – diesen Blues, den er ganz zu Anfang seiner Karriere einspielte, ›Misery‹ oder so was.«

Malcolm: »Wir waren große Fans des frühen Rock 'n' Roll, von Elvis' ›Heartbreak Hotel‹ zum Beispiel. Wir standen auf Songs mit plötzlichen Pausen. Bei ›Whole Lotta Rosie‹ waren wir auf der Suche nach einem Feeling, wie Little Richard es hatte: beinharter Rock 'n' Roll, den wir mit fetten Gitarren versehen wollten. Der Song entwickelte sich in diese Richtung. Wir wollten diesen aufregenden Vibe, der den Sachen entsprach, die wir hörten. Der Song hat eine ganz einfache Struktur. Aber gerade deshalb ist er heute noch ein Klassiker.«

Glücklicherweise tauchte kein echter Name in dem blueslastigen »Crabsody In Blue« auf, dessen Titel mit einem Wortspiel auf ähnliche Krankheitserreger Bezug nahm wie »The Jack«. Die »crabs« in »Crabsody« waren kleine Filzläuse, die für das fiese Jucken im Schambereich verantwortlich und damals weit verbreitet waren, da viele Bands sich von ein und derselben Gruppe von Ladys auf ihren Reisen über Heimweh hinweghelfen ließen.

Dass sich die Stimmung in Australien für die Band noch immer nicht geändert hatte, bewies die Sydneyer Zeitung *The Sun*, die *Let There Be Rock* die Schulnote D – »ausreichend« – verpasste und die Rezension mit »Furchtbar langweilig« überschrieb.

Aber die Platte verlieh AC/DC auf alle Fälle den Status einer Albumband, zu denen man ansonsten Gruppen wie die Stones, The Who oder Led Zeppelin zählte. Die Comicbilder mit Blitzen und Explosionen, die den Bandnamen zuvor illustriert hatten, waren nun Geschichte. Ebenso die überdeutlichen Verweise auf Angus' Schuljungenimage. Stattdessen fuhr man eine neue Strategie. Die

Livefotos im Innencover zeigten Angus entweder mit nackter Brust oder in einem gestreiften T-Shirt, ohne Schuluniform. So, wie er bei der *Giant Dose*-Tour aufgetreten war.

Chris Gilbey: »Nach dem ersten und zweiten Album wollten wir von dieser Comicnummer weg und uns zu einer ernsthaften Band entwickeln. Auch wenn ich es damals bestimmt nicht so ausgedrückt hätte.«

Erst sechs Jahre und eine entscheidende Phase in der Bandentwicklung später sollte sich wieder einmal ein schuluniformfreies Foto von Angus aufs Cover eines AC/DC-Albums verirren.

Wie schon bei *Dirty Deeds* war die Band in Übersee, als *Let There Be Rock* erschien. So musste das Coverdesign in ihrer Abwesenheit erstellt werden. Daher schlug die Stunde des Engländers Chris Turner, der damals gelegentlich bei Rose Tattoo spielte. In den 1960ern hatte er sich des Öfteren Bühne und Ausrüstung mit Steve Marriott und einem gewissen David Jones geteilt, der später als David Bowie Karriere machte.

Chris Turner: »[Der Fotograf] Colin Stead rief mich in sein Studio und fragte: ›Kannst du mal einen Lauf auf der Gitarre spielen, einmal den Gitarrenhals rauf und wieder runter?‹ Das konnte ich schon, jedenfalls, wenn ich mir Mühe gab. Er machte währenddessen Fotos, und die kamen dann mit aufs Cover. Später hörte ich, dass Angus behauptete: ›Man sieht doch, dass das Turners Finger sind. So wurstig, wie die sind!‹ Angus und Malcolm haben sehr dünne Finger, deswegen habe ich das nicht als Beleidigung aufgefasst.«

Stead weiß noch, dass Malcolm oder Angus – oder sogar beide – das Cover zuerst nicht mochten, weil es für sie zu sehr nach einer ernsten, von Technik geprägten Gitarrenplatte aussah und nicht nach dem ruppigen Rock 'n' Roll, der wirklich drinsteckte.

In der Alten Welt bereiteten sich AC/DC derweil auf eine Europatournee vor. Zwei Tage vor Tourbeginn zeichneten sie in London einen Auftritt auf, der anlässlich der 100. *Countdown*-Sendung gezeigt werden sollte. Moderator der Show war Leo Sayer. Es war ein langer Tag, aber der Alkohol floss in Strömen. Die Stimmung war genau richtig für ein knackiges, fieses »Dog Eat Dog«.

Zu den zwölf Gigs in Europa Anfang April gehörten auch einige Shows im Vorprogramm von Black Sabbath in Frankreich, Deutschland, der Schweiz, Belgien, Holland und Schweden. Der erste Auftritt in Paris mit der neuen Roadcrew ging komplett daneben.

Das Equipment, das man AC/DC zugeteilt hatte, war in extrem schlechtem Zustand. Allerdings bemerkte die Band das erst, als sie schon auf der Bühne stand. Die wütenden Musiker mussten ihren Auftritt abbrechen. Zuvor tobte sich Angus noch so wild an den miesen Verstärkern aus, dass The Who noch etwas von ihm hätten lernen können.

Angus: »Wir kamen auf die Bühne – und alles lief schief. Die Verstärker fielen einer nach dem anderen aus. Wir legten los, aber die Leute starrten uns an, ohne zu reagieren. Wir spielten höchstens 20 Minuten, dann zerlegten wir die Bühne, so frustriert waren wir. Die ganze Ausrüstung und Verstärker waren durchgebrannt, also machten wir die Bühne platt. Als wir dann gingen, begann das Publikum zu toben! Malcolm sagte, es wäre ein echter Picasso gewesen, also ein künstlerisches Statement, das wir an diesem Abend ablieferten!«

Die Crew sah mit Entsetzen zu. Sie war schließlich dafür verantwortlich, dass das Equipment nicht zu Schaden kam, egal, was passierte. Aber als sie noch fürchteten, ebenfalls vom Zorn der Band überrollt zu werden, bekamen sie schon eine Entschuldigung zu hören. AC/DC wussten immer, wann sie zu weit gegangen waren.

So peinlich dieser erste Auftritt auch war, so sorgte er doch für ordentlich Publicity hinsichtlich der nächsten Auftritte. Bon und Ozzy, die sich angefreundet hatten, tauschten im Vorfeld auch ein paar Erfahrungen hinsichtlich des richtigen Bühnenschuhs aus.

Ozzy Osbourne: »Ich trug auf der Bühne immer sogenannte Brothel Creepers [flache Wildlederschuhe mit Kreppsohlen]. Als wir irgendwo in Schweden spielten, sagte Bon zu mir, ›Ah, noch jemand mit Geschmack‹ und zeigte mir seine Creepers. Es ist einfach der ideale Schuh für Konzerte. Ich war lange der Überzeugung, ich sei der Einzige, der sie trug.«

Einer vielfach verbreiteten Legende zufolge bedrohte der Sabbath-Bassist Geezer Butler in Schweden Malcolm mit einem Klappmesser. Der AC/DC-Gitarrist reagierte darauf in der gewohnten Weise: mit einem Schlag in Butlers Gesicht. Daraufhin warfen Black Sabbath AC/DC raus.

Graham Wright, der damals für den Sabbath-Drummer Bill Ward als Schlagzeugtechniker arbeitete, erklärte später auf BlackSabbath.com, was wirklich passiert war:

»Sabbath, AC/DC und ihre jeweiligen Roadies saßen nach dem Gig im Volkshaus in einer Hotelbar in Zürich und tranken. Geezer fummelte mit einem Spielzeugklappmesser rum, das er als Kamm benutzte. Malcolm dachte, es sei echt, und reagierte über – das war alles.«

Wie auch immer, die letzten gemeinsamen Termine in Stockholm und Helsinki wurden abgesagt. Die Band zog ihre Energie schon immer auch aus zwischenmenschlichen Spannungen. Bei AC/DC gehörte es einfach dazu, dass es aus heiterem Himmel zu Reibereien unter den Musikern kam. Allerdings ging es nie so weit, dass persönliche Animositäten die Shows gefährdet hätten. Nur für ein Bandmitglied fiel allmählich der letzte Vorhang.

Als man nach der Sabbath-Tour wieder nach London zurückkehrte, brach ein schon länger schwelender Konflikt zwischen Mark Evans und Angus wieder auf und eskalierte.

Michael Browning: »Eines Tages riefen mich Malcolm und Angus an. Wir waren in London, ich fuhr zu ihrer Wohnung, und sie erklärten, dass sie Mark loswerden wollten. Er und Angus kamen nicht miteinander klar. Sie hatten immer wieder Streit, aber das ging nie so weit, dass ich befürchtet hätte, es könnte einem Auftritt in die Quere kommen.«

Evans flog am 3. Mai aus der Band. Der Auftritt mit Black Sabbath am 22. April 1977 in Göteborg war sein letzter Gig mit AC/DC, die sich in London sofort nach einem neuen Bassisten umsahen. Eine längere Konzertpause einzulegen und zu diesem Zeitpunkt aus dem Gesichtsfeld der Fans zu verschwinden, wäre extrem unklug gewesen.

Es machten Gerüchte die Runde, dass der ehemalige Sex-Pistols-Bassist Glen Matlock einsteigen wolle, was aber im krassen Gegensatz zur Anti-Punk-Haltung gestanden hätte, die AC/DC einnahmen. Auch wenn sie mit Matlock gelegentlich mal einen trinken gingen.

Glen Matlock: »Vielleicht haben sie drüber nachgedacht, aber sie haben mich nie gefragt. Ich weiß auch nicht, ob sie mein Ding gewesen wären, um ehrlich zu sein. Meine Knie sind wohl zu knotig für den Job.«

Malcolm und Angus hatten, als sie über eine Neubesetzung nachdachten, erst einmal alle alten Bekannten abgeklopft. Dabei kam ihnen Colin Pattenden von Manfred Mann's Earth Band in den Sinn. Er hatte sie sehr beeindruckt, als sie vor Jahren mit Free und Deep Purple auf dem Randwick Racecourse in Sydney gespielt hatten. Pattenden war damals während eines Konzerts eine Saite gerissen, aber er hatte keinen Beat ausgelassen, sondern einfach weitergespielt, während ein eifriger Roadie sich daran machte, den Schaden zu beheben.

Die Vorstellung, jemanden ins Team zu holen, der vom Aussehen und vom Alter her so wenig zu AC/DC passte, fand Michael Browning allerdings grauenhaft: »Er war ein guter Bassist, aber der Look stimmte überhaupt nicht. Wir hatten so viele Pläne, vor allem in Amerika. Da wollten wir nicht mit einem alten Sack als Bassist auflaufen. Als die Jungs ihn vorschlugen, dachte ich, sie seien übergeschnappt.«

Brownings Traumkandidat war der aus Liverpool stammende Cliff Williams, der damals gerade ohne Band war. Er war völlig überrascht, als er telefonisch zu einem Vorspieltermin eingeladen wurde.

Abgesehen davon, dass Browning sich stark für ihn einsetzte, sprach auf den ersten Blick nur wenig für Williams. Er war nicht gerade ein Fan der Band, obwohl ihm gefiel, was er kurz darauf zu hören bekam. Er hatte AC/DC ein-, zweimal im Fernsehen gesehen, besaß aber keine ihrer Platten. Also verordnete Browning ihm erst einmal einen Crashkurs.

Michael Browning: »Ich hatte regelrecht Angst, dass sie diesen anderen Kerl an Land ziehen würden, deswegen bereitete ich Cliff detailliert vor. Ich sagte ihm genau, was und vor allem, wie er bei der Probe spielen sollte.«

Williams' Vorspieltermin fand in einem winzigen Proberaum im Londoner Stadtteil Victoria statt. Der Bassist war nervös, aber die Band sorgte dafür, dass er sich schon bald entspannte, indem sie ein paar Blues-Schemata anstimmten, die sich schließlich zu Songs wie »Live Wire« entwickelten.

Williams, der durch seine freundliche, offene Art gut in die Band passte, merkte an der allgemeinen Reaktion, dass er die anderen in der Band beeindruckt hatte. Wie sehr er AC/DC überzeugt hatte, hörte er jedoch erst, als Browning ihn anrief und ihm den Job anbot.

Michael Browning: »Er kam rein, schloss seinen Bass an und spielte genau richtig. Die Band war völlig baff: ›Mann, der hat genau das, wonach wir suchen!‹ Na, wie das wohl kommt?«

Ironischerweise hatte Williams kurz zuvor auch bei Manfred Mann's Earth Band vorgespielt, nachdem man dort davon ausging, dass Pattenden zu AC/DC wechseln würde. Am 27. Mai wurde er offizielles Bandmitglied.

Williams war älter als die meisten anderen bei AC/DC. Durch seine Erfahrung wurde er zu einem großen Ruhepol für die Band. Er war am 14. Dezember 1949 in Romford geboren und mit neun Jahren nach Liverpool gezogen. Mit zehn hatte er angefangen, Gitarre zu spielen. Zwei Jahre später trat er bereits in Clubs auf. Als die Beatles durchstarteten und den damals Vierzehnjährigen – wie alle anderen musikinteressierten Menschen – stark beeinflussten, kaufte er sich seinen ersten Bass und stieg schließlich ganz auf den Viersaiter um, weil eine Lokalband dringend einen Bassmann brauchte. Was er sich von den Beatles, den Stones und Ry Cooder auf der Gitarre abgeguckt hatte, rundete er mit einer einzigen Unterrichtsstunde bei einem Bassisten aus seiner Nachbarschaft ab. Denn die komplizierten Läufe, die er dort lernte, waren zwar beeindruckend, aber für die Musik, die ihn begeisterte, kaum zu gebrauchen.

Mit sechzehn verließ Williams, dessen zweite Leidenschaft Motorräder waren, die Schule und nahm einen Job in einer Fabrik an. Doch die Musik behielt immer einen höheren Stellenwert für ihn als der Job. Kurz darauf beschloss seine damalige Band, ins Profilager zu wechseln. Die Entscheidung war richtig: Wenig später erhielten sie das Angebot, vier Shows in einem Liverpooler Club zu spielen.

Beim letzten Konzert flog allerdings der Sänger raus – und der kurze, aber intensive Höhenflug war erst einmal vorbei.

Cliff Williams siedelte nach London über. Dort stand er jedoch nach einem wenig erfolgreichen Intermezzo bei Eddie And His Rock And Roll Show vor dem Nichts. Er hatte kein Geld, keine Wohnung und wusste oft nicht, wo er sich waschen sollte. Er schlief auf der Straße unter ein paar Kartons.

Aber er machte weiter Musik, unter anderem mit der Delroy/Williams Soul Show und anderen Bluesbands. Nebenbei arbeitete er in einem Supermarkt und einer Autowerkstatt, und zwischendurch übernahm er auch Abrissarbeiten.

Im Mai 1970 lernte er über ein Inserat im *Melody Maker* die Gitarristin Laurie Wisefield kennen. Nachdem sich ihre erste gemeinsame Band Sugar wieder aufgelöst hatte, gründeten die beiden mit Mick Stubbs (Gesang) und Mick Cook (Schlagzeug) die Gruppe Home.

Im August 1971 erschien in Europa ihr Debüt *Pause For A Hoarse Horse*. Im November spielten sie im Vorprogramm von Led Zeppelin bei der zweiten *Electric Magic Show* im Wembley

Empire Pool. Anschließend spielten Home gemeinsame Gigs mit Argent, den Faces und der Jeff Beck Group. Im Februar 1972 kam ihr Album auch in den USA in die Läden.

Im September folgte in England ihr zweites Album *Home*, das sehr gute Kritiken erhielt und von den BBC-Moderatoren John Peel und Bob Harris viel gespielt wurde. Der *Melody Maker* bezeichnete die Platte als eine der besten Veröffentlichungen des Jahres.

Home stellten das neue Werk während einer Großbritannientournee als Support von Mott The Hoople vor. Der *NME* zeigte sich sehr beeindruckt von ihrem Auftritt im Londoner Rainbow.

»Die Zuschauer, die neulich beim Gig von Mott The Hoople im Rainbow waren«, hieß es in der Konzertkritik, »sprachen, als sie nach Hause gingen, nur noch von Home.«

Ein besonderer Höhepunkt der Shows war damals, wenn Cliff seinen Bass mit einem Geigenbogen spielte.

Kurz darauf machte die Band zwei Aufnahmen für die BBC und spielte im März 1973 zweimal im Vorprogramm von Slade im Wembley Empire Pool. Ende Juli erschien ihr Konzeptalbum *The Alchemist*, das stark von Louis Pawels' Buch *The Dawn Of Magic* inspiriert war. *Disc* sprach zwar von einem »Geniestreich«, doch kommerziell floppte das Album.

Mike Stubbs stieg kurz darauf aus. Die Band spielte im Mai und Juni 1974 als Begleitband für Al Stewart auf dessen US-Tournee. Als Wisefield schließlich zu Wishbone Ash wechselte, lösten sich Home endgültig auf.

Williams blieb in den USA und gründete die Gruppe Stars, der allerdings nur eine kurze Lebensdauer vergönnt war. Anschließend arbeitete er eine Weile als Studiomusiker und kehrte 1976 nach London zurück, wo er zur Popband Bandit stieß. Deren selbstbetiteltes Album erschien im Januar 1977 und wurde von der britischen Presse recht positiv bewertet.

Höhepunkt der folgenden Monate waren fünf Großbritannien-Konzerte im Vorprogramm des Deep-Purple-Ablegers Paice Ashton Lord im März und April 1977. Damals redete jeder nur von der

Punkbewegung im Zuge des Sex-Pistols-Erfolges – und von einer anderen, sehr angesagten australischen Band namens AC/DC.

Im Mai lösten sich Bandit auf, kamen aber kurzzeitig noch einmal zusammen, um als Begleitband mit dem Urgestein des britischen Bluesrock, Alexis Korner, auf Tour zu gehen. In Wales entstand sogar ein gemeinsames Album, das jedoch nie erschien und erst 1990 in Deutschland unter dem Titel *The Lost Album* veröffentlicht wurde, nachdem die Masterbänder wieder aufgetaucht waren.

Es war zwar eine Ehre, mit Korner zu arbeiten, aber es war kein Engagement, das Cliff Williams' Karriere wirklich voranbrachte. Dann kam der Telefonanruf, der alles änderte: Man bot ihm an, bei AC/DC einzusteigen.

Nach dem erfolgreichen Vorspiel – und drei weiteren Jamsessions mit der Band – ordnete Williams, so gut es in der kurzen Zeit ging, seine Privatangelegenheiten, denn im Juni sollte er mit AC/DC in Sydney auftreten. Und auch sonst stand einiges bevor.

Zum einen sollten AC/DC, nachdem *Let There Be Rock* in den USA erschienen war, nun endlich auf Amerikatournee gehen. Zum anderen musste das nächste Album in Angriff genommen werden. Williams war zu jeder Schandtat bereit: Zum ersten Mal in seiner Laufbahn spielte er bei einer Band, die es nicht nur technisch draufhatte, sondern die auch die Energie besaß, sich richtig durchzusetzen.

Mit Williams verfügten AC/DC über mehr Vielseitigkeit und hatten zudem einen fähigen Backgroundsänger mit an Bord. Bon war außerdem glücklich darüber, dass nun endlich jemand in seinem Alter in der Band war.

Die Aufnahmen verliefen recht produktiv, sodass dabei zumindest das Fundament für das Album gelegt werden konnte, das im folgenden Jahr unter dem Titel *Powerage* erscheinen sollte. Bei den Sessions entstanden unter anderem Songs wie »Up To My Neck In You«, »Kicked In The Teeth Again« und eine frühe Fassung von »Touch Too Much«.

Obwohl AC/DC dank ihrer zunehmend internationalen Verpflichtungen einen immer strafferen Zeitplan hatten, blieb immer noch genug Gelegenheit für Sex.

Angus erinnert sich an den gewöhnlichen Verlauf an Konzertabenden: »Wenn jemand dabei ist, der gut aussieht, dann geht's gleich ins Bett«, erklärte er Jack Mooney von der Zeitschrift *People*. »Wenn da nur Hässliche rumlaufen, ziehen wir noch durch die Stadt.«

An einem der freien Abende stiegen Angus und Bon im Bondi Lifesaver zu Rose Tattoo auf die Bühne, um sich gemeinsam durch eine wilde Version von Chuck Berrys »Johnny B. Goode« und Jerry Lee Lewis' »Whole Lotta Shakin' Goin' On« zu rocken. Angus wälzte sich auf der Bühne, wie es inzwischen Gewohnheit war, und tauchte schließlich so weit ins Publikum ab, wie es sein Gitarrenkabel zuließ.

Angry Anderson (Rose Tattoo): »Bon war einer der wenigen Sänger, den wir zu uns auf die Bühne ließen. Ich war nie begeistert, wenn jemand Fremdes mit meiner Band singen wollte. Aber ihn schätzten wir derart, dass er jederzeit willkommen war. Bon liebte Rose Tattoo. Angus und er haben uns immer sehr unterstützt. Sie sagten: ›Ihr braucht einen Deal und müsst zusehen, dass ihr aus Australien rauskommt.‹ Aber wir fanden keine Plattenfirma, niemand interessierte sich für uns – außer der Polizei. Aber Plattenfirmen wollten nichts von uns wissen. Die Jungs sagten Harry und George Bescheid, die über die Streitereien innerhalb unserer Band hinwegsahen. Sie merkten, dass wir eine talentierte Band waren. Durch sie bekamen wir dann glücklicherweise einen Vertrag.«

AC/DC beschlossen, während ihres Heimaturlaubs im Juli 1977 einen weiteren Termin einzuschieben und ein Video für »Let There Be Rock« zu drehen, um es an die TV-Stationen zu geben, wenn die als Doppel-A-Seite geplante Single erschien. Die grobkörnigen Aufnahmen entstanden teilweise in den Albert Studios, hauptsächlich aber in den Surry Hills bei Sydney in einer Kirche, die heute unter dem Namen Kirk Gallery als Ausstellungs- und Veranstaltungsraum dient.

Um das biblische Thema nach dem Motto »Es werde Rock« zu untermalen, kleidete sich Bon als Priester und trug den Text wie eine Predigt vor. Währenddessen gab Angus den Chorknaben, der mitunter auch als Engel auftrat und einen Heiligenschein trug, der bei jeder Bewegung hin und her wackelte.

Die Aufnahmen führten für Bon zu einem höchst schmerzhaften Erlebnis. Als er am Ende des Songs vom Altar zu den Kirchenbänken sprang, zog er sich eine üble Bänderzerrung zu.

Fifa Riccobono: »Er landete genau vor meinen Füßen! Und wie er das machte, zeigte wieder einmal, was für ein großartiger Performer er war. Bei dem Sprung von der Kanzel war er unglücklich auf die Kante der Altarplattform geprallt und hatte sich dabei übel wehgetan. Aber bei seinem Sturz ließ er sich sofort unter meine Kirchenbank rollen, wo ihn die Kamera nicht mehr einfing. Ich dachte noch, oh Scheiße, weil ich wusste, dass er sich wirklich verletzt hatte, aber glücklicherweise war das der letzte Auftritt, den er für dieses Video leisten musste. Er hatte sich das Knie verdreht, aber im Hotel war eine Ärztin, die sich um ihn kümmerte und mit der er dann gleich ausging. Das war typisch Bon.«

Für ihn war das ein ganz normaler Arbeitstag. Mit Bon konnte man immer etwas erleben.

Im Juli tauchte die ganze Band auch noch einmal im Bondi Lifesaver auf. Bei den beiden Konzerten war Williams erstmals als Bassist zu erleben, allerdings nicht unter idealen Umständen. Denn da es Schwierigkeiten mit seiner Arbeitserlaubnis gegeben hatte, durfte der Brite gar nicht mit AC/DC auftreten – zumindest nicht offiziell.

Daher sollten die Lifesaver-Auftritte offiziell nicht angekündigt werden. Die Band dachte an Benefizkonzerte, die den klammen Liveclub finanziell unterstützen sollten. Allerdings hatte man sich wenig Mühe gegeben, den Namen der Band zu verschlüsseln – unter dem Pseudonym »The Seedies« waren AC/DC schon vorher bekannt. Und bei einer Beschreibung wie »the hottest livewire, high voltage act in the world« musste man kein Nobelpreisträger sein, um zu ahnen, wer dort auf der Bühne stehen würde.

Die Roadies schnappten sich jede Box, die sie auftreiben konnten, und türmten überall Equipment auf, auch in der Bar und vor dem Club.

Phil Eastick: »In dem Laden ging es richtig heiß her. Ich hatte bis dahin schon mehr als hundert AC/DC-Gigs gesehen, aber dies war der beste Auftritt, bei dem ich je dabei war. Einfach überwältigend.«

Im Lifesaver haben sich viele große AC/DC-Anekdoten zugetragen: Angus trat beispielsweise einmal in ein Glas, als er im Entengang zur Bar hinüberwatschelte. Die Sohlen seiner Turnschuhe waren offensichtlich nicht sehr robust. Ein Roadie leistete Erste Hilfe und riskierte Leib und Leben, um Angus' Fuß mit Klebeband zu umwickeln, während der Patient ohne Unterbrechung weiter seine Show ablieferte. Anschließend verschmierte Angus die ganze Garderobe mit Blut.

Angus: »Ich denke, weil das ganze Adrenalin aus mir rausströmte, sah es schlimmer aus, als es war. Es war wie im Film, es sprudelte regelrecht aus mir raus. An dem Abend habe ich ein paar Mädchen vollgeblutet, die dann mit richtig viel Ketchup bekleckert nach Hause gingen.«

Bei Cliffs zweitem Konzert im Lifesaver blieb auch den hartgesottenen Konzertgängern der Mund offen stehen: Der Grund dafür war der Gastauftritt einer Freundin der Band. Fess Parker, der an jenem Abend mit Big Swifty (aus denen später die Radiators wurden) den Anheizer für AC/DC gemacht hatte, erinnert sich:

»Draußen stand ein Bus mit einem mobilen Studio, das den Auftritt mitschnitt. Die Leute standen auf den Tischen, auf der Bar, sie hingen sogar an den Wänden. Wir hatten unser Set gespielt, und ich ging nach vorn, um mir AC/DC anzusehen. Da kam ein Mädchen auf die Bühne, schnappte sich Bons Mikrofon und schob es sich unter den Rock! Ich konnte es nicht glauben! Das ist Rock 'n' Roll! Gleichzeitig musste ich so lachen, weil mir einfiel, dass sich der Typ im Aufnahmewagen bestimmt fragte: ›Wo sind denn die hohen Frequenzen hin? Was geht da ab?‹ Sie hatte das Ding richtig in sich drin! Hinten im Publikum wurde gejohlt und geklatscht, also ging ich mal nachschauen, was da los war: Ein Roadie hatte eine Frau vor sich auf einem Tisch und gab ihr eine schöne Vollbedienung, während alle Leute drum herum standen und klatschten.«

Fifa Riccobono: »Es war unglaublich – ich dachte nur: Das ist Rock 'n' Roll! Ganz offensichtlich hatte die Lady jede Menge Spaß, und alle Umstehenden feuerten sie an. Ich war wie vom Donner gerührt. AC/DC gaben zwei fantastische Gigs in dem Laden. Die Leute standen zusammengequetscht wie die Ölsardinen, so voll war es, und Angus war überwältigend.«

Angus: »Es war das reinste Babylon!«

Obwohl die Shows ein Riesenerfolg waren, nahmen es einige Leute AC/DC übel, dass sie Williams angeheuert hatten und in anderen Teilen der Welt immer beliebter wurden. Viele in der australischen Punkrockszene, die Radio Birdman und die Saints mochten und auch AC/DC wegen ihrer Intensität, Ehrlichkeit und Energie geschätzt hatten, wandten sich von der Band ab.

Roger Grierson (The Thought Criminals): »AC/DC wurden zu beliebt. Birdman waren weiter cool, weil sie eben Underground waren. Zu dieser Zeit herrschte ein richtiger Krieg. Es gab ganz klare Vorgaben, wer in und wer out war – oder wer als uncool galt, weil er zum Beispiel bei *Countdown* aufgetreten war. Cliff Williams sah einfach zu gut aus für diese Zeit – schließlich war es der Höhepunkt der Punk-Ära. Alle waren sich einig: AC/DC hatten sich verkauft. Wie hatte Nick Cave gesagt: ›1977 war das Jahr, in dem wir den großen Kampf ausfochten.‹ Dabei sahen wir aber niemanden von AC/DC auf unserer Seite. Sie waren beim Kampf gegen die Konventionen nicht angetreten. Wir brauchten Rekruten, aber sie blieben weg.«

Deniz Tek (Radio Birdman): »Ich erinnere mich, dass ich eifersüchtig auf die Leichtigkeit war, mit der sie nach oben gekommen waren. Für uns war ihre Musik dasselbe lahme Siebziger-Boogie-Zeug, das damals überall lief. Sie standen auf einer Stufe mit Foghat oder Lobby Loyde And The Coloured Balls. Wir waren zwar Easybeats-Fans, aber es herrschte die Meinung vor, dass AC/DC es nur aufgrund der familiären Beziehungen so weit gebracht hatten. Sie waren der ›Feind‹, weil sie diesen Mainstreamstatus hatten. Das war nichts Persönliches.«

Malcolm und Angus war es scheißegal, was andere Leute über sie dachten – und die Meinung der australischen Punkszene interessierte sie schon gar nicht.

Für sie war Punkrock, selbst wenn man die von den MC5 und den Stooges beeinflussten Radio Birdman dazuzählte, eine Mischung aus Amateurmusik und Modetrend. Sie hatten nur Verachtung für die Szene übrig. Allerdings räumte Malcolm später ein, dass die Bewegung durchaus ihr Gutes gehabt hatte: Sie habe schließlich die Hippies gekillt.

Um die Weihnachtstage herum war eigentlich eine Tournee in Australien mit einer englischen Band geplant, aber AC/DC hatten wenig Lust darauf, sich wieder mit wankelmütigen Stadtverwaltungen herumzuschlagen. Davon abgesehen wussten AC/DC schon lange, dass Australien sie schon allein wegen der geringen Bevölkerungszahl nicht weiter voranbringen würde.

Es war an der Zeit, sich größeren Plänen zuzuwenden.

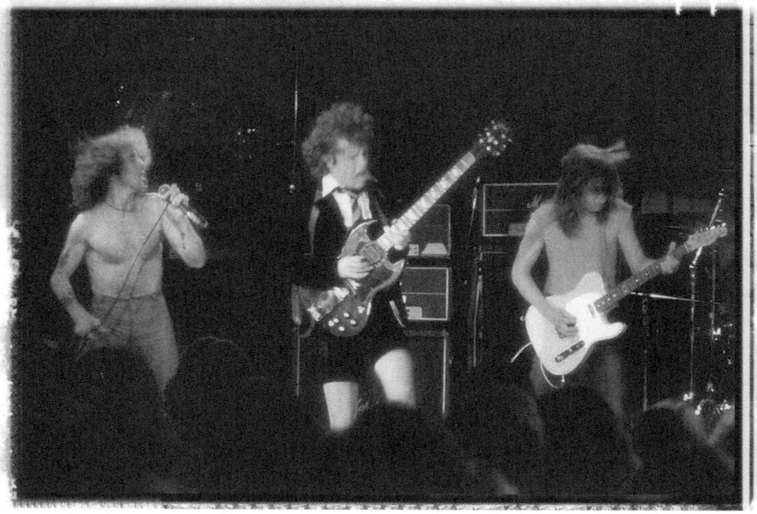

1977

Bitte nicht mit den Grateful Dead verwechseln:
Bon, Angus, Malcolm im Old Waldorf in San Francisco

14. Kapitel

DAS GELOBTE LAND

Kurz bevor die Sonne unterging, saß der australische Radiopionier Barry Chapman für ein Interview mit Jimmy Page von Led Zeppelin zusammen. Am Ende des Gesprächs, das in Pages Hotelzimmer stattfand, fragte Chapman, wer künftig die Bands sein könnten, die in die riesigen Fußstapfen von Led Zep treten.

Page reichte Chapman zwei Kassetten. Auf einem Tape waren The Clash, die gerade auf dem Weg an die Spitze der britischen Punkszene waren, auf dem anderen AC/DC.

Für die Australier war die Eroberung von Amerika das heiß ersehnte Ziel. Zu Beginn ihrer Laufbahn hatten sich AC/DC kaum Gedanken über die Staaten gemacht. Das australische Fernsehen hatte in den 1960ern und 1970ern England – die Heimat der Beatles, Stones und von The Who – als den Olymp des Musikgeschäfts gepriesen und als jenen Markt, den man erobern musste, um von der Welt wahrgenommen zu werden.

Nachdem AC/DC aber in England angekommen waren, erkannten sie schnell, dass sie sich trotz des großen Erfolgs viel eher auf die andere Seite des Atlantiks konzentrieren mussten. Nicht zuletzt auch deshalb, weil die USA das Geburtsland des Rock 'n' Roll waren und viele Helden von Malcolm, Angus und Bon beheimateten.

Jerry Lee Lewis, Little Richard, Fats Domino, Chuck Berry, Muddy Waters und Howlin' Wolf wurden im Zeichen des Sternenbanners geboren, ebenso Jazzgrößen wie Louis Armstrong, Miles Davis und John Coltrane. Und natürlich gehörten auch Elvis und Graceland, die Stax Studios und Chess Records nach Amerika.

Schon allein deshalb war die erste Reise in die USA für AC/DC beinahe so etwas wie eine Pilgerfahrt und ein ähnlich großer Moment wie für Angus und Malcolm der erste Besuch eines Konzerts der Stones. Zudem war es nach den Erfolgen in England ein ganz natürlicher Schritt, nun auch die USA erobern zu wollen.

Dabei hatten Malcolm und George nicht vergessen, dass die Easybeats es in den USA nur mit Mühe zu Kultstatus gebracht hatten. Auch das machte einen AC/DC-Erfolg dort so erstrebenswert.

Die US-Veröffentlichung von *Let There Be Rock* am 15. Juni 1977 war ein Achtungserfolg gewesen. Das Album hatte sich gegen Trends wie Disco und Softrock behauptet, die damals die Radiosender und Tanzflächen beherrschten. Bei Atlantic stand man inzwischen auch hinter der Band.

Phil Carson: »Ich hatte mit Atlantics amerikanischem A&R-Manager John Kalodner gesprochen und ihm gesagt: ›Wir haben eine Band, die uns sehr wichtig ist. Dein Vorgänger hat nicht viel von *Dirty Deeds* gehalten und es nicht veröffentlichen wollen. Aber komm nach England und sieh dir an, wie sie drauf sind.‹ Das tat er, ebenso wie der Atlantic-Präsident Jerry Greenberg. Beide erkannten, welches Potenzial in AC/DC schlummerte, und entschieden, *Let There Be Rock* in den Staaten zu veröffentlichen.«

Die Platte erschien mit anderen Songs als in Australien – »Crabsody In Blue« wurde durch »Problem Child« ersetzt – und mit einem völlig anderen Cover. Über dem Livefoto der Band auf der Vorderseite prangte in der US-Version zum ersten Mal überhaupt das Bandlogo in dem kühlen Metalldesign, das Atlantics

Artdirector Bob Defrin entworfen hatte. Es sollte über die Jahre zu AC/DCs Markenzeichen werden.

Insgesamt war *Let There Be Rock* die ideale Vorbereitung für den bevorstehenden Großangriff.

Perry Cooper, der 1977 bei Atlantic als A&R-Chef anfing: »Jerry Greenberg zeigte meinem früheren Boss [Michael Klenfner] und mir einen Filmclip von AC/DC. Wir hatten ihre Songs vorher schon gehört, die Musik hatte uns gefallen, aber gesehen hatten wir sie noch nie. Meinen Boss interessierte die Sache nicht, also gab er mir die Aufzeichnung. Ich flippte völlig aus. Ich hatte diesen Entengang zwar schon bei Chuck Berry gesehen, aber eine Rockband wie diese hatte ich noch nie erlebt. Also beschlossen wir, die Band in die Staaten zu holen und auf Tour zu schicken. Die Entscheidung fiel zu einer Zeit, als das Label darüber nachdachte, AC/DC in den USA fallen zu lassen. Denn sie kriegten einfach kein Airplay, wegen ihrer anzüglichen Texte mieden die Radiosender sie wie die Pest.«

Als Perry Cooper die Band persönlich kennenlernte, hatte er gleich das Gefühl, Cliff Williams von irgendwoher zu kennen. Dann fiel es ihm wieder ein.

»Ich fragte ihn: ›Sag mal, hast du nicht vor ein paar Jahren mal bei Al Stewart gespielt?‹ Und er erwiderte: ›Psssst. Erzähl das bloß keinem!‹«

Der erste Teil der US-Tournee begann am 27. Juli in Texas. Hinsichtlich des Benehmens unterwegs war die Band zwar zu äußerster Disziplin angehalten, aber Bon folgte wie gewohnt nur seinen Instinkten, was Zeit, Raum und Richtung anging.

Auf dem Weg nach Texas ging er verloren, weil ihn eine Mexikanerin am Flughafen so faszinierte, dass er seinen Flug verpasste. Um die Wartezeit bis zum nächsten zu überbrücken, vergnügten sich die beiden in einer Bar, in der Bon nebenbei noch mit den Gästen ein Billardturnier veranstaltete – und dabei alle Gegner abzog.

Unglücklicherweise fanden die Freunde der Besiegten – so ziemlich alle Anwesenden – Bons Glückssträhne nicht besonders erquicklich. Bon merkte schnell, dass die Stimmung umschlug, verlor aus strategischen Erwägungen ein paar Spiele und machte sich dann hastig auf den Weg.

Die erste Show der 27 Konzerte umfassenden Tour fand im Vorprogramm der angesagten kanadischen Band Moxy im World Armadillo Headquarters statt, einem scheunenartigen Gebäude in Austin. Plötzlich war Bon wieder verschwunden.

Tourmanager Ian Jeffery: »Wir hatten schon ein paar Tage vor Ort geprobt, doch am Tag der Show hieß es plötzlich: ›Wo ist Bon?‹ Eine halbe Stunde vor Einlass und zwei Stunden nach dem Soundcheck kam dieser Scheiß-Pick-up angerauscht, in dem er mit einem Haufen Mexikaner hockte. Er war mit ihnen zum Feiern an einem See gewesen, und sie hatten beschlossen, ihn zu seinem ersten Gig zu fahren.«

Die Show war eine echte Feuertaufe. Ganz geheuer war den Texanern dieser bekloppte Gitarristenzwerg nicht. Daher bereitete sich die Band vor dem Gig schon auf einen Hagel Wurfgeschosse vor. Stattdessen aber wurden sie wie Heilsbringer gefeiert.

Der AC/DC-Roadie und spätere Autor Barry Taylor hatte nie zuvor ein Publikum erlebt, das derart ausrastete: »5000 Texaner tobten in unterschiedlichen Stadien der drogen- oder alkoholbedingten Ausgelassenheit«, schrieb er 1990 in seinem Buch *Singing In The Dark* über das texanische Publikum.

Eine solche Reaktion so weit weg von zu Hause stärkte das Selbstwertgefühl der Band rapide. Sie wussten, dass sie es draufhatten, obwohl die Amerikaner oft überrascht reagierten, wenn sie feststellten, dass diese energiegeladene Musik von so winzigen Menschen gemacht wurde.

Angus: »Als ich zum ersten Mal nach Amerika kam, waren die Frauen, die uns anbaggerten, oft regelrechte Amazonen. Wenn sie an die Tür klopften, sagte ich ihnen dann meist: ›Tut mir leid, ich bin nur Angus' Assistent.‹«

Die besagten Türen befanden sich nicht unbedingt in Fünf-Sterne-Unterkünften. Das Budget war knapp bemessen, Luxus gönnten sich die Musiker nur selten. Allerdings war die US-Tournee auch nicht als Urlaubsreise geplant gewesen.

Ian Jeffery: »Wir, die Crewmitglieder Barry Taylor, Keith Evans und ich, waren mit einem vier Meter langen Van unterwegs. Die Band fuhr mit den Gitarren in einem Kombi. Wir hielten immer bei Restaurants der Fast-Food-Kette Dairy Queen. Damals bekamen wir kein Verpflegungsgeld. Wir legten unser Geld zusammen, holten Eis und tankten, dann ging's weiter zum nächsten Gig.«

AC/DCs Fortbewegungsmittel wurden auch insofern zum Problem, dass die Sicherheitskräfte bei den Shows nicht glaubten, dass Stars tatsächlich ohne Limousine anreisten.

Angus: »Bei vielen Gigs brauchten wir ewig, um der Backstage-Security klarzumachen, dass wir zur Show gehörten. Die meisten Bands kamen in großen Limos an.«

Was das Marketing anbetraf, wurde auf dieser Tournee hingegen nichts dem Zufall überlassen. Barry Bergman von EB Marks Music, Alberts Verlagspartner in den USA von 1976 bis 1982, berichtet, wie viel Mühe man sich gab, damit die Band keine ungewollte Publicity bekam:

»Ein Roadie in Texas erzählte, dass jemand von der Drogenbehörde in den USA zum Konzert kam und die Garderobe untersuchte. Solange ich die Jungs kenne, hatten sie nie etwas mit Drogen am Hut. Sie tranken sehr viel, abgesehen von Angus. Aber in der Garderobe lag wohl Haschisch rum, und Michael Browning schickte den Roadie gleich wieder zurück nach Australien. Browning war deshalb so vorsichtig, damit es später keine Probleme bei der Einreise gäbe. Er wollte keine Groupies in den Bussen, er wollte keine Drogen backstage, und er ließ nicht zu, dass irgendwelche Leute mit Werweißwas im Gepäck zu ihnen hinter die Bühne kamen. Einmal gingen wir nach einem Konzert in einer Stadt in Texas essen. Angus fragte einen der Typen am Tresen, ob er Tee haben könnte. Der Typ dachte, er wolle Drogen, und führte ihn daher nach hinten, in die Küche. Als Angus wieder zurückkam, war er stinksauer. Er sagte: ›Das glaubt man nicht – da will ich nichts als eine Tasse Tee, und der will mir Drogen andrehen!‹«

Die Auftritte der Band in Florida verliefen in einem relaxteren Rahmen: AC/DC waren zusammen mit REO Speedwagon unterwegs, die damals noch keine Softrockstars waren, sondern noch der Hardrockfraktion angehörten. Am ersten Abend waren beide Co-Headliner in Jacksonville, AC/DCs damals größter Fanbasis in USA. Der Gig fand vor 8000 Leuten statt.

Hier stießen die Australier auf berühmte Lokalgrößen, nämlich auf einige Mitglieder von Lynyrd Skynyrd. Die Bands stellten untereinander schnell eine gewisse Seelenverwandtschaft fest, denn auch für Lynyrd Skynyrd spielten Ehrlichkeit und Familiensinn eine große Rolle. Bon und Skynyrd-Sänger Ronnie Van Zant verband zudem, dass sie beide auf ihre Art und Weise Dichter waren. Einem Bericht zufolge tauchten Bon, Angus, Malcolm und Cliff sogar bei einer Skynyrd-Probe auf und spielten mit ihnen »Sweet Home Alabama«.

Die berühmte Gastfreundschaft der Südstaaten lernten AC/DC auch kennen, als sie mit Charlie Daniels bei einem Benefizkonzert für Muskeldystrophiekranke, dem sogenannten Day For The Kids, im Spartatorium in Hollywood, Florida, auftraten. Wie beliebt sie in dieser Gegend waren – ganz anders als in Australien –, ließ sich daran ablesen, dass sie vom Bürgermeister die Schlüssel der Stadt überreicht bekamen. AC/DC kamen aus dem Grinsen praktisch gar nicht mehr heraus.

Die folgenden Tage waren Off-Days, daher boten ihnen die großzügigen Skynyrds das bandeigene Flugzeug an, damit AC/DC und die anwesenden Atlantic-Betreuer wie Perry Cooper zum nächsten Konzert der Südstaaten-Rockband mitreisen und von dort zum nächsten eigenen Gig fliegen konnten.

Angus litt immer noch unter Flugangst und hatte zudem auch keine große Lust auf eine Nonstop-Party. Malcolm hingegen fand die Idee klasse und sagte gern zu. Dann allerdings verlangte seine damalige Freundin und spätere Frau O'Linda, dass er die knappe Freizeit zwischen den Konzerten mit ihr verbrachte, und so sagte er die nette Mitfluggelegenheit schließlich dankend ab.

Bon genoss derweil die Früchte des AC/DC-Erfolgs: Jedes Mal, wenn er auf die Bühne marschierte, wuchs sein Selbstbewusstsein.

»Kennt ihr den schon?«, fragte er die begeisterte Menge in West Palm Beach. »Moment, ich warte, bis Angus sich ausgezogen hat. Habt ihr schon mal einen nackten Australier gesehen? Da gibt's nichts zu sehen, er ist zu klein.«

Als dann »The Jack« gespielt wurde, ging Bon völlig aus sich heraus.

»Habt ihr so was hier in Amerika überhaupt?«, fragte er. »Hier gibt's doch auch Geschlechtskrankheiten, oder? Hier gibt's doch Tripper?«

Das Publikum brüllte. AC/DC hatten mit dem Tabubruch so richtig eingeschlagen.

Auf dieser ersten Tour konzentrierte sich die Band zunächst auf die eher abseits gelegenen Regionen. Der Grund dafür war, dass die ersten US-Fans der Band vor allem in der Provinz zu Hause waren. Orte wie Austin, Texas, oder Columbus, Ohio, wurden bald zu wichtigeren AC/DC-Bastionen, als die Band sie sich je in England erspielt hatte.

Doug Thaler: »Das erste Mal, als ich ihnen einen Auftritt in Columbus buchte, spielten sie zwei Abende hintereinander in einer kleinen Halle und lockten etwa 4000 Leute an. In Jacksonville, Florida, spielten sie gleich das erste Mal vor 8300 Zuschauern. Daran kann man schon sehen, wie stark das Publikum auf ihre Musik reagierte. Ich meine, wenn man die Musik hört, will man die Band dazu auch sehen, denn ihr Sound klingt, als ob sie live richtig abgehen. Und bei den Konzerten enttäuschten sie diese Erwartungen auch nicht. Wenn man erwartete, dass sie gut waren, übertrafen sie sich noch – sie waren großartig.«

Dennoch erforderte die Eroberung Amerikas eine andere Strategie als in Europa.

Michael Browning: »In Großbritannien ist die Medienlandschaft so konzentriert, dass man auf die Presse bauen kann: Man gibt ein großes Konzert in London. Davon erfahren garantiert das ganze Land und ganz Europa. Aber in Amerika kann man einen Riesengig in Columbus spielen und jenseits der Stadtgrenzen spricht niemand darüber. Daher planten wir, dorthin zu gehen, wo AC/DC schon ein bisschen Airplay bekommen hatten, um darauf aufzubauen. Es lief dann so, dass sie an Orten wie Columbus vor einem begeisterten Publikum standen und bei der nächsten Station, in Cleveland, wieder gar nichts los war. Überhaupt nichts. Und in Jacksonville, Florida, war es genauso. Der erste Gig im Coliseum war ausverkauft, und um die Ecke, in Orlando oder so, spielten sie vor zwanzig Leuten. Aber wenn sie Airplay bekamen, dann richtig viel, weil die Hörerreaktionen immer sehr gut waren. In Jacksonville waren sie dann eine der meistgespielten Bands im Radio – aber nirgendwo sonst. Wir waren in Miami für eine große Show gebucht, aber da die Werbung dort nicht richtig klappte, wurden wir sogar dafür bezahlt, dass wir nicht auftraten, weil es so für den Veranstalter billiger war, als einen Flop mit uns zu landen. Hier habt ihr 1500 Dollar – jetzt haut ab! Wir mussten mitnehmen, was wir bekommen konnten, und darauf hoffen, dass uns die nächste Platte auf eine neue Sprosse der Karriereleiter führen würde, wo man dann einige der Lücken würde schließen können. Das war eine ganz normale Entwicklung.«

Entscheidend für den frühen Erfolg der Band in den Südstaaten war Sidney Drashin, ein Promoter in Jacksonville, der als einer der ersten Amerikaner die Faszination entdeckte, die von AC/DC ausging.

Michael Browning: »Es waren vermutlich diese beiden Bastionen, Jacksonville und Columbus, die Atlantic zu der Überzeugung brachten, dass AC/DC in den USA wirklich funktionieren könnten.«

Die Tour führte sie weiter in den Mittleren Westen, wo die Band als Headliner mit Foreigner und Mink DeVille im Vorprogramm spielte, sogar mit Johnny Winter, was Malcolm und Angus besonders begeisterte.

Kurz zuvor war Winters Album *Nothing But The Blues* erschienen, auf dem auch Muddy Waters mit seiner Band zu hören war. Der Texaner hatte zudem Waters' Comeback *Hard Again* produziert und ihn als Gitarrist begleitet; der Sound dieser Platte sollte später als Blaupause für ein AC/DC-Studioalbum dienen.

Am 13. August 1977, drei Tage vor Elvis' Tod, erreichte *Let There Be Rock* in den *US-Billboard*-Charts mit Platz 154 die bis dato höchste Position. Es war ein bescheidener Erfolg, aber nichtsdestotrotz eine beachtliche Leistung. Trotzdem wurden sie beim ersten Gig in St. Louis nicht gefeiert – im Gegenteil.

Gleich nach der Show brach in der Bar eine Schlägerei aus, ganz wie in den Anfangstagen, als AC/DC durch die australische Provinz getourt waren. Bon wollte seine teuren neuen Zähne nicht gefährden, aber als Angus angegriffen wurde, war er als inoffizieller Bodyguard des Gitarristen gefordert. Er schnappte sich ohne zu zögern einen Stuhl und schlug einen der Krawallbrüder zu Boden.

Nachdem sich AC/DC im Mittleren Westen und in den Südstaaten durchgesetzt hatten – und das, ohne dass Angus' oder Bons Gesicht dauerhaft beschädigt worden war –, wurde es allmählich Zeit für die Eroberung der großen Städte. Als Erstes ging es nach New York. Weil es ihr erster Besuch dort war, wollte ihnen Perry Cooper von Atlantic die Stadt zeigen. Er organisierte Tickets für ein Spiel der Yankees und schickte eine Limousine zum Hotel der Band, um die Musiker abzuholen. Auf dem Weg in die Bronx lief ihnen das berühmteste Paar New Yorks über den Weg.

Perry Cooper: »Irgendwo auf der Park Avenue mussten wir an einer Ampel halten. Da gingen John und Yoko gerade an uns vorbei. Die Jungs sind völlig ausgerastet!«

Das Konzert in New York fand am 24. August im Palladium statt. Es hatte Doug Thaler einige Mühen gekostet, diesen Gig an

Land zu ziehen, doch der Agent musste enttäuscht feststellen, dass der Band beim wichtigen New Yorker Debüt nicht einmal ein Soundcheck gegönnt wurde.

Der Auftritt im Palladium war kurz und gewohnt wild, weshalb es Barry Bergman umso mehr ärgerte, dass es ihm nicht gelungen war, die wichtigen Radio-DJs zum Kommen zu bewegen, damit sie AC/DC im Vorprogramm der Lokalmatadore The Dictators live erlebten. Die beiden Bands kannten sich schon von einigen Gigs in kleineren Städten.

Andy Shernoff (The Dictators): »Sie waren freundliche, bodenständige Jungs, die im Gegensatz zu vielen anderen Bands zur damaligen Zeit als Supportband absolut kooperativ waren. Ich mochte vor allem Bon, der sehr witzig war. Er erinnerte mich an einen Seemann. Vielleicht lag es an den Tätowierungen auf seinem Arm, so was hatten damals nur Seeleute. New York war unsere Stadt. AC/DC standen im Programm nur an dritter Stelle. Sie spielten gut, aber ich kann mich nicht erinnern, dass sie beim Publikum sonderlich gut angekommen wären.«

Angus präsentierte im Palladium zum ersten Mal eine Gitarre mit Sender, durch den er auf der Bühne und im Zuschauerraum unbegrenzte Bewegungsfreiheit erhielt. Er war einer der ersten Gitarristen, der die von Kenny Schaffer entwickelte Technik bei seinen Auftritten testete.

Ein kleines Problem ergab sich, als er bei dem Gig sogar die Halle verließ, um anschließend triumphierend mitten durchs Publikum im Entengang auf die Bühne zu watscheln. Die Sicherheitskräfte wollten ihn nicht mehr hineinlassen, überlegten es sich dann aber anders, als ihnen die AC/DC-Roadies verständlich machten, dass entweder Angus rein- oder sie mit den Sicherheitskräften rausgehen würden. Angus durfte wieder rein.

Um Mitternacht stürmte die Band, noch mit schweißnassen Haaren vom Palladium-Gig, den New Yorker Punkclub CBGB's als Vorgruppe der Marbles. Im Vorfeld waren Bon und Angus vom New Yorker Magazin *Punk* interviewt worden, das den Artikel in seiner Ausgabe vom Mai 1978 brachte. Die amerikanische Punkszene unterschied sich stark von der englischen. Sie hatte noch weniger mit der Attitüde von AC/DC gemein als die britischen Punks. Allerdings bewies Bon, dass er mindestens so schocken konnte wie ein Punk.

Er erzählte dem Interviewer John Holmstrom unter anderem, dass er von großartigem Oralsex geträumt habe, bei dem er »durch den Mund bis runter zur Lunge fickte«.

Einige Zuschauer aus dem Palladium folgten den Australiern für ein paar Absacker ins CBGB's.

»Lang lebe der König, Angus Young!«, kreischte eine Frau, die mit einem kleinen Grüppchen anderer neben David Johansen stand, dem ehemaligen Sänger der New York Dolls.

»Oh Mann, was für Beine!«, schrie eine andere. »Haste mal ein Streichholz?«, brüllte jemand von hinten, zweifelsohne als Anspielung auf Angus' streichholzdünne Beine.

Die Band zeigte nach dem Auftritt im Palladium keinerlei Ermüdungserscheinungen, begann druckvoll wie immer mit »Live Wire« und setzte den Gig mit einer wilden Version von »She's Got Balls« fort. Bei einer Gelegenheit nutzte Angus die neu gewonnene Freiheit ohne Gitarrenkabel, tänzelte hinaus aus dem Club und ging mit der Gitarre die Straße auf und ab. Das CBGB's war im Übrigen auch kein Ort, an dem er sich besonders wohlfühlte.

Angus: »Das war eine Pissbude! Und genauso haben wir den Laden auch genutzt. Ich hatte gedacht, ich hätte schon alles erlebt, aber das CBGB's war wirklich übel.«

Auch Ahmet Ertegün war bei dem Konzert zugegen. Gerüchteweise pinkelte Bon backstage gerade in eine Flasche, als der elegante Atlantic-Chef eintrat.

Es war jedoch Angus' brillantes Gitarrenspiel, das Ertegüns Aufmerksamkeit erregte. Angus berichtete später, dass der Boss ihn viele Jahre lang immer wieder darauf ansprach, ob er nicht ein Blues-Soloalbum aufnehmen wolle.

Damals hatte Browning allerdings immer noch den Eindruck, dass Atlantic überhaupt keine Ahnung hatte, was sie mit AC/DC anstellen sollten.

»Ehrlich gesagt, ich glaube, die Amis begriffen gar nicht, welches Potenzial in AC/DC steckte. Lediglich Phil Carson in London glaubte an sie. Er setzte sich sehr für die Band ein.«

Welche Einstellung bei den Marketingmeetings von Atlantic auch vorherrschten, AC/DC reisten in dem Wissen wieder ab, dass sie in New York großen Eindruck hinterlassen hatten. Sie waren fest entschlossen, sich in dem Markt durchzusetzen, der von Softrockern wie den Eagles, Fleetwood Mac und auch von ihren australischen Kollegen von der Little River Band beherrscht wurde.

Auch abseits der Musik taten sie alles, um dafür zu sorgen, dass sie niemand mit Bands dieser Art in Verbindung brachte. Bei einem Gig erhielten sie mehrere Tausend Dollar extra, nur damit Angus seine Hosen anbehielt und Bon keine Kraftausdrücke benutzte.

Als Nächstes stand Los Angeles auf dem Programm. Angus stellte erneut entsetzt fest, dass es immer noch Leute gab, die seine endlose Energie auf der Bühne auf den Gebrauch von Drogen zurückführten.

Damals war auch Bob Daisley in der Stadt. Er kannte Bon aus der Zeit, als sie beide in den Sechzigern und frühen Siebzigern durch Australien getourt waren. In der Zwischenzeit war er bei Ritchie Blackmore als Bassist von Rainbow eingestiegen.

Bob Daisley: »Ich übernachtete im Sunset Marquis in West Hollywood. Wir saßen am Pool, es war ziemlich warm, und Bon meinte, er hätte Lust auf ein Bier. Ich gab ihm die Schlüssel zu meinem Zimmer und sagte, er solle sich eins holen. Ein bisschen später kam er mit einer kalten Dose zurück und sah gleich viel entspannter aus. Als ich später wieder auf mein Zimmer ging, lachte ich mich fast kaputt. Er hatte oben auf die Minibar einen Dollar gelegt! So war er eben – sehr höflich und nett.«

Ab dem 29. August hatten AC/DC ein dreitägiges Engagement im Whisky auf dem Sunset Strip in West Hollywood. Ähnlich wie das Londoner Marquee war auch das Whisky ein legendärer Rockclub, in dem bereits die Doors, Byrds und Velvet Underground, aber auch britische Legenden wie die Stones, The Who oder Kinks aufgetreten waren.

Drei Tage waren eine ziemliche Herausforderung, insbesondere, weil die Radiosender in L. A. sich bis dato nicht besonders für die Band interessiert hatten. Auch wenn die Gigs nicht sonderlich gut besucht waren – einer Schätzung zufolge verirrten sich am ersten Abend gerade mal achtzig Zuschauer in den Club –, waren trotzdem viele hochkarätige Rockstars unter den Gästen, wie etwa Iggy Pop oder Steven Tyler von Aerosmith. Hinsichtlich der geschäftlichen Entwicklung war besonders die Anwesenheit von Gene Simmons von Kiss interessant. Simmons war von dem, was er sah, höchst beeindruckt.

Gene Simmons: »Es war so, als ob man eine Armee von Soldaten über den Kamm eines Hügels kommen sieht. Nichts ruft weniger Angst hervor, als wenn diese Soldaten in Reih und Glied marschieren und in ihren Gesichtern keine Gefühlsregung zu lesen ist. Aber wenn man Soldaten sieht, die nicht geordnet vorrücken, sondern die ausflippen, sich wie Barbaren auf die Brust trommeln und den Abhang hinunterstürmen – dann läuft es einem kalt über den Rücken. Dann denkt man: ›Ach du Scheiße, die machen Ernst!‹ Wenn man diese Barbaren sieht, dann denkt man nur: ›Au weia! Weg hier!‹«

Simmons kam nach dem Konzert hinter die Bühne und lud Angus in ein 24-Stunden-Restaurant von Denny's ein.

»Wir saßen da und redeten. Ich erklärte: ›Ihr werdet es schaffen, eure Band wird durchstarten, und ich möchte daran beteiligt sein. Was hältst du davon, wenn wir euch mit auf Tour nehmen?‹«

Nachdem sie die Show von Kiss im Vorjahr im Hammersmith Odeon in London erlebt hatten, wussten AC/DC genau, was das Angebot von Simmons bedeutete: Ein riesiges, enthusiastisches

Publikum, das auf laute, harte Musik abfährt – und das alles in Amerika.

Im Whisky benutzte Bon erstmals ein drahtloses Mikrofon. Sein Erfinder Kenny Shaffer war ebenfalls beim Konzert, um zu sehen, wie sich sein Gerät im Alltag bewährte.

Im weiteren Verlauf der Tour wurde die drahtlose Technik von der ganzen Band übernommen. Abgesehen davon, dass Angus mehr Mobilität genoss, gab es auch weniger Kabelsalat auf der Bühne, was die Konzerte auch für die Roadcrew angenehmer und sicherer machte.

Angus konnte sich noch gut erinnern, wie er ein paar Jahre zuvor schweißnass auf der Bühne gestanden und einen Stromschlag bekommen hatte. Und das, obwohl er Gummisohlen trug. Ein Roadie, der ihm zu Hilfe eilte und nach seiner Gitarre griff, wurde von der Spannung gegen die nächste Wand geschleudert.

Auch für Bon war die kabellose Ausrüstung ein Segen, da er Angus bisher mit 30 Metern Gitarrenkabel durch die Menge zu tragen pflegte. Die Strippen verhedderten sich dabei immer wieder einmal um Arme und Hälse der Fans. Nun stürzte Angus sich zunehmend allein ins Publikum. Bon zog sich in diesen Minuten für einen Drink oder eine Zigarette hinter die Bühne zurück, um zu Atem zu kommen. Allerdings hatte er auch nichts gegen die Ausflüge mit Angus auf den Schultern, denn dabei konnte er die Frauen aus der Nähe einer genaueren Begutachtung unterziehen und bei unerwünschten Berührungen seinem kleinen Reiter die Schuld zuschieben.

Der Einsatz neuester Technologie bei AC/DC war kein Indiz dafür, dass die Band jetzt aus dem Vollen schöpfte. Unnötige Ausgaben für Luxus gab es nach wie vor nicht.

Barry Bergman: »Sie waren mit ihrem Geld sehr behutsam. So gut verdienten sie noch nicht. Sie waren sehr praktisch und realistisch. Ihre Arbeitsdisziplin war unvergleichlich – ich kannte keine Band, die härter arbeitete. Es ging ihnen nur um eines – dass die Show lief. Sie ließen dabei auch nicht die Stars raushängen, fuhren weder in Limos noch in irgendwelchen anderen abgefahrenen Karren. In New York fuhren sie mit dem Bus oder nahmen sich ein Taxi. Sie nutzten öffentliche Verkehrsmittel.«

Im September, als »Problem Child« in Amerika erschien, plante die Band zwei Konzerte am 2. und 3. September im Old Waldorf in San Francisco. Im Gegensatz zu ihren Gigs im Whisky kamen hier jeden Abend respektable 750 Zuschauer, was auf ein wesentlich besseres Airplay schließen ließ, für das vor allem der örtliche DJ Bill Bartlett verantwortlich war.

Beim zweiten Konzert war das Publikum besonders begeistert und bekam zum Dank einige unveröffentlichte Songs zu hören, die AC/DC vor ihrer Abreise aus Australien aufgenommen hatten: »Up To My Neck To You« und »Kicked In The Teeth Again«. Obwohl die Zuschauer sich den ganzen Abend höchst begeistert gezeigt hatten, explodierte Angus am Ende der Show.

»Los! Kommt hoch mit eurem Arsch und steht auf!«, brüllte er mit der Aggressivität, die das ganze Konzert geprägt hatte. »Macht euch keine Gedanken wegen der Sitze hier«, fügte Bon diplomatisch hinzu. »Die sind dazu da, dass man sich draufstellt!«

In San Francisco lernte Bon wieder einmal neue Freunde kennen, die selbst Alkohol brannten. Prompt verschwand er für drei Tage. Als er schließlich wieder auftauchte, stand das letzte Konzert der Tour am 7. September auf dem Programm: Ein Gig im 4 O'Clock Club, einem Mafialokal in Fort Lauderdale, Florida, der für eine Veranstaltung der Plattenfirma genutzt wurde.

Perry Cooper: »Es war völlig hirnrissig. Der Laden war voll mit Samt ausgeschlagen und total plüschig – echt Mafia. Mehr kann ich dazu nicht sagen.«

Insgesamt gesehen waren die US-Shows aber ein großer Erfolg.

Perry Cooper: »So allmählich entwickelten sich kleine Stützpunkte wie Cleveland, Philadelphia oder die Gegend um San Francisco. Das wurden allmählich richtige AC/DC-Bastionen. Die Grundlage zum Erfolg waren vor allem bestimmte Radiomacher, die AC/DC schon früh entdeckt hatten.«

Gegen Ende der ersten US-Tournee, bei der die Band öfters in nur wenigen Tagen quer über den Kontinent reisen musste, hatte sie beeindruckende 60 000 Kilometer zurückgelegt. Aber niemand beschwerte sich. Es war ein anstrengender Weg, doch er führte zum Ziel.

Anschließend kehrte die Band nach London zurück, da weitere Konzerte in Europa anstanden. Bon übernachtete bei seiner Freundin Silver und wachte eines Morgens auf, als sie zwei Gäste mit nach Hause brachte: Die Rolling-Stones-Gitarristen Ron Wood und Keith Richards saßen im Wohnzimmer und spielten Gitarre. Es sollte nicht Bons letztes Zusammentreffen mit den Stones bleiben.

Von Mitte September bis Anfang Oktober gaben AC/DC 14 Konzerte als Headliner in Skandinavien, Deutschland, Belgien und der Schweiz. Nach dem Höhenflug auf der US-Tour kamen sie nun wieder auf den Boden der Tatsachen zurück: In Helsinki war nur ein Zehntel der Karten für den Club verkauft worden. In Malmö stand die Band vor einigen Hundert Leuten, die sich in einer Halle verloren, die mehrere Tausend fasste.

Aber beim letzten Konzert der Tour, am 9. Oktober im belgischen Kontich, waren geringe Zuschauerzahlen die kleinste Sorge. Während des Gigs kam es beinahe zu einem Aufstand, als die örtlichen Behörden versuchten, den Gig abzubrechen, weil die Band angeblich gegen die Lärmschutzverordnung verstoßen und nach elf Uhr noch weitergespielt habe.

Entweder hatten die Musiker akustisch nicht mitbekommen, dass die Polizei sie zum Aufhören bewegen wollte, vielleicht hatten sie die Belgier nicht verstanden, oder es war ihnen egal. Aber die Sache wurde ernst. Ein Polizist, der mit einem Maschinengewehr auf die Bühne kam, wurde niedergeschlagen und von der Roadcrew entwaffnet. In dem Moment, berichtet Augenzeuge Paul Vinck, flüchtete Angus und sprang, ohne mit dem Spielen aufzuhören, in die Menge, wo ein Beamter auf ihn einschlug. Auch zwischen der Polizei und den Zuschauern kam es zu Scharmützeln.

Das Problem war, dass der Club in einer Wohngegend direkt neben einem Café lag. Anwohner hatten sich über den Lärm beschwert. Die genervten Beamten versuchten nun, das Equipment der Band zu konfiszieren. Als ihnen jedoch dämmerte, dass sie die Anlage abbauen und ohne Hilfe der Roadies abtransportieren mussten, überlegten sie es sich noch einmal.

Als die Band die Fähre erreicht hatte, die sie zurück nach England brachte, taten zwar alle großmäulig und mutig, zitterten innerlich aber noch. Die Maschinenpistolen waren immerhin geladen.

Als *Let There Be Rock* am 7. Oktober in Großbritannien erschien, veranstalteten einige Plattenläden publicityträchtige Aktionen.

In der Our-Price-Filiale im Londoner West End winkte eine Musikanlage im Wert von 500 Pfund demjenigen, der den größten Stein – also größten »Rock« – in den Laden mitbrachte. Ein gewisser Richard Morrison ging auf Nummer sicher: Er mietete sich für 200 Pfund einen Lkw mit Ladekran und erschien mit einem drei Tonnen schweren Sandsteinblock.

Das Album wurde in Großbritannien mit dem US-Cover, aber dem australischen Tracklisting veröffentlicht. Es entwickelte sich von Anfang an höchst vielversprechend: Als erstes AC/DC-Album enterte es die britischen Charts und erreichte Platz 75.

Die Kritiker reagierten überwiegend positiv, wenn auch immer noch etwas herablassend. Über der Vier-Sterne-Kritik in der *Sounds* prangte die Schlagzeile: »Stampfmusik aus Wagga-Wagga«.

Angus: »*Let There Be Rock* war die Platte, mit der wir weltweit einen Fuß in die Tür bekamen. In Großbritannien waren wir vorher schon recht erfolgreich gewesen. Wir hatten in Clubs und Bars getourt und uns einen gewissen Kultstatus erarbeitet. Aber mit diesem Album kamen wir endlich in die Charts.«

Die rotzige Popsubkultur in Großbritannien war das perfekte Umfeld für *Let There Be Rock*. Die Schlüsselfiguren der Punkrockszene – die Sex Pistols, The Clash und The Damned – veröffentlichten in dieser Zeit ebenfalls ihre Debütalben. Ebenso wie *Let There Be Rock* sollten auch sie letzten Endes den Rock 'n' Roll nicht zerstören, sondern ihm neues Leben einhauchen.

Dazu kam, dass Steve Jones, Brian James und Mick Jones – die Gitarristen der Pistols, Damned und Clash – allesamt von Keith Richards beeinflusst waren. Und Richards war, wie Angus auch, ein großer Chuck-Berry-Fan.

Selbst die Punks hatten das Gefühl, mit AC/DC eine gemeinsame Basis zu haben.

Steve Jones: »Es war nur eine Imagefrage – sonst nichts. AC/DC sahen wie Heavy Metaller aus. Aber im Grunde waren sie, wie die Pistols auch, eine Rockband. In gewisser Weise waren sie uns ähnlich, aber sie hatten lange Haare, also passte das Image nicht. Die Kids nahmen sie nicht als Punkband wahr. Musikalisch war der Unterschied aber nicht groß.«

AC/DCs Rückkehr nach Großbritannien war ein kleiner Triumphzug. Von Mitte Oktober bis Mitte Dezember spielten sie eine ganze Reihe von Gigs zusammen mit den Pubrockern von Dr. Feelgood, mit The Clash, The Damned und The Jam, eine Kombination, die prächtig bewies, wie wohl sich AC/DC inzwischen im Punk-Umfeld fühlten. Dass Angus nun eine drahtlose Gitarre verwendete, sorgte allerdings zunächst für ein wenig Unruhe, weil einige Fans dachten, er hätte sich der größten Sünde schuldig gemacht, die ein Livemusiker begehen kann, und zum Playback gespielt.

Bei der ausverkauften Headliner-Show im Londoner Hammersmith Odeon kam es zu einer Reunion mit AC/DCs altem Drummer Colin Burgess, der inzwischen bei der Vorgruppe, der George Hatcher Band, spielte.

Colin Burgess: »Es war ein riesiges Publikum. Als die Band auf die Bühne kam, bebte der ganze Laden. Es war, als ob sich die Halle bewegte. Die Leute rasteten wirklich aus.«

AC/DC waren eine Woche auf Tour, als sich auf der anderen Seite des Atlantiks eine Tragödie ereignete. Am 20. Oktober stürzte das Privatflugzeug von Lynyrd Skynyrd – jener Flieger, mit dem sie AC/DC im August noch hatten mitnehmen wollen – in der Nähe von Gillsburg, Mississippi, ab. Bei dem Unglück starben Sänger

Ronnie Van Zant, Gitarrist Steve Gaines, seine Schwester, die Backgroundsängerin Cassie, und Tourmanager Dean Kilpatrick. Die AC/DC-Musiker waren tief betroffen.

Das Skynyrd-Livealbum *One More From The Road*, das 1976 erschienen war, vermittelt wohl am besten die Seele und den Charakter dieser Band. Genau so eine Platte wollten auch AC/DC abliefern. Da ihr Livepublikum stetig wuchs und sich *Let There Be Rock* auf der Bühne so dynamisch umsetzen ließ, dachten sie erneut über ein Livealbum nach.

Sie planten also, das Konzert im Apollo in Glasgow zu dokumentieren, weil der Gig aufgrund des wilden Publikums dort der wichtigste auf der Tour zu werden versprach. Später kamen weitere Aufnahmen aus Fort Lauderdale, der Myer Music Bowl in Melbourne und dem Bondi Lifesaver in Sydney dazu. Aber wieder wurde das Projekt ohne nähere Begründung zu den Akten gelegt.

Alex Harvey hatte angekündigt, sich aus dem Musikgeschäft zurückzuziehen, deshalb übernahmen AC/DC den Platz der Sensational Alex Harvey Band im Londoner Golders Green Hippodrome für die BBC-Fernsehsendung *Sight & Sound*, die zeitgleich über BBC Radio 1 ausgestrahlt wurde.

Als die Großbritannientour am 12. November zu Ende ging, hatten sie vor insgesamt etwa 30 000 Zuschauern gespielt. Allerdings war es AC/DC nicht gelungen, das Publikum regelrecht wegzufegen, da auf dieser Tour in die Anlage eine Vorrichtung eingebaut war, die die Lautstärke automatisch unterhalb der gesetzlich vorgegebenen Schmerzgrenze hielt.

Nun stand der zweite Teil der US-Tournee bevor, aber Mitte November reiste Bon zunächst mit Silver nach Paris, um sich mit Ron Wood und den Rolling Stones zu treffen.

Die Stones nahmen damals *Some Girls* in den Pathé Marconi Studios auf. Bon berichtete später Mark Opitz, der in den Sydneyer Albert Studios arbeitete, von diesem Zusammentreffen.

Mark Opitz: »Sie kamen wirklich gut miteinander klar. Vielleicht hat er sogar mit ihnen gesungen, keine Ahnung … Er sah sich auch in den anderen Studios um. Und in einem arbeitete eine Band, die gerade die Coverversion eines AC/DC-Songs aufnahm – Bon war total überwältigt.«

Dabei handelte es sich um die französische Gruppe Trust, die AC/DCs »Love At First Feel« als Debütsingle einspielte. Sie hatten den Text ins Französische übersetzt und nannten den Song »Paris By Night«. Bon verbrachte mit den Musikern noch ein paar Tage, und wie es seine Art war, vergaß er seine neuen Freunde nicht.

Am 16. November begann die 21 Konzerte umfassende Tour durch die USA. Bei drei Gigs spielten AC/DC im Vorprogramm von Rush. Anschließend gaben sie vier Shows als Co-Headliner von UFO, die mit ihrem harten Rocksound wesentlich besser zu AC/DC passten. Bon fand die Bandmitglieder von UFO sofort sympathisch.

Als sich die Gelegenheit bot, besuchte Malcolm den Skynyrd-Bassisten Leon Wilkeson, der nach dem Flugzeugabsturz immer noch im Krankenhaus lag. Gerade zu ihm hatten die Australier einen guten Kontakt aufgebaut. Während Malcolms Aufenthalt kamen beide zu dem Schluss, dass es für Wilkesons Genesung nichts Besseres geben konnte als einen Drink. Der Bassist verließ sein Krankenzimmer und ging mit Malcolm in eine Bar in der Nähe. Das Problem mit dem Trinken, das sich ergab, weil Wilkesons Kiefer verdrahtet war, lösten sie, indem er einen Strohhalm bekam.

Wilkeson reiste später ein Stück mit AC/DC und verbrachte während seiner Genesung viel Zeit mit ihnen.

Im Dezember gab die Band ein paar Headliner-Konzerte im Mittleren Westen, die am 7. Dezember von einer Show unterbrochen wurden, die vor einem kleinen Publikum in den Atlantic Studios in New York mitgeschnitten wurde. Die Aufzeichnung – eine Idee von Perry Cooper – wurde von Ed Sciaky moderiert und live über Radio WIOQ in Philadelphia ausgestrahlt.

Dabei entstand das Promo-Album *Live From The Atlantic*, das landesweit an die Radiosender verschickt wurde und sich über die

Jahre zu einem gesuchten Sammlerstück entwickelte. Die Band hatte früher schon Sessions dieser Art absolviert, aber in den Atlantic Studios herrschte eine besondere, fast andächtige Atmosphäre.

Angus: »Dort hatten schon Leute wie Aretha Franklin gearbeitet, daher war uns klar, dass es sich toll anhören würde. Das war für uns definitiv ein Bonus.«

Perry Cooper: »Wir haben die Songs live eingespielt und in derselben Nacht gemixt. Die Band kam zurück, als alle anderen weg waren, und ich glaube, Jimmy Douglass, der auch schon für die Stones gearbeitet hatte, übernahm die Abmischung. Wir mussten es sehr schnell rausbringen, wegen der vielen Radioleute in den USA. WIOQ war einer der ersten Sender, der ihre Platten spielte. Dort übertrug man das Konzert daher auch live. Es wurde alles live eingespielt, in einem Take.«

Barry Bergman: »Als wir an diesem Tag ins Studio gingen, sagte Bon zu mir: ›Barry, ich mache einen Star aus dir!‹ Das werde ich nie vergessen. Ich sagte nur: ›Super‹. Natürlich hatte ich keine Ahnung, was er damit meinte. Bei der Show waren später mehrere Hundert Leute, es ist ein ziemlich großes Studio. Ich stand an einer Seite des Raums im Publikum. Sie waren auf der anderen und spielten. Dann kam ›The Jack‹, und plötzlich, mitten im Song – an der Stelle mit ›she's got the jack, she's got the jack‹ –, rannte Bon quer durch das Studio auf mich zu, hielt mir das Mikrofon vors Gesicht und rief: ›Sing, Barry!‹

Bon war ein Verrückter. Er schrieb einen Song wie ›The Jack‹ und holte sich tatsächlich dauernd Tripper. Diese Jungs brauchten auf Tour einen Arzt, keinen Tourmanager – die waren einfach zu durchgeknallt. Wenn es um Frauen ging, waren sie hemmungslos. Aber sie verhielten sich dabei stets wie Gentlemen.«

Zwei Tage nach dem Auftritt in den Atlantic Studios waren sie bis 21. Dezember wieder auf Tour, im Vorprogramm von Aerosmith, Styx, Blue Öyster Cult und als Co-Headliner von Cheap Trick.

Rick Nielsen (Cheap Trick): »Harvey Leeds von unserem damaligen Label Epic hatte einen Bruder, der für Atlantic arbeitete. Er erzählte von dieser australischen Band, die sie gerade erst unter Vertrag genommen hatten, mit einem Gitarristen, der durch die Gegend rannte so wie ich. Harvey gab mir das neue Album. Vom ersten Ton an fand ich diese Jungs absolut großartig. Die beste Rockband, die ich je gehört habe – an die kam keiner ran. Als wir gemeinsam auf Tour waren, sah ich mir jedes Konzert von der Seite der Bühne aus an. Es gab keinen Schnickschnack, sie spielten einfach großartig und hatten tolle Songs. Keine Balladen.«

Danach kamen, wie Gene Simmons versprochen hatte, einige Gigs mit Kiss, die gerade mitten in ihrer monumentalen *Love Gun*-Tour mit den vier Zirkusmanegen steckten, in deren Verlauf das epochale Album *Alive 2* entstand.

Die Einstellung der Headliner gegenüber ihren Gästen machte großen Eindruck.

Ian Jeffery: »Zum ersten Mal trafen wir Kiss in Louisville, Kentucky. Dort wurde uns mitgeteilt: ›Gene Simmons möchte Angus gern kennenlernen.‹ Angus meinte natürlich: ›Eigentlich ist es umgekehrt – schließlich würde ich *ihn* gern kennenlernen, oder?‹ Wir spielten also unser Set, und kurz bevor Kiss auf die Bühne kamen, schickte man uns erneut diese Nachricht. Angus fragte erneut: ›Seid ihr sicher, dass es nicht andersrum sein sollte?‹ Also schlenderte Simmons in die Garderobe: Dieser zwei-Meter-noch-was große Kerl in voller Kriegsbemalung und komplettem Kostüm stand da neben Angus, der noch schweißnass vom Auftritt war, in Shorts und mit einem Handtuch um den Hals. Die Tour war super. Kiss fanden AC/DC großartig und haben sich toll um uns gekümmert. Geile Typen, wirklich.«

Es war ein surreales Erlebnis. Nicht nur, dass AC/DCs sparsame Bühnengestaltung im Vergleich zu den Tonnen von Verstärkern, Flammenwerfern, Kostümen und hydraulischen Hebebühnen, die bei Kiss im Einsatz waren, sehr bodenständig wirkte,

Malcolm und Angus verfügten gemeinsam auch nur über eine Ersatzgitarre. Mehr war nicht nötig.

Guy Picciotto, der später bei Fugazi spielte, erlebte das Konzert im Capital Centre von Largo, Maryland, am 19. Dezember, zwei Tage vor dem Ende der Tour. Eigentlich waren Styx als Vorgruppe vorgesehen. Dann verkündete der örtliche Rocksender, »eine Punkrockband aus Australien namens AC/DC« sei für sie eingesprungen.

Guy Picciotto: »Wir alle waren ganz verwirrt und auch ein bisschen besorgt, weil Punk ja etwas Abgefahrenes sein sollte. Aber wir waren auch begeistert, weil uns Styx erspart blieben. Der ganze Laden war total mit Haschisch verräuchert. Die Leute reichten die Joints in den Sitzreihen herum und rauchten auf den Toiletten. Meine Freunde und ich waren zwölf und natürlich total hin und weg von der verbotenen Atmosphäre. Keiner von uns hatte von den Typen schon was gesehen oder auch nur eine ihrer Plattenhüllen in der Hand gehabt. Deshalb haute es uns total um, als Angus mit dem Schuljungenoutfit auf die Bühne kam. Er machte den Eindruck, als sei er total verrückt. Es war mein erstes Konzert, und ich konnte überhaupt nicht fassen, wie laut es war.«

Picciotto war vollkommen hypnotisiert, als Bon Angus auf seine Schultern nahm und beide ins Publikum abtauchten.

»Das war wirklich gefährlich, wenn man bedenkt, dass lauter pöbelnde Langhaarige im Publikum standen, die womöglich dachten, Angus sei schwul. Wir bekamen ganz in unserer Nähe zwei Schlägereien mit. Einer der Ordner zog einem Typen einen Schraubenschlüssel über den Kopf. Kiss spielten anschließend und waren ebenfalls großartig. Aber ich war beeindruckt, dass AC/DC überhaupt keine Requisiten auf der Bühne brauchten. Sie rockten trotzdem genauso ab, allein durch ihr Spiel, ihre Energie und ihre Konzentration auf den Augenblick. Es dauerte ziemlich lange, bis ich wieder etwas erlebte, das auch nur annähernd so großartig und überwältigend war wie dieser Gig.«

Allerdings ergaben sich durch die Energie von AC/DC allmählich echte Probleme. Kein Headliner – auch nicht die etablierten Bands, die gute Verkaufszahlen und Charthits vorweisen konnten – wollte sich Abend für Abend von einer relativ unbekannten Gruppe vorführen lassen, die vor ihnen im Programm stand.

Inzwischen wackelten nicht nur Angus' Beine, die stets beim Spielen mitwippten – auch der Koloss American Rock bekam allmählich weiche Knie.

Perry Cooper: »Ihr Auftritt war so elektrisierend, dass die anderen Bands nervös wurden. Die meisten hatten Angst vor AC/DC.«

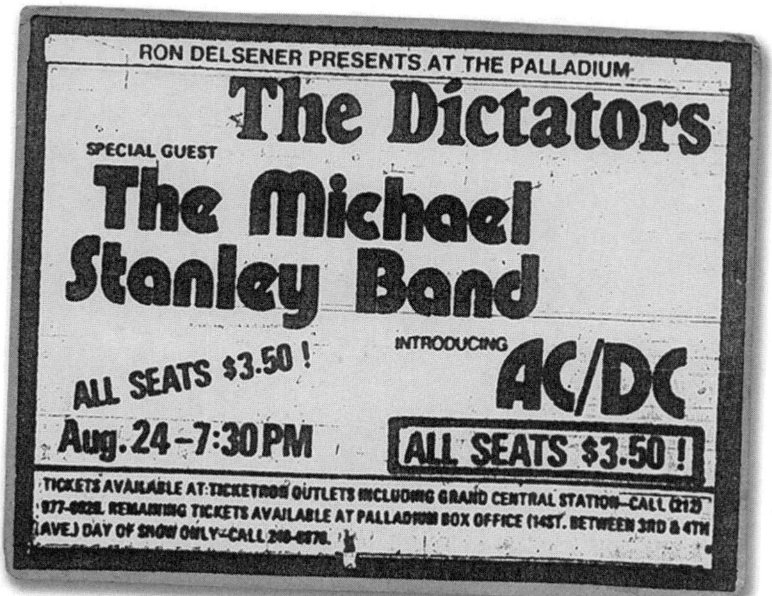
RON DELSENER PRESENTS AT THE PALLADIUM
The Dictators
SPECIAL GUEST
The Michael Stanley Band
INTRODUCING
AC/DC
ALL SEATS $3.50 !
Aug. 24 – 7:30 PM
ALL SEATS $3.50 !
TICKETS AVAILABLE AT: TICKETRON OUTLETS INCLUDING GRAND CENTRAL STATION—CALL (212)
REMAINING TICKETS AVAILABLE AT PALLADIUM BOX OFFICE (14 ST. BETWEEN 3RD & 4TH AVE.) DAY OF SHOW ONLY—CALL

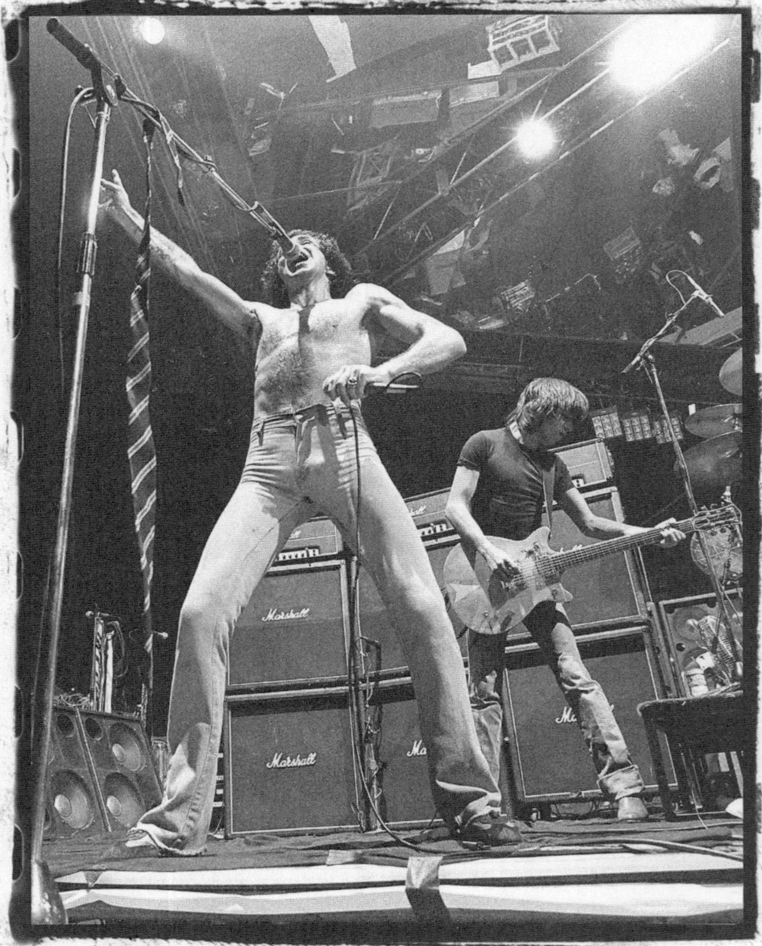

1978

Lauter als alle anderen: Bon und Malcolm im Vorprogramm von Ted Nugent im Seattle Coliseum

15. KAPITEL

POWERAGE

Um Angus so zu reizen, dass ihm die Hand ausrutschte und er aus der Rolle fiel, die er auf der Bühne spielte, dazu brauchte es schon ein ganz besonderes Arschloch. Aber in der Selland Arena von Fresno war genau so eines erschienen.

»Ey! Du da!«, fauchte Angus, der gerade das Gitarrengewitter am Schluss von »Bad Boy Boogie« lostreten wollte. »Du da hinten! Hey, du Wichser! Komm mal her! Wenn du uns mit irgendwelchem Scheiß bewirfst, können wir auch was zurückschleudern, kapiert?«

Es war 1978, das Jahr, in dem AC/DC noch eine Reihe weiterer Geschosse auf die Welt abfeuern wollten.

Sie hatten nach *Let There Be Rock* Blut geleckt und lechzten nach mehr. Als Waffe schmiedeten sie sich ein Album, das zumindest teilweise auf Songs beruhte, die sie im Juli 1977 eingespielt hatten.

Die Aufnahmesessions für die neue Platte waren nur ein Bruchteil des fetten Terminplans für das neue Jahr. Ende März sollte eine zweiwöchige Tour durch Australien folgen, dann die ersten Auftritte der Band in Japan. Auch ein Konzert beim Knebworth Festival in Großbritannien war angedacht, jener legendären Veranstaltung, bei der 1976 der angeblich letzte Auftritt der Stones hatte stattfinden sollen. 1979 feierten Led Zeppelin hier ihr historisches Comeback.

AC/DCs Karriere war im Vorjahr gut fortgeschritten. Jetzt wollten sie einen Gang höher schalten, indem sie endlich eine Fernsehdokumentation und vor allem das lang geplante Livealbum veröffentlichten.

Aber dann gab es in den ersten Monaten des Jahres einen heftigen Dämpfer – ähnlich wie Ende 1976, als sie aus Großbritannien nach Australien zurückgekehrt waren.

Vor allem Cliff Williams' Einreiseprobleme bereiteten bei den Planungen ernsthafte Schwierigkeiten. Während der Rest der Band zwei Tage vor Weihnachten 1977 nach Australien zurückkehrte, gelang es Cliff nicht, in London die nötigen Visa zu erhalten. Einer der Beamten erklärte dem genervten Bassisten, dass wegen ihm, sollte er nach Australien einreisen, ein heimischer Musiker arbeitslos werden würde. Auch die britischen Roadies hatten Schwierigkeiten mit den erforderlichen Papieren. Schließlich schaltete sich die australische Musikergewerkschaft ein, um das Problem zu lösen.

AC/DC machten in den Medien keinen Hehl aus ihrem Ärger über die Behandlung durch die Behörden und den Schaden, der ihnen dadurch entstand. Es war weniger problematisch gewesen, der gesamten Band eine Arbeitserlaubnis für die USA zu besorgen.

Die australischen Medien wahrten inzwischen einen seltsam irritierenden Abstand. Als ob sie sich von AC/DC angesichts ihres wachsenden internationalen Erfolgs lossagen wollten.

Und dann war da auch noch der Fiskus, der von Bon ohne Vorwarnung Steuerrückzahlungen für die zurückliegenden elf Jahre verlangte.

AC/DC verbarrikadierten sich Anfang Januar in den Albert Studios. Mark Opitz, der in dieser Zeit auch an *Face To Face*, dem zweiten Album der Angels, arbeitete und der später für Cold Chisel, INXS, Kiss und Bob Dylan tätig war, betreute die Sessions als Tontechniker. George Young und Harry Vanda übernahmen die Produktion. Da Cliff Williams nicht vor Ort sein konnte, spielte zunächst George bei den *Powerage*-Sessions Bass. Die Songs entstanden wie schon zuvor vielfach am Klavier.

Mark Opitz: »Malcolm hatte ein paar Songelemente und Riffs. Wir probten ungefähr einen Monat in Studio B im Albert's in der King Street. Wir fingen um acht Uhr abends an und arbeiteten bis in die frühen Morgenstunden.«

Da Cliff noch nicht da war, genoss Bon den seltenen Luxus, einmal ohne Druck an seinen Texten zu arbeiten, während parallel Rohversionen der Begleit-Tracks aufgenommen wurden.

Buzz Bidstrup (The Angels): »Ich fand es immer sehr witzig, wenn ich Bon in einem der Büros im Albert's sah, wie er an seinen Texten saß. Ich konnte einmal durch seine Notizbücher blättern und sehen, welche Zeilen er gestrichen hatte.«

Für Mark Opitz zeigte sich bei diesen Sessions wieder eine prägende Seite in Bons Charakter.

Mark Opitz: »Eines Morgens, als wir die Playbacks mit einigen Schwachsinnstexten versehen hatten, kam Bon und sagte: ›Alter, hast du was zu rauchen?‹ Ich sagte: ›Ja, hab ich.‹ Ich hatte ein bisschen Hasch, brach das Stück in zwei Teile und gab ihm eine Hälfte. Nicht viel, vielleicht ein Stück für zehn Dollar. Er sagte: ›Geil, Alter! Du hast mir das Leben gerettet!‹ Dann zog er los und schrieb Texte.« Einige Monate später streunte Opitz durch den Albert's-Komplex und hörte, dass jemand seinen Namen rief. Es war Bon.

»Er sagte: ›Mann, Alter, ich such dich schon seit einer Ewigkeit!‹ Und dann zog er einen riesigen Haschbrocken hervor, brach ihn auseinander und reichte mir ein Stück. Es war ihm egal, dass es zwanzigmal größer war.«

Eines Abends ging Bon ins Selina's, einen Club im östlichen Sydneyer Vorort Coogee, um sich die Angels anzusehen, die kurz vor der Veröffentlichung von *Face To Face* vor einem großen Publikum auftraten. Und natürlich endete er auf der Bühne mit seinen Freunden.

John Brewster (The Angels): »Wir waren keine Arschlöcher, aber wir ließen sonst nie irgendjemanden auf die Bühne. Nie. Aber Bon passte einfach rein. Ich weiß nicht, wie es dazu kam, aber plötzlich stand er mit uns oben. An diesen Moment werde ich mich mein Leben lang erinnern. Glücklicherweise waren wir dem gewachsen.«

Nachdem AC/DC einige Wochen an den Grundlagen für das Album gefeilt hatten, atmeten alle erleichtert auf, als Cliff endlich Ende Januar auf australischem Boden landete. Jetzt konnte es mit den Arbeiten an der Platte richtig losgehen.

Im Studio hatte Angus seine Gitarre ständig um. Er spielte überall, sogar auf dem Klo. Wieder kam seiner Gitarre neben Malcolms Rhythmusgitarre die Schlüsselrolle zu.

Mark Opitz: »Malcolms und Angus' rechte Hände und die Art, wie sie die Saiten berührten, waren magisch. Wir stellten die Verstärker immer schön laut ein, damit sie die Saiten nur leicht anschlagen mussten. Diesen Trick hatte ich auch schon bei den Angels angewandt. Der Gitarrensound war extrem wichtig.«

Um bei der Session die größtmögliche Energie herauszuholen, vertrauten George und Harry ebenso sehr auf Psychologie wie auf Musikalität. Man wollte eine aggressive Grundstimmung schaffen, die dann musikalisch von der Band umgesetzt werden sollte.

Mark Opitz: »Wenn eine Aufnahme anstand, trafen wir uns, rauchten eine, und dann sagte irgendjemand: ›Was ist eigentlich mit diesem Arschloch xyz? Was haltet ihr von dem?‹ – ›Ach, das ist doch ein Wichser.‹ Und dann steigerten wir uns richtig rein, George, Harry, ich und die Band, indem wir einfach irgendjemanden durch den Dreck zogen und immer weitermachten, bis alle so richtig biestig drauf waren und George meinte: ›Okay, jetzt nehmen wir auf.‹ Sie suchten sich ein Thema, über das sie sich in Rage reden konnten: ihren Manager, irgendjemanden aus der Musikindustrie oder aus dem Fernsehen. Dann wählten sie einen Moment, an dem sie einsteigen konnten und legten los. Es war wie Zauberei.

Die Intensität war unglaublich. Angus ist eher entspannt, Malcolm sehr ambitioniert, Cliff war der Neue und wollte es allen nur recht machen, und Bon war immer sehr locker drauf. Ein bisschen wie Michael Hutchence, was seine Lebenseinstellung anging. Aber George … der war so angespannt. Harry war auch nicht ohne. Die Aggressivität, die von den Youngs ausging, war schon etwas Besonderes. Wenn George einen Aschenbecher anguckte, konnte es passieren, dass er ihn durch pure Willenskraft und seine Gedanken verrückte. So eine mentale Kraft hatte er. Er konnte jedes Instrument spielen, das er in die Hand nahm.

Malcolm war ein Typ, der sagte: ›Du bist der Scheißsänger, also schreib gefälligst die verdammten Texte!‹ Aber man kann sich unter Druck nicht hinsetzen und etwas schreiben, während alle anderen einem dabei zusehen. Offenbar skizzierte Bon ein paar Sachen im Studio. Er bekam auch ein bisschen Hilfe, aber in erster Linie verschwand er, schrieb die Texte und kam dann zurück, um beispielsweise George zu fragen, ob er ihm beim Überarbeiten helfen könne. Malcolm hörte immer zu. Wenn ihm etwas nicht gefiel, meckerte er: ›Das ist doch Kacke! Was soll das denn?‹ Dann zog Bon los und schrieb etwas Neues. Malcolm hat die Band definitiv im Griff, das ist vielen Leuten gar nicht bewusst. Die meisten glauben, es sei Angus' Band.«

Einige Songs, die auf *Powerage* erschienen, wurden schon während der Sessions zu *Let There Be Rock* entwickelt, unter anderem »Riff Raff«. Opitz erinnert sich, wie Angus dank seiner kabellosen Gitarre bei den Aufnahmen direkt neben ihm stand.

»Wir haben viele Soli direkt im Kontrollraum eingespielt. Einmal stand Angus direkt hinter mir und haute das Solo zu ›Riff Raff‹ raus, das später auch auf dem Album landete. Das war ein klassisches Solo, ein Ding für die Ewigkeit. Ich spürte regelrecht, wie sich bei mir die Härchen im Nacken aufstellten, als er auf seine Gitarre eindrosch. Auch hier nahmen wir wieder einmal gleich den ersten oder zweiten Take.«

Besonders auffällig wegen des – jedenfalls für AC/DC – etwas ungewöhnlichen Sounds war dabei »Gone Shootin'«, ein Song, der ähnlich wie »Down Payment Blues« ein Eigenleben entwickelte, bevor er endgültig ausgeblendet wurde.

Malcolm: »Als sich der Song dem Ende zu neigte, waren wir gerade so schön in Fahrt, dass wir noch einmal eine Schippe drauflegten und einen Jam begannen. Als wir ihn dann ausblendeten, fiel er auch schon ein bisschen auseinander, aber als der Jam losging, war da dieses herrliche ›Wow, jetzt rocken wir ab!‹-Gefühl.«

Nicht alles, was in dieser Zeit aufgenommen wurde, kam später aufs Album. Wie schon bei *Dirty Deeds* zogen sich auch die Sessions zu *Powerage* über etwa acht Wochen hin – zählt man die Studiophase im Juli 1977 mit –, wobei gelegentlich ein oder zwei Wochen Pause zwischen den einzelnen Aufnahmeterminen lagen. Nach einiger Zeit wurde es schwierig, den Überblick zu behalten, welche Songs noch für das Album infrage kamen und welche nicht mehr ins Konzept passten.

Besonders wichtig für eine gelungene Session war, dass stets ein großer Zigarettenvorrat im Studio vorhanden war. Mindestens zwei Päckchen Benson & Hedges pro Person waren Pflicht – nicht unbedingt, um die Nerven zu beruhigen, sondern für die Aufnahmepausen, die regelrecht ritualisiert abliefen.

Mark Opitz: »Wir kamen alle zusammen, setzten uns und redeten ein bisschen. Malcolm fing an zu erzählen, dass dieses und jenes Scheiße wäre. Dann zog er seine Zigaretten heraus und warf jedem eine zu. Dann wurde geraucht. Wenn sich jemand eine ansteckte, war es ein ungeschriebenes Gesetz, dass man allen eine anbot. Man kann es sich schwer vorstellen, aber solche Gesten waren sehr wichtig für den Zusammenhalt in der Band. Man fragte nicht nach einer Zigarette, es fragte auch niemand, ob man eine wollte – sie wurde einem einfach zugeworfen. So kam es, dass man am Tag eine Million Zigaretten qualmte.«

Aber auch außerhalb der Studiomauern wussten sich AC/DC zu entspannen.

So liehen sich Opitz, Malcolm und Phil Rudd, nachdem sie um acht Uhr früh eine Session beendet hatten, ein kleines Boot und fuhren mit ein paar Sixpacks Bier in den Sydneyer Hafen. Es war ein Wochentag, deswegen waren die Fähren voller Pendler auf dem

Weg zur Arbeit. Derweil machten es sich die Musiker in der Morgensonne gemütlich und angelten.

Während der *Powerage*-Sessions trafen Atlantic Records weitere Vorbereitungen, um AC/DC in den US-Markt zu drücken. Der Agent der Band in den USA, Doug Thaler, kam nach Sydney und traf sich dort mit George und Harry.

Doug Thaler: »Atlantic hatten begriffen, dass sie da etwas sehr Wertvolles in Händen hielten. Sie fragten sich, was sie als Nächstes unternehmen sollten. Ich konnte damals offen mit George und Harry reden. Sie waren tatsächlich daran interessiert, die Zügel aus der Hand zu geben. Sie hatten das Gefühl, dass sie alles für die Gruppe getan hatten, was in ihrer Macht stand.«

In der Zwischenzeit waren Bon und Angus als Gäste – wenn auch nicht als Musiker – am Australia Day, dem 26. Januar 1978, beim Williamstown Rock Festival in Victoria, wo unter anderem Rose Tattoo, Skyhooks und Dragon auftraten. Die beiden wurden mit einem Hubschrauber eingeflogen und live vom Melbourner Radiosender 3XY interviewt. Ein Unterfangen, das nicht ganz ohne Grund als Promotion für die kommende Tour gewertet wurde.

In Melbourne grassierten Gerüchte, dass die Band am 14. März zum Aufwärmen im Eureka Hotel in Geelong auftreten sollte. Aber nachdem Williams' verspätete Ankunft in Australien den Terminplan durcheinandergebracht hatte, wurde die gesamte Australientournee abgeblasen, samt der Eureka-Show und einem bereits beworbenen Auftritt in Melbournes neuer Halle, dem Bombay Rock.

Die Absage dieser Tour verstärkte den Eindruck, dass die Band den Aufenthalt in Australien lediglich zum Auftanken zwischen ihren Konzerten in Übersee benutzte. Australien hatte seine Chance gehabt – jedenfalls für den Moment. Den unausgesprochenen Grundsatz, dass der hart erarbeitete Erfolg niemand anderem zugeschrieben werden durfte als der Band selbst, erfuhr der legendäre australische Roadie Grahame »Yogi« Harrison ziemlich unverblümt, nachdem ihm Phil Rudd gegenüber eine harmlose Bemerkung herausgerutscht war:

»Während ich für Rose Tattoo arbeitete, die gerade im Albert's aufnahmen, traf ich Phil Rudd und erzählte ihm, dass ich die Band schon vor Jahren im Daceyville Police Boys Club gesehen hatte. Damals war ich so begeistert, dass ich sofort zu dem einflussreichen australischen Promoter Michael Chugg ging und sagte: ›Hey, ich habe da eine tolle Band mit einem Typ gesehen, der in Schuluniform auftritt.‹ Phil Rudd drehte sich sofort zu Angus um und rief: ›Hey, Angus! Hier ist schon wieder so ein Wichser, der meint, dass er AC/DC entdeckt hat!‹ Ich hatte keine Ahnung, ob Angus ihn überhaupt hörte, aber ich ging einfach weg. Ehrlich gesagt, ich war entsetzt. Ich hatte doch weiter nichts gesagt, als dass ich die Band gesehen und Chugg davon erzählt hatte. Und so machte man das damals eben auch – wenn man eine geile Band sah, dann erzählte man anderen davon.«

Powerage wurde im März fertiggestellt. Statt des radiofreundlichen Albums, auf das Atlantic hoffte, war es noch wuchtiger und aggressiver als *Let There Be Rock*, beispielsweise bei Songs wie »Up To My Neck In You« und dem unterschätzten Klassiker »Down Payment Blues«. Noch schlimmer war, dass die Platte nach Überzeugung des Labels keine Hitsingle enthielt.

Michael Browning: »Es war eine wichtige Platte, weil die Band in Europa schon einiges erreicht hatte und sich nun in den USA durchsetzen musste. Aber mich riss das Album nicht sonderlich vom Hocker – wahrscheinlich, weil es unsere Hoffnung nicht erfüllte, damit Amerika zu erobern.«

Um die Situation ein wenig zu entschärfen, wurde, nachdem die Platte fertiggestellt und Atlantic übergeben worden war, auf Bitten von Phil Carson noch »Rock 'n' Roll Damnation« aufgenommen. Bei dem Titel hoffte man darauf, dass er es zumindest auf die Radio-Playlists schaffen und sich zum Hit entwickeln würde. Die ersten Pressungen von *Powerage*, die in England auf den Markt kamen, enthielten den Song noch nicht.

Es war seltsam, dass man bei Atlantic so verzweifelt nach einer Hitsingle suchte: In Australien standen AC/DC schon kurz davor, eine Art Greatest-Hits-Album herauszubringen, das den Titel *12 Of The Best* tragen sollte. Aber wie schon das zuvor öfter geplante Livealbum wurde auch dieses Projekt letztlich verworfen, obwohl sogar schon Hüllen für die LPs und Kassetten gedruckt waren. Die Band hatte die Platte nicht abgesegnet, und Malcolm war absolut gegen derartige Sampler – eine Haltung, an der sich bis heute wenig geändert hat. Wie es angesichts dessen überhaupt dazu gekommen war, dass ein Cover designt wurde, blieb ein Rätsel.

Im April waren AC/DC wieder in Großbritannien und begannen eine Tournee, die aufgrund der großen Nachfrage von ursprünglich acht oder neun Konzerten auf 24 erweitert wurde.

Schon auf früheren Touren waren die Zuschauer von AC/DCs Lautstärke überwältigt gewesen. Dieses Mal brach jedoch eine neue Lärmdimension über sie herein, die nicht nur in den Ohren dröhnte, sondern sogar auf dem Gesicht brannte. Auch beim Konzert im Glasgower Apollo – einer Halle, die Ian Jeffery als den »Schrein« von AC/DC bezeichnete – lieferte die Band ihre typische Vollbedienung. Hier wurde nun endlich, wie Angus es sich schon seit Längerem gewünscht hatte, ein Livealbum mitgeschnitten.

Es war eine gute Wahl. Die Karten für das Konzert waren innerhalb eines Tages ausverkauft. Die Bühne, die sich vier Meter über dem Hexenkessel der Fans ihrer eigentlichen Heimatstadt erhob, zwang nicht nur die Zuschauer in den ersten zehn Reihen, die Köpfe zu heben, sie vermittelte auch den Eindruck, als ob die Band eine donnernde Predigt aus der Höhe hielt. Die Menge tobte derartig, dass die oberen Ränge so stark bebten, dass sie sich etwa dreißig Zentimeter auf und ab bewegten.

Coral Browning: »Die Schotten rasten bei Konzerten völlig aus. Daher war die Bühne absichtlich so gebaut, dass die Zuschauer nicht hinaufklettern konnten. Also kamen die Leute auf die Idee, eine menschliche Pyramide zu bauen, um sich trotzdem bis zur Kante hochzuziehen. Dann fingen sie an, Feuer unter den Sitzen zu machen – die Situation geriet ziemlich außer Kontrolle!«

Ian Jeffery: »Der Teufel war los. Total abgefahren.«

Die Band nutzte die Gelegenheit, um sich für die Zugabe – »Fling Thing«, das auf einem schottischen Volkslied basierte – komplett im Dress der schottischen Fußballnationalmannschaft zu zeigen, die sich gerade für die Weltmeisterschaft qualifiziert hatte.

Das Apollo tobte vor Begeisterung, wobei wohl kaum jemand unter den Zuschauern ahnte, dass Malcolm Young, wenn die Dinge fünfzehn Jahre zuvor ein bisschen anders gelaufen wären und er eine Karriere als Profifußballer begonnen hätte, dieses Trikot vielleicht im wahren Leben getragen hätte.

Der Großteil der überwältigenden Aufnahme dieses Abends, wenn nicht sogar der komplette Mitschnitt, landete später auf *If You Want Blood You've Got It*. Zudem wurde der Gig auch gefilmt und diente später als Grundlage für eine 35-minütige Fernsehsendung, die in ganz Europa ausgestrahlt wurde.

Brian Carr erlebte das Konzert als Fan im Publikum: »Die ›Angus‹-Rufe [vor ›Whole Lotta Rosie‹] waren mehrfach während des Auftritts zu hören. Beim Soundcheck spielten sie ›Rock 'n' Roll Damnation‹, ›Gimme A Bullet‹, und dann filmten sie noch ein Video für ›Rock 'n' Roll Damnation‹. Malcolm sagte mir, dass die ganze Show aufgezeichnet würde, weil sie gehört hatten, dass das Apollo zumacht und sie eine der letzten großen Rockkonzerthallen im Film festhalten wollten. Selbst da meinte er schon, dass die Aufnahmen vielleicht nie veröffentlicht würden.«

Nicht nur die Apollo-Show wurde während dieser Tour mitgeschnitten. Insgesamt vier Konzerte in Großbritannien wurden für das Livealbum konserviert, weitere drei sollten in den USA aufgezeichnet werden.

Powerage kam Anfang Mai in die britischen Plattenläden.

Malcolm: »Ich weiß, dass viele Leute *Powerage* sehr schätzen. Viele echte AC/DC-Fans, die richtigen, echten Rockertypen. Für mich ist es unsere meistunterschätzte Platte.«

Einer dieser echten Rockertypen, die *Powerage* mochten, war Keith Richards von den Rolling Stones.

»Der ganzen Band ist es richtig ernst«, sagte er Paul Elliott im *Kerrang!*. »Das kann man hören, das Album hat Seele.«

Trotz seiner bahnbrechenden Durchschlagskraft betrachtet Angus diese Platte bis heute als einzigen Versuch der Band, einmal etwas Experimentelles vorzulegen, wobei es verglichen mit hoch künstlerischen Werken wie *Tommy* von The Who, *Their Satanic Majesties Request* von den Stones oder dem *White Album* der Beatles eher nach einer Sträflingstruppe in lebenslänglicher Einzelhaft klingt.

Aus einem nicht nachweisbaren Grund unterschied sich die europäische Version des Albums von der, die in den USA, Australien und dem Rest der Welt erhältlich war. Die europäische Pressung enthielt teilweise andere Mixe und Fassungen von »Rock 'n' Roll Damnation«, »Down Payment Blues«, »Gimme A Bullet«, »What's Next To The Moon«, »Gone Shootin'« und »Kicked In The Teeth« sowie den zusätzlichen Track »Cold Hearted Man«.

Bei der späteren CD-Veröffentlichung glich die Platte dann wieder der amerikanischen und australischen Version.

Das Konzert im Londoner Hammersmith Odeon musste durch *Powerage* nicht mehr beworben werden – es war schon zwei Wochen zuvor komplett ausverkauft. Angus ließ sich dafür eine Vorrichtung aus Gurten basteln, um bei der Zugabe durch die Luft zu segeln. Die Showeinlagen der *Countdown*-Zeiten lagen vielleicht noch nicht lange genug zurück.

Ende Mai ging die Großbritannientournee zu Ende. Zwei Konzerte mussten abgesagt werden, da Angus krank war. Sie wurden in den Juni verlegt.

Der Eindruck, den AC/DC bei einem dieser Gigs in Oxford machten, war typisch, wie Iain Shedden berichtet: »Ich hatte immer gedacht, der Gig 1976 in der Glasgower City Hall sei der lauteste gewesen, den ich je erlebt hatte, aber bei dem hier war es noch einmal doppelt so laut! Die Leute gingen tatsächlich in den hinteren Teil der Halle zurück, weil von dem Lärm schon die Farbe von den Wänden blätterte!«

Atlantics Bitte machte sich bezahlt, als »Rock 'n' Roll Damnation« am 10. Juni Platz 24 in den britischen Charts erreichte und damit zur ersten Top-40-Single von AC/DC wurde.

Der Werbefeldzug lief auch in Australien an, wo *Powerage* Mitte Juni erschien. Gegen Ende des Monats reiste Angus an, um Interviews zu geben. Der Höhepunkt seines Besuchs war ein Auftritt bei *Countdown* als Gastmoderator, bei dem sich der kleine Gitarrist mit seinem messerscharfen Witz wacker schlug und zudem noch mit einer optischen Verschönerung glänzen konnte: Er hatte sich für angeblich 2000 Dollar die Zähne runderneuern lassen und grinste nun angriffslustig in die Kameras.

Neben geschäftlichen Terminen gab es für Angus eine nette Abwechslung, als Rose Tattoo ihn am Dienstagabend zu ihrem Konzert in der Diskothek War And Peace in Parramatta, West-Sydney, einluden – einem Club, in dem die unterschiedlichen Kulturen der australischen Hafenstadt aufeinanderprallten. Zum einen gab es eine erhöhte Tanzfläche, die von unten farbig angestrahlt wurde und aussah, als wäre sie bei *Saturday Night Fever* ausgeliehen. Andererseits wurde der Club von der dunklen, gefährlichen Präsenz einiger Sydneyer Rockerbanden dominiert.

Überraschenderweise blieb Angus dort beinahe unerkannt. Keiner der etwa 200 Zuschauer in dem Club sprach ihn an, während er mit Angry Anderson nach dem ersten Set von Tattoo an der Bar stand. Erst als er sich zu Beginn des zweiten Konzertabschnitts die rote Gibson SG von Tattoo-Gitarrist Mick Cocks umschnallte, begriff das Publikum, wer dieser kleine Kerl war.

Die nächste Viertelstunde spielte die erweiterte Band über eine Anlage, die, wie immer bei Rose Tattoo, groß genug für ein Freiluftkonzert war, einen langsamen Blues und eine energiegeladene Version von Little Richards »Keep A Knockin'«, wobei Angry auf den Knien liegend den Text herausbrüllte, während er sich Angus entgegenbeugte, der wie gewohnt auf der Bühne rotierte.

Dann sprang Angus auf die Tanzfläche, wo ihm die Discogäste ungläubig zusahen. Einer der Frauen gefror das Lächeln ziemlich schnell, als Angus auf die Knie fiel und nachsehen wollte, was sich unter ihrem Rock befand. Er hielt es eben für eine nette Geste.

AC/DC kamen erst in Miami wieder zusammen, um sich einen zweiwöchigen Urlaub zu genehmigen, bevor der nächste Eroberungsversuch der USA anstand: eine lange, 63 Konzerte umfassende Tournee durch Amerika, wo *Powerage* im Mai erschienen war. Von Entspannung hielten AC/DC nicht viel.

Die aufgestaute Energie ließ die Band gleich auf das Publikum los, das sich die Gigs des ersten Tourabschnitts von Ende Juni bis Anfang Oktober ansah.

Die ersten vier Konzerte fanden im Vorprogramm von Alice Cooper an der Ostküste statt. Anschließend wechselte man sich als Headliner ab; es ging weiter nach Texas (wo ihr Auftritt in San Antonio mitgeschnitten wurde), Indiana, Kalifornien, Utah, Oregon, Missouri und zum ersten Mal auch nach Kanada. Hier spielten sie als Vorgruppe von Molly Hatchet (zu denen sich eine enge Freundschaft entwickelte), Ronnie Montrose und Aerosmith.

Bon verbrachte mehr Zeit mit Yesterday & Today, die bei verschiedenen Terminen als Vorgruppe von AC/DC spielten, da die Musiker in Sachen Sex, Drugs und Rock 'n' Roll etwas weniger disziplinversessen waren als seine eigene Band.

Während der Gigs mit Aerosmith traf der spätere AC/DC-Manager Peter Mensch, der damals die Bostoner Band im Auftrag der Managementagentur Leber-Krebs als Tourmanager betreute, erstmals mit seinen zukünftigen Schützlingen zusammen. Was er sah, überwältigte ihn.

Und nicht nur Mensch blieb angesichts der AC/DC-Shows der Mund offen stehen.

Joe Perry (Aerosmith): »Sie zählten zu den wenigen Vorgruppen, die ich mir jeden Abend ansah. Angus benahm sich wie ein Stück Schinken, das in der Pfanne brutzelte! Sie waren großartig. Sie reduzierten Rockmusik auf die Grundelemente, und sie gaben rückhaltlos Gas.«

In Los Angeles spielte die Band im Starwood vor ausverkauftem Haus. Das Vorprogramm übernahm das australische Gitarrenidol Kevin Borich. Im Publikum war auch Vince Neil, der spätere Sänger von Mötley Crüe:

»Bon war super. Einfach phänomenal. Ein toller Sänger, völlig ungeschliffen.«

Dann ging es mit Aerosmith zurück in die großen Hallen. Bei Billy Grahams drittem Day On The Green Festival im Oakland Stadium am 23. Juli spielten AC/DC vor Aerosmith, Van Halen, Foreigner und Pat Travers. Es war das Festival, bei dem die Großen auftraten und neue Stars geboren wurden. AC/DC hatten diese Stufe der Karriereleiter völlig ohne Unterstützung der Radiosender erklommen.

Graham war ein Veranstaltungsgigant. Er war gleichermaßen geachtet wie gefürchtet. Er hatte mit dem Fillmore East in New York und dem Fillmore West in San Francisco zwei legendäre Clubs etabliert, die Ende der Sechziger und Anfang der Siebziger zum Pflichtprogramm aller großen Bands gehörten. Alle Bands, die etwas auf sich hielten, hatten dort gespielt, von den Grateful Dead, Janis Joplin und Miles Davis bis zu den Sex Pistols, den Stones und Led Zeppelin. Und Graham mochte AC/DC.

Angus: »Er hob uns schon in den Himmel, bevor wir überhaupt einen Fuß aufs Festivalgelände gesetzt hatten.«

Doug Thaler: »Bill Graham unterstützte die Band sehr. Er behandelte sie, als wäre sie aus Gold.«

Als AC/DC gegen halb elf am Morgen auf die Bühne kamen, hatten sich bereits um die 65 000 Menschen versammelt.

Angus: »Es war … magisch. Man konnte diese Magie spüren … Bon sagte, es sei wie bei den Christen, die man zu den Löwen rausjagte. Graham hatte diese ganzen Echsen kommen lassen, Leguane aus irgendwelchen Zoos und so – das eine Vieh war sogar ein Komodowaran –, und Bon musste die alle auf sich rumkriechen lassen! Und es war trotzdem einer dieser magischen Auftritte.«

Fifa Riccobono: »So eine große Zuschauermenge hatte ich noch nie gesehen, es waren sicher über 80 000 Leute. In dem Stadion reichte das Gesichtermeer, so weit man blicken konnte, und als die Jungs rausgingen, rastete Angus auf der Bühne richtig aus. Bon gab alles. Es war ein großartiger Tag. Ich hatte gedacht, dass Angus es hier nicht wagen würde, in die Menge zu springen, aber er tat es doch, und die Kabel zogen sich meterweit über die Köpfe. Allzuweit kam er nicht, aber es war fantastisch. Nach dem Gig war ich schon fast wieder auf dem Weg nach draußen, als mir das AC/DC-Schild aus Holz an der Garderobentür auffiel, und ich sagte: ›Das hätte ich zu gerne.‹ Malcolm nahm es ab und gab es mir; ich habe es heute noch. Ein Stück Bauholz, auf das ›AC/DC‹ eingebrannt ist. Wunderschön.«

Es gefiel jedoch nicht allen, dass AC/DC Teil des Programms waren. Foreigner weigerten sich, vor oder nach den Australiern aufzutreten, die ihnen Konkurrenz machten. Michael Browning verbrachte einen Großteil des Vormittags damit, dieses Problem aus der Welt zu schaffen.

Van Halen hingegen waren eher begeistert als besorgt.

»Ich stand seitlich an der Bühne und dachte: Au weia, wir müssen hinter diesen Ärschen auf die Bühne!«, erinnerte sich Eddie Van Halen Jahre später auf Van Halens Website.

Mark Opitz: »Sie waren sehr aggressiv, so wie im Studio. Auf Tour hielten sie sich an das Motto, dass sie die Hauptgruppe, wer immer das auch war, von der Bühne fegen mussten. ›Darauf kommt es an! Wir wollen diese Wichser fertigmachen! Wir wollen sie plattmachen!‹ Deswegen gibt es auch so viele Geschichten, dass die Hauptgruppen während des Vorprogramms das Saallicht anschalten ließen und AC/DC von der Bühne oder aus dem Programm warfen. Sie gingen aggressiv gegen die Hauptgruppe vor, indem sie besser spielten, härter rockten und energischer waren – und sich nichts gefallen ließen.«

Nachdem AC/DC gespielt hatten, verschwand Bon. Ian Jeffery versuchte vergeblich, ihn für eine Fotosession zu finden, die um halb eins stattfinden sollte. Dabei stellte er fest, dass Bon nicht weit gekommen war.

Ian Jeffery: »Er lag mit den verdammten Leguanen in einem Pool, eine Pulle Jack Daniel's in der Hand, und schmuste mit den Viechern! Offenbar kriegte er nichts mehr mit, amüsierte sich aber blendend.«

Das nächste Problem war, dass die Band, da sie schon so früh am Morgen gespielt hatte, am Nachmittag bereits drauf brannte, erneut auf die Bühne gehen zu können. Dank der Aufmerksamkeit, die sie beim Day On The Green auf sich ziehen konnte, wurde die Zeit bis zum nächsten Gig – einem wesentlich größeren – nicht allzu lang.

Angus: »Verdammt, wir hatten noch nicht mal eine Platte in den verfickten Charts! Die Energie und das Feedback des Festivals waren super. Auch deshalb, weil viele der Bands, die große Hits hatten, inzwischen ausflippten, wenn sie hörten, dass wir auch spielten.«

In San Francisco beschloss Bon, seinen Körper mit einer neuen Tätowierung zu verschönern.

Angus: »Er erklärte mir: ›Hier in der Straße gibt es einen klasse Typen. Ang, wenn du dir ein Tattoo machen lassen willst, ich sag dir, der ist der Beste! Der macht das ganze Ding in einem Abwasch, wie ein Brandzeichen!‹ Bon wollte sich die Farben nachstechen lassen, damit sie schöner leuchteten. Und er ließ sich auch etwas Neues machen. Er hatte schon eins da unten [deutet auf eine Körpergegend unterhalb des Gürtels]. Ich sagte: ›Verdammte Scheiße, Bon, du bist echt hart drauf, dass du das durchziehst.‹«

Während allen, die AC/DC beim Day On The Green gesehen hatten, noch die Ohren klingelten, sprach Angus mit Boni Johnson (ein prophetischer Name!) in den *Star News* von Pasadena noch einmal über das Thema Livealbum.

»Bei einer Live-LP könnten wir einfangen, wie das ist, vor Publikum zu spielen, der Energie und den Frauen, die man angucken kann – da könnte ich eine tödliche Gitarre spielen.«

Weitere Konzerttermine mit Aerosmith folgten, darunter ein Auftritt beim Summer Jam Festival im Comiskey Park von Chicago, bei dem auch Foreigner und Van Halen wieder mit von der Partie waren.

Die Einschätzung von Peter Mensch aus dem Aerosmith-Lager war typisch für die Haltung, die man AC/DC gegenüber damals einnahm:

»Die Leute kamen wegen Aerosmith«, sagte er Frank Watt in *Metal Attack*, »waren am Ende aber überwältigt von AC/DC.«

Auf dieser Tour zeigte sich die Band auf der Höhe ihrer Schaffenskraft. Sie spielte jetzt vor einem großen Publikum. Dass sie bis hierher gekommen war, lag nicht zuletzt an der Energie, die sich aus der intensiven Beziehung zwischen Malcolm und Angus speiste. Sie liebten sich brüderlich und respektierten einander, hatten aber dennoch keinerlei Schwierigkeiten, ihre gegensätzlichen Standpunkte mit den Fäusten auszufechten, wenn es sein musste.

Doug Thaler erinnert sich, wie ihn ein Veranstalter aus Allentown, Pennsylvania, einen Tag nach einem AC/DC-Konzert anrief. »Er meinte: ›Wow, was für eine Band, die waren gigantisch!‹ Sie hatten zwei Shows komplett ausverkauft. Dann fügte er hinzu: ›Aber dann wurde es irgendwie komisch. Am Schluss, als sie noch eine Zugabe spielen sollten, stritten sich die beiden Brüder backstage darüber, welche Titel infrage kämen, bevor sie wieder auf die Bühne gingen. Und einer schlug dem anderen ein paar Zähne aus!‹ Ich erwiderte: ›Das klingt nach einer typischen Young-Diskussion.‹«

Klugerweise legte sich niemand je mit Bon an. Er wäre entsetzt und sehr verletzt gewesen, wenn jemand aus der Band, die er so liebte, so etwas getan hätte.

Malcolm: »Wir waren alle ziemliche Hitzköpfe. Wir alle haben gelegentlich mal 'n bisschen zu viel geschluckt, aber ich glaube nicht, dass ich Bon je eine reingehauen habe. Denn er hätte zurückgeschlagen, und das wüsste ich noch.«

Die restlichen Tage im August spielten AC/DC im Vorprogramm des ehemaligen Ten-Years-After-Gitarristen Alvin Lee, von Rainbow, Savoy Brown und Ted Nugent, gaben aber auch Konzerte als Co-Headliner von Cheap Trick. Der scheinbar endlos gefüllte Terminkalender war Teil der AC/DC-Strategie.

Chris Gilbey: »Michael Brownings großartige Theorie erwies sich als richtig: Einer der entscheidenden Gründe, wieso die Band den Durchbruch schaffte, waren Konzerte, Konzerte, Konzerte. Das war der Schlüssel. Man durfte sich nicht auf die Plattenfirma verlassen. Einfach nur live spielen, sich eine Fangemeinde aufbauen – dann fangen die Leute irgendwann auch an, die Platten zu kaufen. Und deswegen haben AC/DC es schließlich in Amerika geschafft.«

Bons alter Kumpel Vince Lovegrove, der gerade an einer Dokumentation über die australische Rockszene arbeitete, stieß in Atlanta zur Band.

Vince Lovegrove: »Bon stand in dieser einen Halle oben auf dem Rang. Das ganze Publikum schob sich im Parkett zusammen und sah nach oben. Die Scheinwerfer strahlten Bon an, wie er mit Angus auf den Schultern dastand. Es war ein magischer Moment, der sich unglaublich einprägte.«

Als die Tour Jacksonville erreichte, schlugen Cheap Trick vor, dass AC/DC in dieser Gegend, die inzwischen zu einer ihrer Hochburgen gehörte, als Letzte auf die Bühne gehen sollten – auch wenn die Amerikaner eigentlich als Headliner an der Reihe gewesen wären.

Rick Nielsen (Cheap Trick): »Es war die erste Co-Headliner-Tour, die wir machten. Wir wechselten uns mit AC/DC ab. Ich glaube, sie wurden allmählich beliebter als wir. Aber wir kamen gut miteinander aus. Sie forderten uns jeden Abend heraus, sodass wir immer bis ans Limit gingen. Sie sind, wie sie sind, und wir sind, wie wir eben sind. Zusammen waren wir eine ziemlich gute Kombination.«

Bei den Konzerten mit Rainbow Mitte August kam die Grundaggression der Youngs wieder zum Tragen. Diesmal richtete sie sich allerdings gegen pöbelnde Zuschauer in Calderone, Long Island.

Malcolm war der Meinung, dass ein Konzert nicht unterbrochen werden dürfe, ganz egal, was passierte. Aber auch dieser Grundsatz hatte Grenzen.

Angus: »Ein Typ traf mich mit einer Getränkedose. Das tat nicht weh, aber er machte weiter und warf mit allem, was ihm in die Hände fiel. Ich ging also mal zu Malcolm rüber, obwohl der immer sagt: ›Ach, das musst du ignorieren.‹ Aber dieser Typ hörte einfach nicht auf, bis ich irgendwann erklärte: ›Schluss, entweder geht der jetzt raus oder ich.‹ Ich schnallte meine Gitarre ab und legte auf ihn an. Das Problem war, dass ich nicht sehen konnte, wie groß er war. Als ich das entdeckte, entschloss ich mich, ihm doch keine zu langen!«

Ein Ordner regelte die Situation für Angus, schlug den Typen zusammen und setzte ihn vor die Tür.

Angus: »Das sprach sich rum. Die Geschichte war am Samstag passiert, und Montag, als wir im Palladium in New York spielten, warteten ein paar Hundert Leute nur darauf, dass ich ins Publikum ging und jedem eine knallte, der auch nur blinzelte. Damals gab es jede Menge pöbelnde Idioten. Es war komisch. Sie waren zwar irgendwie Fans, aber sie kamen nur, um mich zu provozieren. Sie meinten, es sähe geil aus, wenn ich mich so aufregte! Einmal bekam ich auch Unterstützung von so einem Kerl. Der hatte mich den ganzen Abend lang nur angepflaumt, aber als ich mir eine Schnittwunde am Bein zuzog, fuhr er mich ins Krankenhaus.«

Doug Thaler war bei dem Konzert mit Rainbow in Calderone dabei und erlebte einen gemütlichen Klassenkampf zwischen Groß- und Kleinverdienern:

»Der Rainbow-Manager Bruce Paine kam zu mir und beklagte sich: ›Die Jungs kamen einfach in die Rainbow-Garderobe und sind übers Büfett hergefallen!‹ Als sie jemand deswegen ansprach, erklärten AC/DC mit größter Selbstverständlichkeit: ›Das sieht besser aus als das Zeug in unserer Backstage.‹ Sie hatten nicht im Geringsten das Gefühl, etwas falsch gemacht zu haben. Das ließen sie sich auch von niemandem einreden – sie machten einfach, was sie für richtig hielten.«

Eine Woche später spielten AC/DC in Boston. Das Konzert im Paradise Theatre wurde auf WBCN übertragen. Angus zog alle Register. Angeblich soll er während seines Solos bei »Rocker« nicht nur raus aus der Halle und auf die Straße gegangen, sondern in ein Taxi gesprungen und zum Sendegebäude im Prudential Building gefahren sein. Als oben im 50. Stock die Fahrstuhltüren aufgingen, malträtierte er immer noch das Griffbrett.

Die Karriere der Band war in Schwung gekommen. Daher wurde auch nichts aus dem von Vince Lovegrove geplanten Großereignis in Australien, bei dem die Reunion der Easybeats und der Valentines live in Radio und Fernsehen übertragen werden sollte. Bon hatte auch so genug um die Ohren. Wie schnell es nun aufwärts ging, zeigte sich nicht nur an den stetig zunehmenden Glückwünschen seitens ihrer Plattenfirma – was AC/DC eher unangenehm war –, sondern auch beim zweiten Day Of The Green Festival des Jahres im Oakland Stadium mit Ted Nugent, Journey, Blue Öyster Cult und Cheap Trick – ein Angebot, das sie wesentlich lieber annahmen als einen weiteren Auftritt beim britischen Reading Festival.

Nach diesem Festival wurde erneut über ein Livealbum diskutiert, das aus Material zusammengestellt werden sollte, das bei einigen US-Konzerten und bei Shows in Glasgow, London und Australien entstanden war.

Am 6. September wurde ein Auftritt beim legendären *Midnight Special* auf ABC aufgenommen. AC/DC spielten zwei Songs, wobei nur die Performance zu »Sin City« ausgestrahlt wurde. Die Gastmoderatoren der Show waren Ted Nugent, der sich die Freiheit nahm, die Sendung zu seinen Ehren in »Extravagonzo« umzubenennen, und Steve Tyler von Aerosmith. Beide begannen einander – wenn auch gut gelaunt – vor laufender Kamera zu schubsen, weil sie sich nicht einigen konnten, wer die Ehre haben sollte, AC/DC anzusagen.

Der Rest des Septembers verging mit Gigs im Vorprogramm von Blue Öyster Cult, UFO und Thin Lizzy sowie mit ein paar Headliner-Konzerten, beispielsweise im Vet's Memorial von Columbus, Ohio, wo das Publikum sie erneut äußerst enthusiastisch empfing.

»Unsere Alben sind purer Rock. Hier kommt noch ein Song, der wirklich rockt!«, brüllte Bon als Einleitung zu »Bad Boy Boogie«, bevor er die Menge aufforderte, näher an die Bühne zu kommen. Leider war die Reaktion wesentlich wilder als erwartet. Gleich nach dem Song wandte er sich wieder an die Zuschauer:

»Wir wollen nicht, dass ihr euch wehtut. Bitte, wenn ihr könnt, geht ein Stück zurück vom Orchestergraben, denn wenn hier alles zusammenbricht, gibt es Verletzte. Glaubt mir, Leute.«

Allerdings war die Vernunft der Menge durch die Begeisterung bereits ausgehebelt. Schließlich schritten die Ordner ein, um die Fans zurückzudrängen. Der Rest des Publikums begann zu buhen. Bon starrte wütend auf die Sicherheitskräfte und erklärte: »Keine Sorge, unsere Freunde sind das auch nicht.«

Klare Fronten zeigten AC/DC auch bei jenem legendären Gig, den sie als Support für Thin Lizzy in Detroit spielten. Es kam zu einem Streit um die Dezibelbeschränkung, die schon deshalb wie ein Witz erschien, weil Detroit die Geburtsstadt einiger der lautesten Rocker aller Zeiten war, beispielsweise Ted Nugent, Grand Funk Railroad oder The MC5.

Thin-Lizzy-Gitarrist Gary Moore erlebte vom Rang aus mit, wie der Eklat beim Soundcheck von AC/DC begann.

»Der Promoter ging zu ihnen und war total genervt, weil sie zu laut spielten. Auf der Bühne gab es einen Riesenstreit mit der Band. Entweder Malcolm oder Angus – ich kannte ihre Namen damals nicht – brüllte plötzlich: ›Verpiss dich doch und wichs dir irgendwo einen ab, du Arsch! Damit ist der Soundcheck jetzt gelaufen, oder?‹«

Runde zwei wurde später am Abend eingeläutet.

»Sie hatten ihr Programm zur Hälfte gespielt, als ein anderer Typ mit einigen Ordnern auftauchte, den Techniker vom Mischpult drängte, die Regler runterzog und das Konzert abbrach. Wir waren zu der Zeit in der Garderobe, hatten das aber mitbekommen. AC/DC dachten, wir hätten das veranlasst, um ihr Konzert zu sabotieren. Sie machten uns daraufhin heftig an, obwohl wir überhaupt nichts damit zu tun hatten. Phil Lynott war stinksauer. Er sagte, AC/DC seien extra aus Australien gekommen, um im Vorprogramm von Thin Lizzy zu spielen, und erklärte: ›Wenn diese Typen nicht bezahlt werden, gehen wir nicht raus!‹ Wir versuchten noch, ihnen zu helfen, aber sie hielten uns die ganze Zeit für den Feind.«

Ian Jeffery war damals der Livemixer von AC/DC. Er war es, der von der Security vom Mischpult weggeschleppt wurde, nachdem er versucht hatte, mit den Behörden zu diskutieren.

»Ich zog die Regler für die Lautstärke der Anlage ganz nach unten und sagte: ›Das, was Sie jetzt noch hören, kommt nicht von mir, sondern von der Bühne.‹ Der Typ erklärte: ›Das ist mir egal, es ist immer noch zu laut, drehen Sie den Ton leiser.‹ – ›Okay, also noch mal zum Mitschreiben: Der Sound kommt nicht von der Anlage. Können Sie den Sänger hören?‹ Er sagte: ›Ja, ein bisschen.‹ Darauf ich: ›Das kommt von den Monitoren auf der Bühne. Sonst ist nichts mehr angeschaltet, Meister. Das, was man jetzt noch hört, ist nur die Band.‹

Bevor ich wusste, wie mir geschah, wurde ich von einem der Ordner gepackt und ins Foyer geschleppt. Die Show war vorbei. Ich rannte nach draußen, kam durch den Bühneneingang wieder rein, ging zur Seite der Bühne und winkte, um Malcolm auf mich aufmerksam zu machen. Als er mich sah, fiel er fast um. Sein Blick hieß so viel wie: ›Was zum Teufel machst du hier? Du solltest am Mischpult sein!‹ Dann kam er rüber, und ich erklärte: ›Sie haben mich weggejagt, weil's zu laut ist.‹

Da hörte die Band auf zu spielen, Malcolm nahm seine Gitarre ab und kickte die Monitore in den Orchestergraben. Plötzlich tauchten ein paar der Jungs auf, die auf die PA aufpassen sollten. Die schnappten sich Malcolm. Ich habe lange auf sie eingeredet, bis sie ihn wieder losließen. Als wir wieder in der Garderobe waren, brüllte Malcolm: ›Zeig mir diesen Wichser! Wo ist das verdammte Arschloch! Wer ist der Promoter?‹ Ich sagte: ›Es ist nicht seine Schuld, Malcolm.‹ – ›Natürlich ist es das!‹ Man konnte überhaupt nicht mit ihm reden. Wir gingen also zum Produktionsbüro, und Malcolm knallte dem Promoter eine. Wenig später kam die Polizei.«

Der Promoter stellte Strafanzeige wegen Körperverletzung, aber die Band konterte mit einer Forderung von 20 000 Dollar Schadensersatz wegen der abgebrochenen Show.

Mark Opitz: »Die Geschichten, dass Malcolm sich mit den Promotern prügelte, stimmen ... Als er bei einem Konzert im Mittleren Westen einem Promoter ein paar langte, wollte der die Polizei rufen. Malcolm sagte: ›Und was meinst du, wem glauben die? Dir, einem zwei Meter großen Kerl, dass ich dich mit meinen Einsfünfzig verdroschen habe?‹«

Gary Moore: »Am nächsten Abend in Cleveland haben sie uns von der Bühne gefegt. Sie wollten uns die ganze Zeit mit irgendwelchen Psychotricks kleinkriegen. Angus sah einem zum Beispiel nie ins Gesicht. Sie legten es wirklich drauf an, uns fertigzumachen. Das letzte gemeinsame Konzert fand in Chicago statt. Wir kamen sehr gut an, weil Thin Lizzy in Chicago total angesagt waren. Unser Manager spielte AC/DC einen kleinen Streich. Er wusste, dass der Drummer aufs Klo gegangen war. Da gab er die Anweisung, das Licht auf der Bühne auszumachen. Das arme Schwein musste mit runterhängenden Hosen auf die Bühne sprinten und sich hinters Schlagzeug schwingen. An diesen drei Tagen lief wirklich jede Menge Scheiß zwischen den beiden Bands. Es war ganz gut, dass wir nicht länger miteinander unterwegs waren, sonst hätten wir uns vermutlich umgebracht.

Bon kam gelegentlich in die Garderobe und tat so, als würde er uns gut finden. Aber er war nur scharf drauf, an Freibier ranzukommen. Er trank erst die Vorräte in der eigenen Garderobe, dann fiel er über unsere her – das war meist nicht wenig, weil wir keine großen Biertrinker waren. Er erzählte dann: ›Wisst ihr was? Ich dachte, ich würde euch nicht mögen, aber ihr seid echt gar nicht so übel.‹ Bloß, um umsonst an was zu saufen zu kommen.

Als ich Bon das letzte Mal sah, hatte er gerade einen Brief von seiner Frau bekommen und machte einen niedergeschlagenen Eindruck. Er stand vor der Halle, an eine Wand gelehnt, und sah ziemlich fertig aus. Aber das Konzert war fantastisch! Was für eine Band! Angus war unglaublich. Die ganze Zeit über liefen ihm zwei Rotzspuren aus der Nase. Er tobte wie ein Epileptiker, Mann. Und Bon konnte kaum sprechen, weil er so betrunken war. Er stand am Mischpult und lallte vor sich hin, kam dann wieder auf die Bühne und sang komplett verständlich. Das war schon echt komisch – und ziemlich beeindruckend!«

Anfang Oktober gaben AC/DC die letzten Konzerte mit Aerosmith, oder »Hairy Smith«, wie Malcolm die Amerikaner inzwischen zu nennen pflegte. Das ganze Unternehmen war für AC/DC ein riesiger Erfolg gewesen. Die Band hatte wegen der großen Entfernungen in den USA begonnen, von einem Gig zum nächsten zu fliegen. Dennoch hatten sie sich bisher nur einen kleinen Teil des Publikums erschlossen, das noch auf sie wartete. *Powerage* hatte sich um die 200 000 Mal verkauft, mehr als *High Voltage* und *Let There Be Rock* zusammen.

Ein anderes Zeichen für den wachsenden Erfolg waren die weiblichen Fans, die in ihrer Nähe herumhingen und immer zahlreicher – und attraktiver – wurden. Aber diese Frauen mit ihrem Interesse am schnellen Sex mit Stars waren nichts für Malcolm und Angus. Die beiden befassten sich lieber mit der Verbesserung des Sounds. Sie konnten nicht begreifen, warum einige Musiker auf der Bühne mit so geringer Lautstärke arbeiteten und lediglich das Publikum über eine PA mit voller Wucht beschallten. Für sie wirkte es, als hätten Bands wie die damals angesagten Boston und Foreigner Angst, sich die Hände schmutzig zu machen.

»Sie kontrollieren ihren eigenen Sound nicht selbst«, sagte Malcolm dem Journalisten Phil Sutcliffe in *Sounds* vom 11. November 1978. »Die Dictators waren die einzige Band, die wir wirklich haben arbeiten sehen.«

AC/DC gingen auf der Bühne mit gutem Beispiel voran. Nun war es an der Zeit, das schon so oft angekündigte Livealbum fertigzustellen und zu zeigen, wie eine Rockshow sein musste, bei der der Schweiß in Strömen floss und die Ohren dröhnten. Schon seit einiger Zeit hatte die Band Mitschnitte gesammelt, die an den verschiedensten Orten der Erde entstanden waren. Mark Opitz machte sich in den Albert Studios in Sydney daran, diesen Berg zu sichten.

Mark Opitz: »Es war faszinierend, das alles einmal durchzuhören. Ich habe mich um den Mix gekümmert und mir jeden einzelnen Titel vorgenommen. Ich weiß heute nicht einmal mehr, welcher meiner Mixe am Schluss verwendet wurde. Damals lautete die einzige Ansage: ›Okay, du hast das Studio ab 20 Uhr zur Verfügung, hier sind die Bänder, mach was draus.‹«

Zwar war Opitz einerseits von den Aufnahmen begeistert, aber ihm war auch bewusst, wie groß die Erwartungen waren, die seine Auftraggeber mit diesem Projekt verknüpften.

»Insgeheim hatte ich eine ziemliche Panik, eine richtige Scheißangst, dass die Arbeit, die ich abliefern würde, nicht gut genug war. Wir lösten uns immer wieder ab: Mal feilte ich an den Abmischungen, mal George und Harry, manchmal mixten wir auch gemeinsam. Ich versuchte, gute Arbeit zu machen. Wenn ich die Sachen später George vorspielte, hoffte ich verzweifelt, dass es ihm gefiel. Das war Gott sei Dank auch immer so.«

Mit seinem beinahe unheimlichen Einfühlungsvermögen, was die Band betraf, konnte sich George Young allein aufgrund dessen, was aus den Studiolautsprechern dröhnte, genau vorstellen, wie sich Angus auf der Bühne dazu bewegte: jedes Detail, bis hin zu den fliegenden Schweißtropfen. Der Großteil der Platte, wenn nicht sogar alle Songs, stammte von einer Aufnahme, die im April in Glasgow entstanden war. Die Covergestaltung basierte auf einer Fotosession, die AC/DC im August mit dem Atlantic-Stammfotografen Jim Houghton vor einem Konzert im Bostoner Paradise Theatre gemacht hatten. Die Idee stammte vom Art Director von Atlantic, Bob Defrin:

»Der Fotograf hatte Theaterblut besorgt, mit dem wir ordentlich herumkleckerten. Wir ließen bei einer Gitarre den Hals absägen, sodass es aussah, als ob Angus sich damit aufgespießt hätte. Er fand es super.«

Der Name der Platte, *If You Want Blood You've Got It*, beruhte auf einer Antwort, die Bon einem Journalisten beim Day Of The Green Festival im Juli gegeben hatte.

Angus: »Er hatte Bon gefragt: ›Was können wir von euch noch erwarten?‹ Und Bon sagte: ›Blut.‹«

In Großbritannien, wo *If You Want Blood You've Got It* im Oktober veröffentlicht wurde, nahmen die herablassenden Australienklischees, mit denen sich die Band von Anfang an hatte herumschlagen müssen, kein Ende. Die Plattenkritik in der *Sounds* war erneut mit lautmalerischen Kommentaren überschrieben: »Billa Bong! Boomer Anngg!«

Interessanterweise waren die Punkbands aus England, die 1976 und 1977 ein Stück des Weges mit AC/DC gegangen waren, musikalisch längst in andere Richtungen abgedriftet. Die Sex Pistols waren ein Dreivierteljahr zuvor in den USA auseinandergebrochen. John »Rotten« Lydon hatte im Juli mit den neu gegründeten Public Image Limited ein Comeback gestartet, das mehr an die Stooges, Krautrock und Dub als an Chuck-Berry-Riffs erinnerte. The Jam hatten auf *All Mod Cons* eine Perfektion erreicht, die Punk ad absurdum führte, ähnlich wie The Clash mit ihrem zweiten Album *Give 'Em Enough Rope*.

Als das Album in Großbritannien erschien, waren AC/DC für weitere Konzerte auf den europäischen Kontinent zurückgekehrt. In Paris erinnerte sich Bon an die Band Trust, die er bei seinem Besuch bei den Stones kennengelernt hatte. Obwohl sie damals keinen Plattenvertrag hatten, lud er sie ein, beim ersten Gig, den AC/DC in Paris im ausverkauften Le Stadium gaben, als Vorgruppe aufzutreten.

Während der Shows in Großbritannien hatten AC/DC die Ehre, als erste Band überhaupt zwei Abende hintereinander vor ausverkauften Rängen im Mayfair in Newcastle zu spielen.

Die Tour begann mit einem Sonderkonzert in der University Of Essex in Colchester, das die BBC für die Sendung *Rock Goes To College* organisiert hatte: Hier sah ein völlig überwältigter Brian Johnson erstmals jene Band, die später sein Leben verändern sollte.

In Glasgow geschah es, dass Bon, der während einer Pause nach draußen gegangen war, um frische Luft zu schnappen, von den Ordnern nicht mehr hineingelassen wurde. Einer der Verkäufer am Merchandise-Stand musste für ihn bürgen, damit er auf die Bühne zurückkehren konnte.

Den triumphalen Abschluss der Tour bildeten zwei ausverkaufte Shows im Hammersmith Odeon. Nach dem ersten Gig fand ein Empfang statt, bei dem bis in die frühen Morgenstunden gefeiert wurde. Bon war anschließend ziemlich ausgeknockt, aber wie immer gelang es ihm, für das zweite Konzert wieder halbwegs fit zu sein.

Steve Gett vom *Record Mirror* war bei beiden Shows im Odeon. Er war von den Auftritten begeistert, schrieb jedoch, dass die Band zusehen müsse, dass das nächste Studioalbum der Bringer würde – schließlich hatten sie den Trumpf mit dem Livealbum nun bereits gespielt.

Damit hatte er natürlich recht, auch wenn *If You Want Blood You've Got It* für einen Lückenfüller schon überragend war. Es erschien Ende November in den USA und in Australien. Währenddessen konnten die amerikanischen Fans optisch mitverfolgen, wie die kleinen Australier live spielten, als der Auftritt bei *Midnight Special* zwei Monate nach der Aufzeichnung ausgestrahlt wurde.

Zwei Tage vor Weihnachten erreichte das Album mit Platz 113 seine höchste Position in den *US-Billboard*-Charts. Ein äußerst vielversprechender Anfang.

Während AC/DC durch die Welt gezogen waren, hatte in Australien 1978 der Pubrock Hochkonjunktur: Bands wie Cold Chisel, Midnight Oil, The Angels und Rose Tattoo spielten fast jeden Tag in der Woche – manchmal nur um die Ecke der Konkurrenz – vor ständig wachsendem Publikum.

Vor allem die Angels, AC/DCs alte Freunde und Labelkollegen, hatten sich mit den perfekt aufeinander abgestimmten Gitarren von John und Rick Brewster sowie der extrovertierten Show von Sänger Doc Neeson eine große Anhängerschaft aufgebaut. Ihnen gelang 1978 der Durchbruch mit dem Album *Face To Face*, das Mark Opitz zur gleichen Zeit wie *Powerage* betreut hatte.

John Brewster: »Als AC/DC nach Übersee gingen, hinterließen sie eine Lücke, durch die wir es bis nach ganz oben schafften. Wir waren die geilste, angesagteste Band im ganzen Land. Wir spielten selbst an Montagabenden vor ausverkauftem Haus. Meist standen noch 500 Leute vor der Halle, die nicht mehr reinkamen.«

Aber AC/DC machten sich keine Gedanken darüber, dass für sie in Australien der Zug abgefahren sein könnte. Sie hatten kein Interesse an einer längeren Pause. Urlaub war etwas, das sich andere Leute genehmigten, und nur zwei Wochen nach ihrer Ankunft in Australien war die Band wieder in den Albert Studios und werkelte mit George, Harry und Toningenieur Mark Opitz an einem neuen Album. Und mehr denn je waren Disziplin und Konzentration gefragt. Denn das nächste Album musste der große Treffer werden.

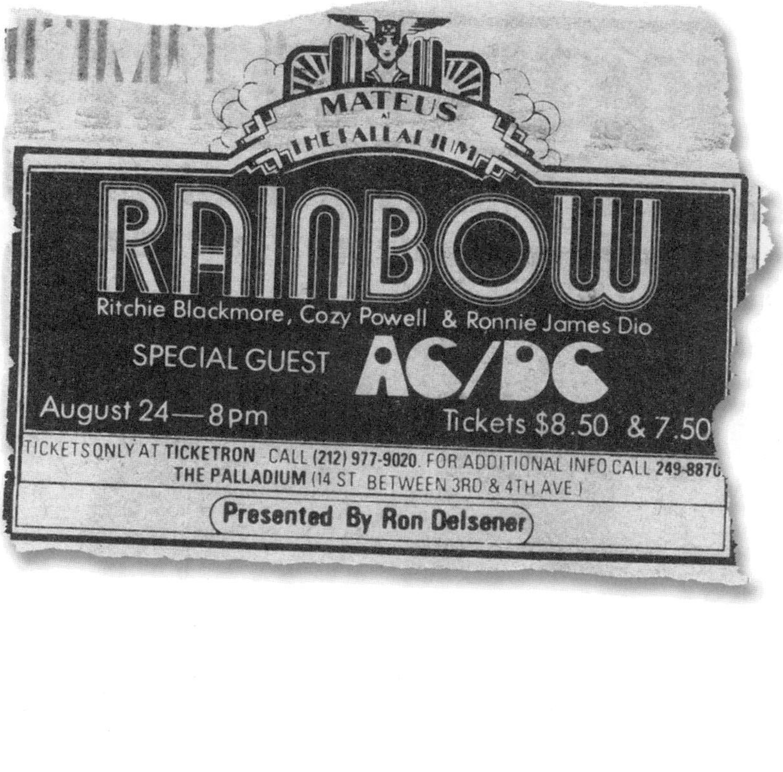
MATEUS
AT
THE PALLADIUM
RAINBOW
Ritchie Blackmore, Cozy Powell & Ronnie James Dio
SPECIAL GUEST AC/DC
August 24—8pm
Tickets $8.50 & 7.50
TICKETS ONLY AT TICKETRON CALL (212) 977-9020. FOR ADDITIONAL INFO CALL 249-8870
THE PALLADIUM (14 ST BETWEEN 3RD & 4TH AVE.)
Presented By Ron Delsener

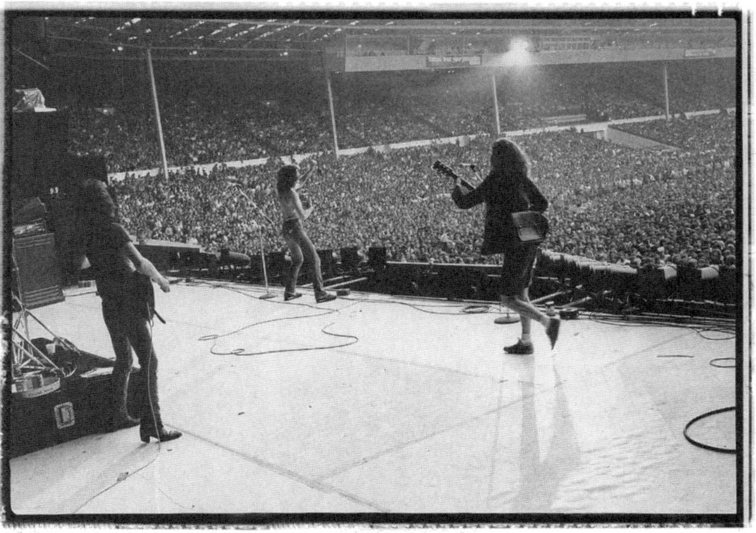

1979

Unter freiem Himmel: Malcolm, Bon und Angus
im Londoner Wembley-Stadion

16. Kapitel

HIGHWAY TO HELL

1926, als in den USA der Highway 666 fertiggestellt wurde, wählte man diesen Namen für das vier Staaten durchquerende Teerband lediglich aus chronologischen Gründen: Es war der sechste Abzweig des Highway 66, mehr nicht.

Aber mit diesen drei Ziffern, die der Bibel zufolge das Zeichen des Antichristen sind, umwehte den Highway von Anfang an der Hauch des Unheils.

Die amerikanischen Ureinwohner sorgten sich wegen der satanischen Assoziationen. Einige fingen an, auf die hohe Zahl tödlicher Autounfälle auf dieser Strecke hinzuweisen. Andere abergläubische Zeitgenossen waren der Überzeugung, dass jene, die über ihre Bedenken spotteten, indem sie zum Beispiel eines der Schilder mit der Straßennummer klauten, sich mit Kräften anlegten, mit denen man es besser nicht tat. Der Highway zur Hölle verlangte Respekt.

Auf der anderen Seite des Planeten machten sich ein paar Typen daran, das Schicksal herauszufordern.

Die Sessions für das neue Album, die Anfang Dezember begonnen hatten, dauerten bis ins neue Jahr. Bon war mit seiner Performance auf *Powerage* nicht ganz zufrieden gewesen. Er hatte das Gefühl, dass die Texte von Songs wie »Gone Shootin'« schlicht zu ernsthaft ausgefallen waren. Dieses Mal wollte er lockerer schreiben. Titel wie »If You Want Blood« entsprachen eher dem Stil, der ihm vorschwebte.

Atlantic Records forderte ebenfalls Veränderungen. *If You Want Blood* schickte sich an, sich in den USA besser zu verkaufen als *Let There Be Rock* und *Powerage* zusammen. Unübersehbar ging es für AC/DC in den Staaten aufwärts, aber Atlantic wollten noch höhere Marktanteile – sie wollten ein Album, das sich landesweit verkaufte, angeführt von einer mächtigen Hitsingle. Dieses wichtige Album sollten sie jetzt machen.

Um den nötigen Erfolg zu haben, erschien es Atlantic zwingend notwendig, die Band mit einem unverbrauchten Produzenten zusammenzubringen. Also flog Vizepräsident Michael Klenfner nach Sydney, um sich mit AC/DC, George und Harry zu treffen.

Dort informierte ihn die Band zunächst über das, was sie bisher erarbeitet hatte. Schlagzeuger Ray Arnott, der zahllose Sessions mit George und Harry für das Albert-Label absolviert und auch mit Stevie Wright gespielt hatte, sprang für Phil Rudd ein.

Ray Arnott: »Ich kam eines Abends ins Studio, wir spielten ein bisschen, um diesem Ami ein paar der neuen Licks zu zeigen, die AC/DC ausgetüftelt hatten. Er wollte wohl überprüfen, ob wirklich gearbeitet wurde. Wir nannten ihn Tons Of Fun, Mr. Superspaß. Wir gingen gemeinsam essen, und der Typ bestellte einen Rotwein, von dem die Flasche 80 Dollar kostete. Bon sagte: ›Das ist doch Essig, der taugt allenfalls, um ihn über die Fish 'n' Chips zu kippen!‹ Die nächste Flasche, die Bon bestellte, lag schon bei 300 Dollar. Aber die Amis haben bezahlt. Wir hatten einen tollen Abend.«

Für Arnott war es ohnehin eine entscheidende Woche in seinem Leben. Er heiratete kurz darauf, und die Jungs veranstalteten ihm zu Ehren einen rauschenden Junggesellenabschied.

Ray Arnott: »Malcolm, George, Angus und ich gingen mit ein paar Jungs zu diesem Club auf der George Street in Sydney. Dort wollte man uns nicht reinlassen, weil wir angeblich zu abgerissen aussahen. Der Witz: Wir hörten, dass in der Disco AC/DC lief! Wir haben uns fast bepisst vor Lachen.«

Aber hinter den Kulissen wurde die Stimmung langsam düsterer.

Es war schon schlimm genug, dass man AC/DC sagte, was sie tun sollten. Malcolm und Angus waren vor allem deswegen sauer, weil George ihrer Meinung nach von Atlantic respektlos behandelt wurde. Das Label tat, als sei er ein Amateur, der als Produzent noch keine Erfolge vorzuweisen hatte. Obwohl Harry und er nur wenige Monate zuvor mit John Paul Youngs »Love Is In The Air« einen Top-10-Hit in den USA hatten. Davon abgesehen betrieben die beiden auch das Studioprojekt Flash And The Pan, das zwar nie auf Tour ging, aber in den australischen, europäischen und amerikanischen Charts durchaus großen Eindruck hinterließ.

Ein Sprecher von Harry und George versuchte die Sache schönzureden, indem er *Juke* mitteilte, dass man schon länger über einen Produzenten von außen nachgedacht habe.

Malcolm hingegen war mit der Situation überhaupt nicht einverstanden und erklärte beim Sydneyer Radiosender 2JJ, die Band sei »gezwungen« worden, mit einem neuen Produzenten zu arbeiten.

Dass Harry nicht mehr dabei sein sollte, war eine Sache. Aber George war das sechste Bandmitglied, vielleicht sogar noch mehr.

Michael Browning: »George und Harry verhielten sich wie Ehrenmänner. Sie hätten beleidigt sein können, vielleicht waren sie das auch. Wenn eine amerikanische Plattenfirma ankommt und sagt, ihr braucht einen anderen Produzenten, während die bisherigen im eigenen Land geradezu verehrt werden, ist das ein Schlag ins Gesicht. Malcolm und Angus waren total angefressen, wirklich stinksauer.«

Dabei stimmte Browning durchaus mit Atlantic darin überein, dass ein anderer Produzent – im Idealfall einer, der sich mit den Strukturen der US-Radiolandschaft auskannte – zu diesem Zeitpunkt absolut notwendig war.

»Sicher, Vanda und Young waren entscheidend dafür, den Sound der Band zu entwickeln und das Beste aus Malcolm, Angus und

Bon herauszuholen. Sie waren gute Produzenten, aber sie hatten nicht im Blick, was bei amerikanischen Rocksendern abging. Man musste in den USA sein, um die Mentalität der Leute zu verstehen, die Radio hörten und die, die es machten. Wir hatten den Punkt erreicht, an dem wir die richtige Einstellung und den Vibe hatten. Was uns nun noch fehlte, war ein etwas geschmeidigerer Sound für unseren Stil. Dafür brauchten wir eine fettere Produktion. So gesehen hatten Atlantic hundertprozentig recht.«

Die Wahl der Plattenfirma fiel auf Eddie Kramer, einen Produzenten von Format, der schon einige Erfolge vorzuweisen hatte. Er hatte bereits Jobs für David Bowie, die Kinks, Beatles, Stones und Small Faces übernommen. Was ihn jedoch besonders für diesen Job qualifizierte, waren seine bahnbrechenden Aufnahmen mit Jimi Hendrix auf *Are You Experienced?*, *Axis: Bold As Love* und *Electric Ladyland*. Seine späteren Produktionen für Led Zeppelin und Humble Pie, die er bei ihrem Liveklassiker *Rockin' The Fillmore* betreute, sprachen auch für den Job bei AC/DC. Bei Atlantic hatte man ihn vor allem deswegen ausgewählt, weil er in den vergangenen fünf Jahren mit den Kiss-Alben *Alive!*, *Love Gun* und *Alive II* höchst erfolgreich gewesen war.

Währenddessen hatten sich AC/DC entschieden, auf eine Tournee durch Australien zu verzichten. Als Grund gaben sie an, dass es zu teuer sei, das inzwischen recht umfangreiche Equipment der Band über den großen Teich zu schaffen. Bon erklärte Stuart Coupe im *RAM* vom 9. März 1979 augenzwinkernd, AC/DC seien außerdem »zu besoffen, zu bekifft und insgesamt viel zu kaputt« für eine Tour.

In dem Interview versprach er aber, sie würden demnächst die größte Rockshow der Welt auf die Beine stellen – allerdings standen Tourneen bis auf Weiteres ganz unten auf der Prioritätenliste. Sie hatten es auf die höchste Stufe der Karriereleiter geschafft, die man sich durch stetige Konzerte erarbeiten konnte. Den nächsten Sprung konnten sie nur durch ein überragendes Album schaffen.

Als Eddie Kramer in Sydney eintraf, setzte er sich zunächst mit George, Harry, Ted Albert und Michael Browning zusammen. Dann schloss er sich mit der Band in den Albert Studios ein, um ein paar Demos aufzunehmen.

Die starke Persönlichkeit, die jeder Musiker mitbrachte, und die Energie, die die ganze Band auszeichnete, entsprachen genau der Vorstellung, die Kramer durch einige Videos von AC/DC bekommen hatte. AC/DC waren eine ebenso gewaltige Rockband wie viele andere von Kramers früheren Studioschützlingen. Einen Unterschied gab es jedoch.

Eddie Kramer: »Sie hatten einen viel ruppigeren, härteren, dreckigeren Vibe. Die beiden Brüder gaben den Ton an, und der Sänger, Bon Scott, war einfach überwältigend. Sie waren ganz anders als Zeppelin. Sie waren eine schlichte, raue, schnörkellose Rockband – und eine Gruppe, die ohne viel Schnickschnack einfach nur abrockte. So was findet man heute nur noch verdammt selten.«

Ungeachtet dessen gab es laut Kramer keine Parallelen zu jener großen britischen Band, die AC/DC von Anfang an stark beeinflusst hatte.

Eddie Kramer: »Die Stones waren trotz ihres rauen Sounds viel kultivierter und feinsinniger als diese Jungs. Ihre Musik konnte man nicht miteinander vergleichen.«

Nachdem die ersten Demos im Kasten waren, packte die Band ihre Sachen und bereitete sich auf die Abreise nach Miami vor – ganz, wie Bon es Ende 1977 bereits vorausgesagt hatte –, um im Februar in den Criteria Studios mit den Aufnahmen für das neue Album zu beginnen.

Vorher fanden Angus, George und Harry noch Zeit, um neben Jimmy Barnes, John Swan, Peter Wells von Rose Tattoo, Warren »Pig« Morgan und vielen anderen auf *Rude Dudes* mitzuwirken, dem ersten der zwei Soloalben, die Ray Arnott für das Albert-Label ablieferte. Vanda und Young übernahmen die Produktion der Platte – heute eine gesuchte Rarität –, die im November 1979 nur in Australien erschien.

Ray Arnott: »Für Angus gab es immer nur Blues. Die schlichten Zwölftakter, die er dann komplett auseinandernahm und meisterhaft spielte.«

Angus: »Ray war im Büro, als ich auftauchte. Er meinte: ›Hey, wo du gerade hier bist ... spiel doch mal was.‹ Ich bekam gar nicht mit, dass er aufnahm, was ich da spielte. Das Ganze dauerte nur fünf Sekunden.«

Als Abschiedsveranstaltung vor dem Aufbruch in die USA kamen Angus, Malcolm und Bon im Strata Motor Inn in Cremorne im Norden Sydneys für einen spontanen Auftritt auf die Bühne, begleitet von George am Bass und Arnott am Schlagzeug. Es war Bons letzter Liveauftritt mit Malcolm und Angus in Australien.

Ray Arnott: »Sie hatten dort drei oder vier Spanferkel auf dem Rost. Nach dem Essen kam ein Typ rein und fragte: ›Habt ihr Lust zu spielen?‹ Wir sagten spontan zu, sprangen auf, gingen auf die Bühne, und die Leute rasteten total aus. Der Laden war zu einer Hälfte ein Restaurant, zur anderen ein Club, der tagsüber geschlossen war. Als wir im Restaurant feierten, mussten wir nur die Tür aufmachen, auf die Bühne gehen und loslegen.«

In den nächsten 30 Minuten hörte das verblüffte Publikum fünf oder sechs Songs, darunter »Baby, Please Don't Go« und »Let There Be Rock«.

Bon und Angus waren im Strata bekannt, da sie dort öfter auftauchten, um die Gitarrentricks der Emmanuel Brothers Tommy und Phil zu bestaunen.

Phil Emmanuel: »Greg Johnson, der Manager des Strata, kam zu uns herüber und lud uns auf einen Drink ein. Er holte Tommy und mir zwei doppelte Jack Daniel's mit Cola, Angus bekam eine Zitronenlimo, und dann sah Johnson Bon an und fragte: ›Das Übliche, Alter?‹ Bon sagte: ›Wär nett.‹ Johnson kam mit einem großen Glas mit Eiswürfeln und einer halben Flasche Johnny Walker Red Label zurück. In der Zeit, in der wir unsere Drinks kippten, machte Bon die ganze Flasche leer. Ich habe nie jemanden so saufen sehen wie Bon. Er konnte wirklich was vertragen.«

Die Reise nach Miami verschob sich um ein paar Tage: Als die Band am Sydneyer Flughafen erschien, stellte sich heraus, dass Bon – der dank einem dreifachen Whisky-Cola schon wieder ziemlich blau war – als Einziger ein ordentliches Visum hatte.

Bon war auf dem Flughafen in Bestform. Er nutzte jede Gelegenheit, sich mit den Frauen in der Nähe fotografieren zu lassen. Er ging sogar so weit, der Freundin des Musikjournalisten Stuart Coupe eine Reihe von Komplimenten über ihre Figur zu machen und ihr seine Telefonnummer anzubieten. Nur für den Fall, dass Coupe ihren schönen Körper nicht so würdigen sollte, wie er es Bons Meinung nach verdient hatte.

Nachdem sie sich in Miami eingelebt hatten, begannen täglich um die Mittagszeit die Proben mit Kramer. Mit dieser frühen Uhrzeit konnte sich die Band, die zuvor stets von abends bis in die späte Nacht gearbeitet hatte, nicht anfreunden. Allerdings waren die Arbeitszeiten und das mickrige Budget, das ihnen für ihren Lebensunterhalt zur Verfügung stand, nicht das größte Problem.

AC/DC waren es gewohnt, ihre Songs im Studio mit George auszuarbeiten, anstatt mit durchstrukturierten Songs aufzukreuzen, die man dann gleich aufnehmen konnte. Aber genau das erwartete Kramer von ihnen.

Eddie Kramer: »Sie hatten ihren eigenen Kopf. Keine Frage, sie hatten großes Talent, deswegen war ich überzeugt, dass wir eine gute Platte machen würden. Aber ich kam einfach nicht damit zurecht, dass das Material nicht fertig war. Es hieß dann: ›Ja, wir haben hier so ein paar Songs.‹ Bon Scott hatte Probleme beim Schreiben der Texte, aber auch mit seinem Alkoholkonsum und einigen anderen Dingen. Rückblickend war er der Prototyp des harten Rockers, der sein Image pflegt, indem er säuft, mit Frauen rumzieht und komplett neben der Spur ist. Das war sein Stil, aber ich konnte damit nicht so gut umgehen.«

Kramer hatte zudem den Eindruck, dass AC/DC sich nicht besonders für die Erfahrungen interessierten, die er bei der Arbeit mit ihren großen Helden gesammelt hatte. Vielleicht wollten sie es ihm auch einfach nur nicht zeigen. Er mochte ihnen persönlich nichts getan haben – diejenigen, die ihn auf den Produzentenposten gehievt hatten, aber schon. Und so galt Kramer als jemand, den es zu bekämpfen galt. Ihm die kalte Schulter zu zeigen und ihn nicht als Profi anzuerkennen, war die Waffe der Band.

Kramer verstand durchaus, dass sich AC/DC in einer schwierigen Situation befanden. Er wusste, dass er ihnen buchstäblich aufgezwungen worden war und konnte ihre Ablehnung teilweise nachvollziehen. Das machte die ganze Sache allerdings nicht leichter.

Es standen sich zudem zwei völlig unterschiedliche Arbeitsweisen gegenüber.

Malcolm: »Eddie war, wie wir herausfanden, ein Soundspezialist, aber mehr auch nicht. Er kam rein, spielte uns einen Song von den Rolling Stones vor, dann noch einen Track von irgendeiner bekannten Band. Dann sagte er so was wie: ›Kombiniert diese Strophe mit diesem Refrain – dann habt ihr einen Hit.‹ Wir antworteten ihm bloß: ›Das ist doch Kacke!‹ Es funktionierte nicht.«

Eddie Kramer: »Bei mir ist es nun mal so – ich höre gern Hitsingles. Für mich ist das entscheidend. Aber ich muss zugeben, mit dieser Band ging so was nicht.«

Nachdem man nach drei Wochen in Miami noch immer nicht über Proben hinausgekommen war, wurde allen Beteiligten klar, dass der Versuch gescheitert war.

Eddie Kramer: »Ich glaube, die Band brauchte eine Herangehensweise, von der ich zu diesem Zeitpunkt meiner Laufbahn keine Ahnung hatte. Ich war gewohnt, mit Kiss zu arbeiten, die auf ihre spezielle Art und Weise auch rau und wild waren. Bei Kiss wusste ich, wie ich mit ihnen reden und sie erreichen konnte. Mit AC/DC klappte das einfach nicht.«

Die Aufnahmen mit Kramer wurden abgebrochen. Malcolm rief bei Michael Browning an und forderte ihn auf, sie aus Miami rauszuholen – und zwar so schnell wie möglich.

Browning hatte inzwischen das Gefühl, dass Atlantic bei der Bewertung der Arbeit von Harry und George, aber auch in der Einschätzung von Kramer ein gewaltiger Fehler unterlaufen war.

Michael Browning: »Sie hatten unterschätzt, wie wichtig George für die Arrangements war und welche Rolle er als musikalische Seele von AC/DC spielte. George sorgte dafür, dass es in die richtige Richtung ging, und er war ihr Mentor. Kramer hingegen hatte sicher ein gutes Händchen für den richtigen Sound, aber die anderen Bestandteile eines harmonischen und befriedigenden Produktionsprozesses hatte er ganz einfach nicht drauf. Er war mit ihnen einige Wochen in einem Aufnahmestudio in Miami. Sie fanden jede Minute ätzend. Der Tropfen, der das Fass zum Überlaufen brachte, war dann seine Idee, für den Durchbruch eine Coverversion von ›Gimme Some Lovin'‹ einzuspielen.«

Kramer erinnert sich daran nicht.

»Wenn ich diesen Vorschlag je gemacht haben sollte, dann war das eine ausgemachte Dummheit.«

Auch wenn in Miami kein einziger Song fertiggestellt wurde, so entwickelten sich einige Ideen, beispielsweise Angus' »Love Hungry Man« und der Grundstein zu »Highway To Hell«. Angus fiel das geniale Riff ein, und Malcolm sprang hinters Schlagzeug, um es mit einem Beat zu unterfüttern.

Angeblich erlaubten sie es später einem Studiotechniker, die Kassettenaufnahme der Session mit nach Hause zu nehmen, der dann zu seinem Entsetzen miterleben musste, wie eines seiner Kinder begeistert das dünne Tonband aus dem Tape zog. Glücklicherweise konnte Bon das Band wieder reparieren.

Malcolm: »Jeden Tag kamen wir mit Hunderten von Riffs, aber als wir das von ›Highway To Hell‹ entwickelten, wussten wir gleich: Das ist gut, darauf werden wir noch einmal zurückkommen. Wir probierten an dem Tag noch andere Sachen, weil wir gerade einen Lauf hatten und hofften, es würde vielleicht eine weitere Idee dabei herauskommen. Am nächsten Tag hörten wir uns das Riff noch einmal an. Es schlug ein wie eine Bombe.«

Dass die Zusammenarbeit mit Kramer gescheitert war, war der Beweis dafür, was die Youngs schon vermutet hatten: dass jemand, der nicht aus ihren Kreisen stammte, nicht erfolgreich mit ihnen arbeiten konnte. Nun musste sich die Band nochmals mit jemandem von außen arrangieren. Die Uhr tickte unbarmherzig.

Malcolm rief entnervt bei Browning an, der gerade zusammen mit dem Produzenten Mutt Lange und seinem Manager Clive Calder ein Haus in New York bewohnte.

Michael Browning: »Noch während ich Malcolm in der Leitung hatte, drehte ich mich zu Mutt um und sagte: ›Alter, du musst diese Platte machen.‹ Das war's.«

Doug Thaler, der seit einiger Zeit mit Calder zusammenarbeitete, bemühte sich daraufhin, Lange auch Atlantic schmackhaft zu machen. »Ich nannte beim Label seinen Namen. Atlantic Records waren ziemlich scharf auf Mutt Lange und hatten bereits versucht, über Clive Calder einen Exklusivvertrag mit ihm auszuhandeln. Daher passte mein Vorstoß sehr gut zur damaligen Labelstrategie.«

Lange erhielt ein Tape mit sechs rohen Ideen, die AC/DC mit Bon am Schlagzeug eingespielt hatten, als Kramer gerade nicht dabei war. Dem Produzenten hatten sie erzählt, dass sie zwei freie Tage haben wollten, um ein bisschen an den Strand zu gehen. Als Lange die Sachen hörte, sagte er zu.

Durch die gescheiterte Session in Miami verschob sich die gesamte Terminplanung. Man war davon ausgegangen, dass die Platte Anfang März fertig sein würde, und daher waren für diesen Monat schon erste Konzerte in Japan gebucht. Aber AC/DCs Roadies waren kaum in Tokio gelandet, als sie erfuhren, dass die Band nicht kommen würde. Offiziell hieß es damals, Bon hätte Bronchitis, aber in Wirklichkeit war die Reise wieder mal an Visaproblemen gescheitert.

Das Jahr war erst drei Monate alt, und AC/DC hatten schon hohe Summen verpulvert – durch Studioaufenthalte und Reisekosten für Aufnahmen, aus denen nichts geworden war, sowie durch die Flug- und Transportkosten für Crew und Equipment nach Japan wegen einer Tournee, die abgesagt wurde. Dabei konnten sie es sich gar nicht leisten, Geld für sinnlose Aktionen hinauszuwerfen.

Zwar wurden die Termine für die Japan-Konzerte in den Mai verschoben, aber alle anderen geplanten Termine, beispielsweise ein Auftritt beim California Music Festival und als Support einer Aerosmith-Show im Coliseum in Los Angeles im April, wurden auf Eis gelegt. Die Band sollte sich voll und ganz auf die Plattenaufnahmen konzentrieren.

AC/DC zogen von Miami zurück ins eiskalte London.

Zwar hatte Lange sich bereits mit den Boomtown Rats und Graham Parker einen Namen machen können, aber zu seinen Schützlingen zählten längst nicht die großen Namen, mit denen Eddie Kramer im Studio war. Aber dafür sprang der Funke zwischen Lange und AC/DC über. Nun konnten sie endlich mit der Arbeit am neuen Album beginnen, das den Titel *Highway To Hell* tragen sollte.

Während des englischen Winters war die Hitze der Hölle genau das, was die Band in den zwei Wochen brauchte, in denen sie an den Songs feilten.

Doug Thaler: »Ihr Proberaum hatte einen unbefestigten Fußboden. Sie trugen alle dicke Mäntel beim Spielen, denn es war Winter und saukalt. In dem Raum gab es nur eine Heizung, die mit Kerosin betrieben wurde.«

Nach den Sessions in Sydney und Miami hatten AC/DC nun genügend Material für vier Alben.

Als sie im März in die Londoner Roundhouse Studios gingen, waren alle Songs fix und fertig. Nur Bon feilte wie immer noch an seinen Texten, während die Aufnahmen bereits liefen. Allmählich kristallisierte sich genau das Album heraus, das sie machen wollten – das Album, das Atlantic endlich zum Schweigen bringen würde. Langes Einfluss war allgegenwärtig, er wirkte sich sogar auf Bons Gesang aus, obwohl der Produzent der Meinung war, dass AC/DC über ein so mächtiges Rhythmusgerüst und eine instrumentale Fülle verfügten, dass Gesang beinahe überflüssig sei.

Michael Browning: »Ich erinnere mich an ein paar Gespräche mit Mutt Lange, bei denen Bon beschrieb, wie er selbst seiner Meinung nach klang: wie ein rolliges Wiesel. So etwas hatte wohl mal jemand über ihn geschrieben.«

Lange zeigte Bon, wie er atmen sollte, damit er bei Songs wie »Touch Too Much« ein besseres Timbre bekam. Bon hatte für diesen Song bereits eine Art Melodie entwickelt. Etwas in dieser Art war Bon bis dato noch nicht gelungen.

Der Sänger war mit Langes Tipps nicht immer glücklich. Seit über zehn Jahren hatte ihm seine Stimme gute Dienste geleistet. Er schätzte es nicht besonders, dass ihm jemand sagte, der ihn gerade erst ein paar Minuten kannte, wie er sie besser einsetzen könnte. Allerdings wusste er nicht, dass Lange, der eigentlich Bass spielte, in Südafrika eine Gesangsausbildung genossen hatte, bevor er in die USA zog.

Ian Jeffery: »Ein paar Mal schnauzte Bon ihn an: ›Okay, du Wichser! Du meinst, du hast die große Ahnung vom Singen? Dann sing du doch!‹ Und Mutt blieb ganz ruhig sitzen und sang den Titel ohne große Anstrengung. Er war schließlich ausgebildeter Sänger. Bon klappte der Mund zu, und er brummte: ›Okay, du Wichser, ich schaffe das auch.‹«

Bon selbst ging völlig entspannt an seinen Gesang heran. Sicher, manchmal war er unsicher, ob das Richtige dabei herauskam, aber das war ja kein Grund, nicht weiterzumachen.

»Wir machen alle Fehler«, sagte er Pam Swain vom Sender 2JJ. »Man muss nur lernen, sich locker zu machen. Wenn ich eine Flasche Whisky getrunken habe, dann habe ich damit überhaupt kein Problem mehr.«

Lange machte zudem den Vorschlag, mit Backgroundchören zu arbeiten. Auch wenn diese gelegentlich klangen, als hätte man sie bei einer Demo auf der Straße live mitgeschnitten. Wenn mehr Stimmen gebraucht wurden, stellte er im Studio einen Chor zusammen und trat auch selbst ans Mikrofon. Allerdings war seine Stimme so dominant, dass er sich hinten an die Studiowand zurückziehen musste, damit er nicht alle anderen übertönte.

Der älteste Song, an dem sie während dieser Sessions arbeiteten, war vermutlich »Night Prowler«. Er war etwa zwei Jahre zuvor entstanden und bereits vier Mal erfolglos aufgenommen worden. Mit Lange kriegten AC/DC endlich das richtige Knistern in die Nummer. Der Rhythmus und das Tempo waren perfekt. Angus bewies, ähnlich wie bei »The Jack« oder »Ride On«, dass er für einen Schuljungen verdammt viel von der Bluesgitarre verstand.

Toningenieur Tony Platt erwies sich als ideale Ergänzung zu Mutt Lange. Er hatte zur besten Zeit von Island Records in den firmeneigenen Studios in London mit Bands wie Free, Spooky Tooth und Traffic gearbeitet, außerdem mit den Stones, Thin Lizzy und sogar mit Bob Marley. Platt entwickelte sofort große Sympathien für AC/DC.

Tony Platt: »Sie entstammen einer Musikertradition, wie ich sie noch kennengelernt habe, als ich mit der Studioarbeit anfing. Leute, die Spaß hatten, hart spielten, hart arbeiteten und ihr Ding durchzogen. Sie gaben genauso viel, wie sie bei der Platte herausbekommen wollten.«

Platt war nur bei einigen der Aufnahmesessions dabei, immer dann, wenn die Band das Gefühl hatte, dass ihr die Zeit davonlief. Nachdem der Großteil der Songs im Kasten war, fanden weitere Sessions in den Chalk Farm Studios statt. Im April wurde das Album in den Basing Street Studios abgemischt. Dort lieferte Bon auch die Vocals für »Night Prowler« ab, mit dem berühmten hastigen, erschreckt klingenden Atemholen am Anfang, das einem Gänsehaut verursacht. Dabei war es vielleicht nur ein letzter Zug an der Zigarette.

Als der Song ausklang, lockerte Bon die aggressive Stimmung noch einmal auf: Mit »Shazbot nano nano« zitierte er den Gruß, mit dem Robin Williams jede Folge von *Mork vom Ork* schloss – typisch Bon.

Tony Platt: »Die Backings für die Single ›Touch Too Much‹ entstanden während des Abmischens. Ich saß nur da und dachte: Verdammte Scheiße, das wird höllisch durchstarten! Das wird ein Riesenerfolg! Als es dann nicht so kam, habe ich mich wirklich geärgert, weil der Song für mich ein Knaller ist. ›Highway To Hell‹ war schlicht und einfach großartig. Als ich bei der Nummer zum ersten Mal die Regler hochzog, dachte ich: Das ist ein Klassiker, so wie ›All Right Now‹ von Free. Natürlich sind sich die Songs nicht ähnlich, aber sie haben dieselbe Reinheit und dieses Ungeschliffene.«

Ende April waren die Arbeiten an *Highway To Hell* abgeschlossen. Zum ersten Mal war Malcolm restlos vom Gesamtergebnis überzeugt. Er hatte bei der Arbeit mit Lange viele neue Erfahrungen gesammelt. Er wusste jetzt, wie wichtig es war, sich richtig vorzubereiten, bevor man ins Studio ging. Vor allem aber hatte er gelernt, dass er auf seinen eigenen Instinkt vertrauen konnte, ohne ständig auf George achten zu müssen.

Der Titel war wieder ein Beweis für Angus' Schlagfertigkeit und beruhte, wie schon *If You Want Blood*, auf einer Antwort, die er während des großen Festivals Day On The Green in San Francisco einem Journalisten gegeben hatte.

Angus: »Zu einer Zeit, als bei uns auf Tour echt die Hölle los war, fragte mich ein Mädchen: ›Hey, wie heißt eigentlich diese Tour?‹ Ich sagte: ›Es ist der verdammte Highway zur Hölle, so eine AC/DC-Tour.‹«

Das gestärkte Selbstvertrauen, das ihnen die Aufnahmen verschafft hatten, nahmen AC/DC mit auf den ersten Teil ihrer US-Tournee, die im Mai 1979 begann. Die ersten 23 Shows fanden im Vorprogramm von UFO statt. AC/DC hatten sich längst in ein ohrenbetäubend lautes Unternehmen verwandelt, mit einer üppig ausgestatteten Bühnenshow. Hinsichtlich Energie und Intensität waren sie unschlagbar. Bon ging mit noch breiterer Brust auf die Bühne als früher. Die langen Ansprachen, auf die er gerade am Anfang von AC/DC so viel Wert gelegt hatte, waren nun auf schlichte Ansagen verkürzt. Angus hatte sich eine finstere »Legt euch bloß nicht mit mir an«-Haltung angewöhnt. Er lächelte nie, wenn er auf der Bühne stand.

»Ich versuchte immer, so hart wie möglich rüberzukommen«, sagte er Neville Marten im *Guitarist.* »Ich schob mir eine Zigarette in den Mundwinkel, schlenderte auf die Bühne, trat sie dort aus und hoffte, dass niemand bemerken würde, dass ich nur bluffte!«

Inzwischen hatte jeder einzelne Musiker – von Angus einmal abgesehen – eine klar definierte Rolle auf der Bühne. Wie bei einer Soulrevue hielt jeder den Platz ein, der ihm auf der Bühne zugewiesen worden war. Malcolm und Cliff traten gelegentlich nach vorn, um beim Refrain mitzusingen, danach zogen sie sich wieder in den Hintergrund zurück. Alles war an seinem Platz.

Ian Jeffery: »Nach uns wollte kein Mensch mehr auf die Bühne.«

Bon benutzte für den Sound, den AC/DC produzierten, gerne den Vergleich mit dem Einsturz der Mauern von Jericho.

»Wir wollen die Wände und die Decke zusammenbrechen lassen«, hatte er David Fricke im *Circus* gesagt. »Wir waren uns immer einig, dass Musik so laut wie möglich gespielt werden muss. Und jeden, dem das nicht gefällt, den mache ich platt.«

In den USA hatte sich *If You Want Blood* fast 250 000 Mal verkauft, so gut wie kein Album der Band zuvor. Und der gute Verkauf hielt an. Das war auch den Managern bei Atlantic aufgefallen, die daraufhin im Tower Theater in Philadelphia eintrudelten. UFO übernahmen das Vorprogramm. Einer der Atlantik-Bosse, der den UFO-Sänger Phil Mogg mit Bon verwechselte, gratulierte ihm zum gelungenen Konzert, das noch gar nicht stattgefunden hatte.

Es wurde ein denkwürdiger Abend, nachdem einer der Zuschauer einen Feuerwerkskörper warf, der einen Vorhang in Brand steckte. Getreu Malcolms Maxime, dass es nichts, aber auch gar nichts gab, das den Abbruch eines Konzerts rechtfertigte, spielten AC/DC ungerührt weiter.

Als die Band nach Texas weiterzog, gab sie dem Cowboystaat die Vollbedienung. Bon war sein Ruf als Partykönig vorausgeeilt.

Jim Heath (alias The Reverend Horton Heat) musste feststellen, dass sich seine Schwester nicht nur AC/DC-Platten anhörte, sondern mit Bon auch um die Häuser zog.

»Sie feierte mit ihm, als die Band nach Corpus Christi kam. Ich war außer mir! [Mit lautem, texanischem Machogehabe:] ›Ich fasse es nicht, dass du mit diesen verkommenen Rockern rumhängst!‹ Nein, nein, so habe ich natürlich nicht reagiert. Aber ich habe sie schon gewarnt: ›Achtung, Patty. Du hängst da mit ein paar Leuten ab, die ein Leben auf der Überholspur führen, etwa Bon Scott von AC/DC.‹ Sie war mit ihm nicht zusammen, sie kannten sich nur.«

Im Juli 1979 begann ein neues Kapitel in der Geschichte der Band, jedenfalls in geschäftlichem Sinne: Die Australier unterschrieben beim Managementgiganten Leber-Krebs.

Michael Browning musste feststellen, dass man ihn kurz vor Veröffentlichung des Albums, mit dem AC/DC weltweit der Durchbruch gelingen sollte, rausgeworfen hatte.

Michael Browning: »Es war wie in einer Ehe: Wenn man jemanden trifft, der einem gut gefällt, findet man plötzlich einen Haufen Gründe, weshalb die eigene Frau nichts taugt. So ähnlich war das. Ein paar Kleinigkeiten wurden völlig übertrieben aufgebauscht – dann war Schluss.«

Die ersten Risse in ihrer Geschäftsbeziehung hatten sich schon im Mai aufgetan, als Browning den US-Veranstalter Cedric Kushner als Co-Manager ins Boot geholt hatte. Mit dieser Entscheidung war die Band überhaupt nicht einverstanden.

Doug Thaler: »AC/DC begannen sich mit anderen Managern zu treffen. Mein Favorit war David Krebs.«

Leber-Krebs war zur damaligen Zeit die größte Managementagentur in den USA. Steve Leber und David Krebs hatten Ende der Sechziger für die Agentur William Morris unter anderem die Rolling Stones betreut. 1972 gründeten sie Contemporary Communications Corporation, ein Unternehmen, zu dem auch eine Musikmanagementagentur gehörte – Leber-Krebs.

Als Erstes nahmen sie die New York Dolls unter Vertrag sowie die noch unbekannten Aerosmith. 1979 gehörte auch der enorm populäre Ted Nugent zu ihren Klienten.

Thaler nahm David Krebs im Juni zu einem AC/DC-Konzert in Poughkeepsie mit. Der Agent war schon zwei Jahre zuvor interessiert gewesen, das Management zu übernehmen, und hatte AC/DC bei ihrer US-Tournee als Support für Aerosmith und Nugent untergebracht.

Ian Jeffery: »Malcolm und Angus erklärten schließlich: ›Na schön, Leute, wenn ihr so viel Kohle in uns investieren wollt, dann unterschreiben wir.‹ Krebs hatte ihnen eine Million Dollar für einen Sommer Arbeit in Aussicht gestellt, dabei bekamen wir damals nur 1500, 5000 oder 6000 Dollar für Support-Gigs in kleineren Hallen. AC/DC redeten reihenweise mit Managern, die Malcolm und Angus durch die Bank lächerlich fanden. Zu Leber-Krebs sagten sie aber: ›Okay, wenn ihr uns das garantiert, unterschreiben wir.‹ Plötzlich spielten wir bei Veranstaltungen wie dem Day On The Green in San Francisco, bei ganz großen Festivals, und bekamen zwischen 25 und 50 Riesen.«

Aber Leber-Krebs waren eine große, viel beschäftigte Organisation. Malcolm wollte nicht, dass AC/DC darin untergingen. Er wollte einen direkten Ansprechpartner haben, der mit der Band nach London kommen sollte. Zur Überraschung der Agentur entschied er sich für Peter Mensch, der bei Leber-Krebs als Tourmanager angestellt war. Mensch hatte sich auf der Aerosmith-Tour 1978 mit AC/DC angefreundet und hätte sie gern selbst gemanagt. Aber leider verfügte er nicht über die Struktur, die Kontakte und den Einfluss, den Leber-Krebs mitbrachten.

Mit Leber-Krebs erhielten AC/DC nun genau zu dem Geschäftszweig des Musikbusiness Zugang, der ihnen seit jeher verhasst war, sich aber bei der Eroberung der Welt als unverzichtbar erwiesen hatte.

Nach kurzer Übergangszeit lief alles wie gewohnt weiter. Es entstanden fünf Videos für Songs von *Highway To Hell*, beispielsweise für »Shot Down In Flames«, das Angus extra für den asiatischen Markt in einer japanischen Schuluniform zeigte. Danach folgten fünf Konzerte im Vorprogramm von Cheap Trick. Am 4. Juli kam es dabei zu einem Zwischenfall.

Rick Nielsen (Cheap Trick): »AC/DC machten ganz in der Nähe unserer Heimatstadt Rockford in Illinois die Anheizer für uns. Es kamen 40 000 bis 50 000 Leute. Als AC/DC spielten, zündete irgendein Idiot einen M-80, einen extrem großen Feuerwerkskörper, und Phils Schlagzeugtechniker platzte das Trommelfell.«

Beim letzten der fünf Gigs in Omaha, Nebraska, ging es da schon gemütlicher zu. Als Malcolm, Angus und Bon bei der Zugabe zu den Headlinern auf die Bühne kamen und gemeinsam zu »Sin City« und Chuck Berrys »School Days« jammten, kletterte Rick Nielsen auf die Schultern eines Roadies und spielte dort oben weiter. Ein netter Verweis an Angus' Gewohnheit, sich von Bon in die Höhe heben zu lassen.

Zwischendurch unterbrachen AC/DC die US-Tournee für einen Auftritt in Holland, der für Veronika TV in den Rijnhallen von Arnheim aufgezeichnet wurde. Dort lernte Angus seine spätere Frau Ellen kennen. In den Niederlanden waren AC/DC ausgesprochen beliebt. »Whole Lotta Rosie« hatte es im Vorjahr in die Top 5 geschafft.

Im Juli wurde die US-Tournee fortgesetzt. Die Band trat im Vorprogramm von Mahogany Rush auf, spielte aber auch als Headliner. Am 21. Juli fand ihr drittes Konzert bei Bill Grahams Day Of The Green Festival statt, bei dem sie vor 60 000 Zuschauern im Oakland Stadium eine beeindruckende Show ablieferte. Die gesamte Veranstaltung demonstrierte eindrucksvoll den Einfluss ihres neuen Managements: Mit Aerosmith, Ted Nugent, Mahogany Rush und St. Paradise traten dort ausschließlich Bands auf, die von Leber-Krebs vertreten wurden.

Sechs Tage später, Ende Juli 1979, erschien *Highway To Hell* in Großbritannien. Der *NME* druckte eine überragende Kritik. Allerdings konnte es sich die Presse wieder nicht verkneifen, ihr Lob mit Sarkasmus zu verbrämen. Als könne sie nicht glauben, dass eine australische Band, deren Musiker zu allem Überfluss nicht mal wie Stars aussahen, über eine derartige Energie verfügte. Der *NME* titelte in Großbuchstaben »Das großartigste Album, das je aufgenommen wurde«. Darunter hieß es in wesentlich kleinerer Schrift: »(in Australien)«.

Highway To Hell präsentierte eine geschliffenere Version des Sounds, für den AC/DC bis dato bekannt waren. Aber es war der Band und ihrem neuen Produzenten gelungen, das Gleichgewicht zwischen kommerziellem Glanz und der bodenständig-ruppigen AC/DC-Energie zu halten. In Großbritannien schlug die Platte mächtig ein, aber die Band war nach wie vor bemüht, sich auch in den USA durchzusetzen, wo sie vor 80 000 Zuschauern beim World Series Of Rock Festival im Cleveland Stadium vor Aerosmith, Nugent, Journey und Thin Lizzy auftrat.

Im Vorfeld des Ereignisses hatte es einige üble Vorfälle gegeben. Viele Tausend Menschen hatten die Nacht draußen verbracht, um noch ein Ticket zu ergattern, und waren von Gangs aus der Stadt drangsaliert worden. In der Nacht wurde ein Fan erschossen, vier bei Schießereien verletzt, neun erstochen, außerdem gab es etliche Raubüberfälle und Körperverletzungen. Das Konzert selbst verlief zum Glück weitgehend gewaltfrei.

Anschließend spielten AC/DC sechs Konzerte mit Nugent, unter anderem (beim zweitletzten Gig der US-Tournee) zum ersten Mal im New Yorker Madison Square Garden. Am Ende des Nugent-Konzerts hatte das Publikum begeistert die Sitze aus den Verankerungen gerissen und eine Pyramide daraus errichtet. Bon schwamm auf einer Woge der Euphorie. Das hatte er sich immer gewünscht. Genau genommen hatte er von so etwas nie zu träumen gewagt.

»AC/DC werden eine der größten Rockbands aller Zeiten werden«, sagte er Andy Secher vom *Hit Parader* nach dem Konzert.

»Gib uns noch ein, zwei Jahre, und dann werden wir hier allein für ein ausverkauftes Haus sorgen. Wir haben das Talent, und wir arbeiten härter als alle anderen.«

Zusätzlich erfuhr die Band, dass *If You Want Blood* weltweit inzwischen mehr als 500 000 Exemplare verkauft hatte. Dennoch residierte die Band weiterhin jeden Tag in einem anderen Hotel – die allmählich besser wurden – und nicht in luxuriös eingerichteten Villen. Denn AC/DC waren weiterhin on the road. Sie führten nun genau das Leben, auf das sie George seit ihren Anfangstagen vorbereitet hatte.

Highway To Hell erschien Anfang August in den USA, zeitgleich wurde der Titeltrack in Großbritannien als Single veröffentlicht. Während das Cover und der Titel der Platte in Europa kaum Aufmerksamkeit erregt hatten, fiel die Reaktion in Amerika wesentlich heftiger aus. Von Anfang an hatte Atlantic den Titel *Highway To Hell* moniert. Die Firma sorgte sich, dass er im bibeltreuen Süden und Mittelwesten der USA Anstoß erregen würde. Falls sich dort die großen Handelsketten weigerten, das Album zu verkaufen oder es zu Protesten rund um die Konzerte kam, würden die Verkaufszahlen leiden.

Das Cover des Albums zeigte ursprünglich den Kampf von Gut gegen Böse, wobei AC/DC als good guys dargestellt wurden. Die Band stand von gleißendem Licht umhüllt in der Nacht auf einer einsamen Straße, während ein Auto – von einer dämonischen Kreatur gesteuert – auf sie zuraste. Allerdings fanden AC/DC diesen Entwurf zu künstlerisch, obwohl das Foto, das später auf der Rückseite der Platte landete, aus derselben Session stammte. Die Fotosession hatte samt Studiowagen und Maskenbildnern nachts in Staten Island stattgefunden.

Auf dem Cover war schließlich Angus mit Dreizack und Hörnern zu sehen, neben seinen unschuldig dreinblickenden Bandkollegen.

Wie sich herausstellte, lag Atlantic mit seiner Besorgnis, AC/DC könnten öffentliches Ärgernis erregen, richtig. Allerdings kamen die Bedenken fünf Jahre zu früh. Da *Dirty Deeds* in den USA nicht erhältlich war, hatte Atlantic auch noch nichts von dem Ärger mitbekommen, den die Fans verursachten, als sie zum Spaß die »Telefonnummer« aus dem Titelsong wählten. Unwissend schlug das Label vor, statt *Highway To Hell* als Titel lieber eine Telefonnummer zu nehmen. Eine Direktleitung zur Hölle vielleicht? Wer konnte das schon sagen.

Doch das kam für Malcolm überhaupt nicht infrage.

In Großbritannien versuchte Phil Carson währenddessen, die Band beim Knebworth Festival unterzubringen, bei dem Led Zeppelin als Headliner spielen sollten. Es wäre eine gute Gelegenheit gewesen, die neue Platte vorzustellen. Aber es gab Widerstand.

Phil Carson: »Robert Plant mochte AC/DC nicht. Ich hätte sie wirklich gern ins Programm gehoben, aber Robert war nicht begeistert. Er sah sie als Abklatsch von Zeppelin.«

Die Absage war kein Problem – AC/DC hatten mehr als genug zu tun.

Sie waren Hauptgruppe am ersten Tag des Bilzen Festivals in Belgien. Darauf folgte ein Auftritt beim The Who And Roar Friends Festival im Londoner Wembley-Stadion am 18. August, bei dem auch Nils Lofgren und die Stranglers spielten.

Malcolm und Angus waren große Fans von The Who. Dass sie nun für ihre Idole eröffnen durften, war eine enorme Ehre. AC/DC standen im Programm an zweiter Stelle, vor den Stranglers. Das Publikum war schon beim Bass-Intro von »Live Wire« voll auf ihrer Seite. Aber dann fiel ausgerechnet bei »Whole Lotta Rosie« die Anlage aus, als Angus gerade zu seinem Solo ansetzte. Die Band hörte jedoch nicht auf zu spielen. Als der Ton in der Mitte von »Rocker« auch wieder über die PA übertragen wurde, drehte das Publikum fast durch.

J. J. Burnel (The Stranglers): »Sie waren überwältigend. Das Stadion war voll, 80 000 Leute, ausverkauft. Während wir spielten, kam es im Publikum zu einer Schlägerei, als Stranglers-Fans ein paar Mods aufmischten. Punks gegen Mods! Großartig – ein Klassiker!«

Highway To Hell erreichte in den amerikanischen *Billboard*-Charts Platz 17, in Großbritannien kam das Album gar bis auf Platz 8.

Die Band reiste weiter nach Deutschland, wo am 1. September das nächste Festival auf dem Zeppelinfeld in Nürnberg anstand. Leider goss es an diesem Tag wie aus Eimern. AC/DC spielten hier neben Cheap Trick, den Scorpions und The Who vor 60 000 Zuschauern. Angus nutzte die Gelegenheit, um von der Bühnenseite aus The Who zuzusehen. Er war fasziniert von Pete Townshend, der sich wiederum sehr anerkennend über die Kraft von *Let There Be Rock* geäußert hatte.

Nach dem Festival trafen sich alle Bands an der Bar ihres Hotels.

Angus: »Townshend kam rein und sagte: ›Hey, ihr Säcke, ihr habt es schon wieder geschafft! Ihr habt uns die Show gestohlen!‹ Bon erwiderte: ›Stimmt wohl, Pete. Und was willst du jetzt da oben machen? Pennen?‹ Das war ziemlich mutig. Townshend ist nun nicht gerade der Kleinste. Am nächsten Tag kam Bon wieder auf Townshend zu und meinte: ›Pete, gib mir mal einen aus!‹ Dabei wusste er genau, dass Townshend sich nach seinem Entzug mühsam vom Alkohol fernhielt.«

Anschließend folgte der zweite Teil der US-Tournee. Inzwischen reiste die Band zumindest nicht mehr ganz so höllisch über die Highways. Sie hatte sich einen Bus zugelegt, der über 18 Sitzplätze, zwölf Kojen, eine Toilette und zwei Stereoanlagen verfügte. Darüber hinaus war ein Fernseher mit an Bord, mit Video und verschiedenen anderen technischen Spielereien, je nachdem, wofür sich Phil Rudd gerade interessierte. Sie hatten sich ein bisschen Luxus geleistet, um sich das endlose Leben on the road ein wenig angenehmer zu gestalten.

Auch wenn es nicht so aussah, versuchte man dennoch, die Kosten möglichst gering zu halten, obwohl die Zahl der begeisterten Zuschauer ebenso stetig wuchs wie die der Albumverkäufe. Wenn sie als Hauptgruppe unterwegs waren, gehörten 25 Leute zur Entourage der Band, die alle bezahlt werden mussten und Essen sowie Unterkunft benötigten. Die Crew, inklusive Band, war mit zwei Bussen unterwegs, während bis zu drei große Sattelschlepper mit Beleuchtungs- und Soundausrüstung hinter ihnen herzuckelten. Die Rechnung war einfach: Damit sich ein Unternehmen dieser Größenordnung kalkulieren ließ, mussten bei jedem Konzert so viele Zuschauer kommen, wie in die jeweilige Halle hineinpassten. In dieser Phase war das allerdings kein Problem.

Dennoch war die finanzielle Lage angespannt.

»Diese Tour könnte plus/minus null abschließen«, sagte Tourmanager Ian Jeffery Pam Swain im *RAM*. »Man hofft immer, dass jetzt die Fans losziehen und sich das neue Album kaufen, damit man nächstes Mal in größeren Hallen spielen und wirklich Geld verdienen kann.«

Auch in anderen Bereichen musste vorsichtig kalkuliert werden. Auch der Verschleiß beim musikalischen Equipment war heftig. Wenn es ein Problem mit den Drahtlosempfängern gab, die Angus bei der Show benutzte, musste jedes Mal Entwickler Kenny Schaffer eingeflogen werden, um sie zu reparieren.

Stets war wenig Zeit, um ein kaputtes Teil der Ausrüstung auszubessern, denn Instrumente und Anlage waren fast jeden Abend im Einsatz. Die Pausen, in denen man den Technikpark vernünftig warten konnte, wurden immer kürzer. Denn es lief für die Band inzwischen hervorragend. Und sie wollten die Sache am Laufen halten.

Auf der US-Tournee gaben AC/DC fünf Konzerte in Texas mit den befreundeten Südstaatenrockern von Molly Hatchet. Die Bands fuhren oft zusammen im selben Bus.

In Dallas legte sich Angus mit einem pöbelnden Fan an – nicht beim Konzert, sondern bei einem Auftritt in einem Plattengeschäft. Beim nächsten Gig in San Antonio herrschte wieder gute Laune. Wie gut sich AC/DC und Molly Hatchet verstanden, zeigte sich nicht zuletzt daran, dass Hatchet-Gitarrist Dave Hlubek dort in einer Schuluniform zu den Australiern auf die Bühne kam.

Es war unübersehbar, dass sich AC/DC gerade im Süden der USA ein treues und großes Publikum erspielt hatten: Als sie als Hauptgruppe im Coliseum von Charlotte, North Carolina, spielten, kamen 13 000 Zuschauer. Ähnlich sah es drei Tage später am 2. Oktober im Coliseum in Knoxville, Tennessee, aus, wo sich 12 000 Fans versammelten. Damit brachen die Australier den Zuschauerrekord, den die Rolling Stones zuvor aufgestellt hatten.

Aber Bon hatte über den Erfolg seine Wurzeln nicht vergessen. In Towson, Maryland, sang er nicht nur auf der Bühne, sondern behielt auch die übereifrigen Ordner genau im Auge. Nach »Shot Down In Flames« wandte er sich erstmals an die Menge.

»Ich weiß nicht, wieso diese Typen hier vorn Leute belästigen. Lasst die Zuschauer zufrieden. Wir wollen, dass alle unser Konzert bis zum Schluss erleben können.«

Ein paar Songs später, als er »The Jack« ankündigte, war es offensichtlich, dass ihm die harte Linie der Security gründlich gegen den Strich ging.

»Diesen Song spielen wir jetzt für die Ordnungskräfte, weil sie so dumme Wichser sind.«

Und als sich die Lage nicht besserte, rastete er aus.

»Ihr habt hier heute Abend alle viel Spaß, oder? Ihr amüsiert euch richtig? Also, dann können sich die Ordner hier vorn verpissen! Wir geben hier ein Rockkonzert, und die da«, fauchte er, »sind definitiv kein Rock 'n' Roll.«

Als sich einer der Sicherheitskräfte über die Bemerkungen aufregte, starrte Bon ihn böse an und raunzte: »Ist mir scheißegal, was du denkst.«

Inzwischen standen jede Menge Amerikaner auf der Seite von Bon und seinen Kumpels. *Highway To Hell*, von Mutt Lange auf die Bedürfnisse der US-Radiosender abgestimmt, erhielt immer mehr Airplay und bescherte AC/DC wachsenden Erfolg. Jetzt pilgerten die Fans nicht nur zu den Liveshows, auch die Plattenverkäufe zogen mächtig an. Schließlich erreichte das Album nach 500 000 verkauften Exemplaren Goldstatus.

Das war ein Grund zum Feiern. Nach der Tour flog die Band nach New York zu einem Mittagessen mit ein paar Atlantic-Managern. Die Ehrung entbehrte nicht einer gewissen Ironie.

Doug Thaler: »Noch ein paar Monate zuvor hatte einer der Bosse Labelpräsident Jerry Greenberg davon überzeugen wollen, AC/DC fallen zu lassen. Da war es schon lustig, dass ausgerechnet dieser Typ es war, der im Oktober 1979 der Band ihre Goldenen Schallplatten überreichte!«

Beinahe hätte jemand anders die Ehrungen für die Band entgegennehmen müssen. Denn wieder einmal gab es einige Zwischenfälle.

Perry Cooper (Atlantic Records): »Wir sind im Hotel ein bisschen ausgeflippt, haben die Möbel umgestellt und so. Als ich morgens auschecken wollte, war die Polizei schon da. Nun trug ich einen Anzug und sah von daher nicht aus wie jemand von der Band. Also machte ich mich schnell vom Acker und rief Ian Jeffery an: ›Hol die Jungs raus!‹ Glücklicherweise konnten auch sie noch entwischen.«

Dank ihrer wachsenden Beliebtheit und dem feinen Spiel mit dem Bösen, das das Cover und der Titel von *Highway To Hell* vermittelte, erhielt die Band das Angebot, in einem Film mitzuwirken, der den Titel *Dracula Rock* tragen sollte. Wie zu erwarten war, lehnten sie ab.

Nur wenige Tage nach dem letzten Gig in den USA ging es in Großbritannien weiter. Als Vorgruppe waren Def Leppard gebucht, die später ebenfalls mit Mutt Lange zusammenarbeiten sollten. Zwar musste der erste Auftritt abgesagt werden, da in der Halle in Newcastle ein Feuer ausbrach, als die Band gerade ihren Soundcheck machte. Das war offenbar aber kein schlechtes Omen: Die Tour fand mit vier ausverkauften Konzerten im Hammersmith Odeon ihren krönenden Abschluss.

Bon hatte dem ehemaligen Rose-Tattoo-Gitarristen Mick Cocks, der damals in London lebte, angeboten, bei der Tour im Bus mitzureisen. Malcolm fand das überhaupt nicht witzig. Er war mit Mick nie besonders gut ausgekommen, und für ihn stellte Bons Kumpel nur eine weitere Ablenkung dar, die der Sänger überhaupt nicht gebrauchen konnte.

Cocks wiederum war fasziniert vom Tourgeschehen, und vor allem von den Gigs im Hammersmith Odeon: »Ich hatte sie ja schon oft live gesehen, aber bei diesem einen Auftritt hatte ich richtig Gänsehaut. Das war eine der verdammt besten Shows, die ich je erlebt habe.«

Def-Leppard-Drummer Rick Allen feierte auf der Tour seinen 16. Geburtstag. Bon, der jeden Abend der jungen Band aus Sheffield Glück gewünscht hatte, hielt nach der Show ihm zu Ehren eine Rede.

Bon war immer ein großzügiger Mensch. Egal, ob er Geld in der Tasche hatte oder nicht. Da es ihm nun finanziell besser ging, half er anderen umso öfter aus der Patsche. Auf besagter Tour kam Leppard-Sänger Joe Elliott einmal in Verlegenheit. Er benötigte zehn Pfund, die Bon ihm gern gab.

Für Malcolm hielt die Tournee noch einen besonderen Höhepunkt bereit: In Glasgow konnte sich die Band das Lokalderby zwischen den Glasgow Rangers und Celtic Glasgow ansehen. Die Youngs waren ja seit Generationen Fans der Rangers.

Highway To Hell erschien im November 1979 in Australien, mehr als drei Monate nach der internationalen Veröffentlichung. Das Cover unterschied sich dabei ein wenig von dem der britischen und der amerikanischen Ausgabe. Es zeigte die Band von Flammen umzüngelt. Dass die Band auf einmal befeuert gezeigt wurde, erinnerte auf unheimliche Weise an das Cover des Lynyrd-Skynyrd-Albums *Street Survivors*, das nach dem tragischen Flugzeugabsturz ohne den Flammenring wiederveröffentlicht wurde, der auf der Hülle des Originals zu sehen war.

Die nächsten Konzerte auf dem europäischen Kontinent fanden mit Judas Priest im Vorprogramm statt, deren Sänger Rob Halford berichtete: »Ich war, so oft es ging, an der Bühne, um mir AC/DC anzusehen. Ihre Energie, ihre Power und die Begeisterung, mit der sie spielten, waren überwältigend. Wir standen damals kurz davor, unser Album *British Steel* aufzunehmen. Nach jeder Show hauten wir schnell ab, weil wir nur einen winzigen Kleinbus hatten. Wir sahen deshalb zu, die Nacht irgendwo auf einem Parkplatz im Wagen zu verbringen oder uns zu sechst in ein Zimmer in einem billigen Hotel zu quetschen. AC/DC hielten uns deswegen zuerst wohl für arrogant. Sie dachten, wir seien auch im Tourbus unterwegs, aber wir hatten damals gar keinen. Das Geld, das wir verdienten, reichte gerade eben für Benzin und was zu essen. Als sie das mitbekamen, boten sie uns an, mit ihnen im Tourbus zu reisen und dort zu übernachten. Das Angebot nahmen wir natürlich gern an.«

Frankreich war nicht gerade AC/DCs liebste Tourneestation, nachdem es in der Vergangenheit ein paar Mal unangenehme Zwischenfällen gegeben hatte. Etwa bei ihrem ersten Pariser Konzert mit Black Sabbath 1977, als die Crew ihnen schadhafte Verstärker angedreht hatte. Bon traf sich mit seinem Kumpel Bernie von der französischen Band Trust. Die beiden beschlossen, die ganze Tour mit dem Zug zu reisen. Bernie staunte nicht schlecht, als er sah, dass Bon noch vor Mittag drei doppelte Whiskys kippte. Aber Bon war eben Bon. Er amüsierte sich großartig, und seine Laune war ansteckend.

Als die Band nach Paris kam, hatte Bon keine Stimme mehr.

»Sie mussten einen Arzt rufen«, berichtete Bernie Francis Zégut im November 1997 im RTL Radio. »Als der Doc gegangen war, schnappte sich Bon ein Glas Whisky und Cola und sagte: ›Doctor Whisky!‹«

Glücklicherweise war es die letzte Woche der Tour, aber am 9. Dezember standen für AC/DC an einem Tag zwei ausverkaufte Konzerte im Pavillon de Paris an. Angus konnte sich gut vorstellen, wie die französischen Fans reagieren würden:

»Die meinten bestimmt: Diese Typen werden auf die Bühne kommen und sich vier Stunden lang [also zwei Shows] die Seele rausschwitzen – das macht die Sache noch aufregender.«

Die Begeisterung erfasste alle Gesellschaftsschichten.

Angus: »Selbst Modedesigner waren im Publikum, selbst Yves Saint Laurent war da!«

Beide Konzerte wurden aufgezeichnet. Das zweite, das am Abend stattfand, bildete die Grundlage für die Musikdokumentation, die später unter dem Titel *Let There Be Rock* weltweit in die Kinos kam. Dabei hatten die Filmemacher Eric Dionysius und Eric Mistler ursprünglich nur einen Videoclip drehen wollen. Das Management wollte zuvor aber einige der früheren Arbeiten der beiden Regisseure sehen. Genau da gab es ein Problem.

Eric Dionysius: »Wir hatten noch gar nicht viel gemacht. Also blufften wir und erzählten Peter Mensch, dass unsere früheren Filme in Übersee lägen und wir hier nur einen einzigen Clip von der französischen Band Bijou hätten. Dieses dreieinhalbminütige Video schickten wir ihnen, und sie fanden es wohl gut. Etwa eine Woche später bekamen wir das Okay. Sie gingen allerdings davon aus, dass wir einen abendfüllenden Spielfilm drehen wollten! Also sagten wir uns: ›Probieren wir mal, ob wir so etwas finanzieren können.‹ Wir haben uns überall Geld geliehen.«

Dieser Film sollte nicht nur die überwältigende Bühnenpräsenz der Band einfangen, sondern auch zeigen, was bei AC/DCs bisher erfolgreichster Tournee backstage lief.

Dionysius hatte AC/DC zuvor noch nie live gesehen und wollte sich einen Eindruck verschaffen, was auf ihn zukam. Daher reisten er und Mistler zwei Wochen vor dem Gig in Paris nach Ludwigshafen, um die Band auf Videokamera einzufangen. Anschließend stellten sie in Paris ein Filmteam zusammen und begannen drei Tage vorher in Metz, Reims und Lille mit den Dreharbeiten. Dann wurde es in Paris richtig ernst.

Malcolm wurde zusätzlich dabei gefilmt, wie er sich seiner zweiten großen Leidenschaft neben der Musik widmete – dem Fußball. Angus hingegen zeichnete, und zwar wieder einmal kleine Teufelchen. Autonarr Phil zeigte sich im Porsche, während Cliff so tat, als würde er auf einem kleinen Flugplatz südlich von Paris ein Flugzeug aus dem Ersten Weltkrieg fliegen.

In Metz wurden auch jene Szenen gefilmt, die später den Anfang des Films bildeten, als Angus mit seiner Gitarre durch die leere Halle wandert und den Sound testet.

Eric Dionysius: »Wir dachten, wir würden keine Zeit haben, das in Paris aufzuzeichnen. Außerdem funktionierte die kabellose Tonübertragung der Gitarre dort noch nicht. Aber ich fand, der Sound in Metz war überwältigend. Es war, als ob er in einer Kathedrale spielte.«

Am Tag der beiden großen Shows in Paris war eine Filmcrew von vierzig Mann im Einsatz. Die meisten davon hatten die Band noch nie zuvor live erlebt. Daher war das erste Konzert am Nachmittag eine Art Generalprobe für die Aufnahmen, die dann am Abend stattfanden. Die zweite Show wurde von fünf Kameras gefilmt, aber nicht komplett mitgeschnitten. Dionysius und Mistler mochten »TNT« nicht und nahmen den Song deshalb nicht auf.

Als Dionysius und Mistler die Aufnahmen zwei Wochen nach dem Konzert sichteten, stellten sie fest, dass einige Sequenzen qualitativ nicht überzeugten oder aus technischen Gründen schlicht fehlten, etwa weil die Kameraleute während des Drehs einen neuen Film einlegen mussten.

Daher beschlossen sie, im Januar 1980 nach Le Mans zu fahren, um diese Löcher zu flicken. Zunächst einmal drehten sie aber in Versailles die Einzelaufnahmen mit Bon, bei denen es beinahe wieder zu einer Tragödie kam.

Eric Dionysius: »Wir wollten eine Szene mit einem Motorrad drehen, weil Bon so ein Motorradfan war. Leider schafften wir es nicht, eins zu besorgen, und ließen ihn stattdessen auf einem zugefrorenen See tanzen – und das Eis knackte unter seinen Füßen! Wenn er da eingebrochen wäre, hätte er sterben können! Er war selbst auch nicht begeistert von der Idee. Ich hatte das Eis getestet, es hielt, aber wir hörten, wie es knackte. Man sah lange weiße Risse, wenn er darüberging. Um sich aufzuwärmen und zu beruhigen, steckte sich Bon schließlich einen Joint an.«

Die beiden Filmemacher verfügten am Ende über insgesamt sieben Stunden Konzertaufnahmen, die mit den Interviews zehn bis elf Stunden Material ergaben. Daraus schnitten sie schließlich eine Leinwandversion von 95 Minuten.

Der Fluch, der irgendwie in Frankreich auf der Band lastete, machte sich wieder bemerkbar: Bon zog sich in Nizza eine Muskelzerrung zu, nachdem er mit einem Roadie herumgealbert hatte. Das Konzert absolvierte er trotzdem. Als es zwischen dem 17. und 21. Dezember 1979 noch einmal für vier Konzerte nach Großbritannien ging, machte Bon die Verletzung erneut zu schaffen. Das in Southampton geplante Konzert musste auf den 27. Januar verlegt werden.

Beim nächsten Gig im Hammersmith Odeon bekam das Publikum ein paar alte Songs zu hören: »It's A Long Way To The Top« hatten AC/DC seit 1976 nicht mehr gespielt, »Baby, Please Don't Go« seit 1977 nicht mehr. Da er offenbar keine Lust auf die Schwierigkeiten mit dem Dudelsack hatte, verzichtete Bon bei »It's A Long Way To The Top« auf das Instrument. Stattdessen kam an der Stelle des Stücks ein Synthesizer zum Zuge.

Es schien, als ob die Band diese Songs und die Ära, der sie entstammten, noch einmal hervorholen wollte, bevor sie diesen Teil ihrer Karriere abschlossen und in die Zukunft schauten. Denn eigentlich stand das Programm für AC/DC-Konzerte unumstößlich fest und wurde nur selten spontan verändert.

Bon hatte aber großen Spaß: Nach fünfzehn langen Jahren verdiente er gutes Geld und bekam endlich den Respekt, den er schon lange verdient hatte.

»Ich bin 33«, erklärte er Michel Embareck von der Zeitschrift *Best.* »Man ist nie zu alt für Rock 'n' Roll.«

Für Bon war AC/DC die perfekte Umgebung, um weiterhin zu rocken. Er war enorm stolz darauf, bei ihnen in der ersten Reihe zu stehen. Die Bandmitglieder waren für ihn wie Brüder, denen er allen die größte Bewunderung entgegenbrachte. Er stand voll und ganz hinter der Band.

Peter Wells (Rose Tattoo): »Irgend so ein französischer Designer tauchte mit einer Jeans auf, die auf beiden Arschbacken runde Löcher hatte. Bon wollte sich noch eine Unterhose besorgen, bei der er ebenfalls hinten den Stoff wegschneiden wollte, um sich ›AC‹ auf die eine und ›DC‹ auf die andere Backe tätowieren zu lassen. Hat er zwar nie gemacht, aber fünf Minuten lang hielt er die Idee für großartig.«

Wie er wirklich zur Band stand, fasste Bon für *Juke* perfekt zusammen:

»Erzähl uns nichts von irgendwelchen anderen Bands, okay? Wir sind die Könige der Szene, alle anderen spielen überhaupt keine Rolle.«

Über Weihnachten reiste Bon – wie immer, wenn es die Zeit erlaubte – nach Australien, um Freunde und Familie zu treffen und sich zu entspannen. Dabei schaute er auch bei Peter Head vorbei.

Zwar genoss er das Rockstar-Dasein in vollen Zügen, aber er erklärte Head, dass er sich dennoch nach einem etwas geruhsameren Leben sehne.

Peter Head: »Wir zogen los, kauften was zu saufen und zu kiffen und gingen auf eine Party in der Stanley Street in Sydney. Es war ein rauschendes Fest – am nächsten Tag wachten wir in zwei nebeneinanderliegenden Zimmern an der Seite von Frauen auf, an deren Namen wir uns nicht erinnerten. Da stand er plötzlich auf und ging. Ich sah ihn nie wieder. Am Abend zuvor hatte er mir noch erzählt, dass er es ursprünglich großartig fand, so wahnsinnig erfolgreich zu sein. Nun wollte er aber doch allmählich ruhiger werden und Kinder haben. Ihm erschien das langfristig erfüllender als der oberflächliche Erfolg als Rockstar.«

Vielleicht hatte dieser Wunsch, so kurzlebig er auch sein mochte, etwas damit zu tun, dass Malcolm kurz vor Weihnachten O'Linda geheiratet hatte und Angus schon im Februar mit seiner Freundin Ellen vor den Altar treten wollte.

Für das kommende Jahr war der Abschluss der *Highway To Hell*-Tournee in Großbritannien geplant. Dann sollten bis März die Aufnahmen für das nächste Album über die Bühne gehen, um dann im April oder Mai in Australien weitere Konzerte zu geben, bevor man sich dem Rest der Welt widmete. Alle gingen davon aus, dass AC/DC sich im folgenden Jahr zu einer der größten Rockbands auf dem Planeten entwickeln würden. Bons geduldig gehegter Traum von einer schönen Penthouse-Suite schien in greifbare Nähe zu rücken. Falls ihm nicht, wie er lachend sagte, das Schicksal einen Strich durch die Rechnung machen würde.

»Hoffentlich lebt die Band dann noch«, witzelte Bon bei Bill Scott von Radio WABX im Oktober. »Aber vielleicht sind wir bis dahin auch an Unterernährung und Erschöpfung gestorben.«

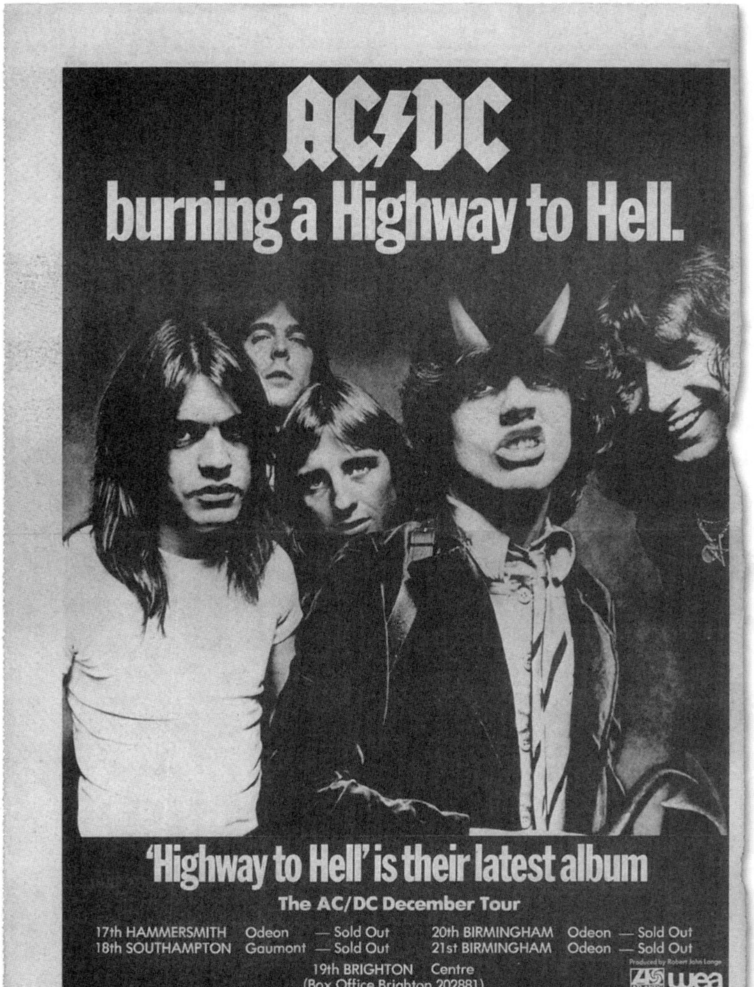
AC/DC
burning a Highway to Hell.
'Highway to Hell' is their latest album
The AC/DC December Tour
17th HAMMERSMITH Odeon — Sold Out
18th SOUTHAMPTON Gaumont — Sold Out
20th BIRMINGHAM Odeon — Sold Out
21st BIRMINGHAM Odeon — Sold Out
19th BRIGHTON Centre
(Box Office Brighton 202881)
Produced by Robert John Lange
wea

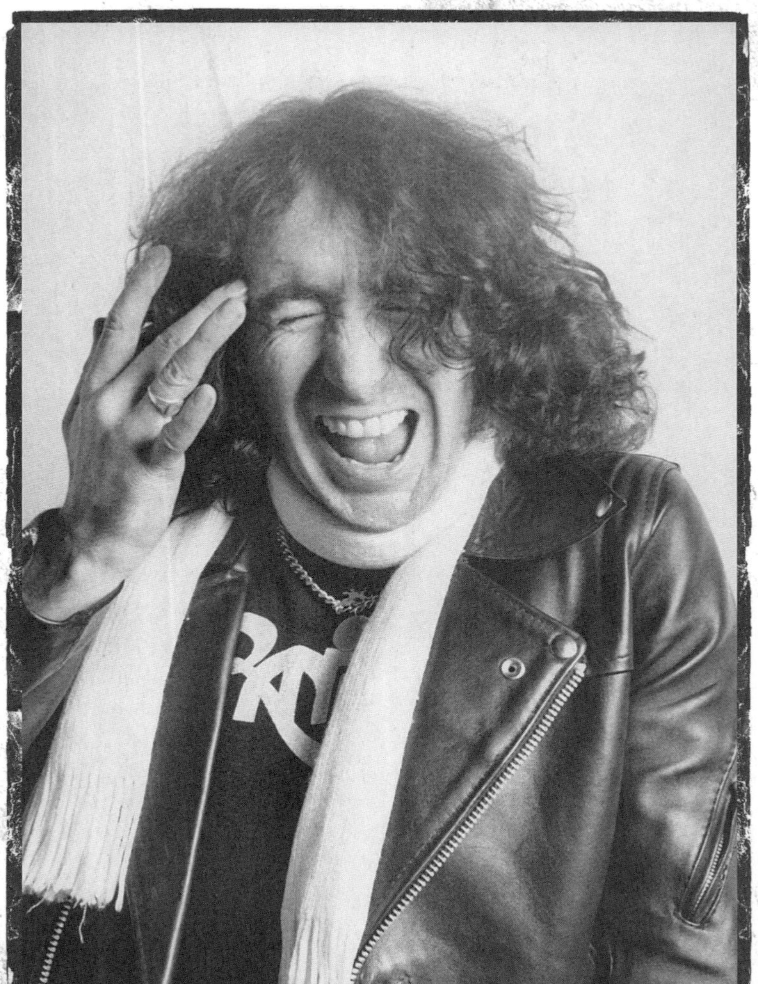

1979

Wer zuletzt lacht … Bon in Lille

17. Kapitel

ZU NAH AN DER SONNE

An einem Dienstagabend Mitte Januar 1980 hatte sich im Family Inn in West-Sydney ein großes Publikum versammelt. Als Hauptgruppe spielten Swanee mit ihrem Frontmann John Swan, das Vorprogramm bestritten die Lonely Hearts. Es schien ein normales Konzert zu sein, bis Sänger John Rooney mitten im Set der Lonely Hearts bemerkte, dass vier Gestalten den Club betraten und sich an die Bar begaben, die sich an der Rückwand des Saals entlangzog.

John Rooney: »Als wir mit unserem Programm durch waren, ging ich zur Bar und erkannte, dass der eine Typ, der über die Tanzfläche auf die Lonely Hearts zuschlenderte, Bon Scott war. Bei ihm waren ein Mädchen, das ich nicht kannte, sowie Jimmy Barnes und seine Frau. Bon trug Jeans, die aussahen, als hätte er sie sich auf die Beine gemalt, so eng waren sie. Dazu Stiefel, ein bauchfreies T-Shirt und eine Weste. Ich hatte ihn noch nie zuvor aus der Nähe gesehen und dachte: Mann, der ist ja echt winzig – und außerdem total drauf!«

Swanee spielten einen heißen Gig. Bei der Zugabe kam nicht nur Barnes – John Swans Bruder – auf die Bühne, sondern auch Bon. Die drei rockten wie entfesselt durch drei Songs, unter anderem Led Zeppelins »Whole Lotta Love« und Chuck Berrys »Back In The USA«. Dann verabschiedeten sie sich mit einer dramatischen

Geste: Alle drei, Swan in der Mitte, Barnes links und Bon rechts schwenkten die Mikrofonständer über ihren Köpfen.

John Swan: »Die Energie, die von der Bühne ausging, war überwältigend.«

John Rooney: »Es war phänomenal! Die Power von Bon Scott, zusätzlich zu der Energie der beiden anderen – einfach die volle Breitseite! Nach dem Konzert traf mein Bruder Bon backstage – auf der Toilette, um genau zu sein –, und Bon sagte: ›Gute Band, Alter [er meinte die Lonely Hearts]. Echt gute Band! Gute Songs!‹ Mein Bruder fühlte sich sehr geschmeichelt. Bon war sehr höflich. Zwar komplett zugedröhnt, aber echt nett.«

Für Bon, Barnes und Swan war dieser Abend keine einmalige Vorstellung: Die drei zogen oft gemeinsam um die Häuser, wenn Bon in Australien war. Es gab niemanden, der so zu feiern verstand wie dieses Trio. Im Januar 1980 ließen sie es mal wieder so richtig krachen.

John Swan: »Jim, Bon und ich konnten so viel vertragen wie sonst niemand, den ich kannte. Wir haben ein, zwei, manchmal drei Nächte durchgesoffen, aber man darf nicht vergessen, dass wir damals auch reichlich Speed einwarfen. Ein normaler Kerl fiel sonst um zwei Uhr nachts um, weil er sternhagelvoll war. Aber wir konnten nicht pennen, weil uns das verdammte Speed die ganze Nacht wach hielt. Also wurde weitergebechert. Und wenn wir dann noch mehr intus hatten, tauchte auch immer jemand mit noch mehr Speed auf. Einmal saßen Bon, Jim und ich unten an den Klippen. Wir hatten zwei oder drei Nächte durchgemacht. Ich fühlte mich ziemlich verkatert und kaputt, aber Bon wollte einen Dauerlauf am Strand machen. Ich dachte schon, er würde einen Herzinfarkt kriegen. Er war echt irre. Wenn du auf seiner Wellenlänge lagst, war Bon dein bester Freund. Wie sehr er auch drauf war, Bon konnte immer der charmanteste Mensch der Welt sein.«

Einige Tage nach dem Gig im Family kehrte Bon für die letzten Konzerte der *Highway To Hell*-Tour nach Großbritannien zurück. Danach standen die Aufnahmen für das neue Album an. Auf dem

Foto, das Robert Ellis auf der Tournee von ihm machte und das auf dem Cover der Single »Touch Too Much« prangte, wirkt er unbesiegbar: Er stand auf der Bühne, mit nackter Brust, einer Jeansweste mit abgerissenen Ärmeln, einer dicken Gürtelschnalle und hautengen Jeans, den Kopf zurückgeworfen und ein Bein auf den Monitor gestützt. Es war ein Foto, das Bon sich als Visitenkarte hätte drucken lassen können. Es fing genau ein, was er für seinen Lebensunterhalt tat: Er war der Sänger der besten Rockband der Welt.

Das letzte Konzert der *Highway To Hell*-Tournee war ein Auftritt im Gaumont in Southampton, der vor Weihnachten ausgefallen und deshalb auf den 27. Januar verschoben worden war. Ian Jeffery ist der Ansicht, dass Bon hier das erste und einzige Mal trank, bevor er auf die Bühne ging. Es war in mehrfacher Hinsicht ein symbolischer Abend, auch wenn der Grund für seinen Rausch vermutlich die Party des Vorabends war – er hatte schlicht und einfach durchgesoffen.

Die *Highway To Hell*-Tour war das bisher größte Unternehmen der Band gewesen. Jeder war gespannt, was die Zukunft bringen würde. All die Anstrengungen der Tage on the road, die AC/DC hinter sich gebracht hatten, seit sie im April 1976 aus Australien abgereist waren, zahlten sich nun aus: Allmählich steigerten sich nicht nur die Besucherzahlen bei den Konzerten, auch die Verkaufszahlen der Platten gingen kontinuierlich in die Höhe.

In der ersten Februarwoche sah sich Bon eins der drei Konzerte seiner Kumpels von UFO im Londoner Hammersmith Odeon an. Seit sie miteinander auf Tour gewesen waren, liebte er die englische Band für ihre Bodenständigkeit und ihre direkte Aggressivität auf der Bühne. Und natürlich fand er es auch höchst angenehm, dass sie eine gute Party ebenso sehr zu schätzen wussten wie er selbst. Allerdings griffen einige UFO-Musiker auch zu Heroin, wie Pete Way Geoff Barton vom *Classic Rock* berichtete.

»Bei UFO kursierten harte Drogen. Wir nahmen es wie immer nach dem Konzert. Wenn man noch nie Heroin konsumiert hat und dann trinkt, stehen die Chancen gut, dass man einpennt, sich im Schlaf erbricht, erstickt und stirbt.«

AC/DC waren zu dieser Zeit offiziell nicht auf Tournee, aber es gab dennoch vereinzelte Promotiontermine.

Am 7. Februar 1980 traten sie in der britischen Fernsehsendung *Top Of The Pops* auf und spielten »Touch Too Much«. Die Band war nie besonders begeistert, wenn sie vor Studiokameras spielen musste. Diesmal verschärfte sich die Situation zusätzlich, als die Regie ihnen erklärte, dass Angus – wie einst Elvis Presley bei seinem historischen ersten Auftritt in der *Ed Sullivan Show* 1956 – lediglich von der Hüfte aufwärts gezeigt werden sollte. Seit den Zeiten, da man AC/DC als »Punks« bezeichnete und als Bedrohung der Gesellschaft betrachtete, hatte sich offenbar nicht viel geändert. Tragischerweise war es Bons letzter Auftritt mit der Band, die er so liebte, und der Songtitel erwies sich als geradezu prophetisch.

Dabei freute er sich sehr auf das nächste AC/DC-Album und erzählte jedem, der ihm über den Weg lief, von der kommenden Platte. Seine Texte auf *Highway To Hell* bewiesen, dass er zu einem noch nicht da gewesenen Höhenflug ansetzte. Wahrscheinlich hatte er sogar im Schlaf sein spitzbübisches Lächeln auf den Lippen.

Er hatte bereits neue Texte geschrieben, die er nach einem Besuch bei Ian Jeffery in dessen Wohnung vergaß. Die Mappe gab einen faszinierenden Einblick in die Methoden des Sängers.

Ian Jeffery: »Die Texte waren bruchstückhaft, aber so ging Bon immer vor. Er hatte einen Notizblock, den er aufklappte, um sich ein paar Zeilen aufzuschreiben, sie wieder durchzustreichen, hier und da etwas hinzuzufügen. Manchmal änderte er auch nur ein Wort. Oder es standen nur zwei Wörter auf der Seite. Bon war ziemlich organisiert. Kaum zu glauben, aber Bon kam mit einer Mappe zur Arbeit und nahm sie am Ende der Aufnahmen wieder mit. Und er hatte Postkarten da drin, die er allen möglichen Leuten schrieb. Er konnte unglaublich gut mit anderen kommunizieren.«

Da Bon nun ein paar Tage frei hatte und seine französischen Freunde von Trust gerade in London weilten, um ihr Album *Repression* aufzunehmen, leistete er ihnen am 13. Februar im Studio Gesellschaft. Er spielte mit ihnen »Ride On« ein, das später auf einer Promosingle der Band veröffentlicht wurde. Es war Bons letzte Aufnahme.

»Ein paar Monate zuvor hatten wir darüber gesprochen, etwas zusammen zu machen«, berichtete Trust-Musiker Bernie dem Journalisten Francis Zégut von RTL. »Als er zu uns stieß, erzählte er, dass er an Texten für eine englische Version unseres Albums feilte. Er hatte schon sieben oder acht Titel fertig. Ich war begeistert.«

Leider bekam Bernie diese Texte nicht mehr zu Gesicht.

Währenddessen hatten Malcolm und der frisch verheiratete Angus im Probestudio E-Zee Hire erste Riffs und Songs für das neue Album ausgearbeitet. Bon schaute irgendwann zwischen dem 12. und 15. Februar bei ihnen vorbei. Die beiden Youngs hatten zwei neue Songs vorliegen, als er eintraf: »Have A Drink On Me« und »Let Me Put My Love Into You«. Statt sich nun ein Mikrofon zu schnappen und ein paar der Texte auszuprobieren, setzte sich Bon sofort ans Schlagzeug. Das kam Malcolm und Angus ganz gelegen.

Angus: »Das war sehr hilfreich, weil sonst oft Mal ans Schlagzeug ging, wenn wir Songs schrieben, und ich dann alle Gitarren- und Bassläufe übernehmen musste.«

Bons Fähigkeiten als Drummer hatten sich seit seiner Kindheit und der Zeit bei den Valentines verbessert, weil er nun schon einige Jahre Gelegenheit gehabt hatte, den schlichten, aber äußerst effektiven Stil Phil Rudds bei AC/DCs Gigs zu studieren. Daher bereitete es ihm keine Mühe, ein Intro für »Let Me Put My Love Into You« aus dem Ärmel zu schütteln.

Es war ein Zeichen dafür, dass jetzt alles in die richtige Richtung ging. Das nächste Album würde die ganze Welt erschüttern. Das konnten die Band und ihr Umfeld fühlen.

Als am 14. Februar die Nachricht eintraf, dass *Highway To Hell* sich in den USA eine Million Mal verkauft hatte, schien der Erfolg des nächsten Albums, auch wenn es noch nicht mal in Rohform existierte, bereits beschlossene Sache zu sein.

Am 17. Februar 1980 aß Bon, wie es sonntags seine Gewohnheit war, mit Ian Jeffery, dessen Frau Suzie und Suzies Freundin Anna, mit der er damals liiert war, zusammen zu Mittag.

Ian Jeffery: »Das war jeden Sonntag so. Sie kamen gegen elf oder zwölf vorbei. Meine Frau und ihre Freundin machten uns ein schönes Sonntagsessen, während Bon und ich in den Pub gingen. Wir trafen dort einige Freunde – Roadies, die damals für Rick Wakeman von Yes arbeiteten. Manchmal tauchten auch Angus und Malcolm dort auf. Wir nahmen ein paar Drinks und gingen so gegen zwei wieder nach Hause. Im Fernsehen lief Fußball, wir aßen unser Sonntagsessen, glotzten und schliefen noch mal eine Runde. Abends gingen wir dann oft noch mal in die Kneipe. An diesem Tag war ich allerdings ziemlich müde und fühlte mich unwohl. Als Phil Mogg und Pete Way von UFO, die ganz in der Nähe wohnten, anriefen und fragten, ob wir abends noch weggehen würden, sagte Bon sofort: ›Na klar, wir gehen in den Pub.‹ Ich hatte letztlich aber keinen Bock mehr. Sie zogen also los und gingen ins Camden Music Machine. Pete erzählte mir später: ›Wir soffen uns einen an und gingen nach Hause. Bon wollte aber noch bleiben und weitersaufen.‹«

Am nächsten Tag, dem 18. Februar, hatte Bon sich ursprünglich mit seinen Freunden von Trust verabredet. Sie erhielten an diesem Abend ihre erste Goldene Schallplatte, und ihre Plattenfirma hatte daher andere Pläne für den Abend gemacht. Bon, der nun ohne feste Verabredung war, tätigte daraufhin zwei Telefonanrufe. Zuerst versuchte er es bei Coral Browning in Los Angeles, die jedoch nicht zu Hause war. Dann meldete er sich bei seiner Exfreundin Silver Smith, die in London lebte. Er hatte sich zwar für den nächsten Tag mit AC/DC im Studio verabredet, aber er wollte vorher noch einen draufmachen. Silver hatte allerdings keine Lust, mit ihm um die Häuser zu ziehen.

Wenig später meldete sich ihr ehemaliger Mitbewohner Alistair Kinnear bei Silver. Ihn hatte Zena Kakoulli ins Music Machine zu einer Release-Party von Lonesome No More eingeladen. Einer Band, in der Kakoullis Schwester Koulla sang und bei der der spätere Gitarrist von The Cult, Billy Duffy, spielte. Silver schlug vor, dass Kinnear Bon mitnahm. Bon rief daraufhin bei Bernie von Trust an, um ihm zu sagen, dass er gegen 23 Uhr im Music Machine sein werde.

Wie Kinnear im *Evening Standard* vom 21. Februar berichtet, hatte Bon schon schwer einen im Tee, als Kinnear ihn abholte. Im Music Machine ließ er sich vierfache Whiskys eingießen.

Auch AC/DCs ehemaliger Drummer Colin Burgess und sein Bruder Denny waren an jenem Abend in dem Club. Burgess hat Bons Zustand völlig anders in Erinnerung:

»Als wir gingen, war er gut beieinander ... Er war überhaupt nicht betrunken. Dann gingen wir nach Hause [Bon blieb noch] – und am nächsten Tag war er tot! Ich kann mir nicht vorstellen, wie er sich so betrunken haben soll, dass das passieren konnte ... Für mich ist das eine sehr seltsame Geschichte. Ich kann nur noch einmal betonen, als wir gingen, war er ganz sicher nicht betrunken.«

Kinnear trank während der Show von Lonesome No More selbst ganz ordentlich, schaffte es aber, Bon am frühen Morgen nach Hause zum Ashley Court in Westminster zu fahren. Kurz vor dem Ziel merkte er, dass Bon bewusstlos war.

»Ich ließ ihn im Auto und klingelte an seiner Wohnung«, erzählte er Maggie Montalbano in der Sonderausgabe *Metal Hammer and Classic Rock Present AC/DC*, »aber seine Freundin Anna, mit der er zusammenwohnte, machte nicht auf. Daraufhin nahm ich Bons Schlüssel und ging selbst in die Wohnung. Es war niemand zu Hause. Da ich Bon nicht wecken konnte, rief ich Silver an und fragte sie um Rat. Sie sagte, dass er öfter mal umkippe. Ich solle ihn einfach seinen Rausch ausschlafen lassen.«

Aber wo? Es war inzwischen schon sehr spät und sehr kalt. Kinnear entschied, mit Bon zur Overhill Road nach East Dulwich zu fahren, wo er selbst wohnte. Dort angekommen stellte er fest, dass Bons bewusstloser Körper schwer war wie Blei und er in seinem partyschwangeren Zustand außerstande war, ihn zu tragen.

»Ich kurbelte den Beifahrersitz so weit nach hinten, dass er flach liegen konnte«, berichtete er im *Metal Hammer/Classic Rock*, »breitete eine Decke über ihn, legte ihm einen Zettel mit meiner Adresse und Telefonnummer hin und schleppte mich ins Bett.«

Kinnear hatte etwa sechs Stunden geschlafen, als ihn ein Freund gegen elf Uhr weckte. Kinnear fühlte die Nachwirkungen der Party und bat den Freund, zum Auto hinunterzugehen und nach Bon zu sehen. Sein Freund berichtete, Bon sei nicht mehr da. Kinnear glaubte daraufhin, Bon sei nach Hause in sein Bett geschlichen, drehte sich um und schlief weiter.

Die Band probte noch einen zweiten Tag ohne Bon. Niemand wusste, wo er steckte. Aber er war vorher schon oft genug einfach verschwunden. Deshalb war niemand ernsthaft besorgt. Bon würde wieder auftauchen, wenn es darauf ankam.

Am Abend entdeckte Kinnear aber zu seiner großen Überraschung, dass Bon immer noch so im Auto lag, wie er ihn in der Nacht zuvor zurückgelassen hatte. (Sein Körper war nicht um die Gangschaltung gekrümmt, wie später behauptet wurde.) Seine Verwirrung schlug in Entsetzen um, als er feststellte, dass Bon nicht atmete.

Kinnear brachte ihn schnellstens ins King's College Hospital. Als er dort ankam, konnte bei Bon aber nur noch der Tod festgestellt werden.

Für jemanden, der einmal im Spaß gesagt hat, dass er für Weiber, Whisky und Glamour arbeite, war es ein höchst unglamouröser Abgang: der Tod in Eiseskälte in einem geparkten Auto auf einer Südlondoner Straße.

Das Krankenhaus meldete sich später bei Silver, deren Telefonnummer Kinnear in der Verwaltung hinterlassen hatte. Angus erhielt die Nachricht von zwei Frauen, vermutlich Silver und Anna, als er am Abend von der Probe nach Hause zurückkehrte. Der sonst so besonnene Gitarrist war völlig entsetzt und rief sofort bei Malcolm an, der wiederum gleich Ian Jeffery in Kenntnis setzte.

Ian Jeffery: »Malcolm rief mich um drei Uhr morgens an. Meine erste Reaktion war: ›Du machst Witze!‹ Er sagte: ›Als ob ich über so was Witze machen würde, du blöder Arsch!‹ Daraufhin klingelte ich Peter Mensch wach. Der sagte genau dasselbe: ›Mach keine Witze! Du hast mich doch wohl nicht geweckt, um mir so eine Scheiße zu erzählen!‹ Und ich darauf: ›Das ist kein verdammter Witz!‹ Ich rief dann [den Production-Manager] Jake Berry an. Er kam bei mir vorbei, dann rief ich Malcolm zurück, und wir holten Peter Mensch ab, um gemeinsam zum Krankenhaus zu fahren und Bon zu identifizieren. Wir tauchten um halb sieben oder sieben dort auf. Dort herrschte das komplette Chaos, weil kurz zuvor einige Notfälle eingeliefert worden waren. Irgendjemand führte uns durch die Flure, wir bogen um eine Ecke, und ich konnte überhaupt nichts verstehen – ein solches Durcheinander herrschte dort! Aber ich sagte zu Mensch: ›Er ist in dem Raum da hinten.‹ Es stimmte. Ich ging an das Fenster in der Tür, sah in das Zimmer und guckte direkt auf die Bahre mit dem Leichentuch. Ich drehte mich noch mal zu Mensch um und sagte: ›Das ist er! Ich gehe da nicht rein!‹ Aber Mensch meinte: ›Komm schon, du musst.‹ Ich wusste: Es war Bon. Ich wollte da nicht rein.«

Malcolm fiel die schwere Aufgabe zu, Bons Eltern in Perth zu benachrichtigen. Die alten Herrschaften sollten nicht durchs Fernsehen oder die Zeitungen vom Tod ihres Sohnes erfahren – oder, schlimmer noch, vom ersten Reporter, der an ihrer Haustür auftauchen und auf einen Kommentar gieren würde.

Zuerst verwechselte Bons Mutter Malcolm mit Bon, der sich regelmäßig zu Hause meldete, um ihnen Neuigkeiten aus seinem Leben zu erzählen. Umso härter traf es sie und Bons Vater, als Malcolm den Grund für seinen Anruf nannte.

Bei Albert's in Sydney konnte man die Nachricht zunächst überhaupt nicht fassen.

Fifa Riccobono: »Ich wollte es nicht glauben, schließlich hatte ich nur wenige Tage zuvor noch mit Bon gesprochen und gefragt, wie es lief. Und er hatte mir erzählt, dass er sich gerade mit Malcolm und Angus zusammensetzte und dass sie tolle neue Songs mit großartigen Riffs vorbereiteten. ›Wir gehen nächste Woche ins Studio‹, sagte er und freute sich hörbar darauf. Deswegen erschien mir die Nachricht so surreal. Für mich war er einfach nur auf Tour, auch wenn ich wusste, dass er tot war. Dann bat mich Ted Albert, so schnell wie möglich nach Perth zu Bons Familie zu fahren. Seine Eltern waren am Boden zerstört. Zwar hatte ich öfter mit ihnen telefoniert, hatte aber nur selten persönlich mit ihnen zu tun gehabt.

Als ich dort ankam, baten mich Mr. und Mrs. Scott, dass ich mich um die Anrufe kümmern sollte, mit denen sie bestürmt wurden. Sie kannten die Anrufer nicht, hatten im Grunde gar nicht erfasst, was passiert war, und Mrs. Scott war furchtbar durcheinander wegen Bons Tod. So viele Leute meldeten sich bei ihnen, weil Bon wirklich auf der ganzen Welt Freunde hatte, aber für die beiden war das einfach zu viel. Ich weiß, dass ich damals einige brüskiert habe, aber mir war es wichtig, ihrem Wunsch nachzukommen.«

Die Schlagzeile des Sydneyer *Daily Mirror* vom 21. Februar verkündete das Unvorstellbare. Die Nachrichtenmeldungen bestätigten es: Bon war tot. Roger Crosthwaite, der damals als Journalist beim *Daily Telegraph* in Sydney arbeitete und einmal spät am Abend im Chequers mit Bon aneinandergeraten war (Bon hatte ihm einen Schlag verpassen wollen, war aber zurückgehalten worden), erinnert sich an die Reaktionen auf den Tod des Sängers.

»Nach Johnny O'Keefe war Bon der erste australische Rockstar, der starb. Es war ein ziemlich großer Schock, weil man unbewusst dachte: Ja, ja, die Spinner aus Übersee sterben, aber unsere Leute doch nicht. Er wirkte immer so unverwüstlich – er war so eine starke Persönlichkeit.«

John Swan: »Es war unglaublich, wie viele Menschen sein Tod betroffen machte. John Lennons Tod hatte sehr viele Menschen bewegt, aber Bons Tod veränderte das Leben vieler Leute.«

Ozzy Osbourne: »Ich war nicht unbedingt eng mit Bon Scott befreundet, aber wir trafen uns gelegentlich. Ich versuchte damals, vom Alkohol loszukommen, und wusste, dass auch er ein Alkoholproblem hatte. Als er starb, gab mir das den nötigen Tritt in den Hintern ... Es war so verdammt traurig, denn er war ein großartiger Sänger. Bon war wie gemacht für AC/DC.«

»Er war schon vorher ein paar Mal gestorben«, sagte Phil Rudd auf VH1. »Deswegen erwarteten wir wohl alle irgendwie, dass er trotzdem zu den Proben am nächsten Tag auftauchen würde. Es lief alles so gut.«

Die Untersuchung der Todesursache übernahm Sir Montague Levine, der Gerichtsmediziner des Bezirks Inner South London, am 22. Februar 1980. Wie Professor Arthur Mant mitteilte, hatte Bon in den letzten Stunden seines Lebens eine halbe Flasche Whisky konsumiert.

Ein Gerücht besagte, Bon sei durch eine Verletzung der Lunge gestorben, die er sich bei einer Rangelei mit einem Roadie zugezogen habe. Diese Verletzung sei durch sein angebliches Asthma und seinen Alkoholkonsum verschlimmert worden. Bon hatte sich zwar tatsächlich verletzt, als er mit einem Crewmitglied in Nizza im Dezember herumgealbert hatte. Aber auf der Todesurkunde waren offiziell »akute Alkoholvergiftung« und »Unfalltod« angegeben.

Am 29. März berichtete Dave Lewis in *Sounds*, dass Bons Gesundheitszustand – Leber und Nieren eingeschlossen – der Autopsie zufolge »ausgezeichnet« gewesen seien – trotz seines berühmt-berüchtigten Lebensstils. Allgemein ging man davon aus, dass Bon in einer so unglücklichen Position gelegen habe, dass er, als er sich erbrach, am eigenen Erbrochenen erstickte. Jimi Hendrix war unter ähnlichen Umständen gestorben.

Angus hatte zuvor oft erlebt, dass Bon unglaubliche Mengen Alkohol konsumiert hatte und einfach einschlief, egal, wo er gerade saß oder stand. Am nächsten Tag war er dann trotzdem fit genug, um es mit der ganzen Welt aufzunehmen.

»Eines Nachts war er unterwegs gewesen«, erzählte Angus Dave Lewis von *Sounds*, »und die Leute, mit denen er herumzog, hatten ihn komplett mit Dope abgefüllt. Noch dazu war er völlig betrunken. Aber glücklicherweise brachten seine Kumpels ihn ins Krankenhaus, wo er einen Tag bleiben musste. Danach ging's ihm wieder gut.«

Angesichts der tragischen Umstände von Bons Tod bekam sein lockerer Partyspruch »Mit unverdünntem Schnaps wird man schneller besoffener« einen bitteren Beigeschmack, ebenso wie die ganzen anderen Geschichten, die über ihn kursierten, etwa, dass er ganze Bars alleine leer soff oder Aftershave trank. Er hatte schon lange den Ruf, ein harter Trinker zu sein.

Peter Wells (Rose Tattoo): »Eines Abends erschien er im Largs Pier in Adelaide, als wir dort spielten. Er kam gerade aus Melbourne – offenbar war er mit halsbrecherischer Geschwindigkeit mit dem Motorrad von dort herübergebrettert. Er war total aufgedreht und trank einen Krug Gin, Portwein und Coca-Cola.«

Barry Bergman: »Bei Marks Music haben wir einmal jedem Musiker von AC/DC einen Liter guten Scotch geschenkt. Noch bevor sie aus unserem Büro raus waren, hatte Bon seine Flasche ausgetrunken. Sie waren vielleicht eine Stunde da gewesen! Seine Philosophie lautete: Nutze den Tag und lebe im Jetzt. Er machte sich nie Sorgen darüber, was die Zukunft bringen würde. Ich hatte mit ihm schon oft über Alkohol und Saufen gesprochen. Aber er nahm es überhaupt nicht als Problem wahr.«

Juke berichtete, dass George Young und Harry Vanda geplant hatten, Bon auf seinen Alkoholkonsum anzusprechen, sobald AC/DC das nächste Mal auf Australientour gehen würden. Im gleichen Artikel war zu lesen, dass Cheap Trick, die schon oft mit AC/DC unterwegs gewesen waren, während ihrer Konzerte in Australien darauf hingewiesen hatten, dass der Sänger es nicht mehr lange machen würde, wenn er sich nicht änderte.

Allerdings tauchten über die Jahre, vor allem Anfang der 1990er, Zweifel an der Vollständigkeit der offiziellen Erklärungen zu Bons Tod auf. Bon war zuvor häufig bewusstlos gewesen. Es war für ihn nicht ungewöhnlich, zu viel zu trinken, aber es erschien seltsam, dass jemand, der eine so eiserne Konstitution besaß wie er, in einem geparkten Auto an vergleichsweise wenig Alkohol sterben sollte. Die halbe Flasche Whisky, die man in seinem Körper nachwies, war für jemanden wie Bon nicht viel.

In einem Interview mit einer amerikanischen Zeitschrift berichtete ein Bandmitglied 1980, der Gerichtsmediziner habe festgestellt, Bon sei an seinem Erbrochenen erstickt. Er fügte hinzu, diese heftige körperliche Reaktion sei »von anderen Sachen ausgelöst worden, über die nichts Näheres erwähnt wurde«.

Es war eine überraschende Aussage, die zumindest zu bestätigen schien, dass noch weitere Substanzen bei Bons Tod im Spiel gewesen waren. Allerdings ist nicht völlig auszuschließen, dass andere gesundheitliche Probleme eine Rolle gespielt haben könnten. Der 33-jährige Sänger hatte seinen Körper fast zwei Jahrzehnte lang stark beansprucht, in seinem Privatleben ebenso wie auf der Bühne.

Allerdings sorgte diese Bemerkung nicht für Klarheit, sondern warf eher noch mehr Fragen auf.

Erstens war es unwahrscheinlich, dass die Behörden einzelne Umstände, die zum Tod geführt hatten, übersehen oder absichtlich verschleiert hatten. Und zweitens waren AC/DC Anfang 1980 wohl kaum in einer so einflussreichen Position, dass sie hätten diktieren können, welche Todesursache in den offiziellen Dokumenten vermerkt wurde.

Malcolm: » Es wurden alle möglichen Gerüchte über Bon verbreitet. Dass er verschwunden sei, dass er es wie Jim Morrison gemacht und Heroin genommen haben soll, und dass da angeblich etwas vertuscht worden sei. Mann, dachte ich, woher sollten wir Jungs wohl die Macht haben, die britischen Behörden zu manipulieren? Das ist doch Quatsch. Deswegen lebt wohl auch Elvis heute noch, nicht wahr? Er ist noch irgendwo unterwegs, weil irgendwelche Gerüchte und Legenden es so wollen.«

Der einzige, der wirklich Licht in dieses Dunkel hätte bringen können, Alistair Kinnear, fand ebenfalls ein tragisches Ende. Ende 2006, buchstäblich 24 Stunden vor einem Interview, das Arnaud Durieux für dieses Buch mit ihm führen wollte, fuhr Kinnear, der damals in Spanien wohnte, aufs Mittelmeer hinaus, um mit seinem Boot nach Südfrankreich zu segeln. Er kam jedoch nie dort an und gilt als auf See verschollen.

Tatsächlich war es wohl so, dass Bon Opfer einer unglücklichen Verkettung von Umständen wurde. Das Leben war lockerer geworden und weniger Beschränkungen unterworfen. Es war an der Tagesordnung, ohne Gedanken an die Zukunft wild zu feiern, bis die Sonne aufging – oder noch weitaus länger. Peter Wells von Rose Tattoo erklärt:

»Es war die Zeit vor Aids, bevor man sich einen Kopf darüber machte, besoffen Auto zu fahren. Bevor schmutzige Drogen auf den Markt kamen. Die Leute schöpften einfach aus dem Vollen. So war es auch, als Bon starb. Es gab viele Nächte, wo es so heiß herging. Es war Pech, das ist alles. Jeder von uns hätte Hunderte von Malen sterben können.«

Wie beispielsweise bei der Wasserfall-Geschichte, die sich eines Abends in der Londoner Wohnung von Mick Cocks ereignete.

Mick Cocks: »Bon hat bei uns im Haus im Schlaf zwei Treppen hinuntergepisst und konnte sich nachher an nichts erinnern! Die Leute, die nach oben wollten, zogen die Köpfe ein und hauten ab, und er hat nicht mal was davon gemerkt. Wir hatten eine Scheißangst, dass er runterfallen und sich den Hals brechen würde.«

Wie auch immer die Hintergründe nun gewesen sein mochten, Malcolm und Angus waren zutiefst erschüttert. Ian Jeffery berichtet, dass die Brüder sehr unterschiedlich auf den Verlust reagierten:

»Malcolm war eher zornig, und Angus schien eher sagen zu wollen: ›Ich glaub es einfach nicht!‹«

Angus, der schon immer sensibler gewesen war als sein Bruder, war am Boden zerstört. Es war, als wäre ein Mitglied seiner Familie plötzlich von seiner Seite gewichen. Eins tröstete ihn. Es war der Gedanke an Bon, wie er zum letzten Mal im Studio an den Drums gesessen hatte, ein paar Tage vor seinem Tod.

»Als ich ihn zum ersten Mal sah, und auch, als wir uns das letzte Mal begegneten, spielte er das Instrument, das er liebte.«

Bon war immer wieder einmal für einige Zeit abgetaucht, aber dass er nun nie wiederkommen würde, war einfach nicht zu begreifen.

Angus: »Es war irgendwie ein schrecklich erwachsenes Gefühl, denn wenn man jung ist, hält man sich für unsterblich. Ich glaube, rund um Bons Tod begann sich alles für mich zu ändern. Er war schon immer ziemlich wild gewesen. Aber weil wir jung waren, dachten wir überhaupt nicht daran, dass einer von uns draufgehen könnte. Wir marschierten einfach durch alle Widerstände hindurch. Die meiste Zeit dachten wir überhaupt nicht darüber nach.«

Dem Journalisten Stephen Blush sagte Angus im *Spin*: »Bon stand mir sehr nahe. Mir wurde plötzlich klar, wie schnell das Leben vorbei sein und man alles verlieren kann.«

Davon abgesehen bestätigte es dem abstinent lebenden Angus, dass eine drogenfreie Lebensweise – von Zigaretten einmal abgesehen – ein guter Weg war.

»Ich glaube, viele Leute halten mich für einen chronischen Alkoholiker. Wenn ich sage, dass ich nicht trinke, glauben einige, dass ich lüge. Zu meiner Teeniezeit war es Pflicht, dass man mit den Kumpels durch die Kneipen zog. Damals dachte ich aber schon: Na toll, das habe ich gemacht, und jetzt weiß ich, wie es ist. Und was kommt jetzt? Mir war klar, dass ich nicht mein ganzes Leben lang in irgendwelchen Bars rumhängen wollte.«

Für Leber-Krebs war Bons Tod eine Art tragisches Déjà-vu. Sie hatten die New York Dolls gemanagt, als Drummer Billy Murcia 1972 in London starb – gerade als die Band begann, international durchzustarten. Jetzt geschah bei AC/DC dasselbe.

Es galt also, Bons Angelegenheiten zu ordnen und ihn unter diesen tragischen Umständen würdevoll von der Welt zu verabschieden.

Ian Jeffery: »Wir kamen schnell zu der Entscheidung, dass wir Bon aufbahren lassen wollten, damit seine Freunde sich von ihm verabschieden konnten. Bons Freundin Anna hielt die Totenwache.«

Jeffery, der den schrecklichen Anblick von Bon im Krankenhaus immer noch vor Augen und als einer der wenigen Zugang zu Bons Wohnung hatte, suchte dort einige vertraute Kleidungsstücke für seinen guten Freund zusammen.

»Als ich ihn im Krankenhaus in diesem weißen Tuch sah, sagte ich: ›Mein Kumpel wird auf keinen Fall so aufgebahrt.‹ Ich habe eine Jeans und das weiße T-Shirt rausgesucht, das er so gern trug.«

Bon sollte im Tod ebenso cool wirken, wie er es im Leben gewesen war.

Nur wenige Tage nach dem tragischen Vorfall wurde der ganzen Band vor Augen geführt, was sie verloren hatte: Der Film *Let There Be Rock* war fertig, und die Musiker bekamen ihn vorab vorgeführt. Bon selbst hatte nur eine Rohversion des Films zu Gesicht bekommen, als noch an der Synchronisierung von Bildern und Ton gearbeitet wurde. AC/DC sahen sich die Vorführung an, machten ein paar Bemerkungen, standen dann still auf und gingen. Erneut war ihnen die Schwere des Verlusts bewusst geworden.

Am 28. Februar wurde Bons Leiche nach Australien überführt. Die ganze Band begleitete ihn auf seinem letzten Weg in die Heimat. Jeffery musste auf dieser Reise vor allem auf eines achten:

»Angus ist unglaublich sensibel. Die Plattenfirma hatte uns Tickets erster Klasse besorgt, aber es hieß gleich: ›Wir sitzen nicht in der ersten Klasse, wenn unser Kumpel unter uns im Gepäckraum liegt.‹ Für Angus war sehr wichtig, dass Bon nicht in derselben Maschine war wie wir. Das musste ich ihm garantieren. Auf dem Flughafen von Perth waren wir kurz vorm Aussteigen, als ich aus dem Fenster blickte und sah, wie sie die verdammte Kiste runterließen. Ich dachte nur: Verdammt, das darf Angus auf keinen Fall sehen! Keinen Leichenwagen auf dem Flugfeld oder sonst was, der flippt aus! Ich hatte ihm versprochen, dass Bon in einem anderen Flugzeug sein würde – und dann kam die Kiste über dasselbe Förderband wie unsere Koffer!«

Bon wurde am 29. Februar eingeäschert. Seine Asche wurde am 1. März im Memorial Garden des Fremantle Cemetery in der Nähe von Perth in aller Stille beigesetzt.

Fifa Riccobono: »Die Scotts wollten, dass nur die Familie und die Band zugegen waren. Bis dahin hatte ich mir noch vormachen können, dass ich nur mehr PR-Aufgaben zu erledigen hatte. Erst als der Leichenwagen vorfuhr, wurde mir klar, dass das nicht stimmte. Es war so ergreifend, denn alle spürten, was für eine Tragödie es war. Gleichzeitig kam es nicht zu übertriebenen Trauerbezeugungen, es herrschte nur ein tiefes Gefühl von Trauer und Verlust.«

Es war zweieinhalb Jahre her, dass AC/DC zum letzten Mal auf einer australischen Bühne gestanden hatten. Obwohl in der Zeitung *West Australian* eine Todesanzeige erschienen war, erregte Bons Ableben wenig Aufsehen – aus den Augen, aus dem Sinn. Weder die Medien noch die einflussreichen Köpfe der australischen Musikindustrie, von den Albert's-Mitarbeitern einmal abgesehen, waren bei der Beerdigung in Freemantle zugegen.

Für Jeffery wirkte es sehr surreal, nach der Einäscherung draußen auf dem Friedhof einen Pfahl im Boden stecken zu sehen, der die Stelle markierte, an der Bons Asche bestattet werden sollte. Das war alles, was von dieser großen Persönlichkeit, diesem kraftvollen Geist übrig geblieben war?

In den folgenden Jahren entwickelte sich ein bizarres Ritual: Fans verbrachten die Nacht an Bons Grab. Eine Legende besagt, dass jede Frau, die das tat, am nächsten Morgen mit Knutschflecken am Hals aufwachte.

Mrs. Scott wurde erst am Tag vor der Beerdigung das ganze Ausmaß dieser Tragödie bewusst, als die Band nach ihrer Ankunft in Perth bei den Scotts vorbeischaute.

Ian Jeffery: »Im Radio und in der Presse wurde jede Menge Scheiße erzählt. Überdosis, Selbstmord, dieser ganze Unsinn. Aber ich werde nie vergessen, wie wir zu Bon nach Hause fuhren und Mrs. Scott Sandwiches machte. Sie hätte deine oder meine Mutter sein können. Sie war so verdammt froh, mit jemandem reden zu können, der mit Bon befreundet gewesen war, der die letzten Tage mit ihm verbracht hatte und wusste, wie sich alles abgespielt hatte. Sie holte fünf Stühle ... und stand völlig neben sich. Ich glaube, es war das erste Mal, dass ihr klar wurde, dass Bon wirklich tot war. Für mich war das einer der schlimmsten Augenblicke meines Lebens.«

Das australische Musikmagazin *RAM* zeigte auf der Titelseite der nächsten Ausgabe ein klassisches Livefoto von Bon, mit der Unterzeile »Tribut an einen gefallenen Kämpfer«. Auf dem Bild war er in unwirkliches, beinahe engelhaftes Licht gehüllt, aber er grinste auf eine Art und Weise, die nicht gerade himmlisch unschuldig wirkte. Dazu gab es einen vierseitigen Artikel von Vince Lovegrove und eine schlichte, ganzseitige Anzeige mit dem Text:

Ein wunderbarer Sänger, ein wunderbarer Texter, ein wunderbarer Freund, ganz und gar einzigartig.

Wir werden dich vermissen – Harry und George.

In der gleichen *RAM*-Ausgabe hatte auch Kristine Leary, ein Fan aus Tasmanien, ihrer Trauer Ausdruck verliehen und Bon für eine Karte und ein Foto mit Autogramm gedankt, das er ihr noch geschickt hatte. Bon hatte stets gute Kontakte zu den Fans gepflegt.

Trust widmeten Bon ihr äußerst erfolgreiches zweites Album, *Repression*, das 1980 erschien. Cheap Trick, die »Highway To Hell« oft bei ihren Gigs spielten, zollten ihm mit dem Song »Love Comes A'Tumblin' Down« auf ihrem 1980 veröffentlichten Album *All Shook Up* Tribut.

Rick Nielsen (Cheap Trick): »Während der Aufnahmen zu *All Shook Up* mit George Martin bekam ich an einem Tag in Monserrat zwei Anrufe. Zuerst erfuhr ich, dass ein Drittel meines Hauses abgebrannt war. Danach teilte man mir mit, dass Bon gestorben war. Meine Familie war bei mir, daher wusste ich, dass bei dem Brand niemand verletzt worden war. Aber der Verlust von Bon machte diesen Tag zu einem der traurigsten in der Rockgeschichte.«

Nielsen hatte mit Bon große Pläne gehabt.

»Ich wollte mit ihm, Alex Harvey, Steve Marriott, Roger Chapman [Family], Freddie Mercury und [Cheap-Trick-Sänger] Robin Zander ein großes Projekt verwirklichen.«

Auch Joe Elliott von Def Leppard war erschüttert, als er von Bons Tod erfuhr.

»Ich schulde ihm immer noch die zehn Pfund – ich hatte nie Gelegenheit, ihm diesen Zehner wiederzugeben. Aber andererseits muss ich sagen – wenn er noch leben würde, bekäme er den auch nicht wieder. Selbst schuld, was leiht er mir auch Geld!«

Auch nach seinem Tod schien Bon weiterzuleben. Noch im Frühjahr 1980 trudelten immer wieder Weihnachtskarten von ihm bei Freunden ein, die in der Post verloren gegangen waren. Auch Perry Cooper von Atlantic erhielt einen dieser unerwarteten Grüße.

Perry Cooper: »Es dauerte einfach so lange, bis mich diese Karte erreichte. Zu der Zeit war er schon tot. Es war völlig verrückt. Bon hatte geschrieben: ›Ich wusste nicht, wem ich die hier schicken sollte, aber nachdem ich [den Spruch auf der Karte] gelesen hatte, musste ich gleich an dich denken. Bon.‹«

Bon war stets ein gewissenhafter Briefeschreiber gewesen.

Vince Lovegrove: »Schon in den Sechzigern und Anfang der Siebziger, als er erstmals durch die Welt reiste, schrieb er jedem, den er kannte. Allen Freunden, die er in der Zeit kennengelernt hatte. Er vergaß niemanden und blieb stets in Kontakt, entweder schriftlich oder per Telefon.«

Ian Jeffery: »Oft, wenn wir aus einem Hotel auscheckten, fragte Bon die Rezeptionistin nach Briefmarken, weil er jemandem, den er vielleicht zweimal getroffen hatte, eine Postkarte schicken wollte. Er war ein ganz großartiger Mensch.«

Fifa Riccobono: »Bei uns im Büro in der King Street war eine Wand mit schwarzem Filz tapeziert, und dort pinnte ich die ganzen Postkarten an. Die erste schickte mir Bon, als sie 1976 zum ersten Mal in England waren, und sie zeigte einen schottischen Dudelsackspieler. Irgendwann kam eine zweite, und ich dachte, Mensch, wie nett, und hängte auch die auf. 1978 war die ganze Wand mit Postkarten zugepflastert. Ich hätte auch zurückgeschrieben, wenn ich gewusst hätte, wo er sich gerade aufhielt, aber er ließ sich ja nie dort blicken, wo er eigentlich hätte sein sollen, es sei denn, sie hatten einen Auftritt. Als das Büro verlegt wurde, hat Ted Albert wirklich versucht, die Collage im Ganzen mitzunehmen.«

Angry Anderson von Rose Tattoo sah in Bon zudem eine romantische Persönlichkeit.

»Wir waren die letzten Straßenpoeten des Rock – so sahen wir uns. Wir schrieben Gedichte und setzten sie musikalisch um. Schön, es waren manchmal heftige Gedichte zu [oft] heftiger Musik. Wir sahen uns als die letzten Vagabunden und Draufgänger nach alter Errol-Flynn-Manier – als über die sieben Meere fahrende Dschingis Khans. Ich denke heute noch so.«

AC/DC sahen aber der ganzen Tragik der Situation ins Auge. Bon stand kurz davor, nach fast zwei Jahrzehnten anstrengender Arbeit, die oft bis an die Grenzen der körperlichen Belastbarkeit ging, den großen Durchbruch zu schaffen. Nun hatte er abtreten müssen, als alles darauf hindeutete, dass er den Gipfel seiner Kreativität erreichen würde. Das nächste Album, erklärte Angus Dave Lewis in *Sounds*, »wäre der krönende Abschluss seines Lebens gewesen«.

Und Bon wäre mehr als glücklich gewesen, an dem Ruhm teilhaben zu können.

Angus: »Er war kein Egotyp. Da er eigentlich Schlagzeuger war, hatte er immer den Blickwinkel einer Band und nicht den einer Einzelperson. Er drängte sich nie in den Vordergrund, eher schnappte er mich, zog mich nach vorn und meinte: ›Komm schon, Ang, sie wollen dich sehen.‹ Mit der Eitelkeit, die Ruhm oft mit sich bringt, hatte er nichts am Hut. Darin lag für mich immer seine Größe.«

Angus verglich Bon mit Hendrix und Chuck Berry.

Angus: »Chuck Berry hatte ein unwahrscheinlich breit gefächertes Talent – er war ein großartiger Songwriter, Musiker und Innovator. Bei Bon war das genauso. Aber wenn man darüber nachdenkt, welch einen Verlust sein Tod bedeutet, steht er für mich in einer Reihe mit den Großen, die es wert sind, dass man sich an sie erinnert. Ich würde ihn auf eine Stufe mit Presley stellen, vielleicht noch höher. Die Art, sich irgendwo einzuschleimen, war ihm völlig fremd.«

Sicher, Bon hatte es immer wieder mal übertrieben. Aber er schien zu wissen, wo seine Grenzen lagen. Und wenn er sie überschritt, tat er das allein.

Angus: »Zu mir sagte er immer: ›Egal, was ich tue, mach es nicht nach.‹ Das betonte er. Manchmal fand er sich an irgendeinem Ort wieder und wusste nicht, wie er dort hingekommen war. Er erinnerte sich nur noch, dass er für ein paar Tage gefeiert hatte. Jemand hat mir mal erzählt, dass er Bon in London vom Flughafen abholen musste. Er kam drei Tage zu spät an und hatte kaum noch Kleider am Leib. Er trug nur noch seine Hose. So kam er durch den Zoll – Hose, Sonnenbrille, keine Schuhe, kein Hemd, keine Socken. Wir wussten nur, dass seine Mutter sich einige Tage zuvor am Flughafen von Perth von ihm verabschiedet hatte. Er hatte nicht die geringste Ahnung, was in der Zeit dazwischen passiert war. Einmal ist er zusammen mit mir die Verstärkertürme hinaufgeklettert – das konnte er. Er trug selten Schuhe, und so robbte er zehn Meter bis ganz nach oben auf die Verstärker. Ich war auf der anderen Seite, und er rief schließlich: ›Jetzt springen wir!‹ Ich sagte nur: ›Das kannst du alleine machen, Alter!‹ Aber er hat es wirklich gebracht! Er war sehr mutig, er hatte in solchen Situationen überhaupt keine Angst.«

Peter Wells berichtet, dass er schon im Freeway Gardens Motel in Melbourne 1975 wegen einer dummen Wette seine Sprungkünste unter Beweis gestellt hatte:

»Er kam auf den Balkon und sprang vom zweiten Stock total besoffen in den verdammten Pool! Es hat mich umgehauen. Er probierte einfach alles aus. Man merkte immer, wenn er in der Nähe war. Damals kam man für so was noch in den Knast! Viele der Anekdoten, die über ihn im Umlauf sind, stimmen. Und es gibt sicher welche, die man gar nicht erzählen kann, die noch verrückter sind! Und die stimmen wahrscheinlich auch.«

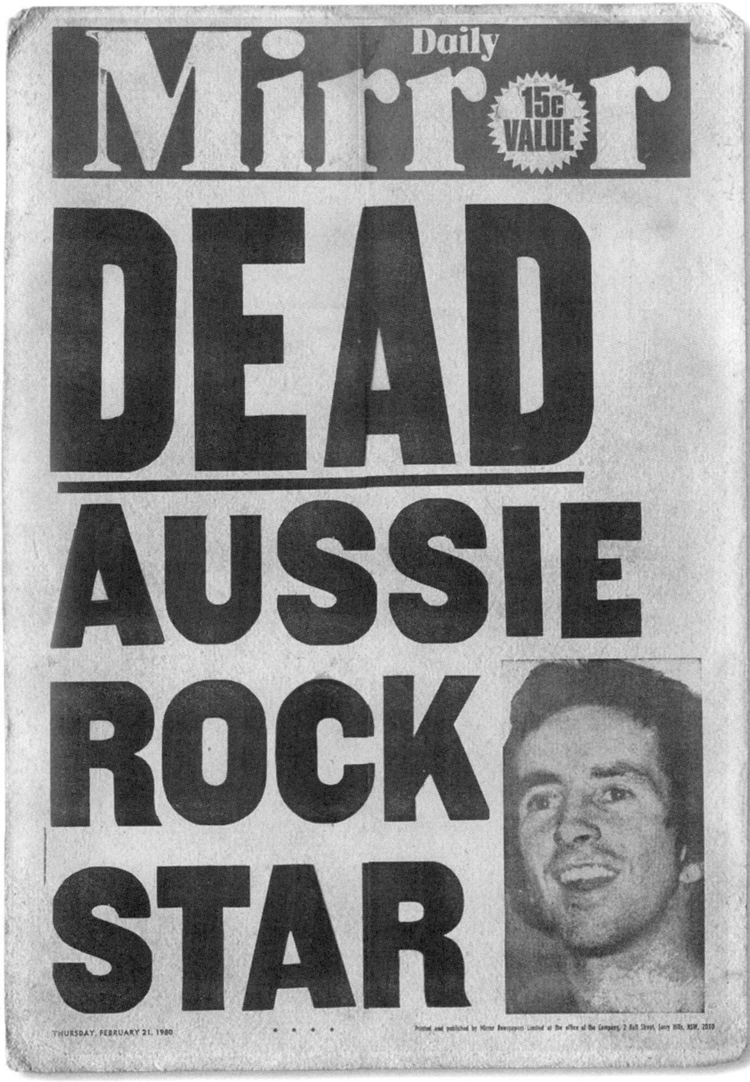

Daily Mirror

15c VALUE

DEAD AUSSIE ROCK STAR

THURSDAY, FEBRUARY 21, 1980

Printed and published by Mirror Newspapers Limited at the office of the Company, 2 Holt Street, Surry Hills, NSW, 2010

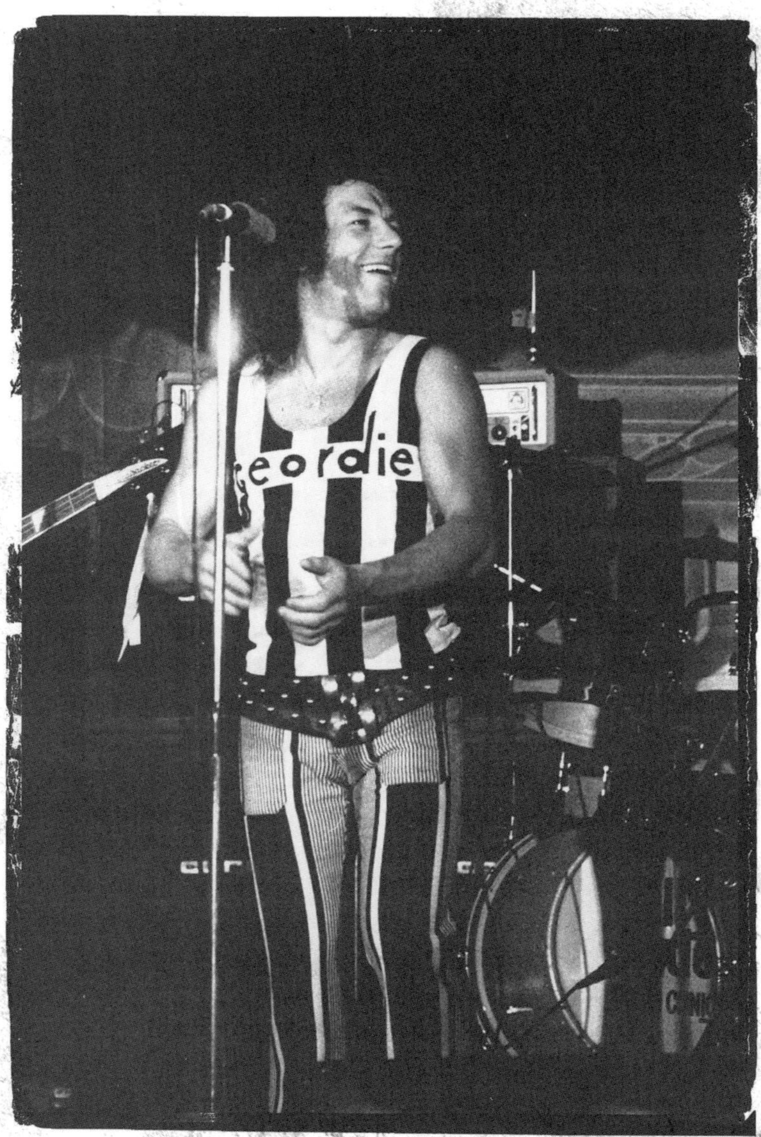

1974

Glitter und Glamour: Brian Johnson bei Geordie – Chequers, Sydney

18. KAPITEL

NICHT GERADE EIN EHRGEIZIGER TYP

Während des Flugs zurück nach London am 4. März war zum ersten Mal nach Bons Beerdigung ein neuer Sänger im Gespräch. Malcolm, der clevere Geschäftsmann und unausgesprochene Anführer der Band, wischte das Thema aber vom Tisch – erst einmal musste er selbst mit der Situation fertig werden.

Nach Angaben von Tourmanager Ian Jeffery gab es allerdings niemals Zweifel daran, dass die Band weitermachen würde, denn auch Bons Vater hatte Malcolm dazu ermutigt. Es waren nur ein paar Interna, die Probleme bereiteten.

»Das Wichtigste war: Wir machen weiter. Daran gab es keinen Zweifel. Niemals, keine Sekunde lang. Im ersten Augenblick waren alle geschockt … aber dann ging es schon weiter. Wie genau wir es schaffen würden, wussten wir allerdings nicht.«

Und das war Malcolms Dilemma.

Einfach alles hinzuschmeißen hätte im Widerspruch zu allem gestanden, wofür diese zähe, hart arbeitende Band stand. Keine Chance. Wie eh und je würden sie sich durchbeißen.

Nach ein paar Tagen in London sorgte die Arbeitsmoral, die die Band so weit gebracht hatte, dafür, dass sich die Räder langsam wieder anfingen zu drehen. Malcolm und Angus hatten schließlich noch nie viel mit Auszeiten anfangen können.

Malcolm brannte als Erster darauf, etwas zu tun: Er nahm wieder seine Gitarre in die Hand – etwas, was er seit Bons Tod nicht mehr getan hatte. Vielleicht versuchte er, seinen Frieden zu finden, indem er sich so tief wie möglich in die Alltagsroutine stürzte. Er würde nicht den Rest seines Lebens damit verbringen, herumzusitzen und zu grübeln. Das war nicht seine Art. Er rief Angus an und fragte ihn, ob sie sich nicht treffen könnten, um die Songs durchzugehen, an denen sie gearbeitet hatten.

Angus war froh über jede Ablenkung vom Horror der Ereignisse. Die beiden ließen die Welt hinter sich und schlossen sich im Übungsraum in den E-Zee-Hire-Studios ein.

Natürlich war die Magie zwischen den beiden Brüdern nicht verloren gegangen. Schon bald glühten die neuen Songs der beiden wie heiße Kohlen. Die Zukunft der Band – oder zumindest ihrer Musik – nahm langsam wieder Gestalt an.

Außerdem erzählte Angus Penny Harding im *Juke*: »Bon hätte uns allen in den Arsch getreten, wenn wir uns aufgelöst hätten.«

Angus: »Sobald wir erzählten, dass wir weitermachen würden, entgegneten die Leute, dass das nichts werden würde. Wir seien am Ende. Es gab Druck von der Plattenfirma. Aber die Einzigen, die dabei ruhig und gelassen blieben, waren die Jungs in der Band.«

Die Ankündigung weiterzumachen löste allerdings nicht das Hauptproblem der Band.

Malcolm und Angus wussten, wie Bon an das neue Material herangegangen wäre. Es war schwierig bis unmöglich, sich vorzustellen, wie jemand anders die Songs in Angriff nehmen würde. Aber ihnen blieb keine andere Wahl.

Am Anfang gab es zwei Wunschkandidaten: Steve Marriott und Noddy Holder von Slade. Beide Namen waren kurz im Spiel – eine surreale Situation, wenn man bedenkt, dass die Brüder versuchten, einen ihrer Helden zu verpflichten.

Sie hatten Marriotts Small Faces 1968 auf Tour mit The Who in Sydney gesehen. George kannte den Sänger mit der kratzigen

Stimme aus seinen Tagen in England mit den Easybeats. Der eher kurz geratene Londoner aus dem East End erfüllte auf jeden Fall alle Anforderungen in Sachen Körpergröße. Aber wie bei Holder gab es Bedenken, dass solche Namen eine riesige Aufmerksamkeit auf ein Projekt lenken würden, bei dem ohnehin schon sicher war, dass es sehr genau von der Presse verfolgt werden würde.

Gary Holton, früher bei The Kids und Heavy Metal Kids, und Terry Slesser, der sich als Frontmann bei Back Street Crawler verdingt hatte und zukünftig für eine Band namens Geordie singen sollte, wurden genauer in Augenschein genommen. Holton und Slesser waren wie AC/DC bei Atlantic unter Vertrag. Man wusste also, mit wem man es zu tun hatte. Tragischerweise war Holton fünf Jahre später tot.

Dann gab es noch die australischen Kandidaten, von denen viele Jimmy Barnes von Cold Chisel die besten Chancen einräumten. Angry Anderson, der zusammen mit Phil Rudd bei Buster Brown gespielt hatte, war ein weiterer Aspirant auf die vakante Stelle. So wie Marriott hatte er eine ähnliche Körpergröße wie der Rest von AC/DC, hatte ein gutes Verhältnis zur Band und klang wie eine rauere Version von Rod Stewart an guten Tagen.

Aber es war das unbeschriebene Blatt John Swan, der als heimlicher Favorit galt. Für ihn sprach nicht nur, dass er Schotte war, ein ehemaliger Boxer und Schlagzeuger, er war zudem auch warmherzig, hatte einen guten Sinn für Humor und war mit einer der weltweit besten Stimmen für Rock, Soul und Blues gesegnet.

John Swan: »Ich würde sagen, ich war ziemlich nah dran. Aber ehrlich gesagt, glaube ich nicht, dass es klug von ihnen gewesen wäre, mich zu nehmen. Dann hätten sie sich nur einen weiteren Bon geangelt. Ich sage das mit dem größten Respekt, aber ich habe mir Speed reingezogen, Koks, Gott was weiß ich noch alles. Dazu trank ich jeden Tag 24 Stunden lang. Ich würde mich ja gerne selbst beweihräuchern und behaupten, dass ich dieses und jenes getan habe, aber die Jungs sind nie zu mir gekommen und haben mich danach gefragt. Ich habe die Gerüchte auch gehört, aber sie wären ein verdammt großes Risiko eingegangen, wenn sie sich noch mal einen wie Bon geholt hätten.«

Man entschied sich dafür, die Netze etwas weiter auszuwerfen. Jeden Abend wurde ein neuer Bewerber in die Vanilla Studios in London gebracht. Unten gab es einen Snooker-Tisch, wo die Crew die Bewerber warten ließ. Wenn die Band so weit war, wurden sie nach oben gebracht, wo sie ein verstecktes Aufnahmegerät erwartete.

Malcolm und Angus waren geduldig und gaben ihr Bestes, damit sich die hoffnungsvollen Kandidaten wohlfühlten, obwohl sie im Stillen ihre Zweifel daran hatten, was sie hier taten. Aber eines wussten sie: Sie wollten keinen Bon-Scott-Imitator. Und so wie es sich letztendlich ergab, präsentierte sich auch keiner.

Die meisten Bewerber waren im besten Falle durchschnittlich, was überrascht, wenn man sich die Größenordnung des Jobs anschaut, für den sie sich vorstellten.

Ian Jeffery: »Die Band plauderte ein paar Minuten mit ihnen und fragte dann: ›Was willst du singen?‹ Neunzig Prozent der Sänger vermasselten es allein deshalb, weil sie ›Smoke On The Water‹ vorschlugen. Da waren sie bereits Geschichte! Sie waren raus! Sie schnappten sich das Mikrofon und drapierten ihr Bein um den Ständer wie ein Scheiß-David-Coverdale.«

Ein etwas ungewöhnlicher Kandidat stach heraus: Sein Name war Gary Pickford Hopkins. Er war einer der Sänger bei Rick Wakemans *Journey To The Center Of The Earth*-Projekt gewesen. Die Connection zu dem Sänger beruhte auf Jefferys Bekanntschaft mit dem früheren Yes-Keyboarder.

Ian Jeffery: »Er hatte eine gute Chance, denn sie ließen ihn noch zweimal kommen. Sie mochten seine Stimme, aber er hatte nicht das gewisse Etwas.«

Während dieser Zeit kamen Gerüchte in Umlauf, ein weiterer australischer Kandidat sei mit im Rennen: Steve Wright, der früher bei den Easybeats gewesen war.

»Stevie ist der Richtige für AC/DC«, konnte man in der Humdrum-Kolumne von *Countdown*-Moderator Ian »Molly« Meldrum in der *TV Week* am 15. März lesen. Die Schlagzeile »Trauernde AC/DC könnten Mister Wright gefunden haben« stand am 11. März über Dave Dawsons »Rock Beat«-Kolumne in Sydneys *Mirror*.

Prompt berichtete der *Melody Maker* in Großbritannien von diesen Überlegungen. Im *Juke* dementierte ein Albert's-Sprecher, dass Wright ein möglicher Bewerber sei, und fügte hinzu, dass neun andere Sänger in der engeren Auswahl seien.

Während Wright auf dem Papier wie ein aussichtsreicher Kandidat aussah, sprach die Tatsache gegen ihn, dass er es nach einem detailliert dokumentierten Drogenproblem etwas langsamer angehen ließ. Er war nicht in der Form, die Neuauflage einer Band anzuführen, die kurz vor einem durchschlagenden Welterfolg stand.

In London ging der Auswahlprozess währenddessen weiter. Mutt Lange und Tony Platt, die so erfolgreich an *Highway To Hell* gearbeitet hatten, waren als Produzenten für das nächste AC/DC-Album vorgesehen. Die Band schätzte die beiden so sehr, dass sie ihren Einfluss bei der Rekrutierung eines Sängers geltend machen konnten.

Lange schlug Brian Johnson vor, den früheren Sänger von Geordie aus Newcastle. Johnson hatte die Arbeiterklassenherkunft, die perfekt zum AC/DC-Universum passte.

Johnson wurde am 5. Oktober 1947 in Dunston, Gateshead, im Nordosten Englands als eins von vier Kindern geboren und wuchs in Preston Village, South Shields, in einem Haus auf, das die vorbeifahrenden Kohlenzüge mit einer feinen Rußschicht überzogen hatten. Brians Vater Alan war Sergeant Major in der britischen Armee gewesen und hatte im Zweiten Weltkrieg in Afrika und Italien gekämpft. Später ruinierte die Arbeit unter Tage seine Lungen.

An seinem neunten Geburtstag hörte Brian im BBC-Radio Johnny Duncan and the Blue Grass Boys mit »Last Train To San Fernando«. Von da an wusste er, wie seine Zukunft aussehen würde.

Bald entdeckte er, dass er den einen oder anderen Ton treffen und halten konnte, und trat einem Chor bei, was ihm zudem etwas Kleingeld verschaffte. Der Chorleiter gab ihm Gesangsstunden, und er trat fortan drei Jahre lang bei Pfadfindertreffen auf.

Brian verließ die Realschule von Dunston Hill mit fünfzehn, begann eine Lehre als Installateur und Dreher und studierte Maschinenbau am Gateshead Technical College. Sein Vater war ihm ein mahnendes Beispiel: Ins Bergwerk würde ihn keiner kriegen.

Zwei Monate später hatte er Auftritte mit seiner ersten Band, The Gobi Desert Canoe Club, die aus ein paar seiner Freunde aus der Fabrik, in der er arbeitete, bestand. Brian wurde Sänger aus Mangel an Alternativen. Für eine Gitarre oder ein Schlagzeug fehlte ihm ganz einfach das Geld. Der erste Song, den er in der Öffentlichkeit sang, war Buddy Hollys »Not Fade Away«. In dieser Nacht verließ Brian den Jugendclub in Newcastle um sieben Pfund reicher. Es war für ihn ein Schlüsselmoment.

Er war ein neuer Mensch, ließ seine Haare wachsen und passte seine Garderobe den aktuellen Trends an. Nicht lange danach schlich sich ein noch minderjähriger Brian in den Club A Go Go in Newcastle, um die Animals zu sehen. Die erste Platte der Paul Butterfield Blues Band, die er sich kaufte, stachelte ihn noch weiter an.

Bald begann er, Alben der Animals, der Yardbirds und von B. B. King zu sammeln – wenn es nach ihm ging, je unmodischer, desto besser. Aber John Mayall, der Pate des britischen Blues, war der wahre Auslöser für Brians musikalische Ambitionen. Brian ließ sich die Chance nicht entgehen, John Mayall in Newcastle zu sehen und danach dessen legendären Gitarristen Peter Green zu treffen.

Mit siebzehn trat er der Armee bei und wurde für zwei Jahre mit dem Fallschirmjägerregiment Red Berets nach Deutschland versetzt. Flugzeuge waren schon lange eine seiner Leidenschaften. Fallschirmjäger zu sein war eine der großen Freuden seines Lebens. Nachdem er die Armee mit neunzehn verlassen hatte, wurde er technischer Zeichner, aber auch in dem Job hielt er es nicht lange aus. Nach drei Monaten war sie schon wieder da – diese magnetische Anziehungskraft, die Musik auf ihn ausübte.

In den Sechzigern spielte er in Dutzenden von Gruppen, 1971 schloss er sich Brian Gibson (Drums) und Tom Hill (Bass) an. Ein Jahr später erweiterte sich das Trio um Vic Malcolm zu einer Band, die den kuriosen Namen USA trug. Brian wollte professioneller Musiker werden.

Der erste Gig von USA fand am 1. Februar 1972 im Thornley Working Men's Club in Peterlee statt. Im Mai unterschrieben sie bei Red Bus Records in London einen Vertrag, der der Plattenfirma die volle Kontrolle über die Band zusicherte.

Niemand war begeistert, als sie im Juni ihren Namen in Geordie ändern mussten, schon gar nicht die Fans. Aber aufgrund ihres restriktiven Vertrags hatte die Band keine andere Wahl. Die Zeiten waren sehr hart, sie waren, im wahrsten Sinne des Wortes, am Verhungern. Vielleicht konnte da ein neuer Name Wunder wirken.

Im Juli reiste die Band für ihre erste Aufnahmesession im Auftrag von Red Bus Records nach London. Am Ende des Jahres 1972 zogen sie dauerhaft in die Hauptstadt um. Dort hatten sie es allerdings noch schwerer als in Newcastle. Um zu überleben, drückten sie sich in Restaurants rum und stürzten sich, wenn ein Gast etwas übrig gelassen hatte, auf das Essen, bevor der Ober es abräumen konnte. Ein anderes Mittel gegen den Hunger war, vor der Dämmerung aufzustehen und die Flaschen zu stehlen, die der Milchmann gerade geliefert hatte.

Für ein bisschen Erleichterung sorgte ihre erste Single in Großbritannien: »Don't Do That« wurde am 29. September veröffentlicht. BBC Radio stürzte sich auf den Song. Mit Unterstützung des Senders konnte die *NME/Red Bus Free Road Show* vom 17. Oktober bis 3. November auf Tour gehen, inklusive eines Konzerts im Londoner Marquee Club.

Brian gefiel dem *NME*-Journalisten Tom Tyler, als er ihn bei Geordie sah:

»Vielleicht die stärkste Figur gibt der Sänger Brian Johnson auf der Bühne ab. Sein Aussehen und seine Blödeleien machen ihn schnell zum Publikumsliebling.«

Im November war »Don't Do That« an dem Punkt, dass er Geordie ihren ersten Fernsehauftritt bei *Top of the Pops* ermöglichte. Der Song erreichte Anfang Dezember Platz 32 der UK-Charts.

Was aber nicht hieß, dass sie jetzt reich waren. Die Band lebte von 30 Pfund in der Woche und schlief auf Tour in der Regel im Kleinbus. Aber es sah langsam besser aus. Geordie ergatterten den Platz im Vorprogramm der Reste von Velvet Underground – ohne Lou Reed – im Mayfair in Newcastle in der ersten Dezemberwoche.

Einen Monat später kamen sie für zwei wichtige Supportgigs bei Slade ins Londoner Palladium. Geordies Mischung aus greller Großspurigkeit und Härte passte perfekt zu den Männern um Noddy Holder. Innerhalb weniger Monate verglich man sie schon mit Slade, im Wesentlichen wegen der Ähnlichkeiten von Brians Stimme und der von Holder.

»Wir wollen eine Atmosphäre wie im Pub erzeugen«, erzählte Brian Michael Benton vom *Melody Maker*. »Alle unsere Songs sind simpel, bei uns gibt es nichts Kompliziertes.«

Das Album *Hope You Like It* erschien im März. Einige Wochen später kletterte die zweite Single »All Because Of You« bis auf Platz 6 der Charts im Vereinigten Königreich und verkaufte sich am Ende eine Million Mal weltweit. Ein zweiter Auftritt bei *Top of the Pops* zog auch die Aufmerksamkeit des Who-Sängers Roger Daltrey auf sich.

»Er kam zu uns und sagte, dass ihm gefällt, was wir machen«, erzählte Brian dem *Melody Maker*. »Er hat uns eingeladen, sein Plattenstudio zu benutzen. Dieses Angebot werden wir verdammt noch mal nicht ausschlagen.«

All das und ein Konzert im Vorprogramm von The Sweet im Londoner Rainbow am 30. März brachten die Band zu der Überzeugung, dass es für Geordie nun abgehen würde. Niemand war mehr darüber überrascht, wie schnell alles gegangen war, als die Band selbst.

»Vor etwas mehr als einem Jahr«, berichtete Brian dem *Melody Maker*, »sind wir noch in den Pubs und Clubs unserer Heimatstadt Newcastle unter dem Namen USA aufgetreten ... Da muss man sich erst mal dran gewöhnen.«

Im April spielte bei zwei Gigs in der Torquay Town Hall und in Plymouth die australische Band Fang mit Bon Scott im Vorprogramm von Geordie. Im Torquay zeigte sich Bon schwer begeistert von Brians höllischer Performance. Was niemand wusste: Brian war ernsthaft krank. Schließlich wurde er mitten in der Show ohnmächtig und musste die Nacht im Krankenhaus mit Verdacht auf Blinddarmentzündung verbringen, die sich später als Lebensmittelvergiftung mit Überarbeitungserscheinungen herausstellte.

Brian (mit spöttischem Tonfall): »Verdammt guter Sänger! Ich habe verdammte Höllenqualen gelitten.«

In Plymouth war Geordie der Luxus vergönnt, in einer billigen Bed-and-Breakfast-Pension abzusteigen. Die Dame, die die Pension führte, war nicht sehr begeistert von Männern mit langen Haaren. So wurden Fang, die obendrein noch pleite waren, aufgefordert, im eiskalten Bus zu schlafen.

Brian ließ das nicht auf sich sitzen. Als die Vermieterin außer Sichtweite war, schmuggelten er und der Rest von Geordie die Australier durch ein Fenster hinein. Sie verbrachten die Nacht zusammen mit ein paar Bierchen vor dem Heizlüfter. Am nächsten Morgen war der Bus von Fang abgeschleppt worden. Brian sah Bon nie mehr wieder.

Im Mai waren Geordie Headliner im Newcastle Mayfair – mit Supertramp im Vorprogramm: eine stolze Heimkehr für Newcastles Botschafter.

»Es ist, als ob sie direkt aus der Fabrik kämen«, schrieb James Johnson im *NME* über die Show. »Geordie sind laut und geradeheraus. Für sie spricht ihre unglaubliche rohe Energie.«

Europatourneen stießen auf ähnlich enthusiastische Publikumsreaktionen. Die Single »Can You Do It« stieg im Juni in die britischen Top 20 ein. Trotz des Erfolges machten sich bei der Band Bedenken breit, dass ihre Fans ausschließlich Kids zu sein schienen, die nur rumschrien, nur die Hits hören wollten und es darauf anlegten, die Musiker von der Bühne ins Publikum zu zerren, um ihnen die Kleider vom Leib zu reißen. Geordie wollten mehr sein – und kamen somit ungewollt der Geschichte der Easybeats gefährlich nahe.

Derweil begann ihr Stern zu sinken. Das Album *Hope You Like It* und die Single »All Because Of You« wurden in den USA veröffentlicht und floppten hoffnungslos. In Großbritannien waren die Verkaufszahlen für *Hope You Like It* ebenfalls nicht sehr hoch.

Die Absage ihres Gratiskonzerts im Stadion von Newcastle United, dem 60 000 Zuschauer fassenden St. James Park, stellte sich deshalb im Nachhinein womöglich als Segen heraus. Um dem Ganzen noch die Krone aufzusetzen, wurde ihre geplante US-Tournee mit Uriah Heep ebenfalls gecancelt.

Aber sie sollten in diesem Monat ein neues Album aufnehmen und hatten damit die Chance zu zeigen, was sie außer Popsingles noch konnten. Unglücklicherweise war Roger Daltrey trotz seiner Begeisterung zu beschäftigt, um ihnen bei den Aufnahmen auszuhelfen.

Es gab Gespräche, wie sie ihr Ass ins Spiel bringen konnten: ein Livealbum, das Ende des Jahres in der Newcastle City Hall aufgenommen werden sollte. Aber zuerst galt es den Kulturschock wegzustecken, den die zweiwöchige Promotionarbeit in Japan ausgelöst hatte. Dann stand im Februar eine Tour in Australien an.

Aus den vierzehn Tagen mit Konzerten in Australien wurden sechs Wochen in brütender Spätsommerhitze, an Orten, von denen sich Brian sicher war, dass sie nicht einmal auf einer Landkarte verzeichnet waren. Hinzu kam die desaströse Unterbringung. Wenn Geordie jemals auf dem Highway to Hell gewesen sein sollten, so Brian, dann war es bei dieser Tour. Ein Zwischenstopp in Alaska auf dem Weg zurück nach London – näher kamen sie Amerika nicht mehr.

Mit einigen Monaten Verzögerung wurde ihr zweites Album *Don't Be Fooled By The Name* veröffentlicht und folgte damit *Masters Of Rock*, einer Compilation ihrer Hitsingles.

Ihre Popularität in Großbritannien schwand sichtbar, aber sie hatten ein beträchtliches Publikum auf dem Kontinent gefunden, besonders in Skandinavien und Deutschland, wo sie die Konzerte für Deep Purple eröffneten.

Im Frühjahr 1975 stieg Gitarrist und Hauptsongschreiber Vic Malcolm aus. Und Mitte des Jahres war es Brian, der die Schauze voll hatte. Die krampfhafte Jagd nach den Hitsingles, weil das Publikum immer nur Hits hören wollte (ihre Alben schafften es nie in die Charts), und die Streitereien über die Bühnenpräsentation – Brian wollte lieber Arbeitsklamotten tragen als hohe Stiefel und Satin – waren die Tropfen, die das Fass zum Überlaufen brachten.

Er hatte genug davon, sich für wenig bis gar nichts kaputtzuarbeiten. Er hatte den Eindruck, dass jene, die näher dran waren an den hellen Lichtern der großen Stadt, alles auf dem silbernen Tablett serviert bekamen – ob sie es verdienten oder nicht. Brian konnte sich nicht einmal ein Auto leisten.

Ende 1975 nahm er eine Solosingle auf, »I Can't Forget You Now«/»I Can't Give It Up«, die EMI am 9. Januar 1976 herausbrachte. Die Platte ging völlig unter. Kein Wunder, dass Brian den Blues liebte.

Zwei Jahre nach der Veröffentlichung nahm Brian noch einmal allen Mut zusammen. Er wollte wieder auf die Bühne und formierte Geordie II, zusammen mit Derek Rootham (Gitarre), Dave Robson (Bass) und Dave Whitaker (Schlagzeug). Beim Debütgig der Band im Western Excelsior Club trug der Sänger zum ersten Mal die Mütze, die bald zu seinem Markenzeichen werden sollte.

Sein Bruder hatte ihm die Mütze geschenkt. Sie sollte sein Haar vor dem Kleber schützen, mit dem er in seiner Firma Top Match in Newcastle Autodachhimmel und Windschutzscheiben verleimte.

Sosehr ihm die Band Spaß machte, so frustrierend war es. Wenn sie auftraten, sahen die Clubbetreiber sie oft genug nur als Pausenclowns für ihre Bingospiele an, trotz der großen Zuschauermengen, die Geordies Lärm anzog.

Zu dieser Zeit im Jahr 1978 hörte Brian zum ersten Mal AC/DC, als ihm jemand die LP *Let There Be Rock* vorspielte. Brian liebte »Whole Lotta Rosie«, und als ein Bandmitglied mit einem Tape des Songs zur Probe kam, entschlossen sie sich, das Lied in ihre Konzerte einzubauen, wo dann das Publikum sehr zu ihrem Erstaunen nach einem Typen namens Angus grölte.

Seine Neugier war geweckt. Ein paar Monate später bemerkte Brian, dass AC/DC bei einer TV-Serie mit Livekonzerten unter dem Titel »Rock Goes To College« auftraten. Er war erstaunt, bislang waren diese Shows eher intellektuellen Bands vorbehalten gewesen. Brian schaltete am Abend den Fernseher ein und betrachtete genüsslich, wie AC/DC den Laden auseinandernahmen.

Der Sänger liebte Geordie, hielt sich aber noch weitere Optionen offen. Im November bewarb er sich bei Rainbow um den Platz von Ronnie James Dio. Ohne Erfolg. Genauso erging es ihm bei Uriah Heep und auch bei Manfred Mann's Earth Band – eine Formation, deren Musiker schon öfter ins Blickfeld von AC/DC geraten waren.

Egal, Geordie verdienten genug, um sich ein paar Biere leisten zu können, und auch Brians Job in Newcastle lief ganz anständig.

Die Legende besagt, dass Brian von AC/DC in Augenschein genommen wurde, nachdem ein Fan in Chicago ihn als Kandidaten vorgeschlagen hatte. Aber so einfach kann es nicht gewesen sein, wenn man bedenkt, wie viel auf dem Spiel stand. Ohnehin war er für Malcolm, Angus und Albert's kein Unbekannter mehr.

Wegen ihres guten Gedächtnisses ist es wahrscheinlicher, dass sich nicht nur Malcolm und Angus noch aus der Zeit an ihn erinnerten, als er mit Geordie durch Australien tourte. Es waren auch Albert's gewesen, die die Tour organisierten und sich um die

Verlagsrechte der Band kümmerten. Auch Bon hatte Brian in den höchsten Tönen gelobt, nachdem sie sich in Großbritannien über den Weg gelaufen waren. Er war der Meinung, dass Brian neben Little Richard zu den ganz Großen zählte, wenn es darum ging, einen Song so richtig rauszuschreien.

Nach Ian Jefferys Erzählung war Malcolm ursprünglich nicht von Johnson als Bewerber begeistert. Er hielt nicht viel von Geordie.

»Das Erste, was Malcolm sagte, war: ›Der Arsch? Der fette Arsch?‹ Mutt meinte: ›Ich glaube, du hast ihn mit dem Gitarristen verwechselt. Das ist eher so ein drahtiger Typ.‹ Malcolm darauf: ›Ich glaube, du hast den Arsch offen, Junge!‹ Er wollte nichts davon wissen.«

Ohne Malcolms Wissen rief Jeffery Brian in der zweiten Märzwoche in Newcastle an, wo der Sänger bei seiner Mutter wohnte. Es war schon fast Mitternacht. Er erzählte ihm nicht, bei wem er vorsingen würde, nur dass es sich lohnen könnte.

Brian war nicht sehr beeindruckt. Er war zufrieden mit seinem Leben. Aber seine Neugier war geweckt. Das Problem war, dass er eigentlich nicht das Geld für einen Trip nach London hatte. Aber er kratzte es zusammen, bekam etwas von einem Kumpel geliehen, mietete sich, mit dessen besten Wünschen ausgestattet, einen Wagen und machte sich auf den Weg in die Hauptstadt.

Und dann verschwand er irgendwo zwischen Newcastle und dem Übungsraum – zumindest schien es so. Jeffery fragte, ob jemand aus der Crew – Evo oder Fraser, der Neffe von Malcolm und Angus, der in der Stadt arbeitete und etwas Zeit bei seinen Onkels verbrachte – Brian gesehen habe.

»Ich fragte sie, ob dieser Brian Johnson aufgetaucht sei. Er (Evo) sagte: ›Wir haben mit ’nem Typen Pool gespielt, aber der ist gerade auf dem Klo.‹ Der Typ kommt raus, und anscheinend hat er schon 20 Minuten mit ihnen Pool gespielt, ohne sich vorzustellen. Ich fragte: ›Wie heißen Sie – doch nicht etwa Brian Johnson?‹ Er sagte: ›Doch, genau so.‹ Ich sagte: ›Ihr Typ wird im ersten Stock verlangt!‹ Er dachte, Evo und Fraser wären die Band, mit der er spielen sollte. Wir gingen die Treppe hoch, er betrat den Raum und fragte: ›Sind das die, von denen ich denke, dass sie es sind?‹«

Brian, der sein Markenzeichen auf dem Kopf trug, bekam ein Newcastle Brown Ale vorgesetzt, was ihm half, sich ein wenig wie zu Hause zu fühlen.

»Ich hatte wirklich das Gefühl, dass ich ein Bier mit den Jungs trinken könnte und dabei nichts beweisen musste«, erzählte er Dave Lewis in der *Sounds* vom 19. April 1980. »Wenn du bei denen durch die Tür gehst, bleibt der andere künstliche Scheißdreck draußen.«

Brian war erstaunt, dass die Band eine größere Anlage in ihrem Proberaum hatte, als er für seine Konzerte benutzte. Er fragte, ob jemand etwas dagegen hätte, wenn er rauche. Bei Malcolm sammelte er damit Pluspunkte.

Nachdem sie sich ein paar Minuten lang unterhalten hatten, war der Moment gekommen. Malcolm fragte, welche Lieder Brian singen konnte, und zu seinem wie auch Angus' Erstaunen suchte Brian sich Ike und Tina Turners »Nutbush City Limits« aus – eine willkommene Abwechslung zu »Smoke On The Water«. Auf Brians Wunsch spielten sie in einer Tonart, die ihn zwang, seine Stimme so richtig auszureizen und ihren ganzen Umfang zu demonstrieren. Damit sammelte er bei Malcolm weitere Punkte, erst recht, als er seinen Mund öffnete, zu singen anfing und sich gegen die Musik der Band durchsetzen konnte.

Zum ersten Mal während des ganzen Vorspielens erwachte Angus zum Leben.

Ian Jeffery: »Bei den ersten Zeilen, die Brian sang, konnte man spüren, wie sich die Nackenhaare aufstellten. Angus erhob sich aus seinem Schneidersitz, und sein rechtes Bein fing an zu zucken. Es ging los, wir waren wieder im Rennen!«

Danach spielten sie »Whole Lotta Rosie« und ein paar Songs von Chuck Berry. An diesem Punkt war es keine Probe mehr, es war wie ein Konzert. Nachdem sie fertig waren, hatte Brian so viel Selbstvertrauen getankt, dass er die Band darauf hinwies, dass sie »Rosie« nicht richtig gespielt hatten – der Song war ihm zu langsam.

Brian, der mit sich und dem, was er geleistet hatte, zufrieden war, wollte dem Ganzen noch nicht so viel Bedeutung beimessen. Wenn es nichts wurde, konnte er immer noch seinen Kumpels im Pub davon erzählen. Er konnte vielleicht sogar noch ein paar Freigetränke herauskitzeln, wenn er davon berichtete.

Trotzdem hatte er wenig Zeit für Smalltalk. Nach ungefähr 15 Minuten entschuldigte er sich, denn er hatte zu Hause noch Gigs mit Geordie anstehen.

»Heaton Buffs, ein Club in Newcastle, hat immer gut gezahlt«, erzählte Brian 1983 bei Tyne Tees Television. »Ich glaube, so um die 120 Pfund für uns vier, was eine fette Gage war.«

Malcolm war der Erste, der zugab, dass er sich in Brian getäuscht hatte. Er und Angus wussten, dass sie niemand anderen wollten – auch Cliff und Phil waren beeindruckt. Aber die Liste der anderen Bewerber sollte trotzdem in den nächsten Tagen abgearbeitet werden, nur um auf Nummer sicher zu gehen.

Drei Tage später rief Jeffery Brian an und fragte, ob er Montag oder Dienstag wiederkommen könnte. Einmal mehr zeigte sich seine Arbeiterklassenherkunft: Brian sagte, er hätte keine Zeit, weil er sich um sein Geschäft kümmern müsse, denn davon lebe er schließlich. Außerdem hatte er ein lukratives Konzertwochenende mit Geordie vor sich.

Ian Jeffery: »Ich habe gesagt: ›Wir fliegen dich runter. Was immer du bei euch verdienst, bekommst du von uns auch.‹ Er sagte: ›Da muss ich mal nachdenken.‹ Nicht einmal dann wollte er sich festlegen. Also habe ich gesagt: ›Okay, Kumpel, ich rufe in zehn Minuten wieder an.‹ Ich rief ihn wieder an, und dann endlich sagte er: ›Okay, das geht in Ordnung.‹«

Aber schon wieder gab es mit der Pünktlichkeit ein Problem: Brian erschien zwei Stunden zu spät zum Vorsingen am 25. März. Sein Tagesablauf war einfach komplizierter geworden, als er erwartet hatte.

Was keiner wusste: Brian hatte, nachdem Jeffery Kontakt zu ihm aufgenommen hatte, einen zweiten überraschenden Anruf bekommen. Man bot ihm 350 Pfund, wenn er bei einem Fernsehspot für Hoover singen würde. In dem Spot spielte John Cleese die Hauptrolle. Etwas naiv hatte er angenommen, dass er die Aufnahmen für den Werbespot und das Vorsingen bei AC/DC locker am selben Tag erledigen könnte.

Ian Jeffery: »Dieses Mal war die Band wirklich beunruhigt. ›Zum Teufel, glaubt ihr, dass er überhaupt will?‹ – ›Mag er uns am Ende gar nicht?‹ – ›Kommt er jetzt, oder kommt er nicht?‹ Der Wind hatte sich gedreht: Jetzt war es, als ob wir ihn unbedingt brauchten.«

Die Bedenken lösten sich aber in Wohlgefallen auf, als Brian erschien und die Situation aufklärte. In Runde zwei spielte die Band ein paar Riffs und forderte Brian auf, spontan ein paar Textzeilen zu erfinden. Eine davon war »Given The Dog A Bone«.

Einmal mehr gab es nur strahlende Gesichter. Dieses Mal würde Malcolm den Sänger nicht wieder so schnell abhauen lassen. Am Ende der Woche musste Brian nach Hause – ein Konzertwochenende wartete auf ihn –, aber er wusste, dass er sich gut geschlagen hatte, selbst wenn das endgültige Jobangebot noch immer nicht vorlag.

Keiner war mehr von den Wendungen überrascht, die die Dinge in den vorangegangenen Wochen genommen hatten, als Brian selbst. Er dachte, er hätte seine große Zeit schon nach der ersten Formation von Geordie hinter sich. Dabei hatte er sämtliche Illusionen eingebüßt und keinen Penny auf die hohe Kante legen können. Jetzt stand er zumindest in der engeren Auswahl als neuer Frontmann einer Band, von der es noch vor sechs Wochen so aussah, als ob sie die Welt im Sturm erobern würde. Aber Brian zweifelte an sich selbst.

»Sie müssen verstehen«, erzählte er bei Capital Radio, »dass ich nicht der ehrgeizigste Typ auf der Welt bin. Dazu kommt, dass ich kein übergroßes Selbstvertrauen habe.«

Um sich eine mögliche Absage schönzureden, machte er sich klar, dass AC/DC jetzt schon seit mehreren Wochen Sänger ausprobierten und er einfach nur einer der letzten Namen auf der Liste gewesen war. Bestätigt wurde er darin vom *NME*, der die Meldung brachte, dass Allan Fryer von der Band Fat Lip aus Adelaide zum neuen Sänger von AC/DC ernannt worden war.

Wie schon Stevie Wright passte er gut ins Anforderungsprofil. Er war in Glasgow zur Welt gekommen, sang bei den kreischigen Heaven, war ein guter Freund des Alkohols und der Frauen. Und er hatte eine raue, kratzige Stimme, die einen Umfang von mehreren Oktaven besaß. Er schien der ideale Mann.

Allan Fryer: »Ich hatte gehört, dass AC/DC weitermachen würden, und sprach mit George Young. Er schlug vor, dass ich nach Sydney kommen solle, damit wir uns dort unterhielten. Langer Rede kurzer Sinn: Wir gingen ins Studio, und ich habe ›Whole Lotta Rosie‹, ›Sin City‹ und ›Shot Down In Flames‹ auf die Playbacks der Originalaufnahmen gesungen.«

Am Ende war George ziemlich beeindruckt. Er wollte die Aufnahmen sofort den Jungs in London zukommen lassen. Eine Woche später hörte ich, dass ich der neue Sänger sei: Es stand im *New Musical Express* und im *Melody Maker* in Europa, und es ging durch verschiedene Fernsehshows in Australien.«

Brian leuchtete ein, dass sich die Band einen Australier gesucht hatte, der an Bons Stelle trat. Er war im Übrigen mit Geordie auf einem guten Weg. Und er hatte außerdem in Newcastle angefangen, mit der Coverband Skinny Herbert zu proben.

Doch dann klingelte sein Telefon. Malcolm war am Apparat. Er wollte, dass Brian noch mal – also zum dritten Mal – zum Vorsingen kam. Er erklärte, dass an der Geschichte im *NME* nichts dran sei, und redete auf ihn ein, er müsse unbedingt kommen – schließlich hatten sie eine Platte aufzunehmen.

Also, fragte ein verwirrter Brian, habe ich den Job?

Nachdem Malcolm ihm das bestätigte, bat Brian, er solle in ein paar Minuten noch einmal anrufen. Er müsse seine Gedanken sortieren. Nachdem er aufgelegt hatte, lief Brian eine ganze Zeit im leeren Haus ziellos auf und ab. Er hoffte, nicht alles nur geträumt zu haben. Dann rief Malcolm wieder an. Zur Feier des Tages genehmigte sich Brian eine ganze Flasche Whisky. Sein jüngerer Bruder hielt die Sache für einen Aprilscherz – bis der Sänger seinen Scheck mit dem Antrittsgehalt bekam.

Es war nicht nur Brians mächtige Stimme, die ihm den Job verschaffte. Auch nicht, dass er Soul- und Blues-Shouter wie Eric Burdon, Ray Charles, Tina Turner, Howlin' Wolf und Joe Cocker liebte. Obwohl beides dazu beigetragen hat. Letztlich waren auch seine Bodenständigkeit, sein wunderbarer Sinn für Humor, die Tatsache, dass er gerne ein Bierchen trank, Darts spielte und seinen eigenen Kopf hatte, wichtige Aufnahmekriterien.

Das Wichtigste aber war, dass Brian Persönlichkeit hatte – selbst wenn sich in der Band stets dann eine Sprachbarriere auftat, wenn er zu schnell oder zu aufgeregt sprach –, und genau danach hatten Malcolm und Angus gesucht.

»Wir wollten jemanden, der singen konnte wie Bon und doch auf seine Weise ein Original war«, erzählte Angus im Interview mit Penny Harding in *Juke*. »Wir wollten niemanden, der ihn einfach nur perfekt imitieren konnte.«

Am 8. April wurde offiziell verkündet, dass AC/DC einen neuen Sänger gefunden hatten.

Brian bekam ein Anfangsgehalt von 170 Pfund die Woche, doch er stand noch immer bei Red Bus Records unter Vertrag. Deshalb überwies ihm Atlantic einen beträchtlichen Vorschuss, damit er sich aus dem Vertrag freikaufen konnte. Trotzdem musste er noch ein Soloalbum für sein altes Label aufnehmen.

Brian: »Ich hatte verdammtes Glück, dass ich bei AC/DC einsteigen konnte. Wahrscheinlich bekommt jeder seine Chance im Leben. Man muss aber das Glück beim Schopf packen und sich ordentlich daran festhalten.«

Was sich für Brian wie ein riesiger Glücksfall darstellte, war auch für die andere Seite ein großer Vorteil.

Ian Jeffery: »Es gab verdammt viele Momente des Zweifels, als wir von Bons Beerdigung zurückkamen und uns diese bescheuerten Trottel beim Vorsingen anhören mussten. Die haben's einfach nicht kapiert. Wir dachten, wir finden nie einen Sänger. Wir fragten, warum können wir nicht jemanden wie Noddy Holder oder Steve Marriott finden? Glücklicherweise kam Brian so früh ins Spiel. Wenn das noch ein paar Wochen länger gedauert hätte, dann …«

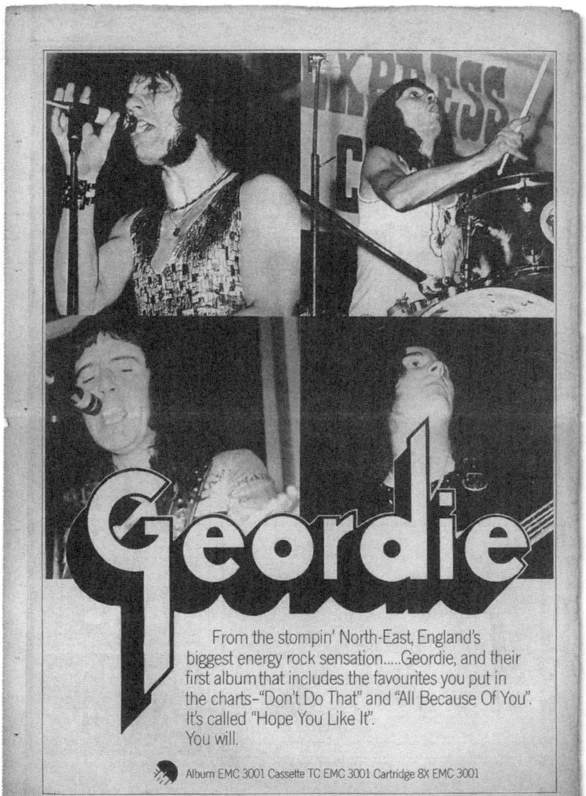

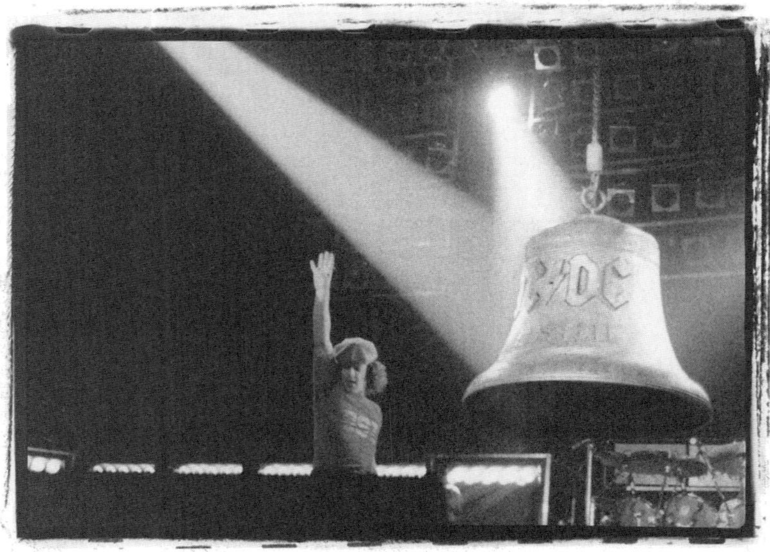

1981

Brian im Forest National, Brüssel

19. Kapitel

BACK IN BLACK

Malcolm verschwendete keine Zeit. Er begann sofort, Brian mit dem ersten Gebot der AC/DC-Philosophie vertraut zu machen: Wir tun, was wir tun. Wir spielen, was wir spielen. Und was die Kritiker davon halten, interessiert uns einen Scheißdreck. Keine Diskussionen. Schluss, aus, Ende.

Brian brauchte ein paar Tage, bis ihm die Tragweite seiner Entscheidung klar geworden war. Es war keine leichte Aufgabe, in die Fußstapfen von Bon Scott zu treten.

»Natürlich werde ich am Anfang nervös sein«, sagte er Dave Lewis in *Sounds* vom 19. April 1980, »aber ich werde mein Bestes geben … Ich hoffe, die Fans werden uns eine Chance geben.«

Brians letzte Konzerte mit Geordie fanden am Wochenende 21./22. März im Heaton Buffs in Newcastle statt. Die Mitglieder von Geordie freuten sich für ihn, aber Brian fühlte sich irgendwie schuldig, dass sie wegen ihm arbeitslos wurden – zumindest bis sie einen neuen Sänger gefunden hatten. Wenn er konnte, wollte er dafür sorgen, dass es finanziell nicht allzu finster für sie werden würde. Und das wollten seine neuen Arbeitgeber auch.

»AC/DC sagten, wir wissen, wie das ist«, erzählte Brian *The Interview* im November 1980, »sie haben den Jungs von Geordie ein nettes kleines Geschenk gemacht … und etwas Geld für die Zeit ohne Sänger überwiesen.«

Als die Märzausgabe des französischen Magazins *Best* erschien, muss Brian schwindlig geworden sein. Die Leserpolls lasen sich, als hätten nur AC/DC-Fans daran teilgenommen: »Bester Sänger«: Bon Scott, »Beste Band«: AC/DC, »Beste Liveband«: AC/DC. Und zum »Besten Musiker« wurde Angus gewählt.

Im gleichen Jahr spielten The Angels zwei Tourneen mit Cheap Trick in Europa. Bei ihren Konzerten in Frankreich fanden sie die Ergebnisse der Leserumfrage bestätigt.

Angels-Gitarrist John Brewster: »Wir spielten in Nizza und räumten schwer ab. Die Stimmung war sehr aggressiv, ein sehr hoher Männeranteil im Publikum – in Frankreich drehen sie total durch. Cheap Trick kamen auf die Bühne und wurden mit Dosen beworfen. Das war ziemlich herb und gar nicht so ungefährlich.

Sie wussten nicht, ob sie noch einmal auf die Bühne gehen sollten. Irgendwann schlug einer vor, dass wir zusammen rausgehen sollten. Also sind wir zurück auf die Bühne und haben ›Highway To Hell‹ gespielt. Und leck mich am Arsch, wir haben den Laden auseinandergenommen. Die Menge ist ausgeflippt. Wir waren zu zehnt auf der Bühne, vier Gitarristen, zwei Bassisten, und haben jeden Verstärker benutzt, den wir finden konnten. Robin Zander sang das Zeug von Bon Scott wirklich großartig.«

Die Proben in den Londoner E-Zee Hire Studios im April, die eigentlich für drei Wochen angesetzt waren, wurden nach einer Woche abgebrochen, weil das Compass Point Studio in Nassau auf den Bahamas frei wurde. Der Umzug auf die Bahamas hatte nicht nur steuerliche Vorteile. Hinzu kam, dass in Großbritannien keine passenden Studios verfügbar waren. Die Polar Studios in Schweden, die Abba gehörten, und wo unter anderem auch schon Led Zeppelin aufgenommen hatten, waren ebenfalls im Gespräch, wurden aber zu der Zeit von Abba in Beschlag genommen. AC/DC hatten nun einmal keine Zeit zu vergeuden.

Die Aufnahmen auf den Bahamas begannen Mitte April und dauerten bis Ende Mai. An den Reglern saß das Team von *Highway To Hell*: Mutt Lange als Produzent und Tony Platt als Toningenieur.

Die Band war noch nie an einem Ort wie den Bahamas gewesen, wo Echsen und Frösche den Hauptteil der Bevölkerung stellen und ein anständiges Bier höchstens in Reiseprospekten zu finden ist. Den Einheimischen ging es ähnlich: Auch sie dürften sich gefragt haben, was diese fünf blassen, schmächtigen Typen da in der Sonne zu suchen hatten.

Aber das Wetter war nicht gerade ideal für einen Strandurlaub, als die Band ankam. Die Gegend wurde von schweren tropischen Stürmen heimgesucht. Die Voraussetzungen für eine geregelte, unterbrechungsfreie Stromzufuhr waren in der ersten Woche nicht im Ansatz gegeben. Und ohne Strom konnte man schließlich keinen Krach machen. Jedenfalls nicht jene Sorte von Krach, für den sie sich diese Umgebung ausgesucht hatten.

Dass sie nicht arbeiten konnten, tröstete ein wenig darüber hinweg, dass ihre Gitarren mehrere Tage vom Zoll konfisziert wurden. Auch auf die Lieferung des restlichen Equipments aus London mussten sie warten. Aber es waren nicht nur die offiziellen Stellen, die die Band auf dem Kieker hatten.

Es gab in Nassau eine üppige, dominante Dame, die das nicht gerade Fünf-Sterne-würdige Hotel leitete, in dem AC/DC untergekommen waren. Eindringlich warnte sie die Band vor den Dieben und Einbrechern, die in der Gegend ihr Unwesen trieben. Sie versorgte die Band mit Speeren, die sonst beim Fischen genutzt wurden – für den Fall, dass sie einmal mit Einheimischen aneinandergeraten sollten.

Brian hatte ganz andere Sorgen. Die Band kannte seine Stimme nur aus dem Proberaum. In einem High-Tech-Studio konnte er sich nicht hinter dem Lärm verstecken – hier würden alle jeden seiner Atemzüge hören können.

Die Songs für das Album standen noch längst nicht alle fest. »What Do You Do For Money Honey« war George Young bei den Aufnahmesessions zu *Powerage* eingefallen. Ansonsten hatte die Band nur Riffs. Es gab kaum fertige Songs, nur einige Ideen, an denen Malcolm und Angus nach Bons Tod gearbeitet hatten.

Abgesehen von einer Woche in London hatte die Band noch keine Gelegenheit, als Einheit an neuem Material zu arbeiten. Nun drängte deutlich die Zeit: Jeder Text, der in London oder während des Flugs auf die Bahamas entworfen wurde, musste im Studio zu Ende geschrieben werden.

Zu seinem Erstaunen durfte Brian sich als Texter versuchen, obwohl er genau wusste, dass Malcolm und Angus ihren Teil dazu beisteuern würden. Er fühlte sich aber geehrt, auch wenn der Druck so noch weiter wuchs.

Angus konnte sich nichts Schlimmeres vorstellen, als der Band mit dem Tod ihres Freundes einen Mitleidsbonus zu verschaffen und Texte zu verwenden, die Bon für das neue Album geschrieben hatte. Als Respektsbekundung gegenüber Bon und aus Höflichkeit Brian gegenüber holten sie den neuen Sänger also auch als Texter mit ins Boot.

Phil Carson: »Bon hat nichts geschrieben. Malcolm und Angus haben das getan, was sie immer taten: sich um die Riffs und die musikalische Grundlage gekümmert und es Bon überlassen, sich die Texte und die Gesangsmelodien auszudenken. Genauso haben sie es mit Brian gemacht. Brian hat sich jede einzelne Gesangsmelodie und jede Textzeile selbst ausgedacht.

Wenn man sich die Texte von AC/DC anschaut, die Brian Johnson geschrieben hat, stellt man fest, dass er die inhaltliche Richtung von Bon beibehielt und sie trotzdem auf ein neues Level hob. Brian hat einen unglaublichen Sinn für Humor. Er kann prima mit Zweideutigkeiten spielen – manchmal neigt er sogar bei den Titeln zur Ironie –, aber er kann das rüberbringen, ohne dabei billig zu wirken.

Glauben Sie niemandem, der behauptet, jemand anders hätte diese Songs geschrieben – sie stammen von Brian Johnson. Ich war der A&R-Mann, ich weiß es.«

Brians Nervosität legte sich in der Nacht vor dem ersten Aufnahmetag: Nass geschwitzt wachte er auf und glaubte, Bon würde vor ihm stehen und ihn ansehen. Dann beruhigte er sich – es war nur ein Traum.

Nachdem sie sich im Studio eingearbeitet hatten, verbreitete sich schnell Optimismus. Die Rohversionen der Songs waren begeisternd, es schien ein großes Album zu werden. Und das brauchten sie auch: Die Öffentlichkeit erwartete einen Meilenstein.

Mit Bon stand die Band vor dem großen Durchbruch. Aber wenn das hier nicht funktionierte, wenn ihre neue Platte nicht überall als der nächste Schritt in ihrer Karriere angesehen wurde, konnte die Sache schnell den Bach runtergehen. Eine Band ist immer nur so gut wie ihr letztes Album. Und auf dem letzten Album hatte ein Mann mitgewirkt, der nicht nur unersetzbar war, sondern auch auf dem besten Weg, weltweit zur Legende zu werden.

Wenn es das Letzte sein sollte, was sie als Band taten, mussten sie sich nun so vital wie möglich präsentieren. Es würde keine Gelegenheit für Entschuldigungen geben und auch keine weitere Chance. Aber statt daran zu zerbrechen, schweißte der Druck sie als Team nur noch mehr zusammen.

Tony Platt (Toningenieur): »AC/DC sind keine Typen, die sich verkrampfen, so wie andere. Sie konzentrieren sich darauf, ihren Job zu erledigen. Die Stimmung im Studio war, als würden ein paar alte Kumpels eine Platte zusammen aufnehmen. Jeder in der Band steckte in der gleichen Situation. Klar, sie hatten nicht gerade viel Geld mit *Highway To Hell* verdient, weil sich die Platte bis zu diesem Punkt noch gar nicht so toll verkauft hatte.

Jeder bekam den gleichen Tagessatz an Geld, und wir haben versucht, so lange wie möglich mit dem Budget für das Album auszukommen. Es herrschte eine gute Kameradschaft, wir waren uns alle sehr nah.«

Platt musste sich daran gewöhnen, dass die Compass Point Studios, genau wie die Roundhouse Studios in London, wo sie *Highway To Hell* aufgenommen hatten, über keine sonderlich »lebendige« Akustik verfügten. Deshalb versuchte Platt, mit derselben Technik wie in London zu arbeiten, um diesen matten Studiosound zu kompensieren.

»Das Ding bei AC/DC – oder bei Mals Vorstellung vom Sound der Band – ist, dass sie keinen Hall oder solche Effekte mögen. Wahrscheinlich, weil sie sich so weit wie möglich von Bands wie Led Zeppelin abgrenzen wollen. Sie brauchen einen knochentrockenen Sound, der dir direkt in die Fresse schlägt. Deshalb hat es gut funktioniert, dass wir mit der Raumakustik gearbeitet haben.

Nachdem wir das schon bei *Highway To Hell* eingeführt hatten, hatte ich bei *Back In Black* eine sehr genaue Vorstellung davon, wie ich aufnehmen wollte.

Als wir die Tracks aufnahmen, habe ich immer darauf geachtet, ein paar Raummikros platziert zu haben, damit beim Hören der Platte der Eindruck entstand, als ob die Band vor einem im Zimmer steht.«

Zeit seines Lebens hat sich Malcolm mit Sounds, Songs und Rhythmen auseinandergesetzt. Das, was er bei George gelernt hatte, und das Selbstvertrauen, das er bei den Sessions zu *Highway To Hell* gewonnen hatte, als er ohne den direkten Einfluss seines älteren Bruders arbeitete, brachte er in die Aufnahmen ein. Obwohl er Lange und Platt respektierte, übernahm er schon mit Aufnahme des ersten Songs das Sagen im Studio. Die Veränderung der rhythmischen Akzente bei »You Shook Me All Night Long« gefielen ihm gar nicht.

Tony Platt: »Wir haben die Refrains von ›You Shook Me All Night Long‹ aufgenommen. Ich kann mich nicht mehr erinnern, wie die Betonung war, aber wir hatten es nicht als ›You‹ – Bamm – ›shook me all night …‹ eingespielt. Wir hatten eine leichte Verschiebung der Betonung. Als Malcolm das hörte, sagte er: ›Nein, so habe ich mir das nicht vorgestellt. Da gehört eine Pause dazwischen.‹ Also mussten wir es neu aufnehmen.«

Bei »Let Me Put My Love Into You« hatte die Band Bedenken, die ursprünglich letzte Textzeile des Refrains könne zu viel von der Stimmung der »Zigarette danach« verbreiten. Die Zeile war zu eindeutig, was ohne Zweifel auf den Einfluss des magischen Rum-und-

Kokosmilch-Elixiers zurückzuführen war, das die Albumsessions begleitete – es musste sich was ändern.

Auf der anderen Seite war nichts Schlüpfriges an »Hell's Bells« mit seinen Bildern voller alttestamentarischer Düsternis und Zerstörung. Zum ersten Mal tauchte der Titel bei den Proben in London auf. Einerseits war der Songtext von Bob Dylans 1975er »Rolling Thunder Revue« inspiriert, vollendet wurde er durch den Einfluss der Stürme vor der Haustür in Nassau.

Die taumelnden Phrasierungen und das stolpernde Timing von Brians Gesang bei »Back In Black« hatte er sich bei Jazzsängern abgeschaut. Malcolm fiel das Riff, das ein wenig von »Shakin' All Over« von Johnny Kidd And The Pirates inspiriert war, während der *Highway To Hell*-Tour ein.

»Rock And Roll Ain't Noise Pollution« war der letzte Song, der aufgenommen wurde. Entweder geht der Titel auf ein Zitat von Bon zurück, das der einmal einem wütenden Vermieter beim Streit um die Lautstärke der Stereoanlage an den Kopf warf, oder er zitiert Angus zu Londoner Marquee-Zeiten 1976, als es ständig Beschwerden wegen des Lärms gab. Jedenfalls entwickelte Malcolm den Song aus einem Riff, nachdem die Band feststellte, dass sie noch ein weiteres Stück für die Platte brauchte.

Tony Platt: »Malcolm blieb im Studio zurück, als wir alle zum Abendessen gingen. Der zweite Toningenieur, ein großer Farbiger namens Benji, setzte sich an die Drums, damit Mal mit einigen Ideen herumexperimentieren konnte. Als wir zurückkamen, spielten sie uns vor, was sie sich ausgedacht hatten. Alle sagten: ›Wow, das ist es!‹«

Brians erste Gesangszeilen bei »Noise Pollution« erinnern erneut an die Phrasierung eines Jazzsängers. Er sucht nach einem Groove und findet ihn dann schnell. Er klingt wie ein Geistlicher, der eine Predigt hält. Und was ist das Geräusch ganz am Anfang? Es ist Brians letzter Zug an der Zigarette, bevor er zu singen beginnt.

Während der gesamten Aufnahmesession sang Brian wie ein Besessener. Wie einer, der, wie der legendäre Bluessänger Robert

Johnson in den Dreißigern, seine Seele verkauft hat und dafür mit übermenschlichem Lungenvolumen und Stimmumfang ausgestattet wurde. Aber er musste auch, wie Bon vor ihm, die Erfahrung machen, dass Lange ein Perfektionist war.

Tony Platt: »Mutt ist sehr eigen, wenn es darum geht, jede einzelne Textzeile auf den Punkt zu bringen. Und er hat recht: Wenn es nur zwei Gitarren, Bass, Drums und Gesang gibt, dann muss jeder Ton zu 110 Prozent stimmen.

Wenn du in einer Band singst, bei der Angus Gitarre spielt, muss dein Gesang so fesselnd und mitreißend sein wie das Gitarrenspiel – das ist für jeden Sänger Schwerstarbeit! Und es war nicht nur Mutt, der bei jeder einzelnen Silbe sehr kleinlich war. Brian musste auch darauf achten, dass er genau der Vorstellung entsprach, die Malcolm in seinem Kopf hatte.

Jonna [Brian] ging bei jedem einzelnen Ton an die Grenzen seines Stimmumfangs. Nicht nur, weil er so hoch singen musste. Er singt hoch und trotzdem noch mit höchster Empathie und größtem Druck. Deshalb ist jede Zeile so absolut präsent.

Hinzu kommt, dass die Stimme in der richtigen Lautstärke und der richtigen Tonhöhe liegen muss, um sich ins Bandgefüge einzupassen. Dabei darf Brian sich aber nicht unwohl fühlen oder das Gefühl bekommen, wie Bon singen zu müssen.«

Gelegentlich besuchten auch eigentümliche Einheimische das Studio. Lange hörte sie im Kopfhörer, bevor er sie sah. Es klang, als ob jemand leise mit den Füßen scharrte. Lange brach den Song, den die Band gerade spielte, ab, um sich noch einmal zu vergewissern. Nichts. Die Band fing wieder an, wieder schrie Lange, sie sollten aufhören. Er hatte den Störenfried gefunden: eine große Krabbe, die über den hölzernen Boden schlurfte.

Bon hätte diesen Besuch sicherlich zum Anlass genommen, »Crabsody In Blue Part 2« zu schreiben. In ihren Gedanken war er immer bei ihnen. Platt erinnert sich an ein Gespräch mit Malcolm:

»Ich werde es nie vergessen. Er sagte, das Seltsame an Bon sei gewesen, dass er immer wieder verschwand. Es gab jede Menge

Storys, wie er nach Gigs abhaute und dann nicht wieder auftauchte, bis es Zeit für den Soundcheck beim nächsten Konzert war. Und jetzt müsse sich die Band erst daran gewöhnen, dass er wirklich nie wieder auftauchen würde. Ich fand das sehr rührend, denn es zeigte, wie vertraut die Stimmung in der Band war.«

Obwohl die Aufnahmen von Bons Tod überschattet wurden, fiel etwas Licht durch die Wolkendecke, als Malcolms Frau ein Kind zur Welt brachte. Es war wie ein gutes Omen, ein Zeichen der Wiedergeburt. Der stolze und stets abstinente Onkel Angus ließ es sich nicht nehmen, im großen Stil mit einer Flasche Whisky auf das neue Mitglied des Young-Clans anzustoßen.

»Er hat die halbe Flasche mit einem Schluck geleert«, so Brian zu Richard Hogan im *Circus*-Magazin. »Ich konnte nicht mehr mithalten – und ich mag Whisky. Danach brach er zusammen. Wir mussten ihn ins Bett tragen.«

Zu Angus' Glück war es nicht gleich am nächsten Tag, dass sie zum Hochseefischen aufbrachen. Selbst wenn man über eine gute Konstitution verfügt, ist das keine leichte Übung, geschweige denn, man leidet an einem mörderischen Kater. Vom Hochseefischen kamen sie mit etwas Thunfisch und Dorade zurück. Den Thunfisch reichten sie an den Koch ihrer Unterkunft weiter, der ihn putzte und in den Kühlschrank legte. Allerdings fiel in der Nacht ein großes Stück Thunfisch von der Ablage und drückte von innen die Kühlschranktür auf. Bis zum Morgen hatte sich der Thunfisch in der Sommerhitze als ranziger Haufen über den ganzen Küchenboden verteilt. Das ganze Haus stank so übel, dass die Bewohner für ein paar Tage umziehen mussten.

Ian Jeffery war nicht mit nach Nassau gekommen, er kümmerte sich in Großbritannien um das Geschäft. Eines Tages erhielt er einen Anruf von Malcolm und Angus. Die beiden hatten einen ungewöhnlichen Wunsch: Sie brauchten eine Glocke. Ian sollte nach Loughborough fahren, um dort eine aufzutreiben.

Ian Jeffery: »Ich ging zu einer Beleuchtungsfirma und den Leuten, die Bühnenrequisiten herstellen. Die sagten: ›Wir können es so machen, dass es echt aussieht und genauso schwer wie eine Glocke wirkt.‹ Ich habe gesagt: ›Kapiert ihr nicht? Wir wollen eine richtige Glocke. Nichts, was so aussieht – wir wollen eine scheiß Glocke!‹

Nach einiger Zeit fand ich eine Firma, die Kirchenglocken goss. Es war, als wenn man in den Laden geht und einen Fernseher kauft. Wie groß soll die Glocke denn sein? Irgendwie hatten die Brüder eine Ein-Tonnen-Glocke vor Augen. Bei der Firma sagten sie: ›Wir haben ein Ein-Tonnen-Modell im Angebot.‹ Ich machte ein Foto von der Glocke und stellte etwas daneben – es könnte ein Auto gewesen sein –, damit Malcolm und Angus die Größenverhältnisse einschätzen konnten.

Dann fragten die Leute in der Gießerei, wie die Glocke gestimmt sein solle. Ich sagte: ›Ich habe verdammt noch mal keine Ahnung, Kumpel. Ich will bloß 'ne Ein-Tonnen-Glocke.‹ Und so ging es weiter: ›Wollen Sie zwei Kreise darauf oder drei Kreise rundherum?‹ Ich entgegnete: ›Eigentlich nicht, da soll ›Hell's Bell‹ draufstehen und ›AC/DC‹.‹ Da wussten die Jungs gar nicht, wie sie reagieren sollten. Durfte man überhaupt ›Hölle‹ auf eine Kirchenglocke gravieren?«

Bevor sie mit dem Abmischen anfingen, flog Platt zurück nach England. Es waren nur noch ein paar Backgroundvocals einzuspielen. Er kehrte mit dem Gedanken zurück, ein tatsächliches Läuten aufzunehmen, damit die Fans auf dem Album die gleiche Glocke hörten, die sie auf der bevorstehenden Tour auch zu sehen bekommen sollten.

Die Gießerei war noch nicht fertig mit der Herstellung, und Platt schlug stattdessen vor, eine Glocke aufzunehmen, die in einer nahe gelegenen Kirche hing. Platt platzierte Mikrofone an der Glocke und im direkten Umkreis des Glockenturms. Er musste aber feststellen, dass sich Vögel darin eingenistet hatten.

Tony Platt: »Jedes Mal, wenn die Glocke läutete, hörte man durch die Mikros ängstlich flatternde Vögel, die sich aus dem Staub machten. Es war ein Riesenflop. Also mussten sie sich in der Gießerei mit der Fertigstellung beeilen. Die Glocke war schon gegossen, aber wegen des hohen Metallanteils braucht es lange, bis sie erkaltet und hart wird. Es geht einfach nicht schneller. Die Zeit wurde langsam knapp, als wir die Glocke endlich aus der Gussform nahmen. Ich konnte nur hoffen, dass sie gut gestimmt war. Zum Glück hatte sie den perfekten Ton. Also fuhr ich mit Ronnie Lanes mobilem Studio noch mal hin.«

Als die Glocke aufgenommen war, suchte sich die Band die besten Takes und Mikropositionen aus und ließ das Band auf halber Geschwindigkeit laufen, um die Tonlage des Songs der Glocke anzupassen. Dann wurde jedes einzelne Läuten in den Song »Hell's Bells« eingebaut.

Nach sieben Wochen – was immer noch länger war, als die Band ursprünglich für die Aufnahmen veranschlagt hatte – war *Back In Black* fertig.

Brian kehrte nach Newcastle zurück und wechselte Windschutzscheiben aus, wie er es getan hatte, bevor im März der ganze Wahnsinn losgegangen war. Er hörte nichts von den anderen und hoffte, dass er seinen Part ordentlich erledigt hatte und das Album ein Erfolg werden würde. In seinem Innern begann es zu rumoren: Er wusste, was ihm bevorstand.

Den Job im Studio vor der Band, einem Teil der Crew, Lange und Platt anständig zu erledigen, war eine Sache. Aber diese Songs dem AC/DC-Publikum live zu präsentieren, ganz zu schweigen davon, Bons Songs zu singen und trotzdem auf der Bühne man selbst zu bleiben, war eine große Herausforderung. Seine Selbstzweifel meldeten sich zurück.

Atlantic hatte ganz andere Bedenken. Sie waren nicht gerade happy, dass die Band ein schlichtes schwarzes Cover, nur mit ihrem Namen und dem Plattentitel eingestanzt, haben wollte. Aus der Sicht von Atlantic war das bei der Vermarktung ein Albtraum. Die Band ließ sich zwar nicht auf Kompromisse ein, gestattete Atlantic aber, das Logo der Band mit einer dünnen grauen Linie zu umrahmen, damit es lesbarer wurde.

Lange hatte ebenfalls Bedenken: Er hielt den Titel des Albums für zu düster.

Angus: »Mutt fragte mich, wie wir die Platte nennen wollten. Ich sagte: ›Na ja, *Back In Black*‹, worauf er antwortete: ›Glaubst du nicht, dass das etwas morbide ist?‹ Ich sagte: ›Nein, denn es ist unsere Widmung an Bon. Und deshalb wird es so gemacht!‹ Da war er ein bisschen sprachlos.

Ich sagte ihm: ›Mutt, hör zu. Als wir *Highway To Hell* aufnahmen, hast du dich aufgeregt. Du meintest, die Platte würde nicht im amerikanischen Radio laufen und im Mittleren Westen, wo die Leute so religiös sind, erst recht nicht. Dabei waren ausgerechnet sie die Ersten, die die Platte gespielt haben. Aber gestehe mir wenigstens diese Kleinigkeit zu. Wir leben, um auf der Bühne zu stehen, das können wir am besten. Also sei wenigstens so nett und vertraue unserem Urteil.‹«

Die Proben für die Tour begannen im Juni im Victoria Theatre in London. Schon dort traten die ersten Schwierigkeiten auf.

Ian Jeffery: »Die Bühne lag unterm Niveau der Straße, und die Tür zum Einladen war auf der Seite zur Straße. Man konnte das Equipment über Rampen runterschaffen, aber es gab keine Rampe, die der tonnenschweren Glocke gewachsen gewesen wäre. Also mussten wir einen Kran mit einem riesigen Ausleger anmieten. Der Verkehr wurde für 20 Minuten unterbrochen, damit wir sie vom Truck abladen, am Ausleger über die Straße hieven, ins Theater hinunterlassen und auf der mit Stützen verstärkten Bühne absetzen konnten. Die Glocke war einfach riesig! Die ganze Londoner Innenstadt kam wegen ihr zum Stillstand.

Malcolm brachte eine Kassette mit, damit wir uns das Album anhören konnten. Wir standen alle auf der Empore, wo sich das Mischpult befand. Hm, klingt ja völlig anders, dachten wir, als wir da saßen. Aber es klang verdammt beeindruckend – schon allein auf Kassette und durch die PA. Und Malcolms Rhythmusgitarre kam endlich richtig zur Geltung. Malcolm ist wahrscheinlich der beste Rhythmusgitarrist der Welt. Wir saßen völlig ungläubig auf der Empore.«

Nach einigen Probewochen spielte die Band zwischen dem 29. Juni und dem 6. Juli sechs Aufwärmkonzerte in Belgien und den Niederlanden. Die Glocke blieb allerdings zu Hause.

Brian gab sein Debüt am 29. Juni im belgischen Namur. Eigentlich hatten sie sich für den Anfang kleinere Läden ausgesucht, aber die Fans stellten sich das anders vor. Das Konzert musste am gleichen Tag zweimal an größere Veranstaltungsorte verlegt werden. Der Zuschauerandrang war enorm. Der Veranstalter ließ sich zu dem Kommentar hinreißen, dass anscheinend ganz Europa gekommen sei. Angus war besonders nervös. Brian lief einfach nur in der Garderobe auf und ab, brachte sich und die Band in Stimmung.

Die komplette Tragweite und Emotionen, die das Konzert auslöste, wurden Brian erst bewusst, als ein Fan mit einem Tattoo von Bon auf dem Arm auf ihn zukam und alles Gute wünschte.

»Ich habe dagestanden und gezittert«, gestand Brian im *Record Mirror* dem Journalisten Robin Smith. »Was soll man auch sagen, wenn die Leute einem so das Vertrauen aussprechen?«

Als die Band drei Stunden später als geplant gegen Mitternacht die Bühne betrat, wurde sie so begeistert empfangen, dass Brians Nervosität im Nu verflog.

»Ich habe mir fast in die Hose gemacht«, erzählte er Christie Eliezer vom *Juke*. »Aber als ich rauskam, haben sie mich so fantastisch begrüßt. Dann sah ich diese Spruchbänder mit ›Welcome Brian‹. Es war klasse.«

Der Fan Pierre Grandjean gehörte zu denen, die das Konzert sahen: »Am Eingang des Palais Des Expos in Namur drängten sich die Massen. Die Glastüren standen kurz davor zu bersten. Der Sound war fürchterlich, sie hatten keine Zeit für einen Soundcheck.«

Die Show selbst war eine laute, raue, aber temperamentvolle Angelegenheit mit kleinen Fehlern, die in einem so frühen Stadium einer Tour unvermeidlich sind.

Insgesamt dürfte Brian nicht die allerbesten Erinnerungen an das Konzert haben. Er hatte so viele Songs zu lernen, dass er sie noch gar nicht richtig auseinanderhalten konnte.

»Das zweite Lied, das wir spielten, war ›Shot Down In Flames‹«, gestand er *Juke*, »das dritte ›Hell Ain't A Bad Place To Be‹, aber ich habe zu beiden den gleichen Text gesungen.«

Im Publikum haben es womöglich nur wenige bemerkt, aber von Malcolm erntete er tötende Blicke. In Deinze, Belgien, am 1. Juli, gab es diese Probleme nicht mehr. Falls Brian an diesem Abend noch irgendeine Nervosität verspürte, dürfte sie die Begeisterung, mit der »Highway To Hell« aufgenommen wurde, weggewischt haben.

AC/DC waren zurück, aber nicht nur beim Gesangspart hatte es Veränderungen gegeben. Mit Bon war die Band ein Zwei-Mann-Zirkus gewesen, mit einer Rock-'n'-Roll-Doppelspitze: dem charismatischen Sänger und Angus als Possenreißer. Nun war Angus die Hauptattraktion und Brian spielte eine tragende Nebenrolle.

Die choreografische Präzision, die typisch für die späteren Shows mit Bon gewesen war, wurde nochmals gesteigert – auch was die Lautstärke anbetraf. Zwischen den Songs hielt sich Brian zurück: Er erzählte keine Geschichten, es gab keine Widmungen an Fans oder Freunde, kein Wort zu viel.

Insgesamt herrschte jetzt eine andere Stimmung. Brian wirkte zwar wie ein Kumpel, auf den man bei einer Kneipenschlägerei durchaus zählen konnte, aber die Straßenkämpfer-Aura, die Bon umgeben hatte, wenn er seinen steinernen Blick aufsetzte, die schweigende Herausforderung, die »Was glotzt du so, hä?« zu sagen schien – die war verschwunden.

Jetzt, da Bons gelegentliche Unberechenbarkeit aus dem Spiel war, wurden die Zügel fester angezogen.

Perry Cooper (Atlantic Records): »Ich glaube, die Sache mit Bon hat sie wachgerüttelt. Sie haben nicht mehr so viel getrunken und anderen Unsinn gemacht, den sie vorher taten.«

Am 13. Juli wurde Brian ins kalte Wasser geworfen: Zusammen mit der »Hell's Bell«, auf der ein roter Punkt angebracht war, damit Brian wusste, wo er sie zu treffen hatte, um den größtmöglichen Effekt herauszuholen, ging es auf Nordamerikatour mit 64 Konzerten. Die Tour sollte bis zum 11. Oktober dauern.

Das Vorprogramm von AC/DC in Kanada und den USA bestritten Bands wie Gamma, mit Edgar Winters ehemaligem Gitarristen Ronnie Montrose, Humble Pie, natürlich mit Steve Marriott, Def Leppard, Johnny Van Zant, dem Bruder des verstorbenen Lynyrd-Skynyrd-Sängers Ronnie Van Zant, Blackfoot, Saxon und Krokus, die später eine der populärsten Bands werden sollten, die sich an AC/DC als Vorbild orientierten.

Im Backstagebereich hatte man ein Stück alte Heimat aufgebaut: einen englischen Pub, komplett mit Dartscheibe und dem typischen Schnickschnack. In den ersten zwei Wochen gaben sie elf Gigs in Kanada, dem ersten Land, in dem *Back In Black* eine Goldene Schallplatte erhielt. Beim ersten, ausverkauften Konzert in Edmonton war es mit der Gemütlichkeit schnell vorbei, als das Merchandising eintraf.

Ian Jeffery: »Wir hatten T-Shirts im Wert von ungefähr 200 Mille importiert. Die Merchandising-Firma meinte noch, dass wir wohl was ganz Großes vorhätten. Ich habe eins ausgepackt, und da stand ›Back AND Black‹ drauf! Wir mussten den ganzen Scheiß wegschmeißen. Wir konnten beim ersten Konzert kein einziges T-Shirt verkaufen, weil überall ›Back and Black‹ draufstand.«

Die Tour war ein Kulturschock für Brian, der den Erfolg von AC/DC bis dato für ein englisches und – natürlich – australisches Phänomen gehalten hatte. Er hatte keine Ahnung, dass sie in Kanada so populär waren.

Perry Cooper von Atlantic Records kam zur Show in Calgary, um sich Brian anzusehen. Ihm gefiel, was er sah.

»Er hat mir echt Spaß gemacht, obwohl ich kein einziges verdammtes Wort verstehen konnte, wenn er redete. Manchmal verstehe ich ihn immer noch nicht. Aber bei ihm jagte ein Witz den nächsten, und das mit *dem* Akzent. Erst in den letzten Jahren ist es damit ein bisschen besser geworden. Ich musste ihn immer wieder fragen, von was zum Teufel er rede. Es war so lustig. Aber er passte so perfekt in die Band – seine Persönlichkeit, sein Gesang, alles. Sie hätten keinen Besseren finden können.«

Angus war schwer beeindruckt von Brians Professionalität. Vor allem davon, dass er sich immer noch aufs Singen konzentrieren konnte, selbst wenn der Gitarrist wie ein Verrückter um ihn herumrannte.

Angus: »Man konnte ja nicht wissen, wie die Leute auf uns reagieren würden. Brian hatte eine schwierige Aufgabe. Da gab es Leute, die sagten, wir wären nicht die richtigen AC/DC. Deswegen ziehe ich meinen Hut vor Brian, denn er hat am Anfang 'ne Menge einstecken müssen. Aber er hat sich durchgesetzt, obwohl er selbst der größte Fan von Bon ist.«

Die Tour war anstrengend für Brian. Seit vielen Jahren hatte er nicht mehr so hart gearbeitet – schon gar nicht auf Bühnen dieser Größenordnung.

»Es war beängstigend«, sagte Brian im Interview mit Jonathan Gross in der *Toronto Sun*. »Ich habe mich gefühlt wie bei einem Spiel der Fußballweltmeisterschaft. Nach all den Jahren der Untätigkeit habe ich so eine schlechte Kondition, dass ich bei jedem Konzert eine Sauerstoffflasche brauche.«

Nach der Show war Brian oft genug speiübel vor Anstrengung. Die Mütze, sein Markenzeichen, wurde dabei genauso in Mitleidenschaft gezogen wie sein Magen. Brian konnte nichts dagegen tun: Sobald die Musik begann, musste sein Kopf mitnicken, und die Mütze fiel herunter.

Die Tage des Jüngsten Gerichts rückten näher: Ende Juli wurde *Back In Black* in den USA und in Großbritannien veröffentlicht. Das Album war eine Offenbarung.

Es wirkte laut, selbst wenn es leise abgespielt wurde. Drehte man auf, klang es erst recht großartig. Die Gitarren von Malcolm und Angus schienen in den Boxen zu explodieren. Die Rhythmusarbeit von Phil Rudd und Cliff Williams nahm einem die Luft. Und dann diese Stimme! Brian hörte sich an, als wäre er jahrzehntelang lebendig begraben gewesen und hätte sich gerade erst befreit.

In ganz neuer Gestalt erhoben sich AC/DC aus der Asche von Verzweiflung und Tragödie. Noch Jahre später nahmen Studios in Nashville, der Country-Hochburg der Welt, *Back In Black* als Maßstab, um die Akustik eines Raumes zu beurteilen. Und Motörhead benutzten das Album, um ihre monströse PA einzupegeln.

Das Album ist aber auch deshalb ein Meilenstein, weil es aus der Not eine Tugend gemacht hat: Auf ihm wird Trauer in eine enorm kraftvolle Respektsbekundung für Bon umgewandelt. Davon zeugen besonders die Songs »Hell's Bells« und »Back In Black«.

Die schlichte, ernste Covergestaltung sagte mehr aus, als jede Widmung es vermocht hätte. Außerdem hatte man es hier mit AC/DC zu tun – Herzen und Blumen hätten nicht gepasst.

»Wir beschlossen, unsere Hochachtung gegenüber Bon damit zu signalisieren, dass wir das Album *Back In Black* nennen«, erzählte Angus Steve Gett vom *Melody Maker*. »So ist das ganze Album ihm gewidmet, nicht nur eine kleine Zeile auf der Rückseite des Covers.«

Manche Leute waren der Meinung, dass ein Song wie »Have A Drink On Me« von schlechtem Geschmack zeuge, wenn man die Umstände von Bons Tod bedenke. Dabei machte die Band doch lediglich in der Richtung weiter, die Bon textlich vorgegeben hatte.

Nachdem das Album veröffentlicht worden war, begegnete Brian ein paar Freunden aus Newcastle, die sich überrascht zeigten, wie hoch er singe – zu hoch, fanden sie. Sie meinten, Brian passe eigentlich gar nicht zu AC/DC. Der Sänger dachte darüber nach und war einige Tage deprimiert. Vielleicht hatte er einen Fehler gemacht. Aber am 9. August erkannte Brian, dass er es besser wusste: Zwei Wochen lang stand *Back In Black* auf Platz 1 der UK-Charts.

Es war früh am Morgen in Norfolk, Virginia, als die Band die Nachricht erhielt. Zwar war Amerika der Markt, den sie knacken wollten, aber England einzunehmen war für sie immer noch etwas Besonderes. Zur Feier des Tages kaufte die Roadcrew so viel Alkohol wie nur möglich. Dann setzten sie sich an den Strand und grölten den verwunderten Einheimischen entgegen: »We're number one!« Sie waren glücklich, eine so schwierige Zeit erhobenen Hauptes überstanden zu haben.

Malcolm: »Auf *Back In Black* sind wir auch deshalb so stolz, weil wir, um ehrlich zu sein, dachten, alles sei vorbei. Angus und ich hatten zwei Wochen an Ideen für das Album gearbeitet, aber nach Bons Tod dachten wir: Das war's. Ich konnte mir einfach nicht vorstellen, dass David Coverdale bei uns singt, weißt du? Und kein Sänger da draußen schien gut genug für uns zu sein. Wir waren alle ziemlich geschockt.

Wir hingen in der Luft. Das hört man auch an den Songs, die wir für die Platte schrieben. Wir dachten dabei immer, dass Bon irgendwie bei uns sei. Er hatte großen Anteil an dem, was wir taten. Ein Großteil unserer Energie war von Bon ausgegangen. Deswegen ist es ein besonderes Album.«

Brian war begeistert, aber noch glücklicher machte es ihn, dass er nun auch offiziell Teil der Band geworden war.

»Als ich bei ihnen einstieg«, sagte er Katherine Turman in *Village Voice*, »haben die Jungs gesagt: ›Pass auf, wir zahlen dir ein halbes Jahr ein Gehalt, und wenn es dann mit uns nicht klappt, dann hat niemand einen Schaden davon.‹ Als *Back In Black* dann auf Platz 1 schoss, kam ihr Manager und sagte: ›Jetzt müssen wir wohl mal reden.‹ Bis dahin hatte ich keinen Vertrag. Ich bekam nur mein Geld.«

Nummer 1 in Großbritannien zu sein war nur ein Teil des Erfolgs. *Back In Black* führte dazu, dass AC/DC die erste Band seit den Beatles wurde, die gleichzeitig vier Alben in den britischen Top 100 hatte: *Highway To Hell*, *If You Want Blood* und *Let There*

Be Rock konnten sich durch den Erfolg von *Back In Black* ebenfalls wieder platzieren.

Aber auch in Amerika ging es für AC/DC ab. Am 16. August erwirkte die Band per Gerichtsbeschluss, dass sie im Cincinnati Riverfront Coliseum auftreten durfte. Die Stadtväter hatten versucht, die Show mit dem Argument zu unterbinden, dass sich zu viele Menschen im Bereich der Stadt aufhalten würden, da parallel ein Football-Auswahlspiel im nahe gelegenen Riverfront Stadium stattfinden sollte. Am folgenden Tag traten sie beim Toledo Speedway Jam 2 nach Sammy Hagar und Humble Pie auf, gefolgt von den Headlinern ZZ Top und – wie es auf Plakaten zu lesen war – 800 Fässern Bier. Es sollte danach zwanzig Jahre dauern, bis sie je wieder als Anheizer für eine andere Band auftreten sollten.

Am 22. August wurde die Single »You Shook Me All Night Long«, mit »Have A Drink On Me« auf der B-Seite, weltweit veröffentlicht. Am nächsten Tag stieg *Back In Black* in die amerikanischen *Billboard*-Charts ein. »You Shook Me All Night Long« sollte ihr erster Hit in den Top 40 der Staaten werden.

In Houston wurde Angus in einen kleinen Autounfall verwickelt und verletzte sich die Hand. Obwohl die Hand anschwoll wie ein Ballon, ging die Show in Houston mit ein paar schmerzlindernden Spritzen wie gewohnt über die Bühne. Genau genommen sogar zweimal, denn die Band hängte noch ein After-Show-Konzert im 1000 Besucher fassenden Agora Club dran – sehr zum Erstaunen des Clubbetreibers.

Als die Band in Palm Beach ankam, war Angus' Hand wieder verheilt. Was sehr nützlich war, denn er brauchte sie nicht nur zum Gitarrespielen: Er verpasste einem Fan, der ihn mit Bier vollgeschüttet hatte, einen Kinnhaken. Dabei hatte er es noch gut mit ihm gemeint. Denn hätte Angus ihm nicht eine eingeschenkt, hätte das wohl einer der Security-Fleischberge übernommen.

Bis September stiegen die Verkäufe von *Back In Black* weltweit drastisch. Die neue Popularität der Band sorgte dafür, dass auch der Backkatalog einigen Auftrieb erhielt.

Aber der Stress begann, sich langsam bemerkbar zu machen. Das konnte Ian Jeffery erkennen, als die Band nach Nebraska kam. Um vier Uhr morgens klingelte sein Telefon. Phil Rudd war dran.

»Er sagte: ›Kannst du mal auf mein Zimmer kommen? Es sind 'ne Menge Leute hier. Ich hätte gerne, dass du sie rauswirfst.‹ Man konnte im Hintergrund jede Menge Lärm hören.«

Als Jeffery auf die Etage kam, auf der Rudd sein Hotelzimmer hatte, stellte er aber verblüfft fest, dass Ruhe war.

»Er hatte die Tür offen stehen. Ich komme in sein Zimmer, aber es sind überhaupt keine Leute da. Plötzlich springt er hinter dem Vorhang hervor. Ich fragte: ›Ich dachte, hier wäre Party?‹ Seinen Ghettoblaster hatte er abgeschaltet, wahrscheinlich hatte der für den Lärm gesorgt. Er nahm ein Glas Wasser vom Nachttisch und sagte: ›Siehst du? Die haben noch nicht einmal ihr Wasser getrunken, bevor sie abgehauen sind!‹ Ich dachte: Heilige Scheiße, wo bin ich hier reingeraten?

Da ist mir aufgefallen, wie fertig er war. Wir haben uns hingesetzt und ein bisschen geredet. Ich sagte: ›Phil, hier ist überhaupt niemand.‹ Am Ende musste er es zugeben und fing an zu weinen. Dann sagte er: ›Erzähl bloß Malcolm nichts davon, um Himmels willen, erzähl Malcolm nichts.‹«

Manche Leute, denen AC/DC in Kalamazoo begegneten, hatten keine Ahnung, was sie durchmachten. Nach der Show verzog sich die Band in ihr Hotel und wollte noch einen Drink in der Bar nehmen, wo eine Jazzcombo spielte. AC/DC wurden aber nicht bedient. Ihr Outfit passte nicht zum Schlips-und-Anzug-Dresscode. Da brach die Hölle los.

Malcolm ist kein Typ, der viele Worte macht – er ließ Taten sprechen. Er ging auf die Musiker zu, krallte sich das Instrument eines Bandmitglieds und begann damit die Bühne zu zertrümmern. Grob übersetzt sollte das wohl heißen: Wir haben Durst. Wenig später kam die Polizei.

Parallel dazu häuften sich die Erfolge und Auszeichnungen. In Detroit, wo Malcolm noch vor wenigen Jahren Ärger mit dem Veranstalter wegen der Lautstärke bekommen hatte, wurden AC/DC – noch vor Bob Seger – zum populärsten Rockact gewählt. Das war damals in etwa so, als würde man in Seattle, der Heimatstadt der Gitarrenlegende Jimi Hendrix, dessen Platz einnehmen.

In den letzten Wochen der Tour begann die Band »The Jack« ins Programm aufzunehmen. Brian hatte aus Respekt vor Bon lange gezögert, ließ sich aber von den Reaktionen des Publikums schnell überzeugen. Die Zuschauer waren alles andere als verärgert darüber, was Brian mit dem Song anstellte.

In Rochester forderte der Sänger das Publikum auf: »Ich möchte, dass ihr jetzt mitsingt. Dies ist die Geschichte eines Jungen aus Rochester, dessen Pimmel an einem Tropf hing.«

Brian: »Ich fühle mich den Songs von Bon sehr nahe. Denn ich habe das Gleiche durchgemacht wie er, als ich eine Band gründete: im Bus pennen, das Ding mit dem Highway to Hell. Wann sind wir endlich da? Wo ist der Gig? Nicht bezahlt werden, morgens den Leuten die Milchflaschen klauen, damit man etwas in den Magen kriegt.

Seine persönlichen Erfahrungen sind natürlich sein eigenes Ding, aber ich kann jedes Wort nachvollziehen, das er singt. Er war ein großer Erzähler. Er konnte genau ausdrücken, was er denkt, und es in einem Song verarbeiten. Und ich sage dir, so was ist verdammt schwer.«

Bis sie das Nassau Coliseum auf Long Island in der letzten Woche der Amerikatour erreichten, hatte sich die Stimmung deutlich verschlechtert. Abgesandte von Atlantic Records kamen spät nachmittags, um der Band haufenweise Auszeichnungen für ihre Verkäufe zu überreichen. Nach der Show in New York sollte es eine Party geben.

Der Ärger begann, als Rudd zwei Stunden zu spät erschien. Malcolm war stinksauer, Jeffery musste dazwischengehen und ihn beruhigen. Runde zwei ließ nicht lange auf sich warten.

Ian Jeffery: »Leider lebte Phil weiter in seiner eigenen kleinen Welt, ohne dass einer davon wusste. Und dann konnte er den letzten

Song der Zugabe nicht mehr spielen und fiel von seinem Hocker. Wir mussten die Show beim zweiten Song der Zugabe abbrechen. Ich ging in die Garderobe, um nachzusehen, was los war, und als ich reinkam, ging Malcolm gerade auf ihn zu und haute ihm eine rein.«

Eine Woche später erreichte *Back In Black* in den Staaten Platinstatus – eine Million verkaufte Exemplare –, und bis Ende Oktober konnten *If You Want Blood* und *Let There Be Rock* Verkäufe von jeweils 500 000 Stück verbuchen. Die amerikanischen Radiosender hatten schließlich Massen von Anrufern nachgeben müssen, die AC/DC hören wollten. Als man sie auch noch regelmäßig im Radio hörte, löste das eine bis dato unerreichte Popularität aus. Das Ironische daran war, dass sich die Programmgestalter, die schon von Bons Gesang überhaupt nicht angetan waren, nun an Brians Stimme gewöhnen mussten, die oft eher wie ein Instrument klang denn wie ein der englischen Sprache mächtiges Sprachorgan.

Michael Browning: »Die Version von AC/DC mit Bon war für die amerikanische Psyche nicht so leicht verdaulich gewesen. AC/DC Teil zwei machte es auch nicht einfacher.«

Selbst einstige Kritiker sahen sich nun gezwungen, ein paar Minuten mit der Band zu erhaschen. Der *Rolling Stone* war Brians Lieblingshassobjekt. Für ihn stand das Magazin für »seriöse« Kritik, die alles intellektualisierte und politisierte. Er hatte große Freude daran, dass das Blatt nun auch über AC/DC berichten musste, weil sie so erfolgreich waren. Die Band bereitete dem Reporter des *Rolling Stone* einen freundlichen Empfang. Die Bandmitglieder mussten aber erstaunt feststellen, dass das Magazin den Reporter gewarnt hatte. Es könne nicht für seine Sicherheit garantieren.

Brians Gigs mit der Band in Großbritannien begannen am 19. Oktober: eine Tour mit 24 Konzerten, einschließlich dreier Shows im Hammersmith Odeon und dreier im Victoria Apollo, die alle bereits im Vorfeld ausverkauft waren. Seine Heimkehr nach Newcastle ins Mayfair wurde für den Sänger zum Triumph, obwohl das Konzert in der extremen Lautstärke unterzugehen drohte.

Die Höllenglocke blieb bei den Gigs in Newcastle, Bristol und Leicester zu Hause, weil sie zu schwer für die Bühnenkonstruktion der Veranstaltungsorte war. Erst beim nächsten Mal würde dieses Problem behoben sein. Denn AC/DC würden so schnell nicht von der Rocklandkarte verschwinden. Die weltweiten Verkäufe hatten gerade die Zehn-Millionen-Marke erreicht.

Am letzten Abend der UK-Tour hatte AC/DCs Roadcrew ein Geschenk für die Vorgruppe Starfighters vorbereitet, bei der Stevie Young, ein Neffe von Malcolm und Angus, spielte: Nach der Hälfte des Starfighters-Sets ließen sie eine winzige Glocke von der Decke herab, die schließlich über dem Kopf des Sängers baumelte.

Amerika und Großbritannien waren abgehakt, es wurde Zeit für Europa. Der erste Teil der Tour mit 24 Konzerten begann am 19. November. Nur Italien blieb außen vor. Dort schien die politische Situation zu unsicher; Entführungen hatten gerade Hochkonjunktur. Das war nicht der Ort, an dem sich eine berühmte Rockband sicher fühlen konnte.

Die Vorkommnisse bei ihrem Auftritt auf einem US-Armeestützpunkt in Deutschland einen Tag nach John Lennons Ermordung waren schon beunruhigend genug gewesen. Der Security-Chef der Band, Big John, ließ die Fans am Einlass von der örtlichen Polizei filzen. Das Ergebnis war besorgniserregend: Mehr als 20 Messer und eine Pistole wurden konfisziert.

Während die Band von Konzert zu Konzert flog, ließ es sich der Autonarr Rudd nicht nehmen, in seinem neuen Ferrari zu reisen. Der Wagen war nicht nur die erste sichtbare Ernte des Erfolgs von AC/DC, sondern auch ein Anzeichen, dass er sich in einer anderen Welt bewegte als der Rest der Band.

In Paris inspizierte die Band die Pathé-Marconi-Studios, wo sie ihr nächstes Album aufnehmen wollte. Passend zu ihrem Besuch lief im Dezember der Film *Let There Be Rock* in Frankreich an.

Noch im April hatten AC/DC den Soundmix des Films nicht für gut genug befunden und Tony Platt mit der Neubearbeitung beauftragt.

Tony Platt: »Sie hatten extra für mich einen Vorführtermin arrangiert, aber nicht an einem Schneidetisch, sondern in einem Kino. Dort saß ich im Dunkeln und habe versucht, mir Notizen zu machen. Weil es sich nicht arrangieren ließ, dass ich beim Mischen die Bilder zur Musik sah, musste ich aus der Erinnerung heraus arbeiten und mich auf meine Notizen verlassen, in denen ich mir aufgeschrieben hatte, wer zu welchem Zeitpunkt auf welcher Seite der Bühne stand.«

Der Film war mit Kasseneinnahmen von einer Million Dollar allein in Paris ein riesiger Erfolg. In ganz Frankreich sahen 300 000 Besucher den Konzertfilm – für einen Musikfilm eine bis dato nie gekannte Zahl. Die Produktionskosten lagen bei gerade mal 100 000 Dollar.

Im Januar begann der zweite Teil der Europatournee: 14 Konzerte, darunter die ersten Auftritte überhaupt in Spanien. Das Warten hatte sich für alle gelohnt. Zu einer Show kamen allein 28 000 Zuschauer. Es war keine Überraschung, dass *Back In Black* den ersten Platz der spanischen Charts erreichte.

Am letzten Abend der Europatour brachte die Band in der Bruthitze des Forest National in Brüssel einen Ehrengast auf die Bühne. Bei seiner Vorstellung erwähnte Brian, dass die Person unter anderem durch ihre Arbeit mit Led Zeppelin bekannt geworden war. Das jubelnde Publikum dachte wohl, dass sich nun Jimmy Page der Band anschließen würde. Aber es war Phil Carson, der Vorsitzende von Atlantic Records UK, der AC/DC den ersten Plattenvertrag verschafft hatte. Er übernahm für eine rüde Version von Little Richards »Lucille« den Bass.

Die Verkaufszahlen von *Back In Black* lagen allein in Amerika inzwischen bei drei Millionen. Brian bekam seinen ersten Tantiemenscheck in Höhe von 30 000 Pfund. Der Sänger hatte eine Hypothek abzuzahlen und ständig Ärger mit der Bausparkasse, die ihm den Kredit gewährt hatte. Nun freute er sich darauf, ihnen einen Besuch abzustatten.

»Der Typ bei der Bausparkasse war ein Vollidiot«, erzählte er im Interview mit VH1 im März 2003, »er saß mir immer im Nacken. Ich werde nie vergessen, wie ich mit dem ganzen Geld in bar in sein Büro kam, es auf den Tisch warf und sagte: ›Ruf mich nie wieder an, du Stück Scheiße!‹«

Danach stand Brian die letzte und größte Hürde bevor: eine Tour in Australien, dem Heimatland der Band, wo Bon so etwas wie ein Nationalheld war. *Back In Black* war dort am 11. August veröffentlicht worden und verkaufte sich containerweise. Brian hätte sich keine Sorgen machen müssen.

Die Tour mit fünf Konzerten zwischen dem 13. und 28. Februar 1981, mitten im glühend heißen Sommer, brachte die Band zum ersten Mal nach vier Jahren wieder nach Australien zurück und wurde ein überwältigender Erfolg. Bei den Bühnenaufbauten und der Beschallung hatte sich einiges getan seit den Gigs im Bondi Lifesaver im Juli 1977.

Die Shows wurden von The Angels und Swanee eröffnet, der Band von John Swan, der während der Tour zu einem guten Freund von Brian geworden war.

John Swan: »Es gab einen guten Grund dafür, denn ich stand auch Bon sehr nahe. Ich weiß nicht mehr, ob Angus oder Malcolm zu mir kam, und sagte: ›Tu uns den Gefallen, sprich mal mit Brian, du siehst doch, dass er schüchtern ist. Er ist in Australien, auf Bons Terrain. Er kennt hier keinen.‹ Also ging ich hin und fragte: ›Willst du was trinken?‹ Klar wollte er. ›Du spielst nicht zufällig Dart, oder?‹ Er sagte: ›Doch.‹ Wir haben die Scheibe aufgehängt und ein paar Spiele gemacht.«

»Wir wurden sofort gute Freunde, als ob wir unser ganzes Leben schon Brüder gewesen wären. Als ich zum ersten Mal den Alkoholentzug machte und AC/DC wieder in Australien spielten, rief Brian stets an und sagte, ich solle zum Abendessen kommen. Ich bin nicht ans Telefon gegangen. Ich wollte nicht zum Essen, denn ich hatte Angst, nichts trinken zu dürfen. Ohne Alkohol habe ich mir nichts mehr zugetraut: Ich konnte nicht vor die Tür gehen, nicht ans Telefon, noch nicht mal mit meinen Kumpels reden.

Brian ließ nicht locker. Er hat tagsüber angerufen, um zu sehen, wie es mir geht: ›Hey Alter, wie geht's dir? Kommst du klar, Junge?‹ Ich besuchte ihn im Regent Hotel, wo er mit seiner Frau wohnte. Er war ein Schatz, hat das Essen für uns bestellt und den Ober Tee bringen lassen. Und dabei trank er nie einen Schluck Alkohol und sie auch nicht. Die beiden sind die liebenswertesten Menschen, die man sich vorstellen kann.«

Die Tour begann in Perth – Brians erste Show in Australien, und dann ausgerechnet in der Heimatstadt von Bon Scott. Es war eine sehr emotionale Angelegenheit, gerade weil die Show nur eine Woche vor dem Tag stattfand, an dem sich Bons Tod zum ersten Mal jährte. Brian traf Bons Mutter – sein Vater kam nicht zum Konzert – und widmete ihr »High Voltage«. Ihre guten Wünsche bedeuteten Brian sehr viel.

Die Band hatte ihr feines Gespür für soziale Ungerechtigkeiten nicht verloren. Wenn sie nicht auf der Bühne oder unter ihren Fans waren, sah man sie immer noch als Bürger zweiter Klasse an. Das zeigte sich erneut, als ihnen der Einlass in die Bar des Hotels verwehrt wurde, in dem sie schliefen. Angus war stinksauer. Zum ersten Mal verdienten AC/DC Geld: Sie hätten locker die Bar, wenn nicht sogar das ganze Hotel, kaufen können.

Auch das enorme Gewicht der »Hell's Bell« warf immer wieder logistische Probleme auf.

Phil Eastick: »Ich muss schon sagen, die Glocke hat uns unglaublich genervt. Sie musste an einem Kranausleger über die Bühne gehängt werden, durch ein Loch im Dach des Veranstaltungsortes, weil es kein Gebälk gab, das dieses Gewicht tragen konnte. Am Ende mussten wir die Glocke auf fünf Zentimeter dicken, verzinkten Rohren über die Bühne rollen, weil sie sich nicht anheben ließ.«

In Adelaide, wo Bon vor gerade mal sechseinhalb Jahren auf die Band getroffen war, gab es Lärmbeschwerden in einem Umkreis von 15 Kilometern. Als hätte die Band mit ihrer Lautstärke noch mal an das denkwürdige Aufeinandertreffen mit Bon erinnern wollen.

Phil Eastick: »Es war die Zeit der Marshall-Türme, wo AC/DC 18 Meter breite Boxenwände aufgebaut hatten, in denen gar keine Lautsprecher waren. Der größte Teil des Aufbaus bestand aus Attrappen und einem unglaublich lauten Monitorsystem.

Ich lebte lange in den Staaten und leitete in San Francisco eine Konzertagentur. Einer meiner letzten Jobs war eine Tour mit Van Halen. Ich war bei der Produktionsbesprechung und fragte, was sie für eine Anlage haben wollten. Sie sagten: ›Wir wollen doppelt so viel wie AC/DC haben.‹ Da musste ich ihnen sagen, dass das nicht ginge: ›An den meisten Orten, an denen ihr spielt, wird das unmöglich sein. Es gibt gar nicht den Platz, um noch mehr aufzufahren als AC/DC. Ihr könnt mit ihnen mithalten, aber ihr könnt sie nicht überbieten.‹«

Der Auftritt in den Showgrounds von Sydney, wo Malcolm und Angus neun Jahre zuvor Led Zeppelin gesehen hatten, musste zweimal wegen Regen verschoben werden. Diese Entscheidung fiel der Band nicht leicht. Schließlich fand der Gig am 23. Februar vor 30 000 Fans statt.

John Swan: »Der erste Gig fiel ins Wasser, also haben wir die ganze Zeit herumgehangen, Darts gespielt und getrunken. Dann ging es zurück zum Hotel, wo wir weitergetrunken und -gefeiert haben. Brian hat mir noch um Mitternacht einen Zahnarzt besorgt. Er ist eine Seele von Mensch. Deswegen glaube ich auch, dass er der perfekte Ersatz für Bon ist. Er hat so gar nichts mit ihm gemein.«

Vorher hieß es, die Show solle die letzte an diesem Veranstaltungsort sein, weil zu viele Anwohner sich über Lärmbelästigung beschwert und sich dafür eingesetzt hätten, dass es Auftrittsverbote für Hardrockbands gab. Als AC/DC davon Wind bekamen, hatten sie, auch ohne es vorher geprobt zu haben, die richtige Antwort parat: »Rock And Roll Ain't Noise Pollution«.

AC/DCs Lautstärke führte diese Behauptung allerdings ad absurdum. Berichten zufolge sollen in dieser Nacht 130 Dezibel gemessen worden sein, was 30 Prozent über der zugelassenen Höchstgrenze lag. Beschwerden trudelten von überall her ein.

Wie hatte schon das amerikanische Rockmagazin *Creem* so treffend formuliert: »AC/DC ist eine Band für jedermann, auch für die Tauben.«

Was war nicht alles in den Medien zu lesen: Berichte von Schlägereien, sieben ausgebrannten Autos, zehn Fans, die ins Krankenhaus eingeliefert werden mussten, und – beinahe unglaublich – es sollte auch ein Mann im Publikum gewesen sein, der mit einer Injektionsspritze in der Hand Amok lief.

Nach der Show bekam die Band in einem Zelt hinter der Bühne von Ted Albert 27 Goldene Schallplatten und acht Platinauszeichnungen verliehen. Unter den Gästen befanden sich George Young und Harry Vanda, aber auch Freunde wie Lobby Loyde, Angry Anderson und Peter Wells. Angus blieb nicht bis zur Verleihung. Er war völlig ausgelaugt und legte sich – nachdem er wie nach jeder Show eimerweise Tee in sich reingeschüttet hatte – ins Bett.

Die unglaublich wichtige Show in der Stadt, die als »AC/DC City« angesehen wurde, war so gewesen, wie jeder sie sich vorgestellt hatte. Aber die Band musste ihr Tribut zollen.

»Angus ist völlig am Ende«, erklärte Brian Kent Goddard im *RAM* am 3. April. »Da hat sich viel angestaut. Seine Anspannung, bevor wir auf die Bühne gingen, war unglaublich.«

Die Polizei von Victoria wollte die zweite Show untersagen, nachdem sie bei der ersten mit 20 Fahrzeugen im Einsatz war und es 30 Verhaftungen gab. Auch die Angestellten der Eisenbahn liefen Sturm, nachdem es unter alkoholisierten Fans auf dem Heimweg Schlägereien in den Zügen gegeben hatte. Zeitungsschlagzeilen vom »Rock Riot« trugen zusätzlich dazu bei, die Konzerte in ein schlechtes Licht zu rücken. Und auch nach dem zweiten Konzert gab es wieder Ärger.

Durch die Tour stiegen die Verkäufe von *Back In Black* stetig an. Das Album schaffte es bis auf Platz 2 und hielt sich mit 300 000 verkauften Exemplaren sechs Monate lang in den Charts. Trotz des Erfolgs war nicht zu übersehen, dass die Medien, die jetzt mit AC/DC sprechen wollten, dieselben waren, die ein paar Jahren zuvor die Band noch in der Luft zerrissen hatten.

Derweil trafen Erfolgsmeldungen aus dem Rest der Welt ein: *Back In Black* wurde von *Creem* zum zweitbesten Album des Jahres 1980 gewählt. Diesem Urteil schlossen sich die Leser des *Musik Express* in Deutschland an.

Die Anerkennung und die Verkaufszahlen, die dem Album zuteil wurde, bewogen Atlantic, in Amerika auf die Veröffentlichung des ursprünglich abgelehnten *Dirty Deeds*-Albums zu drängen. Dieser Plan bestand schon seit März 1980, doch die Band hatte sich bislang dagegen ausgesprochen. Dieses Mal gaben AC/DC unter der Bedingung nach, dass die Platte mit einem Aufkleber erschien, der erklärte, dass die Besetzung Young, Young, Scott, Evans, Rudd das Album eingespielt hatte. Außerdem sollte die Platte mit einem Preisnachlass von zehn Prozent verkauft werden.

Am 27. März 1981 erschien *Dirty Deeds* in Amerika, ein im Vergleich zum perfekten Sound von *Back In Black* rohes Album. Die Absatzzahlen von *Back In Black* lagen mittlerweile im Bereich von vier Millionen. *Dirty Deeds* erreichte Platz 4 der US-Charts und sollte sich bis zum Ende des Jahres zwei Millionen Mal verkaufen – eine beachtliche Leistung für ein Album, das sein Label fünf Jahre vorher noch als unverkäuflich abgelehnt hatte.

Phil Carson: »*Back In Black* verkaufte Millionen von Platten. Ich glaube, es gibt wenige Alben, die sich so schnell den Status einer Multi-Platin-Auszeichnung sichern konnte. Mittlerweile hatte Jerry Greenberg Atlantic verlassen, und Doug Morris war Vorsitzender geworden.

Eines Tages rief er an, es muss so Ende 1980 gewesen sein, und sagte: ›Hör zu, da gibt es eine Platte, die wir nie rausgebracht haben: *Dirty Deeds*.‹ Ich sagte: ›Ja, die wurde damals von der Atlantic-A&R-Abteilung abgelehnt.‹ Er sagte: ›Da ist aber ein Hit drauf.‹ Ich antwortete: ›Auf jeder AC/DC-Platte war bis jetzt mindestens ein Hit, Doug. Es ist eine gute Platte, aber das hat bislang auch niemanden interessiert.‹ Darauf er: ›Hast ja recht, aber wir sollten sie jetzt rausbringen.‹ Ich sagte: ›Du kannst doch nicht auf die AC/DC-Platte mit Brian Johnson eine in der Besetzung mit Bon Scott folgen lassen. Denk mal nach!‹ Und dann gab es einen Riesenstreit.

Ich sagte: ›Wenn du sie rausbringst, wird sie zwar zwei Millionen Platten verkaufen, aber die neun Millionen Käufer, die AC/DC durch *Back In Black* kennengelernt haben und nichts von Bon Scott wissen, werden glauben, es handele sich um die neue Platte, die Zukunft der Band. Und das ist es nicht! Er ist tot!‹

Ich habe ihm gesagt, dass ich Atlantic Records verlasse, wenn er das Album rausbringt. Irgendwie hat mich aber Atlantic-Oberboss Ahmet Ertegün überredet zu bleiben – was ich heute noch bereue. Ich wünschte, ich wäre damals gegangen und hätte mich mehr um die Geschäfte von AC/DC gekümmert. Denn das wollte die Band zur damaligen Zeit.«

Die verspätete Veröffentlichung von *Dirty Deeds* war nicht der einzige Punkt, an dem sie die eigene Vergangenheit einholte. Um seinen Vertrag mit Red Bus Records zu erfüllen, musste Brian noch ein fehlendes Soloalbum abliefern. Er wollte es in Sydney mit Malcolm als Produzenten aufnehmen. Aber so weit kam es nicht.

Red Bus, die sich an AC/DCs Erfolg in Europa gesundstoßen wollten, hatten ein Album mit alten Aufnahmen von Geordie unter dem Namen Brian Johnson & Geordie auf den Markt gebracht. Damit war Brians Vertrag vor dem Gesetz erfüllt, und er konnte auf das Soloalbum verzichten, auf das er sowieso nie große Lust gehabt hatte.

In der Zwischenzeit wurde die Band zum zweiten Mal in Folge von den Lesern des französischen Magazins *Best* zum populärsten Act des Jahres gewählt. In der Kategorie »Bester Sänger« belegte Bon den ersten Platz, Brian wurde Dritter. Die Auszeichnungen für die beste Band, den besten Musiker, das beste Livekonzert, das beste Album und den besten Film räumten sie ebenfalls ab.

Ein weiterer Höhepunkt stand bevor: AC/DC sollten als Headliner beim Festival Monsters Of Rock in Castle Donington ihren einzigen Großbritanniengig des Jahres 1981 spielen.

Das Festival in Donington war das wichtigste Festival der englischen Hardrock- und Heavy-Metal-Bewegung. Die Energie im AC/DC-Sound sorgte dafür, dass sie dort ganz oben platziert wurden, so ähnlich wie in den frühen Tagen die britischen Punks sie wegen ihrer Intensität und Einstellung für sich vereinnahmt hatten. Zu ihrem Missfallen sollte die Bezeichnung »Heavy Metal« die Band für den Rest ihrer Karriere begleiten.

Malcolm: »Bon nannte es nicht ›Schwermetall‹, er nannte es ›Alufolie‹. Heavy Metal, das waren für uns Nietengürtel, Leder und Make-up, Spandexhosen und gefärbte Strähnchen im Haar. Heavy Metal war immer Müll, Uriah Heep und so ein Zeug. Die Leute haben da was falsch verstanden, vielleicht sind sie von den falschen Musikern beeinflusst. Mit Feeling hat Heavy Metal jedenfalls nichts zu tun!«

Angus: »Mir kam das Metal-Ding immer vor wie Musik, in der es um Zahlen ging. Die konzentrieren sich so sehr auf ihre Technik, dass ihnen jede Form von Gefühl für die Musik abgeht. Gerade jetzt versuchen viele so schnell wie möglich zu spielen. Brian Johnson sagte mal, sie spielten, als ob sie ihren nächsten Zug noch erwischen müssten.«

Keith Richards sagte einmal, echten Heavy Metal gäbe es bei John Lee Hooker.

Malcolm: »Das stimmt. Hooker ist der Boogie-Man. Sein Fingerpicking ist reine Rockgitarre. Obwohl er nie für sein Gitarrenspiel gewürdigt wird, ist er doch ein wirklich fantastischer Rhythmusgitarrist!«

Das neue britische Magazin *Kerrang!* bestätigte allerdings den vermeintlichen Metal-Gehalt der Band, als es Angus auf dem Titelblatt der Debütausgabe im Juni veröffentlichte. Die Leser von *Sounds*, der Zeitschrift, die *Kerrang!* herausbrachte, wählten »Whole Lotta Rosie« zum größten Heavy-Metal-Song aller Zeiten. Black Sabbath und Led Zeppelin dürften sehr verwundert gewesen sein.

Harry Vanda war hingegen überhaupt nicht überrascht.

»Es ist eines dieser fließenden Rockriffs. Angus hat ein Händchen dafür. Wenn du dir ein Riff ausdenkst, schau besser vorher bei Angus nach. Wahrscheinlich hat er schon eins erfunden, das genauso klingt.«

Der Erfolg von *Back In Black* war phänomenal. In den USA hatten die Verkäufe bereits siebenmal die Platinmarke gesprengt, vierfaches Platin in Australien und Kanada geholt, Platin in Frankreich und Deutschland, Gold in Belgien, den Niederlanden, Spanien, der Schweiz und England und Silber in Portugal.

Niemand war darüber natürlich mehr erfreut und zugleich erleichtert als Brian.

»Ich hatte immer im Hinterkopf«, gestand er dem Magazin *Hit Parader* im August 1980, »dass ich schuld sei, wenn die Leute die Band nicht akzeptierten.«

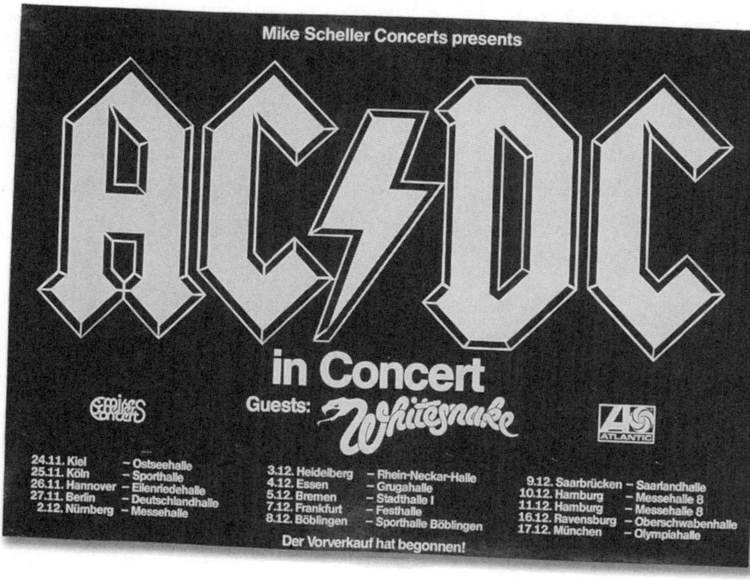
Mike Scheller Concerts presents
AC/DC
in Concert
Guests: Whitesnake
ATLANTIC
24.11. Kiel – Ostseehalle
25.11. Köln – Sporthalle
26.11. Hannover – Eilenriedehalle
27.11. Berlin – Deutschlandhalle
2.12. Nürnberg – Messehalle
3.12. Heidelberg – Rhein-Neckar-Halle
4.12. Essen – Grugahalle
5.12. Bremen – Stadthalle I
7.12. Frankfurt – Festhalle
8.12. Böblingen – Sporthalle Böblingen
9.12. Saarbrücken – Saarlandhalle
10.12. Hamburg – Messehalle 8
11.12. Hamburg – Messehalle 8
16.12. Ravensburg – Oberschwabenhalle
17.12. München – Olympiahalle
Der Vorverkauf hat begonnen!

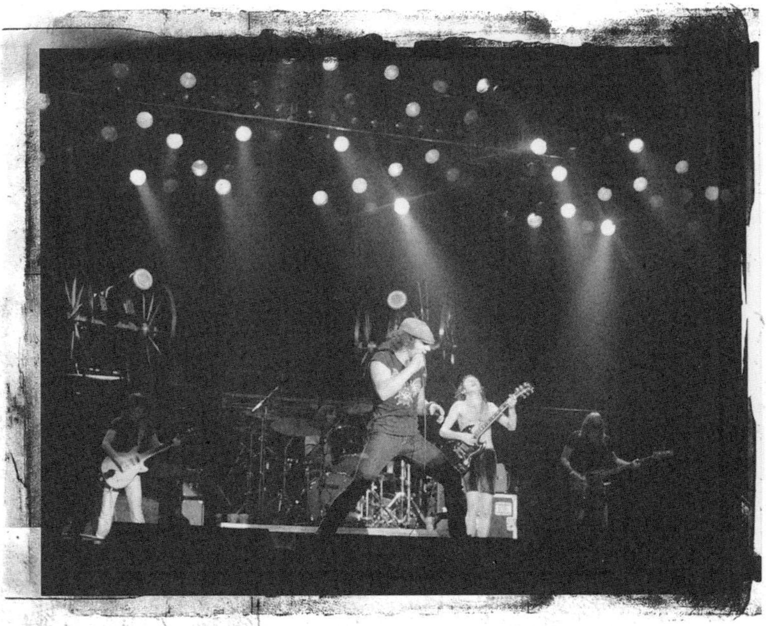

1982

Volle Kraft voraus! AC/DC im Forest National, Brüssel

20. Kapitel

FOR THOSE ABOUT TO ROCK

Phil Rudd antwortete zuerst nicht, als besorgte Freunde ihn fragten, wieso er mit dem plötzlichen Ruhm so schlecht zurechtkam. Stattdessen führte er sie auf die riesige leere Bühne des Festivalgeländes von Castle Donington Park in England. Als seine Begleiter die Menschenmenge erfasst hatten, alle 65 000 Fans, die auf die Band warteten, deutete er in Richtung Publikum und sagte schlicht: »Deswegen.«

Im August 1981 waren AC/DC Headliner beim zweiten Monsters Of Rock Festival in Castle Donington. Brian Johnson war nicht der Typ, der große Sprüche machte oder sich vor anderen aufspielte, aber insgeheim war er sicherlich stolz, und das nicht nur wegen der überwältigenden Kulisse. Außer AC/DC traten Whitesnake, Blue Öyster Cult, Blackfoot und Slade auf, ausgerechnet jene Glamrocker, in deren Schatten Geordie so lange gestanden hatten. Und Brian wäre der Erste gewesen, der ihnen Glück gewünscht und dafür gesorgt hätte, dass es ihnen an diesem großen Tag an nichts fehlte.

Der Regen prasselte wie schon am Tag zuvor unentwegt auf das Festivalgelände. AC/DC kamen über eine Stunde zu spät auf die Bühne. Doch damit nicht genug: Noch bevor die Band überhaupt die Bühne betrat, hatten große Teile der PA ihren Geist aufgegeben.

Ian Jeffery: »Ein komplettes Desaster! Und alles nur wegen der BBC. Die hatten ihre Übertragungswagen und alles da, aber es pisste wie aus Kübeln. Und dann haben die einfach eine der Elektrizitätsleitungen rausgezogen, ihr Zeug eingestöpselt und dabei die Basslautsprecher der Anlage durchgeblasen. Keiner hat davon gewusst. Es passierte gerade, bevor wir auf die Bühne mussten – es war nichts mehr zu machen. Also haben wir die ganze Show über das gespielt, was von den Mittel- und Hochtönern übrig geblieben war – es gab keinen scheiß Bass mehr! Wir sind bis ans andere Ende des Geländes gefahren. Von dort hat es sich angehört, als ob jemand auf 'nem Kamm mit 'nem Stück Klopapier drüber bläst.«

Der Sound mag bestenfalls mittelmäßig gewesen sein, aber das war der Auftritt der Band auch – und das wussten AC/DC. Es war ihr erster Auftritt seit sechs Monaten. Die Zeit dazwischen hatten sie mit dem Schreiben neuer Songs verbracht. Sie spielten dasselbe Set, das die Zuschauer auch auf der *Back In Black*-Tour gehört hatten. Es gab einfach noch keine fertigen neuen Songs. Es stellte sich heraus, dass sie das Festival auf ganzer Linie unterschätzt hatten.

Aber egal, ob Scheißsound, Regen oder ein nicht sonderlich überzeugender Auftritt – in Donington zu spielen war ein großes Ding. Es war der Höhepunkt nach Jahren harter Arbeit und des Verlusts von Bon. Ian Jeffery, der als Tourmanager alles mit der Band durchgemacht hatte, brach in Tränen aus.

Doch von diesen Ereignissen abgesehen, war das eigentliche Problem, dass der Auftritt in Donington die Band davon ablenkte, ihr neues Album in Paris aufzunehmen. Die Vorbereitungen zu der Platte, die unter dem Titel *For Those About To Rock We Salute You* erscheinen sollte, gestalteten sich auch ohne besondere Störungen schwierig genug.

Malcolm und Angus hatten im Mai begonnen, das neue Material zu schreiben und einzuüben. Die Suche nach dem passenden Studio aber entpuppte sich als Albtraum. Anfang Juni hatte die Band mit Produzent Mutt Lange begonnen, in den EMI-Pathé-Marconi-

Studios zu arbeiten, war aber unzufrieden mit dem Sound und verließ die Aufnahmeräume nach zwei Wochen wieder.

Dann kontaktierten sie Jean-Louis Rizet von Studio Ramses, der bereits am Soundtrack zu *Let There Be Rock* gearbeitet hatte, aber sein Studio war ausgebucht. Schließlich entschied sich die Band dafür, die Basistracks in einem alten Lagerhaus in einem Außenbezirk von Paris aufzunehmen und den Gesang später anderswo hinzuzufügen.

Der ganze Stress erhöhte nochmals den Druck, unter dem AC/DC allein schon deshalb standen, weil sie ein Album machen mussten, das *Back In Black* das Wasser reichen konnte. Das größte Problem dabei war, dass die Band nun nicht mehr ihre Kraft aus dem Vermächtnis von Bon ziehen konnte. Zwar hatte der Tod des Sängers innerhalb der Band zu einer Rückbesinnung geführt und den inneren Zusammenhalt gestärkt. Der enorme Erfolg, der darauf gefolgt war, hatte die Messlatte jedoch noch ein gewaltiges Stück höher gehängt. Jetzt endlich einmal die Früchte ihrer Arbeit zu genießen, daran war nicht zu denken.

AC/DC hatten ihren ersten Gipfel erklommen, aber jetzt galt es nicht etwa, die Stellung zu halten, sondern sich die nächste, ebenso große Herausforderung zu suchen, und dafür blieb nicht gerade viel Zeit.

Manche gingen auf ihre eigene Art mit dem Erfolgsdruck und den Erwartungen der Plattenfirmen um.

Ian Jeffery: »Phil hat sich Ferraris für 90 Mille gekauft und ist damit mit 240 Sachen über die Champs-Elysées geheizt.«

Die gesamte Band lebte in Appartements in Paris, die ihnen nicht gefielen. Es war nicht gerade eine optimale Arbeitsumgebung.

Während der Aufnahmesessions sah die Band die Fernsehübertragung der Hochzeit von Lady Diana Spencer mit Prinz Charles. Als die Kanonen zum königlichen Salut donnerten, bekamen sämtliche Anwesenden im Studio eine Gänsehaut. Malcolm erinnerte das unwillkürlich an die alten Geschütze auf der Farm in England, wo sie kurz nach ihrer Ankunft 1976 geprobt hatten.

Bis September war *For Those About To Rock* endlich im Kasten, aber niemand war mit dem Ergebnis wirklich zufrieden. Die Band hatte das Gefühl, dass die Kontinuität verloren gegangen war, weil der Prozess einfach zu lange gedauert hatte.

»Als die Platte fertig war«, sagte Malcolm Mark Blake von *Metal CD*, »konnte niemand mehr sagen, ob sie sich wirklich gut anhörte, weder die Band noch der Produzent. Allen hing das Album zum Hals raus.«

Zu dieser Zeit trennte sich die Band von Manager Peter Mensch, blieb aber bei Leber-Krebs unter Vertrag.

Let There Be Rock lief nun in ausgewählten Kinos in den Vereinigten Staaten an. Der spätere Nirvana-Drummer Dave Grohl machte dort eine Erfahrung, die sein Leben veränderte.

»Als ich in der fünften Klasse war, ungefähr zehn Jahre alt, gingen mein bester Freund und ich in den Film. Ich war vorher noch nie bei einem Rockkonzert gewesen oder hatte einen Musikfilm gesehen. Aber dieser verdammte Film veränderte mein Leben, Mann. Die hatten dort in dem Kino eine PA, die so groß war wie die in einem großen Club. Es war das erste Mal, dass ich Lust hatte aufzustehen, Luftgitarre zu spielen, meinen Lehrer umzubringen und die Stühle im Kino zu Klump zu hauen. Ein völliger Adrenalinschub. Es war so laut im Kino, dass ich nicht mal verstehen konnte, was die Bandmitglieder in den Interviews erzählten.«

Die Stones boten AC/DC eine Million Dollar, um sie zumindest einmal für das Vorprogramm ihrer riesigen Stadionkonzerte auf der Nordamerikatour von 1981 zu verpflichten. Aber die Band hatte aus Fehlern der Vergangenheit – etwa, Monate nachdem die *Back In Black*-Tour zu Ende war, in Donington zu spielen, statt sich auf das nächste Album zu konzentrieren – gelernt. So verlockend das Angebot ihrer Helden auch war – sie wollten sich an ihren eigenen Zeitplan halten.

Vor allen Dingen Malcolm hatte überhaupt keine Lust, dass AC/DC noch für jemand anderen den Anheizer spielten.

Nach fünf Probetagen im Palladium, dem Ort ihres New-York-Debüts im Jahre 1977, stand im November der erste Teil einer Tour durch die USA und Kanada im Mittelpunkt. Die Band war zum ersten Mal Headliner bei allen Arenashows in Nordamerika.

Der Erfolg von *Back In Black* ließ auch die Bühnenaufbauten ins Gigantische wachsen. Zur »Hell's Bell«, dem visuellen Mittelpunkt der *Back In Black*-Tour, gesellten sich nun zwölf nachgebildete Kanonen auf jeder Seite der Bühne, die im Song »For Those About To Rock« donnernde Akzente setzten.

Was Malcolm betraf, hatte das weniger mit dem Showeffekt als vielmehr mit dem Sound zu tun. Die Glocke hatte wegen Bons tragischem Tod geläutet, jetzt diente sie immer noch als Erinnerung an die Schwierigkeiten bei der Entstehung von *Back In Black*.

Malcolm liebte den Klang der Glocke, wenn Brian bei jedem Gig richtig draufhaute. Mit den Kanonen ging es ihm genauso.

»Mir sind die Kanonen oder die Flammen, die da rauskommen, vollkommen egal«, erklärte er Dave Lewis in der *Sounds*. »Ich will einfach nur den Knall hören. Dann werden die Dinger nämlich zum Instrument.«

Schon in einem frühen Stadium der Tour zeigte sich, dass das Interesse an der Band seit *Back In Black* nicht nachgelassen hatte. Ganz im Gegenteil: Der erste Beweis waren im November die drei ausverkauften Konzerte im Rosemont Horizon in Chicago, die von insgesamt 52 800 Zuschauern besucht wurden. Am nächsten Tag machte die legendäre Rolling-Stones-Tour mit Muddy Waters in Chicagos Checkerboard Lounge Station, doch AC/DC waren schon in Minneapolis. Malcolm und Angus hätten einiges dafür gegeben, wenn sie in Chicago hätten bleiben können.

Die Rolling Stones folgten den Spuren von AC/DC und traten ebenfalls im Rosemont auf. Es zeugt vom Status, den AC/DC zu jener Zeit hatten, dass auch die Stones ihre Zuschauerzahlen nicht übertreffen konnten.

Zu dieser Zeit wurde auch das Album *For Those About To Rock We Salute You* mit der extra gewählten Katalognummer 11111 in den USA veröffentlicht, in Europa erschien es etwas später. Die stockende Anfangssequenz des Titeltracks war ein Verweis auf jene Zeiten, als Malcolm noch mit The Velvet Underground die Synthesizer-Passage von »Won't Get Fooled Again« von The Who gespielt hatte.

Obwohl die grobe Ideenskizze für das Cover von Angus stammte, lag einmal mehr Bons Präsenz über dem Album – auch wenn sich dieses Mal eine Seite von ihm zeigte, von der die wenigsten wussten. Da ihm bekannt war, dass Angus sich für Geschichte interessierte, hatte Bon ihm ein Buch mit dem Titel *Those About To Die Salute You* (Die Todgeweihten grüßen euch) geschenkt, das sich mit den blutigen Gladiatorenkämpfen im alten Rom beschäftigte. Angus verschlang das Buch und merkte sich den Titel – wie so viele Dinge, die er für wichtig hielt.

Inzwischen machte sich der Zuschauerzuwachs seit der *Back In Black*-Tour bemerkbar. Als die Band das letzte Mal in Indianapolis auftrat, zog sie ungefähr 4000 Leute an. Bei der nächsten Tour, als Brian die Texte der neuen Platte noch auswendig lernen musste, waren es schon 17 000.

Aber Zuschauerzahlen waren nicht das Problem.

Noch niemand hatte zuvor eiserne Kanonen mit auf Tour genommen, geschweige denn, sie abgefeuert.

In Hartford erhielt die Crew, kurz bevor sie bei der Zugabe in Aktion treten sollte, die Ansage, dass die Polizei sie festnehmen würde, sollten die Kanonen abgefeuert werden.

Malcolm instruierte die Crew, die Kanonen trotzdem abzufeuern – er konnte ja nicht wissen, dass die Polizei sie zusammen mit Ian Jeffery schon vorsorglich in Handschellen gelegt hatte.

Die Artillerie blieb stumm. Es ist allerdings unwahrscheinlich, dass Malcolm ebenso ruhig blieb.

Etwa zur gleichen Zeit begann die Moral Majority, die Shows der Band mit der Behauptung zu belagern, ihre Musik würde die Jugend verderben. In Cleveland gab es Ärger, als sich Fans der Absperrung der Tugendwächter widersetzten.

Die Ironie daran war, dass die Band, deren einzige Laster die zahllosen Zigaretten, ein paar Drinks und der Tee waren, den Angus nach einem Gig eimerweise soff, viel empörter über die Aktivisten war als diese über die Band.

Am 2. Dezember, dem Tag der historischen ersten Headliner-Show von AC/DC im Madison Square Garden in New York, wurde all dies zur Nebensache. Unglücklicherweise wurde ihnen kein roter Teppich ausgerollt: Die Ordner erkannten Brian nicht, hielten ihn für einen Fan, der sich einschleichen wollte – und warfen ihn raus.

Malcolm selbst war es auch schon einmal so ergangen, aber selbst wenn das der Preis dafür war, nicht wie ein Rockstar auszusehen oder sich so aufzuführen, wurden diese Missverständnisse nicht so leicht vergeben und vergessen.

Diese Situation bewirkte die Entscheidung, sich in Zukunft zu den Gigs in Limousinen mit Personenschutz vorfahren zu lassen. Als ob die Probleme mit den Kanonen, der Moral Majority und den übereifrigen Ordnern nicht schon ausgereicht hätten, klagte auch noch ein Ehepaar aus Chicago auf 250 000 Dollar Schadensersatz, weil es unter ihrer Telefonnummer 36-24-36 – der sagenumwobenen Nummer aus »Dirty Deeds Done Dirt Cheap« – obszöne Anrufe erhalten habe.

Die Band fand ihre Zuflucht im Backstagebereich. Nicht, dass sie sich von den Fans abschotten wollte, aber hier konnte sie sich entspannen und in einem nachgebauten Pub Darts spielen, den sie in Anlehnung an die Spitze des männlichen Geschlechtsteils Bell End Club getauft hatte. Das Spiel wurde zu einem wesentlichen Wirtschaftsfaktor der Tournee.

»Bei zehn Dollar, die jeder Teilnehmer bezahlen musste«, erzählte Brian Tommy Vance in einem Radiointerview der BBC, »kommt da eine Summe von umgerechnet 200 Pfund zusammen. Der Gewinner bekam 200 Pfund ... Ich meine, der Gig ist schon wichtig, aber, bei Gott, doch nicht so wichtig wie Darts.«

Anfang Dezember kam *For Those About To Rock* in Australien auf den Markt, zwei Wochen später konnte sich das Album auf

Platz 2 der *US-Billboard*-Charts platzieren, wo es sich drei Wochen behauptete und mit Doppelplatin ausgezeichnet wurde. In Großbritannien stieg es bis auf Platz 3. Eine durchaus berechtigte Platzierung, denn schließlich fiel es musikalisch äußerst kraftvoll aus und konnte erneut mit hervorragendem Sound aufwarten. Aber es blieb eben doch stets im Schatten seines tintenschwarzen Vorgängers.

Der heiße, verschwitzte und sehr, sehr laute Rahmen für die Videos war meilenweit von dem früheren Vorschlag entfernt, einen opulenten Clip für den Titelsong des Albums mit Gladiatoren in der Kulisse eines römischen Kolosseums zu drehen. Die Band hatte sich schlappgelacht über diese Idee. AC/DC spielten riesige Shows auf den Bühnen riesiger Arenen, aber Malcolm war immer noch darauf aus, die Essenz ihrer Musik auf einem so intimen und clubähnlichen Level wie möglich zu halten – was im alten Rom aber schwer gewesen wäre.

In der *Sounds* erzählte er Dave Lewis: »Ich wollte zurückgehen ins Red Cow oder ins Marquee und nur mit acht Scheinwerfern und zwei Lautsprechertürmen auftreten.«

Sehr wahrscheinlich war es allerdings nicht, dass die Band diesen Weg noch einmal gehen würde.

Noch vor Ende des Monats Dezember wurde *For Those About To Rock* in Frankreich mit Platin ausgezeichnet; das Album hatte sich in den zwei Wochen seit seinem Erscheinen 400 000 Mal verkauft.

Im Januar 1982 wurden AC/DC als beste Rockband für die American Music Awards nominiert, mussten aber enttäuscht feststellen, dass die Definition »Rock« dort sehr weit gefasst war: Der Preis ging an die lieblichen australischen Softrocker von Air Supply. Der erste Platz in der jährlichen Leserumfrage des Magazins *Hit Parader* tröstete ein wenig über den Misserfolg hinweg.

Inzwischen hatte bereits der zweite Teil der US-Tour begonnen, inklusive vier Shows im Seattle Coliseum, zwei im L. A. Forum und drei im Cow Palace in San Francisco.

AC/DCs bislang größte Tour wurde immer größer. Drei Tage nach Tourstart bekam *For Those About To Rock* mit einer Million verkaufter Platten Platin verliehen.

Im Februar verbrachten Brian und Malcolm einen Abend mit John Belushi. Ein paar Wochen später war der Comedian und Star aus *Blues Brothers* tot. Der Vorfall wühlte jede Menge Erinnerungen auf, aber der AC/DC-Tross rollte weiter auf seinem Weg.

Im selben Monat räumten sie beim Leserpoll von *Kerrang!* die Auszeichnung als beste Band und zweite Plätze bei den besten Alben und besten Gitarristen ab. Obwohl die britischen Fans nach wie vor hinter der Band standen – auch wenn *Sounds* ihre Besprechung von *For Those About To Rock* mit einem Foto illustrierte, das Brian zeigte, wie er sich die Seele aus dem Leib schrie, und dazu titelte: »For Those About To Yawn« (Für die, die gleich gähnen müssen) –, musste Brian bald ein paar unangenehme Entscheidungen über seine Zukunft auf der Insel treffen.

Mit Geordie hatte er schwer kämpfen müssen, um seinen Lebensunterhalt zu bestreiten. Mit AC/DC erlebte er jetzt gigantische Erfolge. Das bedeutete, dass er nun in einer wesentlich höheren Steuerklasse eingestuft war. Der britische Höchststeuersatz nahm ihm pro Pfund 83 Pence ab – da mussten Konsequenzen gezogen werden.

»Es ist doch völlig lächerlich, dass man eine komplette Amerikatour machen und eine Million Platten verkaufen muss, nur damit man zu Hause die Steuern bezahlen kann«, sagte er im Interview mit Simon Tebbutt im *Record Mirror*.

Den Fans war es egal, aus welchen Gründen AC/DC auf Tour gingen – sie waren froh, dass sie da waren.

Im dritten aufeinanderfolgenden Jahr wurden sie in der Leserumfrage des französischen Magazins *Best* zur beliebtesten Band gewählt. Auch Angus belegte wieder den ersten Platz als bester Musiker, *For Those About To Rock* wurde bestes Album. Etwas beängstigend war hingegen die Wahl zum besten Sänger, bei der Bon Scott den Spitzenplatz einnahm – zwei Jahre nach seinem Tod.

Nach einem Gerichtsstreit um die Vertriebsrechte konnten Warner Bros. den Film *Let There Be Rock* schließlich auch in Amerika in die Kinos bringen, wo er in 49 Städten anlief.

Brian machte aus seinem Herzen selten eine Mördergrube: Als ein Journalist ihm im Magazin *Rock en Stock* den ziemlich lächerlichen Vorwurf machte, er wolle die Verbreitung des Films unterbinden, weil er nicht darin vorkam, platzte ihm der Kragen. Der Sänger schnappte sich einen anderen Schreiber des Magazins und gab ihm eine deutliche Botschaft an den Autor des Beitrags mit: Er würde dem Typen den Arsch versohlen, wenn er ihn träfe.

Anfang Juni kehrte die Band für drei Konzerte nach Japan zurück und trennte sich vom Leber-Krebs-Management, nachdem der Dreijahresvertrag abgelaufen war. Der altgediente Tourmanager Ian Jeffery, der seine Loyalität schon so oft bewiesen hatte, sollte zum Manager werden. Jeffery zeigte sich etwas erstaunt über die Anfrage. Er erklärte ihnen, dass er eigentlich nicht für den Managerposten tauge, aber wie immer das Beste für die Band tun werde.

Es war eine enorm umfangreiche Aufgabe, die auf Jeffery wartete, und das lag nicht allein daran, dass die Band inzwischen in einem viel größeren Rahmen operierte. Eine Europatournee mit Open-Air-Konzerten in Deutschland und Frankreich wurde für Juli und August angekündigt, wieder verschoben und schließlich ohne Erklärung ganz abgesagt. In der Presse kursierten Gerüchte über bandinterne Streitereien – und es war auch nicht ganz falsch, was gemeldet wurde.

Ende September begann schließlich die ausverkaufte UK-Tour, die unter anderem vier aufeinanderfolgende Abende im Hammersmith Odeon in London umfasste. Für diese Shows brachte die Band zwei echte Kanonen aus dem amerikanischen Bürgerkrieg auf die Bühne, die sie in Tennessee gekauft hatte.

Etwas Restauration war vonnöten, aber die Kanonen waren echt – was man von Brians »Soloalbum« *Strange Man* nicht behaupten konnte. Die Platte bestand komplett aus Material, das er zwischen

1972 und 1975 mit Geordie aufgenommen hatte. Zu seiner Empörung erschien sie gleichzeitig in den Staaten und in Deutschland.

Nach der Tour in Großbritannien folgten zehn Shows in Europa. In Paris ließ die Hitze die Fans schneller ohnmächtig werden, als man sie aus der Menge ziehen konnte. Die Band hatte es unter den Scheinwerfern nicht viel leichter. Am Ende der Show war schwer zu sagen, ob die Band oder die Zuschauer mehr gelitten hatten.

Den Tag nach ihrem Konzert in Le Bourget verbrachten AC/DC mit der Band Trust, Bons alten Freunden. Sie spielten Karten und entspannten sich im Hotel, bis nachts um zwei Uhr der Vorschlag gemacht wurde, man solle noch einen Drink im Rose Bonbon nehmen, wo – wie es der Zufall wollte – eine AC/DC-Nacht stattfand. In letzter Minute entschloss sich Angus, der ansonsten lieber für sich blieb, mitzukommen.

Ein paar der Musiker von Trust enterten die Bühne – da wurde die Verlockung für Angus zu groß, obwohl es schon vier Uhr war. Wäre Bernie, der Sänger, nicht so ein guter Freund von Bon gewesen, hätte Angus seinen Stuhl kaum verlassen.

»Für eineinhalb Stunden hatten wir Angus Young in der Band«, erzählte Bernie der Zeitschrift *Rock* im Februar 1983. »Er spielte wie vor 15 000 Leuten, schwitzte, rannte auf der ganzen Bühne rum ... Wir konnten es nicht glauben.«

Sie rissen Versionen von AC/DCs »Live Wire«, »Ride On« und »Problem Child« herunter, gefolgt von Eddie Cochrans »Twenty Flight Rock«, Jerry Lee Lewis' »Great Balls Of Fire« und Chuck Berrys »No Particular Place To Go«.

Noch vor Ende des Jahres räumten AC/DC in der Leserumfrage von *Kerrang!* die ersten Plätze in den Kategorien »Beste Liveband«, »Beste Single«, »Bester Gitarrist« und »Bester Bassist« ab sowie den zweiten Platz bei »Bester Drummer« und den dritten in der Kategorie »Bester Sänger«.

Ein Livealbum, das die ganze Power der *For Those About To Rock*-Tour einfangen sollte, war in Planung, man hielt es jedoch letztendlich für besser, ein weiteres neues Album aufzunehmen. Die weltweiten Plattenverkäufe von 25 Millionen brachten Brian in Zugzwang: Ob er es wollte oder nicht, er musste Großbritannien verlassen, um dort nicht von der Steuer ausgenommen zu werden.

Anfang 1983 schlug er – wie schon Cliff Williams vor ihm – seine Zelte auf Hawaii auf. Für Brian war es wie eine Rückkehr auf die Bahamas. Leider gab es weitere Mitglieder der Band, die auf andere Art die Grenzen hinter sich ließen.

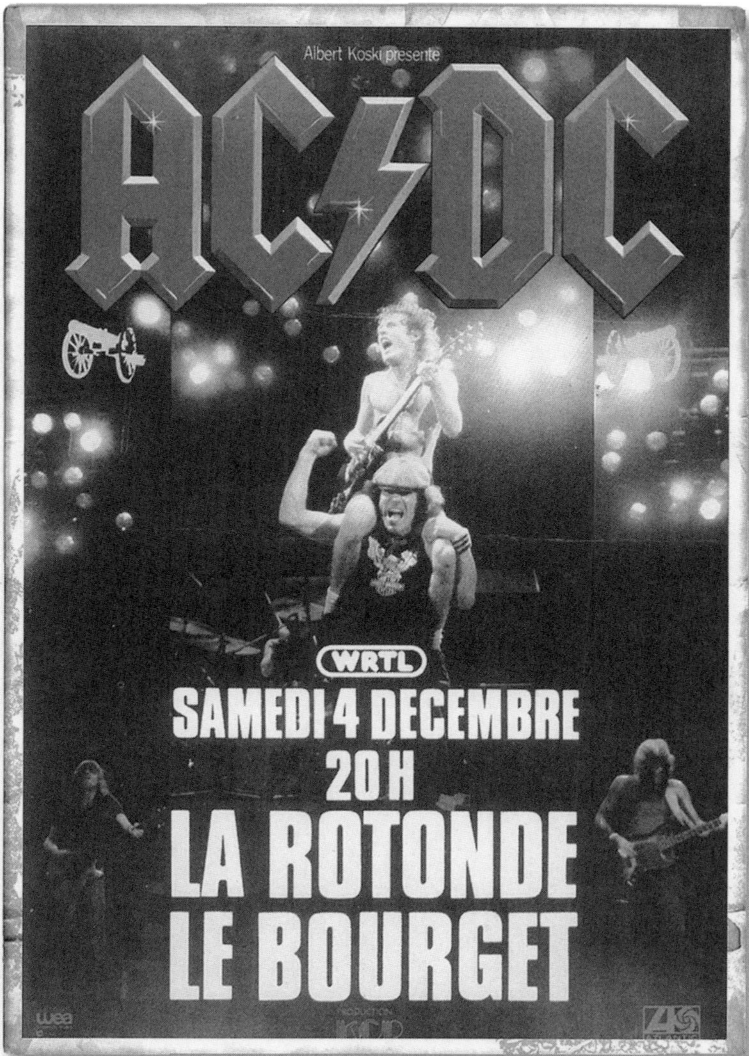
Albert Koski presente
AC/DC
WRTL
SAMEDI 4 DECEMBRE
20 H
LA ROTONDE
LE BOURGET

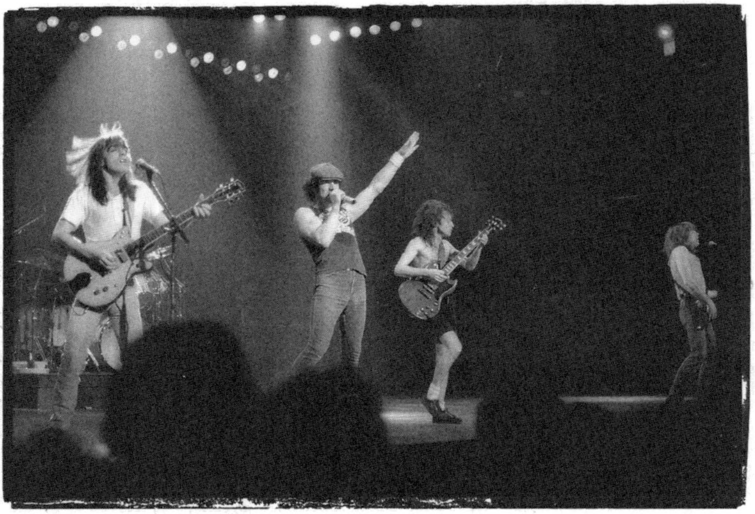

1983

Antörnend: Im Forum, Montreal

21. Kapitel

FLICK OF THE SWITCH

Zigarettenqualm war zwar stets das beste Schmieröl für die AC/DC-Maschine gewesen, aber allmählich fühlten sich die Musiker zunehmend wie Kettenraucher in einer Erdöl-Raffinerie. Es war offensichtlich, dass es schon bald zu einem Knall kommen würde, und zwar zu einem richtig großen.

Im April 1983 fand sich die Band für das Album *Flick Of The Switch* wieder in den Compass Point Studios in Nassau auf den Bahamas ein, wo bereits die Aufnahmen für *Back In Black* stattgefunden hatten. Dieses Album wollten sie selbst produzieren. Malcolm sollte den Hauptanteil der Arbeit übernehmen, mit etwas Unterstützung des »Dutch Damager« und des »Gorgeous Glaswegian« (alias der holländische Zerstörer Harry Vanda und George Young, der schöne Mann aus Glasgow). Tony »Have Ears Will Travel« Platt würde als Toningenieur fungieren und die Aufnahmen abmischen. Nach den ersten Mixen hörten sich die Aufnahmen sehr stark nach *Back In Black* an, also machte Malcolm noch einmal allen klar, wie er sich den Sound vorstellte: roh und abgespeckt. Er wollte zu den alten Stärken zurückfinden, zu den Qualitäten, die ihren Sound ausgemacht hatten, als sie noch im Bondi Lifesaver in Sydney, im Marquee in London oder im Whisky a Go Go in Los Angeles spielten. Keine Glocken, keine Kanonen, kein Schnickschnack. Weniger Mick und viel mehr Keith, so wie es die

Stones gemacht hatten, als sie der Punkszene mit *Some Girls* gezeigt hatten, wo der Hammer hing.

Tony Platt: »Ich glaube, die Band war der Meinung, dass mit *Back In Black* das Höchstmaß an Produktionsaufwand für eine Platte von AC/DC erreicht worden sei. *For Those About To Rock* war ein wenig überproduziert, wenn man bedenkt, wofür die Band steht. Bei *Flick Of The Switch* wollte man sich wieder auf das Wesentliche beschränken.«

Um das zu verdeutlichen, zog Malcolm »Frankenstein« von Edgar Winter heran, aber auch »Mannish Boy«, eine Neuaufnahme des Klassikers von der 1977er Muddy-Waters-Platte *Hard Again*, die zufällig von Edgars Bruder Johnny Winter produziert worden war.

Tony Platt: »Es herrschte die einhellige Überzeugung, dass wir uns ein wenig weiterentwickeln mussten. Kennst du Johnny Winters Version von Muddy Waters' ›Mannish Boy‹? Wo sie alle im Hintergrund rumschreien? Malcolm hatte gesagt, er wollte versuchen, soundtechnisch den Eindruck zu erzeugen, dass alle im selben Raum spielten. Ich glaube nicht, dass ihm das perfekt gelungen ist.«

Insgesamt entstanden binnen einer Woche dreizehn Titel, von denen drei bis heute nicht veröffentlicht wurden, darunter »Out Of Bounds« und »Tightrope«.

Aber die Band arbeitete nicht nur in einem anderen Tempo als während ihres letzten Aufenthalts auf den Bahamas – auch die Stimmung hatte sich verändert, und zwar nicht zum Besseren. Die Spannungen waren deutlich spürbar.

Tony Platt: »Es war kein großer Spaß, diese Platte zu machen. Ironischerweise waren die Umstände noch trauriger als bei *Back In Black*. Bei *Back In Black* hatte sich die Band verbissen auf die Umsetzung der Aufnahmen konzentriert. *Flick Of The Switch* litt irgendwie darunter, dass bei einigen Ernüchterung eingekehrt war.«

Positiv war, dass Brian sich gut etabliert und als Sänger Respekt verschafft hatte, und dass die Band, die noch vor dreieinhalb Jahren von der Hand in den Mund gelebt hatte, nun zu den größten Acts der Welt gehörte. Aber bei Phil Rudd hatte alles seine Spuren hinterlassen.

Seit *TNT* waren AC/DC unaufhörlich auf Achse gewesen. Der Druck und das Arbeitspensum waren immer größer geworden, seit die Band 1976 erstmals ins Ausland gegangen war, und nach der passend betitelten *Highway To Hell*-Tour hatte das Tempo noch einmal gewaltig angezogen. Dann kam Bons Tod, der Rudd vielleicht noch ein bisschen mehr mitnahm als Angus. Rudd schleppte diese Belastungen bereits die komplette *Back In Black*-Tour mit sich herum und auch noch die noch längere Tour zu *For Those About To Rock*.

»Das Ganze hat mich völlig ausgelaugt«, gestand Phil in *Hard Rock France* dem Schreiber Phil Lageat.

In Nassau spielte er, wie üblich, unbeirrbar wie ein Uhrwerk und geradeheraus seine Schlagzeugspuren ein – schließlich war er einer der präzisesten Rhythmusgeber seit Charlie Watts von den Rolling Stones. Und einer der kraftvollsten: Einige Snaredrum-Felle gingen bei den Aufnahmen wie sonst auch bei den Konzerten drauf.

Aber sein musikalisches Können war nicht das Problem. Es war eine undurchsichtige Affäre mit jemandem aus dem engeren Familienkreis der Youngs, die für Malcolm das Fass zum Überlaufen brachte. Er und Phil gerieten im Mai in Nassau heftig aneinander. Für den Gitarristen stand danach fest: Rudd sollte das nächste Flugzeug nehmen und sich verpissen. Keine Widerrede.

Angus war am Boden zerstört.

Ian Jeffery: »Es war eine dämliche Sache, die alles ausgelöst hat, aber das Ganze gärte schon eine lange, lange Zeit. Malcolm hat sich da einiges eingeredet. Man darf nicht vergessen, dass Malcolm zu der Zeit schwer an der Flasche hing.«

Ein weiterer Grund für den Rausschmiss kam erst sehr viel später ans Licht.

»Rudd war auf Drogen und völlig ausgebrannt«, erklärte Malcolm gegenüber *KNAC.com*.

»Wir sollten direkt danach wieder in den Staaten auf Tour gehen«, erzählte Angus Howard Johnson vom *Kerrang!*. »Er wäre durchgedreht und hätte sich selbst oder jemand anderem etwas angetan.«

Mehr als dreißig Jahre später schwang genau diese Überlegung in den völlig überdrehten Nachrichtenmeldungen mit, die über Rudd durch die ganze Welt gingen. Es war beinahe unheimlich.

Als auf den Bahamas wieder Ruhe eingekehrt war, wurde ihnen der Ernst der Situation bewusst: AC/DC hatten keinen Drummer mehr. Die US-Tour stand bevor, also nutzte die Band ihre Abgeschiedenheit, um die Angelegenheit geheim zu halten.

Mehrere Schlagzeuger wurden zum Vorspielen eingeflogen. Malcolm war zuversichtlich, dass B. J. Wilson, der frühere Drummer von Procol Harum, der neue Trommler bei AC/DC würde. Obwohl Wilson mit der Band jammte, als die Overdubs aufgenommen wurden, spielte er keinen Ton auf dem Album und wurde auch nicht als Ersatz für Phil Rudd verpflichtet.

Weitere erfolglose Vorspieltermine wurden in New York abgehalten, als dort das Album abgemischt wurde. Als die Band nach London zurückkehrte, entschieden sie sich dafür, Anzeigen zu schalten. Simon Kirke, bekannt durch Free und Bad Company, war einer der Kandidaten, die sich meldeten. Zu Malcoms Enttäuschung, der ein großer Free-Fan war, stellte Kirke sich ebenfalls als falscher Mann heraus. Auf Paul Thompson, früher bei Roxy Music, wurden die größten Hoffnungen gesetzt. Er probte zehn Tage lang mit der Band, aber auch bei ihm haperte es an irgendwas.

Nach geschätzten 400 Vorspielterminen in Amerika und 300 in Großbritannien hieß der Bewerber, für den sie sich schließlich entschieden, Simon Wright.

Wright hatte sich auf eine große Anzeige ohne Namensnennung der Band in *Sounds* beworben, in der ein »fest zuschlagender Rock-'n'-Roll-Drummer« gesucht wurde, versehen mit dem Zusatz: »Andere Penner sollten es erst gar nicht probieren.« Er hatte keine Ahnung, dass er sich bei einer der erfolgreichsten Bands der

Welt vorstellte. Als er das erste Mal in den Nomis Studios zum Vorspielen kam, war niemand aus der Band zu sehen.

Simon Wright: »Ich musste bei Schlagzeugroadie Dickie Jones vorspielen. Das Schlagzeug war schon aufgebaut, und ich trommelte zu drei Songs. Ich glaube, es waren welche von Led Zeppelin, ZZ Top und AC/DC. Zum Glück hatte ich die Songs schon oft gespielt. Ich dachte mir schon, dass es sich hier um eine große Band handelte, denn der Termin fand in einem schicken Proberaum statt.

Es gab eigentlich keine besondere Reaktion. Als ich fertig war, sagte Dickie Jones, der schon seit Jahren für AC/DC arbeitete: ›Sehr gut, wir melden uns auf jeden Fall bei dir.‹ Ich glaube, einen Tag später riefen sie mich an und fragten, ob ich wieder zum Spielen vorbeikommen wolle.

Ich wusste ja immer noch nicht, für wen ich da vorgespielt hatte. Ich kam also wieder dorthin, und dieses Mal stehen überall im Gang diese Flightcases mit AC/DC-Emblemen drauf. Da dachte ich: Oh mein Gott, das kann nicht wahr sein. Das können doch nicht die sein!

Ich werde hereingebeten, und dann begrüßen mich Angus, Mal und Cliff. Brian war gar nicht da. Ich habe mir in die Hosen geschissen, weißt du? Aber sie waren sehr nett und haben dafür gesorgt, dass ich mich wohlfühlte. Dann haben wir einfach gespielt. Ein paar Tage später haben sie mich angerufen.«

Wie Phil Rudd war Wright ein bodenständiger und schnörkelloser Schlagzeuger.

»Wenn wir ihn gehört hätten, als wir die Band formierten«, erzählte Angus Todd Everett von *Record Review* im Februar 1984, »wäre er schon damals ein heißer Kandidat für den Schlagzeugposten gewesen.«

Am 5. August 1983 machte eine Pressemitteilung von Atlantic offiziell bekannt, dass Wright bei AC/DC eingestiegen war.

Wright wurde am 19. Juni 1963 in Alden in der Nähe von Manchester geboren. Mit 15 begann er Schlagzeug zu spielen. Tagsüber jobbte er als Maurer.

Seine erste Band hatte er in der Schule zusammen mit dem späteren Thin-Lizzy-Keyboarder Darren Wharton. Er gründete Tora Tora, stieg ein Jahr später bei AIIZ ein, die sich kurz nach Veröffentlichung ihrer Single »I'm The One Who Loves You« auflösten. Nach einer Demo-Single mit Aurora schloss er sich der vielversprechenden Band Tytan an, die der New Wave Of British Heavy Metal zugerechnet wurde. Während Wrights Zeit bei Tytan passierte jedoch nicht viel: 1983 gab es einen einzigen Gig in Belgien. Außerdem nahm die Band einen Song für das Album *Rough Justice* auf, das erst 1985 erscheinen sollte.

Wright hatte zu Hause ein paar Platten von AC/DC und war auf einem Konzert der *Highway To Hell*-Tour gewesen. Jetzt konnte er sich die Band jeden Abend vom besten Platz aus ansehen – vom hinteren Rand der Bühne.

Auch wenn sich die Schlagzeugersituation geklärt hatte, schienen sich die Unsicherheit und die Anspannung, die die Aufnahmen für das Album begleitet hatten, nun auf andere Bereiche auszuwirken.

So wurde die US-Tour, die am 28. August beginnen sollte, erst einmal verschoben. Dann gab es interne Probleme bei Atlantic. Von den Leuten, die sich in den späten Siebzigern in der Firma für die Band eingesetzt hatten, waren viele nicht mehr im Amt. Jerry Greenberg war weg. Phil Carson war inzwischen zu beschäftigt mit der Solokarriere von Robert Plant.

Bei Atlantic wurde die Meinung vertreten, dass das neue Album weder das Verkaufspotenzial von *Highway To Hell* noch von *Back In Black* hatte. Von daher gab es andere Prioritäten in Sachen Budget und Marketing.

Perry Cooper: »Ich halte *Flick Of The Switch* nicht für eins ihrer stärksten Alben … Welches Album könnte schon mit *Highway To Hell* und *Back In Black* mithalten? Ich meine, das ist doch so wie bei Led Zeppelin. Wie sollten die jemals ›Stairway To Heaven‹ übertreffen?«

Streit gab es auch um das Cover, auf dem ein einfaches Bleistiftporträt von Angus zu sehen sein sollte, das er selbst gezeichnet hatte. Es sollte den simplen, bodenständigen Ansatz des Albums verdeutlichen.

Die Band, die noch vor zwei Jahren zu den Lieblingskindern von Atlantic Records gehört hatte, befand sich in einer frustrierenden Situation, die sie sich selbst nicht ganz erklären konnte. Der Verlust von Mitgliedern wie Bon und später Phil war ein herber Schlag. Und dass sie nun, trotz vieler Millionen verkaufter Alben, wegen jeder Kleinigkeit mit Atlantic diskutieren mussten, ließ alle Alarmglocken klingeln, die George Young seinen kleinen Brüdern von Anfang an eingepflanzt hatte.

Ian Jeffery: »Sie hatten alle möglichen Probleme mit *Flick Of The Switch*. Das fing mit der Plattenfirma an, denen das Album überhaupt nicht gefiel. Dann wollte Angus, dass das Cover eine Prägung hatte wie bei *Back In Black*. Atlantic wollte aber nicht das Geld dafür ausgeben, da sie die Platte für nicht gut genug fanden und ihres Erachtens keine geeignete Single enthielt.«

Im August wurde *Flick Of The Switch* in den USA, Europa und Australien veröffentlicht. Das Album, das in Anspielung auf die Vorfälle bei der Tour 1977 den Song »Bedlam in Belgium« enthielt, rief gemischte Reaktionen hervor. Der Promotionaufwand war minimal. Aber es zeigte AC/DC genau so, wie Malcolm es gewollt hatte: laut, roh, frei von Effekthascherei und technischen Tricks, mit Drums, die wie Drums klangen und nicht wie – mit technischer Hilfe – aufgeblasene Kanonen.

Es war eine »Fuck you«-Geste, die AC/DC von all den anderen Rockgruppen abheben sollte, die verzweifelt versuchten, ihren Sound zu glätten, damit eine Ausstrahlung auf MTV ihnen den Weg in die amerikanischen Wohnzimmer ebnete.

Das erzwungene Billigcover, das einen gezeichneten Angus ohne seine typische Schuluniform zeigte, erinnerte in seiner Nüchternheit an die australische Version von *Let There Be Rock*, während das Bild an sich und auch der Titel eher wie *High Voltage* auf die elektrische Spannung anspielte. Songs wie »This House Is On Fire«, »Brainshake« und »Guns For Hire« wären im Backkatalog manch anderer Band zu Klassikern gereift, blieben aber bei AC/DC weitgehend unbeachtet. Dabei hätte *Flick Of The Switch* durchaus als Meisterwerk des Lo-Fi-Garagenrocks durchgehen können.

Malcolm: »Wir haben es ziemlich flott zusammengeschustert. Ich würde nicht sagen, dass es ein großartiges Album ist, aber …«

Trotzdem schaffte es *Flick Of The Switch* bis auf Platz 15 der *US-Billboard*-Charts und auf den vierten Platz in Großbritannien, hatte aber fünf Monate nach Erscheinen nur eine halbe Million Exemplare umgesetzt und blieb damit weit hinter den Maßstäben zurück, die *Back In Black* gesetzt hatte.

Das Lo-Fi-Motto wurde auch bei den Videos beherzigt, die in der riesigen Halle gedreht wurden, die die Band zum Proben nutzte. Malcolms Instruktionen an die Filmcrew und an Regisseur Paul Becher waren so prägnant wie seine Vorgabe für das Album: Ihr habt einen Tag Zeit. Seht zu, dass ihr die Band danach im Kasten habt.

Im Oktober startete die dreimonatige Tournee durch die Staaten und Kanada in Vancouver. Zum ersten Mal ohne Rudd unterwegs zu sein, stellte die Band beinahe ebenso sehr auf die Probe wie die ersten Gigs ohne Bon, aber von der ersten Show an war klar, dass alles gut laufen würde.

Simon Wright: »Im Coliseum in Vancouver sind sie völlig durchgedreht – der ganze Laden. Ich hatte solche Angst, das glaubt man nicht. Aber ich habe es geschafft und mich nicht verspielt. Es war so eine Erleichterung, den ersten Gig hinter mir zu haben. Von da an lief es wie von selbst. Großartig.«

Die Tour war nicht ausverkauft. In Städten, in denen sie auf der vorangegangenen Tour noch zwei oder drei Konzerte geben mussten, reichte diesmal ein Termin aus. Waren mehr gebucht, spielte die Band am zweiten Abend vor halb leerem Haus.

Phil Carson: »Ich kam zur Show ins Nassau Coliseum, das auf der letzten Tour ausverkauft war. Dieses Mal war es nur halb voll, etwa 8000 Leute. Aber sie haben gespielt, als ob die Hütte brennen würde.«

Das Album sorgte für keine besonderen Schlagzeilen, ganz im Gegensatz zu dem, was einige Fans anstellten. Im Tacoma Dome wurde ein Soldat verhaftet, der Leuchtkugeln in die Decke geschossen hatte, als die Band »This House Is On Fire« vom *Flick Of The Switch*-Album spielte.

Im Dezember war Tourabschluss im New Yorker Madison Square Garden. Trotz des Rückgangs der Zuschauerzahlen warteten immer noch so viele Fans auf AC/DC, dass der neue Drummer nahezu ehrfürchtig wurde.

Simon Wright: »Wir spielten drei ausverkaufte Abende im Madison Square Garden. Wenn man mal an diese ganzen Menschenmassen denkt ... Ich war komplett überfordert. Ich meine, die Jungs waren gut zu mir, sie haben auf mich aufgepasst. Wenn sie dabei sind, hebt man nicht so schnell ab.«

Als ob das Jahr bis dahin noch nicht kompliziert genug gewesen wäre, bekam nun ein weiteres Mitglied aus dem engsten Kreis der Band die Kündigungspapiere. Ian Jeffery hatte immer dafür gesorgt, dass die Band mit beiden Beinen auf dem Boden blieb, und versucht, unter schwierigen Umständen das Beste herauszuholen. Als Manager hatte er die Verantwortung für den Misserfolg zu tragen – so sah es zumindest Malcolm.

Ian Jeffery: »Für mich war das eine traurige Angelegenheit. Mitten in der Tourplanung fuhr mich Malcolm an: ›Du solltest doch auf unserer Seite stehen, du Arschloch!‹ Ich sagte: ›Das tue ich doch! Wenn es keine zwei Shows in einer Stadt gibt, dann gibt es eben keine. Dann gibt es eine Show. Wir müssen doch realistisch bleiben.‹

Als wir in Hartford, Connecticut, spielen sollten, spitzte sich die Situation zu. Malcolm rief mich an und fragte, ob ich in meinem Zimmer sei. Dann kam er rein und sagte: ›Wir brauchen dich nicht mehr.‹ Mir fehlten die Worte. War das wirklich passiert? Hat er das wirklich zu mir gesagt? Was bin ich? Gefeuert? Ich? Keine Ahnung.«

Phil Carson: »Bestimmte Bandmitglieder hatten persönliche Probleme – und das sorgte für eine Menge Paranoia. Sie warfen Leute raus … Phil Rudd musste gehen … Von da an ging es eine Weile ziemlich bergab.«

Das war nur einer der vielen Gründe, warum Europa und Großbritannien die Band für acht Monate nach der US-Tour nicht zu Gesicht bekamen. Kurioserweise fing die Band zwischen Januar und Juni 1984 schon mit dem Songwriting, den Proben und der Vorproduktion für das nächste Album an, obwohl der Vorgänger bislang nur in Nordamerika live zu erleben gewesen war.

Unterdessen wurde Crispin Dye, der vorher für Albert Productions in Europa gearbeitet hatte, zum neuen Manager der Band ernannt.

Während der Tourauszeit fand Cliff Williams die Muße, auf Hawaii Demos aufzunehmen und mit seinem früheren Home-Bandkumpel Laurie Wisefield und mit John Andreoni ein Projekt auf die Beine zu stellen. Ihr Album mit elf Songs wurde bei Atlantic eingereicht, aber abgelehnt und blieb bis heute unveröffentlicht. Im gleichen Zeitraum spielte Cliff auch auf *Fatal Attraction*, der ersten Platte von Adam Bomb.

Im Juli flog die Band für drei Wochen nach Norfolk, England, wo sie im Turm einer Burg für die Europatour probte.

Die Tour umfasste acht Auftritte als Headliner bei den Monsters-of-Rock-Festivals ab 11. August in Spanien, Schweden – wo es aus irgendwelchen Gründen keine Lightshow gab und die Band im Tageslicht spielen musste –, Deutschland, Italien und Großbritannien, wo sie am 18. August zum zweiten Mal in Donington spielten. In Donington wurden sie begleitet von Van Halen, Ozzy Osbourne, Mötley Crüe, Gary Moore, Y&T und Accept.

In der Mötley-Crüe-Biografie *The Dirt* berichtet Nikki Sixx von ihrem damaligen Lieblingszeitvertreib: Leute beißen. Anscheinend hatte Sixx auch Angus gebissen. Malcolm marschierte zur Garderobe von Mötley Crüe, um den hünenhaften Bassisten zur Rede zu stellen.

Nikki Sixx: »Er hat rumgequäkt. Ich weiß gar nicht mehr, was passiert ist. Dann bin ich ihm ein bisschen auf den Pelz gerückt. Ist nicht gerade fair von der Körpergröße her, oder?«

In Castle Donington bewiesen AC/DC mit einer kraftvollen Performance vor 75 000 Zuschauern, dass es auf die Größe nicht ankommt. Trotzdem war die Band, wie schon bei ihrem letzten Auftritt bei dem Festival, alles andere als zufrieden.

Bei einer der Monsters-Shows in Italien wurde Doug Thaler, dem früheren US-Konzertagent der Band, klar, dass die Band noch mit ganz anderen Dingen zu kämpfen hatte als mit der mäßigen Begeisterung für *Flick Of The Switch*.

»Ich war zu AC/DC in die Garderobe gekommen und trank einen Scotch mit Malcolm und Jonno, während Mötley Crüe spielten. Als dann AC/DC raus auf die Bühne gingen, hatte Malcolm schon einen im Tee. Sie spielten diesen Song, bei dem Angus seinen Striptease macht und Malcolm einfach nur den Rhythmus halten muss. Und nicht einmal das konnte er noch. Er fiel ins Schlagzeug. Da habe ich mir gedacht: Junge, Junge, das geht nicht gut aus.«

Nicht gut ging es auch bei den Konzerten in Frankreich aus, die auf die Monsters-Shows folgten. Beim letzten Gig der Tour zog die Band nur 6000 Leute ins Palais Omnisports in Paris-Bercy, das eigentlich 18 000 Zuschauer fasst. Frankreich machte sich wieder mal unbeliebt bei AC/DC. Folglich wurde das Land bei der nächsten Welttournee im Jahr 1986 einfach ausgelassen.

Es kam selten vor, dass sich AC/DC in die Karten schauen ließen, aber die allgemeine Lage hatte auch auf Angus Auswirkungen, der gegenüber Terry Whitfield im *Hit Parader* sagte: »Ich kann einiges von dem nachvollziehen, was die Leute an diesem Album zu kritisieren haben.«

Er ließ in diesem Interview zum ersten Mal gelten, dass AC/DC Teil einer Community waren, statt haushoch über anderen Gruppen zu stehen. Er war froh, dass Bands wie Def Leppard, die er mochte, den verdienten Erfolg hatten, und sagte: »Wir hatten unsere Zeit im Rampenlicht. Ich habe kein Problem damit, das Rampenlicht mit neuen Bands zu teilen.«

Das waren erstaunliche Eingeständnisse, aber es waren auch keine einfachen Zeiten.

Tony Platt: »Die Sache bei einer Band wie AC/DC ist: Wenn sie auch nur eine ganz leichte Schwäche zeigt, stürzen sich die Leute auf sie. Als sie mit *Back In Black* auf Tour waren, standen sie zu 110 Prozent dahinter. Deshalb wurde etwas ganz Besonderes draus. Wenn du ein so großartiges Album hast und die Songs mit so viel Hingabe spielst, werden das die Leute bemerken. Bei *Flick Of The Switch* wurde die Tour sogar von Kleinigkeiten hinter den Kulissen gestört. Und Phil war nicht dabei. Alles hatte sich verändert.«

Im Oktober schien alles – wenn auch nur kurz – wieder wie früher zu sein: Auf der in den USA veröffentlichten *'74 Jailbreak*, einem Minialbum mit Tracks, die vorher nur in Australien erhältlich waren, konnte man nicht nur Phil hören, sondern auch Bon.

Einer hatte seine ewige Ruhe gefunden, der andere ruhte sich nur aus.

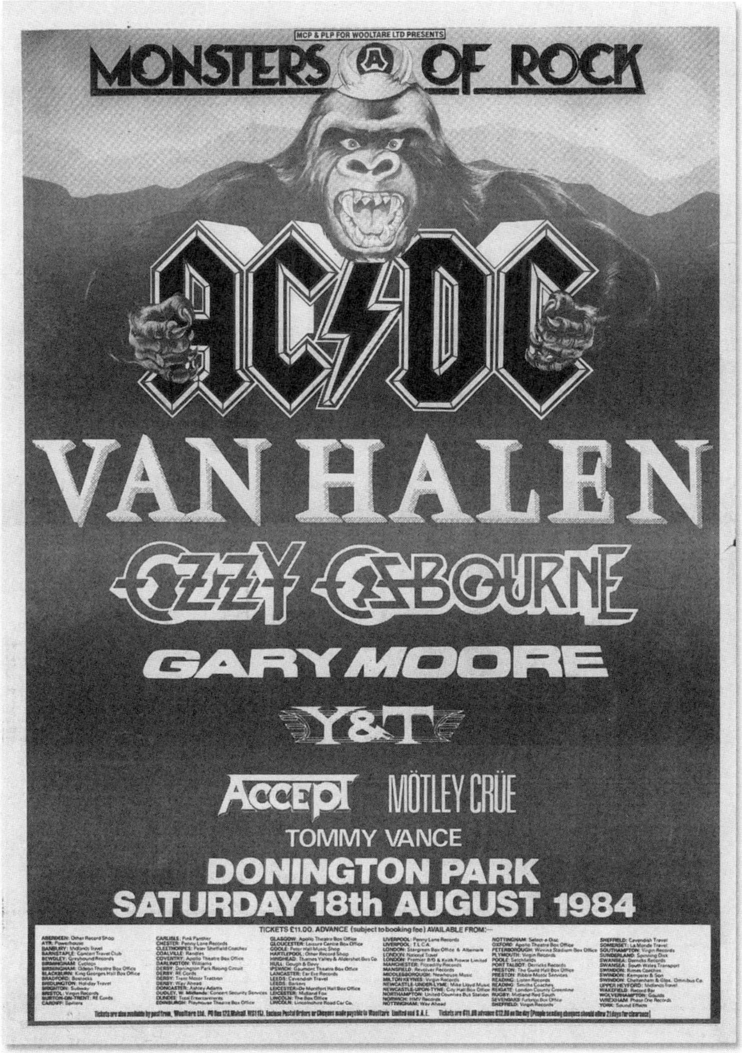

MCP & PLP FOR WOOLTARE LTD PRESENTS
MONSTERS OF ROCK
AC/DC
VAN HALEN
OZZY OSBOURNE
GARY MOORE
Y&T
ACCEPT
MÖTLEY CRÜE
TOMMY VANCE
DONINGTON PARK
SATURDAY 18th AUGUST 1984
TICKETS £11.00. ADVANCE (subject to booking fee) AVAILABLE FROM:—
ABERDEEN: Other Record Shop
AYR: Powerhouse
BANBURY: Midlands Travel
BARNSTAPLE: Concert Travel Club
BEWDLEY: Greyhound Records
BIRMINGHAM: Cyclops
BIRMINGHAM: Odeon Theatre Box Office
BLACKBURN: King Georges Hall Box Office
BRADFORD: Bostocks
BRIDLINGTON: Holiday Travel
BRIGHTON: Subway
BRISTOL: Virgin Records
BURTON-ON-TRENT: RE Cords
CARDIFF: Spillers
CARLISLE: Pink Panther
CHESTER: Penny Lane Records
CLEETHORPES: Peter Sheffield Coaches
COALVILLE: Randles
COVENTRY: Apollo Theatre Box Office
DARLINGTON: Williams
DERBY: Donington Park Racing Circuit
DERBY: RE Cords
DERBY: Trent Motor Traction
DERBY: Way Ahead
DONCASTER: Ashley Adams
DUDLEY, W. Midlands: Concert Security Services
DUNDEE: Total Entertainments
EDINBURGH: Playhouse Theatre Box Office
GLASGOW: Apollo Theatre Box Office
GLOUCESTER: Leisure Centre Box Office
GOOLE: Peter Hall Music Shop
HARTLEPOOL: Other Record Shop
HINDHEAD: Thames Valley & Aldershot Bus Co
HULL: Gough & Davy
IPSWICH: Gaumont Theatre Box Office
LANCASTER: Ear Ere Records
LEEDS: Cavendish Travel
LEEDS: Barkers
LEICESTER: De Montfort Hall Box Office
LEICESTER: Midland Fox
LINCOLN: The Box Office
LINCOLN: Lincolnshire Road Car Co.
LIVERPOOL: Penny Lane Records
LIVERPOOL: T.L.C.A.
LONDON: Stargreen Box Office & Albemarle
LONDON: National Travel
LONDON: Premier B/O & Keith Prowse Limited
MANCHESTER: Piccadilly Records
MANSFIELD: Revolver Records
MIDDLESBOROUGH: Newhouse Music
MILTON KEYNES: Virgin Records
NEWCASTLE-UNDER-LYME: Mike Lloyd Music
NEWCASTLE-UPON-TYNE: City Hall Box Office
NORTHAMPTON: United Counties Bus Station
NORWICH: HMV Records
NOTTINGHAM: Way Ahead
NOTTINGHAM: Select-a-Disc
OXFORD: Apollo Theatre Box Office
PETERBOROUGH: Wirrina Stadium Box Office
PLYMOUTH: Virgin Records
POOLE: Setchfields
PORT TALBOT: Derricks Records
PRESTON: The Guild Hall Box Office
PRESTON: Ribble Motor Services
READING: Listen Records
READING: Smiths Coaches
REIGATE: London County Greenline
RUGBY: Midland Red South
SEVENOAKS: Furlongs Box Office
SHEFFIELD: Virgin Records
SHEFFIELD: Cavendish Travel
SOMERSET: La Monde Travel
SOUTHAMPTON: Virgin Records
SUNDERLAND: Spinning Disk
SWANSEA: Derricks Records
SWANSEA: South Wales Transport
SWINDON: Rimes Coaches
SWINDON: Kempster & Son
SWINDON: Cheltenham & Glos. Omnibus Co.
UPPER HEYFORD: Midlands Travel
WAKEFIELD: Record Bar
WOLVERHAMPTON: Gaulds
WREXHAM: Phase One Records
YORK: Sound Effects

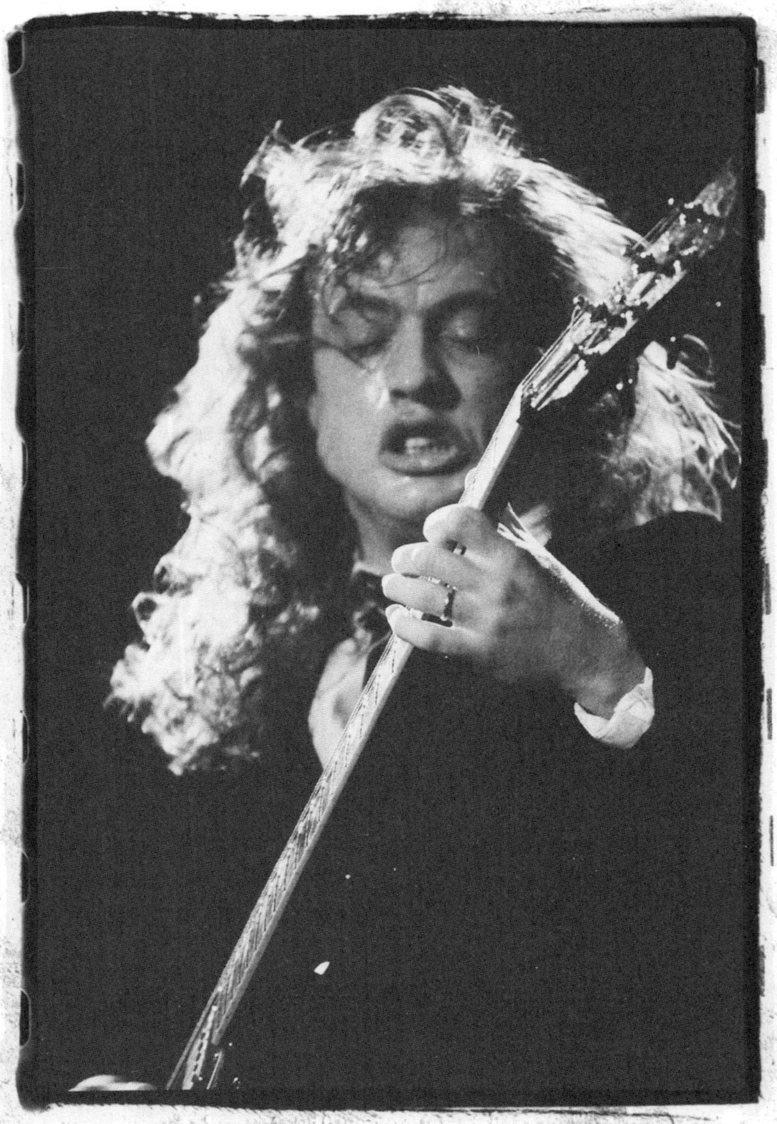

1986

Schwitzt alles raus: Angus in der Kölner Sporthalle

22. Kapitel

FLY ON THE WALL

Mit der Verhaftung des Serienkillers Richard Ramirez im September 1985 schien eines der grauenvollsten Kapitel der amerikanischen Kriminalgeschichte für immer abgeschlossen. Als aber Ramirez aussagte, der AC/DC-Song »Night Prowler« von *Highway To Hell* habe ihn zu den 16 Morden angestiftet, zog der Täter auch noch die Musiker mit ins Verderben. Dann fand sich bei seiner Verhaftung auch noch eine Mütze mit dem AC/DC-Logo in seinem Haus.

Darauf hatten die Gegner der Band nur gewartet. Besonders in Amerika stürzte sich die Presse sofort auf den Fall: Haltlose Anschuldigungen, AC/DC seien Teufelsanbeter, machten die Runde. Erst die nervenaufreibenden Schwierigkeiten mit *Flick Of The Switch* – und nun das.

Dabei hatte das Jahr so gut begonnen, wie schon seit den Zeiten von *Back In Black* und *For Those About To Rock* nicht mehr. Simon Wright hatte den Auftritt im Madison Square Garden für seine Feuertaufe gehalten – aber im Januar 1985 sollte es für ihn richtig ernst werden. AC/DC nahmen drei Wochen Auszeit von den Aufnahmen für *Fly On The Wall* und traten an zwei Abenden in Rio de Janeiro als Headliner beim zehntägigen Festival Rock In Rio auf, bei dem auch Rod Stewart, Queen, Yes und Iron Maiden zu den Attraktionen zählten. Zusammen mit den Scorpions spielten sie vor

50 000 Zuschauern, und vier Tage später sah eine atemberaubende Menschentraube von 250 000 Zuschauern die Band mit Whitesnake, Ozzy Osbourne und den Scorpions im Vorprogramm. Nachdem der Auftritt bei Donington während der Sessions zu *For Those About To Rock* völlig danebengegangen war, sorgten diese erfolgreichen Shows für den dringend benötigten Auftrieb nach einer harten Zeit.

Die Aufnahmesessions für *Fly On The Wall* hatten Ende Oktober 1984 in Montreux begonnen, und wieder übernahmen Malcolm und Angus selbst den Produzentenjob.

Die Backgroundgesänge und Brians Stimme wurden in dem Casino-Ballsaal eingespielt, in dem das Montreux Jazz Festival stattfand und wo auch schon Deep Purple planten, ihr Album *Machine Head* aufzunehmen – bis das legendär gewordene Feuer beim Konzert von Frank Zappa diesen Traum zunichtemachte.

Simon Wright: »Der Raum, in dem wir aufgenommen haben, war fantastisch. Ein riesiges Casino am Rande des Genfer Sees. Und man konnte den Rauch über dem Wasser sehen, genau wie im Song von Deep Purple. Es war ein großes Rondell, in das sie Trennwände und Schallisolierungen eingezogen hatten, hinter denen die Verstärker postiert waren. Um zum Mischpult zu gelangen, musste man über eine Art Feuerleiter klettern.«

Bis Ende Februar waren die Aufnahmen abgeschlossen, im März wurde *Fly On The Wall* in Sydney abgemischt.

Zu diesem Zeitpunkt kamen Gerüchte in Umlauf, dass Brian die Band verlassen hatte, ein Soloalbum aufnehmen wollte, oder dass er während der *Fly*-Sessions aus der Band geflogen war.

Juke-Journalist Christie Eliezer rief bei Fifa Riccobono von Albert Productions an und wollte wissen, was an der Sache dran war. Sie dementierte die Berichte, aber Eliezer ließ nicht locker. Nachdem Riccobono mehrmals beteuert hatte, dass Brian die Band nicht verlassen habe, bat sie Eliezer entnervt, einen Moment in der Leitung zu bleiben.

Eine Minute später dröhnte es im Hörer: »Christie, altes Haus, was gibt's denn für Probleme?« Brian hatte die ganze Zeit im Büro dem Gespräch gelauscht.

Im Juni wurde *Fly On The Wall* weltweit veröffentlicht. Obwohl es insgesamt nicht annähernd so stark war wie das angeblich schwache *Flick Of The Switch*, so enthielt das Album doch einige Klassiker wie den Titelsong mit seinem brutalen Einleitungsriff, »Sink The Pink«, und »Shake Your Foundations«. So roh, schmutzig und laut wie sich die Band anhörte, klang sie mehr denn je wie bei einem samstäglichen Massenauflauf nach der letzten Runde im Pub.

Das gezeichnete Plattencover mit der Schmeißfliege bezog sich – wie eine Textzeile aus »TNT« – auf einen australischen Werbespot für Insektenvernichtungsmittel.

Es lief wieder besser für AC/DC. Trotzdem stand das Album in keinem Verhältnis zu *Back In Black*: In Frankreich, wo vor fünf Jahren eine Million Exemplare von *Back In Black* über den Ladentisch gegangen waren, verkaufte sich *Fly On The Wall* nur 70 000 Mal.

Dennoch traute sich keiner so richtig auszusprechen, dass es seit Mutt Langes Produktion *Back In Black* mit den Verkaufszahlen nach unten ging. Malcolm und Angus hörten es nicht gerne, wenn Langes Einfluss auf ihren Erfolg betont wurde. Aber den Zahlen konnte man kaum widersprechen. Auf *Back In Black* hätte alles viel sauberer und polierter geklungen, wenn Lange seine Vorstellungen durchgesetzt hätte, so der Einwand der beiden.

»Wir mussten lange kämpfen, bis wir bekamen, was wir wollten«, sagte Angus im Interview mit Harold De Muir im *Aquarian*. »Malcolm hat sich um viele Songs auf dem Album gekümmert, weil Mutt nichts damit anfangen konnte.«

Als *Fly On The Wall* Anfang August in Amerika herauskam, erschien in Großbritannien eine Single mit dem Titel »Geordie Aid – Try Giving Everything«, die wie das Live-Aid-Projekt Spenden für die Hungernden in Äthiopien sammeln sollte. Musiker von Lindisfarne und den Animals interpretierten zusammen mit Fußballern von Newcastle United einen Song von John Mayall.

Brian war nicht gerade begeistert. Nicht nur deshalb, weil man ihm nur eine einzige Gesangszeile zugestanden hatte. Er hielt den Song für lausig, zudem fühlte er sich mit dem politischen Unterton des Projekts gänzlich unwohl. Außerdem fehlten die wirklich bedeutenden Stars aus Nordengland, deren Teilnahme mehr Aufmerksamkeit auf das Projekt hätte lenken können.

Vielleicht hätte man eher eine Version von AC/DCs »Whole Lotta Rosie« aufnehmen sollen, denn dieser Song von 1977 wurde im gleichen Monat von den Lesern der britischen Heavy-Metal-Bibel *Kerrang!* zum besten Song aller Zeiten gewählt. Damit holte sich die Band die Spitzenposition im Hot-100-Poll der Zeitschrift zurück, die sie zuletzt 1981 belegt hatte.

Dieses Mal fand sich der Song bei der Leserumfrage in bester Gesellschaft: Nicht weniger als sieben weitere Songs der Band waren in dem Ranking vertreten. So weit die gute Nachricht. Ansonsten war die Kacke am Dampfen. Zuerst schien es, als würde es eine Tour wie viele andere werden, wenn auch unter der Leitung des neuen Managers Stewart Young und der Firma Part Rock Management. Aber dann wurde der Serienkiller Ramirez verhaftet.

Im September sollte die Tour mit ihren 42 Shows in der Broome County Arena in Binghampton, New York, nach zwei Probetagen eröffnet werden. Wenige Tage zuvor war Ramirez der Polizei ins Netz gegangen. Dass es angeblich eine Verbindung zwischen seinen Gräueltaten und AC/DC geben sollte, machte die Band zu Freiwild für die Medien.

Jede Textzeile von »Night Prowler« wurde genauestens seziert. Manche Zeitungen, die versuchten, Gemeinsamkeiten zwischen Ramirez' Satanismus und AC/DC zu finden, kamen zu dem Schluss, dass der Bandname eine Abkürzung für »Anti-Christ, Devil's Child« sein müsse.

So wurde aus einem Foto, das Angus bei einer Geburtstagsparty zeigte, der »Beweis«, dass er an einer schwarzen Messe teilgenommen hatte – nur weil auf dem Bild ein paar Kerzen zu sehen waren.

»Niemand versteht, dass es bei ›Night Prowler‹ nur um jemanden geht, der bei Nacht bei ein paar alten Freundinnen einsteigt und ein bisschen Spaß mit ihnen hat«, erklärte Malcolm Mark Putterford im *Kerrang!*.

Nichtsdestotrotz geriet die Situation völlig außer Kontrolle, als sich in Amerika auch Mitglieder der Regierung in die Diskussion einschalteten. Vor einem Senatsausschuss fanden Anhörungen statt, bei denen beratschlagt wurde, wie man Rockmusiktexte gesetzlich kontrollieren könnte. Das Parents Musical Resource Center, dem Susan Baker, die Frau des Finanzsekretärs James Baker, und Tipper Gore, Frau des Senators Al Gore aus Tennessee, vorstanden, setzte sich für strengere Vorschriften ein. Wenn es nach ihnen gegangen wäre, hätten sie AC/DC als Hauptfeind aller moralischen Werte stigmatisiert.

Den drohenden Zensurmaßnahmen stand die Band – zumindest in der Öffentlichkeit – ziemlich gleichgültig gegenüber. Mehr als ein höhnisches Grinsen hatten sie für die Angelegenheit nicht übrig, schließlich gab es andere Künstler, die wesentlich mehr zu verlieren hatten.

Unterwegs auf Tour in Amerika ließ sich der Medienrummel nicht mehr so einfach ignorieren.

Simon Wright: »Es war schon frustrierend. Einmal wurden wir am Flughafen von einem Kamerateam verfolgt. Wir haben Tee getrunken. Trotzdem wurden wir als Teufelsanbeter dargestellt. Ne Tasse Tee und 'ne Zigarette, mehr braucht man dazu heute nicht mehr.«

Unter dem Druck verschiedener kirchlicher Gruppen, die der Band »satanistische« und »unzüchtige« Texte vorwarfen, entschlossen sich die Oberhäupter von Springfield, Illinois, Konzerte von AC/DC zu verbieten.

»Sie sind unmoralisch, sie sind zweideutig, sie haben satanische Untertöne, sie sind zerstörerisch, lüstern und unzüchtig«, erklärte Reverend Robert Green aus Springfield gegenüber der Melbourner *Sun* am 19. September 1985.

Fragte man jedoch bei AC/DC nach, hieß es, die Band sei ein Opfer von Diskriminierung. Wo wurde denn ihr von der Verfassung garantiertes Recht auf freie Meinungsäußerung geschützt? So konnte es nicht weitergehen. AC/DC schossen zurück: Eine Millionenklage räumte das Auftrittsverbot aus dem Weg. Die Band musste allerdings trotzdem die Köpfe einziehen, als sie sich im Bus dem Veranstaltungsort in Springfield näherte. Was Malcolm und Angus bei ihrer Körpergröße nicht besonders schwerfiel.

»Die dachten wohl, sie wären im Salem des 18. Jahrhunderts und könnten sich über das Gesetz stellen«, erzählte Malcolm der australischen Zeitungsbeilage *Good Weekend*. »Dem Gouverneur von Illinois war das so peinlich, dass er uns von einer Eskorte der Staatspolizei schützen ließ.«

Man einigte sich außergerichtlich, aber die kirchlichen Gruppen ließen nicht locker. Es gelang ihnen, die örtlichen Hotelbetreiber zu überzeugen, keine Zimmer an die Band zu vermieten. AC/DC und ihre Crew mussten die Nächte vor und nach der Show über hundert Meilen entfernt in St. Louis verbringen.

Und das war noch nicht alles. In Houston arbeiteten die Stadtväter an einem Benotungssystem für alle örtlichen Konzerte, das Kinder unter zwölf vom Besuch der als anstößig eingeschätzten Veranstaltungen ausschließen sollte. In Dallas untersagten Feuerwehrleute der Band die Benutzung pyrotechnischer Effekte beim Kanonendonner von »For Those About To Rock«.

Brian verschaffte sich eine kleine Ablenkung von den Turbulenzen, als er in Kansas City auf der Bühne seinen Geburtstag feierte – und seinen Geburtstagskuchen direkt ins Gesicht serviert bekam. Danach gingen die Kopfschmerzen aber wieder los: Die Show im Pacific Amphitheater war abgesagt worden.

Presseberichten zufolge waren die schlechten Ticketverkäufe, Lärmbeschwerden der Anwohner und die nachteilige Publicity um den Fall des »Night Stalkers« Ramirez für die Absage verantwortlich. Tatsächlich war eine Woche zuvor in Kalifornien ein weiterer Mord verübt worden. Der Täter hatte einen ziemlich unglücklichen

Modegeschmack bewiesen: Er trug eine AC/DC-Mütze. Keine Radiostation wollte deshalb mit der Promotion des Konzerts etwas zu tun haben. Und ohne Promotion konnte es kein Konzert geben.

Aber es gab nicht nur schlechte Nachrichten. Die Amerikatour war um 14 Konzerte verlängert worden. Anscheinend wollten viele Leute wissen, wie die »Teufelsanbeter« in Wirklichkeit aussahen.

Im Dezember kehrte die Band auf die Bahamas in die Compass Point Studios zurück und nahm »Who Made Who«, »D.T.« und »Chase The Ace« mit George Young und Harry Vanda als Produzenten auf.

Im folgenden Monat wurde bekannt, dass AC/DC den Soundtrack zum Regiedebüt des amerikanischen Bestsellerautors Stephen King beisteuern sollten, der ein begeisterter AC/DC-Fan war. *Maximum Overdrive* (deutscher Filmtitel: *Rhea M – Es begann ohne Warnung*) basierte auf einer Kurzgeschichte mit dem Titel »Trucks«, die in der Sammlung *Nightshift* (deutscher Buchtitel: *Nachtschicht*) erschienen war.

Für AC/DC bedeutete ihre Einwilligung zu einem Soundtrackalbum einen ziemlichen Sinneswandel. Die Idee widersprach zwei grundlegenden Prinzipien der Band. Erstens: Rock 'n' Roll und peinliche C-Movie-Drehbücher passen einfach nicht zueinander. Zweitens: Es ist falsch, den Fans die Musik, die sie ohnehin schon haben, noch einmal in Form einer Greatest-Hits-Sammlung zu verkaufen.

Aber bei dem King-Projekt hatten sie, aus welchen Gründen auch immer, ein gutes Gefühl. Außerdem hatte der Autor nie mit seiner Bewunderung für AC/DC hinterm Berg gehalten und sogar Zitate aus »Dirty Deeds Done Dirt Cheap« in seinem Buch *Skeleton Crew* (deutscher Titel: *Im Morgengrauen*) verarbeitet.

Dann erschienen nach und nach die verschiedenen Bestenlisten des Jahres 1985, und die Band stellte verwundert fest, dass sie nach mehr als einer Dekade des konstanten Tourens und Plattenaufnehmens von den Lesern des amerikanischen Magazins *Circus* die Auszeichnung »Comeback des Jahres« bekommen hatten.

Das Video für den Titelsong von *Who Made Who* wurde mit einer großen Anzahl von Angus-Imitatoren am 25. und 26. Februar in der Brixton Academy in London gedreht. Mehr als 300 Mitglieder des AC/DC-Fanclubs und solche, die im Radio von dem Dreh gehört hatten, reisten aus dem ganzen Land an und übernachteten draußen in der klirrenden Kälte, um dabei sein zu können.

Regie führte David Mallet, der vorher Videoproduktionen wie Queens »Radio Ga Ga« und »Dancing In The Street« von Mick Jagger und David Bowie geleitet hatte. Es war Mallet, der der Band zeigte, wie man das Medium Videoclip bei AC/DC anwenden konnte.

Who Made Who, der Soundtrack für den Film von Stephen King, erschien im Mai in den USA und in Europa. Das Album vereinte Songs, die mit George und Harry auf den Bahamas aufgenommen worden waren, und ihren Remix von »Shake Your Foundations« mit Klassikern wie »You Shook Me All Night Long«, »Sink The Pink«, »Ride On«, »Hell's Bells« und »For Those About To Rock«. Der Titelsong erhielt viel Kritikerlob und war die erfolgreichste Single der Band seit Jahren: Vielleicht hatten die *Circus*-Leser doch recht gehabt.

Der Film von Stephen King hatte im Juli Premiere in den US-Kinos, stürzte aber spektakulär ab und spielte lediglich 7,5 Millionen Dollar ein. Die Band bekam den Film erst kurz vor der Veröffentlichung zu sehen. In der Planungsphase, als sie an der Musik arbeiteten, war das Projekt recht vielversprechend gewesen. Aber irgendwo zwischen der Idee und ihrer Umsetzung war auf der Leinwand einiges verloren gegangen.

Aber zumindest konnte man sich wieder auf eine Tournee freuen: Im Juli ging es in den USA erneut auf die Bühnen.

Es war ein sehr hartes Jahr auf Tour. Aber der Band war es gelungen, den Ärger rund um *Flick Of The Switch*, Phil Rudds traumatischen Abschied und die Eskapaden der Sittenwächter hinter sich zu lassen: Die Konzerte waren durchgehend ausverkauft. In den USA war die Tour eine der erfolgreichsten des Jahres.

Im August trat die Band zum ersten Mal in Las Vegas auf. Dazu hatte es einiger Überredungskünste bedurft. Besonders für Malcolm hatte die Stadt zu viel mit Showgeschäft zu tun und rein gar nichts – wenn man vielleicht mal von Elvis absah – mit Rock 'n' Roll.

Im Nassau Coliseum in Uniondale eröffnete ein halbes Dutzend Angus-Imitatoren das Konzert. Allerdings hatte wohl keiner von ihnen das durchgemacht, was der echte Gitarrist hinter sich hatte.

»Die Leute denken immer, bei uns gäbe es alle möglichen Drogen und Frauen«, erzählte Angus Mikael Kirke in *Faces Rocks*. »Gut, das gab es auch – aber es gab auch Tote und Leute, die ihr Leben ruiniert haben.«

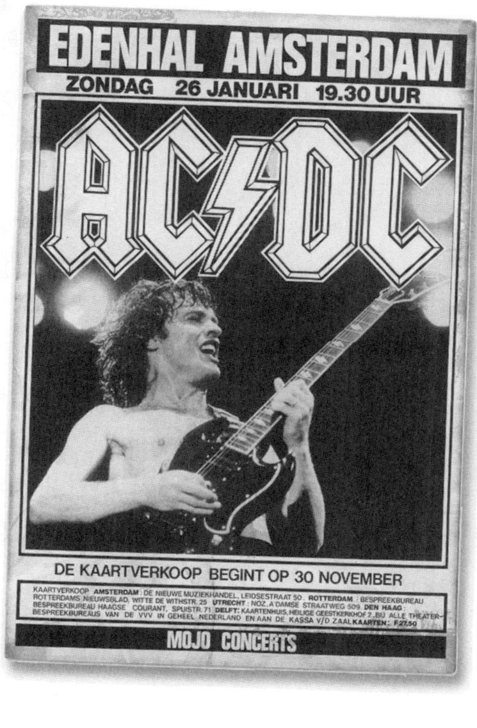

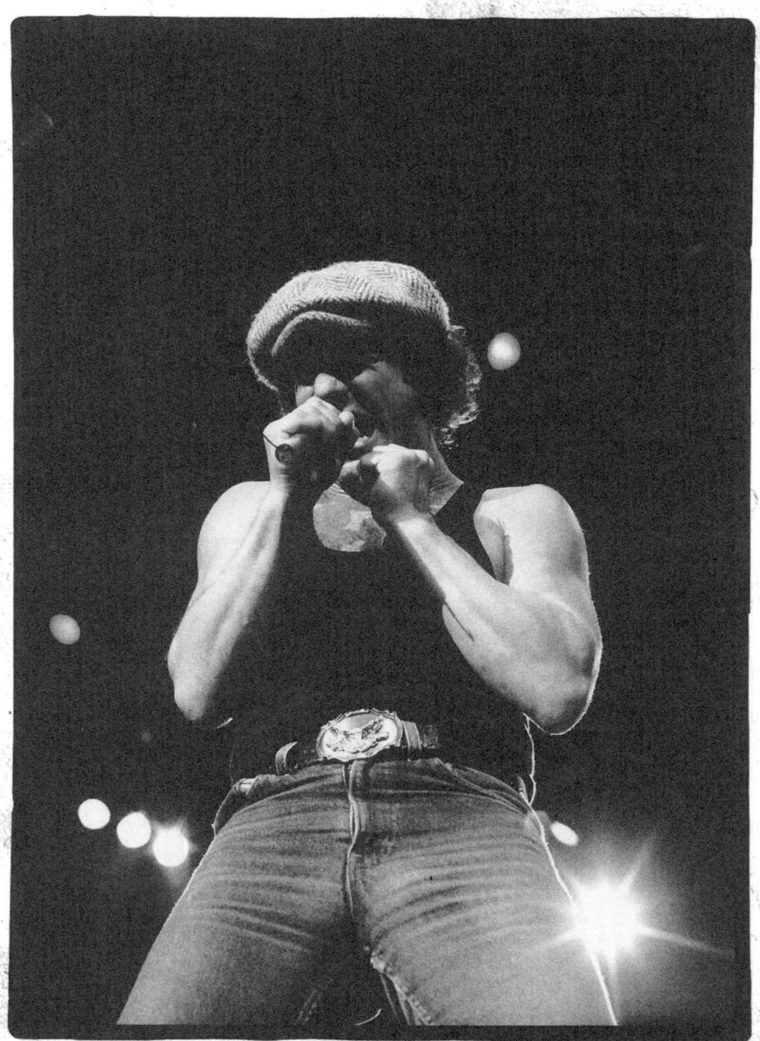

1988

Spricht die Wahrheit offen aus: Brian in Australien

23. KAPITEL

BLOW UP YOUR VIDEO

Tony Platt, der bei *Highway To Hell*, *Back In Black* und *Flick Of The Switch* an den Reglern gesessen hatte, arbeitete gerade an einem Album von Cheap Trick in den Electric-Ladyland-Studios in New York, als ihn ein paar Studiomitarbeiter aufgeregt auf den Flur riefen.

Tony Platt: »Rick Rubin produzierte gerade The Cult im Studio A, und wir haben uns in die Zwischentür direkt vor das Studio gestellt. Man konnte hören, wie ein Stückchen von *Back In Black* angespielt wurde, gefolgt von ein paar Takten Led Zeppelin. Was war denn da los? Ein Assistent sagte: ›Na ja, er sucht die Gitarrensounds von *Back In Black*, den Drumsound von *Highway To Hell* und den Gesang von Led Zeppelin.‹ Tatsächlich hat Rubin sich beim Abmischen den Gitarrensound von The Cult angehört und direkt mit dem angestrebten Sound von *Back In Black* verglichen. Bei den anderen Instrumenten war es genauso.«

Das daraus resultierende Album von The Cult, *Electric*, aus dem Jahr 1987, war das wohl bekannteste Produkt einer großen Zahl von AC/DC-Nachahmern. Keiner davon stellte für die Band eine ernsthafte Herausforderung dar; es waren bestenfalls ehrfürchtige Imitatoren.

Malcolm und Angus waren in Sydney, um ganz entspannt ein paar Ideen weiter auszuarbeiten und mit der Vorproduktion der Platte *Blow Up Your Video* zu beginnen.

An einem freien Abend im April 1987 suchte Angus, der sich ansonsten äußerst selten in die Öffentlichkeit wagte, den St. George Sailing Club im Süden Sydneys auf, um sich Jason & the Scorchers aus Nashville – ebenfalls eine Band, die AC/DC huldigte – anzusehen.

Warner Hodges (The Scorchers): »Ich war gerade zum Soundcheck aufgetaucht und machte mich auf den Weg zur Bühne, als ich aus dem Augenwinkel heraus einen ziemlich kleinen Typen erkannte. Leck mich am Arsch! Da stand Angus Young in unserer Garderobe!«

Jason Ringenberg: »Am meisten beeindruckt hat mich, als er davon erzählt hat, dass er an diesem Tag morgens um sechs Uhr aufgestanden war, um an Songs zu arbeiten. Ich hatte noch nie von einem Rocker mit dieser Arbeitsmoral gehört. Er sagte, er könne nicht lange bleiben, weil er am nächsten Morgen wieder genauso früh rausmüsse.«

Bis zum Juli war das Rohmaterial aus Angus' und Malcolms Sessions so weit, dass es mit der gesamten Band bei Proben in den Londoner Nomis Studios in Form gegossen werden konnte.

Who Made Who war wie ein Aufruf, sich wieder auf die Wurzeln zu besinnen, deshalb wurden erneut George Young und Harry Vanda verpflichtet, die Produktion zu übernehmen. Aber der große Bruder musste sich nicht nur um den Sound kümmern. Malcolms Alkoholkonsum war inzwischen zu einem echten Problem geworden, das die Band zu dieser Zeit nicht auch noch gebrauchen konnte. Und daher sprach George ein ernstes Wort mit Malcolm.

Die nächste Platte war von entscheidender Bedeutung. Seit der Veröffentlichung von *Fly On The Wall* hatten sich eine Menge junger Epigonen an die Fersen von AC/DC geheftet. So hatten in West Hollywood Guns N' Roses das Licht der Welt erblickt, ihr Debütalbum *Appetite For Destruction* vorgelegt und damit dem Musik-Establishment eine Flasche Jack Daniel's übergebraten. Später sollte die Band mit dieser Platte sogar eine ganze Ära definieren. Sie tranken, fluchten, standen für Protest, strahlten eine geheimnisvolle Coolness aus und spielten Rock 'n' Roll, wie ihn seit Jahren keiner mehr gespielt hatte – mit Ausnahme von AC/DC. Und sie hatten eine mehr als passable Version von »Whole Lotta Rosie« im Programm.

Am anderen Ende des Rockspektrums gab es Schönlinge mit toupierten Haaren und Spandexhosen wie Bon Jovi und Poison. Zwischen 1986 und 1988 waren Bon Jovi mit dem phänomenal erfolgreichen Album *Slippery When Wet* und seinem Nachfolger *New Jersey* die weltweit erfolgreichste Rockband. Sie waren so populär, dass es bei einem Preisausschreiben, bei dem man das Geburtshaus des Sängers Jon Bon Jovi gewinnen konnte, mehrere Millionen Teilnehmer gab.

Für AC/DC war es deshalb überlebenswichtig, dass sie ihren Platz im Rockgenre fernab der Konkurrenz fanden.

Ironischerweise befand sich das Studio, das sie sich ausgesucht hatten, um die Jack Daniel's gurgelnden Guns N' Roses und ihre Kollegen in die Schranken zu verweisen, in einem Schloss aus dem 12. Jahrhundert, inmitten eines abgeschiedenen Weinbergs – nicht gerade Rock 'n' Roll. Trotz seiner Historie und der malerischen Umgebung waren die Arbeitsbedingungen dort eher mäßig.

Es gab keine Klimaanlage, und ihre Schlafstätten waren kaum mehr als Matratzen, die auf dem Boden lagen und somit Wanzen und Skorpionen eine willkommene Gelegenheit zum Besuch boten. Als dann ein Einheimischer fragte, ob sich die »weiße Lady« – ein Geist, der angeblich auf dem Gelände sein Unwesen trieb – denn schon gezeigt habe, entschied man, nach einer anderen Unterkunft zu suchen.

16 Tracks entstanden während des Sommers. Brian kümmerte sich wieder um die Texte. Selbst nach zehn Jahren fiel es ihm noch immer nicht leicht, sich aus Bons Schatten herauszubewegen, aber auf die Texte, die seinem Nachfolger für »Heatseeker« eingefallen waren, wäre Bon vermutlich selbst stolz gewesen.

Unterdessen begann in Australien der Ticketverkauf für die Tour im Februar – und endete im Chaos.

Australien hatte Entzugserscheinungen: Weder die Touren zu *For Those About To Rock*, zu *Flick Of The Switch*, noch zu *Fly On The Wall* hatten hier Station gemacht. Jetzt kamen AC/DC erstmals seit sieben Jahren wieder vorbei. Das wollte niemand verpassen.

Unter übermotivierten Fans, die Berichten zufolge zum Teil zwei Wochen in der Schlange anstanden, flogen die Fäuste an der Vorverkaufsstelle im Entertainment Centre von Perth. 61 Personen wurden verhaftet. Auch in Melbourne und Adelaide gab es Ausschreitungen beim Kartenvorverkauf.

Der Titel des Albums *Blow Up Your Video* war ein Seitenhieb auf die stetig wachsende Anzahl jener Bands, die sich in ihren Videoclips betont harmlos gaben, um sich damit das Airplay von MTV zu sichern. Das Album erschien im Januar in Australien und Europa und im Februar in den Vereinigten Staaten. Unglücklicherweise spiegelte die Platte eher den musikalischen Zeitgeist wider, als wie *Flick Of The Switch* im krassen Widerspruch zum gängigen Trend zu stehen.

Vom zerstörerischen Rocksound von *Back In Black* und *Those About To Rock* war die Platte jedenfalls meilenweit entfernt. Doch trotz größerer Mainstreamtauglichkeit war es immer noch ein Album, mit dem man mühelos seine Nachbarn ärgern konnte.

Die Konzerte in Australien, darunter fünf ausverkaufte Shows in Melbourne und sechs weitere im 12 000 Zuschauer fassenden Entertainment Centre von Sydney, waren extrem erfolgreich. Angus stieg jeden Abend aus einer Rakete auf die Bühne – ein seltsamer Flashback zu den Zeiten der TV-Show *Countdown*.

In Adelaide gab es 33 Festnahmen, am Myer Music Bowl in Melbourne wurden 60 Personen verhaftet. AC/DC waren wieder mal ein gefundenes Fressen für die Medien.

»In Melbourne waren wir gerade dabei, auf die Bühne zu gehen, als die Nachrichten meldeten: ›Höchste Sicherheitsstufe für das Konzert von AC/DC heute Abend ausgerufen‹«, berichtete Angus der *Sounds*-Schreiberin Mary Anne Hobbs. »Es klang, als wäre ein Krieg ausgebrochen.«

Die Band hatte vorgehabt, in Melbourne »It's A Long Way To The Top« zu spielen, doch ein örtlicher Bühnenhelfer machte sie darauf aufmerksam, dass John Farnham, einst Sänger bei den Softrockern Little River Band und nationaler Popheld in Australien, kurz zuvor mit dem Song im Fernsehen aufgetreten war. Damit hatte sich das erledigt.

Während der Tour traf sich Malcolm mit seinem alten Freund Herm Kovac in Sydney. Malcolm hatte Neuigkeiten für ihn: Er rauchte kein Hasch mehr, wie er es sehr zu Kovacs Schrecken noch während ihrer Zeit bei Velvet Underground getan hatte.

Herm Kovac: »Er sagte: ›Du kannst stolz auf mich sein.‹ Ich fragte ihn, wieso. Er antwortete: ›Ich bin jetzt kein Hippie mehr.‹ Er hatte damit aufgehört, aber er trank immer noch.«

Nach dem Triumph der Australientournee wirkten die folgenden sechs Konzerte in Großbritannien geradezu gedämpft. AC/DC traten nur in London und Birmingham auf, und es überraschte kaum, dass wegen der überwältigenden Nachfrage ein Zusatzkonzert im Wembley-Stadion eingeschoben werden musste.

Für Malcolm erwies sich die kurze Tour als Segen. Ihm war bewusst geworden, dass seine Trinkerei zum ernsten Problem wurde. Er brauchte eine Konzertpause, um seine Gesundheit in den Griff zu bekommen.

Die Band überlegte, ein Livealbum herauszubringen, was Malcolm etwas Ruhe verschafft hätte, da es weniger Arbeitsaufwand bedeutete, als ein Studioalbum aufzunehmen. Die Pläne verliefen allerdings im Sande.

Nachdem die britischen Fans zumindest für den Moment befriedigt waren, ging es in Europa weiter. In Holland nahm sich Angus Zeit, die Eltern seiner Frau zu besuchen, bevor er nach Berlin weiterflog. Nicht lange nach dem Start wurde die Maschine vom Blitz getroffen. Angus dachte, sein letztes Stündlein hätte geschlagen – ein Ereignis, das später in »Thunderstruck« verarbeitet wurde.

Dem Tod von der Schippe zu springen, übte der Gitarrist auf dieser Tour noch ein zweites Mal: Bei einem der folgenden Gigs warf irgendein Vollidiot eine Mörsergranate auf die Bühne. Glücklicherweise explodierte sie nicht, aber allein ihr Gewicht richtete einigen Schaden auf der Bühne an. Bald schon sollte allerdings eine ganz andere Bombe hochgehen.

Im April gab Atlantic eine Pressemitteilung heraus, in der zu lesen war, dass Malcolm an der nächsten US-Tour nicht teilnehmen würde, weil er eine Erholungspause benötige. Er hatte die Touren in Australien, Großbritannien und Europa hinter sich gebracht, für eine weitere Tour in Amerika fehlte ihm schlicht die Kraft.

Angus wollte um jeden Preis vermeiden, dass seinen Bruder das gleiche Schicksal ereilte wie Bon. Malcolm entschied, zu Hause zu bleiben, sich zu regenerieren und Treffen der Anonymen Alkoholiker zu besuchen. Stevie Young, der ehemalige Gitarrist der Starfighters und Neffe von Malcolm und Angus, nahm bei der US-Tour seinen Platz ein – wie sich später noch herausstellen sollte, nicht zum letzten Mal.

Malcolm war bis dato Kopf der Band und ihr inoffizieller Anführer, Mentor von Angus und neben Keith Richards der wohl größte Rhythmusgitarrist des Planeten. Seine Entscheidung löste unter allen Beteiligten große Verunsicherung aus. Aber man konnte es drehen und wenden, wie man wollte: Es war ein Schritt, der getan werden musste.

Malcolm: »Ein typischer Rock-'n'-Roll-Fall. Der Lifestyle war schuld. Ich bin ziemlich klein, gerade mal 1,57. Aber ich wollte mit den großen Jungs mithalten. Das hat mich fertig gemacht. Die Leute konnten sich nicht mehr auf mich verlassen. Also musste ich mit dem Alkohol aufhören.

Wenn du ein Alkoholproblem hast, merkst du das selbst nicht … Klar, wenn du dann ausgenüchtert bist und wieder klar denken kannst, geht dir einiges durch den Kopf. Ich musste zum Beispiel oft daran denken, dass an Bons Tod der Alkohol schuld war. Dann fallen einem lauter Sachen ein, die man verbockt hat. Aber am Ende braucht man ganz einfach Hilfe. Du kannst es nicht alleine schaffen. Besonders wenn du es in der Vergangenheit immer alleine erledigt hast, bist du einer Sucht nicht gewachsen.«

Simon Wright: »Uns allen ist aufgefallen, wie er sich verändert hat. Er hatte eine Menge Probleme. Es hatte sich alles irgendwie aufgetürmt. Nach einer Show hat er gesagt: ›Ich kann das nicht mehr machen, ich kann einfach nicht mehr.‹ Wir haben alle mit ihm gelitten. Keiner von uns konnte ihm helfen. Malcolm ist schon ein harter Hund. Er hat sich entschieden, aufzuhören und erst mal mit sich selbst ins Reine zu kommen. Das zeugt von Größe. Er ist ein unglaublicher Typ. Ich bewundere ihn immer noch dafür, dass er damals den Mut zu diesem Schritt hatte.«

Ende April, während Malcolm zu Hause Demos aufnahm, bei denen er selbst sang und mit Keyboards und Gitarrensamples experimentierte, begann die Band in Boston mit Stevie Young zu proben. Angus war der Meinung, dass er als Rhythmusgitarrist den Großen seines Faches, etwa Malcolm, Keith Richards und Ike Turner, in nichts nachstand. Nach nur zehn Tagen waren AC/DC bereit, in Amerika durchzustarten.

Die Tour in den USA und Kanada war so umfangreich, dass niemand Malcolm einen Vorwurf machte, dass er daran nicht teilnehmen wollte. Sechs Monate, von Mai bis November, war die Band unterwegs, supported von White Lion, Cinderella und den L.A. Guns, die den Platz im Vorprogramm einnahmen, der ursprünglich für Guns N' Roses vorgesehen war.

Da Malcolm normalerweise die Band vom Bühnenhintergrund aus dirigiert hatte und Stevies Gitarrenspiel seinem sehr ähnelte, fiel es vielen Fans zunächst gar nicht auf, dass er nicht dabei war. Angus erging es da anders.

Simon Wright: »Stevie hat das gut gemacht. Er war sehr konzentriert und spielte großartig. Mir hat seine Gitarre echt gefallen.«

Perry Cooper: »Stevie war gut. Es war schon seltsam, dass er auf der Bühne stand. Sehr seltsam. Malcolm hat die Band doch angeführt. Erst war ich schockiert. Aber sie haben weitergemacht, genau wie nach dem Ausstieg von Phil, genau wie nach dem Tod von Bon. AC/DC sind eine Band, die nie aufhört. Es gab ein paar Aussetzer, aber sie haben nie hingeschmissen.«

Malcolm schaute sich eine der beiden Shows in der Long Beach Arena von Los Angeles an und konnte dabei sein Double aus nächster Nähe beobachten.

»Das war schon ein komisches Gefühl«, sagte er im Interview mit Howard Johnson vom *Metal Hammer*. »Aber sie hatten echte Probleme mit dem Sound, deshalb war ich froh, dass ich nicht da oben stehen musste.«

Wahrscheinlich war er genauso froh, dass er bei dem Gig in Shreveport in Louisiana nicht mit von der Partie war: Wie in einem alten Western befahl der Sheriff der Band, die Stadt zu verlassen, nachdem Angus auf der Bühne die Hose heruntergelassen und dem Publikum seinen nackten Hintern gezeigt hatte. Die Einheimischen waren so erzürnt, dass sie kurz davor standen, das Gesetz selbst in die Hand zu nehmen.

Nachdem AC/DC im Hotel schnell ihre Sachen zusammengepackt hatten, flüchteten sie nach Dallas.

Nicht, dass sie sich keinen juristischen Beistand hätten leisten können: Die Gewinne der Tour nach 110 Shows in 105 Städten lagen bei 20,1 Millionen Dollar. Endlich ging es wieder aufwärts.

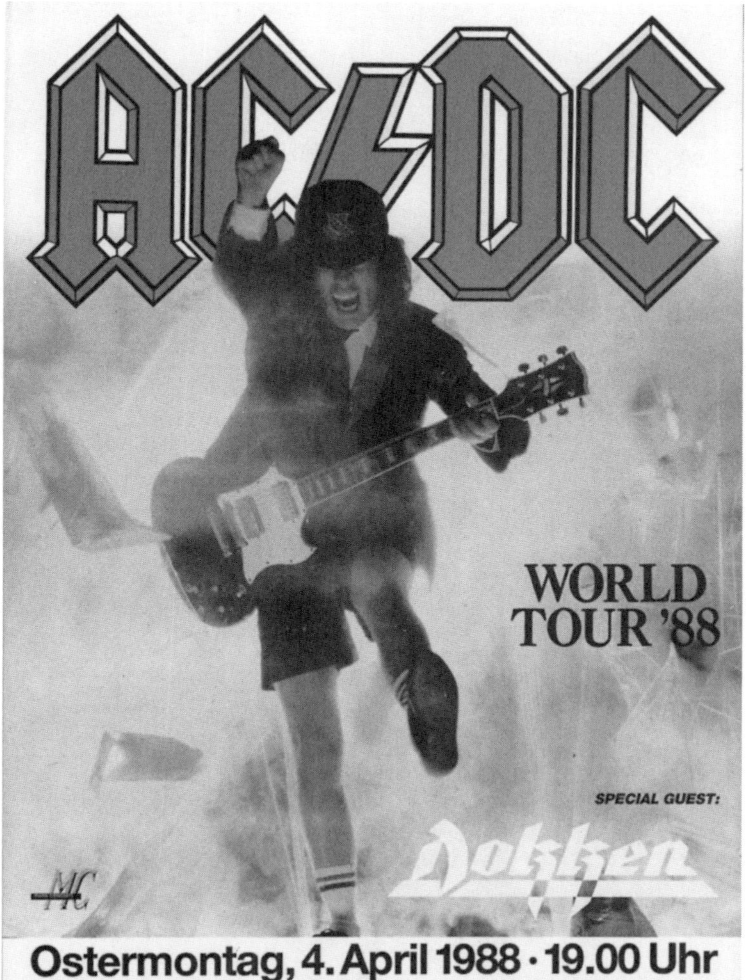
AC/DC
WORLD TOUR '88
SPECIAL GUEST:
Dokken
MC
Ostermontag, 4. April 1988 · 19.00 Uhr
Karlsruhe · Schwarzwaldhalle
Karten an allen bekannten Vorverkaufsstellen in Südwestdeutschland. - Telefonischer Kartenservice: Hoffmann Konzerte, 0621/27975

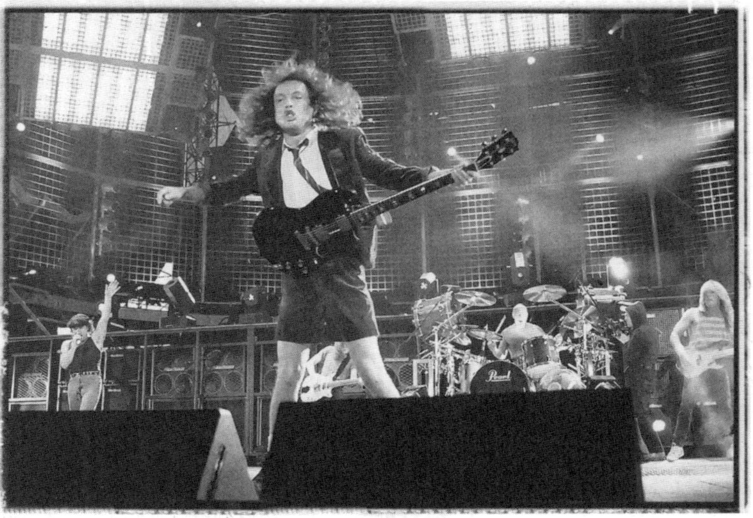

1991

Wie im Fluge: Angus beim Monsters of Rock, Castle Donington

24. Kapitel

THE RAZORS EDGE

Ende Juni 1991 bereitete die Roadcrew im Hordern Pavilion in Sydney den Auftritt von Motörhead vor und nutzte den Augenblick, da die Halle noch leer war, um die riesige PA mit Mehrfrequenzlärm einzumessen, dem sogenannten »rosa Rauschen« – ein niedlicher Ausdruck für ein ganz und gar nicht niedliches Geräusch. Es klang, als würde Lou Reeds berüchtigtes Album *Metal Machine Music* mit der Lautstärke eines Stahltriebwerks abgespielt. Und das war nur der erste Streich.

Um die Tauglichkeit der Anlage richtig zu testen, legten die Techniker eine Aufnahme von *Back In Black* ein. Als mit »Shoot To Thrill« der zweite Track anlief, der ohne von einer Menschenmenge absorbiert zu werden ungebremst durch die leere Halle über den nackten, bebenden Betonboden fegte, verließen nach und nach alle Anwesenden das Gebäude. Selbst die Roadcrew verzog sich nach draußen und ließ die Anlage allein weiterdröhnen. Es hatte wohl etwas zu sagen, dass ausgerechnet eine Band, deren Name seit Jahrzehnten für tödliche Dezibelattacken stand, ein zwölf Jahre altes Meisterwerk als Messlatte nutzte.

Drei Jahre zuvor hatte Malcolm mit derselben Disziplin, die er auch den anderen Mitgliedern von AC/DC stets abverlangt hatte, das Trinken aufgegeben, ganz im Stillen und ohne jede Publicity. Nach einigen Monaten Pause nahm er die Arbeit mit der Band wieder auf.

Angus war überglücklich, seinen Bruder wieder neben sich zu wissen. Es wunderte ihn, wie Malcolm es so lange geschafft hatte, unter Alkoholeinfluss zu funktionieren. Die anderen Bandmitglieder waren ebenso erleichtert, dass der Boss wieder mit an Bord war.

Simon Wright: »Es wurde nicht viel geredet. Wir sagten: ›Willkommen zu Hause, Junge. Alles klar?‹ Es gab keinen großen Empfang. Ich habe ihn immer mal angerufen und gefragt, wie es ihm geht. Als er zurück war, wurde alles allmählich wieder so wie früher. Wir waren wieder eine richtige Band.«

Über die Weihnachtstage setzte sich Malcolm mit Angus zusammen, und gemeinsam arbeiteten sie die Ideen aus, die Malcolm während seiner Auszeit entwickelt hatte.

In der Regel entstanden die Songs in drei Etappen: zuerst mit akustischen Gitarren, dann mit elektrischen Gitarren und einem Drumcomputer als Rhythmusgeber, falls kein Schlagzeug zur Hand war, und schließlich wurde die gesamte Band miteinbezogen.

Malcolm hatte neue Kraft getankt: Er fand sogar noch die Zeit, beim Demo von Stevie Youngs neuer Band Little Big Horn als Koproduzent mitzuarbeiten.

Ungefähr zur gleichen Zeit wurde Simon Wright ungeduldig. Er hatte die Nase voll vom Stillsitzen und dem Mangel an Aktivität im AC/DC-Camp. Zwischen den Touren gab es für ihn nicht viel zu tun. Im Januar 1990 nahm er deswegen nach mehr als einem Jahr der Tatenlosigkeit die Einladung eines Freundes, des früheren Rainbow-Sängers Ronnie James Dio, an, auf dessen Album *Lock Up The Wolves* zu spielen. Während der Aufnahmen entschied er sich dann, für immer bei Dio einzusteigen.

Simon Wright: »Es entwickelte sich ganz allmählich. Mir war langweilig. Es war alles in Ordnung, aber ich war so selbstzufrieden geworden. Dann sah alles danach aus, als ob die Pause noch länger dauern würde. Ich wollte einfach öfter spielen. Ich gebe zu, dass mir die Entscheidung schwerfiel. Aber während ich die Platte mit Ronnie aufnahm, reifte allmählich mein Entschluss. Und ich bin einfach geblieben.«

Wright sollte nur ein Jahr bei Dio trommeln. Dann nahm er 1994 zusammen mit den AC/DC-ähnlichen Rhino Bucket das Album *Pain* auf und stieg später bei den alten AC/DC-Kumpels UFO ein.

AC/DC brauchten einen Ersatz für ihn. Wieder mal wurden umfangreiche Vorspieltermine angesetzt.

Es kann schon sein, dass AC/DC laut sind und in die Heavy-Metal-Schublade eingeordnet werden, aber alle Drummer in der Rockszene wissen, dass – mit Ausnahme der Stones – keine Band rhythmisch präziser war und ist als AC/DC. Aus diesem Grunde kamen Drummer von überall, sogar unbestrittene Top-Schlagwerker wie der Engländer Simon Phillips, der schon mit allen großen Musikern gespielt hatte und später bei Toto einsteigen sollte.

Aber es war Chris Slade, auf den die Wahl fiel. Der Grund für diese Entscheidung lag wieder mal in Malcolms Elefantengedächtnis: Er hatte Slade in Sydney in der Band von Manfred Mann spielen sehen. Slade wurde am 30. Oktober 1946 in Wales geboren. Er brachte ausgezeichnete Referenzen mit.

Man schrieb das Jahr 1963 und er war 16, als er hörte, dass die Band Tommy Scott & the Senators einen Schlagzeuger brauchte. Am nächsten Abend kamen die Musiker bei ihm vorbei, er musste zu »Walk Don't Run« von The Ventures spielen und wurde in die Band aufgenommen. Der Sänger der Combo sollte später einmal unter dem Namen Tom Jones auch einem breiten Publikum bekannt werden.

Slade hatte seinen ersten Auftritt als professioneller Musiker mit Tom Jones im Vorprogramm der Stones im Beat City in London. Später trommelte er bei den Demoaufnahmen des Songs, der dem »walisischen Tiger« zum Durchbruch verhelfen sollte: »It's Not Unusual«. Er ist außerdem auf mehreren Tracks des Jones-Albums *13 Smash Hits* von 1967 zu hören. John Paul Jones, später mit Led Zeppelin berühmt geworden, spielte auf dem Album übrigens Bass.

Die Verbindung zu Tom Jones schmälerte nicht gerade seine Chancen auf eine Festanstellung. Einmal kam Elvis zu einem Konzert auf Hawaii, um sich den Star aus Wales anzusehen.

»Anscheinend hat ihm mein Stil gefallen«, erzählte Slade Phil Lageat in *Rock Hard*. »Da ich kurz vor Abschluss der Tour mit Tom stand, wollte Elvis mit zwei Drummern arbeiten, mit Ronnie Tutt und mir.«

Das Problem war nur, dass Slade nicht an den ersten Proben mit Elvis teilnehmen konnte. So wurde es nichts mit dem Job seines Lebens.

Später erhielt er den Anruf von Manfred Mann. Zusammen mit dem Bassisten Colin Pattenden bildete Slade auf neun Manfred-Mann-Platten von 1972 bis 1978 die Rhythmusgruppe. Manfred Manns Version des Bruce-Springsteen-Songs »Blinded By The Light« war 1976 ein weltweiter Hit.

Nachdem Manfred Mann die Band Ende 1978 auflöste, schloss sich Slade Uriah Heep für das Album *Conquest* an. Danach arbeitete er mit Gary Numan an *I, Assassin* und tat sich dann mit dem früheren Mott-The-Hoople- und Bad-Company-Gitarristen Mick Ralphs zusammen. Während dieser Zeit meldete sich Ralphs Kumpel David Gilmour von Pink Floyd und bot den beiden an, mit ihm auf Tour zu gehen.

Slade war völlig außer sich vor Freude – bis am Abend das Telefon erneut klingelte. Dieses Mal war Jimmy Page am Apparat. Er stellte gerade seine neue Band, The Firm, zusammen und wollte, dass Slade mitmacht. Der Drummer wusste nicht mehr, ob er lachen oder heulen sollte. Er bat Page um Verständnis und erklärte, dass er gerade bei Gilmour unterschrieben habe und für die nächsten Monate ausgebucht sei. Sehr zu Slades Erstaunen sagte Jimmy Page, dass es ihm nichts ausmachen würde, so lange zu warten.

Slade nahm später zwei Alben mit The Firm (Page, Paul Rodgers und Tony Franklin) auf, ihr gleichnamiges Debütalbum und *Mean Business*.

Wie der Zufall es wollte, spielte Slade 1989 mit Gary Moore, der auch bei Part Rock, dem Management von AC/DC, unter Vertrag stand. Malcolm nahm ihn unter die Lupe, und kurze Zeit später war Slade das neue Mitglied von AC/DC.

Mit Slade im Boot, der eigentlich nur für die Dauer der Aufnahmen bleiben sollte (und außerdem kahl und ziemlich groß war), wurde das neue Material in einem winzigen Bauernhaus bei Brighton eingeprobt.

Zwischendurch stellten AC/DC auch noch ihre Durchsetzungskraft in den Dienst des US-Militärs. Als der panamaische Diktator Noriega sich auf der Flucht vor den Amerikanern in der vatikanischen Botschaft in Panama City verbarrikadierte, beschallten Kampfhubschrauber und Panzer 24 Stunden am Tag das Gelände mit brüllend lauten Aufnahmen von AC/DC, um ihn zu zermürben und durch Schlafentzug zur Aufgabe zu zwingen.

»Wir waren froh, bei Noriegas Ergreifung behilflich sein zu können«, so Brian zu Liam Fay in *Hot Press*.

Eigentlich sollten Harry Vanda und George Young das Album erneut gemeinsam produzieren. Letztendlich arbeitete aber George Young ohne Vandas Hilfe an den ersten Aufnahmen, weil Harry aus persönlichen Gründen nach Hause zurückkehren musste. Im April zog die Band in die Little Mountain Studios nach Vancouver um, wo Produzent Bruce Fairbairn und Toningenieur Mike Fraser die Aufnahmen in die Hand nehmen sollten.

Für Malcolm und Angus war nun wieder Schluss damit, die eigenen Songs auch noch selbst zu produzieren.

Ursprünglich hatte es Bedenken gegeben, dass Fairbairn der Band einen zu glatten, poppigen Sound verpassen könnte, wie er es bei Bon Jovis Erfolgsalbum *Slippery When Wet* getan hatte, das sich immerhin 14 Millionen Mal verkaufte. Aber schon bald war klar, dass Fairbairn ein riesiger AC/DC-Fan war, der die volle Dröhnung der Band einfach mal aus nächster Nähe erleben wollte.

Bereits seine Herangehensweise an die Gesangsaufnahmen war sehr eigen. Brian sollte sich in einer schalldichten Kabine die Seele aus dem Leib schreien. Erst danach durfte er sich für die Aufnahmen ans Gesangsmikro stellen.

Mit Fairbairn am Pult, der schnell das Vertrauen von Malcolm und Angus gewonnen hatte, konnten sich die beiden auf das konzentrieren, was sie am besten beherrschten. Ohne Produktionsaufgaben konnten sie auch Brian von der Last des Texteschreibens entbinden.

Während der Aufnahmen wurde Chris Slade gebeten, dauerhaft bei AC/DC einzusteigen. Voller Erstaunen registrierte Slade, wie bodenständig es während der Sessions zuging. Sie nahmen ihre Spuren nicht einzeln auf, sondern gemeinsam als Band. Im Unterschied zu den meisten anderen Acts spielten AC/DC auch im Studio mit Blickkontakt.

»Für Angus ist es unvorstellbar, erst zwei Wochen, nachdem der Rest eingespielt wurde, im Studio vorbeizuschauen und seine Gitarrenparts aufzunehmen«, sagte Slade im Interview mit Phil Lageat im *Rock Hard*. »Und sie behalten immer die ersten Takes. Auf jedem Track eines AC/DC-Albums findet man Teile der allerersten Takes.«

Was auch gut so ist: Einen Song wie »Thunderstruck«, der sich um Angus' Nahtoderfahrung während der Europatour 1988 dreht, mit dem langen und komplizierten Gitarrenintro oft zu wiederholen, wäre Folter für seine Finger gewesen.

Im Mai war *The Razors Edge* nach sieben Wochen Arbeit vollendet. Zum Dank und als Zeichen des Respekts überreichte Malcolm Bruce Fairbairn eine seiner Gitarren.

Das Album erschien im September. In Amerika verkaufte es sich schnell: Zwei Wochen nach Veröffentlichung – *Back In Black* hatte gerade eine Auszeichnung für 10 Millionen verkaufte Exemplare verliehen bekommen – stieg es in die *Billboard*-Charts ein und kletterte dort bis auf Platz 2. Die Verkäufe sollten später drei Millionen Exemplare übersteigen. Auch in Großbritannien erreichte die Platte Platz 4 der Charts.

AC/DC waren zurück – und Songs wie »Mistress For Christmas« und »Moneytalks« bewiesen, dass sie weder ihre musikalischen Wurzeln noch ihre Herkunft aus der Arbeiterklasse vergessen hatten.

Im November startete dann der erste Teil der Tour in den Staaten und Kanada. Brian wärmte sich vor den Shows immer auf die gleiche Weise auf: »Normalerweise gehe ich auf die Toilette und schreie erst mal ordentlich los. Wenn ich rauskomme, fragen alle: ›Geht's dir gut? Wir dachten, du wärst da drin überfallen worden!‹ Nee, nee, Jungs, ich habe mich nur mal geräuspert!«

Zum gewaltigen Tross der Band zählte jetzt eine 50-köpfige Roadcrew, die sich um 30 Tonnen Equipment kümmern musste. Mit von der Partie war inzwischen auch Allan Rogan – der frühere Gitarrenroadie von Keith Richards, der nun für Angus arbeitete.

Der Höhepunkt der Shows war neben der Glocke und den Kanonen vor allem der Augenblick, wenn bei »Moneytalks« Dollarnoten mit dem Konterfei von Angus auf das Publikum niederregneten.

Brian: »Wir kriegen immer so ungefähr 'ne Million falscher Dollarnoten und hauen die dann raus ins Publikum. Mit einer Million kommen wir in der Regel eine Woche aus. Hört sich gut an, oder? Ja, auf Tour, da gebe ich gerne mal eine Million aus – ich bin halt so ein Typ!«

Die Blüten sorgten für Schwierigkeiten in England. Nicht, weil sie jede Nacht verteilt wurden. Das eigentliche Problem war das Cover der Single »Moneytalks«: Es zeigte eine britische Pfundnote, die statt des Abbilds der Königin Angus' Antlitz zierte. Der Band wurde dafür eine Geldstrafe von 2000 Pfund auferlegt.

Beim zweiten Teil der Kanada- und US-Tournee erlebte die Band den schlimmsten Albtraum aller Künstler, als am 18. Januar drei Fans während des Konzerts in der Salt Palace Arena in Salt Lake City im Gedränge vor der Bühne erdrückt wurden. Die Toten waren Teenager: Jimmie Boyd und Curtis Child, beide vierzehn, und Elizabeth Glausi, neunzehn Jahre alt.

Brian nahm das schreckliche Ereignis und seine eigene Hilflosigkeit angesichts der Katastrophe so mit, dass er wochenlang nicht mehr schlafen konnte.

Der Vorfall wurde in den amerikanischen Medien ordentlich aufgebauscht. Schon wieder waren AC/DC ohne eigenes Verschulden in die Schlagzeilen geraten. Was genau im Pulk der Fans passierte, war Gegenstand der Diskussionen. Zeugen sagten aus, dass die Band trotz Rufen, aufzuhören, ihre Show fortgesetzt hätte.

Die Bandmitglieder wiesen die Anschuldigungen von sich und erwiderten, sie hätten sofort aufgehört, wenn sie bemerkt hätten, dass es Probleme gab. AC/DC veröffentlichten eine Pressemitteilung, in der sie den Familien und Freunden der Opfer ihr »tiefes Beileid« ausdrückten.

Mittlerweile hatte der Golfkrieg begonnen. Manche Kritiker meinten, dass Angus damit, dass er auf der US-Tour die Hosen runterließ, um seine Stars-and-Stripes-Unterhose zu enthüllen, einen Kommentar zum Konflikt abgeben wolle. Dabei war es nur ein Teil der Show und ein kleiner Gruß an das jeweilige Land, in dem AC/DC gerade unterwegs waren. Jerry Lee Lewis gab keine gesellschaftlichen oder politischen Kommentare ab, genauso wenig würden AC/DC es tun.

Nur Brian, der ehemalige Fallschirmjäger, machte sich Sorgen, dass er als Reservist noch eingezogen werden könnte.

Im März ging es in Europa weiter. Die Shows in Glasgow, Birmingham, Dublin und Belfast wurden für ein Livealbum komplett mitgeschnitten. Angus hatte Glück, dass bei der Show in Nordirland nicht auch noch die Kameras liefen.

Angus: »Ich zog gerade mein Jackett aus und hatte nur noch Shorts an. Normalerweise ziehe ich dann die Shorts runter und habe noch eine andere Hose mit der Flagge drunter. An dem Abend aber war mir die Unterhose zerrissen. Als ich die Shorts runterzog, habe ich aber nichts davon bemerkt. Als ich mich zu den Jungs umdrehte, sagten die: ›Ang! Ang!‹ Aber ich schnallte gar nicht, was die hatten. Ich war in meiner eigenen Welt. Brian hat später erzählt: ›Ich drehe mich um, und da hängt dein Gemächt!‹ Das Publikum hat es mit Humor genommen. Brian meint im Übrigen, ich müsse gar nichts verstecken!«

The Razors Edge erwies sich als so erfolgreich, dass nach dem 23. Mai ein dritter Teil mit 36 Konzerten an die USA/Kanada-Tour angehängt wurde. Genau wie auf der Nordamerikatour von

1988, während Malcolms Ruhepause, bestritten die L. A. Guns das Vorprogramm.

Tracii Guns, Gründungsmitglied und Namensgeber von Guns N' Roses, erinnert sich, wie gut die Headliner darin waren, sich über die Songs ihrer Helden herzumachen.

»Ich erinnere mich an die Soundchecks. Sie haben immer Rolling-Stones-Songs gespielt. Und das haben sie so gut gemacht, dass es einem fast unheimlich war.«

Als die Tour in Vancouver Station machte und er zusammen mit dem L. A.-Guns-Gitarristen Mick Cripps, Angus und Malcolm die Bar The Club Soda besuchte, wurde Tracii Guns Zeuge eines denkwürdigen Vorfalls.

Tracii Guns: »Da kommt ein Typ zu uns an den Tisch und fängt an herumzuschreien: ›Was bildest du dir denn überhaupt ein, meinst du, du darfst hier mit diesen Legenden herumhängen?‹ Da steht der kleine Malcolm – er ist wirklich sehr klein – auf und sagt ihm direkt ins Gesicht: ›Warum haust du nicht ab und fickst dich selbst? Und wenn du damit fertig bist, warum bringst du dich dann nicht um?‹ Eine bessere Bestätigung kann kein Musiker jemals erleben – dass jemand von Malcolms Kaliber sich für dich einsetzt, selbst wenn es ihn einen Fan kostet. Mick hat auf der Tour geheiratet. Angus hat für ihn und seine Frau eine ganze Woche lang eine Privatlimousine besorgt. Sie waren sehr gut zu uns.«

Und die amerikanischen Konzertbesucher waren sehr gut zu AC/DC: Die *Razors Edge*-Tour brachte Bruttoeinnahmen in Höhe von 17,8 Millionen Dollar, was sie zur sechsterfolgreichsten Tournee des Jahres weltweit machte.

Aber es war harte Arbeit. Die Bandmitglieder waren keine 19 mehr. Brian hielt sich mehrmals in der Woche durch Fitnesstraining für die Shows in Form, die nun eine Länge von 135 Minuten hatten und damit eine halbe Stunde länger waren als die Konzerte auf der vorangegangenen Tour.

Was er bei Angus sehen konnte, ließ ihn jedoch schnell seine Wehwehchen vergessen. »Ich habe miterlebt, wie der Doktor reinkommt, sich den Jungen ansieht und nur den Kopf schüttelt. Angus meinte dann: ›Ach, scheiß drauf, ich gehe auf die Bühne.‹ Wir haben nie ein Konzert abgesagt«, erfuhr Stuart Coupe vom *Hot Metal* von Brian.

Etwa zur gleichen Zeit wurde die Band von ihrer Mitschuld im Prozess um die Ereignisse in Salt Lake City freigesprochen. Bruce Child, der Vater des Opfers Curtis Child, hatte eine Zehn-Millionen-Dollar-Klage wegen schuldhafter Tötung gegen Band, Veranstalter und Sicherheitsfirmen angestrengt.

Die Erinnerungen an den furchtbaren Vorfall ließen sich damit jedoch nicht aus der Welt schaffen.

Vor diesem Hintergrund schien es kein günstiger Zeitpunkt für die großen Festivals zu sein. AC/DC spielten dennoch als Hauptband bei den europäischen Monsters-Of-Rock/Rock-Around-The-Bloc-Festivals, zusammen mit Metallica, Mötley Crüe, Queensrÿche und den Black Crowes.

Zum ersten Mal spielten AC/DC in Ländern wie Polen, Ungarn oder Russland, die sich bis vor Kurzem noch hinter dem Eisernen Vorhang befunden hatten. Für die Band, die bisher nie auch nur das geringste Interesse an Politik gezeigt hatte, war das eine ganz neue Erfahrung – wie auch für die Zuschauer, von denen viele zum ersten Mal eine große, international bekannte Rockband live erlebten. In Polen kamen 40 000 Fans zu einem Gig. In Kopenhagen waren es 25 000, in Barcelona wollten 45 000 die AC/DC-Weihen empfangen.

Rich Robinson (Gitarrist der Black Crowes): »Wir fühlten uns gleich zu AC/DC hingezogen, weil sie eine Rockband sind. Ich kann mich erinnern, dass ich mir am ersten Abend angesehen habe, wie 60 000 Kids bei Metallica durchgedreht sind, und ich dachte: Mann, das ist schon seltsam, wie viele Leute auf Metallica stehen. Wie AC/DC wohl ankommen werden? Und dann kam ›Thunderstruck‹. Angus fing an zu spielen, und das ganze Publikum ist völlig ausgerastet. Da war klar: Okay, das sind AC/DC. Denen kann keiner das Wasser reichen!«

Auch Mötley Crüe fühlten sich auf der Tour wie im Himmel.

Doug Thaler: »Mötley Crüe hatten den allergrößten Respekt vor AC/DC. Tommy Lee war ein riesiger Fan. Ich weiß aber nicht, was AC/DC von ihnen hielten, wahrscheinlich kamen sie ihnen wie ein Haufen kleiner Jungs vor. Sie bekamen keine Beschränkungen beim Sound und haben die volle Lichtanlage benutzen dürfen. Es war, als wollten AC/DC denen sagen: ›Zeigt, was ihr könnt, gebt euer Bestes. Danach kommen wir und hauen alles weg.‹«

Rich Robinson: »In Dortmund habe ich ihre Show gesehen. Angus hat Slide gespielt. Verdammt, war der cool! Er hat Slidegitarre mit einem Feuerzeug gespielt.«

Bei einem Konzert entdeckte ein Mitglied der Beleuchtungscrew im Publikum ein Pärchen, das es im Rhythmus von »Dirty Deeds Done Dirt Cheap« in der Hündchenstellung trieb. Er richtete eine Videokamera auf sie, und die beiden fanden sich auf den Bildschirmen im ganzen Stadion wieder. Das Pärchen ließ sich nichts anmerken, wahrscheinlich war es zu sehr damit beschäftigt, im Rhythmus zu bleiben. Sie sang sogar währenddessen den Song mit. Damit war es offiziell: Die internationale Sprache der Lust lautete AC/DC.

Dass die Wahrnehmung von AC/DC noch weit über den Aufruf zum Geschlechtsverkehr hinausging, zeigte sich am 17. August: 72 500 Zuschauer konnten die Band zum dritten Mal – was vorher noch keiner Gruppe vergönnt war – als Headliner bei Monsters of Rock in Castle Donington sehen.

Der fünfzehnjährige Fan Dan Brooks aus Bedford, der nach einer Verletzung beim Rugby auf dem linken Ohr taub war, erlangte sein Hörvermögen wieder, weil er während des Auftritts von AC/DC in der Nähe der Lautsprechertürme gestanden hatte.

Sogar »Satanisten« können Wunder bewirken.

Obwohl es schon ihr dritter Auftritt bei diesem Event war, musste George Young immer noch beruhigend auf Brian einwirken. Egal, wie oft sie in Donington auftraten, Herzklopfen hatte der Frontmann immer noch.

Er hätte sich keine Gedanken machen müssen. Gegen Ende der Show konnte er sich vor Lachen kaum halten: Genau in dem Moment, als er gerade Luft holte, um die ersten Zeilen von »For Those About To Rock« herauszuschmettern, sah er einen Kameramann – einen von 20, die am nächsten Video arbeiteten – wie von Geisterhand an sich vorbeigleiten.

Bei Malcolm hinterließ Donington auch dieses Mal einen schalen Nachgeschmack. Er hatte nicht das Gefühl, dass die Band hier jemals eine einzigartige Performance hingelegt hatte.

Im Gegensatz dazu war Doug Thaler glücklich, dass die Band endlich wieder intakt war.

Thaler: »Malcolm war nüchtern. Ich könnte nicht behaupten, dass jeder nüchtern war. Aber wenn getrunken wurde, dann ziemlich wenig. Sie hatten die Saufphase hinter sich gebracht und waren wieder sie selbst: so großartig, eingespielt und bewundernswert wie früher.«

So groß und prestigeträchtig Donington auch war, im Vergleich mit dem, was folgen sollte, war es nur ein Anheizer. Denn der Höhepunkt der Tour, wenn nicht sogar der Höhepunkt der AC/DC-Geschichte, sollte noch folgen: Der Auftritt in Moskau am 28. September 1991.

Man hätte schon auf der Bühne stehen und den Horizont bis zu den Beleuchtungsmasten, die die Zuschauermassen anstrahlten, absuchen müssen, um eine Vorstellung davon zu bekommen, wie viele Besucher auf den Flughafen Tushino am Rande Moskaus gekommen waren. Die offiziellen Zuschauerzahlen des Konzerts, bei dem AC/DC nach EST, Pantera, The Black Crowes und Metallica spielten, lagen bei 1,2 Millionen. Es dürfte aber in Wahrheit unmöglich gewesen sein, verlässliche Zahlen zu ermitteln.

Berichten zufolge war während des Konzerts in Moskau-Stadt selbst kaum ein Mensch unter dreißig anzutreffen. Das war aber auch wenig überraschend, zählten doch nach dem Niedergang des Kommunismus Produkte von AC/DC neben Jeans und den Ver-

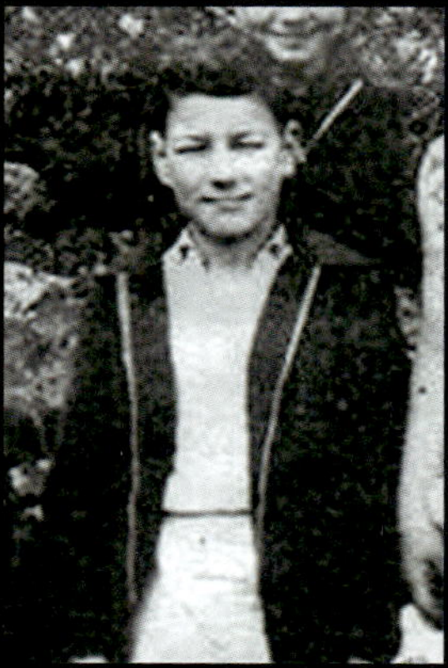

Brian Johnson in den Fünfzigern in jungen Jahren in Dunston.

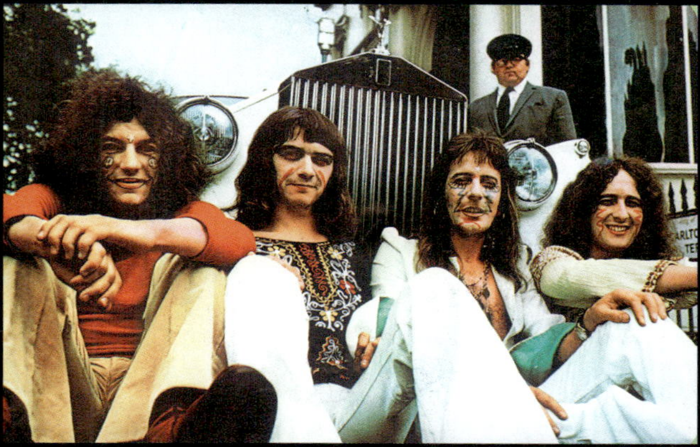

Geordie: Brian Johnson, Brian Gibson, Vic Malcolm, Tom Hill – London, Ende 1972.

Entfesselt: Brian im Birmingham Odeon, Oktober 1980.

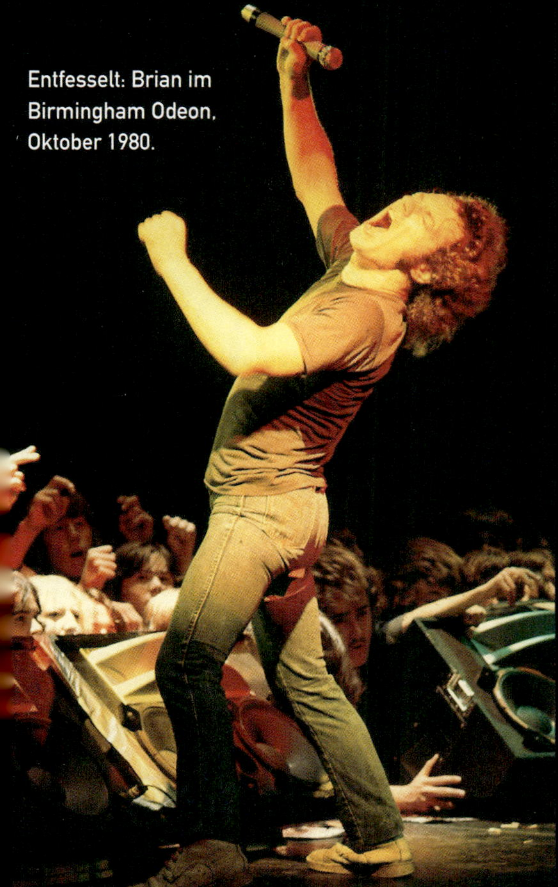

Extreme Lärmbelästigung: Angus im Dallas Convention Center, August 1980.

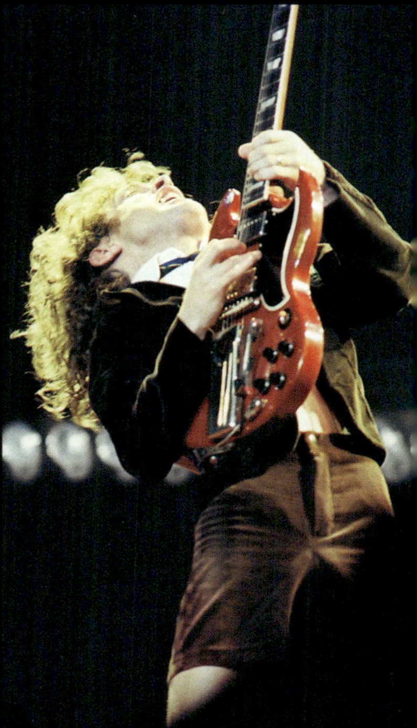

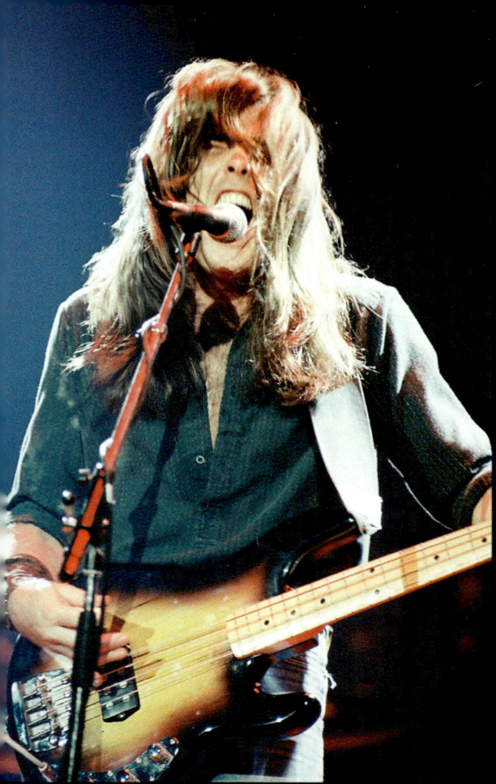

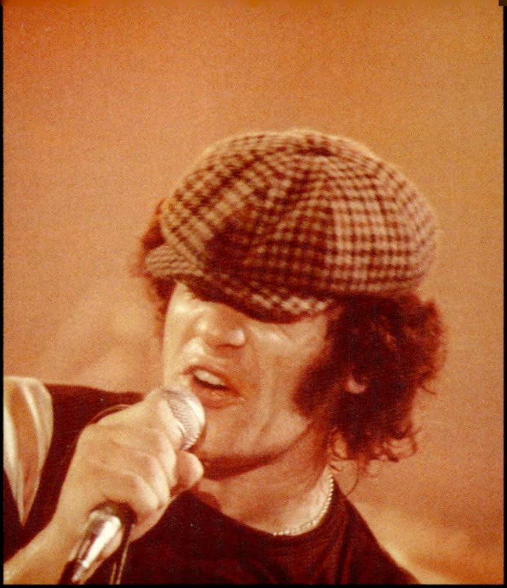

Brian bei einem seiner ersten AC/DC-Gigs – Deinze, Belgien, Juli 1980.

Stiller Shouter: Cliff – Dallas Convention Center, August 1980.

Phil auf der USA-Tournee, 1980.

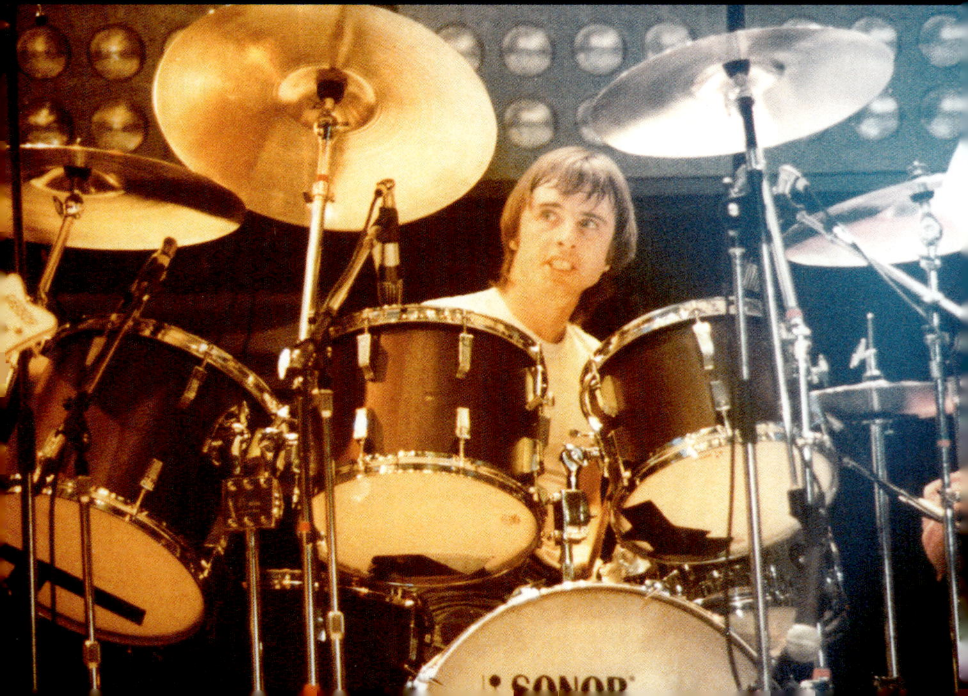

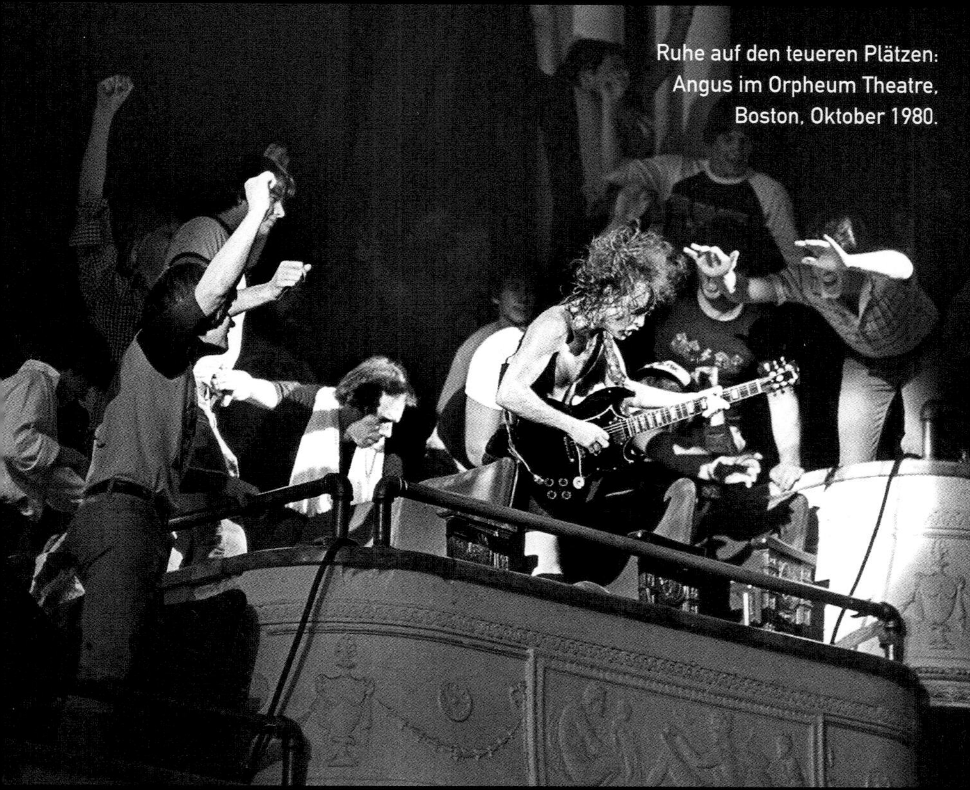

Ruhe auf den teueren Plätzen: Angus im Orpheum Theatre, Boston, Oktober 1980.

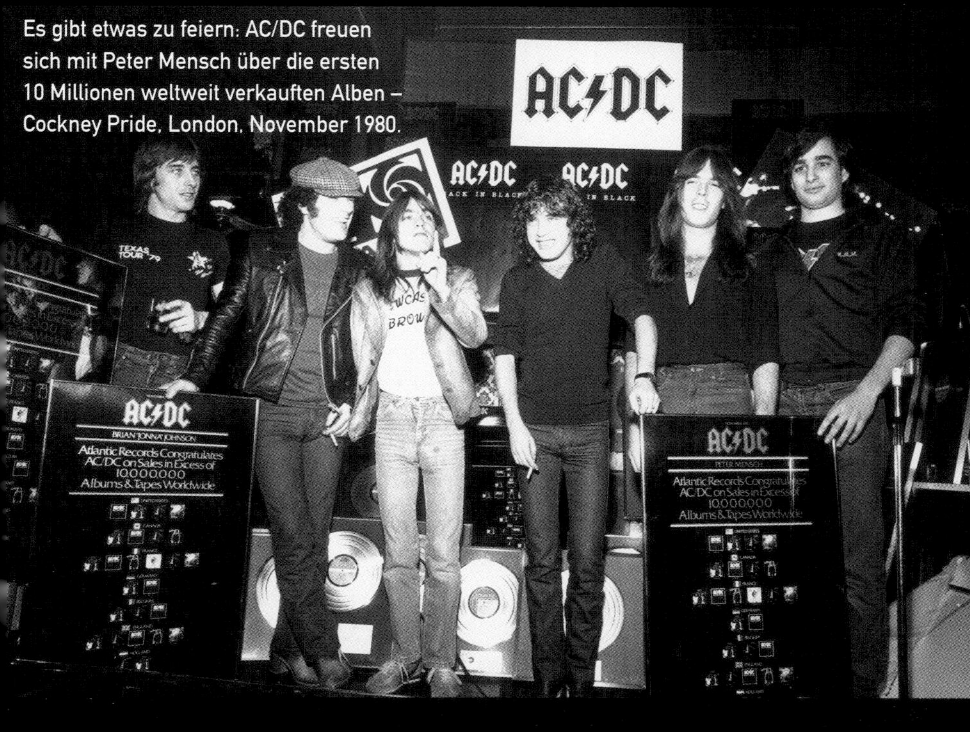

Es gibt etwas zu feiern: AC/DC freuen sich mit Peter Mensch über die ersten 10 Millionen weltweit verkauften Alben – Cockney Pride, London, November 1980.

Ein Mann und seine Aura: Angus,
Le Bourget – Paris, Dezember 1982.

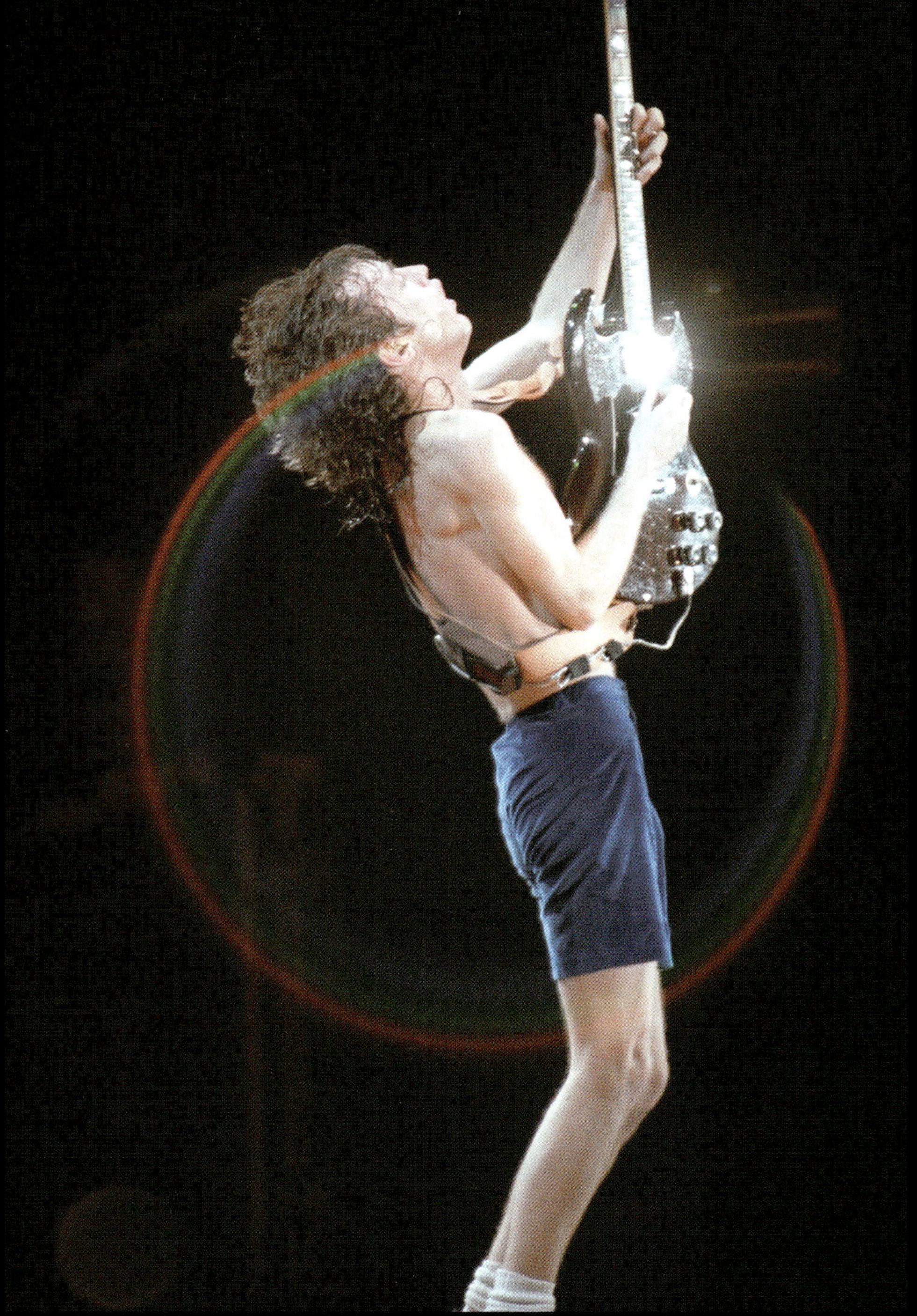

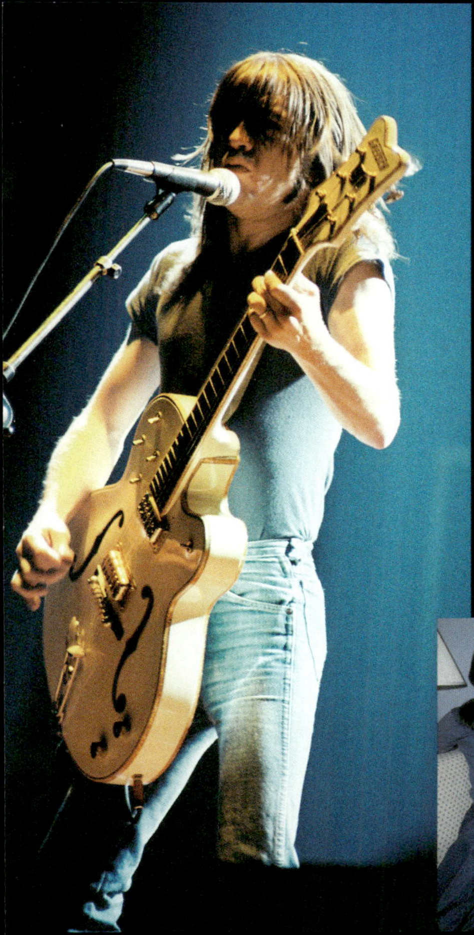

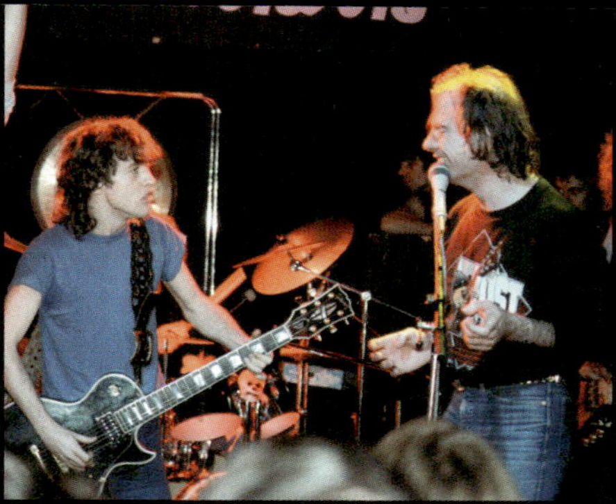

French Connection: Angus jammt mit Bernie von Trust im Rose Bonbon – Paris, Dezember 1982.

Abrocken. Malcolm in Dallas, August 1980.

Machen es sich gemütlich: Cliff, Brian, Angus, Malcolm und Simon Wright in den USA, 1983.

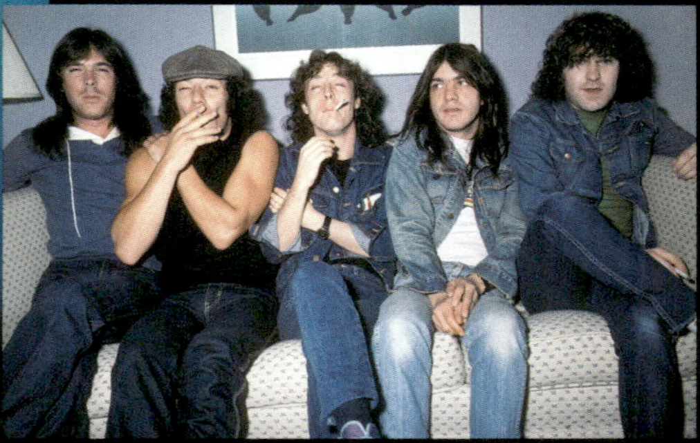

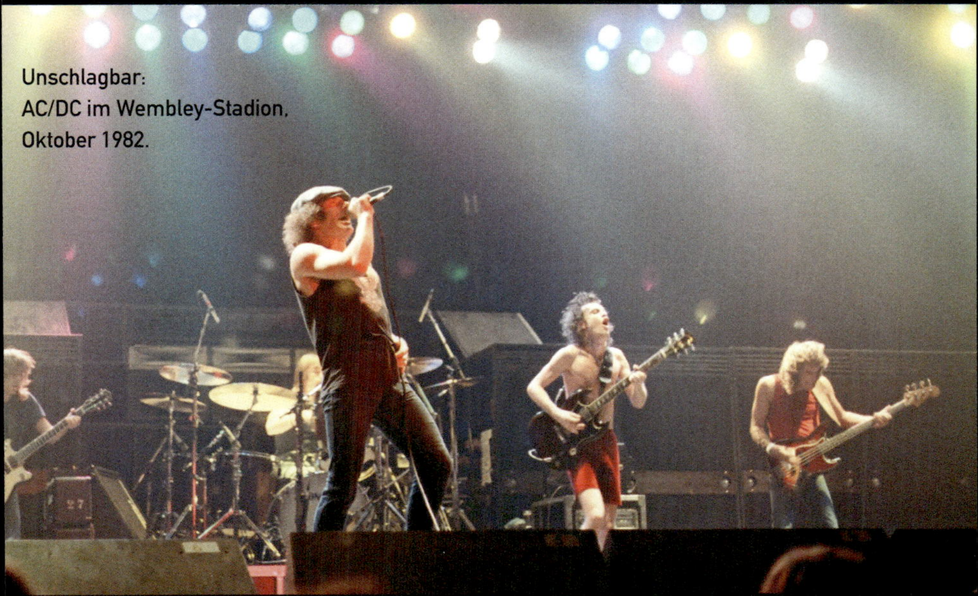

Unschlagbar: AC/DC im Wembley-Stadion, Oktober 1982.

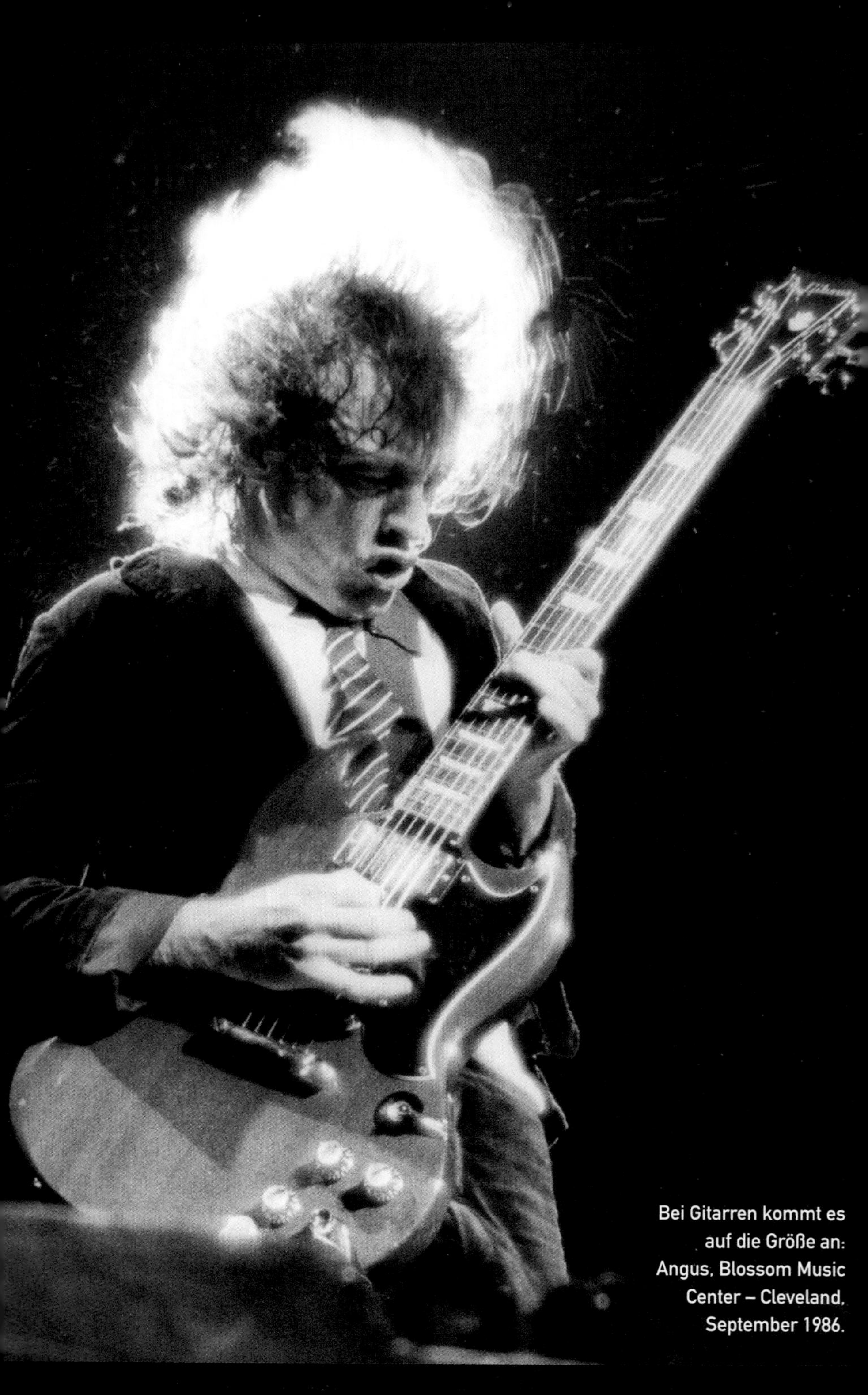

Bei Gitarren kommt es auf die Größe an: Angus, Blossom Music Center – Cleveland, September 1986.

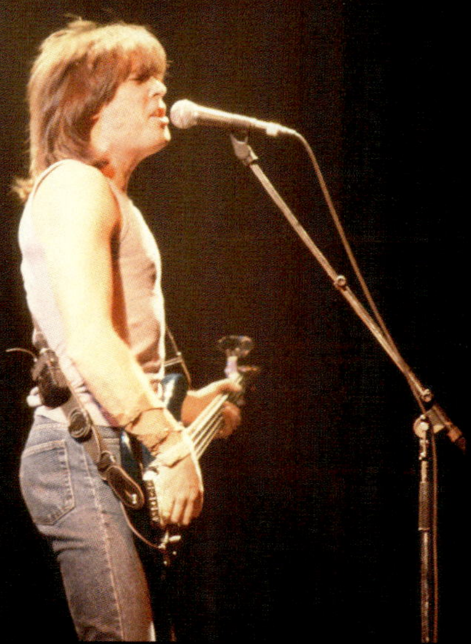

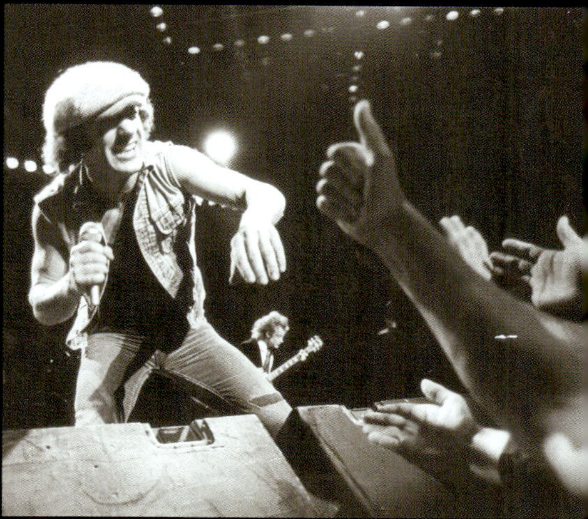

Gib mal Pfötchen: Brian –
Cleveland, September 1986.

Cliff, Ernst-Merck-Halle –
Hamburg, Januar 1986.

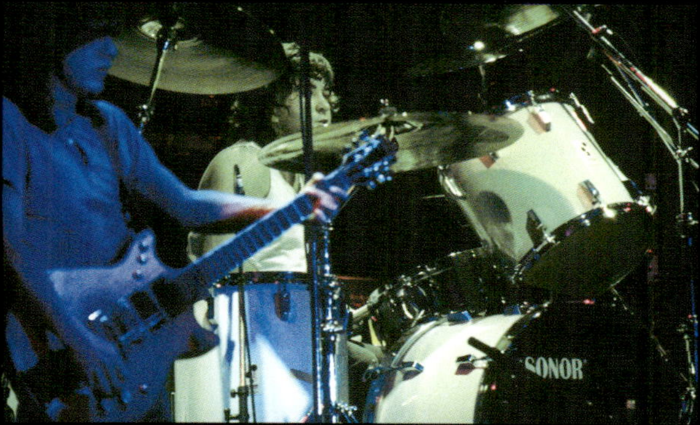

Simon Wright –
Hamburg,
Januar 1986.

Malcolm – Sporthalle Köln,
Januar 1986.

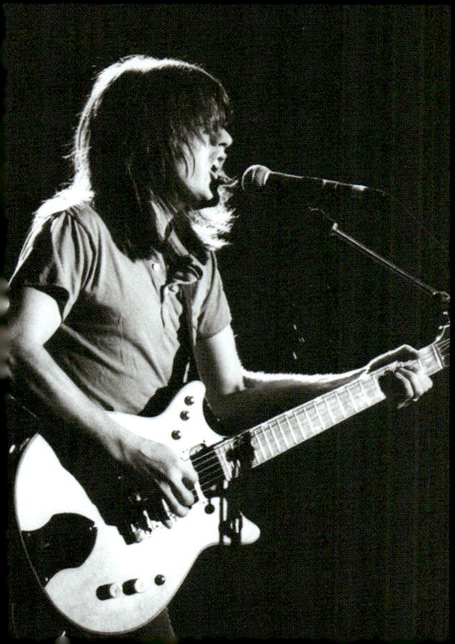

Die Pose hat King Kong von mir:
Angus – Australien, Februar 1988.

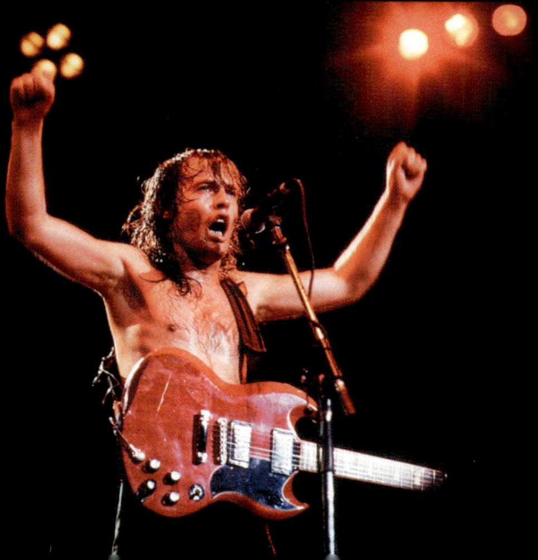

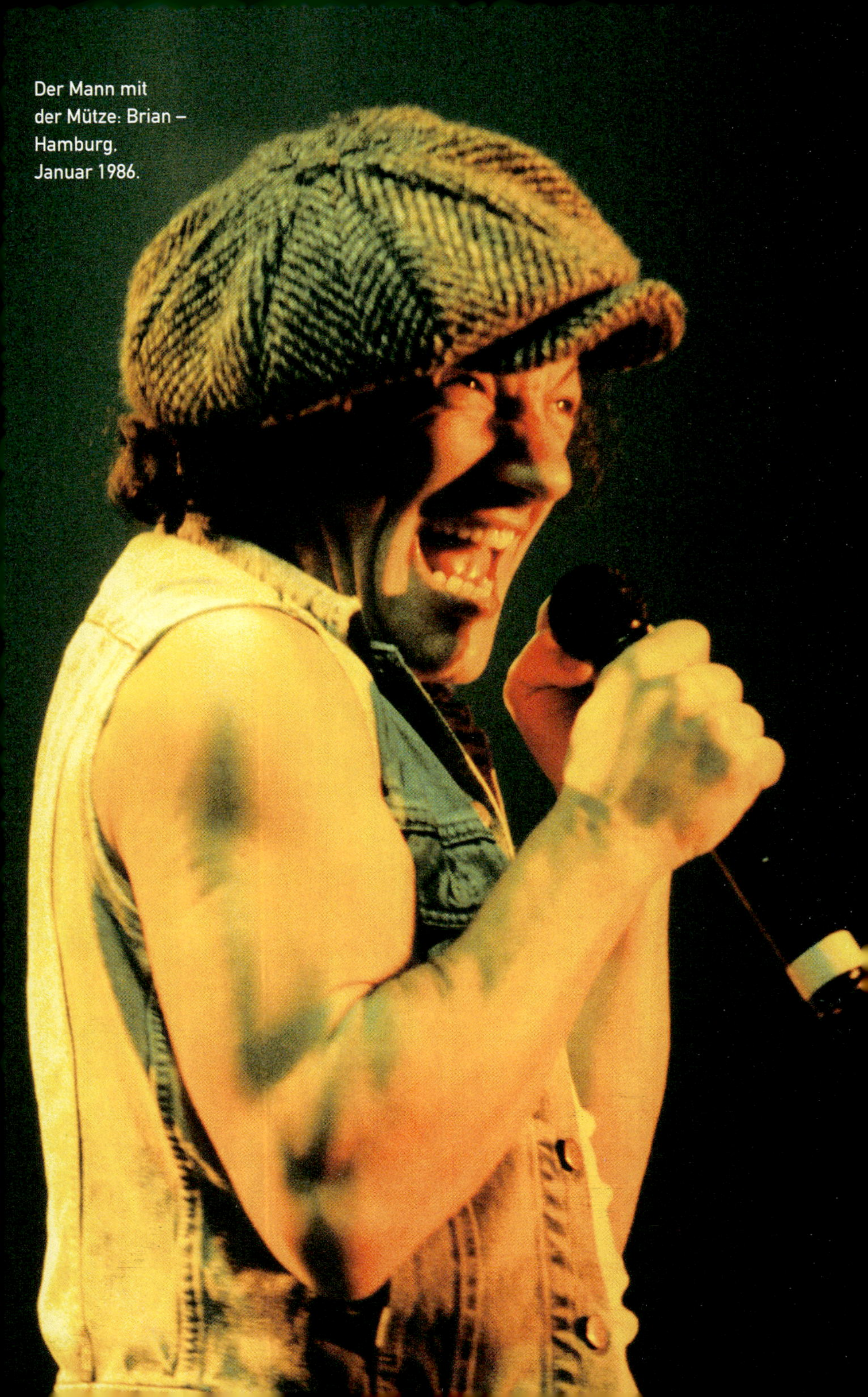

Der Mann mit der Mütze: Brian – Hamburg. Januar 1986.

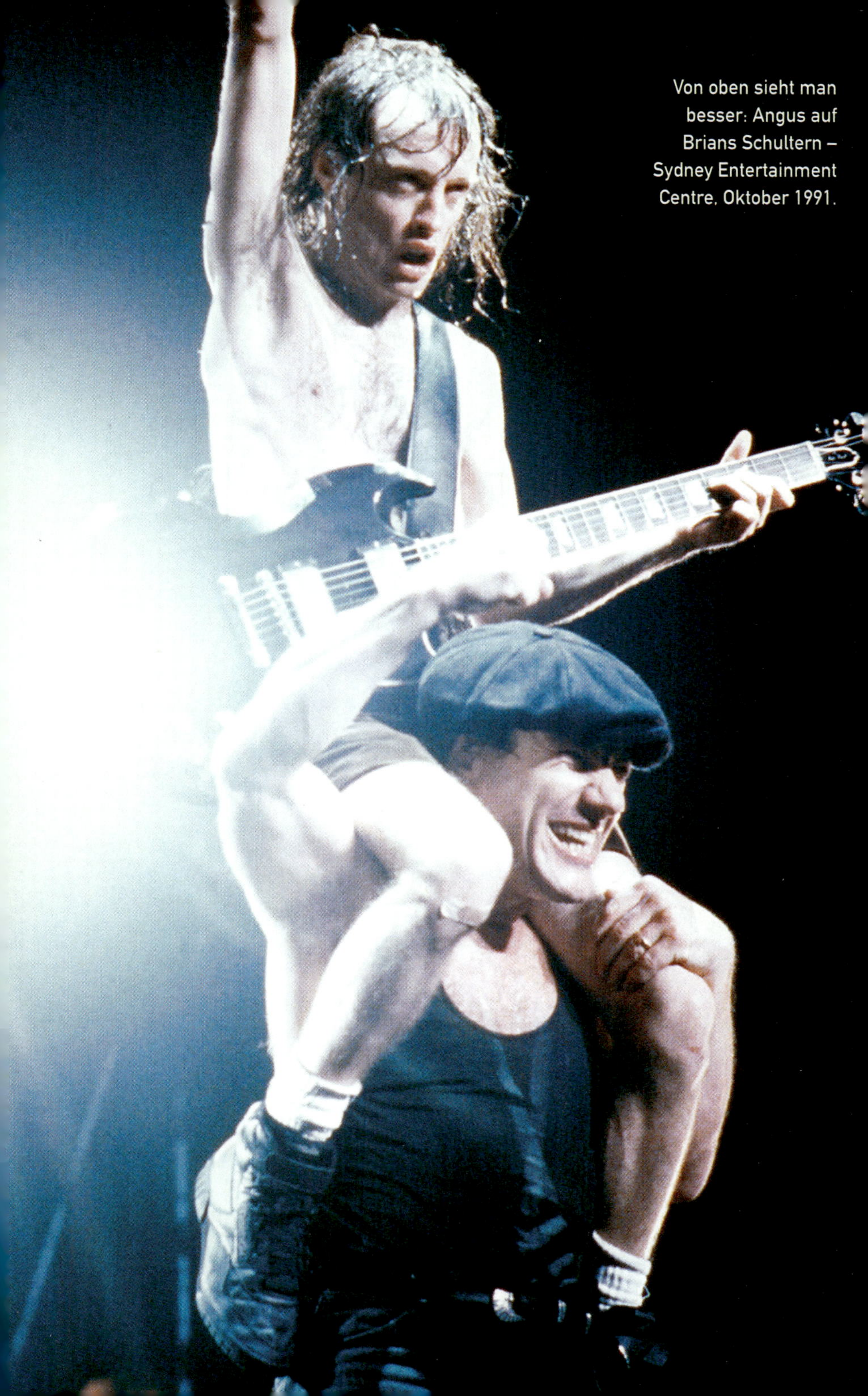

Von oben sieht man besser: Angus auf Brians Schultern – Sydney Entertainment Centre, Oktober 1991.

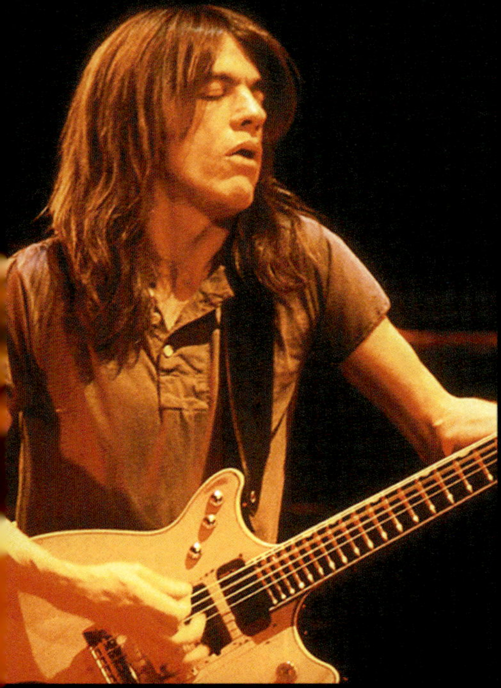

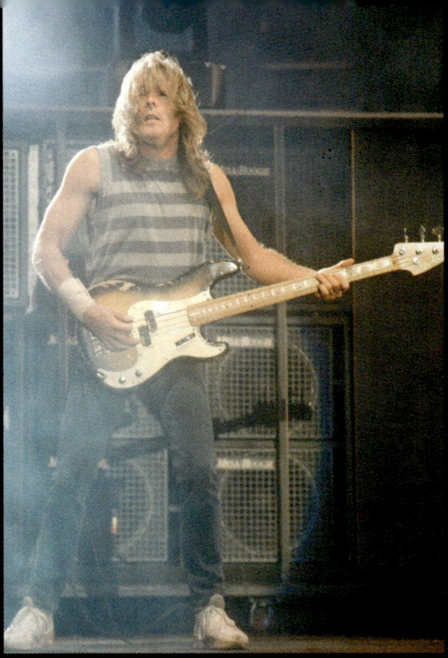

Cliff – Castle Donington, August 1991.

Malcolm – Sydney Entertainment Centre, Oktober 1991.

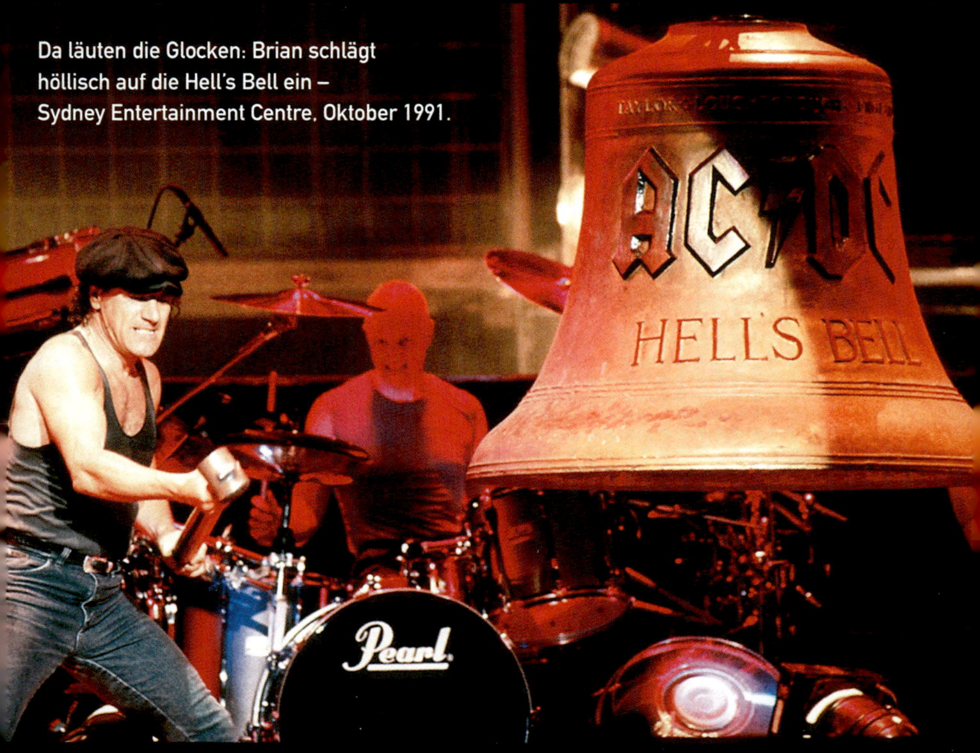

Da läuten die Glocken: Brian schlägt höllisch auf die Hell's Bell ein – Sydney Entertainment Centre, Oktober 1991.

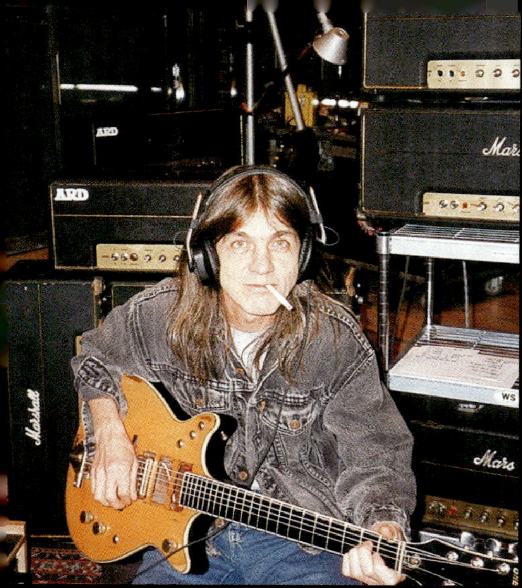

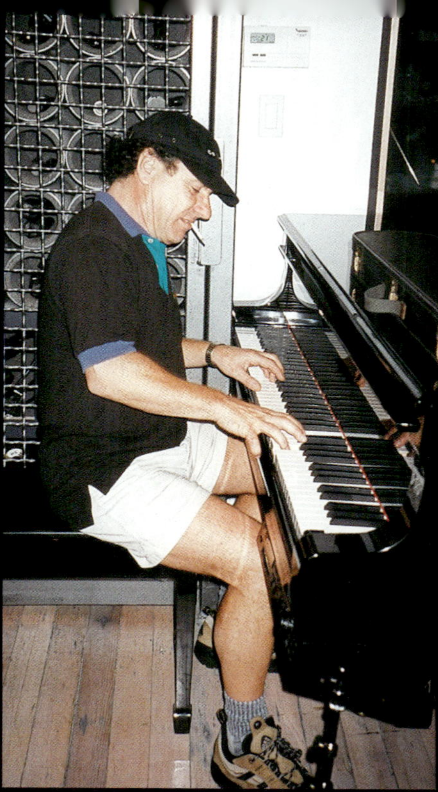

Genie bei der Arbeit: Brian in den Warehouse Studios – Vancouver, August 1999.

Warten auf die Muse: Malcolm in den Warehouse Studios – Vancouver, August 1999.

Es werde Licht – Australientour, Februar 2001.

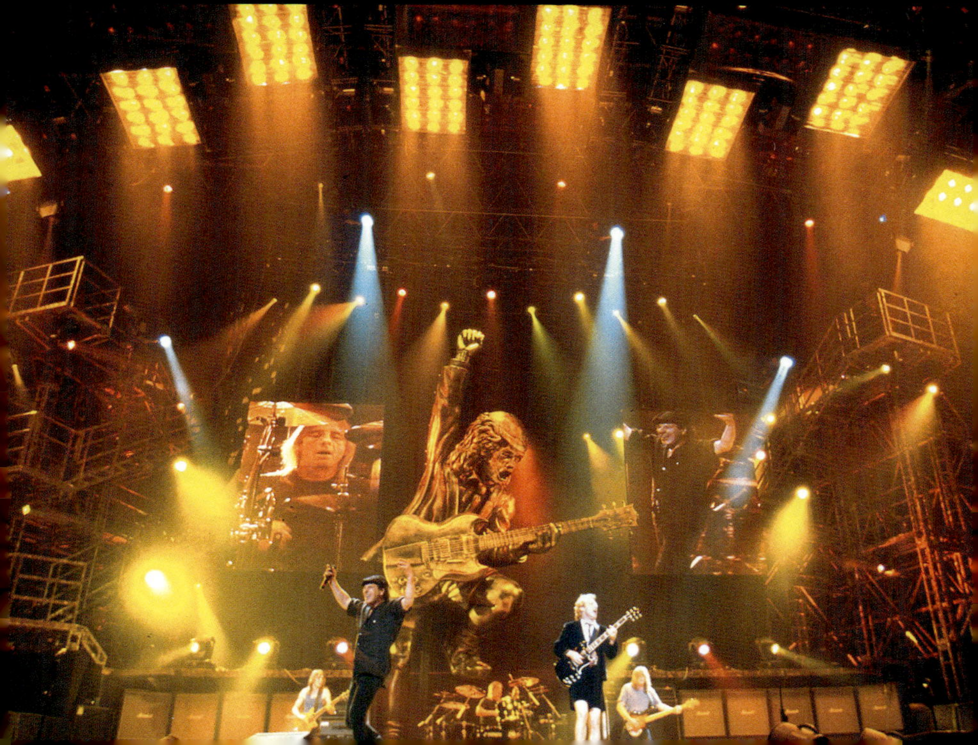

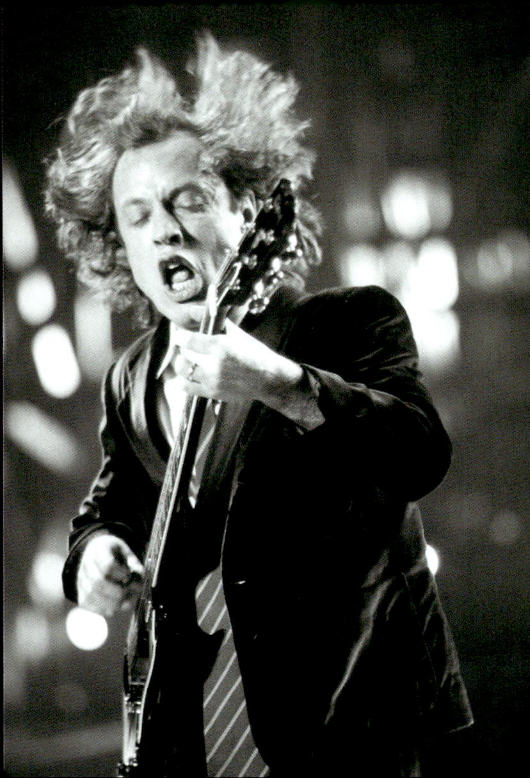

Angus in Fahrt –
Madison Square Garden,
New York, Mai 2001.

Hier schließt
sich der Kreis:
Angus und Malcolm
jammen mit den
Rolling Stones,
Enmore Theatre –
Sydney, Februar 2003.

Brian bei der
Geordie-II-
Reunion in
Heaton Buffs,
Newcastle,
Oktober 2001.

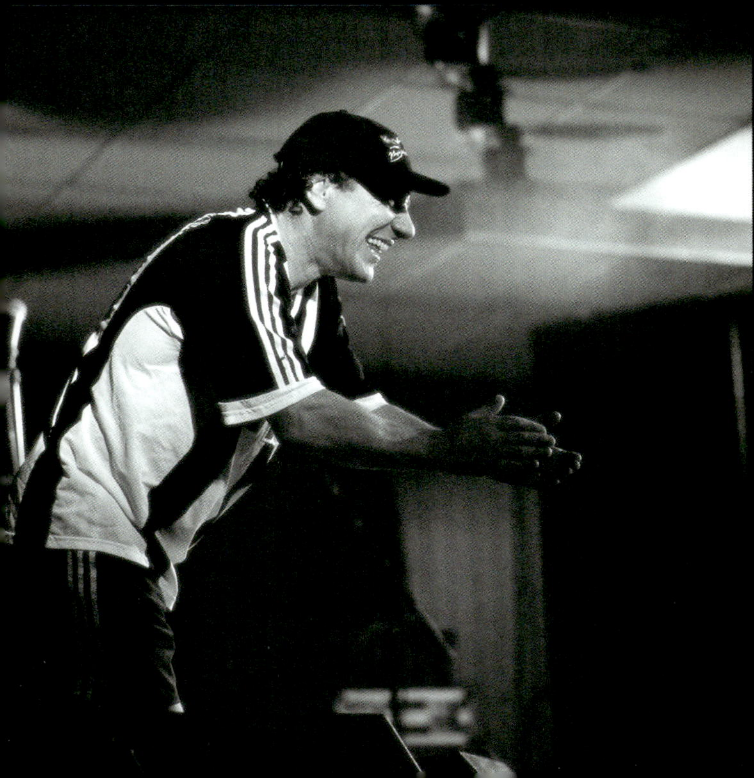

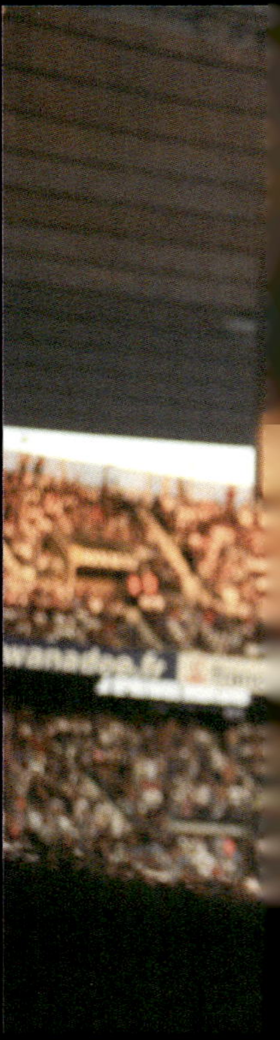

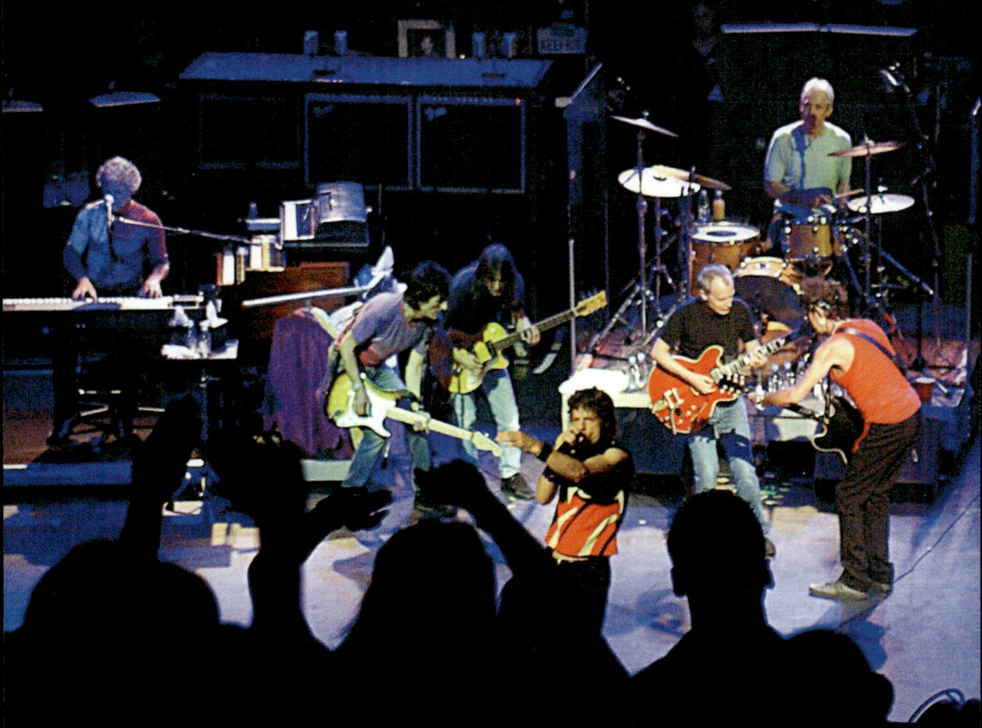

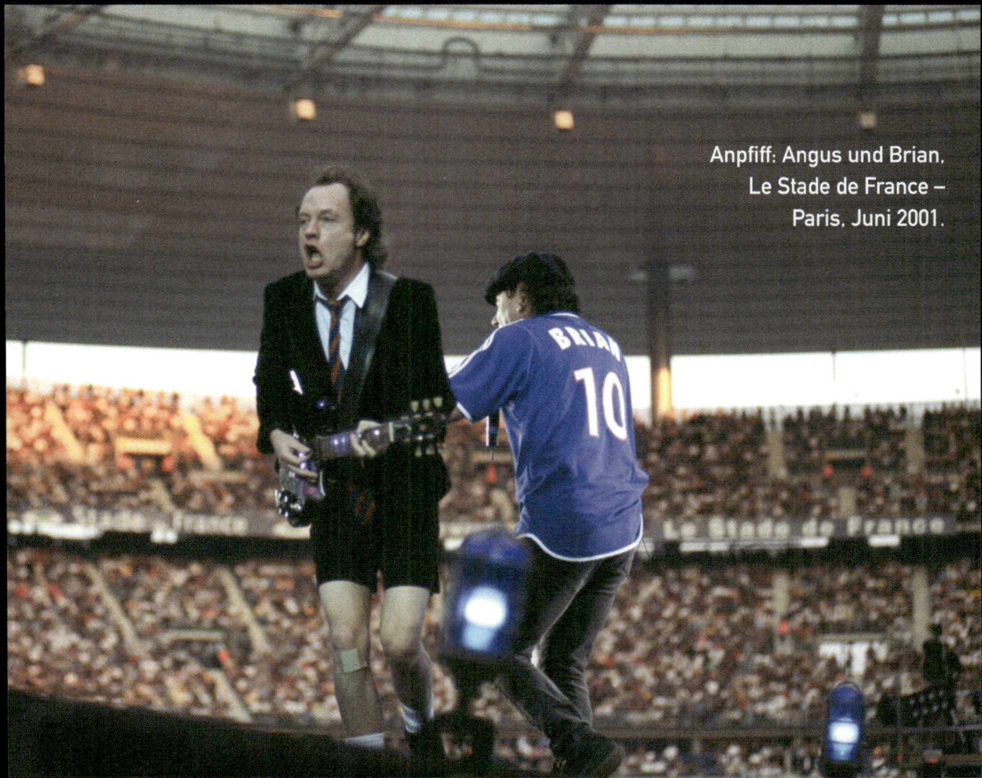

Anpfiff: Angus und Brian,
Le Stade de France –
Paris, Juni 2001.

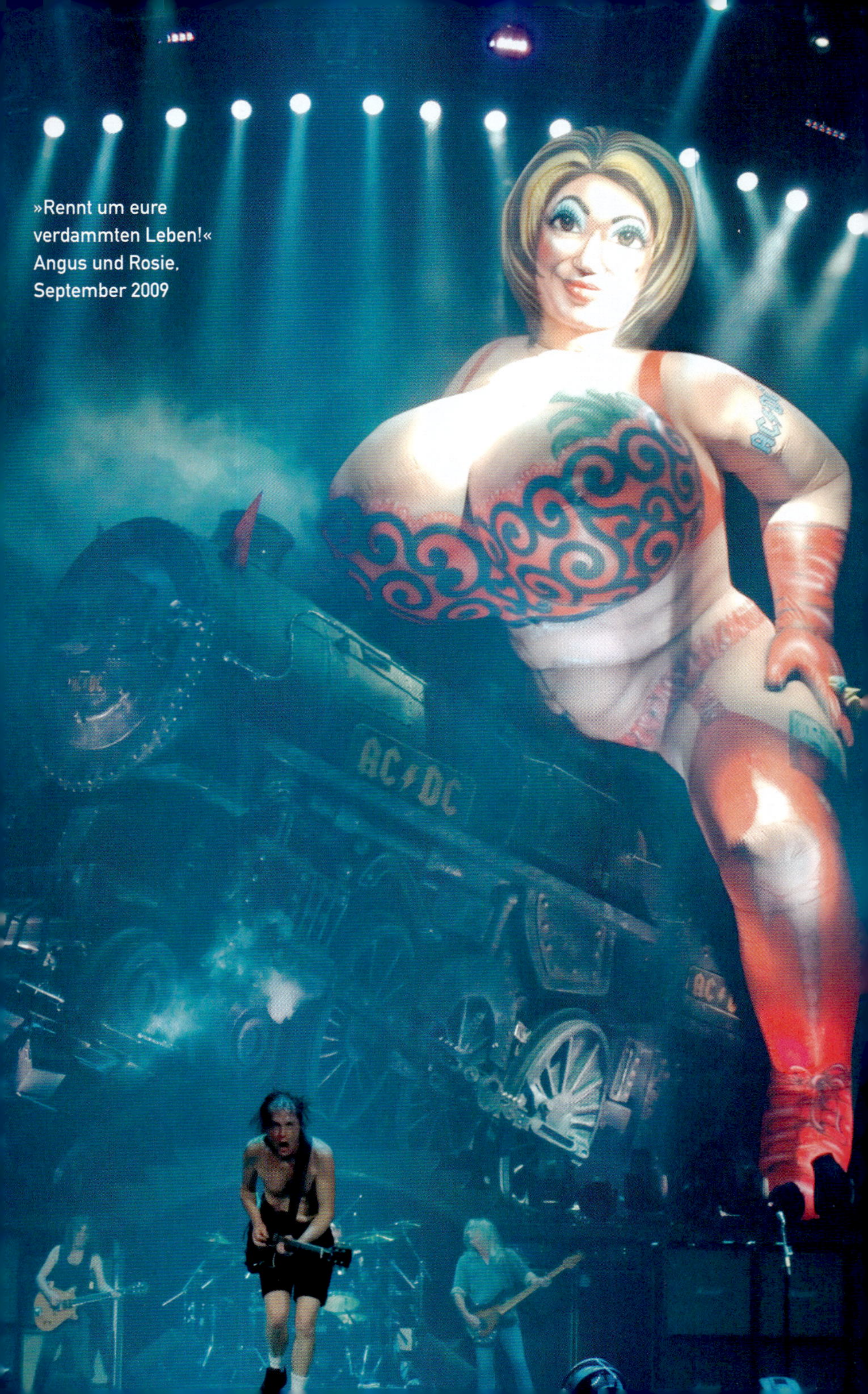

»Rennt um eure verdammten Leben!« Angus und Rosie, September 2009

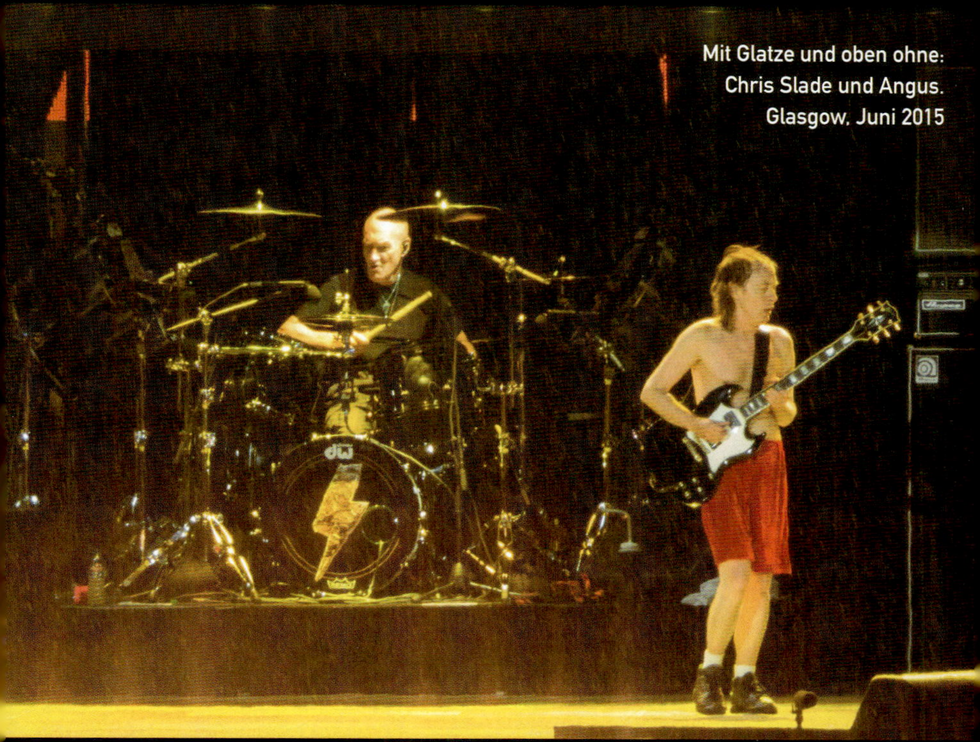

Mit Glatze und oben ohne:
Chris Slade und Angus.
Glasgow, Juni 2015

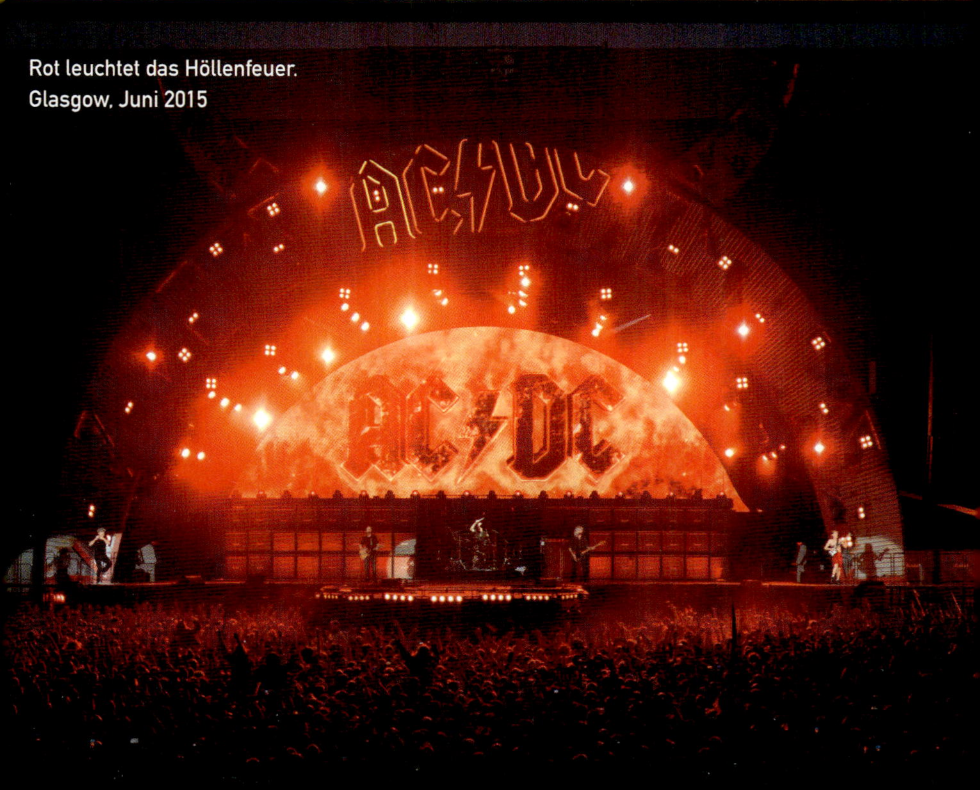

Rot leuchtet das Höllenfeuer.
Glasgow, Juni 2015

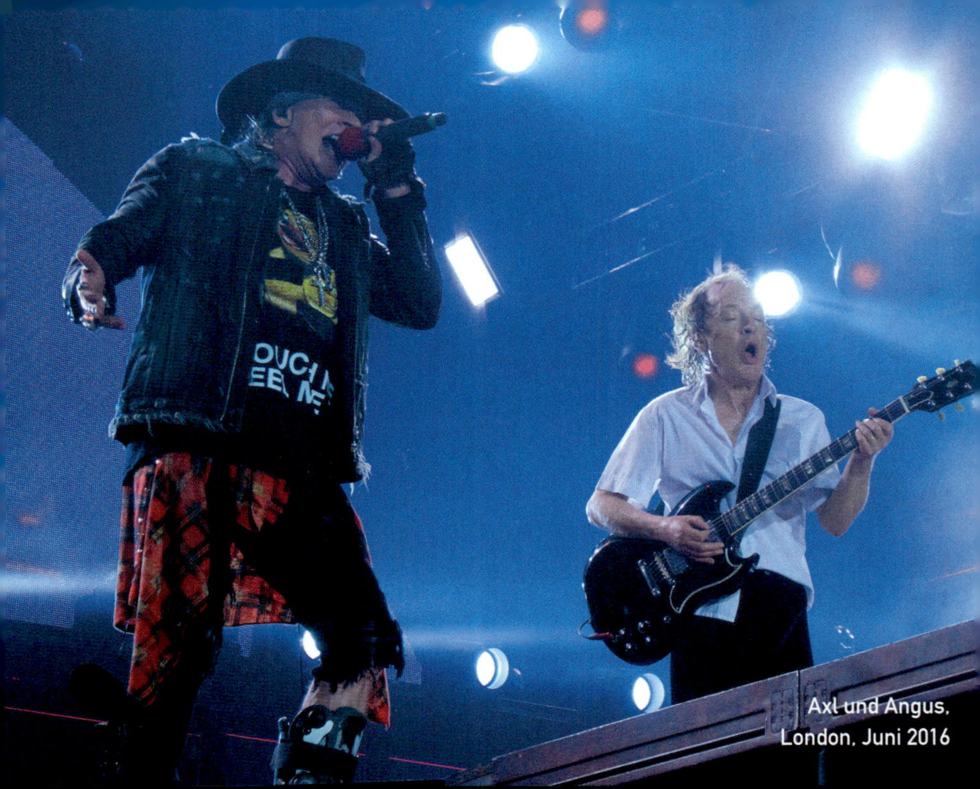

Axl und Angus,
London, Juni 2016

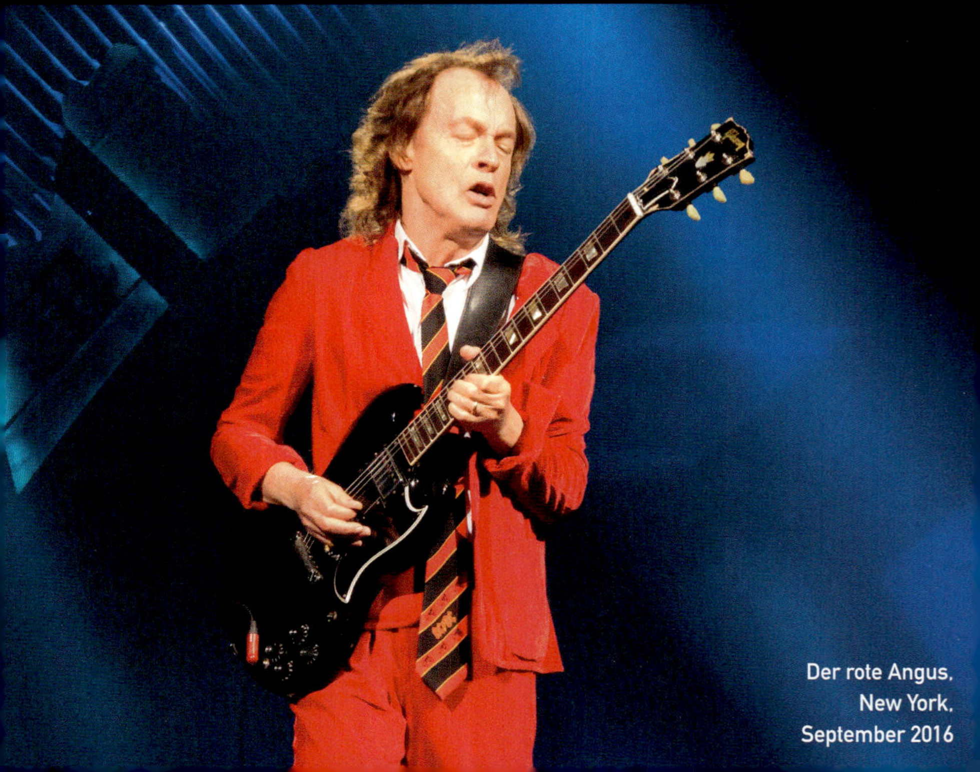

Der rote Angus,
New York,
September 2016

öffentlichungen der Beatles und von Depeche Mode zu den meistgesuchten Konsumgütern überhaupt in der ehemaligen Sowjetunion.

Der Musikkritiker und Journalist Andrei Orlov erzählte der *New York Times* am 29. September: »AC/DC steht an jeder Wand Moskaus geschrieben.«

Die Idee zu der Veranstaltung, die auf offizielle Einladung der Regierung der Sowjetunion und der Stadt Moskau und mit Time Warner als Sponsor stattfand, entstand, nachdem Tausende von Fans nach Polen zum Konzert in Warschau gereist waren.

Die offizielle Genehmigung für das Gratiskonzert war erst zwei Tage zuvor erfolgt. Die Veranstaltung fand kurze Zeit nach einem gescheiterten kommunistischen Putschversuch statt.

Zwei Antonov-Maschinen, die größten Transportflugzeuge der Welt, brachten die 250 Mann starke Roadcrew und 30 Sattelschlepper aus Spanien nach Moskau. Das Chaos begann schon direkt am Flughafen.

Brian: »Jemand rief: ›Brian! Brian! Das ist zu deinem Geburtstag. Happy Birthday!‹ Er wusste nicht, ob ich tatsächlich Geburtstag hatte, aber es war eine Flasche Wodka. Außerdem bekam ich ein wunderschönes Gemälde mit dem Angus-Dollar von diesem russischen Jungen. Er konnte den Geldschein nur im Westfernsehen oder in den Videos gesehen haben. Aber er hatte ihn perfekt getroffen. Unten drauf stand: ›Wir werden euch nie verraten. Wir werden auf ewig zu euch stehen. Hier ist meine Adresse, bitte schickt mir alles von AC/DC aus dem Westen.‹«

Brian schickte den beiden Fans zumindest eine Tourbroschüre, als er wieder nach Hause kam.

Als die Band am Veranstaltungsort eintraf, wurde ihr erstmals die Größenordnung der geplanten Veranstaltung bewusst.

Brian: »Eine Zuschauermenge auf Augenhöhe betrachtet ist einfach nur eine Gruppe von Menschen, aber als wir auf die Bühne kamen und sehen konnten, wie weit sich das ausdehnte, ging das große Zittern los. Junge, waren wir nervös. Es gab keine Garderoben, nur diese Armeezelte mit Holzbrettern auf dem Boden. Wir liefen hin und her und gingen hinters Zelt, wenn die Blase drückte. Jedes Mal, wenn ich zum Pinkeln ging, stand da jemand von CNN oder der BBC und fragte, was ich über die Sache denke. ›Was ich denke?‹, antwortete ich. ›Macht ihr Witze? Ich denke gerade überhaupt nicht. Ich will nur auf die Bühne.‹«

Es war nicht der richtige Zeitpunkt für Brians übliche Scherze, bei denen er die Protagonisten seiner Lieblings-TV-Serien *Fawlty Towers* und *The Young Ones* nachahmte. Es gab ohnehin wenig zu lachen. Was als Symbol gesellschaftlicher und politischer Reformen von Präsident Michail Gorbatschow und als Geste des Dankes für den überstandenen Staatsstreich gedacht war, endete im Chaos.

Das Festival war fraglos ein beeindruckendes Spektakel, und die Band legte einen starken Auftritt hin, aber Moskau war nicht auf ein Konzert dieser Größenordnung vorbereitet – weder die Fans, noch die 20 000 bis 50 000 Sicherheitskräfte, die das Militär und die Polizei abstellten. Die daraus resultierende Anspannung zwischen den begeisterten Fans und den übereifrigen Ordnern schlug schließlich in Gewalt um.

Jason Newsted (Metallica): »Die Ordner haben die Kids übel verprügelt und sie in Lastwagen abtransportiert. Das war mit das Schlimmste, was ich je in meinem Leben gesehen habe.«

AC/DCs eigene Sicherheitsleute mussten schließlich einschreiten und versuchten, die Situation zu beruhigen.

Zeitungsberichte in der Sowjetunion gaben an, dass 76 Menschen während der Veranstaltung verletzt wurden; viele hatten Kopfverletzungen durch Flaschenwürfe davongetragen. Die Medien sprachen von einer Schlacht zwischen betrunkenen Fans und Sicherheitskräften.

»Die Monsters-Of-Rock-Tour setzte der kurzlebigen Euphorie nach dem Putschversuch und der Illusion, dass wir ein vereintes Volk sind, ein Ende«, kommentierte das sowjetische Staatsorgan *Komsomolskaja Prawda*.

Dennoch war es ein großer Augenblick für AC/DC.

Malcolm: »Das war etwas ganz Besonderes. Und zwar nicht wegen dem Prestige, sondern nur, weil wir so gespannt darauf waren, vor diesen Kids zu spielen, auf ihre Reaktion. Würden sie wie vom Blitz getroffen dastehen, oder würden sie total abrocken? Und sich vorzustellen, wie sich das für sie anfühlte. Was ihnen wohl durch den Kopf ging. Es hat die Band sehr beeindruckt.«

In den Tagen vor der Oktobertour in Australien und Neuseeland, die die einjährige *Razors Edge*-Mammutreise mit 153 Konzerten abschließen sollte, war Brian weniger angespannt als in Moskau. Auf die Frage, ob er eines Tages vorhabe, seine Plateaustiefel, die gestreiften Hosen und den Glitzerkram, den er bei Geordie auf der Bühne getragen hatte, auch mal bei AC/DC zu präsentieren, brach er in schallendes Gelächter aus. »Ich bin heute nur noch halb so dick. Ich war damals eine fette Sau. Ich trage jetzt kleinere Größen. Außerdem glaube ich, dass jemand das Zeug in einem Ritual verbrannt hat. Aber mein Geordie-Shirt habe ich mir als Erinnerung an die Band aufgehoben.«

Dass seinem legendären Vorgänger bei AC/DC erst nach dessen Tod die angemessene Würdigung zugekommen war, machte Brian wütend.

»Mich regt es auf, dass Bon zeit seines Lebens nie der nötige Respekt erwiesen wurde. Das ist eine erbärmliche Angelegenheit. Der Typ hätte mehr verdient gehabt. Er hatte so verdammt viel Talent. Er war brillant und großartig. Und die Aussies haben es gewusst. Sie haben verfolgt, wie er mit den Jungs seinen Weg aus den Clubs gemacht hat.«

Bevor die Australientournee im Oktober begann, gab es eine Pressekonferenz im Entertainment Centre von Sydney. Mehrere riesige Sattelschlepper dienten als Hintergrund, die »Hell's Bell« hing über der Bühne, die auf beiden Seiten von zwei Kanonen flankiert wurde. Auf einer gigantischen Lautsprecherbox stand »AC/DC-Artillerie« geschrieben.

Brians Vater hatte mal gesagt, dass er seit dem Krieg nichts so Lautes wie ein AC/DC-Konzert mehr gehört habe, aber bei wenigen

Pressekonferenzen war es so still zugegangen wie bei dieser. Den vielen hundert Medienvertretern schien die Anwesenheit der heimkehrenden Helden die Sprache verschlagen zu haben.

Es gab lange Gesprächspausen, die nur von haarsträubenden Fragen unterbrochen wurden. Die Band wirkte zwischenzeitlich regelrecht verwirrt von den seltsamen Fragestellungen. Doch dann fragte sie jemand nach ihrer Meinung zur »Let There Be Rock«-Version, die Henry Rollins mit den Hard-Ons aus Sydney aufgenommen hatte. Im allgemeinen Gelächter löste sich die seltsame Anspannung auf.

Die letzten Shows der Welttournee in Neuseeland boten keinen Grund zum Feiern und spielten vor allem denen in die Hände, die AC/DC als ein gesellschaftliches Übel betrachteten.

Der Auftritt im Wellington Athletic Park war um einen Tag verlegt worden, weil die Bühnendecke eingestürzt war, als das Equipment der Band aufgebaut wurde. Das Konzert am nächsten Tag wurde von Vorfällen um das Veranstaltungsgelände herum überschattet. Gewalttätige Fans zerstörten Autos, es gab Schlägereien, und zwei Personen wurden bei Messerstechereien verletzt. 57 Personen wurden verhaftet.

Beim letzten Konzert der Tour am 16. November in Auckland, wo die Band noch nie aufgetreten war, wurde es noch schlimmer. Bei schweren Zusammenstößen mit Fans, die bei der Ticketvergabe leer ausgegangen waren und den Eingang zu stürmen drohten, wurde ein Polizist vor dem Stadion mit einem Messer verletzt. 17 Fans wurden festgenommen.

Ein Fan, der in Auckland ohne Probleme ins Konzert kam, war Phil Rudd, der inzwischen seit einigen Jahren in Neuseeland lebte. Nach dem Konzert machte er es sich im Backstagebereich gemütlich, wo er bei ein paar Bieren mit der Band bis in die frühen Morgenstunden über alte Zeiten redete.

Rudd bewunderte Chris Slade. Ihm gefiel die Art, wie er sich in den Bandsound einfügte. Er konnte erkennen, dass der neue Drummer gut zur Band passte. Soweit er es beurteilen konnte, war der

Schlagzeugerposten bei AC/DC derzeit wohl nicht vakant, aber er sprach das Thema trotzdem bei Malcolm an. Zumindest, so dachte er, würde Malcolm Bescheid wissen, dass er Interesse hatte, falls sich etwas änderte.

Die Tour zu *Razors Edge* war unbestritten die erfolgreichste seit *Back In Black*. Das Album verkaufte sich weltweit zehn Millionen Mal. Allein in Deutschland gingen eine Dreiviertelmillion Platten über den Ladentisch, was die Verkäufe von *Back In Black* in diesem Land noch übertraf.

Natürlich war AC/DC dieser Erfolg nicht in den Schoß gefallen. Brian sagte Christie Eliezer im *Juke* am 13. Juli 1991: »Malcolm und Angus sind Workaholics. Solange du deinen Teil beiträgst, bist du okay. Aber wenn du nachlässt, kriegst du ihren Zorn zu spüren.«

Malcolm wünschte sich lediglich, AC/DC könnten öfter mit Rock-'n'-Roll-Bands im Vorprogramm touren, mit denen sie mehr Gemeinsamkeiten hatten – zum Beispiel mit den Black Crowes.

Im Laufe des Jahres 1992 – dem Jahr, in dem Nirvana mit *Nevermind* den weltweiten Durchbruch erlebten – arbeiteten AC/DC an einem Livealbum, das mit einigen Gitarren- und Gesangs-Overdubs in den Little Mountain Studios in Vancouver von Bruce Fairbairn abgemischt wurde. Nachdem sie die Bänder von mehr als 30 Shows der *Razors Edge*-Tour durchgehört hatten, waren es die Mitschnitte aus Castle Donington, Glasgow, Moskau und Edmonton, die es in die engere Auswahl schafften.

Wenn das Album den Bootleggern den Garaus machen sollte, kam es genau zum richtigen Zeitpunkt. Nach einem Bericht, der im August 1992 im *Billboard* erschien, waren allein in Deutschland in den Jahren 1991 und 1992 rund 250 000 AC/DC-Raubkopien verkauft worden, was einem Schlupfloch in der deutschen Gesetzgebung zu verdanken war. Von 1979 bis 1992 erschienen weltweit mehr als 200 verschiedene Bootlegs von AC/DC.

Das Album *Live* wurde im Oktober in Europa und in den Vereinigten Staaten veröffentlicht, im November in Australien.

Malcolm fand allerdings *If You Want Blood* immer noch besser als *Live*.

»Ich persönlich bevorzuge die alte Liveplatte«, erklärte er Howard Johnson im *Metal Hammer*. »Wir waren jung, frisch, steckten voller Leben und haben ordentlich auf die Kacke gehauen. Wir mussten live deshalb so gut sein, weil wir damals im Studio nur eine ziemlich durchschnittliche Band waren.«

Auf den Liveplatten, die Angus am liebsten sind, hört man nicht annähernd so laute Musik wie die von AC/DC.

Angus: »*The Allman Brothers Band at Fillmore East* – das ist ein großartiges Livealbum. Dann gibt es ein paar große Songs auf dem *Woodstock*-Soundtrack, The Who mit ihrer Version vom ›Summertime Blues‹. *Live At Leeds* von The Who ist toll, genau wie *Live At The Cook County Jail* von B. B. King. Und dieses Ding von Muddy Waters war für mich ganz wichtig. Kurz nachdem er gestorben war, haben sie ein Livealbum mit Johnny Winter an der Gitarre herausgebracht, da ist 'ne Menge gutes Zeug drauf.«

Bis Dezember hatten die Band, die Betreiber der Salt Palace Arena, die Veranstalter und die Sicherheitsfirma im Verfahren um die Todesfälle in Salt Lake City eine außergerichtliche Einigung erzielt und zugestimmt, eine nicht genannte Summe an die Hinterbliebenen der drei Opfer zu zahlen.

Diese Einigung schloss dieses schlimme Kapitel für alle Beteiligten endlich ab, die schrecklichen Ereignisse und die tragischen Verluste waren trotzdem nicht ungeschehen zu machen. Die erfolgreichste Ära der AC/DC-Bandgeschichte seit *Back In Black* endete in stiller Trauer.

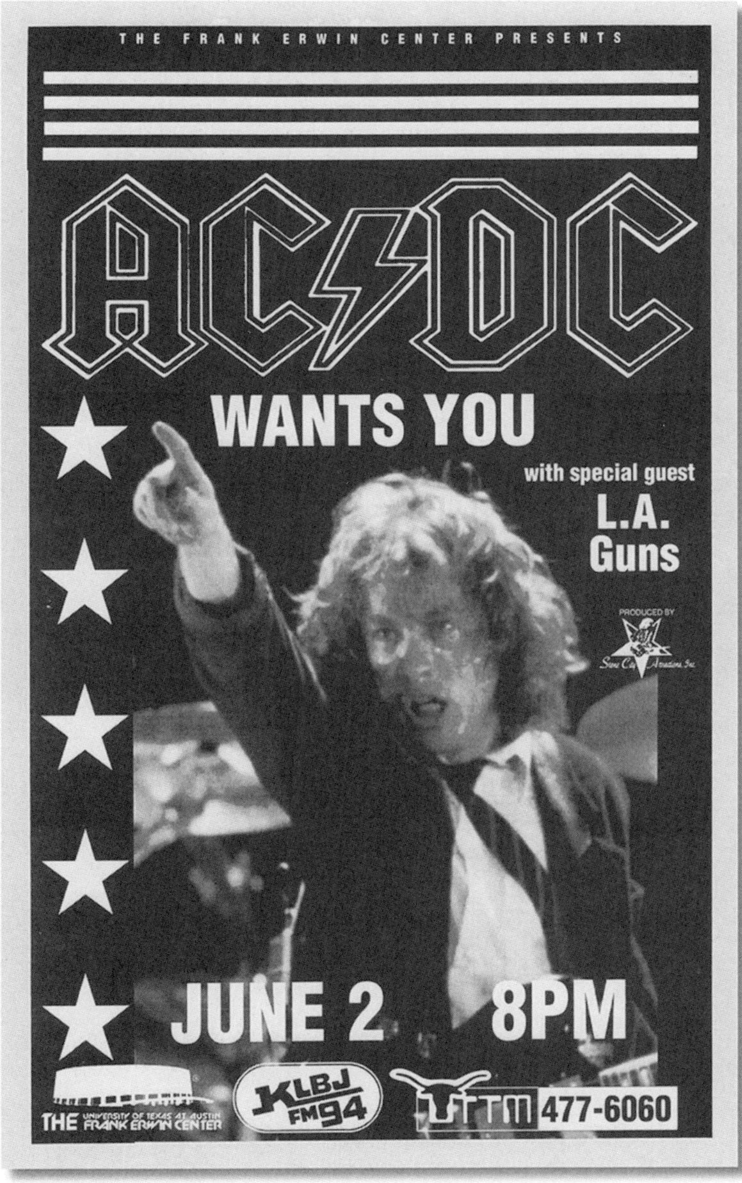
THE FRANK ERWIN CENTER PRESENTS
AC/DC
WANTS YOU
with special guest
L.A. Guns
PRODUCED BY
JUNE 2
8PM
THE UNIVERSITY OF TEXAS AT AUSTIN FRANK ERWIN CENTER
KLBJ FM94
477-6060

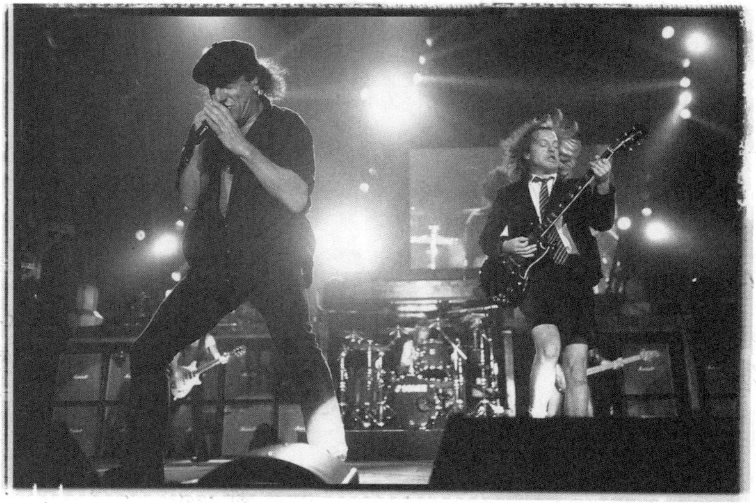

1996

Und noch ein Gig: Brian und Angus im Londoner Wembley-Stadion

25. Kapitel

BALLBREAKER

Der Mann mittleren Alters im gepflegten Anzug an der Bar des Hotels in Boston sagte sich: »Jetzt oder nie.« Er ging auf die Mitglieder von AC/DC zu und stellte sich höflich vor. Seine zwei Kinder im Teenageralter, erklärte er, würden ihn beknien, er solle sie mal zu einem Rockkonzert mitnehmen. Für ihn stand fest, dass sie bei ihrem Debüt etwas erleben sollten, das sie niemals vergessen würden. Also hätten sich die drei ein Konzert von AC/DC angesehen.

Anfang 1993 bekam ein weiterer Fan Gelegenheit, sich einen Lebenstraum zu erfüllen. Rick Rubin war bekannt für seine Verbindungen zu völlig gegensätzlichen Lagern der Musikwelt: Auf der einen Seite arbeitete er mit den Rappern von Run DMC und den Beastie Boys, auf der anderen für die Metal-Könige Slayer und die AC/DC-Nachahmer The Cult.

Rubin wollte schon lange ein AC/DC-Album produzieren und hatte sich bereits bei *The Razors Edge* ins Gespräch gebracht. Aber die Band hatte schon den Vertrag mit Bruce Fairbairn unterzeichnet.

Rubins erstes Projekt mit seinen Helden und zugleich der Probelauf für beide Seiten war ein Song namens »Big Gun«, der für den Soundtrack zu Arnold Schwarzeneggers Film *Last Action Hero* aufgenommen wurde. Mit seinem reduzierten Sound verdiente sich Rubin seine Sporen für das, was ihn in der Zukunft erwartete.

Das Video für den Song wurde im Van-Nuys-Flughafenhangar 104E in Los Angeles mit dem Filmstar als Special Guest gedreht. Ursprünglich hatte Schwarzenegger nur eine halbe Stunde Zeit für die Dreharbeiten. Das änderte sich, als er bei seiner Ankunft frenetisch gefeiert wurde und sich hervorragend mit der Band verstand. Nebenbei erhielt er auch noch ausgedehnten Unterricht im Chuck-Berry-Duckwalk, mit dem Angus populär geworden war.

Etwa zu dieser Zeit bekam Angus einen Brief von Dweezil Zappa, Sohn der Legende Frank Zappa, der ihn fragte, ob er Interesse habe, an seinem neuen Projekt mitzuarbeiten: »What The Hell Was I Thinking«, ein durchgehendes Musikstück mit einer Länge von 75 Minuten, sollte das längste Instrumental aller Zeiten werden.

Frank Zappa hatte AC/DC im Frühjahr 1976 in Australien erlebt und später immer wieder mit seinem Sohn über die Band gesprochen.

»Dweezil Zappas Vater sagte zu ihm: ›Wenn du was über Gitarren wissen willst – hier hast du ein paar Platten von AC/DC‹«, erzählte Angus im Interview mit Phil Lageat im *HM*. »Das war für uns ein riesiges Kompliment, denn Frank Zappa war ein großartiger Musiker.«

Angus hatte ein schlechtes Gewissen, Malcolm diese besondere Gelegenheit vorzuenthalten, deshalb flogen beide Anfang des Jahres zu den Sessions nach Los Angeles und fühlten sich geehrt, die Zappa-Familie kennenzulernen.

»Frank Zappa war zu der Zeit noch am Leben. So konnten wir ihm auf unsere Art die Ehre erweisen«, erzählte Angus im *HM*.

Unglücklicherweise wurden die Bänder mit den Aufnahmen gestohlen – die Früchte dieser Zusammenarbeit konnten also nie veröffentlicht werden.

Ende Juli begannen AC/DC in London mit der Arbeit an ihrem neuen Album. Wie üblich fanden sie Inspiration für ihre Musik in den erdigen Rhythmen und dem Feeling auf alten Platten von Elmore James und Muddy Waters. Die Songs wurden zunächst in einer Triobesetzung erarbeitet: Malcolm am Bass, Angus an der Rhythmusgitarre und Chris Slade am Schlagzeug.

Die Tatsache, dass die Young-Brüder sich so problemlos an ihren Instrumenten abwechselten, zeigt, wie gut sie aufeinander eingespielt waren. Zwischen ihnen gab es schon ein gewisses Maß an Telepathie.

Malcolm: »Wir spielen uns gegenseitig die Bälle zu. Und was die Gitarre angeht, kennen wir uns gut genug. Wir spielen schon länger zusammen, als es AC/DC gibt. Von uns weiß jeder, was der andere tut, und wie wir beide spielen müssen. Das liegt daran, dass wir Brüder sind. Auf der anderen Seite müssen wir zusammenarbeiten, wenn wir auf Tour oder im Studio sind, egal, welche Streitigkeiten wir als Brüder haben. Wir wissen, dass die Band wichtiger ist. Wir halten unsere musikalischen Differenzen klein, weil es nichts gibt, was so wichtig sein könnte, dass wir das Ganze hinschmeißen. Also halten wir uns nie lange damit auf. Wenn wir Krach haben, bringen wir es schnell hinter uns. Wenn's passiert, wissen wir auch, dass es nie lange dauern wird.«

In der Zwischenzeit hatte sich Malcolm Phil Rudds Angebot, zur Band zurückzukehren, das er im November 1991 in Neuseeland gemacht hatte, durch den Kopf gehen lassen. Die Band war nie wieder dieselbe gewesen, seit Rudd sie verlassen hatte. Er entschied, Rudd nach London einzuladen, um zu sehen, ob das alte Feuer noch da war.

Rudd war überrascht und aufgeregt, als er Malcolms Anruf bekam. Genau wie Brian nach der Zeit mit Geordie glaubte Phil, dass er seine großen Erfolge hinter sich hatte, und dass sich die Band auch ohne ihn auf stabilem Kurs befand.

Er war außerhalb des Rampenlichts alles andere als untätig gewesen und hatte sich in Rotorua, Neuseeland, niedergelassen.

Er hatte in den sechs Jahren, seit er die Band verlassen hatte, zwar seine Hi-Hat nicht zischeln lassen, seine Snare nicht geprügelt und auch nicht in seine Bassdrum getreten, aber er hatte sich damit beschäftigt, mit dem Hubschrauber die atemberaubend schöne Landschaft Neuseelands zu erkunden, sich kopfüber in seine Autorennleidenschaft gestürzt und sogar einige Schützenwettbewerbe mit Handfeuerwaffen gewonnen.

Seine alte Begeisterung für die Musik erwachte erst wieder, als er die Mountain Studios aufbaute und dabei sein Interesse am Schlagzeug wiederentdeckte. Lokale Bands konnten dort mit ihm hinterm Mischpult Aufnahmen machen.

Er hatte mit der Band, die er gerade zusammengestellt hatte, das Material für ein Album auf Band. Es sah vielversprechend für das Projekt aus.

Wahrscheinlich hörten Malcolm und Angus diese Aufnahmen, die 2014 als Rudds Solowerk *Head Job* erschienen, und stellten fest, dass der Drummer noch immer wusste, wie es ging. Sein Rhythmusgefühl war sogar noch besser als zuvor.

Und so kam das Déjà-vu-Erlebnis für Rudd. Er wusste nur zu gut, was nun wieder auf ihn zukam: Touren und Promotion – und immer wieder würde er dabei mit seiner Vergangenheit bei der größten Rock-'n'-Roll-Band der Welt konfrontiert werden. Wollte er sich das wirklich noch einmal zumuten?

Mit der Zeit ließ sein anfänglicher Widerwille nach. Als die Band 1991 auf der *Razors Edge*-Tour nach Neuseeland kam, saß er schon wieder in den Startlöchern.

Als er sich in London zum ersten Mal seit elf Jahren wieder bei AC/DC an die Drums setzte, wurde deutlich, dass die Chemie immer noch stimmte.

Das Problem war nur, dass AC/DC nun zwei Schlagzeuger hatten. Malcolm rief bei Chris Slade an und eröffnete ihm, Phil sei zurück. Er würde ihn in Kürze wissen lassen, wie es für ihn weitergehen sollte.

»Kannst du ein paar Tage warten, fragte er«, erinnert sich Slade gegenüber Phil Lageat in *Rock Hard* an Malcolms Anruf. »Aber aus Tagen wurden Monate.«

Slade wurde des Wartens auf eine Entscheidung über seine Zukunft überdrüssig und kündigte an, dass er AC/DC verlassen werde. Er fühle sich geehrt, Teil der Band gewesen zu sein, sei aber enttäuscht, dass es so enden musste. »Ich war so empört, dass ich anschließend drei Jahre lang mein Schlagzeug nicht angerührt habe.«

Nachdem er es mit seiner Frau besprochen hatte, kehrte Phil Rudd im August offiziell in die Reihen von AC/DC zurück.

»Ich war immer am besten, wenn ich mit den Jungs spielte«, sagte er im Interview mit Matt Peiken vom *Modern Drummer* im August 1996. »Deswegen gab es für mich auch keinen Zweifel, dass ich ihr Angebot annehmen würde.«

Eine offizielle Presseerklärung gab es dazu allerdings nicht – die Band zog es vor, ihre Beziehung zu Rudd ganz im Stillen wiederaufzunehmen, ohne dass es Kommentare von außen hagelte.

Im Oktober 1994 begannen AC/DC die Aufnahmen in den Power Station Studios in New York. Die Produktion übernahm Rick Rubin, der die Arbeit mit einer Videokamera dokumentierte. Er und Malcolm hatten in etwa die gleiche Vision für das Album: Zurück zu den Ursprüngen, eine Platte im Stil der frühen Aufnahmen der Band.

Malcolm hatte diesen Stil seit fast dreißig Jahren studiert. Wie seine Helden Keith Richards und John Lee Hooker interessierte er sich sehr dafür, wie Musik funktionierte, was ein Stück swingen, rocken und rollen ließ.

Phil Rudd wieder an Bord zu haben half maßgeblich dabei, den Rhythmus wieder stärker in den Vordergrund zu rücken und zum klassischen Sound zurückzufinden.

Malcolm: »Chris ist vermutlich der beste Musiker, mit dem wir je gespielt haben. Der Typ hat ein Wahnsinnstalent. Aber mit Phil Rudd kehrte die alte Magie zurück. Wir waren maßlos geworden und mussten einfach zur Essenz von AC/DC zurückfinden. Als uns das erst mal klar war, wussten wir auch, dass wir Phil zurückbekommen mussten. Vielleicht kommt die Einsicht ein bisschen spät, aber es scheint mir jetzt doch die richtige Zeit zu sein.«

Trotz bester Absichten erwies sich der Aufnahmeraum in den Power Station Studios als ungeeignet, das Old-School-Feeling einzufangen, das Malcolm sich vorgestellt hatte. Es stellte sich als unmöglich heraus, hier einen vernünftigen Schlagzeugsound auf Band zu bekommen. Rubin versuchte die Drums in einem Zelt zu isolieren und beklebte die Wände und Decken mit Dämmmaterial, was den Raumsound besser unter Kontrolle bringen sollte. Aber alles erwies sich als vergebens.

Nach zehn Wochen in New York und mit 50 Stunden aufgenommenem Material beschlossen AC/DC im Frühjahr 1995, den Schaden in Grenzen zu halten und in die Ocean Way Studios nach Los Angeles umzuziehen.

Es kamen Erinnerungen an die problematische Studiosuche bei den Aufnahmen zu *For Those About To Rock* auf. Die Befürchtung, dass sich hier die Geschichte wiederholen könnte, erwies sich aber als grundlos – in L.A. wurden die Karten neu gemischt. Von Anfang an hörte sich alles besser an. Vielleicht hatte das noch nicht lange zurückliegende Erdbeben nicht nur die Landschaft umgestaltet, sondern auch die Luft gereinigt. Wenn das Studio gut genug für Phil Spector war, der nebenan aufnahm, dann war es auch gut genug für AC/DC.

Eines Abends, bevor die Band wie üblich um Mitternacht mit der Arbeit begann, sah sich Angus den Bluesgitarristen Buddy Guy im Roxy auf dem Sunset Strip an und traf ihn nach dem Konzert.

Angus: »Ich war sprachlos, wie nett er zu mir war. Für alles, was er geleistet hat, verhielt er sich unglaublich bescheiden. Er hat sehr jung angefangen und mit Muddy Waters gespielt. Und es war großartig, ihn spielen zu sehen.«

Henry Rollins bekam derweil einen Anruf von Rick Rubin, der ihn fragte, ob er ins Studio kommen wollte, um der Band beim Arbeiten zuzusehen.

Henry Rollins: »Rubin sagte: ›Du musst hierherkommen, Mann! Es reicht schon, dass du dir einfach nur Phil Rudd ansiehst!‹«

Mötley Crües Tommy Lee hatte schon mit Brian in einem Club auf Catalina Island in Kalifornien gejammt. Er träumte davon, Phil Rudd zu sein.

Tommy Lee: »Wir spielten ein paar Songs von AC/DC, und für einen kurzen Moment habe ich mich gefühlt wie bei AC/DC! Ich war im Himmel! Wir spielten ›Back In Black‹ oder ›Hells Bell's‹, und für einen Moment dachte ich, yeah, ich bin Phil Rudd! Da ist ziemlich die Fantasie mit mir durchgegangen.«

Rollins war überrascht von der Szenerie, die sich ihm offenbarte, als er der Einladung folgte.

»Das riesige Studio war von Rauchschwaden vernebelt. Alle waren in einem Raum und sahen aus wie aus dem Jahr 1977. Sie waren so supercool, so winzig. Ich hatte regelrecht Angst, Angus die Hand zu brechen, als ich sie schüttelte. Er sagte: ›Wir haben den Song ›Let There Be Rock‹ gehört, den du mit den Hard-Ons aufgenommen hast.‹ Ich hatte es ganz vergessen und sagte: ›Ach ja.‹ Angus meinte: ›Das hat uns echt gefallen! Und wenn ich mir dich so ansehe, würde ich es dir auch nicht sagen, wenn es anders gewesen wäre.‹ Sie benahmen sich eher wie fünf Roadies, überhaupt nicht eingebildet. Sie kamen eher so rüber, als wollten sie fragen: ›Hey, hast du mal Feuer?‹ Ich habe über eine Stunde mit Brian Johnson abgehangen. Er hat sich zu Rick und mir gesetzt und Geschichten erzählt. Und jede seiner Geschichten enthält einen Witz, der auf seine Kosten geht. Er sagt dauernd Sätze wie: ›Leck mich, ich habe den verdammten Ausgang nicht mehr gefunden, ich bin so bescheuert!‹ Der Typ ist der Beste. Und er hat sich so verausgabt beim Singen. Er steht da drin und singt ›Caught With Your Pants Down‹ – sie spielen im Studio alles live –, und Brian schreit: ›Caught with your paaannnnttttsss!!!!!!!!!!!!!‹ Dann machte er eine Pause, seine Stimme war etwas angegriffen, und ich fragte: ›Hast du es jemals mit Kräutertee versucht?‹ Er: ›Nein.‹ Also habe ich ihm eine Tasse Kräutertee gemacht. Da sagt er:

›Hippietee. Sauber, danke, mein Junge!‹ Und trinkt den verdammten Hippietee.

Der beste Moment war, als sie alle dasaßen – mit dieser seltsamen Körperhaltung, und jeder rauchte eine Zigarette nach der anderen – und warteten, bis die Aufnahmen losgingen. Rick sagte: ›Okay, Jungs, seid ihr so weit?‹ Und sie: ›Na klar.‹ Dann standen sie auf und fingen an. Kein Warmspielen, gar nichts. Rudd setzte sich hinters Schlagzeug und sah fast so aus, als könne er nicht mal die Stöcke halten! Die Zigarette hing ihm im Mundwinkel und er fragte: ›Fertig?‹ Er zählte an, haute auf die Hi-Hat, und ich kriegte am ganzen Körper Gänsehaut: ›Mein Gott! Das sind AC/DC!‹ Die Hi-Hat war wie am Anfang des Songs ›Back In Black‹. Da läuft es einem eiskalt den Rücken runter. Nach der Band könnte man die Uhr stellen!«

Als der Song nach dem zweiten Take aufgenommen war, ließ die Band alles fallen und verschwand spurlos.

»Ich habe nicht einmal gesehen, wie sie die Instrumente abgelegt haben. Sie waren einfach weg! Ich fragte Rubin: ›Wie läuft es denn überhaupt?‹ Er: ›Wir kommen um vier Uhr nachmittags und arbeiten an den Gitarren, bis alles perfekt ist. Sie gehen rein, geben Gas und sind schon wieder weg. Sie verschwenden keine Zeit. Sie sitzen da und warten, bis ich ihnen sage, dass sie spielen sollen. Sie wärmen sich nur mit Rauchen und Quatschen auf.‹

Ich hatte noch nie eine Band gesehen, die im Studio derart spielen konnte. Für AC/DC war das alltäglich. Ich bin bis heute dankbar dafür, dass ich dabei war. Denn ich habe Genies bei der Arbeit zusehen dürfen.«

Allerdings war es nicht immer so einfach, wie es Rollins vorkam. Rubin, der im Studio meditierte, verlangte endlos viele Takes. Bei manchen Songs mussten AC/DC ein Stück bis zu 50 Mal wiederholen. Andere Songs wie »Hard As A Rock«, das aus der Zeit von *Who Made Who* stammte, gelangen ihnen allerdings schon beim zweiten Anlauf.

Rubins Methoden ließen Bedenken aufkommen, dass die endlosen Wiederholungen der Takes den Aufnahmen die Spontaneität raubte. Des Öfteren flogen zwischen Rubin und Malcolm deshalb die Fetzen. Denn der Gitarrist wusste, wie AC/DC seines Erachtens nach klingen sollten, und von dieser Meinung ließ er sich auch nicht so leicht abbringen.

Die Gerüchte, dass Rubin, der oft nicht da war und die Band im Studio sich selbst überließ, während dieser Zeit parallel mit den Aufnahmen zu *One Hot Minute*, dem Album der Red Hot Chili Peppers, beschäftigt war, erhöhten die Spannungen zusätzlich. Dass Mike Fraser schließlich auf dem Album als Coproduzent aufgeführt wird, spricht Bände.

Nach fünf Monaten in L.A. – Rekordzeit für AC/DC im Studio – war das Album *Ballbreaker* abgeschlossen und damit auch das Arbeitsverhältnis mit Rick Rubin. Es mochte ursprünglich eine gute Idee gewesen sein, hatte sich aber als Fehlschlag entpuppt. Für Rubin gab es auch kein Abschiedsgeschenk wie für Bruce Fairbairn.

Malcolm: »Ich würde mal sagen, dass wir mit ihm ins Studio gegangen sind, das war gewissermaßen sein Geschenk. Das soll sich jetzt nicht so anhören, als ob ... aber er ist so ein Riesenfan.«

Im Februar 1995 verkündete *Kerrang!*, dass Phil Rudd wieder zu AC/DC zurückgekehrt war. Eine offizielle Pressemeldung wurde allerdings auch jetzt nicht herausgegeben.

Gerüchten zufolge wurde die Band als heißer Kandidat für den Headliner-Posten in Donington gehandelt. Es hieß, der Auftritt beim Festival solle Teil einer Abschiedstournee um die ganze Welt werden – und ihre allerletzte Show in Großbritannien. Angus wolle die Abschiedstour angeblich sogar ohne Schuluniform bestreiten.

Es waren nur Spekulationen, aber oberflächlich betrachtet, schien eine Bandauflösung nicht unwahrscheinlich. So hatte Brian das Jahr über sein eigenes Ding durchgezogen. Der Sänger, der mittlerweile in Florida lebte, hatte ein paar Demos mit der lokalen Rockband The Naked Schoolgirls aufgenommen und mit ihnen den Song »Deadly Sins« geschrieben. Später erschien die Nummer auf dem von Brian produzierten Debütalbum einer anderen Band aus Florida namens Neurotica.

Aber alle zogen an einem Strang, als im August im britischen Windsor vor begeisterten Fans das Video zu »Hard As A Rock« gedreht wurde. Beim Shooting spielte Phil Rudd zum ersten Mal seit zwölf Jahren wieder mit der Band vor Publikum. Viele Fans riefen seinen Namen, als er auf die Bühne kam. Er lächelte nervös.

Und Angus? Er hatte schon bessere Tage gesehen. An einer Abrissbirne hoch oben in der Halle zu hängen war nicht unbedingt das, was er sich unter Spaß vorstellte.

Angus: »Ich war an dem Tag wohl ein bisschen grün im Gesicht. Schließlich hing ich 13 Meter hoch in der Luft. Ich hatte noch Glück und musste nur in vier verschiedenen Outfits da hoch. Es gab einen Stuntman, der mir zeigte, was ich zu tun hatte. Ich sagte nur: ›Tolle Idee, aber, hör mal, ich bin nur Gitarrist.‹«

Im September erschien *Ballbreaker*. Der Titel war für einige Fans eine Überraschung.

Malcolm: »Die meisten AC/DC-Leute, die wir so trafen, erzählten uns, sie hätten gehört, dass die neue Platte *On The Brain* heißen sollte! Wer erzählt bloß immer so einen Scheiß?«

Das Album bewies einmal mehr, dass AC/DC-Songs vielleicht einfach wirken mochten, aber tatsächlich sehr exakt durchdacht waren, wobei Malcolms scharfe Ohren die Richtung vorgaben.

Malcolm: »Es war nicht leicht, die Platten zu machen. Das war harte Arbeit, besonders deshalb, weil alle unsere Alben irgendwie gleich klingen müssen. Es ist schwer, sie alle gleich klingen zu lassen, wenn es sich um ganz verschiedene Platten handelt. Ich meine, ich habe sogar in Interviews mit Paul McCartney gelesen, dass Rock-'n'-Roll-Songs am schwierigsten zu schreiben sind – ich meine, gute Rock-'n'-Roll-Songs.«

Angus: »Vor vielen Jahren hat sich mal ein Typ intensiv mit Chuck Berry beschäftigt und gedacht, der schreibt doch immer nur ganz schlichte Sachen, immer mit denselben Licks. Aber als er dann genau zuhörte, stellte er fest, dass es immer ein bisschen anders war, und als er tiefer einstieg, entdeckte er auch die anderen kleinen Puzzleteilchen. Denn bei Chuck steckt Jazz mit drin, Country, Blues-Elemente und natürlich Rock 'n' Roll. Und vor allem weiß er immer genau, wann er spielen und wann er sich zurückhalten muss.«

Obwohl es sich bei *Ballbreaker* um ein klassisches AC/DC-Album handelte, gab es darauf zum ersten Mal Songs zu hören, die als gesellschaftspolitische Äußerungen interpretiert werden konnten. »Burnin' Alive« handelte von den Sektenmitgliedern in Waco, Texas, die 1993 in den Flammen umkamen, als die Polizei das Gelände stürmte. Dann gab es noch »The Furor« und »Hail Caesar«, zwei weitere sozialkritische Kommentare der Band, die ihre Karriere darauf aufgebaut hatte, politische Dinge komplett zu ignorieren. Und wie immer war es AC/DC egal, was die Leute davon hielten.

Malcolm: »Ich denke, man muss wissen, wo man steht. Die Leute, die meinen, dass wir uns in Songs wie ›The Furor‹ für ein Naziregime stark machen, sind meist auch die, die sich für christliche Dogmen stark machen. Um ehrlich zu sein gefällt mir die Political Correctness auf der Welt im Moment überhaupt nicht. Mir ist es egal, solange man mich nicht damit belästigt, aber wenn es so weit kommt, dass sie mir meine Zigaretten wegnehmen wollen – und in der Musik von AC/DC steckt jede Menge Zigarettenrauch –, dann fühle ich mich in meiner Freiheit beschnitten. Wie jeder andere Mensch auch mag ich es nicht, wenn man mir sagt, was ich zu tun habe.«

Schon vorher hatte man der Band vorgeworfen, mit Nazis zu sympathisieren, weil das AC/DC-Logo an die Zeit des Dritten Reichs erinnere.

»Dieser Vorwurf kam aus Deutschland, die haben damit angefangen. Weißt du, warum? Es war der Blitz im Logo. Sie dachten, das wäre eine Rune, wie beim Zeichen der SS. So haben die das eben sehen wollen. Und ich war immer der Meinung, dass jede Art von Publicity gut für uns ist. Das hält uns im Gespräch. Wir haben nie etwas dementiert oder überhaupt einen Kommentar abgegeben. Die Leute, die uns wichtig sind und kennen, wissen, dass wir mit so was nichts am Hut haben. Alle anderen spekulieren lediglich.«

Mit dem Erfolg des Albums und der Tour zu *The Razors Edge*, der die Türen wieder geöffnet und der Band neue Zuhörer verschafft hatte, entwickelten AC/DC ein offenes Ohr für viele Ideen, die sie früher spöttisch abgelehnt hätten.

Ein Zeichen dafür, dass AC/DC allmählich nicht mehr als Heavy-Metal-Band angesehen wurden, sondern als Teil des Mainstream, war die Tatsache, dass sich Zeichner von Marvel Comics an der Covergestaltung von *Ballbreaker* beteiligten – was vielleicht auch wieder nicht so überraschend war, wenn man das australische Cover von *Dirty Deeds*, die Skizze von *Flick Of The Switch* und Angus' eigenes Interesse am Zeichnen und an Comics bedenkt.

Malcolm: »Sie hatten schon ein paar Sachen gezeichnet. Sie waren sehr an den Songtiteln interessiert. Wir hatten ihnen ein paar alte Platten von uns gegeben, und ihnen waren dazu gute Sachen eingefallen. Ich schlug also vor, dass sich die Jungs für jeden Song auf dem Cover einen kleinen Comic einfallen lassen könnten.« Eine logische Folge aus der Gestaltung der Coverrückseite und dem Booklet durch Marvel war ein komplettes AC/DC-Comicheft, dessen Erscheinen für November geplant war.

Malcolm: »Das sind gute Leute bei Marvel. Irgendein australischer Zeichner – den Namen habe ich vergessen – nervte die Leute bei Marvel: ›Warum macht ihr keinen AC/DC-Comic?‹ Der Typ hatte sie bestens über die Band und die Hintergründe informiert. Sie hatten ihre Hausaufgaben gemacht – deshalb setzten wir uns mit ihnen zusammen. Und bald darauf haben sie uns die ersten Skizzen geschickt.«

Der australische Zeichner war Dave Devries aus Adelaide. Er sollte aus den Songtexten der Band eine Geschichte entwickeln. Das sollte der erste Teil des Comics werden. Der zweite sollte eine Verbeugung vor Bon werden: Die Geschichte sollte von einem Gig in der Hölle erzählen – natürlich nachdem die Band den Highway dorthin genommen hatte. Leider ist das Comicheft nie erschienen.

Fast zur gleichen Zeit ging Angus mit dem renommierten afroamerikanischen Musiker Taj Mahal ins Studio. Fünf Songs wurden aufgenommen, die jedoch ebenfalls bis heute unveröffentlicht sind.

Taj Mahal: »Wir haben ein paar Songs gespielt, ›44 Blues‹ zum Beispiel. Außerdem haben wir an so ’ner Art Rap-Sache gearbeitet. Es war gut, hat ’ne Menge Spaß gemacht. Wenn es jemals den tasmanischen Teufel in Menschengestalt gegeben hat ... Dieser Angus hat es wirklich drauf.«

Im Januar 1996 begann der erste Teil der Tour durch die USA und Kanada. Angus hatte zwölf Schuluniformen im Gepäck. Die Aufwärmer machten dieses Mal The Poor aus Australien, deren Drummer James Young ein entfernter Verwandter der Brüder war, und erstmals ging es auch für zwei Konzerte nach Mexico City.

Joe Perry von Aerosmith war Zeuge der AC/DC-Show in Miami. Joe Perry: »Der Song ›Nine Lives‹ wurde später unser AC/DC-Tribute. Wir lieben AC/DC, seit wir sie zum ersten Mal gesehen haben. Ihre Songs beim Soundcheck zu spielen, gehört zu meinen Lieblingsbeschäftigungen. Ich habe das immer noch im Hinterkopf: Wir müssen es endlich schaffen, ein paar Songs zu schreiben, die beim Spielen genauso viel Spaß machen wie ihre. Nachdem ich sie in Miami gesehen hatte und am nächsten Tag an Songs für unsere Platte werkelte, dachte ich dauernd an ›Whole Lotta Rosie‹. Dabei bin ich mit Steven dann auf ›Nine Lives‹ gekommen.«

Beim Open-Air-Konzert in St. Louis brach Brian in der drückenden Hitze und Luftfeuchtigkeit während des Gigs zusammen. Angus, der fast noch nie auf der Bühne gesprochen hatte, musste den 20 000 Zuschauern die üble Nachricht überbringen. Angus: »Wir schafften es bis zum Ende der Show, aber kurz vor Schluss kippte er um. Deswegen konnten wir keine Zugaben geben. Also musste ich es den Leuten sagen. Ich musste rausgehen und ihnen sagen, dass sie ruhig bleiben sollen. Wenn man sich vor 20 000 Leute hinstellen muss, wird man schon ein bisschen nervös. Alle starren einen plötzlich wie ein großes Raubtier an. Ich habe mich gefühlt wie die Christen bei den Löwen.«

Während der US-Tour trennte sich die Band von ihrem Manager Stewart Young und nahm von da an mit Unterstützung ihres Businessmanagers Alvin Handwerker bei Prager & Fenton ihre Geschäfte selbst in die Hand.

Bei einem Privatkonzert, das am 5. Juli auf einer kleinen Bühne für *VH1 Uncut* aufgezeichnet wurde, hatte Brian seinen allerersten Fernsehauftritt mit AC/DC. Die Band war seit der *Midnight Special*-Show im Jahr 1978 in den USA nicht mehr live im TV gewesen.

Das Zwölf-Song-Set – ursprünglich wollten sie nur vier Lieder spielen – enthielt einige Nummern, die sie noch nie vorher mit Brian aufgeführt hatten: »Go Down« (das sie auch nie mit Bon live gespielt hatten), »Riff Raff«, »Gone Shootin'« und »Down Payment Blues«.

Anschließend folgte eine anstrengende Europatour: Es war ein wichtiges Jahr für die Band gewesen. Gelegenheit zum Luftholen bot sich auch später nicht, als sie für eine Szene in dem Film *Howard Stern: Private Parts*, der Autobiografie des durchgeknallten US-Radiomoderators und riesigen AC/DC-Fans, im Bryant Park von New York den Song »You Shook Me All Night Long« mimen mussten. Sie hatten Howard Stern schon im Vorfeld gewarnt, die Kombination von AC/DC mit einem Spielfilm sei mit einem Fluch belegt. Das wussten die Australier spätestens seit ihren

Erfahrungen bei Stephen Kings *Maximum Overdrive* und Arnold Schwarzeneggers *Last Action Hero*. Beide Filme floppten an den Kinokassen fürchterlich.

Zumindest bescherte die Verbindung zu Stern der Band gute Publicity für den zweiten Abschnitt der US/Kanadatour, der im August begann. Im Oktober folgte eine Südamerikatour, die die Band nach Brasilien und zum ersten Mal auch nach Argentinien und Chile führte.

Die Show im River-Plate-Stadion von Buenos Aires zog 120 000 Menschen an. Die Band fragte sich, warum sie erst jetzt nach Argentinien gekommen war.

Australien und Neuseeland standen im November als nächste Ziele auf dem Tourplan. Es war der letzte Teil der Welttournee, die in den Augen der Band nun endlich zu Ende gehen musste. Das ganze Jahr über war der Tourplan fast täglich erweitert worden, um der großen Ticketnachfrage gerecht zu werden. Einmal hatten sie 13 Gigs in 14 Tagen absolviert. In Australien lief es genauso.

Wie bodenständig AC/DC geblieben waren, zeigte sich nach einem dieser Auftritte in Sydney. Murray Engleheart wurde sich bei einem kleinen Meet-and-Greet im riesigen Entertainment Centre der Stadt plötzlich bewusst, dass jemand hinter ihm stand. Als er sich umdrehte, entdeckte er Angus mit einer Zigarette in der Hand, der einfach ruhig der Unterhaltung lauschte, sich aber nicht beteiligte – wie lange schon, das konnte Engleheart nicht sagen. Aber nun fiel ihm auf, dass Brian Johnson nur einen Meter entfernt von ihm auf einem Hocker saß. Auch Malcolm war inzwischen aufgetaucht. Es war, als seien sie auf magische Weise im Raum erschienen, ohne zur Tür hereingekommen zu sein, und genauso verschwanden sie eine Weile später auch, wieder ohne großes Aufhebens und in aller Stille.

Draußen vor der Tür flippte das ganze Land aus. Ein Fan in Melbourne, dem es nicht gelungen war, sich telefonisch bei einem Radiosender einen Song von AC/DC zu wünschen, entschied sich, das persönlich zu erledigen. Dass es vier Uhr nachts war, störte ihn wenig. In Melbourne war es auch, dass sich eine Gruppe von Akademikern für die Errichtung einer Angus-Statue starkmachte – nachdem es kurz zuvor Gespräche gegeben hatte, dort ein Monument für Michael Jackson aufzustellen.

Trotz ihres hektischen Tourneeplans fanden AC/DC noch die Zeit für ein historisches Novum: Ihr erster Auftritt im weit abgelegenen Darwin im Outback fand endlich statt, nachdem 21 500 Fans dort zum Stift gegriffen hatten und eine flehentliche Bitte an die Adresse der Band geschickt hatte, sie solle doch noch einen Termin in ihren Terminkalender aufnehmen.

Es entbehrte nicht eines gewissen Charmes, dass die Stadt mit dem höchsten Pro-Kopf-Bierkonsum der Welt Gastgeber für ein außerordentliches Konzert von AC/DC wurde. Bon wäre stolz auf die Jungs gewesen. Malcolm hatte sogar davon geträumt, Bon im australischen Outback zu treffen.

»Ab und zu träumte ich, Bon sei mir erschienen, ganz oben im Norden von Westaustralien. Es stellte sich raus, dass er nicht gestorben war, sondern sich aus dem Staub gemacht hatte, weil er vom Rockbusiness die Schnauze voll hatte. Ich träumte es immer wieder. Eigentlich glaube ich immer noch ein bisschen, dass Bon noch lebt. Denn er lebt in unserer Musik weiter.« Während der Australientour passierte es auch, dass Malcolm einen Traum von Neville Wran, dem früheren Premier von New South Wales, zerstörte. Beide hatten sich für ein Haus in Balmain im Innenstadtbezirk von Sydney interessiert und Angebote eingereicht. Wran steckte es nicht gut weg, im Wettbewerb mit einem kurz gewachsenen Langhaarigen den Kürzeren zu ziehen.

Als sich das Jahr dem Ende zuneigte, bezeichnete Kardinal Joseph Ratzinger – der spätere Papst Benedikt XVI. – während einer Messe Rockmusik als »Instrument des Teufels« und erwähnte dabei ausdrücklich die Beatles, die Eagles, Queen, die Rolling Stones und AC/DC als Brandstifter. Offizielle Sprecher des Vatikan stellten später Black Sabbath, Alice Cooper und AC/DC als schlimmste Beispiele heraus, während Kirchenobere behaupteten, dass die Initialen der Band »nicht für Gleichstrom/Wechselstrom oder gar für Bisexualität stünden, sondern für die satanische Redewendung ›Anti-Christ, Death to Christ‹«. Schon wieder die alte Leier eben.

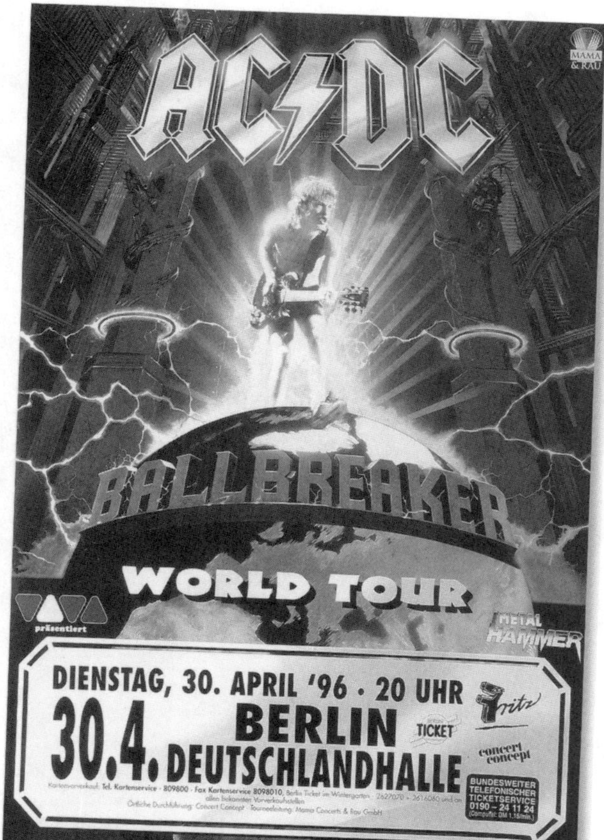

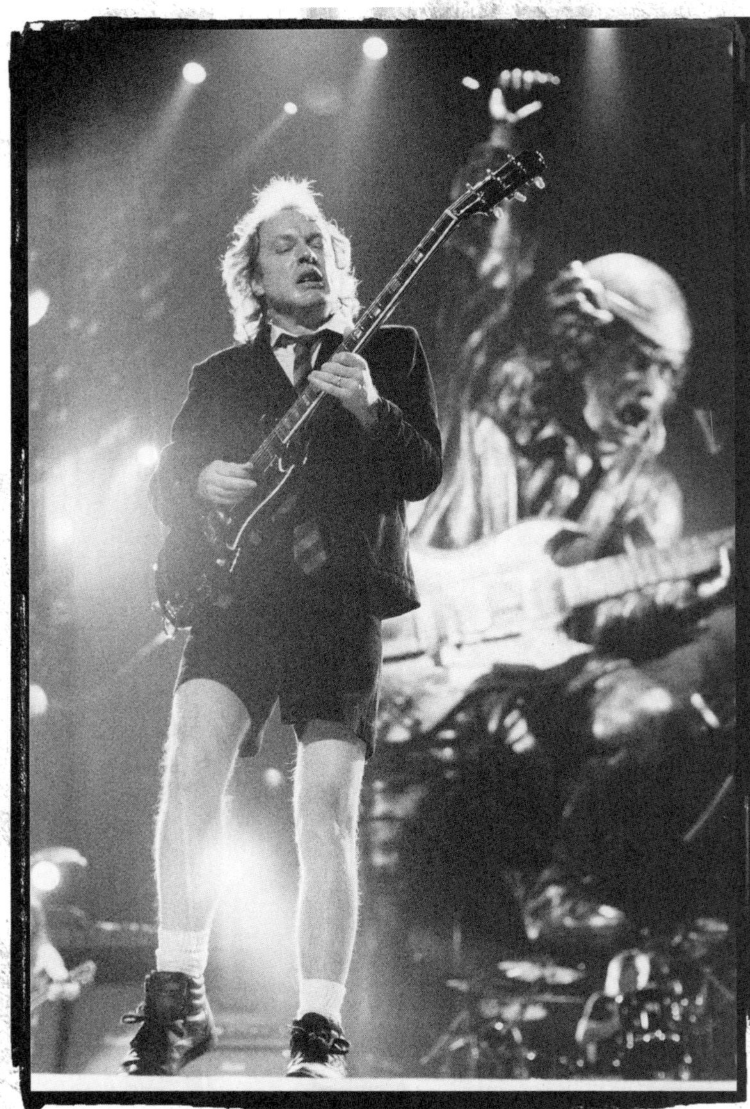

2001

Hatten Sie je das Gefühl, beobachtet zu werden?
Angus im Madison Square Garden, New York

26. Kapitel

STIFF UPPER LIP

Man kann einen Schuljungen aus Glasgow herausholen, aber die Straßen Glasgows kriegt man aus dem Schuljungen nicht raus. Die Show in Phoenix, Arizona, lief wie geschmiert. Zumindest bis jemand mitten im Break von »Bad Boy Boogie« mit einem Drink nach Angus warf. Das ließ sich der Gitarrist nicht gefallen. Er machte den Schuldigen aus, bewegte sich auf den Werfer zu, zeigte auf den Typen und rief ihn zu sich. Dann flog ein weiteres Getränk – dann ging's los.

Angus hängte seine Gitarre ab, gab sie einem Roadie und schlüpfte unter der Absperrung durch. Als er den Typen in Reichweite hatte, griff er zu, verdrehte ihm ordentlich die Nase und gab ihm noch ein paar unfreundliche Worte mit auf den Weg. Dann wurde der Typ von der Security weggebracht. Mit seiner Gitarre verbeugte sich Angus, und die Show ging weiter, als sei nichts gewesen.

Schon immer hatten AC/DC eine starke Abneigung gegenüber hohlem Geschwätz und windigen Geschäftsmanövern, einigen anderen Dingen gegenüber waren sie jedoch lockerer geworden. Sie gaben sich jetzt toleranter gegenüber Vorschlägen von außen. Ein Beispiel für die veränderte Denkweise war die Veröffentlichung des *Bonfire*-Boxsets, das einen Blick zurück in die Geschichte der Band warf, mit seltenen und unveröffentlichten Songs und Liveaufnahmen mit Bon Scott. Die Band hatte nie viel von Greatest-

Hits-Alben gehalten. AC/DC hatten zwei Karrieren – eine mit Bon und eine mit Brian. Der ersten hatte das Schicksal ein Ende gesetzt, die zweite hatten sie nur ihrer Entschlossenheit zu verdanken. Beide Karrieren gleichermaßen angemessen zu repräsentieren, schien der Band bis dato so gut wie unmöglich. Jetzt aber war es, als ob die Zeit die Kluft überbrückt hatte.

Als Hommage an Bon war auf *Bonfire* Material, das der Sänger geprägt hatte, zu hören. Etwa das unveröffentlichte »Dirty Eyes«, aus dem später der Klassiker »Whole Lotta Rosie« entstehen sollte. Dazu kamen die Livepromos aus den Atlantic Studios von 1977, die schon für bis zu 300 Dollar als Bootlegs auf dem Markt kursierten. Auf Vorschlag von Arnaud Durieux hin, dem Coautor dieses Buchs, gab die Band noch eines der Pariser Konzerte von Ende 1979 mit in die Box, die für den Film *Let There Be Rock* aufgezeichnet wurden. Durieux hatte die Originalaufnahmen ausfindig machen können. Zwar waren die 24-Spur-Aufnahmebänder ein paar Jahre zuvor zerstört worden, aber ein Masterband mit dem Endmix wurde glücklicherweise noch entdeckt.

Als Verneigung vor Brian fand *Back In Black*, der Meilenstein nach Bons Tod, ebenfalls Berücksichtigung bei *Bonfire*. Damit verabschiedeten sich AC/DC auch von ihrem lang gehegten Grundsatz, den Fans nichts zweimal zu verkaufen. Schließlich besaßen schon weit mehr als 20 Millionen Käufer weltweit *Back In Black*.

Der Titel *Bonfire* ging zurück auf eine Idee von Bon in einer Zeit, als jedes Mitglied einer erfolgreichen Rockband sein Soloalbum aufnahm.

Angus: »Er erzählte Malcolm: ›Wenn ich irgendwann eine große Nummer bin und die wollen, dass ich ein Soloalbum mache, werde ich es *Bonfire* nennen!‹ Das Schwerste an *Bonfire* war, die Aufnahmen aufzutreiben. Wir mussten uns an die Orte erinnern, an denen wir mit Bon gespielt hatten, und dann recherchieren, ob es Aufnahmen davon gab. Ob du's glaubst oder nicht, viele der Bänder waren verschwunden, oder die Qualität war zu schlecht. Oft gab es nur noch die Kopie einer Kopie einer Kopie. Das Problem hatten wir früher schon. Wir haben mal irgendwo in Australien nach alten Bändern gesucht. Dann stellte sich heraus, dass es in dem Archiv gebrannt hatte. Der Track, der mich am meisten beeindruckt hat, war ›She's Got Balls‹ aus dem Lifesaver in Sydney. Es war das erste Konzert, bei dem Cliff dabei war, sein erstes Mal auf der Bühne mit uns. Ich dachte ja, wir wären ein bisschen wacklig gewesen – an Cliffs erstem Abend –, aber ganz im Gegenteil. Es geht richtig ab. Und Bon hat natürlich geglänzt.«

Bonfire wurde für die Band ein Akt der Selbstbestätigung. Als sie das Material sichteten, erfüllten die teilweise zwanzig Jahre alten Songs sie mit großem Stolz. Denn sie stellten ganz nebenbei auch befriedigt fest: Ihre Grundeinstellung und ihr Sound hatten sich nicht im Geringsten verändert. Sie beteten immer noch Chuck Berry an. Das Wichtigste bei jedem Song waren nach wie vor der Swing und der Rhythmus. Und AC/DC waren immer noch die stolzen Fahnenträger des wahren Rock-'n'-Roll-Fundamentalismus.

Im November erschien *Bonfire* in Europa, Australien und den USA, im Dezember auch in Großbritannien. Die Veröffentlichung in den Vereinigten Staaten fiel zusammen mit der Auszeichnung für 16 Millionen verkaufte Exemplare von *Back In Black* in Amerika, was dem Album dort Platz 2 in der Liste der meistverkauften Hardrockalben aller Zeiten bescherte. Währenddessen ging es langsam, aber stetig mit den Arbeiten an einem neuen Album weiter.

Die Songs waren in Australien, in Angus' Haus in Holland, wo er seit einiger Zeit lebte, und in London mit Malcolm an der Gitarre und Angus am Schlagzeug entstanden. Aber bevor es mit den Aufnahmen losgehen konnte, gab es noch einige Kleinigkeiten zu erledigen – beispielsweise jammten Brian und Cliff bei einer Benefizveranstaltung im Opernhaus von Sarasota, Florida. Im Monat darauf veröffentlichten Neurotica aus Florida ihr Album *Seed*, das Brian nicht nur produziert hatte – er war auch bei den Backingvocals zu hören. Schon im Jahr zuvor hatte er auf dem Album *Cut The Crap* von Jackyl den Song »Locked And Loaded« gesungen, bei dem er ebenfalls am Songwriting beteiligt war.

Dann jedoch ging es wieder richtig an die Arbeit, angenehm unterbrochen von der Preisverleihung des *Kerrang!*, wo Angus und Brian einen ihrer seltenen konzertlosen Auftritte in der Öffentlichkeit einschoben, um eine Ehrung für das Lebenswerk von AC/DC entgegenzunehmen.

Die Arbeit an dem neuen Material zog sich über einige Monate hin. Malcolms alter Freund Herm Kovac bekam während dieser Zeit einen Anruf: »Malcolm rief mich an und fragte, ob ich ihm ein Schlagzeug etwas billiger besorgen könnte. Da kam wohl der Schotte durch. Der Typ ist Multimillionär und fragt mich, ob ich ihm Rabatt bei einem Ludwig-Schlagzeug geben könne! Auf den Trichter ist er durch Simon Kirke (den Drummer von Free und Bad Company, den Malcolm sehr bewundert) gekommen. Der hat ihm gesagt, dass Ludwig-Drums großartig sind. Malcolm ist der Typ, der nichts von Drumcomputern wissen will, wenn er zu Hause ein Demo aufnimmt. Er will das Schlagzeug selbst spielen.«

Die Pläne für die Aufnahmen wurden auf tragische Weise am 17. Mai 1999 vom Tod des Produzenten Bruce Fairbairn durchkreuzt, der im Alter von neunundvierzig Jahren starb. Malcolm und Angus hatten Fairbairn für sein Arbeitsethos sehr geschätzt, die Leichtigkeit, mit der er Dinge umsetzen konnte, und seinen Familiensinn. Beide flogen nach Vancouver, um an seiner Beerdigung teilzunehmen.

Aber die Show musste weitergehen: Im Juli mieteten sie sich in Bryan Adams' Warehouse Studios in Vancouver ein, die sie vom Ambiente her an die Albert Studios in der King Street in Sydney erinnerten. George Young konnte überredet werden, seinen inoffiziellen Ruhestand zu unterbrechen. Da George nicht mehr mit Harry Vanda zusammenarbeitete, übernahm Mike Fraser, der sich bei *Ballbreaker* seine Sporen verdient hatte, die Rolle des Koproduzenten.

George wieder am Mischpult sitzen zu haben, war in den Augen der Band ein beruhigendes Gefühl. Wie Brian einmal witzelte: Wenn sein Schwanz abbrechen würde, wäre George der Einzige, der ein passendes Ersatzteil finden würde – wenn nicht sogar ein größeres.

Und der erneute Zusammenschluss von George und Malcolm erwies sich wieder mal als kreative Kombination.

Angus: »George versteht mich gut, und er weiß, was Malcolm will. Und er geht dazwischen, wenn wir uns gegenseitig die Scheiße aus dem Leib prügeln wollen. George ist wie eine Mischung aus Malcolm und mir.«

»George kennt sich mit Rhythmus aus«, erklärte Angus Patrick Donovan in *The Age*. »Mehr braucht man nicht bei dieser Band, aber vielen Produzenten fehlt das. Sie haben das Gehör und das Timing, aber sie haben keinen Rhythmus. Für sie ist das Mathematik, die verstehen nichts vom Swing.«

Was Brian anging, so war es schon eine schwierige Sache, mit Malcolm und Angus im Studio zu sein. Aber mit Malcolm, Angus und George war es eine völlig andere Angelegenheit.

»Es ist wie ein Scheiße-Sandwich, oder Brian?«, meinte Malcolm lachend in der Radiosendung von Allan Handelman auf WRFX. »Du steckst genau in der Mitte!«

»Wir verstehen uns blendend, denn wir haben die Einschusslöcher, die das beweisen«, fügte Angus später hinzu, als das Gespräch auf das Verhältnis der drei Brüder kam.

Das neue Album sollte eine Rückbesinnung auf das Wesentliche werden. Die Idee war, dass man im Studio mit minimaler Technologie das Maximale herausholen wollte, so wie die Stones und die Kinks in den Sechzigern.

Angus: »Wir haben nur zwei Gitarren, Bass und Drums, und das Einzige, was über die Basis hinausgeht und unseren Sound verziert, kommt von meiner Gitarre. Die guten Rock-'n'-Roll-Bands sind immer die, die reduziert spielen. Der beste Rock trägt das Element vom Blues in sich. Heutzutage wird das Image in den Mittelpunkt gestellt. Und dieser Trend setzt sich immer mehr durch. Ich glaube, die haben alle vergessen, worum es bei Rockmusik wirklich geht.«

»Etwas in der Art, was die Jungs in den Fünfzigern gemacht haben«, sagte Malcolm im Interview mit Tim Henderson im Magazin *BW+BK*. »Wir wollen die Fahne hochhalten. Wir sind neben den Rolling Stones die Einzigen.«

Wie üblich saßen die Songs nach wenigen Takes. Malcolm spielte das Solo bei »Can't Stand Still«, Angus besorgte den Backgroundgesang bei »Hold Me Back«.

Während der Aufnahmen schauten der ehemalige Clash-Sänger Joe Strummer und auch Bryan Adams im Studio vorbei. Der Hausherr muss sich als strenger Vegetarier wie in seinem schlimmsten Albtraum vorgekommen sein – das ganze Studio war durchzogen von dicken Zigarettenqualmschwaden und den Kochdünsten der toten Tiere, die Brian sich gerade brutzelte.

Ein Mitglied der Beastie Boys rief Malcolm an und bat ihn um die Genehmigung, den Beastie-Boys-Song »Rock Hard«, in dem das Riff aus »Back In Black« gesampelt wurde, auf einer Compilation zu veröffentlichen. Malcolm lehnte ab. Sampling widersprach allem, wofür AC/DC standen.

Angus: »Wie Malcolm schon bei ähnlicher Gelegenheit sagte: ›Wenn du so verdammt talentiert bist, warum hast du's dann nicht selbst geschrieben? Wo ist dein Hit? Du hast dich am Hit anderer Leute vergriffen!‹ Sie haben wahrscheinlich jede Menge Mühe und Arbeit reingesteckt, jede Menge Schweiß vergossen, um das zu erreichen. Es ist doch, als würde jemand ein paar Jahre an einem Buch schreiben. Der will doch auch nicht, dass jemand einfach ganze Kapitel bei ihm abschreibt und es als sein eigenes Werk verkauft. Wenn ich einen Film machen würde, dann würde ich auch nicht wollen, dass Auszüge für einen anderen Film benutzt werden.

Die Leute wollen deinen Song, nehmen daraus die Hookline und schreiben dann ihren Namen drauf, so als hätten sie groß was geleistet. Malcolm hat zu den Beastie Boys gesagt: ›Ihr könnt das ruhig machen. Aber zur Hölle, Jungs, für uns heißt der Song ›Back In Black‹. Und all die Leute, die das Album *Back In Black* gekauft haben, kennen den Song als ›Back In Black‹. Du kannst ihn nennen, wie du willst, aber es bleibt immer ›Back In Black‹.«

Insgesamt wurden 18 Songs für das Album *Stiff Upper Lip* aufgenommen, das im Februar 2000 in Europa, Australien, den USA und Kanada erschien.

Auf den Titel kam Angus, als er im Stau steckte. Während er sich langweilte, ging ihm durch den Kopf, welchen Einfluss Lippen auf die Rock-'n'-Roll-Kultur gehabt hatten. Die Lippen von Elvis oder Mick Jagger etwa, weil sie eine gehörige Portion Trotz zum Ausdruck brachten. Vielleicht steckte auch ein Stück der traditionellen Bedeutung von »stiff upper lip« darin – was so viel bedeutet wie sich von nichts einschüchtern zu lassen und unbeirrt seinen Weg zu gehen. Das Motto passte gut zu AC/DC.

Angus: »Bei uns steckt ja in jeder Aussage auch immer ein bisschen Humor mit drin. Schon als wir anfingen, prahlte ich immer damit, dass ich größere Lippen als Jagger und Presley hätte, wenn ich sie vorstreckte. Wenn man mal auf das Cover von *Highway To Hell* achtet, kann jeder sehen, wie ich die Schnute verziehe. Als Kind habe ich einen Schwarz-Weiß-Film mit Brigitte Bardot gesehen. Sie hatte diesen Schmollmund. Davon wollte ich auch was haben!«

Genau wie *The Razors Edge* und *Ballbreaker* platzierte sich das Album weltweit gut in den Charts. In den meisten Ländern erreichte es die Top 5. Die Statue von Angus auf dem Cover war wie die Rock-'n'-Roll-Ausgabe des Trojanischen Pferds: Auf den ersten Blick sah er harmlos aus, aber wehe, wenn man den Strom anschaltete.

Seit Erscheinen von *Powerage* hatte Angus immer im Mittelpunkt des Plattencovers gestanden, obwohl diese Rolle gar nicht zu seiner Schüchternheit abseits der Bühne passte.

Angus: »Ich fühle mich immer noch komisch dabei. Malcolm war es diesmal, der sagte: ›Wir nehmen dich aufs Cover.‹ Ich antwortete: ›Dann kriege ich immer alle Beschwerden ab.‹ Malcolm entgegnete: ›Aber die Leute kennen dich als Teil von AC/DC, sie können sich an dich erinnern. Selbst wenn jemand nicht deinen Namen kennt, weiß er doch, dass du der Typ mit den Shorts bist.‹ Ich versuche seit Beginn von AC/DC, mich immer hinter den anderen zu verstecken. Aber schon am Anfang meinten Malcolm und George: ›Du musst vorne stehen. Wir wissen alle, dass du Gitarre spielen kannst, aber die Leute müssen das auch mitkriegen.‹ Ich habe immer nur gesagt: ›Aber vorne, da kriegt man doch alles ab.‹«

»Can't Stop Rock 'n' Roll« auf dem Album erinnerte an frühe Tage und war eine Bekräftigung der Aussage von »Rock And Roll Ain't Noise Pollution«. Angus: »Manche Leute versuchen, mit der Mode zu gehen. Sie richten sich nach dem, was um sie herum passiert, und dann fangen sie an, zu vergessen. So wird Musik so etwas wie Fast Food. Man kann sie zwar überall hören, aber sie verliert ihren Wert. Ich kann verstehen, wenn die Medien sagen, wir brauchen etwas Neues, wir müssen jeden Tag unsere Kolumnen über Musik füllen und brauchen Neuigkeiten. Aber es macht einen schon irgendwie wütend, wenn Pete Townshend, der Typ der ›My Generation‹ geschrieben hat, dann auf einmal ankommt und Sachen sagt wie: ›Ach, Rock-'n'-Roll-Musik ist tot.‹ Dem kann ich nur sagen: Komm mal zu mir nach Hause.«

Obwohl das *Stiff Upper Lip*-Album ziemlich genau zwanzig Jahre nach Bons Tod erschien, steckte dahinter nicht die Absicht, ihm erneut einen Gedenkstein zu errichten. Für Angus war das Gedenken an Bon seine private Angelegenheit.

Angus: »Ich habe nie was gemacht. Ich setze mich nicht hin und begehe seinen Todestag. Als Bon starb, hatte ich gerade geheiratet. Also denke ich allein an die Zeit zurück, weil in diese Jahreszeit auch mein Hochzeitstag fällt. Und wenn ich den vergessen würde, gäbe es schnell noch einen Toten, und ich würde Bon früher begegnen, als ich eigentlich vorhatte.«

Erinnerungen an Bon kamen in den abwegigsten Situationen wieder hoch. Angus: »Malcolm und ich hörten einen Bluessänger im Autoradio. ›Fuck!‹, stieß Malcolm hervor, denn der Junge klang verdammt nach Bon. Vielleicht war es die Whiskystimme oder was auch immer. Irgendwann hörte ich zu Hause ein paar Platten durch und landete bei einem alten Bluessong von 1928. Beim Hören dachte ich: Verdammte Scheiße, ist das jetzt seine Stimme? Mir haben sich die Nackenhaare aufgestellt.«

Fast ebenso erstaunlich war, dass Angus, Malcolm und Brian eine Akustikversion von »You Shook Me All Night Long« live in der »Out To Lunch«-Show des New Yorker Senders K-ROCK vortrugen. Zudem trat die Band live bei MTVs »AC/DC@MTV« auf und war eine Woche später bei »Saturday Night Live« zu sehen, wo die Studiogäste, die Wrestler The Rock und Triple H, sie noch schmächtiger als gewöhnlich aussehen ließen. Fernsehgastspiele wie diese hatte die Band lange wie die Pest gemieden. Aber da die nächste Tour noch Monate entfernt lag, bot sich hier eine gute Gelegenheit, ein paar Millionen Zuschauern auf das neue Album aufmerksam zu machen. Ebenso untypisch war ihr Erscheinen bei der After-Show-Party der Warner Music Juno Awards in Toronto, wo sich Angus, Malcolm und Phil zu The Royal Crowns auf die Bühne gesellten.

Wie sehr AC/DC auch außerhalb des Hardrock-Universums Spuren hinterlassen hatten, wurde deutlich, als zum Zeichen ihrer Popularität in Spanien eine Straße nach ihnen benannt wurde: Am 22. März wurde im Madrider Stadtteil Leganés die »Calle De AC/DC« eingeweiht.

Neben den mehr als 1000 Fans waren auch Malcolm und Angus bei der Zeremonie zugegen und gaben später eine Pressekonferenz.

Angus: »Man erzählt mir, dass Fans das Straßenschild immer wieder abschrauben. Bis jetzt musste es schon sechsmal erneuert werden.

Ich halte es für richtig, die Straße nach uns zu benennen. Ist doch besser, als wenn sie den Namen irgendeines Staatsdieners nehmen, den keiner kennt. Die Straße liegt in einer Gegend, wo es ein bisschen Kultur, Musik und so ’n Zeug gibt – und es ist ein Arbeiterviertel.«

Im Juni zeichnete sich ein weiterer Höhepunkt ab. Vom ersten Tag ihrer Karriere an waren AC/DC so etwas wie der Soundtrack zu Fotos in Magazinen wie *Penthouse* und *Playboy* gewesen. Aber kaum jemand hätte je gedacht, dass solche Magazine der Band einen Platz einräumen würden – jedenfalls nicht mehr als eine Plattenkritik. Die deutsche Ausgabe des *Playboy* änderte das. Das Interview mit Angus war eine Sache, aber die achtseitige Fotostrecke, in der er umgeben von Echsen und anderen exotischen Kreaturen die neueste Männermode präsentierte, verlieh dem Ganzen eine völlig neue Qualität. Und: Weit und breit war keine Schuluniform zu sehen.

Angus über die neue Offenheit in der Philosophie der Band: »Am Ende wird aus der Political-Correctness-Sache noch ein scheiß Gesetz. Das ist das Beängstigende daran. Keine Platte hat jemals einen Menschen gekillt, aber es gibt genug Leichen, die auf das Konto einer Ideologie gehen.

Mein Vater hat uns das schon eingebläut, als wir aufwuchsen. Er sagte immer: ›Scheiß darauf, was die Leute sagen, Sohn.‹ Er regte sich immer auf, wenn ein Lehrer in der Schule anfing, Vorträge über irgendwelche politischen Dinge und die Regierung zu halten. Er hat immer gesagt: ›Ich schicke dich auf eine öffentliche Schule und will nicht, dass du da irgendwelche Ideologien eingetrichtert bekommst.‹

Ich fand es schon immer seltsam, wenn jemand versuchte, die Musik in die Politik reinzuziehen. Verdammte Scheiße, jeder weiß doch, dass es links, rechts und die verdammte Mitte gibt. Und mir ist auch klar, dass die Allgemeinheit bei links oder rechts an ganz andere Sachen denkt.

Irgendwie konnte ich immer daran, dass das Klopapier rauer war, erkennen, dass ein Land eine linke Regierung hatte. Und ich habe immer gesagt, dass diese Kultur nicht sehr weit kommt. Jede mir bekannte Band aus dem Westen, die je in Moskau spielte, hatte als Erstes weicheres Toilettenpapier auf ihrer Wunschliste. Denn es gab kein verdammtes scheiß Klopapier. Da dachte ich mir, man kann über den Kapitalismus sagen, was man will, aber die wissen wenigstens, wie man weiches Toilettenpapier herstellt.«

Im August startete Teil eins der Tour in Kanada und den USA. Abgesehen von der Band, stand eine riesige Angus-Statue, die dem Cover von *Stiff Upper Lip* nachempfunden war, im Zentrum der Bühne. Angus dürfte einige Zeit gebraucht haben, bis er sich daran gewöhnt hatte, die Bühne mit einem dämonischen Riesenabbild seiner selbst zu teilen. Aber es war Malcolm, der mit der Statue näher zu tun bekam.

Angus: »Ein Stück davon hatte sich wohl gelockert, die Statue besteht nämlich aus mehreren Bauteilen. Eines davon krachte also eines Abends herunter. Malcolm hatte sich gerade einen Schritt zur Seite bewegt und nur den Luftzug an den Beinen gespürt, als das Ding hinter ihm runterrauschte.«

Dann kam die Verewigung auf dem Hollywood Rock Walk – neben Helden wie John Lee Hooker, B.B. King, Eric Clapton und Jimi Hendrix. Auch wenn sie schon mit The Who gespielt und Blues-Ikonen wie Buddy Guy hatten kennenlernen dürfen – das hier war der in Zement gegossene Beweis dafür, wie weit AC/DC gekommen waren, seit sie vor vielen Jahren in einem Pfadfindersaal in einem Vorort Sydneys mit den ersten Proben begonnen hatten.

Davon abgesehen kursierten schon geraume Zeit Gerüchte, dass AC/DC entweder bei der Eröffnungs- oder bei der Abschlussfeier der Olympischen Spiele, die im September 2000 in Sydney stattfanden, auftreten sollten. Daraus wurde jedoch nichts. Und das war vielleicht auch gut so.

Denn AC/DC mögen ein australischer Kulturschatz sein und ein breites Publikum erreichen, aber die Band hätte sich bei dieser Gelegenheit von weltumspannender Wahrnehmung fraglos für viele Zuschauer als schwer verdaulich erwiesen. Außerdem hatten sie mit Playbackauftritten nichts am Hut. Und ein Auftritt bei einer Eröffnungsfeier für Olympia hatte nun wirklich nicht mehr viel mit Rock 'n' Roll zu tun.

»Wir hätten im Übrigen den Dopingtest nicht bestanden«, gestand Malcolm dem Journalisten Cameron Adams in der Melbourner *Herald Sun*.

Im Januar 2001 machte die *Stiff Upper Lip*-Tour in Australien Station; außerdem ging es zum ersten Mal seit vierundzwanzig Jahren wieder nach Hobart in Tasmanien.

Angus: »Da kam ein Typ vorbei, der eine Kappe vom letzten Gig dort trug, die er damals von der Crew bekommen hatte.«

Tasmanien brachte viele Erinnerungen zurück: an die letzte Begegnung mit der deutlich schlankeren Rosie im Februar 1976 und an Phil Rudds Gelage mit der Rockergang auf der *Giant Dose*-Tour.

In Queensland veranstaltete ein Radiosender einen Wettbewerb, bei dem es Gratistickets für das Konzert im Brisbane Entertainment Centre zu gewinnen gab. Gewinnen konnte derjenige, der einen Fotobeweis seiner »dirtiest deeds«, seiner schmutzigsten Taten, einschickte.

Ein Fan hatte sich beim Würmeressen ablichten lassen, ein anderer trank Kotze. Nicht zu schlagen war allerdings der Kandidat, der sich im Pissoir eines Pubs wälzte.

Letzterer gewann den Wettbewerb, durfte seine Kumpels mit zum Konzert nehmen und anschließend die Band backstage treffen. Er bat Angus, ein Autogramm auf seinen Arm zu schreiben. Eigentlich kein besonders ungewöhnliches Anliegen. Aber als der Typ den Ärmel hochrollte, fand der Gitarrist zu seinem Erstaunen Autogramme von früheren Treffen vor, die mit der Tätowiernadel für alle Ewigkeit festgehalten worden waren.

Japan, ein Land, das AC/DC zuvor nie für sich hatten einnehmen können, war die nächste Station der Tour. Ein japanischer Fan konnte allerdings nicht so lange warten: Tomoaki Baba besuchte schon in Australien acht Konzerte. Als Teil seiner Pilgerfahrt stellte er sich mit seiner Frau bei Albert's in Sydney vor und fragte, ob jemand seine Tätowierung sehen wollte. Seinen Rücken zierte vom Hals bis zur Hüfte das Angus-Porträt vom *Highway To Hell*-Cover.

Als er ein paar Tage später zu Albert's zurückkehrte, hatte er schon wieder etwas Neues zu präsentieren. Dieses Mal ließ er die Hosen runter: Quer über seinem Hintern prangte der AC/DC-Schriftzug in Großbuchstaben – genau wie Bon es sich zu Lebzeiten ausgedacht hatte.

Bei dem Gig in Sydney wurde Herm Kovac wieder einmal an den Humor und das gute Gedächtnis seines alten Freundes Malcolm erinnert. Kovac trank normalerweise keinen Alkohol, und tat er es doch einmal, war er meist sehr schnell betrunken. So war es ihm auch an einem Abend ergangen, als er noch mit Mal bei Velvet Underground spielte. »Die Jungs entdeckten mich komplett angezogen in einer Dusche, die voll aufgedreht war; dabei trug ich eine Brille und einen falschen Schnurrbart, und jemand hatte mir ein Schild umgehängt, auf dem ›Spion im Regen‹ stand. Das muss sich Malcolm eingeprägt haben, denn als er mich nun fünfundzwanzig Jahre später Cliff Williams vorstellte, hellte sich dessen Gesicht sofort auf, und er sagte: ›Ach! Der Spion im Regen!‹ Offenbar hatte Mal diese Geschichte der ganzen Welt erzählt.«

Mittlerweile konnte *Back In Black* alleine in den USA 19 Millionen Verkäufe verzeichnen und gehörte damit zu den zehn meistverkauften Alben überhaupt. Die Verkaufszahlen des gesamten US-Katalogs der Band hatten inzwischen die 63 Millionen erreicht. AC/DC belegten damit in den Vereinigten Staaten Platz 9 der bestverkaufenden Musiker aller Zeiten. Hinter den Beatles, Led Zeppelin, Pink Floyd und den Eagles zudem Platz 5 der meistverkaufenden Bands.

Im April kehrten AC/DC erstmals seit der Fankatastrophe vor zehn Jahren nach Salt Lake City zurück. Trotz der Lautstärke, den Lichtern und dem ganzen Rummel konnte keiner die Erinnerungen an die fürchterlichen Ereignisse komplett ausblenden.

Der Tourneedruck brachte wie immer eine Menge Verschleißerscheinungen mit sich.

Angus: »Die Schuhe kriegen es am härtesten ab. Heutzutage sind sie so schnell abgelaufen. Eines Abends war ich auf der Bühne und bin dauernd ausgerutscht. Ich dachte, es sei zu viel Schweiß am Boden. Also habe ich einen der Roadies gefragt, ob er nicht ein bisschen Cola ausschütten könnte, damit die Bühne etwas mehr klebte. Unsere Bühne hatte einen durchsichtigen Boden. Der Roadie sagte bloß: ›Ich habe deine Schuhe von unten gesehen, du brauchst neue! Die haben überhaupt kein Profil mehr!‹«

Der Schweiß setzte zudem den Gitarren zu.

»Das ist wie bei Surfboards. Die Gitarren saugen sich mit Flüssigkeit voll. Also müssen wir sie fast jede Woche auseinanderbauen und die Teile ersetzen, die rosten können.«

Wie schon während der Touren zu *Razors Edge* und *Ballbreaker* wurde es zu einer logistischen Herausforderung, der großen Publikumsnachfrage gerecht zu werden. Die für Juni und Juli angesetzte Tour mit 15 Open-Air-Konzerten in europäischen Stadien war bis dato das aufwendigste Unternehmen in der Geschichte von AC/DC, vergleichbar mit den enormen Freiluftshows Mitte der Siebziger in den USA, bei denen große Acts wie ZZ Top, Aerosmith, Foghat, Ted Nugent und andere aufgetreten waren.

Die Begeisterung bei den Gigs war mitunter so groß, dass die Band in manchen Städten nach dem traditionellen Schlussstück »For Those About To Rock« eine zweite Zugabe spielen musste. Das hatte es in der jüngeren AC/DC-Geschichte noch nie gegeben.

Die Reaktion in Paris, einer Stadt, die sie am Anfang ihrer Karriere nicht gerade euphorisch empfangen hatte, war umwerfend: 80 000 Zuschauer sorgten für das größte Konzert, das je in Paris stattgefunden hatte. Die Band wurde von einer Motorradeskorte zu ihrem Hotel begleitet, in dem auch der ehemalige US-Präsident Bill Clinton logierte.

Der Auftritt in Paris wurde von Kameras aufgezeichnet. Zum ersten Mal in der Geschichte der Band wurde das bluesige »Ride On« am Ende des Sets gespielt. Kurz vor dem Gig hatten sie es in der Garderobe schnell ein wenig umarrangiert. Am Tag zuvor war John Lee Hooker gestorben, was die Bluesfans Malcolm und Angus in tiefe Trauer stürzte. Dennoch war »Ride On« keine Hommage an den Elder Statesman des Blues.

Der Song war eher Ausdruck dafür, dass Bon zwar von ihnen gegangen war, aber mehr als zwanzig Jahre nach seinem Tod immer noch nicht vergessen war. Lange hatte Brian das Gefühl, dass der Song zu stark Bons Stempel trug, um sich daran zu versuchen. Nun aber schien der Zeitpunkt gekommen, ihn zu spielen. Brian war bewegt, als er ankündigte: »Dies ist ein Song von Bon Scott.« Wie der Rest der Band trug er dabei das Trikot der französischen Fußballnationalmannschaft, die drei Jahre zuvor im gleichen Stadion den Weltmeistertitel erringen konnte. Der Song war so etwas wie Brians endgültige Aufnahmeprüfung, obwohl er sich seine Sporen schon lange, lange vorher verdient hatte.

Passenderweise hatte im Juni die Stadt Kirriemuir in Schottland zur Wahrung ihres Kulturerbes das »Gateway to the Glens«-Museum eröffnet. Selbstverständlich wurden Bon Scott, der größte Sohn der Stadt, und AC/DC dort ebenfalls geehrt.

Auch in Deutschland reagierte das Publikum ähnlich enthusiastisch wie in Paris. Die Show im Münchner Olympiastadion vor 80 000 Zuschauern war das erste ausverkaufte Konzert dieses Tourabschnitts und sollte deshalb ebenfalls aufgezeichnet werden. Die Bedingungen am Konzerttag waren nicht gerade ideal. Manche Fans, die keine Karten mehr bekommen hatten, versammelten sich auf einem Hügel neben dem Stadion, um einen Blick in die Arena zu erhaschen. Unglücklicherweise war das genau der Ort, an dem das große Abschlussfeuerwerk gezündet werden sollte. Die Polizei musste eingreifen.

Die Entscheidung, auch in München zu einer zweiten Zugabe auf die Bühne zurückzukehren, war sowohl ein Dankeschön an die begeisterten Fans, als auch der Versuch, die erhitzten Gemüter abzukühlen.

Angus: »Wir wollten verhindern, dass es Ärger gibt. Die Polizei da draußen hat die Leute schwer rumgeschubst. Wir hatten keine Lust, dass es böse ausgeht.«

In Deutschland war die Tournee so erfolgreich, dass der Veranstalter der Band eine Auszeichnung verlieh: Für sieben Shows wurden über eine halbe Million Tickets verkauft. Die DVD und das Video der Show, *Stiff Upper Lip Live*, kamen im November in Japan und Europa auf den Markt. Die Veröffentlichung in Australien und den Staaten folgte im Dezember.

Der Erfolg der Tour muss ein Albtraum für die Marketingabteilungen vieler Großunternehmen gewesen sein, die als Sponsor der Konzerte in Erscheinung treten wollten. Aber Angus und die Band sahen Sponsorendeals als Rückschritt an.

»Über die Jahre hinweg sind viele Leute auf uns zugekommen, die uns Verträge für alle möglichen Dinge angeboten haben. Aber du kommst an den Punkt, an dem du denkst: ›Wenn ich mich überhaupt für irgendwas interessiere neben der Musik, so sind es Zigaretten.‹ Ich bin Kettenraucher, aber deshalb würde ich mich trotzdem nicht von einer Zigarettenfirma sponsern lassen ... (nimmt einen kräftigen Zug) ... Dann hast du nämlich nur noch die am Hals, für die du arbeiten musst. Und ich bin doch auch deshalb beim Rock 'n' Roll gelandet, weil ich keinen Boss haben wollte, der mir sagt, was ich tun soll.«

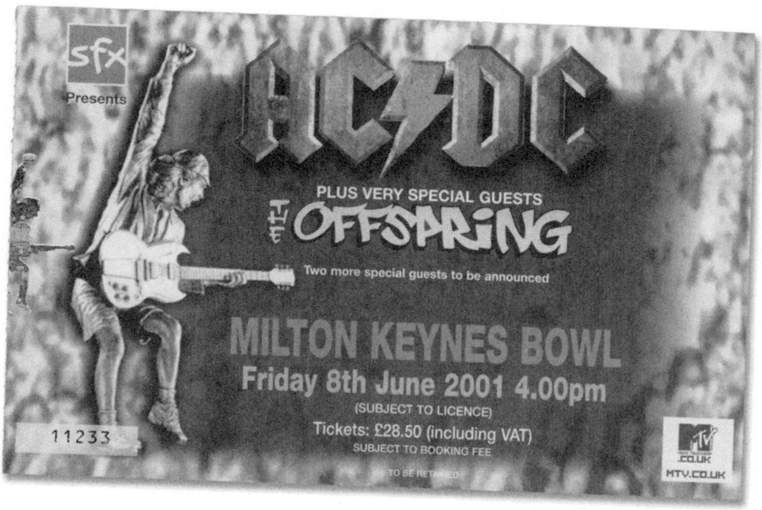
sfx
Presents
AC/DC
PLUS VERY SPECIAL GUESTS
THE OFFSPRING
Two more special guests to be announced
MILTON KEYNES BOWL
Friday 8th June 2001 4.00pm
(SUBJECT TO LICENCE)
Tickets: £28.50 (including VAT)
SUBJECT TO BOOKING FEE
11233
MTV.CO.UK

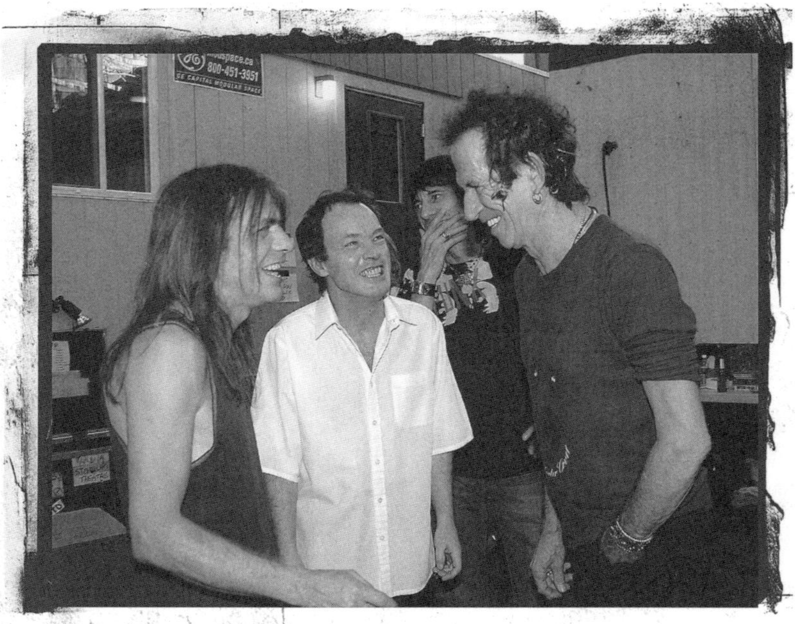

2003

Schwätzchen unter Gleichgesinnten: Malcolm, Angus und Keith Richards – Toronto, Juli 2003

27. Kapitel

NO PARTICULAR PLACE TO GO

Bei der Pressekonferenz der Rolling Stones im Juni 2003 in Sydney schienen Mick Jagger, Keith Richards, Ron Wood und Charlie Watts verstört. Das Problem war, dass sich die Frage des Journalisten und Buchautors Murray Engleheart wie ein einziges, schwer verständliches Wort anhörte. Das Wort lautete in etwa: »Undihrseidfansvonacdc?«

Beim zweiten Versuch gelang es ihm, sich deutlicher auszudrücken.

Mick Jagger: »Keith mag sie.«

Keith Richards: »Oh ja! Ja, ich liebe Accadacca. Angus und Malcolm, ein großartiges Team, Mann. Großartig! Wirklich!«

Bei aller Kürze hatte der Dialog doch etwas Prophetisches. 30 Stunden später begann im Enmore Theatre von Sydney die Clubshow der Stones im intimen Rahmen. Es sollte das heißeste Ding werden, das die Stadt seit vielen, vielen Jahren erlebt hatte. Bevor sie auf die Bühne kamen, dröhnten die Songs von Howlin' Wolf, Muddy Waters und Freddie King aus einer Anlage, die um ein Vielfaches größer war als die schmalen Lautsprecher, die sich die alten Bluesstars selbst je hatten leisten können. Aber richtig spannend wurde es, als die Stones schon eine Stunde spielten und eine kleine Gestalt am hinteren Ende der Bühne erschien. Malcolm Young hatte einen Riesenspaß, flippte zu »Start Me Up« aus und reckte seine Fäuste. Er wirkte nervös, was vermutlich darauf zurückzuführen war, dass er große Vorfreude für das empfand, was gleich passieren würde.

Nach »Start Me Up« stellte Jagger ohne Vorankündigung Malcolm und den bis dahin unsichtbaren Angus vor, der sich daraufhin an den vorderen Bühnenrand begab und sich verbeugte.

Angus trug keine Schuluniform, sondern Jeans und den kürzesten Haarschnitt, mit dem er sich seit dreißig Jahren in der Öffentlichkeit gezeigt hatte. Es dauerte einen Moment, bis er sich zu Malcolm gesellt hatte. Da wurde auch dem Publikum die historische Tragweite dieses Zusammentreffens bewusst. Die Hölle brach los, als sich Keith Richards, Ron Wood, Angus und Malcolm für ihre Version von »Rock Me Baby« zu einer Gitarrenarmee formierten.

Malcolm hielt sich an Wood und besorgte die Rhythmusgitarrenarbeit im Hintergrund – trotz aller Ermunterungen Mick Jaggers, sich mehr im Rampenlicht zu präsentieren. Angus brauchte dazu keine lange Aufforderung und bewegte sich auf der Bühne, als ob sie ihm gehörte. Ronnie Wood folgte ihm im Duckwalk. Der Anblick, wie sich Angus und der grinsende Richards wie beim Duell gegenüberstanden, ist unvergesslich für alle AC/DC-Fans. Und kaum war allen bewusstgeworden, was passierte, waren Malcolm und Angus auch schon wieder verschwunden.

Rückblende ins Jahr 2001: Nachdem im August die *Stiff Upper Lip*-Tour beendet worden war, nutzte Brian die Gelegenheit, sich von einer anderen Seite zu präsentieren. Erst gastierte er bei Ringo Starrs Konzert im St. Petersburg USF Sun Dome in Florida. Dann schloss er sich im September und Oktober für eine kurze Tour seinen alten Kumpels von Geordie II an, mit denen er durch dieselben nordenglischen Clubs tingelte, die sie schon in den Siebzigern abgeklappert hatten. Voller Stolz führte Brian die Band sogar auf die Bühne des Opernhauses von Newcastle. Zur Feier des Tages nahmen Geordie II in Newcastle zwei Traditionals aus dem englischen Nordosten, »Geordie's Lost His Liggy« und »Biker Hill«, für einen Sampler auf.

Brian strahlte immer noch, als er und Cliff Williams, der vor Kurzem die Musik für den Film *Chalk* komponiert hatte, Billy Joel auf der Bühne des Ice Palace in Tampa, Florida, bei seiner Version von »Highway To Hell« verstärkten.

Aber der AC/DC-Frontmann hatte noch bedeutendere Pläne, als nur Gast bei den Gigs anderer Leute zu sein. Im April verkündete er, dass er zusammen mit Robert De Warren an einem Musical schreibe, das die Geschichte der Helena von Troja erzählt.

Die 1,2-Millionen-Dollar-Produktion war sporadisch schon seit sechs Jahren in Arbeit. Brian hatte zusammen mit dem Schauspieler Brendan Healy Musik und Texte verfasst.

Unterbrochen wurden die Arbeiten von der freudigen Nachricht, dass AC/DC zusammen mit The Clash, The Police, Elvis Costello und den Righteous Brothers in die »Rock and Roll Hall of Fame« aufgenommen werden sollten.

Cliff Williams' Pläne zu der Zeit waren weniger schlagzeilenträchtig: Er wollte Ende November vier Clubgigs mit der kroatischen Band The Frozen Camel Project in Bosnien-Herzegowina spielen. Zuvor hatte er bereits auf deren Album mitgespielt.

Im Dezember wurde bekannt, dass AC/DC nach einer 27-jährigen Geschäftsbeziehung die Warner Music Group verlassen und bei Epic/Sony Music einen Vertrag unterschrieben hatten. Medienberichten zufolge sollen sie 50 Millionen Dollar für die Rechte an ihrem Backkatalog und für neue Aufnahmen bekommen haben. Dass ihr früherer Ko-Manager Steve Barnett nun Vorsitzender von Epic war, hat der Band dabei sicherlich nicht geschadet.

Im neuen Jahr kehrten Malcolm und Angus nach Australien zurück, genau zu der Zeit, als die Rolling Stones dort auf Tour waren, und Angus war bereits zu Gehör gekommen, dass Keith Richards zu ihren Bewunderern zählte: »Keith ist ein großer Fan. Jemand hat mal erzählt, dass ein Reporter ihn und Jagger beim Interview nach AC/DC fragte: ›Ich hörte, du bist ein AC/DC-Fan?‹ Und er sagte: ›Ja, bin ich.‹ Worauf Jagger nachschob: ›Ja, und er hat sie die ganze verdammte Nacht lang laufen!‹«

Als die Stones im Enmore spielten, konnten sich Malcolm und Angus die Gelegenheit einfach nicht entgehen lassen, ihnen die Ehre zu erweisen, zumal ihr ehemaliger Production-Manager Jake Berry jetzt für Mick'n'Keef arbeitete.

»Sie spielen quasi bei uns im Hinterhof«, erzählte Malcolm Rollingstones.com. »Wir wohnen zehn Minuten entfernt. Es ist schon klasse, sie nach all den Jahren auf freundschaftlicher Basis zu treffen. Wir hatten eher Schiss, dass sie uns verprügeln würden!«

Im März fand in New York City die Feier zur Aufnahme in die »Rock and Roll Hall of Fame« im Ballsaal des Walldorf-Astoria statt, einem der nobelsten Hotels der Welt. Hätte Chuck Berry oder Keith Richards – von dem berichtet wird, dass er AC/DC schon bei mehreren Gelegenheiten vorgeschlagen hatte – die Laudatio gehalten, wäre es perfekt gewesen. Dass diese Ehre nun Steven Tyler von Aerosmith zufiel, ging für Malcolm aber auch in Ordnung.

Der Rhythmusgitarrist konnte sich noch gut erinnern: Im Jahr 1978 hatten AC/DC im Vorprogramm von Aerosmith getourt und waren im Juli desselben Jahres erstmals bei Bill Grahams Festival Day On The Green in San Francisco mit der Band aus Boston aufgetreten. Als Foreigner dagegen protestierten, AC/DC im Festival-Line-up vor sich zu haben, ließ Tyler – der mit der Band bei der Hall-of-Fame-Aufnahmezeremonie »You Shook Me All Night Long« sang – das nicht durchgehen. Er stellte ein Ultimatum: Wenn AC/DC nicht auftreten dürfen, wird es der Headliner Aerosmith auch nicht tun.

AC/DC, die sich nie besonders wohlgefühlt hatten bei Selbstbeweihräucherungsnummern wie der »Hall of Fame«, hätten es vorgezogen, sich für die Auszeichnung via Videobotschaft zu bedanken und sich die Trophäe von der Post bringen zu lassen, statt sie in einem Ballsaal vor der kompletten Führungsriege der Musikindustrie entgegenzunehmen.

Sie wollten nicht undankbar sein, aber anscheinend wollte man sie zu Mitgliedern eines Clubs machen, von dem sie sich die letzten dreißig Jahre absichtlich ferngehalten hatten. Wären sie nie nominiert worden, wäre es auch in Ordnung gewesen.

Angus: »Der Name trifft es irgendwie nicht ganz. Die Veranstalter tragen den Rock 'n' Roll im Namen. Und dann sitzt da ein Typ wie James Taylor rum.«

Wenigstens war Bon durch seine beiden Neffen Paul und Daniel Scott vertreten, die von Brian dem Publikum vorgestellt wurden. Eine warmherzige Geste des Mannes, der an die Stelle ihres Onkels getreten war.

Auch The Clash, die ohne ihren kurz zuvor verstorbenen Sänger Joe Strummer an der Zeremonie teilnehmen mussten, waren so viel Ehrerbietung seitens der Musikindustrie nicht gewohnt. Während AC/DC zumindest mit der Musik von The Clash vertraut waren, wusste Paul Simonon, der Bassist der Punkveteranen, so gut wie nichts über AC/DC.

»Um ehrlich zu sein, ich kenne ihre Musik überhaupt nicht. Na ja, vielleicht wenn ich ein Stück im Radio hören würde ...«

Malcolm hatte nichts gegen The Clash, aber die ermüdende Rede, die The Edge von U2 zum Tod von Joe Strummer hielt, regte ihn auf.

»Wir standen am Bühnenrand, warteten und wurden immer wütender«, erzählte Malcolm im Interview mit Geoff Barton in der 2005 erschienenen Sonderausgabe *Metal Hammer and Classic Rock Present AC/DC*. »Als sie uns dann das Startzeichen gaben, haben wir ordentlich Gas gegeben. Wir haben den Laden auseinandergenommen. Sie haben auf den Rängen in ihren Smokings getanzt.«

Am Tag nach der Hall-of-Fame-Aufnahme gaben AC/DC im New Yorker Roseland Ballroom ein Gratiskonzert für die 3000 Gewinner eines Wettbewerbs. Billy Joel und Steven Tyler schauten vom Bühnenrand aus zu.

Die in Sydney geknüpfte Verbindung zu den Stones wurde im Juni noch vertieft: AC/DC wurden von ihren Helden eingeladen, als Special Guests dreier Open-Air-Konzerte in Deutschland aufzutreten. Im Gespräch war eine Gage von vier Millionen Dollar.

Der Kreis, der im Chequers in Sydney vor dreißig Jahren mit einer aufstrebenden Band und einer Handvoll Stones-Songs im Programm begann, hatte sich geschlossen, wenn auch teilweise schwer zu erkennen war, wer hier die Meister und wer die Schüler waren. Wie schon im Enmore Theatre stießen Malcolm und Angus während der drei Open-Airs bei jedem Konzert für »Rock Me Baby« zu den Stones auf die Bühne.

»Es hat mich immer beeindruckt, wie gut sie zusammenspielen«, sagte Keith Richards auf der DVD *Four Flicks*. »Bei gemeinsamen Konzerten haben wir alle viel Spaß gehabt. Außerdem gefiel mir, dass ich mal größer war als ein anderer Gitarrist!«

AC/DC spielten außerdem noch zwei Clubgigs in München und in Berlin. Die Show in München vor 1700 Besuchern wurde von Epic/Sony mitgeschnitten. Während des Gigs war es so heiß, dass Malcolm fast genauso schwitzte wie Angus. Es gab eine sehr ungewöhnliche Zugabe: Zehn Minuten nachdem AC/DC ihr Konzert beendet hatten und viele Besucher schon auf dem Weg nach draußen waren, gingen die Lichter noch einmal aus: Die Band kehrte für »Whole Lotta Rosie« auf die Bühne zurück.

Im Juli zogen sich AC/DC zum Proben in die Cherry Beach Sound Studios in Toronto zurück und setzten dort am 30. Juli ihr Joint Venture mit den Stones fort. Mit einem gewaltigen Benefiz-Open-Air auf einem alten Militärstützpunkt wollte man der Stadt finanziell wieder unter die Arme greifen, nachdem der SARS-Virus der Wirtschaft dort schweren Schaden zugefügt hatte.

Neben den Rolling Stones und AC/DC traten The Guess Who, die Angus bereits in den frühen Siebzigern in Sydney gesehen hatte, Rush und The Flaming Lips auf. 490 000 Zuschauer besuchten die Veranstaltung. Malcolm und Angus standen wieder bei »Rock Me Baby« mit den Stones auf der Bühne.

Trotz des gegenseitigen Respekts, den sich beide Lager entgegenbrachten, hatten AC/DC nicht ihr Konkurrenzdenken verloren.

»Das Größte, was ich mit AC/DC je erlebt habe, war, dass wir in Toronto die Rolling Stones vor 485 000 Leuten in Grund und

Boden gespielt haben«, gestand Phil Rudd in *Drum* dem Journalisten Don Zulaica. »Die Stones gaben uns eine Stunde Zeit. Das ist sehr gefährlich. Junge, du gibst uns besser keine Stunde, wenn du danach noch spielen willst. Bei uns hat einfach alles gestimmt. Wir kamen von der Bühne, stiegen in den Van und meinten: ›Yeah! Liebe Stones, versucht das verdammt noch mal zu toppen!‹«

Im Juni 2004 veröffentlichte Warner Home Video *Toronto Rocks*, eine DVD des Open-Air, die zwei Songs von AC/DC, »Back In Black« und »Thunderstruck«, sowie die Jam Session mit den Rolling Stones enthielt.

Im Oktober trat die Band zum ersten Mal seit einundzwanzig Jahren wieder im Hammersmith Apollo – früher Hammersmith Odeon – in London auf. Das Konzert war nach vier Minuten ausverkauft. Bobby Gillespie von Primal Scream gehörte zu den Glücklichen, die sich Karten sichern konnten: »Es war genauso aufregend wie damals, als ich The Clash oder Thin Lizzy gesehen habe. Kennst du das, wenn du jung bist und zum ersten Mal auf Rockkonzerte gehst? Alles ist so neu und aufregend, jede Sekunde davon haut dich einfach um. So war das auch, es war wie im Film. AC/DC sind schon seit Teenagertagen die Lieblingsband meiner Freundin. Als ich mit den Tickets ankam, meinte sie nur: ›Ein großartiges Date!‹«

Ein Jahr später gab es eine neuerliche große Würdigung für die Band, als eine zweite große Durchgangsstraße nach ihnen benannt wurde, dieses Mal in Melbourne. Die Corporation Lane, aus der nun die ACDC Lane wurde, lag passenderweise nur einen Steinwurf entfernt von der Swanston Street, auf der die Band bei dem Videodreh zu »It's A Long Way To The Top« hin und her gefahren war.

Im Frühjahr 2005 arbeitete Brian in Florida mit der Band Big Machine und schrieb zusammen mit deren Gitarrist, seinem Freund Doug Kaye, sämtliche Songs. Manche Lieder aus seiner Feder waren 1995 bereits von The Naked Schoolgirls aufgenommen worden. Bei ihrem Livedebüt am 24. März im Khrome Club in Sarasota, Südflorida, stieg Brian zu Big Machine auf die Bühne.

Der Sänger hatte seit 1988, seit *Blow Up Your Video*, keine Texte mehr für AC/DC verfasst. Seither waren alle Songs Young/Young-Kompositionen gewesen.

Phil Carson (Atlantic Records): »Brian ist ein brillanter Frontmann und ein großartiger Texter. Es ist schade, dass er in den letzten Jahren bei AC/DC nicht mehr zum Zuge kam. Ich habe Rocksongs gehört, die er geschrieben hat – auch den, den Jesse James Dupree von Jackyl rausgebracht hat –, das sind klasse Songs. Sie landen mittlerweile bei anderen Leuten. Ich weiß, dass Mötley Crües Vince Neil einen von Brians Songs mit dem Titel ›Deadly Sins‹ aufnehmen will. Er hat einen Haufen Lieder geschrieben, die richtige Smash-Hits für AC/DC werden könnten.«

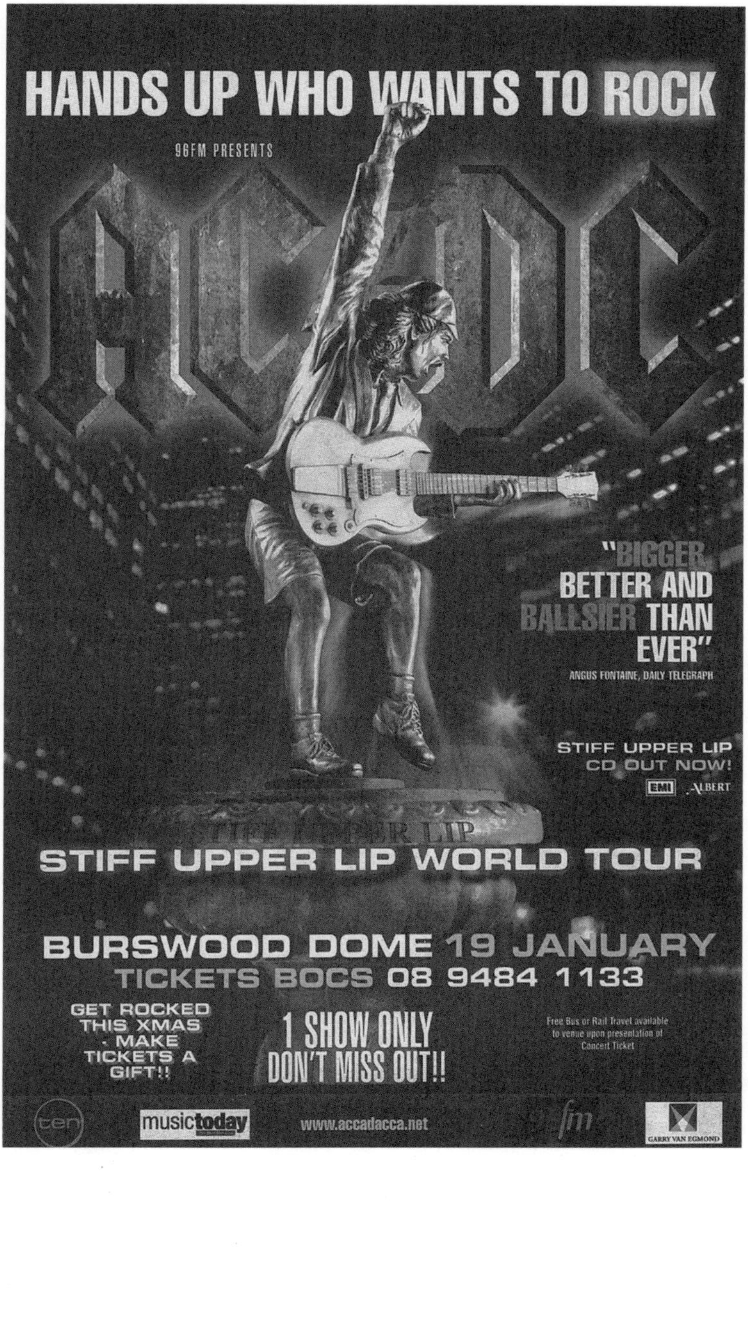
HANDS UP WHO WANTS TO ROCK
96FM PRESENTS
AC/DC
"BIGGER BETTER AND BALLSIER THAN EVER"
ANGUS FONTAINE, DAILY TELEGRAPH
STIFF UPPER LIP
CD OUT NOW!
EMI
ALBERT
STIFF UPPER LIP WORLD TOUR
BURSWOOD DOME 19 JANUARY
TICKETS BOCS 08 9484 1133
GET ROCKED THIS XMAS - MAKE TICKETS A GIFT!!
1 SHOW ONLY
DON'T MISS OUT!!
Free Bus or Rail Travel available to venue upon presentation of Concert Ticket
ten
musictoday
www.accadacca.net
fm
GARRY VAN EGMOND

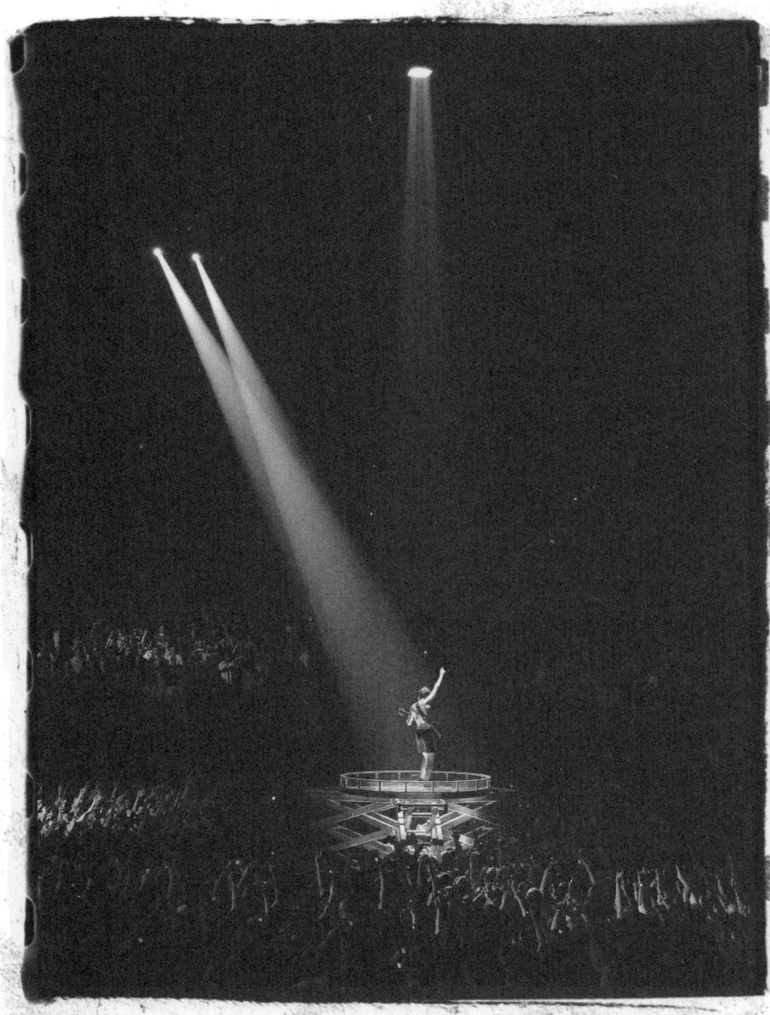

2009

Im unbarmherzigen Spotlight: Angus

28. Kapitel

BACK IN BLACK ICE

2008 wurde die Welt Zeuge, wie zwei kulturelle Attraktionen zu einer aufsehenerregenden Installation mit maximaler Werbewirkung kombiniert wurden: Das AC/DC-Logo erstrahlte auf den Mauern des Kolosseums in Rom! Mit dem Albumtitel *For Those About To Rock* hatten AC/DC schon einmal auf die Gladiatoren des Alten Roms angespielt. Jetzt fand der alte Vorwurf an die Band, ihre Musik sei der Soundtrack für den Untergang des Abendlandes, einen süffisanten Konter. Schließlich ist das Kolosseum nichts weniger als das Symbol einer gefallenen Weltmacht, deren Dekadenz sich am augenscheinlichsten in den tödlichen Kämpfen dieses Zirkus manifestierte.

Wie ein chancenloser Gladiator dürfte sich in etwa auch Angus Young gefühlt haben, als er auf der Bühne des Londoner Alexandra Palace Ozzy Osbourne in die UK Music Hall Of Fame einführen sollte. Schließlich hatte er während seiner ganzen Karriere auf der Bühne höchstens ein- oder zweimal den Mund aufgemacht, abgesehen davon, dass er manchmal pöbelnde Zuschauer zur Ordnung rief. Wie er nun so allein vor dem Mikrofon stand, nur mit ein paar Zetteln bewaffnet, schwitzte er ungefähr genauso stark, als hätte er unter der üblichen Scheinwerferarmee zwei Stunden lang Riffs herausgedonnert.

Die lange Pause, die dieses Mal zwischen den Albumveröffentlichungen lag, nutzten andere Bandmitglieder für unterschiedliche Aktivitäten. Phil Rudd produzierte das Debütalbum der neuseeländischen Band Jaggedy Ann, Brian und Cliff engagierten sich gemeinsam mit dem ehemaligen Deep-Purple-Sänger Joe Lynn Turner und Mark Farner von Grand Funk Railroad für Classic Rock Cares. Ziel dieses Benefizprojekts war die Vermittlung musikalischer Grundlagen an benachteiligte Kinder. Es entstanden einige Studioaufnahmen, außerdem gab es im Juli 2005 in den USA fünf Gigs mit AC/DC-Klassikern, bei denen aber auch das neu komponierte »Chain Gang On The Road« präsentiert wurde.

Wie groß jedoch die Sehnsucht nach einem echten AC/DC-Lebenszeichen war, ließ sich an der Begeisterung ablesen, die *Plug Me In* entgegenschlug, einem Set bestehend aus drei Live-DVDs. Die Vorbestellungen für das Werk, das unter anderem Arnaud Durieux als Produzent betreut hatte, übertrafen sämtliche Erwartungen.

Mit *Family Jewels* kam zudem eine DVD auf den Markt, die klassische Aufnahmen mit beiden Sängern, Bon und Brian, enthielt, um den Fans zumindest etwas über die lange Funkstille hinwegzuhelfen. Dass in der Geschichte dieser Band, die Videos immer verachtet hatte, ausgerechnet eine DVD zu einem ihrer größten Verkaufsschlager wurde, entbehrt nicht einer gewissen Ironie.

Währenddessen arbeiteten Angus und Malcolm fernab des Rampenlichts an neuen Songs. Von 2002 an trafen sie sich immer wieder im Studio zu Demoaufnahmen, doch bevor die Musik nicht offiziell dem Label präsentiert wurde, sollte niemand in der Musikindustrie auch nur einen Ton davon zu hören bekommen.

Cliff Williams verriet damals: »Ich glaube, Malcolm und Angus sind in Mals kleinem Studio in London. Dort arbeiten sie fünf Tage die Woche, machen ihr Ding, dann gibt's mal eine Pause, und sie legen wieder los. So sieht ihr Leben aus. Wenn einer der Jungs meint, es sei alles bereit für das nächste Projekt, bekommen wir einen Anruf. So läuft das seit dreißig Jahren.«

Anfang 2008 waren Malcolm und Angus endlich so weit, und der besagte Anruf kam – gerade zu der Zeit, als die Bronzestatue von Bon Scott, die den Fisherman's Wharf in Fremantle zieren sollte, ihren letzten Schliff bekam. Im März begab sich die Band in die Warehouse Studios in Vancouver, wo schon *Stiff Upper Lip* entstanden war, um dort ihr 20. Album aufzunehmen. Mutt Lange, der bereits an *Highway To Hell* und *Back In Black* gearbeitet hatte, stand zwar wieder auf der Liste möglicher Produzenten, aber letztlich entschied man sich für Brendan O'Brien.

Im August wurde es dann wirklich ernst: AC/DC gaben ihren ersten Gig seit fünf Jahren vor dreihundert eigens eingeladenen Fans in London, um dabei gleich das Video für die neue Single »Rock 'n' Roll Train« zu drehen. Die Gier nach einer neuen Dosis AC/DC war so groß, dass ein Fan sogar versuchte, das beim Videodreh Gehörte trotz des fehlenden Einsatzes echter Instrumente später auf seiner Gitarre nachzuspielen. Das Resultat stellte er auf YouTube ein, woraufhin andere Begeisterte schnell ihre eigenen Interpretationen der Amateur-Cyberspace-Version nachschoben.

Am 28. August bekam auch der Rest der Welt die Gelegenheit, den Song »Rock 'n' Roll Train« (der zuerst »Runaway Train« hieß) zu hören: im Radio und im Internet. Und der Angriff auf die modernen Medien wurde gleich fortgeführt, indem die Gitarre-und-Verstärker-Attacke von »Let There Be Rock« als Titelsong für das populäre Videospiel »Rock Band 2« gewählt wurde.

Währenddessen stieg die Spannung. Nicht nur das Kolosseum musste als Kulisse für die AC/DC-Werbung herhalten. Auch am New Yorker Times Square prangte eine riesige Vorankündigung des neuen Albums, und weltweit holten die Radiosender ihre AC/DC-Songs aus den Archiven.

Und dann, am 20. Oktober, war es endlich so weit: Das sehnsüchtig erwartete Album *Black Ice* erschien, benannt nach dem beinahe unsichtbaren und gerade deswegen so gefährlichen Schwarzeis, das mitunter über dunklen Wassergründen oder auf Asphalt entstehen kann. In einer Welt, die fast vergessen hatte, was echter

Rock 'n' Roll ist, war es ein perfektes Beispiel für AC/DCs Anziehungskraft: trügerisch schlicht, angetrieben von der Griffbrett-Attacke der Youngs und unterlegt mit Phil Rudds ultracoolem Rhythmus, einem Sexbeat, der stets so selbstverständlich klang wie Atmen.

Weltweit stürzten sich die Fans auf die neue Platte, die dementsprechend in 29 Ländern auf den ersten Chartplatz schoss, so auch in den USA, Großbritannien, Frankreich und Deutschland. In nur drei Tagen wurden drei Millionen Exemplare verkauft, allen Unkenrufen zum Trotz, dass Musikhörer sich nur noch für Downloads interessierten. In den USA war das Album für AC/DC zudem die erste Nummer eins seit *For Those About To Rock* aus dem Jahr 1981; in Großbritannien waren sie zuletzt 1980 mit *Back In Black* auf dem Spitzenplatz gewesen.

Ein Aufwärmgig vor einer Handvoll glücklicher Fans fand im US-amerikanischen Städtchen Wilkes-Barre statt, und mit einem großen Konzert eben dort begann schließlich eine 20 Monate dauernde Welttournee – die bisher längste, die AC/DC je unternommen hatten. Der Bühnenaufbau kostete angeblich 6,3 Millionen Dollar; unter anderem hatte jenes Produktionsteam daran mitgewirkt, das gerade die spektakuläre Eröffnungszeremonie für die olympischen Sommerspiele in Peking entworfen hatte. Allein die nötigen Kabel für die aktuelle AC/DC-Show hätten vermutlich mehr Platz verbraucht, als das Chequers in Sydney, in dem die Band einmal angefangen hatte, im Zuschauerraum bot.

Nachdem AC/DC jetzt auch in dieser Liga spielten, zeigte sich die Musikindustrie endlich (wenn auch verspätet) bereit, die Bedeutung der Band anzuerkennen. Der amerikanische *Rolling Stone*, der 1976 das Debütalbum *High Voltage* erbarmungslos verrissen hatte, brachte sie tatsächlich zum ersten Mal auf die Titelseite (zuvor war zwar schon einmal Shania Twain in einem AC/DC-Shirt auf dem Cover gewesen, aber das zählte ja nicht). Ganz offensichtlich kamen ihnen die aktuellen Entwicklungen entgegen, während sie einfach nur auf ihrer Position verharrten: Die Zeiten mochten sich ändern, sie nicht.

Im Dezember 2008 gaben sie ihr 2000. Konzert in den USA. Das hatten nicht einmal die Rolling Stones geschafft, die auf eine wesentlich längere Karriere zurückblicken konnten. »War Machine« brachte der Band den ersten Grammy für die beste Hardrock-Performance ein, und mit ihrem Auftritt beim Download Festival in Großbritannien spielten sie zum vierten Mal als Headliner im legendären Castle Donington Park.

Die Tour durch Australien und Neuseeland übertraf ebenfalls frühere Unternehmungen: AC/DC traten bei 14 Konzerten in sieben Städten vor insgesamt 737 392 Zuschauern auf und nahmen über 27 Millionen Dollar ein. Insgesamt kamen auf der *Black Ice*-Tour 477 Millionen Dollar allein durch die Ticketverkäufe zusammen – der zweithöchste Betrag aller Zeiten, der nur noch von den Rolling Stones übertroffen wurde, und bei den 168 Konzerten waren mehr als fünf Millionen Fans dabei.

Am 28. Juni 2010 ging die Tour im spanischen Bilbao zu Ende. Was damals noch niemand wusste: Es sollte Malcolm Youngs allerletzter Gig mit AC/DC gewesen sein.

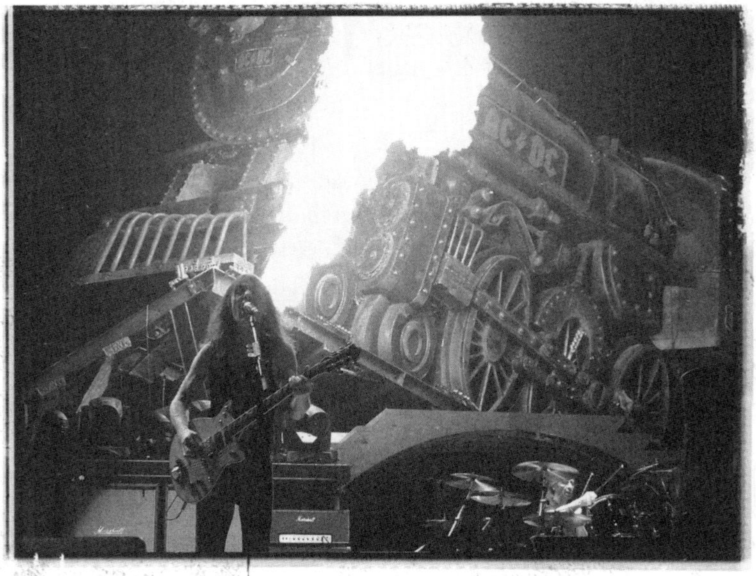

2009

Gitarrist am Höllenschlund: Malcolm in Philadelphia

29. Kapitel

MANN AM BODEN – ROCK OR BUST

Als bei einem Interview 1995 die vereinbarten 20 Minuten Gesprächszeit verstrichen waren, klinkte sich der Promotionassistent höflich in das Telefonat ein. Malcolm Young, der sich nur selten Zeit für die Medien nahm, erwiderte ebenso höflich, es sei noch nicht alles gesagt. Und ohne weitere Unterbrechung ging die Unterhaltung, bei der die verschiedensten Themen zur Sprache kamen, noch fast zwei Stunden weiter.

Der Journalist Murray Engleheart, Koautor dieses Buches, war derweil immer noch wie vom Donner gerührt, wenn er sich vergegenwärtigte, dass der lockere Typ am anderen Ende, dessen Stimme immer mal wieder in eine höhere Tonlage kippte, tatsächlich das Mastermind einer der größten Rockbands der Welt war. Und außerdem *der* einzig wahre Rhythmusgitarrist aller Zeiten. Keine Künstlerallüren, keine Überheblichkeit, keine Faust in der Tasche. Dabei hätte der AC/DC-Boss doch durchaus das Recht gehabt, sich ebenso zickig zu gebärden wie Lou Reed.

Von der amerikanischen Folk-Blues-Legende Leadbelly erzählt man sich, dass man ihn nach einem Treffen als körperlich überragend und beeindruckend in Erinnerung behielt, obwohl es in Wirklichkeit seine Aura war, die für diese Wirkung sorgte. Ebenso verhält es sich mit Malcolm Young: Im Körper eines Jungen steckt ein Riese, was Entschlossenheit, Kraft und Durchhaltevermögen betrifft. Auch hinsichtlich Großzügigkeit und Humor zählt er zu den Großen, auch wenn diese Eigenschaften in der Öffentlichkeit eher selten wahrgenommen wurden.

Während sein kleiner Bruder Angus schon allein durch die Rolle des durchgeknallten Schulschwänzers ewig jung zu bleiben schien, hatte sich Malcolm über die Jahre vielmehr als unverwüstlich erwiesen – als jemand, der keinen Gedanken an die eigene Selbsterhaltung verschwendete. Mit aller Kraft und vollem Körpereinsatz hatte er dafür gekämpft, dass AC/DC mit *Highway To Hell* endlich an der Schwelle zum internationalen Durchbruch standen. Nach dem tragischen Tod von Bon Scott war es ihm zu verdanken, dass die Band nicht auseinanderbrach, sondern mit *Back In Black* die ganze Welt eroberte. Und einige Jahre später hatte er ohne großes Aufhebens seine Alkoholsucht überwunden.

Man hätte glatt meinen können, um Malcolm umzuwerfen, bräuchte es mindestens einen Meteoriteneinschlag.

Aber Angus spürte schon zu Beginn der Vorbereitungen für *Black Ice*, dass etwas nicht stimmte. Malcolm, der lange das eiserne Rückgrat der Band gebildet hatte, wurde vergesslich und benahm sich manchmal seltsam. Nichts Dramatisches, aber es genügte, dass bei dem Menschen, der ihn auf der ganzen Welt am besten kannte, die Alarmglocken schrillten. Unter vier Augen suchte Angus das Gespräch mit seinem Bruder. Dessen Verhalten und der Gedächtnisverlust bereiteten ihm zunehmend Sorgen. Aber Malcolm schob seine Bedenken beiseite, obwohl er innerlich sicherlich genauso beunruhigt war. Als Angus fragte, ob Malcolm wirklich mit dem anstrengenden Aufnahmeprozess beginnen wollte, erklärte der, alles sollte wie geplant vonstattengehen; Brendan O'Brien wurde mit der Produktion betraut. Nach vier Jahrzehnten wollte Malcolm die Zügel nicht so einfach aus der Hand geben.

Doch die Arbeit im Studio erforderte inzwischen große Genauigkeit und Konzentration – Malcolms Probleme ließen sich nicht mehr übersehen. Während er früher über unglaublich viel Detailwissen verfügte und stets mit neuen Überlegungen und Ideen kam, stellten die Technik und das Equipment plötzlich große Hürden für ihn dar. Jetzt fiel es ihm sogar schwer, per Ausschlussverfahren die besten Riffs für die Platte zu bestimmen, was ihm zuvor stets mit schlafwandlerischer Sicherheit gelungen war. Malcolm, der fast alles beherrschte, was ihm sein weiser Bruder George einmal beigebracht hatte, der erfahrenen Produzenten im Studio die Richtung vorgab und der bei Aufnahmen stets ein Muster an Disziplin und Strukturiertheit gewesen war, zeigte sich unsicher und verwirrt.

»Es gab einige verräterische Anzeichen dafür, dass etwas nicht stimmte«, sagte Toningenieur Mike Fraser dem Journalisten Steve Newton vom *Georgia Straight*. Malcolm strengte sich zwar nach Kräften an, um seine Ausfälle auszugleichen, aber Angus erkannte schließlich: Nachdem er einst, als Bon Scott starb, im Schnelldurchgang erwachsen werden musste, würde er jetzt ein weiteres Mal über sich hinauswachsen müssen, um seinen Bruder zu entlasten.

Die Arbeit an *Black Ice* zog sich ungewöhnlich lange hin; möglicherweise waren Malcolms Probleme der Grund dafür. Zum Ende der Aufnahmen gab es schließlich auch eine ärztliche Diagnose, die die schlimmsten Befürchtungen bestätigte: Malcolm befand sich in einem frühen Stadium von Demenz, einer Krankheit, die unweigerlich weiter fortschreiten würde. Noch kam er einigermaßen zurecht, und die Aufnahmen hatte er gemeistert, aber die nächste Hürde stand ihm bereits bevor.

Angus war sich nicht sicher, ob sein Bruder tatsächlich einer anstrengenden Tournee gewachsen war. Zumal diese Tournee höchstwahrscheinlich über den ganzen Globus führen würde, um die gesteigerte Nachfrage zu befriedigen. Die Band hatte sich in den letzten zehn Jahren doch ziemlich rargemacht. Wieder baute er Malcolm eine goldene Brücke zum Rückzug, und wieder kannte der nur eine Möglichkeit der Problembewältigung: mit aller Kraft dagegen anzukämpfen. Die Tour sollte wie geplant stattfinden, und er würde dabei sein.

Während der Tourvorbereitungen gab es durchaus Tage, an denen der Boss ganz der Alte war. Aber eben auch andere.

»Manchmal hatte ich das Gefühl, dass es gar nicht Malcolm war, der da an meiner Seite stand«, vertraute Angus Michael Hann vom *Guardian* an. Er sprach in Interviews inzwischen ganz offen über diese Probleme. Früher einmal war die Band dafür bekannt gewesen, dass sie Persönliches überhaupt nicht diskutierte oder allenfalls mit einem Witz abtat, aber die Zeiten hatten sich geändert. »Er musste viele Songs, die er eigentlich in- und auswendig kannte, wieder ganz neu lernen.«

Doch die Götter waren gnädig, und die fast zwei Jahre dauernde Mammuttournee verlief ohne größere Pannen. Malcolm hielt sich auf der Bühne wie immer eher im Hintergrund, wobei das nun weniger eine Strategie als vielmehr traurige Notwendigkeit war. Dass er, ebenfalls wie immer, im Halbdunkel blieb oder in verschwommenes Licht getaucht wurde, passte ebenfalls zur Tragik der Situation.

Jeden Abend trat die größte Band der Welt vor Zehntausenden auf, ohne Netz und doppelten Boden. Und das Publikum ahnte nichts von Malcolms Erkrankung und dem Ausmaß des Risikos, das die Band mit jedem Auftritt einging. Gegenüber dem *Guardian* sagte Angus: »An manchen Abenden habe ich mich gefragt: ›Weiß er überhaupt, wo er ist?‹«

Gelegentlich lief doch mal etwas schief. Einmal schlenderte Malcolm von seinem üblichen Platz vor den Verstärkertürmen nach vorn an ein Mikrofon und schmetterte einen Refrain – mitten in ein Gitarrensolo. Als ihm in einem klaren Augenblick die Schwere seiner Erkrankung bewusst wurde, bat er schließlich Brian Johnson, ihm einen Schubs zu geben, wenn er sich das nächste Mal anschickte, etwas Unangemessenes zu tun. Spätestens jetzt begriff der Sänger, wie schlimm es wirklich um Malcolm stand. Schließlich erinnerte er sich noch gut an seine Anfangstage in der Band – wie oft ihn Malcolm heftig ins Gebet genommen hatte, wenn er einen Einsatz verpasste oder eine Zeile falsch sang.

»Er hat sich auf der Tour hervorragend geschlagen«, berichtete Brian dem *Guardian*. »Es war hart. Aber man konnte auch nichts sagen und nichts unternehmen, weil das sonst nach Mitleid ausgesehen hätte. Man musste einfach so tun, als sei alles wie immer.«

So bemerkenswert es einerseits war, ein Mammut-Unternehmen wie die *Black Ice*-Tour unter diesen Bedingungen durchzuziehen, war es andererseits auch typisch für AC/DC, die wieder einmal Charakterstärke bewiesen.

Malcolms Zustand wurde weiterhin weitgehend geheim gehalten. Dann sprach Brian im Januar 2012 in einem Interview offen davon, dass eines der Bandmitglieder ernsthaft erkrankt sei. Allerdings setzte er hinzu: »Wir gehen von einer vollständigen Genesung aus.« Dabei bezog sich der Sänger allerdings nicht auf Malcolms Demenz. Der Gitarrist litt nämlich zudem an Lungenkrebs, wahrscheinlich die Folge von fünfzig Jahren Dauerbedampfung beim AC/DC-Kreativprozess. Nach einer erfolgreichen Operation folgte gleich die nächste schlechte Nachricht: Malcolm musste wegen Herzproblemen wieder unters Messer und bekam einen Schrittmacher eingesetzt.

Währenddessen schritt die Demenz unbarmherzig weiter fort und hüllte Malcolm immer tiefer in ihren Nebel. Angus stellte fest, dass er sich nicht mehr richtig mit seinem Bruder unterhalten konnte, und Probleme, für die der Bandboss noch vor Kurzem sofort eine Lösung parat gehabt hätte, erfasste er nun kaum noch. Das beinahe telepathische Verständnis zwischen Brüdern, das auch die beiden Youngs stets gespürt hatten, löste sich auf.

»Ich weiß nicht, wie ich das erklären soll«, sagte Angus auf VH1, »aber früher wussten wir einfach, was der andere als Nächstes spielen würde. Es war manchmal schon bizarr. Er stimmte einen Song an, und ich stieg ein, und wenn er dann zu etwas anderem überging, war ich ihm dabei schon voraus.« Angus graute es vor der Vorstellung, das nächste Album ohne AC/DCs Chefentscheider und Rückgrat auf den Weg bringen zu müssen, ohne einen Malcolm, der Dinge hörte, die Produzenten und Toningenieuren entgingen. Aber das war die bittere Realität. Wer würde jetzt sofort bemerken, dass da ein Akkord im Song auftauchte, der sich mit einem anderen nicht vertrug, oder Angus' Verstärker reparieren, sodass er weiterhin seinen typischen Sound behielt? Angus blieb nichts anderes übrig, er musste, bildlich gesprochen, ein drittes Mal erwachsen werden.

Murray Engleheart gegenüber beschrieb er die simple, aber entscheidende Rolle, die Malcolm innerhalb der Band spielte, einmal so: »Für mich war es immer ein Glück, dass ich von Anfang an auf seine Unterstützung bauen konnte. Wenn ich eine Idee hatte, dann sagte er es mir gleich, wenn sie blöd war. Oder aber er meinte: ›Das ist gar nicht mal so übel‹, und überlegte sich, wie man sie gut umsetzen konnte. Er ist der Praktische von uns beiden. Ich bin eher ein Träumer, das gleicht sich gut aus. Wenn wir an Ideen arbeiten, dann gucke ich Malcolm nur an und höre mir an, was er mitbringt. Und jedes Mal kommt er mit etwas Anderem, Einzigartigem. Er ist jedem, den ich kenne, weit voraus. Ich bin meist schon zufrieden, wenn ich einen schlichten Rocksong habe, zu dem ich mit dem Fuß wippen kann, sowas wie ›TNT‹ oder ›Whole Lotta Rosie‹ oder wie hier« – er stampft dreimal auf – »›Highway To Hell‹. Das gefällt mir immer am besten. Aber Malcolm blickt weiter und sucht eine neue Herangehensweise. Er sagt dann zu mir: ›So was haben wir doch schon mal gemacht, Angus.‹«

Hin- und hergerissen, ob die Band weitermachen sollte oder nicht, fragte Angus schließlich George Young um Rat. Aber der große Bruder, der AC/DC zu Beginn ihrer Karriere so klug die Richtung gewiesen hatte, wollte ihm die Entscheidung nicht abnehmen. Im April 2013, als der ebenfalls erkrankte ehemalige AC/DC-Bassist Neil Smith seinen langen Kampf gegen den Krebs verlor, rang sich Angus schließlich zu einer Entscheidung durch: Er traf sich heimlich mit seinem Neffen Stevie Young. Stevie war schon auf der *Blow Up Your Video*-Tour eingesprungen, als Malcolm sich wegen seiner Alkoholprobleme behandeln ließ. Mit ihm zusammen begann sich Angus auf die Zukunft vorzubereiten, wie auch immer die aussehen mochte.

Viele reagierten geschockt auf die Vorstellung von AC/DC ohne Mal. Andererseits wäre der Gitarrist selbst sicherlich der Erste gewesen, der darauf bestanden hätte, dass die Show weitergehen musste. Schließlich hatte Malcolm auch beschlossen, trotz aller Probleme die *Black Ice*-Tour mitzumachen.

Anfang 2014 erwähnte Brian Johnson in einem Interview erneut, dass ein Bandmitglied ernstlich krank war, aber die Meldung schlug keine großen Wellen. Doch dann, im April, schrieb ein Fan aus Europa einem Reporter des in Perth beheimateten Radiosenders 6PR per E-Mail: »Jemand in der Band ist todkrank und musste nach Australien zurückkehren, und die Band denkt übers Aufhören nach.« Nun geisterten erste Berichte durch die Medien, dass es sich um Malcolm handelte und dass AC/DC möglicherweise vor dem Aus standen.

In einem Interview mit dem britischen *Telegraph* bestritt Brian, dass die Band am Ende war. Vielmehr sei bereits ein Studio gebucht, um im Mai ein neues Album aufzunehmen. Allerdings bestätigte er, dass einer der Musiker an einer »schweren Krankheit« litt. Am 16. April folgte schließlich eine offizielle Presseerklärung.

»Aufgrund gesundheitlicher Probleme nimmt Malcolm Young, Gitarrist und Gründer von AC/DC, eine Auszeit von der Band, die über vierzig Jahre lang sein Leben bestimmt hat. Die Band wird weiterhin Musik machen.«

Es war eine überraschende Eröffnung, wenn man bedenkt, dass man sonst streng nach der Maxime verfahren war, Familienangelegenheiten nicht nach außen dringen zu lassen und Gerüchte gleich welcher Art weder zu bestätigen noch zu dementieren.

James Young, der Besitzer der Cherry Bar in der AC/DC-Lane in Melbourne und trotz des gleichen Nachnamens mit den AC/DC-Brüdern nicht verwandt, ließ sich eine rührende Geste einfallen. »Zuerst hängte ich überall in der AC/DC-Lane Poster auf, auf denen ›Gute Besserung, Malcolm‹ stand, und dann machte jemand den Vorschlag, ich sollte doch T-Shirts davon drucken lassen. Das taten wir, 50 Stück. Die Erlöse ließen wir einer Krebsstiftung zukommen.« Zumindest eines der T-Shirts gelangte in die Hände von Cheap Trick, die während ihrer Australientour damit ihrem alten Freund ihre Unterstützung bekundeten.

Während Malcolm in Sydney betreut wurde (man versuchte unter anderem, mit Musik von Chuck Berry und Buddy Holly dafür zu sorgen, dass er sich trotz allem wohlfühlte), begannen AC/DC in den Warehouse Studios in Vancouver mit den Aufnahmen von *Rock Or Bust*, das wieder Brendan O'Brien als Produzent betreute. Stevie Young wurde mit Angus in der Stadt gesehen, aber hinsichtlich seiner neuen Rolle hatte es noch keine offizielle Erklärung gegeben.

Malcolm war immer noch an den Sessions beteiligt – nicht nur im Geiste, sondern auch durch die Sammlung von Ideen und Riffs, die er und Angus über die Jahre auf Band aufgenommen hatten. Aus diesem kreativen Schatz pflegte die Band sich nun bei allen Studioterminen zu bedienen.

Es hing ein Gefühl der Unsicherheit in der Luft, das sich noch verstärkte, als Phil Rudd ganze zehn Tage zu spät zu den Aufnahmen erschien. Produzent O'Brien war offenbar schon so weit, dem Drummer eine Frist zu setzen, nach deren Ablauf sich die Band nach einem Ersatz umsehen würde. Rudd glänzte nicht das erste Mal durch Abwesenheit; er war auch bei Malcolms letztem Auftritt in der Öffentlichkeit nicht mit dabei gewesen, als AC/DC als Ehrengäste im Londoner Hammersmith Odeon erschienen, wo vor 3000 Fans erstmals die DVD *Live At River Plate* gezeigt wurde. Aber als der Drummer schließlich in Vancouver erschien, trommelte er wie immer ohne Rücksicht auf Verluste.

»Ich spiele heute besser denn je«, behauptete er gegenüber Rod Yates vom australischen *Rolling Stone*. »Keine Ahnung, wie ich das hinkriege.«

Das wusste wohl auch sonst niemand. Jedenfalls sah er nicht gerade so aus, als sei er in Hochform, und sein Zustand überraschte einige seiner Kollegen merklich. Dennoch, bei seinem Einsatz im Studio pflasterten wieder einmal reichlich Trümmer seinen Weg.

Toningenieur Mike Fraser: »Phil haut so hart zu, dass man die Snaredrum, die Trommelfelle jedenfalls, fast nach jedem Track wechseln muss, manchmal auch mittendrin. Es ist wirklich schwer, bei ihm für einen guten Sound zu sorgen, weil er das Equipment so schnell durchbringt!«

Ein weiteres Opfer dieser Sessions war einer von Angus' Retro-Verstärkern. Wie damals das Equipment, mit dem AC/DC 1977 *Let There Be Rock* aufgenommen hatten, ging auch er aus Frust über den ganzen Lärm in Flammen auf.

Bei den Aufnahmen ging die Band mit dem üblichen Arbeitsethos zur Sache – irgendwelche sentimentalen Gedanken an Malcolm hatten kaum oder gar keinen Platz. Sie waren AC/DC, und sie hatten eine Aufgabe zu erledigen. Sie waren hier, um zu arbeiten, und nicht, um dumm herumzusitzen und über ihre Gefühle zu reden, so schmerzlich die Lage auch gerade sein mochte. Der einfachen und effektiven Vorgehensweise haftete dabei durchaus etwas Magisches an.

Mike Fraser: »Ich glaube nicht, dass sie je geprobt haben. Das machen sie sicher, bevor sie auf Tournee gehen, aber auch da hat es wahrscheinlich mehr mit dem gesamten Produktionsablauf zu tun, als dass sie die Songs lernen. Sie sind als Band so gut, dass Angus nur das Riff anspielen und dazu sagen muss: ›Der Song ist in D‹ – ruckzuck haben alle den Track drauf. Da muss sich keiner was aufschreiben – sie spielen einfach drauflos, sie jammen, und alles funktioniert bestens.«

Während Phil Rudd sich offenbar zuerst um seine eigenen Termine kümmerte, stand Brian Johnson zeitlich mächtig unter Druck. Er hatte seine Vocals kaum abgeliefert, da war er auch schon auf dem Weg nach Italien, um an einem 24-Stunden-Rennen teilzunehmen, bevor er für den Abschluss der Aufnahmen nach Vancouver zurückkehrte.

Stevie Young passte sich ohne große Schwierigkeiten ins Bandgefüge ein, wie er es schon bei der *Blow Up Your Video*-Tour getan hatte. Er war mit Angus und Malcolm in Sydney zur Schule gegangen und wusste als Teil der Familie recht gut, wie die beiden tickten. Zunächst einmal reiste er von Birmingham in England, wo er inzwischen wohnte, nach Sydney, um seinen erkrankten Onkel zu besuchen. Später dann, bei seinem Einsatz in der Band, versuchte er gar nicht erst, Malcolm zu kopieren, und konnte seinen Platz gerade deswegen bewundernswert ausfüllen.

»Malcolm spielt stets einen sehr einzigartigen Rhythmus, und von daher ist es nicht leicht, jemanden zu finden, der das genau so bringen kann«, sagte Angus Tony Wall von der *Sunday Star Times*. »Selbst Keith Richards hat gesagt, dass die Art, wie Malcolm spielt, ganz speziell ist. Typen, die eine so solide Rhythmusgitarre draufhaben, findet man kaum.«

Entscheidend war noch etwas anderes: Stevie begriff, wie wichtig es war, beide Gitarren voneinander zu trennen. Er wusste, dass sie verschiedene Rollen spielten, die eine rechts, die andere links, und dass keine einfach nur duplizierte, was die andere machte oder sauberer klang als die andere. Ebenso wie Malcolm spielte auch er hart und nutzte vor allem die tiefen Saiten. Aber die berühmte Gitarre seines Onkels, The Beast, nahm er nie in die Hand; sie blieb bei Malcolm in Sydney.

Mike Fraser: »Er spielte das Malcolm-Young-Modell von Gretsch, das ziemlich ähnlich klingt. Er ist nicht ganz so wie Mal. Aber wir hatten all die Verstärker und Lautsprecher, die Mal benutzt hatte, und kamen dem Sound doch ziemlich nahe.«

Die größte Herausforderung kam auf Angus zu: Er musste sich im Studio eine völlig neue Vorgehensweise überlegen. Zum ersten Mal konnte er sich nicht darauf verlassen, dass Malcolm seine Ideen beurteilte und sagte, welche er richtig großartig und welche er nur ganz gut fand. Diese Rolle kam nun dem Produzenten Brendan O'Brien zu.

Mike Fraser: »Viele Songs waren schon komplett ausgearbeitet, aber manchmal waren das ausufernde Sechsminutenmonster, die Angus einfach so festgehalten hatte, wie sie ihm gerade eingefallen waren; er arbeitete am liebsten so, dass er jemandem seine Ideen noch in Rohform vorlegte. Früher war das dann wohl Malcolm gewesen, der sie in ein strafferes Format gebracht hatte. Jetzt ruhte vieles auf Brendans Schultern. Angus hat ein dickes Notizbuch, das auch schon die Ideen für die ganzen frühen Klassiker wie *Highway To Hell* enthält – das zu sehen, ist schon sehr aufregend. Dieses Notizbuch ist seine Bibel, darin hatte er auch jetzt viele Textideen aufgeschrieben. Aber sie erhielten ihre endgültige Form erst, wenn die Musik fertig war.«

Dass *Rock Or Bust* trotz aller Widrigkeiten im Juni abgeschlossen werden konnte, daran hatte Angus entscheidenden Anteil. Und nachdem es so schwer gewesen war, Phil Rudd zu den Aufnahmen nach Vancouver zu locken, kam es vermutlich nicht besonders gut an, dass einen Monat später scheinbar wie aus dem Nichts ein Soloalbum Rudds erschien, *Head Job*, für das er selbst oder jemand in seinem Auftrag in den sozialen Medien reichlich Werbung machte.

Wäre Malcolm bei guter Gesundheit gewesen, dann hätte er Phil vermutlich unmissverständlich klargemacht: Wenn die mächtige AC/DC-Maschinerie erst einmal angelaufen war, dann hatte die Band bei allen Mitgliedern nicht nur an erster, sondern auch noch an zweiter und dritter Stelle zu stehen, und wenn der Drummer wusste, was gut für ihn war, dann beherzigte er das. Aber zu dieser Zeit hatte es den Anschein, dass niemand die Rolle des Einpeitschers übernehmen wollte, jedenfalls niemand, der das so gut gekonnt hätte wie Mal. Dazu gab es einfach zu viele andere Baustellen.

Währenddessen hatte sich Malcolms Zustand offenbar weiter verschlechtert. Am 24. September 2014 erschien eine Presseerklärung zur Veröffentlichung von *Rock Or Bust*, die drei Monate zuvor mit Stevie Young eingespielt worden war, in der es hieß:

»… Vor einiger Zeit haben AC/DC bekannt gegeben, dass Malcolm aus gesundheitlichen Gründen eine Auszeit von der Band nimmt. Bedauerlicherweise lässt seine Erkrankung es nicht zu, dass er zu AC/DC zurückkehrt. Dennoch wird die Band 2015 *Rock Or Bust* live präsentieren. Stevie Young, der Neffe der Gründungsmitglieder Angus und Malcolm Young, war bereits bei den Aufnahmen als Gitarrist dabei und wird die Band auch auf Tour begleiten.«

Damit war die tragische Wahrheit offiziell. Der Mann mit der göttlichen rechten Hand, der dieses überwältigende, nicht enden wollende Riff von »Let There Be Rock« herausgehämmert hatte, während Angus hoch über die Köpfe der Zuschauer hinaufgezogen wurde, würde nicht wieder auf der Bühne stehen.

Viele gute Freunde und Bekannte reagierten bestürzt oder auch nachdenklich, wie etwa Herm Kovac, der Malcolm seit vier Jahrzehnten gut kannte. Für ihn beschrieb eine Erinnerung von der *Stiff Upper Lip*-Tournee durch Australien am besten, was Malcolm als Person ausmachte.

Herm Kovac: »Bei AC/DC gab es einen normalen Backstagebereich und einen für die Familie. Als ich einmal in den Familienraum hineingeführt wurde, kam er, von Kopf bis Fuß in Jeans, sofort auf mich zu und warf mir diesen Blick zu, wie früher, wenn wir ihn für die Velvet-Underground-Gigs in Burwood abholten. Er hatte so ein ganz typisches Lachen. Wenn ich heute an ihn denke, dann an diesen Blick und dieses Lachen. Er hatte immer so etwas Herausforderndes an sich.«

Einmal hatten die Velvets einen Gig in Narrabri, einem Ort im Norden von Neusüdwales. Da Malcolm den Freitag nicht freibekommen konnte, wurde ausnahmsweise beschlossen, ihm ein Flugticket zu spendieren.

Herm Kovac: »Es war sein erster Flug überhaupt. Als wir ihn vom Flughafen abholten, kam er mit seiner kleinen Tasche aus dem Flugzeug marschiert, mit federndem Schritt und brennender Zigarette, und trat auf wie Groucho Marx: ›Hier kommen die Jetsetter, aus dem Weg! Aus dem Weg! Hier kommen die Jetsetter!‹ Und damit ging er schnurstracks an uns vorbei. Wer hätte damals gedacht, wie viele Flugmeilen er anschließend noch zurücklegen sollte!«

Malcolm prägten vor allem seine Haltung, sein Ehrgeiz und die Willenskraft, mit der er AC/DC bis an die Spitze gebracht hatte.

Herm Kovac: »Er hatte immer das letzte Wort. Niemals hätte ihn irgendein Plattenfirmen-Manager aus Amerika in die Zange genommen und gedrängt: ›Jetzt ist Disco das große Ding, ihr Jungs müsst auf den Zug aufspringen.‹ Zu so etwas hätte man ihn niemals bringen können. Er blieb seinem Stil treu. Seine Auffassung war: ›Scheiß auf diese Typen! Wir müssen doch nicht das tun, was die Musikindustrie von uns erwartet. Wieso sollten wir? Wir sind hier, um Musik zu machen. Wir und die Fans, das ist alles, was zählt.‹ In dieser Hinsicht dachte Malcolm ganz ähnlich wie George.«

Abgesehen von seinem musikalischen Talent fehlten der Band nach seinem Ausstieg vor allem seine Entschlossenheit und das Gespür für die richtige Richtung. Das bedeutete auch, dass die Verantwortung für das Großunternehmen AC/DC jetzt wie die Produktion von *Rock Or Bust* auf den Schultern des bekanntesten Schuljungen der Welt ruhte. Auch wenn früher schon viele fälschlicherweise davon ausgegangen waren, dass er der Boss war, hatte Angus im Laufe der bisherigen Bandkarriere noch nie geschäftliche Entscheidungen getroffen; jetzt musste er schnellstens in die neue Aufgabe hineinwachsen.

Eine Welle von Unterstützung aus der ganzen Welt erreichte nun Malcolm und die Band. Nicht nur Fans meldeten sich zu Wort, sondern auch renommierte Kollegen. The Who, die großen Helden von Malcolm und Angus, verpackten ihre tröstenden Worte in einen neuen Song, »Be Lucky«, in dem es heißt: »AC/DC's gonna be fine ...« Zu einer Zeit, in der den Bandmitgliedern weiter nichts geblieben war als der Rückhalt der Familie, der Glaube an sich selbst und die Bodenhaftung durch harte Arbeit, war das eine Geste, die viel Mut machte. Falls doch jemand eine Träne hätte vergießen wollen, dann wäre das jetzt ein geeigneter Anlass gewesen.

»Malcolm war unser Anführer im Geiste«, sagte Brian dem Fernsehsender Channel 9 WTVC aus Chattanooga. »Er war unsere

Spitfire ... In einer solchen Situation hofft man immer auf ein Wunder, bis einem eines Tages klar wird, dass es keins geben wird, und das tut dann sehr weh.«

Der *Sydney Morning Herald* kam auf den glorreichen Gedanken, den Namen der spezialisierten Pflegeeinrichtung zu veröffentlichen, in der Malcolm betreut wurde. Damit bekamen wohlmeinende Fans auf der ganzen Welt die Möglichkeit, das Heim mit Anrufen zu überschwemmen, um dem Gitarristen alles Gute zu wünschen. Ganz besonders Hartnäckige hätten sogar dort auftauchen und die Angehörigen anderer Patienten danach löchern können, ob sie etwas über Malcolms Verbleib wussten. Die Band war fassungslos angesichts eines solchen Mangels an Sensibilität und Respekt.

Wie ernst die Lage war, zeigte dann letztlich eine Erklärung, die Malcolms Familie am 30. September veröffentlichte, und in der es knapp hieß: »Malcolm leidet an Demenz, und die Familie möchte alle Außenstehenden darum bitten, ihre Privatsphäre zu respektieren.«

Anfang Oktober drehten AC/DC die Videos für »Play Ball« und »Rock Or Bust« in London vor rund einhundert Fans. Wieder einmal war Phil Rudd nirgendwo aufzutreiben, sodass Bob Richards als Ersatz einsprang. Anstatt diesen Umstand im Video zu verschleiern, wurde Richards' Gesicht deutlich erkennbar abgefilmt – vielleicht, um Rudd unmissverständlich zu zeigen, dass man im Zweifelsfall gut ohne ihn auskam.

Auch bei den Promofotos für das neue Album fehlte der Drummer. Angus hingegen war der Stress des vergangenen Jahres anzusehen. Er wirkte gedankenverloren, ein wenig, als wäre er am liebsten ganz woanders, und nicht wie der verrückte Wirbelwind, als der er sich sonst gebärdete.

Rock Or Bust erschien weltweit zwischen Ende November und Anfang Dezember 2014. Fünf Tage vor der offiziellen Veröffentlichung wurde die neue Platte zum ersten Mal präsentiert – in einer kleinen Ansiedlung im Süden von Neusüdwales, die 860 Einwohner zählte und passenderweise den Namen The Rock trug. Die Gesamtspielzeit lag bei etwas über einer halben Stunde, einige Songs erinnerten in ihrer Kürze und Wucht durchaus an die Sechziger-Werke von The Who, den Stones oder Kinks. Der Titel klang beinahe trotzig: Nach all den harten Zeiten, die hinter ihnen lagen, von Bon Scotts Tod bis zu Malcolms Erkrankung, waren sie immer noch fest entschlossen, das zu tun, worin sie die unangefochtenen Meister waren. Rock or bust – abrocken oder kaputtgehen eben, verdammte Scheiße!

Malcolm war begeistert von dem neuen Album. »Einer meiner Neffen hat ihm die Platte mitgebracht«, berichtete Angus Jacqui Swift vom britischen Boulevardblatt *The Sun*. »Und er hat mir erzählt, Malcolm sei glücklich gewesen und hätte ihn breit angelächelt. Das hat mich sehr bewegt.«

Brian Johnson hatte die Platte »Man Down« nennen wollen, nach dem Warnruf unter Soldaten, der darauf hinweist, dass ein Mitglied der Truppe am Boden liegt. Aber wie bei *Back In Black*, das keinerlei Verweise auf Bons Tod enthalten hatte, gönnten AC/DC sich auch jetzt keine Sentimentalitäten.

Mike Fraser: »Eigentlich hatte ich gedacht, dass sie nach *Black Ice* keine Platte mehr aufnehmen würden, nun, da Mal krank war. Aber ich bin froh, dass Angus es trotzdem getan hat. Es war mehr eine Verbeugung vor Malcolm als alles andere. Ob noch eine weitere kommt, wird sich zeigen. *Rock Or Bust* war eine sehr positive Erfahrung, und von daher ist es sicher nicht auszuschließen, aber sie werden ja auch alle nicht jünger.«

Dass es ihnen trotz aller Widrigkeiten gelungen war, ein starkes Album abzuliefern, war das einzige positive Erlebnis in dieser albtraumhaften Zeit. In der Öffentlichkeit wie auch privat waren AC/DC wieder einmal auf einem Highway To Hell unterwegs. Es war, als hätte man die harten Erfahrungen der alten Blues-Helden der Youngs – Howlin' Wolf, Little Walter, Son House oder Robert Johnson – allesamt kombiniert und zu einer finsteren, alttestamentarischen Hölle kondensiert. Und es war noch nicht vorbei.

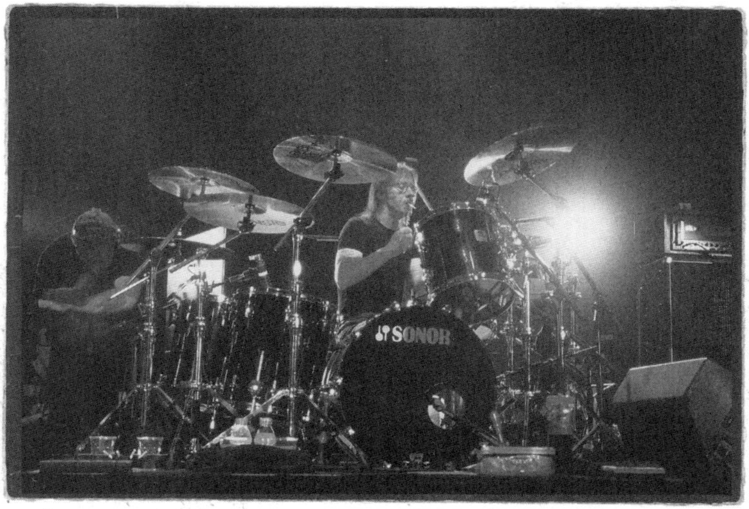

2003

Cool wie Keith: Phil im Circus Krone, München

30. KAPITEL

NOCH EINMAL ÜBER DEN HIGHWAY TO HELL

»Wenn irgendso'n Arsch nach Malcolm fragt, leg ich sofort auf!«, fauchte Phil Rudd, loyal wie immer.

Er saß mit Murray Engleheart im Obergeschoss der Bar Cleveland in Sydney, wo die Veröffentlichungsparty anlässlich seines Albums *Head Job* stattfand – der Journalist und Autor hatte Rudd gerade gefragt, ob das Werk, an dem der Drummer etwa zwanzig Jahre gefeilt hatte, jetzt von den endlosen Fragen nach dem Gesundheitszustand des AC/DC-Bosses überschattet und in den Hintergrund gedrängt wurde. So klar und energisch wie in diesem Augenblick äußerte sich Rudd während ihrer ganzen Unterhaltung selten – was zeigte, wie sehr ihn dieses Thema bewegte.

Es war allerdings ohnehin schwierig, Rudd zu verstehen. Er hatte sich auf ein murmelndes, stark dialektgefärbtes Flüstern verlegt, und aufgrund der fehlenden Zähne nuschelte er stark. Engleheart musste sich immer wieder möglichst nahe zu Rudds Mund beugen, um überhaupt etwas mitzubekommen. Aber das schien Rudd, der sich der Verständnisprobleme offenbar bewusst war, nichts auszumachen. Wie sich denken lässt, führte dieser Umstand auch bei den kommenden Radiointerviews zu großen Schwierigkeiten, und schließlich wurden einige abgesagt, weil es unmöglich war, vernünftige Tonaufnahmen zu bekommen.

Seltsamerweise war zu besagter Veröffentlichungsparty nur ein Dutzend Leute erschienen – und selbst davon zählten einige noch zu Rudds Entourage. AC/DC-Fans, die vor der Tür auf ein Foto oder Autogramm gewartet hätten, waren nirgendwo zu sehen. Und als Engleheart die Bar betrat, konnte er zunächst nicht einmal sagen, wer von den Gestalten, die den Billardtisch umringten, der Mann mit der berühmtesten Hi-Hat-Hand der Welt war. Erst als ein Kerl mit schwarzer Prada-Sonnenbrille den Queue hinlegte und ihm entgegenkam, erkannte Engleheart, dass es der berühmte Drummer war, der ihm die Hand schüttelte, eine Begrüßung murmelte und sich dann wieder dem Spiel zuwandte. Als er sich für den nächsten Stoß vorbeugte und dabei das AC/DC-Logo auf dem Rücken seiner schwarzen Lederjacke sichtbar wurde, war seine Identität dann auch endgültig bestätigt.

Das war also der Typ, der beim Intro von »Highway To Hell« mit diesem präzisen, unnachahmlichen Schlag einsetzte und bei »Back In Black« den kantigen Beat vorgab. Jemand, der wusste, dass Drum Fills oder Trommelwirbel unweigerlich den Groove zerstörten – was unter anderem der Grund dafür war, weshalb The Who bei all ihren sonstigen Stärken nicht diesen lockeren Schwung erreichten, den die Beatles besaßen.

Es war eine surreale Situation. Zwar hatte Rudd auch schon einmal in gespieltem Entsetzen mit einer stummfilmartigen Actionshow reagiert, als eine Kellnerin ein Glas Bailey's on ice abräumen wollte, das sie für leer hielt. Normalerweise jedoch traf man ihn selten in der Öffentlichkeit, höchstens an seinem Wohnort in Neuseeland, wenn er seinen Alltagsgeschäften nachging, oder eben, wenn er mit AC/DC auf der Bühne stand. Hier bei dieser Party, auf eigene Rechnung unterwegs, ganz normal beim Billardspielen in einer Kneipe, erschien er seltsam isoliert, als sei er wegen irgendeiner Sünde von der Menschheit ausgestoßen worden oder aber als genösse er nach langer Kerkerhaft zum ersten Mal wieder seine Freiheit.

Rudd, der immer ein wenig wie der etwas schräge Lieblingsonkel der Familie wirkte und, obwohl die *Black Ice*-Tournee schon wieder vier Jahre zurücklag, so gut trainiert war wie ein Boxer, schien sich bei seiner eigenen Party nicht wirklich wohlzufühlen – als wüsste er nicht, was er mit sich anfangen sollte. Dabei war er, obwohl einer der weniger bekannten Mitglieder der legendären Band, ganz offensichtlich eines der größten Originale.

Er war erschüttert, als er von Engleheart erfuhr, dass sein alter Freund Trevor Young von den Coloured Balls gestorben war: Young hatte ihm vor all den Jahren den Tipp gegeben, dass AC/DC einen Drummer suchten, und damit hatte die Karriere ihren Anfang genommen. Eine Karriere, die es ihm ermöglichte, hier und heute sein Soloalbum vorzustellen. Denn auch, wenn Rudd auf der Platte nicht selbst Gitarre spielte, hatte er auf seinem Weg gelernt, wie eine richtige Killer-Akkordfolge klingen musste.

»Ich hab im Lauf der Zeit ein paar großartige Riffs gehört«, nuschelte er.

Zuvor hatte ihn Rod Yates, der Herausgeber des australischen *Rolling Stone*, bereits gefragt, ob er es genoss, dass er zur Abwechslung einmal selbst der Boss war.

»Ich akzeptiere meine Fehler«, sagte Rudd. »Ich mach's gern so, wie ich will.«

Bei den Interviews, die Rudd im australischen Fernsehen gab, war er überraschenderweise nicht nur zu verstehen, sondern wirkte auch ausgesprochen selbstbewusst. Nun, da er einmal selbst im Scheinwerferlicht stand, verkündete er nach bester Muhammad-Ali-Manier, dass er der Größte sei, ein Kerl eben, der bei jedem Take eine Snaredrum zerlegte. Außerdem postulierte er, dass es AC/DC ewig geben würde, und zwar mit ihm auf dem Schlagzeughocker.

»Ich bin der beste Livedrummer, den es überhaupt je gab«, verkündete er bei Richard Wilkins in der Sendung *Today* auf Channel Nine. »Es wird wieder eine AC/DC-Tour geben, mit mir natürlich, und bei der danach werde ich auch dabei sein.« Aber es klang nicht nur Großmäuligkeit aus seinen Worten, es war auch ein Hauch Unsicherheit dabei und das Bedürfnis, sich unnötigerweise zu verteidigen, als müsste er den Anspruch auf eine Krone klarstellen, die gar nicht zur Disposition stand.

Bei der Party im Cleveland war Rudds massiger neuseeländischer Bodyguard zugegen, der alle Geschehnisse aus entspannter Entfernung im Blick behielt. Er war ein weltweit anerkannter Ninjutsu-Meister, der unter anderem auch schon für die Sicherheit der Stones gesorgt hatte, freundlich und herzlich wirkte und über seinen Schützling nur Gutes zu sagen hatte.

Nach etwa einer Stunde gab Phil seinem Leibwächter einen Wink und machte sich mit seiner gesamten Entourage ohne großes Aufhebens wieder auf den Weg. Keine Verabschiedung, keine Rede, keine Präsentation. Er und seine Truppe verschwanden einfach.

Keine drei Monate später wünschte er sich wahrscheinlich, dauerhaft vom Angesicht der Erde verschwinden zu können. Am 5. November 2014 brach die Hölle los.

Rudd wurde in seinem Haus in Tauranga in Neuseeland festgenommen. Die Anklagepunkte lauteten: Anstiftung zum Mord, Todesdrohungen sowie Besitz von Cannabis und Methamphetamin. Der erste Punkt, Anstiftung zum Mord, der mit zehn Jahren Gefängnis hätte bestraft werden können, wurde jedoch schon am folgenden Tag fallen gelassen.

Der Schlagzeuger erschien sofort nach seiner Verhaftung vor Gericht, wobei er zwar Socken, aber keine Schuhe trug. Nachdem sich die Aufregung über die ursprünglich recht verwirrenden Vorwürfe gelegt hatte, war zu erfahren, dass Phil nach einer katastrophalen Präsentationsparty für *Head Job* in seinem Restaurant in Neuseeland einen australischen Bekannten aufgefordert hatte, seinen Bodyguard um die Ecke zu bringen – eben jenen Mann, der Medienberichten zufolge auch bei den Promotionterminen für das Album in Australien zugegen gewesen war.

Als Bezahlung für den Mordauftrag hatte Rudd angeblich 200 000 Dollar, ein Haus, ein Auto und ein Motorrad in Aussicht gestellt. Außerdem hieß es, dass Rudd das Opfer angerufen und mit dem Tod bedroht hätte. Der Grund dafür war offenbar der Frust darüber, dass sein Solowerk keinen großen Eindruck hinterlassen hatte, was allerdings in der ersten Woche nach Erscheinen noch gar nicht zu beurteilen war. Als die Polizei das Haus des AC/DC-Schlagzeugers durchsuchte, wurden Berichten zufolge außerdem 91 Gramm Cannabis und 0,478 Gramm Methamphetamin sichergestellt.

Bei den Gerichtsterminen herrschte ein enormer Medienandrang. Man kann sich vorstellen, wie Angus Young diese Ereignisse kopfschüttelnd und entsetzt verfolgte. Als Phil nach einem Verhandlungstag das Gerichtsgebäude verließ, umringte ihn die Presse und fragte nach einer Botschaft für seine Fans.

»Ich habe keine Fans«, stieß er verbittert hervor. Dann ließ er sich von einem bulligen Leibwächter einen Weg durch die Menge bahnen.

Dem Gericht wurde bei der weiteren Untersuchung des Falles mitgeteilt, Rudds Verhalten sei auf einen psychotischen Schub zurückzuführen, der durch seine Methamphetaminabhängigkeit ausgelöst worden sei. Erwartungsgemäß stürzte sich die internationale Presse auf diese Story, überschlug sich in wenig originellen Anspielungen auf den uralten Albumtitel *Dirty Deeds* und sorgte insgesamt für den größten Medienrummel, den AC/DC jemals erlebt hatten. Ganz plötzlich kannte jeder den Namen des sonst so ruhigen Typen, der bei ihnen am Schlagzeug saß.

Die Reaktion einiger Fans war jedoch verblüffend. Anstatt Rudd in blinder Verehrung der Band zu verteidigen, schienen einige es vielmehr zu genießen, über den Angeklagten herzufallen und ihn wegen der bisher noch unbestätigten Vorwürfe in Bausch und Bogen zu verdammen. War er zuvor noch mindestens ebenso cool erschienen wie Keith Richards und hatte als Schlagzeuger gegolten, der den Takt für zahllose Hardrockpartys vorgegeben hatte, wurde er nun abfällig zum abgefuckten Drogensüchtigen herabgestuft.

Andere Rockstars, die bei Gesetzesübertretungen noch kurz vor einem Verfahren ihren Kopf aus der Schlinge gezogen hatten, waren meist weniger erbarmungslos diffamiert worden.

Die Reaktion von Rudds AC/DC-Kollegen war da verständlicher. Sie litten immer noch darunter, dass sie Malcolm verloren hatten, und dass Rudd sich bei den Aufnahmen von *Rock Or Bust* so lange hatte bitten lassen, war auch noch nicht vergessen. Dementsprechend war ihr Zorn in den Pressekommentaren durchaus spürbar: Na toll. Muss das ausgerechnet jetzt sein, Phil? Haben wir denn nicht schon genug anderen Stress?

»Wir waren immer eine solide, verlässliche Einheit«, erklärte Angus Elysa Gardner von *USA Today*. »Phil hat sich das selbst eingebrockt. Das sag ich wirklich nicht gerne. Er ist ein toller Drummer, und er hat sehr viel für uns getan. Aber jetzt sieht es so aus, als ließe er sich total gehen. Das ist nicht mehr der alte Phil von früher.«

Die Pressemitteilung, die die Band am Tag nach Rudds Festnahme herausgab, fiel entsprechend knapp und wenig herzlich aus:

»Wir haben von Phils Verhaftung erst aus den Medien erfahren und können sie nicht weiter kommentieren. Phils Abwesenheit wird die Veröffentlichung unseres neuen Albums *Rock Or Bust* und die für das nächste Jahr geplante Tournee nicht beeinträchtigen.«

Als der Druck der Medien immer stärker wurde, klebte Rudd die Fenster seines Hauses mit den Plakaten für sein Album *Head Job* zu – offenbar vor allem, um ein wenig Privatsphäre zu haben, aber vielleicht ja auch, um den Rummel gleichzeitig für Promotion zu nutzen. Die Gelegenheit war jedenfalls günstig.

Natürlich war er sich durchaus bewusst, dass die Vorwürfe gegen ihn gerade bei Angus nicht gut ankommen würden. Schließlich lebte der völlig drogenfrei und hatte jetzt Malcolms Posten als wachhabender Offizier übernommen. Also unternahm Phil den Versuch, die Band zu kontaktieren – aber wie er später berichtete, erhielt er keine Antwort. Nachdem er jahrelang loyal zur Band gehalten hatte, konnte er nur schwer akzeptieren, dass er nun, da er in Schwierigkeiten steckte, selbst keine Unterstützung bekam. Stattdessen wurde er gewissermaßen exkommuniziert.

AC/DC hatten nie den typischen Rockzirkus geboten, sah man einmal von den Showeinlagen ab, die Angus seit Bons Tod auf die Bühne brachte. Die Band agierte stets durch und durch geschäftsmäßig und professionell. Und dementsprechend wurden Spektakel auf solchen Nebenkriegsschauplätzen nicht toleriert.

Stattdessen stampfte die AC/DC-Maschine wieder voran. Es ging ja auch kaum anders. Ende November wurde Chris Slade, der schon zu Zeiten von *The Razors Edge* eingesprungen war, als Ersatz-Drummer ins Boot geholt. *Rock Or Bust* erschien nur wenige Tage später. Das Album verzeichnete weltweit große Charterfolge, was möglicherweise zumindest zum Teil darauf zurückzuführen war, dass sich die Fans nach den erschreckenden Nachrichten des letzten Jahres solidarisch zeigen wollten. Der Hauptgrund war aber wohl, dass AC/DC eben immer noch eines waren: AC/DC.

Slades doch etwas überraschende Ernennung war zu Beginn des neuen Jahres immer noch nicht öffentlich bekannt, wobei in den sozialen Netzwerken heiß über dieses Thema diskutiert wurde. Simon Wright wurde als möglicher Kandidat gehandelt, aber auch Mick O'Shea, ein hochgewachsener Drummer, der für sein hartes Spiel bekannt war und schon mit der Crème de la Crème der australischen Rockszene gespielt hatte, beispielsweise bei Rose Tattoo oder Billy Thorpe. Erst Anfang Februar wurde Slade offiziell vorgestellt, einen Tag bevor AC/DC zur Eröffnung der 57. Grammy-Verleihung »Rock Or Bust« und eine verkürzte Version von »Highway To Hell« spielten. Das runderneuerte Line-Up meldete sich mit einem großen Knall zurück, wenn auch in etwas ungewöhnlicher Umgebung.

Das neue Album hatten sie erfolgreich abgeliefert, doch nun mussten sich AC/DC in unbekannte Gewässer vorwagen: Die erste Tournee ohne Malcolm stand bevor. Tatsächlich gab es einige überraschende Entscheidungen – so spielten AC/DC zum Auftakt im April als Headliner beim Coachella Festival, das sich jahrelang eher als Hochburg für Alternative Rock etabliert hatte. Außerdem hatte es den Ruf, dass sich das Publikum mehr für die Outfits der Zuschauer als für die Musik auf der Bühne interessierte. Die AC/DC-Musiker waren neben VIP-Gästen wie Lars Ulrich von Metallica, Joe Walsh von den Eagles und Tommy Lee von Mötley Crüe vermutlich die Ältesten bei diesem Event.

Anfang Mai brachten AC/DC ihre neueste Show nach Europa – ein riesiges Livespektakel. Die Bühne wurde von einer Kuppel umschlossen, von der Teufelshörner in den Himmel ragten. Damit nahm man nicht nur Bezug auf Ideen aus der eigenen Merchandise-Kollektion, sondern erinnerte auch an die vertraute Teufelsfigur, die Angus fast ein halbes Jahrhundert zuvor einmal gezeichnet hatte.

Rudd konnte die große Produktion nur auf YouTube verfolgen. Er hatte sich Ende April nicht nur bezüglich des Drogenbesitzes für schuldig erklärt, sondern auch die Todesdrohungen zugegeben. Allein dafür konnte eine Haftstrafe von bis zu sieben Jahren verhängt werden.

Die Tour lief gerade erst vier Wochen, als Anfang Juni 2015 ein weiterer tragischer Todesfall zu beklagen war. Allan Fryer, der um ein Haar Bon Scotts Nachfolger geworden wäre, starb in den USA an einer Krebserkrankung.

Phil versuchte währenddessen, seiner Verhandlung einigermaßen ruhig entgegenzusehen. Am 9. Juli verurteilte ihn ein neuseeländisches Gericht wegen Drogenbesitzes und Todesdrohungen zu acht Monaten Hausarrest: Er wurde rund um die Uhr überwacht, und der Konsum von Drogen oder Alkohol war ihm generell verboten. Seine Anwälte kündigten Berufung an: Obwohl das Urteil vergleichsweise milde ausgefallen war, konnte eine Vorstrafe, egal in welcher Höhe, dazu führen, dass ihm Länder wie Japan, Kanada oder die USA die Einreise verweigerten. Das jedoch wäre dem Ende seiner Karriere bei AC/DC gleichgekommen, und im neuseeländischen Recht besteht die Möglichkeit, dass auf eine Verurteilung verzichtet werden kann, wenn ihre Folgen schwerer wiegen als die ursprüngliche Tat. Darauf hatte man sich bereits 2010 erfolgreich berufen, als Rudd mit Marihuana geschnappt worden war. Doch dieses Mal wollte der zuständige Richter, Thomas Ingram, nichts davon hören. Er erklärte, es gäbe keine Hinweise darauf, dass dem Schlagzeuger sein alter Job überhaupt wieder angeboten würde, und er glaube auch nicht, dass Rudd ein unersetzliches Rädchen im AC/DC-Getriebe darstelle. Angeblich erklärte er sogar: »Queen haben schließlich sogar Freddie Mercury ersetzt.« Ähm, ja.

Der Arrest war hart für Phil. Er war der festen Überzeugung, dass sein rechtmäßiger Platz nicht in den eigenen vier Wänden war, sondern on the road, auf dem Schlagzeughocker von AC/DC. Und die Ironie an der ganzen Sache war, dass das Leben auf Tour mit seiner streng reglementierten Routine in seinem Leben stets für Struktur und Disziplin gesorgt hatte. Ein Übermaß an Müßiggang bot währenddessen viel zu viele Versuchungen, vom rechten Pfad abzukommen.

Noch während die Entscheidung über Rudds Urteil ausstand, wurde der Schlagzeuger erneut festgenommen: Wie es hieß, hatte er gegen das gerichtlich verhängte Alkoholverbot verstoßen. Vielleicht gab es Leute, denen er leidtat. Viele aber schüttelten sicherlich nur den Kopf. Seine Zukunft hatte schon nach dem ersten Urteil nicht besonders rosig ausgesehen. Nun, nach dieser Verletzung der Auflagen, erschien sie noch wesentlich düsterer.

Angus, auf den es ja schließlich am meisten ankam, hatte schon zuvor gegenüber Will Hodgkinson von der *Times* klargestellt, dass es für den Drummer selbst dann nicht gut aussah, wenn er sich ab sofort tadellos verhielt. »So wie sich die Lage im Augenblick darstellt, wird er es sicher nicht so bald wieder schaffen.« Ob er damit Rudds allgemeine Situation ansprach oder eine Rückkehr zur Band, ließ er offen.

Zwar mochte es wirklich Phils Bestimmung sein, am Schlagzeug für den unbestechlichen, schnörkellosen Groove zu sorgen, der AC/DCs treibenden Sound unterfütterte. Aber es war nicht eben geschickt, dass er selbst immer wieder darauf herumritt und betonte, sich seinen heiligen Posten unbedingt wieder sichern zu müssen. Dass er im neuseeländischen Fernsehen in der Sendung *3D* mit seiner Flotte peinlich teurer Sportwagen protzte, deren Wert auf etwa 10 Millionen Dollar geschätzt wurde, brachte ihm vermutlich auch keine Freunde ein. Bei AC/DC spricht man nicht über Geld, und man lässt schon gar nicht raushängen, wie viel man verdient. Dass er bei diesem Fernsehauftritt auch gleich noch bezweifelte, dass Chris Slades Engagement in der Band von Dauer sein würde (hier war offenbar der Wunsch Vater des Gedankens) und offenbar generell nicht verstand, wieso er überhaupt ersetzt worden war, machte die Sache nicht besser.

Mit seiner ganzen Einstellung trug er nicht dazu bei, dass ihm wieder verziehen wurde: Er beharrte auf seinem angeblichen Recht, anstatt still seine bittere Pille zu schlucken und seine Lektion zu lernen. Während er früher kaum einmal den Mund aufgemacht hatte, meldete er sich jetzt ständig zu Wort.

»Ich werde wieder dabei sein«, erklärte er Michael Morrah in *3D*. »Ich habe erkannt, wer ich bin und wozu ich in der Lage bin, und jetzt will ich nur die Chance, das allen zu zeigen. Ich bin der Richtige.«

Selbst wenn man die rechtlichen Probleme außer Acht ließ, zählten in Angus' Augen vermutlich vor allem Sicherheit und Stabilität. Angus lässt sich kaum von sentimentalen Erwägungen leiten. Nachdem sie die Holperstrecke auf dem neuerlichen Highway To Hell endlich hinter sich gebracht hatten und alles wieder glattlief, erschien es erst mal wenig wahrscheinlich, dass der neue AC/DC-Boss das Risiko eingehen wollte, Phil zurückzuholen – schon gar nicht während einer äußerst erfolgreichen Tournee, auf der man auch ohne den ehemaligen Drummer perfekt zurechtkam.

So sah es jedenfalls zunächst einmal aus.

Die Tour führte im August und September weiter durch Nordamerika, und im Oktober verlor Rudd, der immer noch unter Hausarrest stand, sein Berufungsverfahren. Damit waren alle Chancen auf eine tränenrührige Wiedervereinigung mit der Band bei den Konzerten in Australien und Neuseeland im November und Dezember 2015 vorbei. Dass Rudd aufgrund seines Strafregisters zudem keine Einreisegenehmigung für die USA mehr bekommen würde, stellte zusätzlich eine große Hürde für die weiteren Tourneepläne des Drummers dar.

Der Gig in Sydney Ende 2015 hätte durchaus eine perfekte Gelegenheit geboten, sich vor heimischem Publikum mit einer letzten Verbeugung für immer zu verabschieden – aber das taten AC/DC nicht. Stattdessen stampfte die Tourneemaschine unermüdlich weiter voran. Für 2016 wurden weitere Termine bekanntgegeben: Im Februar und April sollte es Konzerte in den USA geben, im Mai und Juni in Europa.

Am 22. Februar 2016 gab die Band bekannt, dass der für den 29. geplante Gig in Kansas City einen Tag später stattfinden würde. Brian sollte die Gelegenheit bekommen, nach Newcastle zu fliegen und bei der Beerdigung eines engen Freundes dabei zu sein – erneut eine überraschende Entscheidung, die es vermutlich unter Malcolm so nicht gegeben hätte. Aber wie sich herausstellen sollte, war dieser verschobene Termin nicht nur eine weitere Ausnahme von der uralten Malcolm-Regel »The show must go on«, sondern insgesamt ein Wendepunkt von unvorhersehbarer Bedeutung für das AC/DC-Universum.

Die Presseerklärung zum neuen Konzerttermin schloss mit dem in solchen Fällen üblichen Satz: »Für Erstattungen wenden Sie sich an die Vorverkaufsstelle, bei der Sie das Ticket erworben haben.«

Für die Probleme, mit denen sich die Band als Nächstes auseinandersetzen musste, gab es allerdings keine solche Standardprozedur.

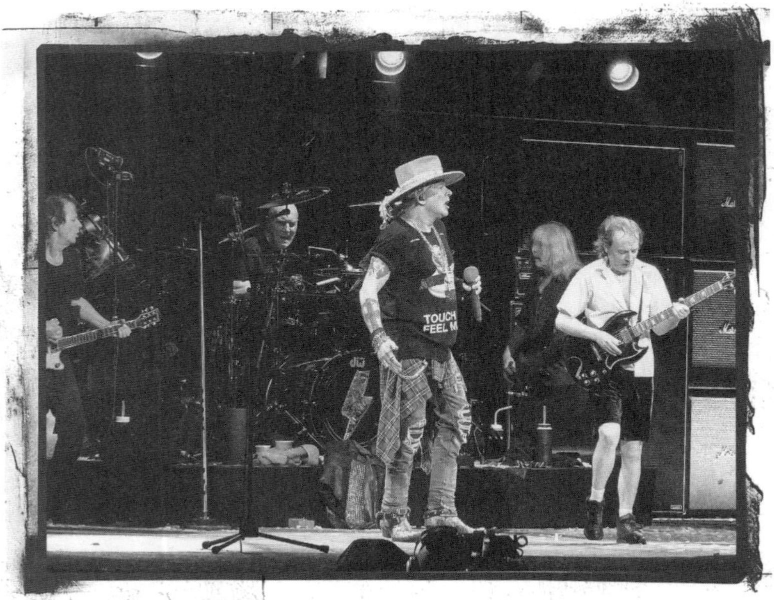

2016

Mit Axl in Philadelphia im September

31. KAPITEL

AXL/DC

Welche Ereignisse Geschichte schreiben, weiß man immer erst im Nachhinein. Das Konzert in Kansas City am 28. Februar 2016 sollte tatsächlich das letzte sein, das Brian »Jonna« Johnson mit AC/DC gab, aber das ahnten damals wohl die wenigsten. Eigentlich sollte am 8. März in Atlanta der nächste Gig der Tour stattfinden, doch nur einen Tag vorher veröffentlichte die Band eine Presseerklärung mit einer unglaublichen Ankündigung.

Wörtlich hieß es: »AC/DC sehen sich gezwungen, die kommenden zehn Konzerte ihrer *Rock Or Bust*-Tour zu verschieben. Leadsänger Brian Johnson muss auf dringenden ärztlichen Rat sofort auf alle Auftritte verzichten, um nicht den völligen Verlust seines Hörvermögens zu riskieren. Die Konzerte, vom morgigen Gig in Atlanta bis zur Show im Madison Square Garden in New York Anfang April, werden später in diesem Jahr nachgeholt, höchstwahrscheinlich mit einem Gastsänger. Die Tickets behalten ihre Gültigkeit, können aber auch an den Vorverkaufsstellen zurückgegeben werden.«

Nachdem gerade erst ein Konzert verschoben worden war, damit Brian privaten Verpflichtungen nachgehen konnte, kam damit eine weitere, sehr kurzfristige Absage, die noch dazu ernste Probleme für die künftige Entwicklung der Band andeutete. Die Fans nahmen das nicht gerade entspannt auf.

Dass Brian Schwierigkeiten mit seinem Gehör hatte, war allerdings nicht neu – schon während der *Black Ice*-Tournee hatte sich die Band deswegen Sorgen gemacht, wenn auch hinter verschlossenen Türen.

Brian war am Boden zerstört, aber Angus traf die ganze Sache mindestens genauso hart. Da hatte er zum ersten Mal anstelle von Malcolms sicherer Hand die Führung der Band übernehmen müssen und AC/DC während der Aufnahmen für ein neues Album und auf der folgenden Tournee durch stürmische Zeiten navigiert, während auch noch der globale Medienangriff wegen Phil Rudd über sie hereingebrochen war. Und jetzt, da er all diese Klippen umschifft hatte, standen AC/DC inmitten der Tournee ohne Sänger da.

Nachdem sie erst Malcolm und dann Phil Rudd verloren hatten, sahen sich AC/DC so heftig dezimiert, dass es beinahe an die Katastrophe erinnerte, die Lynyrd Skynyrd einst erlebt hatten – zumal der grundsolide Johnson seit sechsunddreißig Jahren all das verkörperte, worauf AC/DC stolz waren und wofür sie standen: Bescheidenheit, Bodenhaftung, Machen statt Quatschen.

Es war Jonnas kraftvolle Stimme gewesen, die es der Band nach Bons Tod mit *Back In Black* ermöglicht hatte, an die früheren Erfolge nicht nur anzuknüpfen, sondern sich für drei Jahrzehnte eine dominante Stellung in der Rockwelt zu sichern. Damit war es nun vorbei. Und die Vorstellung, dass die Tournee mit einem Gastsänger oder vielleicht sogar mehreren fortgesetzt werden sollte, regte die Fans maßlos auf – zumal dieser Vorschlag nicht der Gerüchteküche entstammte, sondern von der Band selbst kam. Würden AC/DC sich in eine belanglose Nostalgietruppe verwandeln, mit Angus und Cliff Williams als einzigen Ankern inmitten einer ständig wechselnden Besetzung? Das lief allem entgegen, wofür AC/DC unter Malcolms Führung einmal gestanden hatten. Wenn andere Bands in ähnlicher Lage zu solchen Lösungen gegriffen hatten, waren ihnen die Australier stets mit Verachtung begegnet. Doch jetzt hatten sie vertragliche Verpflichtungen zu erfüllen, die Tour war fest gebucht, und es blieb nur wenig Zeit, eine passende

Strategie zu entwickeln. Am 7. und 8. März lud man daher mögliche Ersatzsänger in die Avatar Studios in Atlanta ein.

Wie zu erwarten war, bekam die Band für den Posten reichlich Angebote. Dave Evans wurde bei einem Interview gefragt, ob er sich eine Rückkehr vorstellen könnte, und er warf sofort seinen Hut in den Ring. Der Sänger der schwer nach AC/DC klingenden Band Krokus hob ebenfalls die Hand, während Phil Conalane von Blackwater Conspiracy auch tatsächlich zu den Probeterminen eingeladen wurde. In vielen Internetforen wurde Angry Anderson von Rose Tattoo als passender Ersatz gehandelt. Allan Fryer, der schon nach Bons Tod im Gespräch gewesen war, wäre die perfekte Wahl gewesen, war aber ja vor Kurzem, nur wenige Wochen nach dem Beginn der *Rock Or Bust*-Tour, an Krebs gestorben. Einige Sänger von AC/DC-Coverbands behaupteten, beim Vorsingen gewesen zu sein. Vielen Fans graute vor der Vorstellung, dass ihre alten Helden allmählich zu INXS mutierten, die auf der Suche nach einem neuen Sänger eine Art Casting-Show veranstalteten. AC/DC schienen tatsächlich auf dem Highway in die Hölle unterwegs.

In dieser ohnehin schon schwierigen Situation kochten die Emotionen erst so richtig hoch, als Brian Johnsons guter Freund, der Comedian Jim Breuer, am 12. März in seinem Podcast »The Metal In Me« von einem Gespräch berichtete, das er am Vortag mit dem verständlicherweise ziemlich angesäuerten Sänger in dessen Haus in Florida geführt hatte. Demzufolge hatte Johnson versucht, mit der Band über seine gesundheitliche Verfassung zu sprechen und eine einvernehmliche Lösung zu finden.

»Und am nächsten Tag stand dann in der Presse: ›Tour wegen Brian Johnson abgesagt, er wird taub. Ach ja, und wir machen mit Gastsängern weiter.‹«

Breuer berichtete, dass Johnson guten Mutes gewesen sei, bei den verschobenen Konzerten der US-Tournee wieder einsatzbereit zu sein und dann so viele Auftritte wie möglich zu absolvieren. Aber diese Hoffnungen wurden bitter enttäuscht, als er sein Tourneegepäck in der Einfahrt seines Hauses in Florida vorfand – es war kommentarlos dort abgeladen worden.

»Angerufen hat mich niemand. Es hat keiner gefragt: ›Hey, wie geht's den Ohren? Was macht die Gesundheit? Bumm. Hier ist dein Kram, war nett, dich kennengelernt zu haben.‹«

Bei den ärztlichen Untersuchungen war offenbar festgestellt worden, dass Jonna während der laufenden Stadiontournee bereits einen Teil seines Hörvermögens eingebüßt hatte, und die Ärzte fürchteten, dass es zu einer schlimmeren Schädigung kommen könnte, wenn die Band in Hallen spielte, in denen die Musik noch lauter und konzentrierter war. Breuer berichtete weiter, dass Brians diesbezügliches Gespräch mit Angus Young eine ziemlich einseitige Angelegenheit gewesen sei, bei der hauptsächlich Johnson geredet und sich wortreich für seinen Ausfall entschuldigt habe. Dass Angus dabei so stumm blieb, mag daran gelegen haben, dass er die Nachricht erst einmal verdauen musste und bereits hektisch überlegte, was zum Teufel jetzt zu tun war, ohne zu einer angemessenen Reaktion fähig zu sein. Was auch immer der Grund dafür gewesen sein mochte, Breuer hatte jedenfalls den Eindruck bekommen, dass man Brian recht unzeremoniös »auf die Straße gesetzt« hatte.

Auf die Ausstrahlung dieser Kommentare folgte ein derartiger Aufschrei, dass der Comedian einen Teil des Gesagten anschließend sogar widerrufen wollte. Dennoch ließ sich nicht wegdiskutieren, dass Brian Johnson ziemlich mitgenommen war, und zwar nicht nur körperlich.

Während sich eine unerquickliche öffentliche Diskussion entwickelte, reagierte die früher einmal so auf ihre Außenwirkung bedachte und straff geführte Band überhaupt nicht, sondern ließ die Dinge laufen. Sie ließ zu, dass der gute Ruf der größten Marke im Rockgeschäft beschädigt wurde und dass vier Jahrzehnte harter Arbeit den Bach runtergingen, weil sich niemand bemüßigt fühlte, einen klärenden Kommentar abzugeben oder das Gesagte zu korrigieren. Und es sollte noch schlimmer kommen.

Bei der Suche nach einem Ersatzsänger war nämlich inzwischen ein wahrlich unglaublicher Name gefallen: Axl Rose. Und tatsächlich wurde Rose am 18. und 19. März in Atlanta gesichtet, wo AC/DC mögliche Kandidaten begutachteten. Ein Beben ging durch die Rockwelt. Rose wurde dabei fotografiert, wie er das Probenstudio verließ; wenig später ging die Band zur selben Tür hinaus. Eine Fotomontage? Nein. Prominente Insider bestätigten das Treffen wenig später. Tommy Stinson, Bassist bei den Replacements und zeitweise auch bei Guns N' Roses, veröffentlichte bei Facebook zudem ein recht eindeutiges Meme mit der Textzeile »Show 'em how it's done«, als wollte er seinen alten Roses-Kumpel darin bestärken, sich von den entsetzten Reaktionen der AC/DC-Fans nicht einschüchtern zu lassen und es denen vielmehr so richtig zu zeigen.

Rose hatte sich noch am 7. März, dem Tag der Presseerklärung zu Brians Hörschäden, mit dem Production Manager Opie in Verbindung gesetzt und seine Dienste angeboten. Dieser arbeitete schon lange Jahre für AC/DC, war aber auch schon für die Gunners tätig gewesen. Und Rose bekundete nur edelste Motive:

»Ich dachte, Mann, wenn die jetzt die Tour aufschieben und dann jemand anderen finden … Scheiße, jemand anderen! Das darf einfach nicht sein! Angus war mein größter Einfluss für alles, was ich je auf die Beine gestellt habe. Ich wollte helfen. Wollte ihm helfen«, sagte Rose gegenüber *China Exchange.*

Nur wenige Tage nach dem offenbar gelungenen ersten Test verkündete der in Atlanta beheimatete Rocksender 100.5, dass der Guns-N'-Roses-Sänger sich mit AC/DC getroffen habe und sein Engagement »beschlossene Sache« sei. Und so war es auch.

Die nächsten vier Wochen wurde an verschiedenen Orten in Miami und Los Angeles geprobt. Die letzten, abschließenden Vorbereitungen traf die Band mit ihrem drastisch veränderten Line-Up Ende April im Smiling Audiovisuals Studio in Lissabon, kurz vor Beginn der Europatournee.

In der Zwischenzeit hatte allerdings auch Axl richtig Pech gehabt. Am 1. April hatte er mit Guns N' Roses ein Überraschungskonzert im Troubadour in West Hollywood gegeben, einem der kleinen Clubs, in denen die Karriere der Band begonnen hatte, und damit die *Not In This Lifetime*-Tour eröffnet, bei der erstmals seit 1993 auch Slash und Duff McKagan wieder zusammen auf der Bühne standen. Dabei hatte er sich den Fuß gebrochen und musste in den nächsten Wochen mit Gipsbein herumhumpeln. Bei den folgenden Roses-Gigs war er gezwungen, auf einer Art Thron sitzend zu singen, und das war auch bei den ersten vier Konzerten der AC/DC-Tour in Europa noch der Fall. Rose, der zuvor als notorisch unzuverlässig gegolten hatte, war nun also gleichzeitig der Frontmann bei zwei der größten Rockbands aller Zeiten. Malcolm wäre davon wahrscheinlich überhaupt nicht begeistert gewesen – doch ungewöhnliche Umstände verlangten nun einmal ungewöhnliche Maßnahmen.

Am 16. April gaben AC/DC offiziell bekannt, dass Axl Rose für die verbliebenen Shows in Europa und den USA als Sänger einspringen würde. Die Presseerklärung lautete wie folgt:

»AC/DCs Welttournee *Rock Or Bust* wird mit Axl Rose als Sänger fortgesetzt. Die Bandmitglieder danken Brian Johnson dafür, dass er sich über all die Jahre mit so viel Energie und Herzblut in die Band eingebracht hat. Wir wünschen ihm alles Gute, was seine Hörprobleme und alle zukünftigen Projekte betrifft. Wir hätten die Tour gern so beendet, wie wir sie begonnen haben, aber wir verstehen, respektieren und stehen hinter Brians Entscheidung, sich vom Tourneealltag zurückzuziehen und sein Gehör zu schonen. Wir sind fest entschlossen, die verbliebenen Termine einzuhalten und damit die Unterstützung zu würdigen, die wir in unserer langen Karriere erfahren haben, und wir freuen uns, dass sich Axl Rose freundlicherweise bereit erklärt hat, uns dabei zu helfen.

AC/DC werden die *Rock Or Bust*-Tournee mit Axl Rose als Sänger weiterführen. Die Europatournee beginnt mit einem Stadionkonzert in Lissabon am 7. Mai und endet, wie bereits angekündigt, am 12. Juni in Aarhus. Anschließend wird Axl Rose mit Guns N' Roses die *Not In This Lifetime*-Tournee fortsetzen. Die

Ersatztermine für die zehn ausgefallenen AC/DC-Konzerte in den USA werden demnächst bekannt gegeben und ebenfalls mit Axl Rose stattfinden.«

Vielen Fans stieß sauer auf, dass Brian nach sechsunddreißig Jahren treuer Dienste mit so schnöden Worten abgefunden wurde. Dass man ihm alles Gute für zukünftige Projekte wünschte, schien dabei noch zu unterstreichen, dass seine Zeit bei der Band endgültig vorbei war.

Am gleichen Tag, als diese Erklärung durch die Medien ging, kam Angus völlig überraschend beim Coachella Festival in Kalifornien zu Guns N' Roses auf die Bühne und spielte mit ihnen »Whole Lotta Rosie« und »Riff Raff«. Es war tatsächlich das erste Mal, dass Angus mit einer anderen Band auf der Bühne stand und dabei seine Schuluniform trug. Ganz offensichtlich war das kein spontaner Einfall, sondern eine sorgsam geplante Aktion, die betonen sollte, dass er voll und ganz hinter den neuesten Entwicklungen stand.

Es war nicht überraschend, dass viele Fans ablehnend auf Axls Rekrutierung reagierten. Zwar war »Whole Lotta Rosie« schon seit Langem ein fester Bestandteil im Programm der Gunners, und die Band selbst zählte ebenso wie AC/DC zu den größten Namen im Rockgeschäft. Doch Axl, der Fans auch schon beschimpft hatte und dafür bekannt war, sie bei Konzerten stundenlang warten zu lassen, hatte sich mit seiner Einstellung und seinem Verhalten einen Ruf erworben, der allem entgegenlief, was AC/DC-Fans an ihren Helden schätzten.

Am 19. April äußerte sich Brian Johnson offiziell zu der Situation, und seine Erklärung las sich wesentlich warmherziger als die wortkarge Verbeugung der Band vor ihrem alten Sänger.

»Ich möchte persönlich klarstellen, was mich zu diesem Schritt bewogen hat, weil in den bisherigen Presseerklärungen meiner Meinung nach nicht richtig rüberkam, was ich unseren Fans sagen wollte.

Am 7. März erfuhr ich nach einer Reihe von Untersuchungen bei führenden Spezialisten für Gehörerkrankungen, dass ich riskierte, völlig taub zu werden, wenn ich weiter in großen Hallen aufträte. Diese Nachricht erschütterte mich zwar sehr, aber sie kam nicht völlig unerwartet, denn mir war schon seit einiger Zeit bewusst geworden, dass meine zunehmende Schwerhörigkeit meine Performance auf der Bühne beeinträchtigte. Es fiel mir immer schwerer, die Gitarren zu hören, und ich fürchtete schließlich, dass ich nicht mehr die gewohnte Qualität würde bringen können, wenn ich nicht mehr richtig mitbekam, was die anderen spielten. Das kam für mich nicht infrage. Unsere Fans verdienen es, dass ich bei meinen Auftritten immer alles gebe, und wenn ich das warum auch immer nicht mehr kann, dann werde ich weder die Fans enttäuschen noch AC/DC blamieren. Ich bin kein Typ, der aufgibt, und ich führe gern zu Ende, was ich einmal angefangen habe, aber die Ärzte haben mir und meinen Bandkollegen klargemacht, dass ich die bevorstehenden Konzerte und möglicherweise auch spätere Gigs nicht würde bestreiten können. Das war der bisher schlimmste Tag meiner ganzen beruflichen Laufbahn. (...) Mich persönlich hat es sehr mitgenommen, dass es dazu gekommen ist, mehr, als man sich vorstellen kann. Ich habe mich noch nie in meinem ganzen Leben so schlecht gefühlt. Ein Teil von AC/DC zu sein, Platten aufzunehmen und vor Millionen begeisterter Fans aufzutreten, das war in den letzten sechsunddreißig Jahren mein Leben. Das nicht mehr zu tun, kann ich mir nicht vorstellen, aber momentan bleibt mir nichts anderes übrig. Eins steht jedoch fest, ich werde bei jedem AC/DC-Konzert zumindest im Geiste dabei sein.

Besonders nahe geht es mir, dass ich die Fans enttäuscht habe, die mich und AC/DC in den vergangenen Jahren so standhaft begleitet haben, und die sich bereits Tickets für die abgesagten Konzerte gekauft hatten. Ich kann gar nicht ausdrücken, wie sehr mich die vielen freundlichen Worte und guten Wünsche bewegt haben, die mich in den letzten Tagen erreichten, und wie dankbar ich dafür bin. Auch bei Angus und Cliff möchte ich mich sehr für ihre Unterstützung bedanken.

Zum Schluss möchte ich den Fans aber noch versichern, dass ich keinesfalls in Rente gehe. Meine Ärzte haben mir gesagt, dass ich durchaus weiter im Studio arbeiten kann, und das gedenke ich auch zu tun. Im Augenblick werde ich mich ganz auf die Behandlung konzentrieren, die mein Hörvermögen wieder bessern soll … Wir werden sehen, wie es sich entwickelt.

Noch einmal meine besten Wünsche und meinen herzlichen Dank an alle für ihr Verständnis und ihre Unterstützung.

Alles Liebe,

Brian.«

In seinem ersten Interview nach seinem Ausstieg bei AC/DC sprach Brian mit Doron Levin von SiriusXM über seine Gehörprobleme und berichtete, dass sie zum ersten Mal vor acht Jahren aufgetreten waren, nachdem er auf der Rennstrecke von Watkins Glen im Staat New York ein paar Runden in einem Rennwagen gedreht hatte.

»Ich hatte mir einen brandneuen Helm gekauft und setzte mir den auf, und darüber vergaß ich, meine Ohrstöpsel einzusetzen. Das ist mir vorher noch nie passiert. Nach 35 Minuten machte es in meinem linken Ohr so ein kleines *Plopp*, und ich dachte: Was war das denn jetzt?« Das kam zwar zunächst wieder in Ordnung, aber dann machte es sich doch bemerkbar, dass Brian regelmäßig zwei Stunden lang mit einer der lautesten Rockbands der Welt auf der Bühne stand.

Während der Australientournee 2015 ließ er sich neunmal von einem Spezialisten in Sydney untersuchen. Der Arzt vermutete, dass die Beeinträchtigungen etwas mit den Flüssigkeiten im Ohr zu tun hatten, und Brian ließ sich behandeln, während die Konzerte in Australien wie geplant stattfanden, ebenso wie die zehn Gigs in Amerika. Im Anschluss daran kam jedoch die wirklich niederschmetternde Diagnose.

»Die anderen Bandmitglieder sahen die Kurve, die mein Hörvermögen darstellte, und die besorgniserregend nach unten zeigte.

Damit war klar: Wenn ich weitermachte wie bisher, bestand die Möglichkeit, dass ich mein Gehör für immer ganz verlor«, berichtete Brian. »Daraufhin sagten Angus und Cliff: ›Jonno, du musst an deine Gesundheit denken.‹«

Und so kam es im Sommer 2016 zu einer der unwahrscheinlichsten Kollaborationen der Rockgeschichte. Zwar hatte man in Europa ursprünglich keine Erstattung für die bereits gekauften Tickets angeboten. Aufgrund der heftigen Reaktion seitens der Fans, Medien und Promoter konnten die Karten jedoch schließlich auch in Portugal, Spanien, Deutschland, Österreich, Großbritannien und Dänemark zurückgegeben werden.

Der verstoßene, aber inzwischen wesentlich gesündere und glücklichere Phil Rudd, der gerade einen Herzinfarkt überstanden hatte, sah sich das ganze Durcheinander aus sicherer Entfernung an – und war vermutlich ebenso verblüfft wie der Rest der Welt über das, was da bei seiner früheren Band vor sich ging. In einem Interview mit der *Bay Of Plenty Times* verriet er Annemarie Quill bezüglich seiner persönlichen Lage, dass er »mit dem ganzen verrückten Kram« aufgehört habe, dass er auch keine Bodyguards mehr brauche (»der ganze Scheiß liegt jetzt hinter mir«), und dass es ihm sehr gut getan habe, zu einem Psychiater zu gehen.

»Körperlich und geistig bin ich in einer so guten Verfassung wie noch nie zuvor. Am Schlagzeug bin ich aber trotzdem immer noch der Bad Boy. Wahrscheinlich spiele ich heute besser denn je. Ich stand wohl immer viel zu sehr unter Strom und bin deshalb so ausgeflippt. So bin ich heute nicht mehr … Ich kann nicht sagen, dass ich nicht darauf hoffen würde, irgendwann wieder mit AC/DC zu spielen, aber andererseits – ist das heute überhaupt noch AC/DC? Ohne Bons großartige Stimme. Ohne Malcolm. Ohne Brian.«

Damit sprach er aus, was viele AC/DC-Fans dachten.

Am 5. Mai zeigten sich AC/DC in einem kurzen Video auf ihrer offiziellen Webseite zum ersten Mal mit Axl. Es war ein surrealer Anblick, wie der wohl umstrittenste Frontmann der letzten zwei Jahrzehnte gelassen mit Angus und Cliff dasaß und die drei gemeinsam bestätigten, dass das Unglaubliche tatsächlich wahr geworden war. Für Angus und Cliff war es das erste Interview, seit sie Brians Abschied bekannt gegeben hatten, und für Rose war es der erste Termin mit einem Journalisten seit fünf Jahren. Angus, den die heftige Reaktion offenbar überrascht und auch verletzt hatte, erklärte die schwierige Situation:

»Viele Leute glauben, Brian sei gefeuert worden, aber das stimmt nicht. Brians großes Problem war eben sein Gehör. Eines seiner Ohren war schon eine Weile sehr schlecht, und das gute ließ nun auch rapide nach. Das hat uns schon während der ganzen letzten Tour beschäftigt, von Anfang an. Wir hatten darauf keinen Einfluss, es war seine Entscheidung. (…) Wenn wir ganz aufgehört hätten, wären viele Leute sehr unglücklich gewesen.«

Gegenüber Leonie Cooper von *NME.com* sagte Angus: »Wir waren in Miami, als das alles zur Sprache kam, und leider ist es so, dass man in einer solchen Situation ziemlich schnell Entscheidungen treffen muss … Unsere Möglichkeiten waren sehr beschränkt, und man denkt eben auch, wenn wir die ganze Maschinerie jetzt stoppen, dann gibt das jede Menge vertragliche Probleme. Wir wollten zu Ende bringen, was wir angefangen hatten. Und man kann eine Tour ja schlecht ›Rock Or Bust‹ nennen und dann den ganzen Kram hinschmeißen, statt abzurocken!«

In den wenigen Interviews in dieser Zeit überraschte vor allem Axl mit seiner Haltung. Er zeigte große Hochachtung vor Angus, Brian, dem Vermächtnis der Band, den Fans und der ungewöhnlichen Lage, in der er sich befand. Und während er in früheren Zeiten nicht gerade durch Bescheidenheit aufgefallen war, schien er nun wie ausgewechselt. Nach einer Probe nahm er sich sogar die Zeit, sich ausführlich mit den Fans, die vor der Studiotür warteten, über seine neue Aufgabe zu unterhalten.

»Meine Einstellung war nicht, ›hey, ich singe jetzt für AC/DC‹«, sagte er Matt Everitt in einer Radioshow auf BBC 6, »sondern vielmehr: ›Ich tue das nur, wenn ich das auch schaffe, und wenn sie meinen, dass ich das kann.‹ Ein großer Teil der Songs von *Back*

In Black ist eine echte Herausforderung. Dass ich diesen Posten übernommen habe, heißt überhaupt nicht, dass ich Brian nicht respektiere. Seinen Gesang kann ich nicht übertreffen, er ist ein großartiger Sänger. Ich versuche nur, diesen Songs gerecht zu werden und es für die Fans gut zu machen. Einerseits bin ich deswegen sehr glücklich und aufgeregt, andererseits käme es mir unangemessen vor, diese Tatsache zu feiern – schließlich ist meine Freude eines anderen Leid.«

Der erste Gig mit Axl fand am 7. Mai in Lissabon statt. Zur Setlist zählte »Riff Raff«, das seit 1982 nicht mehr zum AC/DC-Programm gehört hatte, allerdings regelmäßig bei den Konzerten von Guns N' Roses zum Einsatz kam, und auch »Rock 'n' Roll Damnation«, das die Band 2003 zuletzt live gespielt hatte. Im Laufe der Europatournee wurden weitere Songs aus der Bon-Scott-Ära hinzugefügt, beispielsweise »If You Want Blood«, »Dog Eat Dog«, »Touch Too Much« (das AC/DC noch nie live präsentiert hatten), »Live Wire« und »Problem Child«.

Die Rückgabe bereits gekaufter Tickets hatte keinen negativen Einfluss auf die Zuschauerzahlen in Europa und den USA, im Gegenteil. Für jeden Fan, der die Vorstellung der Axl/DC-Kombination so grauenhaft fand, dass er sie sich nicht antun wollte, gab es einen anderen, der entweder neugierig war, wie Rose sich schlug, oder der schlicht darauf vertraute, dass Angus wusste, was er tat. Sicherlich gab es auch einige, die mit ansehen wollten, wie das ganze Projekt gegen die Wand fuhr. Insgesamt gesehen aber sorgte die Kombination aus zweien der größten Rockbands für eine Verstärkung des Interesses, und der Großteil der Gigs war ausverkauft. Auch wenn in einigen Städten etwa zehn Prozent der Tickets zurückgegeben worden waren, wurden die frei gewordenen Plätze schnell von neuen Interessenten besetzt.

Tatsächlich konnte Axl Rose durchaus überzeugen und seine Kritiker vom ersten Tag an für sich einnehmen. Seine Stimme passte ihrem Ausdruck und ihrer Tonlage nach perfekt zu den Songs, vor allem zu jenen aus der Zeit mit Bon Scott. Zudem erwies er sich als echter Profi, die befürchteten Temperamentsausbrüche blieben aus, und er ließ die Fans bei den Konzerten nicht warten, wie es früher so oft der Fall gewesen war. Axl machte seinen Job, weil er so viel Hochachtung vor Angus empfand.

»Ich kann das nicht erklären«, sagte er gegenüber *China Exchange*. »Vor allem habe ich das Gefühl, dass ich diesen Typ nicht enttäuschen und nicht im Stich lassen will. Es heißt, er hätte schon lange nicht mehr so glücklich ausgesehen.«

Natürlich war Axl immer noch Guns N' Roses verpflichtet und musste seine Zeit zwischen beiden Bands aufteilen. Aber auch hier wollte er sich nach Angus richten. »Ich werde das machen, solange Angus will und wir das Gefühl haben, dass es funktioniert«, sagte er *Globo TV*. »Die Gunners unterstützen mich dabei sehr ... und es ist mein Job, was ich einfach großartig finde. Es ist toll, dass Angus mein Boss ist. Und die frühen Brian-Songs zu singen, das Material der ersten Alben, das ist wirklich etwas ganz Besonderes. Schon körperlich stellen sie ganz andere Anforderungen, und ich bin stolz, dass ich mich daran versuchen darf.«

Offenbar war er so fest entschlossen, den Posten – solange Brian nicht zurückkehrte – nicht wieder herzugeben, dass er dafür sogar zu drastischen Maßnahmen gegriffen hätte: »Was sie mit Brian vereinbaren, das ist ihre Entscheidung, darauf habe ich keinen Einfluss«, sagte er Leonie Cooper von *NME.com*, »aber wenn sich jemand anders da reindrängen will, dann werde ich ihn langsam vergiften!«

AC/DC waren gerade im Begriff, mit Axl wieder ihre Form zu finden, als die nächsten Veränderungen anstanden. Im Juli 2016 erklärte Cliff Williams, dass er sich von den Aufnahmen und den Liveauftritten zurückziehen wollte, sobald die *Rock Or Bust*-Tour im September zu Ende sein würde. Angus hatte davon schon zu Beginn der neuen Konzertsaison erfahren.

»Seit Malcolm nicht mehr da ist, die Sache mit Phil passierte und jetzt auch Brian weg ist, hat sich die Band verändert. Mein

Bauchgefühl sagt mir, dass es an der Zeit ist, aufzuhören«, sagte Cliff Jonathan Foerster in *Gulfshore Life* und betonte auf AC/DCs YouTube-Channel: »Ich hätte mir in meinem Leben nichts Besseres wünschen können, als mit diesen Menschen zusammen zu sein, in dieser Band zu spielen und diese Musik zu machen.«

Die zehn verschobenen Hallenkonzerte in den USA fanden vom 27. August bis 20. September statt. Viele erfahrene Beobachter warteten gespannt auf die Reaktion, da der Großteil der amerikanischen Fans AC/DC nur aus der Zeit mit Brian kannte. Aber die Kritiken fielen überwältigend positiv aus. Nachdem sich alle davon überzeugt hatten, dass Axl der Aufgabe gewachsen war, schliefen die hitzigen Diskussionen dort ebenso ein wie zuvor in Europa.

Zwar gab es immer noch zahlreiche Hardcore-Fans, die die großen Veränderungen in den Reihen ihrer Helden nicht hinnehmen wollten, aber sie stellten innerhalb des großen Mainstream-Publikums der Band nur eine Splittergruppe dar.

Am 20. September 2016 nahm Cliff Williams beim letzten Konzert der Tour in Philadelphia nach neununddreißig Jahren seinen Hut. Am Schluss von »For Those About To Rock« ließ sich sogar Angus einmal von seinen Gefühlen überwältigen, rannte zu Williams hinüber, packte ihn und schob den Bassist nach vorn zum Bühnenrand, um seinen Abschied gebührend zu inszenieren. Es war tatsächlich ein großer Augenblick – gerade auch psychologisch für Angus. Jetzt war der kleine Gitarrist ganz allein. Auch wenn er Cliff vermutlich eher selten um Rat gefragt hatte, war er sich doch immer bewusst gewesen, dass der Bassist hinter ihm stand. Das war jetzt vorbei.

Im November kehrte Brian in aller Stille wieder ans Mikrofon zurück, als er mit der Greg Billings Band »Boom Boom All Night« einspielte, seiner ersten Aufnahme seit dem Abschied von AC/DC.

Auch von Phil Rudd gab es Neuigkeiten: Im Anschluss an die Veröffentlichung von *Headjob* plante er zwischen März und Juli 2017 40 Konzerte in Europa. Auf den Promotionfotos grinste Rudd mit neuen Zähnen breit in die Kamera.

»Ich habe keine Ahnung, was bei AC/DC ansteht, wirklich nicht. Es ist auch nicht an mir, etwas darüber zu sagen«, erklärte er Rich Chamberlain von *MusicRadar*. »Ich frage mich schon, ob Angus darüber glücklich sein wird, wenn Guns N' Roses auf eine große Tour gehen, weil das dann natürlich bedeutet, dass er mit seiner Band nicht losziehen kann. Wie das dann weitergeht, werden wir sehen.«

Über Axls Auftritte mit seinen alten Kollegen äußerte Rudd sich allerdings positiv. »Er hat sich ziemlich gut geschlagen, und das war echt keine leichte Aufgabe. AC/DC ist für jeden ein harter Job.«

Der deutlichste Hinweis darauf, was die Zukunft für AC/DC bereithalten könnte, zeigte sich am 10. und 11. Februar 2017 in Sydney sowie drei Tage später in Melbourne, den beiden australischen Städten, denen sich die Band am engsten verbunden fühlt.

Angus, der in Australien Malcolm und seine Familie besucht hatte, erschien in Sydney tatsächlich am Flughafen, um Guns N' Roses bei ihrer Ankunft zu begrüßen, und kam bei den beiden Gigs im ANZ Stadium und bei einem Großkonzert in Melbourne auf die Bühne, als die Gunners »Whole Lotta Rosie« und »Riff Raff« spielten. In Sydney kündigte Axl den Gitarristen bezeichnenderweise als »wunderbaren Freund und einen großen Menschenfreund« an. Aber im Gegensatz zu dem Gastauftritt beim Coachella Festival erschien Angus zu diesen drei Gigs in Jeans und T-Shirt. Dennoch zeigte sich an diesen Ereignissen, dass die AC/DC-Welt offenbar nicht mehr dieselbe ist.

Die Band hat einen erstaunlichen Weg hinter sich. 1979 besangen AC/DC fatalistisch ihren anstrengenden, engen Tour-Terminkalender in »Highway To Hell«. 1980 dann mussten sie kurz auf dem Standstreifen dieses Highways halten, bevor sie wieder durchstarten konnten, um dann 2014 ein wahrhaft höllisches Jahr zu erleben, in dem das Schicksal gleich mehrfach zuschlug.

Wie viele Bands würden es wohl überstehen, wenn sie zwei Drittel ihrer legendären Rhythmusgruppe verlören, und sie ohne das Mitglied auskommen müssten, das die treibende Kraft hinter allen bisherigen Erfolgen gewesen war? Wie vielen würde es gelingen, unter diesen Umständen ein neues Album abzuliefern und auf Welttournee zu gehen? Wie viele Bands würden sich weiter durchbeißen, wenn der langjährige Sänger aussteigt, würden ihn mit typischer Chuzpe durch den umstrittensten Frontmann der Rockgeschichte ersetzen, und das alles, ohne auch nur einmal aus dem knackigen Vierviertaktakt zu kommen? Darauf gibt es nur eine Antwort.

Wird Phil Rudd je zurückkehren? Dafür kann man nur beten. Es wäre wahrlich ein Genuss, den viel gerühmten Drummer mit seinem einzigartigen Gefühl wieder am Schlagzeug zu sehen.

Einen Ersatz für Cliff Williams zu finden, mag zu einer ähnlichen Situation führen, wie die Stones sie nach dem Weggang von Bill Wyman erlebten. Aber das wird die Zeit zeigen. Die größte Frage bleibt sicherlich diese: Nach all diesen Umbrüchen und nach dem Verlust so vieler tragender Mitglieder, wird die Band, die dann weitermacht, wirklich noch AC/DC sein?

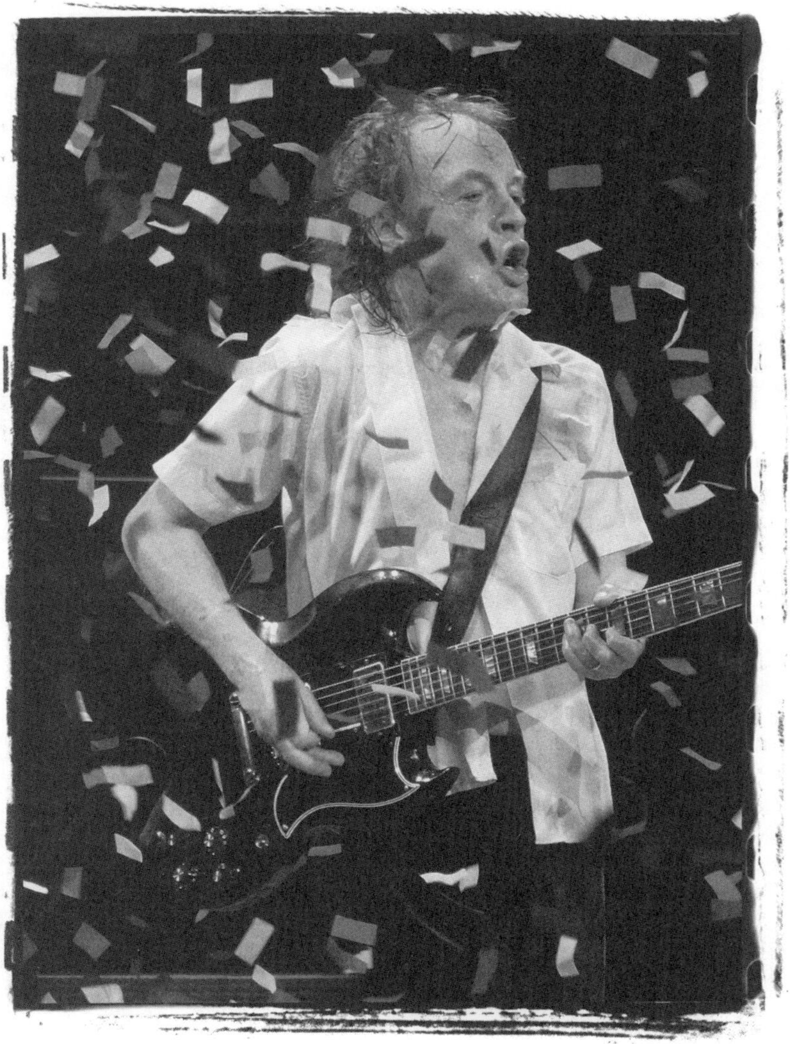

DISKOGRAFIE

ALBEN

High Voltage

Australien, Albert Productions · Februar 1975

Baby, Please Don't Go / She's Got Balls / Little Lover / Stick Around / Soul Stripper / You Ain't Got A Hold On Me / Love Song / Show Business

PRODUZIERT VON HARRY VANDA UND GEORGE YOUNG

T.N.T.

Australien, Albert Productions · Dezember 1975

It's A Long Way To The Top (If You Wanna Rock 'n' Roll) / The Rock 'n' Roll Singer / The Jack / Live Wire / T.N.T. / The Rocker / Can I Sit Next To You, Girl / High Voltage / School Days

PRODUZIERT VON HARRY VANDA UND GEORGE YOUNG

High Voltage

UK & Europa, Atlantic / USA, Atco · April 1976

It's A Long Way To The Top (If You Wanna Rock 'n' Roll) / Rock 'n' Roll Singer / The Jack / Live Wire / T.N.T. / Can I Sit Next To You, Girl / Little Lover / She's Got Balls / High Voltage

PRODUZIERT VON HARRY VANDA UND GEORGE YOUNG

Dirty Deeds Done Dirt Cheap

Australien, Albert Productions · September 1976

Dirty Deeds Done Dirt Cheap / Ain't No Fun (Waiting 'Round To Be A Millionaire) / There's Gonna Be Some Rockin' / Problem Child / Squealer / Big Balls / R.I.P. (Rock In Peace) / Ride On / Jailbreak

Produziert von Harry Vanda und George Young

Dirty Deeds Done Dirt Cheap

UK & Europa, Atlantic · November 1976

Dirty Deeds Done Dirt Cheap / Love At First Feel / Big Balls / Rocker / Problem Child / There's Gonna Be Some Rockin' / Ain't No Fun (Waiting 'Round To Be A Millionaire) / Ride On / Squealer

Produziert von Harry Vanda und George Young

Let There Be Rock

Australien, Albert's / UK & Europa, Atlantic, LP-Version · März 1977

Go Down / Dog Eat Dog / Let There Be Rock / Bad Boy Boogie / Overdose / Crabsody In Blue / Hell Ain't A Bad Place To Be / Whole Lotta Rosie

Produziert von Harry Vanda und George Young

Let There Be Rock

USA, Atco · Juni 1977

Go Down / Dog Eat Dog / Let There Be Rock / Bad Boy Boogie / Problem Child / Overdose / Hell Ain't A Bad Place To Be / Whole Lotta Rosie

Produziert von Harry Vanda und George Young

Powerage

USA, Atlantic / Australien, Albert Productions · Mai 1978

Rock 'n' Roll Damnation / Down Payment Blues / Gimme A Bullet / Riff Raff / Sin City / What's Next To The Moon / Gone Shootin' / Up To My Neck In You / Kicked In The Teeth

PRODUZIERT VON HARRY VANDA UND GEORGE YOUNG

Powerage

UK & Europa, Atlantic, nur LP · Mai 1978

Rock 'n' Roll Damnation / Gimme A Bullet / Down Payment Blues / Gone Shootin' / Riff Raff / Sin City / Up To My Neck In You / What's Next To The Moon / Cold Hearted Man / Kicked In The Teeth

PRODUZIERT VON HARRY VANDA UND GEORGE YOUNG

If You Want Blood

Atlantic · Oktober 1978

Riff Raff / Hell Ain't A Bad Place To Be / Bad Boy Boogie / The Jack / Problem Child / Whole Lotta Rosie / Rock 'n' Roll Damnation / High Voltage / Let There Be Rock / Rocker

PRODUZIERT VON HARRY VANDA UND GEORGE YOUNG

Highway To Hell

Atlantic · Juli 1979

Highway To Hell / Girl's Got Rhythm / Walk All Over You / Touch Too Much / Beating Around The Bush / Shot Down In Flames / Get It Hot / If You Want Blood (You've Got It) / Love Hungry Man / Night Prowler

PRODUZIERT VON ROBERT JOHN »MUTT« LANGE

Back In Black

Atlantic · Juli 1980

Hells Bells / Shoot To Thrill / What Do You Do For Money Honey / Given The Dog A Bone / Let Me Put My Love Into You /

Back In Black / You Shook Me All Night Long / Have A Drink On Me / Shake A Leg / Rock And Roll Ain't Noise Pollution
PRODUZIERT VON ROBERT JOHN »MUTT« LANGE

For Those About To Rock
Atlantic · November 1981
For Those About To Rock (We Salute You) / Put The Finger On You / Let's Get It Up / Inject The Venom / Snowballed / Evil Walks / C.O.D. / Breaking The Rules / Night Of The Long Knives / Spellbound
PRODUZIERT VON ROBERT JOHN »MUTT« LANGE

Flick Of The Switch
Atlantic · August 1983
Rising Power / This House Is On Fire / Flick Of The Switch / Nervous Shakedown / Landslide / Guns For Hire / Deep In The Hole / Bedlam In Belgium / Badlands / Brain Shake
PRODUZIERT VON AC/DC

'74 Jailbreak
Atlantic · Oktober 1984
Jailbreak / You Ain't Got A Hold On Me / Show Business / Soul Stripper / Baby, Please Don't Go
PRODUZIERT VON HARRY VANDA UND GEORGE YOUNG

Fly On The Wall
Atlantic · Juni 1985
Fly On The Wall / Shake Your Foundations / First Blood / Danger / Sink The Pink / Playing With Girls / Stand Up / Hell Or High Water / Back In Business / Send For The Man
PRODUZIERT VON ANGUS YOUNG UND MALCOLM YOUNG

Who Made Who

Atlantic · Mai 1986

Who Made Who / You Shook Me All Night Long / D.T. / Sink The Pink / Ride On / Hells Bells / Shake Your Foundations / Chase The Ace / For Those About To Rock (We Salute You)

Produziert von Harry Vanda und George Young, Robert John »Mutt« Lange, Angus Young und Malcolm Young

Blow Up Your Video

Atlantic · Januar 1988

Heatseeker / That's The Way I Wanna Rock 'n' Roll / Meanstreak / Go Zone / Kissin' Dynamite / Nick Of Time / Some Sin For Nuthin / Ruff Stuff / Two's Up / This Means War

Produziert von Harry Vanda und George Young

The Razors Edge

Atco · September 1990

Thunderstruck / Fire Your Guns / Moneytalks / The Razors Edge / Mistress For Christmas / Rock Your Heart Out / Are You Ready / Got You By The Balls / Shot Of Love / Let's Make It / Goodbye And Good Riddance To Bad Luck / If You Dare

Produziert von Bruce Fairbairn

Live

Atco · Oktober 1992

Thunderstruck / Shoot To Thrill / Back In Black / Who Made Who / Heatseeker / The Jack / Moneytalks / Hells Bells / Dirty Deeds Done Dirt Cheap / Whole Lotta Rosie / You Shook Me All Night Long / Highway To Hell / T.N.T. / For Those About To Rock (We Salute You)

Produziert von Bruce Fairbairn

Live, Collector's Edition

Atco · October 1992

Thunderstruck / Shoot To Thrill / Back In Black / Sin City / Who Made Who / Heatseeker / Fire Your Guns / Jailbreak / The Jack / The Razors Edge / Dirty Deeds Done Dirt Cheap / Moneytalks / Hells Bells / Are You Ready / That's The Way I Wanna Rock 'n' Roll / High Voltage / You Shook Me All Night Long / Whole Lotta Rosie / Let There Be Rock / Bonny / Highway To Hell / T.N.T. / For Those About To Rock (We Salute You)

PRODUZIERT VON BRUCE FAIRBAIRN

Ballbreaker

EastWest · September 1995

Hard As A Rock / Cover You In Oil / The Furor / Boogie Man / The Honey Roll / Burnin' Alive / Hail Caesar / Love Bomb / Caught With Your Pants Down / Whiskey On The Rocks / Ballbreaker

PRODUZIERT VON RICK RUBIN, KOPRODUZENT MIKE FRASER

Bonfire

EastWest · November 1997

CD-Boxset mit:

Live From The Atlantic Studios: Live Wire / Problem Child / High Voltage / Hell Ain't A Bad Place To Be / Dog Eat Dog / The Jack / Whole Lotta Rosie / Rocker

Let There Be Rock The Movie, Live In Paris: Live Wire / Shot Down In Flames / Hell Ain't A Bad Place To Be / Sin City / Walk All Over You / Bad Boy Boogie / The Jack / Highway To Hell / Girl's Got Rhythm / High Voltage / Whole Lotta Rosie / Rocker / T.N.T. / Let There Be Rock

Volts: Dirty Eyes / Touch Too Much / If You Want Blood (You've Got It) / Back Seat Confidential / Get It Hot / Sin City / She's Got Balls / School Days / It's A Long Way To The Top (If You Wanna Rock 'n' Roll) / Ride On

Back In Black: Songtitel siehe Seite 589

Stiff Upper Lip

EastWest / Elektra · Februar 2000

Stiff Upper Lip / Meltdown / House Of Jazz / Hold Me Back / Safe In New York City / Can't Stand Still / Can't Stop Rock 'n' Roll / Satellite Blues / Damned / Come And Get It / All Screwed Up / Give It Up

PRODUZIERT VON GEORGE YOUNG

Back In Black (DualDisc)

Epic / Sony Music · Januar 2004

Enthält das Album *Back In Black* mit 48kHz auf der Audio-Seite, die Dokumentation *Back In Black* auf der DVD-Seite.

Black Ice

Columbia · Oktober 2008

Rock 'n' Roll Train / Skies On Fire / Big Jack / Anything Goes / War Machine / Smash 'n' Grab / Spoilin' For A Fight / Wheels / Decibel / Stormy May Day / She Likes Rock 'n' Roll / Money Made / Rock 'n' Roll Dream / Rocking All The Way / Black Ice

PRODUZIERT VON BRENDAN O'BRIEN

Backtracks

Columbia · November 2009

CD 1 – *Studio Rarities*:

Stick Around / Love Song / Fling Thing / R.I.P. (Rock In Peace) / Carry Me Home / Crabsody In Blue / Cold Hearted Man / Snake Eye / Borrowed Time / Down On The Borderline / Big Gun / Cyberspace

CD 2 – *Live Rarities*:

Dirty Deeds Done Dirt Cheap (Sydney 1977) / Dog Eat Dog (Glasgow 1978) / Live Wire / Shot Down In Flames (London 1979) / Back In Black / T.N.T. / Let There Be Rock (Landover 1981) / Guns For Hire / Rock And Roll Ain't Noise Pollution / This House Is On Fire / You Shook Me All Night Long (Detroit 1983) / Jail-

break (Dallas 1985) / Highway To Hell / For Those About To Rock (Moskau 1991) / Save In New York City (Phoenix 2000)
DVD – *Family Jewels* Disc 3: mit Promo-Clips aus den Jahren 1976–2009
Die Deluxe Collector's Edition enthält 3 CDs (1 *Studio Rarities Extended* und 2 *Live Rarities*), die DVDs *Family Jewels* und *Live At Circus Krone* (München, Juni 2003), ein Buch sowie die Vinyl-LP *Rarities*.

Iron Man 2

Columbia · April 2010

Shoot To Thrill / Rock 'n' Roll Damnation / Guns For Hire / Cold Hearted Man / Back In Black / Thunderstruck / If You Want Blood (You Got It) Evil Walks / T.N.T. / Hell Ain't A Bad Place To Be / Have A Drink On Me / The Razor's Edge / Let There Be Rock / War Machine / Highway To Hell
Die Deluxe & Collector Editions enthalten zusätzlich eine DVD mit Live- und Promoclips aus den Jahren 1978–2010.

Live At River Plate

Columbia · November 2012

Rock 'n' Roll Train / Hell Ain't A Bad Place To Be / Back In Black / Big Jack / Dirty Deeds Done Dirt Cheap / Shot Down In Flames / Thunderstruck / Black Ice / The Jack / Hells Bells / Shoot To Thrill / War Machine / Dog Eat Dog / You Shook Me All Night Long / T.N.T. / Whole Lotta Rosie / Let There Be Rock / Highway To Hell / For Those About To Rock (We Salute You)

Rock Or Bust

Columbia · November 2015

Rock Or Bust / Play Ball / Rock The Blues Away / Miss Adventure / Dogs Of War / Got Some Rock & Roll Thunder / Hard Times / Baptism By Fire / Rock The House / Sweet Candy / Emission Control
Produziert von Brendan O'Brien

Hinweis: Alle Atlantic-Veröffentlichungen nach 1979 erschienen in Australien bei Albert Productions.

Alle US-Alben wurden 2003 von Epic/Sony Music remastered.

Videos

Alle auf DVD erhältlich, sofern nicht anders angegeben. In Australien erschienen bei Albert Productions.

Let There Be Rock

Warner Bros. · Juli 1985

Aufnahmen aus Paris vom Dezember 1979

AC/DC

Australien, Albert Productions · Dezember 1987

Videoclips von 1975–1979

For Those About To Rock, Monsters In Moscow

Warner Home Video · Oktober 1992

Enthält vier Songs von AC/DC live in Moskau, September 1991

Live At Donington

Atco, VHS · Oktober 1992

Das Konzert in Castle Donington, August 1991

No Bull

Warner Music Vision · November 1996

Das Konzert in der Stierkampfarena in Madrid, Juli 1996

Stiff Upper Lip Live

Elektra · November 2001

Das Konzert im Olympiastadion, München, Juli 2001

Live At Donington
Remixed · November 2003
Das Konzert in Castle Donington, August 1991, remastered und neu abgemischt

Live '77
Japan, VAP Video · Januar 2003
Konzert in London, Oktober 1977

Family Jewels
Epic · März 2003
40 Tracks, Promoclips, TV-Auftritte und Liveaufnahmen, 1975–1991

No Bull – The Director's Cut
Columbia · September 2008
Konzert vom Juli 1996 in Madrid, neu geschnitten und abgemischt

Toronto Rocks
Warner Video · Juni 2004
Enthält zwei Livetracks von AC/DC sowie den Jam mit den Rolling Stones vom Konzert in Toronto, Juli 2003

Plug Me In
Columbia Video · Oktober 2007
Doppel-DVD mit fünf Stunden Liveaufnahmen aus den Jahren 1975 bis 2003, »Deluxe Edition« mit Bonus-DVD und weiteren zwei Stunden Material

Family Jewels Disc 3
Columbia · November 2009
Promo-Clips aus den Jahren 1976–2009
Nur erhältlich in der Deluxe Collector's Edition von *Backtracks*

Live At Circus Krone
Columbia · November 2009
Konzert in München, Juni 2003
Nur erhältlich in der Deluxe Collector's Edition von *Backtracks* und als Download

Live At River Plate
Columbia · Mai 2011
Konzert in Buenos Aires, Dezember 2009

Wichtige Sampler

Albert Archives
Australien, Albert's · März 1980
enthält »Rockin' In The Parlour«
PRODUZIERT VON HARRY VANDA UND GEORGE YOUNG

Boogie Balls & Blues
Australien, Raven · Oktober 1988
enthält »Dirty Deeds Done Dirt Cheap«, live in Sydney, Januar 1977

Last Action Hero,
Music From The Original Motion Picture
Columbia · Juni 1993
enthält »Big Gun«
PRODUZIERT VON RICK RUBIN

Private Parts
Warner Bros · Februar 1997
enthält eine Liveversion von »You Shook Me All Night Long«

Diskografien der einzelnen Bandmitglieder

Aufgrund der enormen Fülle von erhältlichen Singles und Alben enthält diese Auflistung lediglich CDs, die besonders bedeutend sind, sowie Compilations mit einzigartigen Tracks.

MALCOLM YOUNG

Marcus Hook Roll Band: *Tales Of Old Grand-Daddy* (Australien, EMI)
Stevie Wright: *Hard Road* (Repertoire)
Stevie Wright: *Black Eyed Bruiser* (Albert's)

ANGUS YOUNG

Marcus Hook Roll Band: *Tales Of Old Grand-Daddy* (Australien, EMI)
Ray Arnott: *Rude Dudes* (Australien, Albert's) – nur auf Vinyl, 1 Track

BRIAN JOHNSON

Geordie: *Hope You Like It* (Repertoire)
Geordie: *Don't Be Fooled By The Name* (Repertoire)
Geordie: A Band From Geordieland (Repertoire)
Geordie: *No Good Woman* (Landmark Records)
Geordie: *Unreleased Tapes* (OVC Media)
Diverse: *This Land Is Your Land* (Music For Little People), 1 Track
Neurotica: *Seed* (NMG Entertainment), 1 Track
Jackyl: *Cut The Crap* (Epic), 1 Track
Diverse: *From Tees To Tyne* (NWM), 1 Track
Diverse: *From Tyne To Tweed* (NWM), 1 Track
Diverse: *Sunday For Sammy 2004* (NWM), 3 Tracks
DVD *Totally Baked* enthält 3 Tracks von Brian Johnson und Cliff Williams

BON SCOTT

The Spektors: *Bon Scott With The Spektors And The Valentines* (GB – See For Miles)
The Valentines: *Bon Scott The Early Years 1967–1972* (GB – See For Miles)
Fraternity: *Complete Sessions* (Australien – Raven)
Fraternity: *Live, Loud And Sweaty!* (Australien – Canetoad Records), 2 Tracks
Blackfeather: *At The Mountains Of Madness* (Australien – Festival)
Mount Lofty Rangers: Round And Round And Round (Australien – Head Office / EMI)
Trust: *Manque De Trop* Promo-CD-Single (Frankreich – 13Bis), 1 Track

PHIL RUDD

Buster Brown: *Something To Say* (Aztec Music)
Phil Rudd: *Head Job* (Universal Australien)

CLIFF WILLIAMS

Home: *Pause For A Hoarse Horse* (Columbia)
Home: *Home* (Columbia)
Home: *The Alchemist* (Columbia)
Home: *Live At The BBC Sessions 1972–73* (MLP)
Bandit: *Bandit* (Arista), nur auf Vinyl erhältlich
Alexis Korner: *The Lost Album* (Semaphore)
Adam Bomb: *Fatal Attraction* (Geffen), 1 Track
Emir & Frozen Camels: *San* (Dallas Records)

DANKSAGUNG

Die Informationen in diesem Buch, das in fünf Jahre langer Arbeit entstanden ist, entnahmen wir unzähligen Interviews mit AC/DC und Artikeln über die Band, die in den letzten dreißig Jahren erschienen sind.

Als sehr große Hilfe erwiesen sich dabei folgende Magazine: *Juke (The Age)*, *RAM*, *Go-Set*, *Kerrang!*, *Guitar World*, *Mojo*, *Classic Rock*, *NME*, *Sounds*, *Melody Maker*, *Record Mirror*, *Rock Hard* und *Hard Rock*.

Unser Dank gilt auch folgenden weiteren Quellen, denen wir großen Respekt zollen:

2JJ, 2JJJ, 2MMM, 2SM, 2UE, 5KA, 92 City FM, 98 Rock, A2, ABC (Australien, besonders »GTK« und »Countdown«), ABC (Amerika), AC/DC No Nonsense website, AC/DC Resource Center website, *Adelaide News*, Albert Productions, *Album Network*, AlexisKorner.net, »The Allan Handelman Show«, American Forces Radio, Antenne 2, *Arizona Republic*, Atco Records, *Atlanta Gazette*, Atlantic Records, *AXS*, *BAM*, *Bass Player*, Bayern 3, BBC NorthEast, BBC Radio 1, BBC Sheffield, *Beat*, *Beat Instrumental*, *Best*, BFBS, *Billboard*, *Boston Globe*, *Boston Herald*, BR3, *Bravo*, Brisbane *Courier Mail*, *Daily Sun*, *Buffalo News*, *Burrn*, *BW&BK*, *Calgary Sun*, Canal+, Canoe.ca, Capital Radio, *Cashbox*, Channel Seven, Channel Nine, *Chicago Sun Times*, *Chicago Tribune*, *Cincinnati City Beat*, *Circus*, *Columbus Dispatch*,

»Continuous History Of R&R«, *Cornerstone*, *Creem*, *Daily Mirror*, *Daily Planet*, *Daily Telegraph*, DC 101, debbiekruger.com, *Denver Rocky Mountain News*, *Desert News*, *Detroit Free Press*, *Disc*, *Drum Media*, *East Coast Rockers*, EastWest Records, *Edmonton Journal*, Elektra Records, *Enfer*, *Esky*, Europe 1, *Evening Chronicle*, *Everybody's*, *Express*, *Eye*, *Faces Rock*, *FHM*, *Florida Times-Union*, *Foundations*, FR3, Fun Radio, GalleryOfSound.com, *GAS*, *Geelong News*, Gibson.com, *GIG*, *Goldmine*, *Grand Rapid Press*, *Guitar*, *Guitar Club*, *Guitar For The Practicing Musician*, *Guitar Heroes*, *Guitar One*, *Guitar Parts*, *Guitar Player*, *Guitar School*, *Guitar Shop*, *Guitare & Claviers*, *Hard Force*, *Hard N Heavy*, *Hartford Courant*, *Heavy Metal Creem*, *Heavy Rock*, *Hit Parader*, *Hitkrant*, *HM*, *Hobart Mercury*, *Hollywood Press*, *Hot Metal*, *Hot Press*, »In The Studio«, *International Musician*, *Island Ear*, *It*, *It's Here*, *It's Only Rock & Roll*, Jamm, *Joepie*, *Juice*, KISW, KNAC online, K-Rock, KSJO, *Le Monde*, *Let It Rock*, *London Daily Express*, *Long Beach Press Telegram*, *Look-In*, *Los Angeles Times*, M6, MCM, *Mean*, Media America, Melbourne *Herald*, Melbourne *Observer*, Melbourne *Sun*, *Metal Attack*, *Metal CD*, *Metal Edge*, *Metal Forces*, *Metal Hammer*, *Metal Mania*, »Metalshop«, *Miami Herald*, Milesago.com, *Minneapolis City Pages*, *Minneapolis Star Tribune*, *Modern Drummer*, *Montreal Gazette*, MTV, Much More Music, Much Music, Music Box, *Music Express*, *Music Life*, MusicMAX, *Music Star*, *Music Week*, *Music Week Australia*, MusicCentral.com, *Musician*, *Musicians Only*, *Musik Joker*, *Muziek Express*, *National Rock Star*, NDR, *New York Times*, *Newcastle Chronicle*, *Newcastle Evening Chronicle*, *News & Observer*, *News Journal*, »Nights With Alice Cooper«, »Off The Record«, *On The Street*, *OOR*, *Orange County Register*, ORB, *Orlando Sentinel*, *Penetration*, *People*, *Perth Daily News*, *Philadelphia Inquirer*, Piccadilly Radio, *Pix People*, *Playboy*, *Player*, *Pollstar*, *Pop*, *Pop Corn*, *Pop Rocky*, *Popswop*, *Popular 1*, *Poster*, *Prairie Sun*, ProSieben, *Punk*, *Pure Concrete*, *Q*, Q104, Q104.3, *Radio & Records*, Radio Clyde, Radio Forth, Radio Hallam,

Radio Stockholm, Radio Trent, Radio Victory, *Ralph*, *RAW*, *Record Collector*, *Record Review*, Remedy.com, »Retrorock«, *Riff Raff*, *RIP*, RMF FM, *Rock & Folk*, *Rock En Stock*, *Rock Gossip*, *Rock Power*, Rock Radio Network, Rockcentral, *Rockline*, *Rolling Stone*, *Rolling Stone Australia*, Rollingstones.com, »Royalty Of Rock«, RTL und Francis Zégut, RTL2, SabbathLive.com, *Salt Lake Tribune*, *Salut*, *Sarasota Herald Tribune*, *Scene*, *Scream*, SDR 3, *Seattle Post Intelligencer*, *Seattle Times*, SF1, Sky Channel, SonicNet.com, *Sono*, Sony Music, Sony Music TV, *Sound Blast*, *Spin*, *Spunky*, *Star News Pasadena*, *St. Louis Dispatch*, *St. Petersburg Times*, *St. Paul PioneerPress*, STGT3, Südfunk, *Sun Herald*, *Sun Sentinel*, *Super Polly*, SVTV1, *Switch*, *Sydney Morning Herald*, Sydney *Sun*, Sydney *Sunday Mirror*, *Tampa Tribune*, *Tamworth Herald*, Tele24, Tele5, Ten, *Tennessean*, TF1, *The Age*, *The Aquarian*, *The Chronicle*, *The Herald Sun*, *The Journal*, »The Source«, *The State*, *Times Picayune*, *Toledo Blade*, *Toronto Globe & Mail*, *Toronto Sun*, *Total Guitar*, *Triad*, *Trouser Press*, *TV Week* (Australien), TV4, TV6, TVE1, Tyne Tees, »Up Close«, *Vancouver Province*, *Vancouver Sun*, Van Halen.com, *Veronica*, VH1, VH1 Classic, Viva, VIVA 2, VPRO, WABX, Warner Brothers, *Washington Post*, WBCN, WEA, WEBN, *Weekend*-Australienbeilage, *Wellington Evening Post*, *West Australian*, *Westword*, *Who Put The Bomp*, WIN, *Winnipeg Sun*, *Wisconsin State Journal*, WITN, WMMR, WRFX, *Young Guitar*, ZDF und ZTV.

Wir *glauben*, das waren alle. Hoffentlich wird unser Werk all denen gerecht, die mit ihren Bemühungen zu seiner Entstehung beigetragen haben.

Verschiedene Bücher waren für uns sehr hilfreich. Clinton Walkers bahnbrechende Veröffentlichung *Bon Scott: Highway to Hell* leistete einen entscheidenden Beitrag zur Schilderung der letzten Tage von Bon Scott und bleibt in jeder Hinsicht *das* Standardwerk über das Leben des großen Mannes und seine Zeit. Mark Putterfords *Shock to the System* bot uns ebenfalls große Unterstützung.

Das Kapitel über die Easybeats wäre undenkbar ohne Glenn A. Bakers unglaublich gründliche Linernotes zu *The Easybeats' Absolute Anthology 1965–1969*, die – zumindest in der Vinylausgabe – allein die Ausmaße eines Buches annehmen.

Zusätzlich zu all diesen Quellen führten die Autoren selbst viele Interviews. Es war nicht immer einfach. Manchmal schien sich das Erinnerungsvermögen einiger Zeitzeugen über Nacht verflüchtigt zu haben. Bei anderer Gelegenheit wurde die Erinnerung an bestens dokumentierte Ereignisse unerklärlich vage, während sich wiederum andere Personen weigerten, selbst die harmlosesten Fragen zu beantworten.

Glücklicherweise gab es viele, die weit mehr als das nötige Entgegenkommen zeigten. Diesen Personen, die sich unserer Befragung unterzogen, möchten wir hier unseren Dank aussprechen:

Colin Abrahams, Angry Anderson, John Andreoni, Ray Arnott, Barry Bergman, Buzz Bidstrup, Big Al, John Bisset, John Brewster, David Brown, Jen Jewel Brown, Coral Browning, Michael Browning, Colin Burgess, Bernie Cannon, Phil Carson, Brian Carr, Helen Carter, Russell Coleman, Perry Cooper, Stuart Coupe, Roger Crosthwaite, Bob Daisley, Leeno Dee, Bob Defrin, Eric Dionysius, Paul Drane, Mal Eastick, Phil Eastick, Phil Emmanuel, Dave Evans, Allan Fryer, Chris Gilbey, Ed Golab, Roger Grierson, Peter Head, Warner Hodges, Kim Humphreys, Noel Jefferson, Ian Jeffery, Herm Kovac, Eddie Kramer, David Krebs, Geordie Leach, Lobby Loyde, Richard Lush, Greg Macainsh, Barrie Masters, Paul Matters, Bob McGlynn, Wyn Milson, Steve Morcom, Philip Morris, Rick Neilsen, Mark Opitz, Fess Parker, Guy Picciotto, Tony Platt, Paul Power, Jason Ringenberg, John Rooney, Neil Smith, Mark Sneddon, Colin Stead, John Swan, Deniz Tek, Doug Thaler, Billy Thorpe, Jon Toogood, Chris Turner, Larry Van Kriedt, Peter Wells, Wizard, Simon Wright, Yogi und Rob Younger.

Vielen Dank auch all denen, die lieber anonym bleiben wollten. Für ihre besondere Unterstützung müssen noch einmal herausgehoben werden: Sam Horsburgh, Fifa Riccobono, Herm

Kovac, Ian Jeffery, Christie Eliezer, Anthony O'Grady und Glenn A. Baker.

Danke auch an Joel McIver, Clinton Walker, Mark Brennan von Captain Oi Records, Bob Stevenson und Tom Oliver für die Nachhilfe in schottischer Geografie, Alan Paul, Ian MacKaye, Henry Rollins, Jenny Lens, Steve Lorkin, Maggie Montalbano, Vince Lovegrove, Jonas Herbsman, Rod Yates und Craig Regan und I-94 Bar.

2SM, Simon Kain und ABC Australien gewährten uns freundlicherweise Zugang zu ihren Archiven.

An Alison Urquhart, unsere Herausgeberin bei HarperCollins, die vom ersten Tag an unerschütterlich an dieses Buch geglaubt hat, und unseren Lektor Patrick Mangan, der hervorragende Arbeit geleistet hat, und dessen messerscharfer Verstand dem Projekt eine völlig neue Qualität verlieh: Wir sind froh, dass wir mit euch beiden arbeiten durften.

MURRAY: Zuallererst möchte ich meiner Familie danken, die lange unter der Arbeit an diesem Buch gelitten hat: Tracey, Kylie und Keira und meinen ganz wundervollen Eltern Milton und Lillian. Worte können es nicht ausdrücken. Niemand könnte sich bessere Freunde, Berater und/oder Zuhörer wünschen als Mark und Ruth Corbett, Tim Pittman, Robert Grieve und Mississippi Peter Smith.

Besonderen Dank an Christie Eliezer, der nicht nur in die oben genannte Kategorie geschätzter Menschen fällt, sondern dem auch die zusätzliche Ehre gebührt, mein Mentor und Pate schlechthin genannt zu werden.

Danke ebenfalls an Peta Levett für ihren Enthusiasmus und die Ermutigung, das Projekt endlich in die Tat umzusetzen, und an Sarah Levett und Atosha McCaw für all ihre Unterstützung.

ARNAUD: Mein persönlicher Dank für die Unterstützung, die verlorenen Wochenenden und die endlosen Nächte während dieses Projekts gilt Sydney; meinen Eltern dafür, dass sie all die Jahre die

Lautstärke ausgehalten haben; Bernadette, Alain, Bertrand, Christophe und Sophie dafür, dass sie da waren; Angus und Ascar, ihr seid die Besten. Danke an die immer enthusiastische AC/DC-»Fan-Gang«: Carl Allen, Brian Carr, Cyril Desagneaux, Stephan Deshaie, Mark Franklin, Goulash, Anders Hedman, Dan Johnson, Loic Kermagoret, Philippe Lageat, Alex McCall, Neil McDonald, Thierry Nourry, Pekko Paivarinta, Sam Prevot, Michel Remy, Glenn Robertson, Thomas Shade und Alan Shailes.

Und nicht zuletzt möchten wir uns natürlich bei AC/DC bedanken. We both salute you!

Arnaud Durieux betreibt die Website: www.ac-cd.net. Kommentare und Meinungen zum Buch sind unter info@ac-dc.net sehr willkommen.

FOTOCREDITS

Seite 46: Mark Sneddon
Seite 62: Philip Morris www.RockPhotograph.com
Seite 86: John Newhill
Seite 108: Kerri Armour
Seite 122: Philip Morris www.RockPhotograph.com
Seite 136: Philip Morris www.RockPhotograph.com
Seite 156: Tim Petts
Seite 178: Philip Morris www.RockPhotograph.com
Seite 188: Bob Hope
Seite 212: Bob King
Seite 228: Photo David Thorpe/Rex Features
Seite 252: © 2006 Jean Constant, www.hermay.org
Seite 278: © 2005 Ron Pownall/ Boston
Seite 342: Remy Cohen
Seite 366: Philip Morris www.RockPhotograph.com
Seite 386: Michael Ludovicy
Seite 420: Michael Ludovicy
Seite 434: Musicfoto.com
Seite 448: Janet Macoska Photography
Seite 468: Georg Chin
Seite 488: Mick Hutson/Redferns
Seite 506: RodolpheBarras.com
Seite 524: Kevin Mazur/WireImage
Seite 534: Patrice Gunio
Seite 540: Arnaud Durieux
Seite 556: William Martin
Seite 568: Arnaud Durieux
Seite 585: Arnaud Durieux

Bildteil 1

Seite 1: unten: Courtesy Herm Kovac
Seite 2: oben rechts: Courtesy Dave Evans | unten links: Philip Morris www.RockPhotograph.com
Seite 3: oben: Courtesy Mark Sneddon | unten: Courtesy Dave Evans
Seite 4: oben links: Philip Morris www.RockPhotograph.com | oben rechts: Kerri Armour
Seite 6: oben: Philip Morris www.RockPhotograph.com | mitte: Philip Morris www.RockPhotograph.com | unten: Kerri Armour
Seite 7: unten: ABC
Seite 8: Philip Morris www.RockPhotograph.com

Seite 9: mitte: Philip Morris www.RockPhotograph.com | unten: Kerri Armour
Seite 10: oben links: ABC | oben rechts: Chris Capstick/Rex Features | unten: Chris Capstick/ Rex Features
Seite 11: Bob Hope
Seite 12: oben: Rennie Ellis photographic Archive | unten: Dick Barnatt/Redferns
Seite 13: oben links: JonathanPostal. com | unten: JonathanPostal.com
Seite 14: oben links: Tony Fasulo, Sydney | oben rechts: Alan Perry www.concertphotos.uk.com
Seite 15: mitte: Michel Chaurand | unten: Copyright 1979 Michael N. Marks
Seite 16: Michel Chaurand

Bildteil 2
Seite 1: oben rechts: Worth Chollar | unten links: George Chin
Seite 2: oben links: Worth Chollar | oben rechts: Michel Ludovicy
Seite 3: oben: © 2005 Ron Pownall/ Boston
Seite 4: Paul Frati/Intervision
Seite 5: oben links: Worth Chollar | oben rechts: Alex Mitram/ Intervision | mitte: © 2006 Tom Farrington | unten: Alan Perry www.concertphotos.uk.com
Seite 6: Janet Macoska Photography
Seite 7: oben links: Arnaud Durieux | oben rechts: Janet Macoska Photography | mitte: Arnaud Durieux | unten links: Arnaud Durieux
Seite 8: Arnaud Durieux
Seite 9: Bob King
Seite 10: oben links: Bob King | oben rechts: George Chin | unten: Bob King
Seite 11: oben links: Philippe Lageat | oben rechts: Philippe Lageat | unten: Martin Philbey/Redferns
Seite 12: oben: RodopheBaras.com | unten: Arnaud Durieux
Seite 13: oben: Stefan M. Prager/ Redferns | unten: www.GaelleGhesquiere.com
Seite 14: Arnaud Durieux
Seite 15: oben: Arnaud Durieux | unten: Arnaud Durieux
Seite 16: oben: Arnaud Durieux | unten: Arnaud Durieux

Memorabilia zur Verfügung gestellt von Arnaud Durieux, Dan Johnson und Mark Franklin.

REGISTER

A

Accept 205, 444
Adams, Bryan 510, 512
Adams, Cameron 518
Aerosmith 236, 265, 273, 291, 292, 295, 298, 302, 319, 325, 327, 501, 520, 528
»Ain't No Fun« 214, 215, 216
Air Supply 428
Albert, Alexis 20
Albert, Ted 20, 23, 74, 75, 313, 352, 362, 414
Albert Productions 20, 73, 75, 81, 232, 236, 444, 450
Alexander, Arthur 89
Allen, Rick 334
Allman Brothers Band 486
Altman, Billy 210
American Music Awards 482
Amon Düül II 103
Anderson, Angry 247, 290, 362, 369, 414, 571, 604
Andreoni, John 444, 604
The Angels 170, 193, 230, 281, 306, 388, 411
The Animals 35, 49, 372, 451
Argent 55, 245
Armageddon 141
Armstrong, Louis 16, 49, 254
Arnold, Ray 80
Arnott, Ray 166, 310, 313, 314, 604
Atlantic Records 168, 199, 204, 218, 285, 310, 318, 333, 400, 401, 407, 410, 416, 441, 532
Auger, Brian 102

B

Baba, Tomoaki 51
Baby Brigade 97
»Baby, Please Don't Go« 77, 120, 139, 141, 143, 217, 314, 338
»Back In Black« 392, 393, 403, 424, 426, 495, 496, 512, 513, 531, 535
Back In Black-Album 397, 398, 401, 402, 403, 404, 405, 408, 410, 411, 415, 416, 418, 423, 425, 435, 436, 437, 440, 441, 442, 446, 449, 451, 459, 462, 469, 474, 485, 486, 508, 509, 512, 519, 537, 538, 555, 558, 570
»Back Seat Confidential« 181

Back Street Crawler 169, 191, 195, 369
»Bad Boy Boogie« 279, 299, 507
Badfinger 39
Bailey, Rob 62, 80, 108, 119, 126
Baker, Glenn A. 21, 25, 604, 605
Baker, Susan 453
Ballbreaker-Album 497, 498, 499, 500, 510, 513, 520
The Band 98, 101
Bandit 245, 246
Barnes, Jimmy 105, 172, 313, 343, 369
Barnett, Steve 527
Barry, Jack 200, 201, 202
Bartlett, Bill 267
Barton, Geoff 345, 529
Bay City Rollers 219
The Beastie Boys 489, 512
Die Beatles 17, 19, 20, 23, 24, 26, 28, 31, 34, 35, 63, 64, 71, 72, 129, 243, 244, 253, 289, 312, 404, 481, 504, 519, 558
Becher, Paul 442
Beck, Jeff 52, 55, 57, 66, 71, 84, 130, 245
»Bedlam In Belgium« 441
Beelzebub Blues 35, 36, 37, 53
Belford, Ronald 87
Belushi, John 429
Benton, Michael 374
Bergman, Barry 257, 262, 266, 273, 354, 604
Bernie von Trust 349
Berry, Chuck 10, 16, 33, 48, 64, 71, 72, 88, 128, 147, 153, 162, 172, 247, 254, 255, 270, 304, 326, 343, 363, 380, 431, 490, 499, 509, 528, 548
Berry, Jake 351, 528
Bidstrup, Buzz 193, 230, 231, 281, 604
»Big Balls« 208, 215, 235
»Big Gun« 489
Big Machine 531
Big Swifty 249
Bill Haley and His Comets 18
Billy Thorpe & The Aztecs 117
Bisset, John 96, 97, 102, 103, 104, 604
The Black Crowes 480
Black Eyed Bruiser 120, 159
Black Ice 537, 539, 542, 543, 545, 547, 555, 559, 570
Black Sabbath 35, 99, 119, 240, 241, 242, 335, 418, 504
Blackfeather 80, 98, 100
Blackfoot 401, 421
Blackmore, Ritchie 206, 210, 264
Blackwater Conspiracy 571
Bloomfield, Mike 33
Blow Up Your Video-Album 459, 462, 532, 546, 550
Blue Öyster Cult 273, 298, 299, 421
Bluesbreakers 33, 35, 51
Blush, Stephen 357
Bogert, Tim 103
Bolan, Marc 38, 68, 199
Bon Jovi 461, 473
Bonfire-Boxset 507, 509
Boranjee, Bevan 36
Borich, Kevin 292
Boston 291, 298, 302, 304, 465, 489, 528
Bowie, David 239, 312, 456
Boyd, Jimmie 475
Braithwaite, Daryl 160, 165
Breuer, Jim 571, 572
Brewster, John 162, 164, 230, 232, 234, 281, 306, 388, 604
Brewster, Rick 163, 234, 306
Brooks, Dan 479
Brown, Jen Jewel 126, 174, 604
Browning, Coral 223, 287, 348, 604

Browning, Michael 117, 118, 121, 123, 133, 134, 145, 159, 161, 167, 168, 170, 174, 182, 191, 192, 195, 196, 201, 204, 209, 214, 216, 221, 223, 225, 241, 242, 243, 257, 260, 286, 293, 296, 311, 313, 316, 318, 320, 324, 408, 604
Buddy Holly and The Crickets 18
Buettel, Tony 96
Burgess, Colin 64, 65, 68, 74, 75, 162, 270, 349, 604
Burnel, J.J. 203, 329
»Burnin' Alive« 499
Buster Brown 84, 129, 130, 131, 132, 369
Butler, Geezer 241
Butterfield, Paul 33, 372

C

Cactus 55, 57, 58, 103, 168
Cahill, Tony 25
Calder, Clive 318
»Can I Sit Next To You, Girl« 74, 78, 81, 172, 190, 233
Cannon, Bernie 82, 604
»Can't Stand Still« 512 Carr, Brian 288, 604 , 606
»Carry Me Home« 204, 237
Carson, Phil 168, 169, 191, 196, 200, 210, 225, 254, 264, 286, 329, 390, 410, 415, 440, 442, 443, 532, 604
Casey, Mr. 55, 72
Cave, Johnny (William Shakespeare) 76
Cave, Nick 250
»Chain Gang On The Road« 536
Chance, Chane 140
Chapman, Barry 253
Chapman, Roger 361
Charlemagne 129
Cheap Trick 273, 274, 296, 298, 326, 330, 354, 360, 388, 459, 548
Child, Bruce 478
Child, Curtis 475, 478
Cinderella 43, 465
Clack, Peter 62, 80, 108, 120, 126
Clapton, Eric 33, 35, 51, 130, 172, 517
Clapton, Richard 40
The Clash 146, 193, 253, 269, 270, 304, 527, 529, 531
Cloud Nine 147
Cochran, Eddie 18, 431
Cocker, Joe 37, 384
Cocks, Mick 290, 333, 356
Cold Chisel 105, 172, 280, 306, 369
»Cold Hearted Man« 289
Coleman, Russell 75, 76, 126, 127, 128, 604
Coltrane, John 237, 254
Conalane, Phil 571
Connolly, Billy 84
Cook, Mick 244
Cooper, Alice 55, 150, 180, 291, 504
Cooper, Leonie 579, 581
Cooper, Perry 255, 258, 261, 267, 272, 273, 276, 333, 361, 400, 401, 440, 465, 604
Coupe, Stuart 312, 315, 478, 604
»Crabsody in Blue« 238, 254, 394
Creedence Clearwater Revival 201
Cripps, Mick 477
Crosthwaite, Roger 352
The Cult 349, 459, 489
Curby, Brian 35
Currenti, Tony 119

D

Daisley, Bob 264, 604
Daltrey, Roger 374, 376
The Damned 208, 269, 270
Daniels, Charlie 258
Davis, Miles 254, 292
Dawson, Dave 371
Day, Ray 37
De Muir, Harold 451
De Warren, Robert 527
Deep Purple 39, 43, 55, 66, 99, 129, 132, 133, 134, 206, 242, 245, 377, 450, 536
Def Leppard 333, 334, 361, 401, 445
Defrin, Bob 255, 304, 604
Devries, Dave 501
Diamonde, Dick 19
The Dictators 262
Diddley, Bo 10
Dio, Ronnie James 378, 470
Dionysius, Eric 336, 337, 604
»Dirty Deeds Done Dirt Cheap« 216, 235, 427, 455, 479
Dirty Deeds Done Dirt Cheap-Album 180, 183, 185, 209, 214, 218, 232
»Dirty Eyes« 205, 508
Dixon, Willie 71
»Dog Eat Dog« 235, 237, 241, 580
Donovan, Patrick 511
The Doors 11, 37, 265
Douglass, Jimmy 273
»Down Payment Blues« 283, 286, 289, 502
Dragon 233, 285
Drane, Paul 144, 181, 184, 604
Drashin, Sidney 260
Drayson, Mike 161
Driscoll, Michele 70
Dr. Feelgood 195, 270
Duffy, Billy 349
Dupree, Jesse James 532
Durieux, Arnaud 12, 356, 508, 536
Dye, Crispin 444

E

The Eagles 183, 218, 264, 504, 519, 564
Eagling, Michael 226
Eastick, Phil 112, 148, 220, 222, 225, 249, 412, 413, 604
The Easybeats 604
EB Marks Music 257
Eddie and The Hot Rods 202, 203, 208
The Edge 25, 26, 529
Ekland, Britt 215, 222
Eliezer, Christie 24, 206, 210, 224, 399, 450, 485, 605
Elliott, Joe 334, 361
Ellis, Robert 345
Embareck, Michel 338
Emmanuel, Tommy und Phil 314, 604
Epstein, Brian 24, 27
Ertegün, Ahmet 263, 416
Ertegün, Nesuhi 225
EST 480
Evans, Dave 43, 58, 62, 64, 65, 69, 73, 74, 78, 79, 80, 83, 84, 110, 112, 115, 116, 118, 139, 571, 604
Evans, Keith 257
Evans, Mark 142, 178, 180, 190, 226, 228, 230, 241
Everett, Todd 439
Everitt, Matt 579
»Evie« 60, 75, 80, 139

F

Fairbairn, Bruce 473, 474, 485, 489, 497, 510
Family Jewels-DVD 536
Fang 103, 375
Farner, Mark 536
Farnham, John 436
Farrell, Barry 43
Fats Domino 16, 70, 234, 254
Fay, Liam 473
La Femme 140
The Flaming Lips 530
Flash and the Pan 311
Fleet, Gordon ›Snowy‹ 19, 25, 127
Fleetwood Mac 33, 218, 264
»Flick Of The Switch« 435, 442, 445
Flick Of The Switch-Album 435, 436, 441, 443, 446, 449, 451, 456, 459, 462, 500
»Fling Thing« 181, 288
Fly On The Wall-Album 449, 450, 451, 460, 462
Foghat 64, 251, 520
»For Those About To Rock« 422, 424, 425, 427, 428, 429, 431, 437, 437, 449, 450, 454, 456, 462, 480, 494, 520, 535, 538, 582
For Those About To Rock We Salute You-Album 422, 425
Foreigner 260, 292, 293, 295, 302, 528
Franklin, Tony 472
Fraser, Mike 473, 497, 510, 543, 549, 550, 551, 555
Fraternity 96, 97, 98, 99, 100, 101, 102, 104, 105, 106, 107, 110, 111, 113, 117, 168, 191, 192, 199
Free 42, 57, 65, 66, 67, 99, 120, 129, 169, 191, 242, 321, 322, 438, 510, 602
Freeman, John 96, 111
Fricke, David 323
»Friday On My Mind« 23, 24, 25, 27, 127
The Frozen Camel Project 527
Fryer, Allan 383, 564, 571, 604
»The Furor« 499

G

Gaines, Cassie 271
Gaines, Steve 271
Gamma 401
Gardner, Elysa 562
Geordie 78, 84, 85, 103, 129, 130, 131, 132, 151, 366, 369, 371, 373, 374, 375, 376, 377, 378, 379, 381, 382, 383, 387, 416, 421, 429, 431, 451, 483, 491, 526, 604
George Hatcher Band 270
Gett, Steve 305, 403
Gibbons, Billy 70
Gilbey, Chris 74, 78, 81, 120, 138, 141, 142, 148, 150, 160, 161, 175, 216, 239, 296, 604
Gillespie, Bobby 531
Gilmour, David 472
»Gimme A Bullet« 288, 289
»Given The Dog A Bone« 382
Glausi, Elizabeth 475
»Go Down« 237, 502
The Gobi Desert Canoe Club 372
Goddard, Kent 414
Golab, Ed 35, 36, 37, 53, 604
Golab, Les 53
»Gone Shootin'« 283, 289, 309, 502
Gore, Tipper 453
Graham, Bill 292, 326, 528
Grand Funk Railroad 299, 536

Grandjean, Pierre 399
Green, Peter 33, 372
Green, Wayne 80
Greenberg, Jerry 169, 225, 254, 255, 333, 415, 440
Grierson, Roger 158, 250, 604
Griffiths, Richard 193
Grohl, Dave 424
Gross, Jonathan 402
Grundy, Bill 223
The Guess Who 530
Guilliatt, Richard 219
»Guns For Hire« 441
Guns N' Roses 460, 461, 465, 477, 573, 574, 575, 580, 581, 583
Guns, Tracii 477
Guy, Buddy 49, 168, 494, 517

h

Hagar, Sammy 405
»Hail Caesar« 499
Haley, Bill 18
Halford, Rob 334
Hall, Les 38, 39, 42
Handelman, Allan 511, 601
Handwerker, Alvin 502
Hann, Michael 544
»Hard As A Rock« 496, 498
The Hard-Ons 484, 495
Hard Time Killing Floor 100
Hardie, Sebastian 183
Harding, Penny 368, 384
Harris, Bob 245
Harrison, George 39
Hart, Bob 70, 195
Harvey, Alex 113, 171, 271, 361
»Have A Drink On Me« 347, 403, 405
Head, Peter 99, 100, 105, 339, 604
Healy, Brendan 527
Heart 15
Heath, Jim 324
Heath, Patty 324
»Heatseeker« 461
Heaven 383
»Hell's Bells« 393, 397, 403, 456
Henderson, Tim 512
Hendrix, Jimi 35, 48, 70, 206, 312, 353, 407, 517
Henry, Hamish 98
»High Voltage« 136, 141, 142, 148, 150, 164, 172, 189, 207, 412
High Voltage-Album 119, 120, 131, 137, 139, 140, 141, 142, 143, 147, 150, 164, 171, 176, 179, 183, 194, 205, 210, 249, 302, 441, 538
»Highway To Hell« 309, 317, 322, 360, 388, 400, 527, 546, 555, 557, 558, 563, 583
Highway To Hell-Album 319, 322, 326, 327, 328, 329, 330, 332, 333, 334, 339, 344, 345, 346, 347, 371, 376, 388, 391, 392, 393, 398, 400, 404, 407, 437, 440, 449, 459, 513, 518, 537, 542, 551, 566
Hill, Dave 153
Hill, Dusty 70
Hill, Tom 373
Hlubek, Dave 331
Hobbs, Mary Anne 462
Hodges, Warner 460, 604
Hodgkinson, Will 565
Hogan, Richard 395
»Hold Me Back« 512
Holder, Noddy 368, 374, 385
Holmstrom, John 263
Holton, Gary 191, 369
Home 244, 245, 444
Hooker, John Lee 417, 493, 517, 520

HopkinsGary Pickford 370
Hopkins, Nicky 23
Horowitz, David 63
Houghton, Jim 304
Howard Stern: Private Parts 502
Howe, Bruce 96, 110
Howe, Steve 71
Howlin' Wolf 254, 384, 525, 555
Humble Pie 11, 129, 237, 312, 401, 405
Humphreys, Kim 40, 56, 57, 60, 604
Hunter, Marc 233
Hunter, Todd 233

I

If You Want Blood You've Got It-Album 288, 304, 305
Iggy Pop 265
Ingram, Thomas 565
»I'm A Rebel« 205
Imlah, Andy 39
Iron Maiden 449
»It's A Long Way To The Top« 166, 167, 172, 180, 181, 184, 185, 189, 190, 210, 215, 236, 338, 463, 531

J

»The Jack« 158, 172, 173, 219, 235, 238, 259, 273, 321, 332, 407
Jackson, John 205
Jackson, Rex 217.
Jackyl 509, 532
Jaggedy Ann 536
Jagger, Mick 456, 513, 525, 526
»Jailbreak« 170, 181, 184, 185, 189, 202, 209, 214, 215, 446
The Jam 270, 304
James, Brian 270
James, Dennis 80, 89
James, Trevor 53
Jason & the Scorchers 460
Jefferson, Noel 92, 604
Jeffery, Ian 196, 256, 257, 274, 288, 289, 293, 294, 300, 320, 323, 325, 331, 333, 345, 346, 348, 351, 356, 358, 360, 361, 367, 370, 379, 380, 381, 382, 385, 395, 398, 401, 406, 407, 422, 423, 426, 430, 437, 441, 443, 604, 605
Jeffery, Suzie 348
Joel, Billy 527, 529
Johansen, David 263
Johns, Neil 80
Johnson, Boni 294
Johnson, Brian 11, 12, 38, 78, 103, 305, 366, 371, 374, 379, 390, 416, 417, 421, 495, 503, 544, 547, 549, 555, 569, 571, 572, 574, 575
Johnson, Greg 314
Johnson, Howard 438, 466, 486
Johnson, James 375
Johnson, Robert 555
Johnson, Wilko 195
Jones, Brian 26
Jones, Dickie 439
Jones, John Paul 471
Jones, Kenny 129
Jones, Mick 270
Jones, Steve 208, 270
Jones, Tom 174, 471
Joseph, Bill 106, 124
Journey 298, 327, 370
Judas Priest 334
Jurd, Mick 96

K

Kakoulli, Koulla 349
Kakoulli, Zena 348
Kalodner, John 254
The Keystone Angels 162, 163, 164
»Kicked In The Teeth Again« 246, 267
The Kids 191, 258, 369
Kilpatrick, Dean 271
King, B. B. 209, 372, 486, 517
King, Freddie 525
King, Stephen 455, 456, 503
The Kinks 20, 21, 23, 70, 89, 146, 265, 312, 511, 555
Kinnear, Alistair 348, 356
Kirke, Mikael 457
Kirke, Simon 67, 120, 129, 438, 510
Kiss 195, 196, 218, 265, 274, 275, 280, 312, 316
Kissick, Allan 20, 65, 71, 76
Klenfner, Michael 255, 310
Korner, Alexis 246
Kossoff, Paul 57, 67, 191
Kovac, Herm 38, 39, 40, 41, 42, 43, 47, 52, 53, 120, 170, 463, 510, 519, 552, 553, 604
Kramer, Eddie 312, 313, 315, 316, 319, 604
Krebs, David 236, 324, 325, 604
Krokus 401, 571
Kuepper, Ed 224
Kushner, Cedric 324

L

L. A. Guns 465, 477
Lageat, Phil 161, 180, 437, 472, 474, 490, 492
Laing, Corky 129
Lane, Ronnie 397
Lange, Mutt 388, 422, 451, 537, 318, 320, 321, 332, 333, 371
Larstead, Larry 148
Last Action Hero-Soundtrack 489, 503
Laughlin, Dennis 84, 111, 112
Leach, Geordie 84, 85, 129, 130, 131, 132, 151, 604
Leadbelly 541
Leary, Kristine 360
Leber, Steve 324
Leber-Krebs 291, 324, 325, 326, 357, 424, 430
Led Zeppelin 10, 37, 52, 67, 71, 93, 95, 123, 129, 168, 201, 209, 238, 244, 253, 279, 292, 312, 329, 343, 388, 392, 410, 413, 418, 439, 440, 459, 471, 519
Lee, Alvin 296
Lee, Tommy 479, 495, 564
Leeds, Harvey 274
Lemmy 194
Lennon, John 9, 26, 353, 409
»Let Me Put My Love Into You« 347, 392
»Let There Be Rock« 229, 247, 314, 484, 495, 537, 549, 552
Let There Be Rock-Album 231, 232, 235, 236, 238, 239, 246, 254, 255, 261, 269, 271, 279, 283, 286, 302, 310, 330, 336, 358, 378, 408, 409, 423, 424, 430, 441, 508
Let There Be Rock-Film 409, 423 f., 430, 508
Levine, Sir Montague 353
Levin, Doron 577
Lewis, Dave 353, 354, 362, 380, 387, 425, 428
Lewis, Jeannie 101

Lewis, Jerry Lee 9, 18, 33, 64, 70, 71, 97, 117, 181, 215, 247, 254, 431, 476
Lindisfarne 451
Little Big Horn 161, 470
»Little Lover« 120, 139
Little Richard 10, 16, 18, 33, 48, 49, 64, 71, 72, 128, 234, 237, 238, 254, 290, 379, 410
Little River Band 183, 233, 264, 463
Live-Album 207
Live From The Atlantic Studios-Album 272
»Live Wire« 172, 243, 263, 329, 431, 580
Lobby Loyde And The Coloured Balls 251
Lofgren, Nils 329
Lofven, Chris 183
Lonard, Brad 190
Lonely Hearts 343, 344
Lonesome No More 349
»Love At First Feel« 204, 209, 272
»Love Hungry Man« 317
»Love Song (Oh Jean)« 140
The Loved Ones 49
Lovegrove, Vince 27, 89, 91, 99, 152, 296, 298, 360, 361, 605
Loyde, Lobby (siehe auch Lobby Loyde And The Coloured Balls) 15, 22, 23, 102, 104, 123, 131, 132, 171, 189, 190, 251, 414, 604
Lush, Richard 28, 604
Lyde, Barry (siehe Loyde, Lobby) 15
Lydon, John (Johnny Rotten) 203, 223
Lynott, Phil 300
Lynyrd Skynyrd 258, 270, 334, 401, 570

M

Macainsh, Greg 150, 604
McCartney, Paul 26, 498
McGlynn, Bob 53, 56
McGrath, Steve 142
McKagan, Duff 574
The MC5 10, 251, 299
Mad Mole 129
Mahogany Rush 326
Malcolm, Vic 373, 377
Mallet, David 456
Manfred Mann 66, 67, 99, 242, 243, 378, 471, 472
Mant, Arthur 353
The Marbles 262
Marcus Hook Roll Band 28, 76, 120
Marriott, Steve 11, 26, 66, 239, 361, 368, 385, 401
Marten, Neville 323
Martin, George 23, 360
Masters, Barrie 202, 208, 604
Masters Apprentices 64, 65
Matlock, Glen 194, 242
Matters, Paul 141, 604
Maximum Overdrive-Soundtrack 455, 503
Mayall, John 33, 51, 372, 451
Maynard, Simon 172
Meldrum, Ian ›Molly‹ 143, 144, 176, 371
Mensch, Peter 291, 295, 325, 336, 351, 424
Metallica 478, 480, 482, 564
Midnight Oil 306
Midnight Special 298, 305, 502
Miller, George 35
Milson, Wyn 88, 89, 90, 92, 93, 96, 113, 604
Mink DeVille 260
The Missing Links 49
Mistler, Eric 336

»Mistress For Christmas« 474
Mitchell, Mitch 206
Mogg, Phil 323, 348
Molly Hatchet 291, 331
»Moneytalks« 474, 475
Montalbano, Maggie 349, 605
Montrose, Ronnie 291, 401
Mooney, Jack 247
Moore, Gary 299, 301, 444, 472
Morcom, Steve 54, 71, 604
Morgan, Warren »Pig« 313
Morrah, Michael 566
Morris, Doug 415
Morrison, Richard 269
Morrison, Jim 11, 355
Mötley Crüe 292, 444, 445, 478, 479, 495, 532, 564
Motörhead 194, 403, 469
Mott The Hoople 245, 472
Mountain 55, 57, 58, 84, 129
The Move 23, 37
Moxy 256
Muddy Waters 33, 50, 64, 71, 254, 261, 425, 436, 486, 491, 494, 525
Mulcahy, Russell 217, 236
Murcia, Billy 357
Murdoch, Ken 147

N

The Naked Schoolgirls 498, 531
Neeson, Doc 170, 306
Neil, Vince 292, 532
Neurotica 498, 509
New York Dolls 150, 263, 325, 357
Newsted, Jason 482
Newton, Steve 543
Nielsen, Rick 274, 296, 326, 360
»Night Prowler« 321, 449, 452, 453
»Nine Lives« 501
Nirvana 424, 485
Noriega, Manuel 473
Normington, Jules 158
Nugent, Ted 203, 218, 236, 278, 296, 298, 299, 325, 326, 520
Numan, Gary 472

O

Oblivion Express 102
O'Brian, Brendan 537, 542, 548, 550, 551
O'Grady, Anthony 113, 151, 199, 205, 214, 605
O'Keefe, Johnny 18, 126, 144, 352
O'Seah, Mick 563
Ol' 55, 183
Ono, Yoko 9, 26
Opitz, Mark 271, 280, 281, 282, 284, 293, 301, 303, 306, 604
Orlov, Andrei 481
Osbourne, Ozzy 240, 353, 444, 450, 535
»Out Of Bounds« 436

P

Page, Jimmy 66, 67, 79, 253, 410, 472
Paice Ashton Lord 245
Paine, Bruce 297
Pantera 480
Parker, Fess 249, 604

Pattenden, Colin 67, 242, 472
Peel, John 193, 195, 199, 204, 210, 245
Peiken, Matt 131, 493
Perry, Joe 291, 501
Peters, Frank 179
Petrie, Rory 220
Phillips, Simon 471
Phillipson, Steve 37
Picciotto, Guy 275, 604
Pink Fairies 103
Pink Floyd 209, 472, 519
Plant, Robert 11, 329, 440
Platt, Tony 321, 322, 371, 388, 391, 392, 393, 394, 396, 410, 436, 446, 459, 604
Playboy-Magazin 516, 602
Plug Me In-DVD 536
Poison 461
Pony 42, 43, 58, 64, 65
Power, Paul 138, 604
Powerage-Album 11, 246, 279, 280, 283, 284, 285, 286, 288, 289, 290, 291, 302, 306, 309, 310, 389, 513
Presley, Elvis 18, 31, 346
»Problem Child« 215, 217, 254, 267, 431, 580
Proby, P. J. 89
Proud, John 120
Public Image Limited 304
Punkrock 205, 214, 217, 250, 251, 269, 275
The Purple Hearts 15, 22, 25
Putterford, Mark 453, 603

Q

Queen 132, 449, 456, 504, 565
Queensrÿche 478
Quill, Annemarie 578

R

Rabbit 114, 169
The Radiators 249
Radio Birdman 158, 250, 251
Rainbow 206, 228, 236, 245, 264, 296, 297, 374, 378, 470
Ralphs, Mick 472
Ramirez, Richard 449
Ramone, Dee Dee 198
The Ramones 198, 224, 237
Ratzinger, Kardinal Joseph 504
The Razors Edge-Album 474, 476, 489, 500, 513, 563
Red Hot Chili Peppers 497
Red House 35
Redding, Noel 206
Reed, Jerry 70
Reed, Lou 25, 37, 55, 82, 83, 112, 374, 469, 541
Relf, Keith 67
REO Speedwagon 258
Replacements 573
Rhino Bucket 471
Riccobono, Fifa 114, 213, 232, 248, 250, 293, 352, 359, 362, 450, 604
Richards, Keith 11, 23, 34, 44, 268, 270, 288, 417, 464, 465, 475, 493, 524, 525, 526, 527, 528, 530, 550, 561
»Ride On« 42, 215, 321, 347, 431, 456, 520, 521
»Riff Raff« 283, 502, 575, 580, 583
Riley, Robin 142
Ringenberg, Jason 460, 604
»RIP« 209, 215, 603
Rizet, Jean Louis 423
Robinson, Rich 478, 479
Robson, Dave 377
»Rock And Roll Ain't Noise Pollution« 393, 414, 514

»Rocker« 172, 182, 209, 298, 329
»Rock 'n' Roll Damnation« 286, 288, 289, 290, 580
»Rock 'n' Roll Singer« 74, 172
Rodgers, Paul 472
Rogan, Allan 475
The Rolling Stones 23, 24, 43, 91, 181, 195, 268, 271, 288, 316, 324, 332, 425, 437, 477, 504, 512, 525, 527, 530, 531, 539
Rollins, Henry 484, 494, 495, 605
Rooney, John 343, 344, 604
Rootham, Derek 377
Rose, Axl 12, 568, 569, 573, 574, 575, 578, 579, 580, 581, 582, 583
Rose Tattoo 130, 142, 230, 239, 247, 285, 286, 290, 306, 313, 333, 339, 354, 356, 362, 563, 571
Rosie 149, 205, 238, 288, 326, 329, 378, 380, 381, 383, 418, 452, 461, 501, 508, 518, 530, 546, 575, 583
Rossi, Francis 209
Royal, Dallas »Digger« 130
The Royal Crowns 515
Rubberband 35
Rubin, Rick 459, 489, 493, 494, 497
Rude Dudes-Album 313
Rudd, Phil 12, 122, 128, 129, 130, 131, 132, 139, 149, 151, 158, 161, 162, 170, 172, 173, 190, 207, 225, 226, 233, 234, 284, 285, 286, 310, 330, 347, 353, 369, 403, 406, 407, 409, 415, 421, 437, 438, 439, 442, 444, 456, 484, 491, 492, 493, 495, 496, 497, 498, 518, 531, 536, 538, 548, 549, 551, 554, 557, 558, 559, 560, 561, 562, 563, 564, 565, 566, 567, 570, 578, 582, 583, 584
Rush 272, 530

S

The Saints 224, 250
Santana 93
Savoy Brown 35, 296
Saxon 401
Sayer, Leo 239
Schaffer, Kenny 262, 331
»School Days« 72, 172, 326
Schwarzenegger, Arnold 489, 503
Sciaky, Ed 272
The Scorpions 330, 449, 450
Scott, Bill 149, 340
Scott, Bon 11, 12, 27, 86, 95, 101, 104, 106, 107, 109, 113, 138, 144, 156, 163, 313, 315, 324, 343, 344, 353, 370, 375, 387, 388, 412, 416, 429, 507, 521, 537, 542, 543, 555, 564, 580, 603
Scott, Daniel 529
Scott, Irene 102, 106, 113, 120
Scott, Mrs. 352, 359, 360
Screaming Lord Sutch 206
Sculthorpe, Peter 101
Sealey, Irvin 152, 175
Secher, Andy 327
See, Sam 101, 103
Seger, Bob 407
Sensational Alex Harvey Band 113, 171, 271
Serelis, Vytas 99
'74 Jailbreak-Minialbum 446
Sex Pistols 146, 193, 194, 202, 203, 208, 223, 227, 234, 242, 246, 269, 292, 304

»Shake Your Foundations« 451, 456
Sharpe, Debbie 201
Shaw, Greg 81
Shedden, Iain 197, 289
Sheffzick, Mick 35, 37, 39
Sherbet 53, 150, 160, 165
Sheridan, Tony 17
Shernoff, Andy 262
»She's Got Balls« 113, 115, 120, 139, 263, 509
»Shot Down In Flames« 326, 332, 383, 400
»Show Business« 74, 139, 148
Simmons, Gene 265, 274
Simonon, Paul 529
»Sin City« 298, 326, 383
»Sink The Pink« 451, 456
Sixx, Nikki 444
Skinny Herbert 383
Skyhooks 83, 130, 132, 147, 150, 163, 175, 285
Slade 39, 64, 103, 153, 245, 368, 374, 421
Slade, Chris 67, 471, 474, 484, 491, 492, 563, 566
Slash 574
Slesser, Terry 191, 369
Smack 129
The Small Faces 11, 26, 66, 70, 89, 129, 146, 224, 312, 368
Smith, Broderick 215
Smith, »Sonic« Fred 10
Smith, Neil 76, 77, 79, 80, 546, 604
Smith, Robin 399
Smith, Silver 348
Sneddon, Mark 57, 59, 60, 61, 604
Soave, Daniela 87
»Soul Stripper« 120, 150
Spector, Phil 88, 494
The Spektors 88, 89
Spencer Davis Group 70
Split Enz 147
»Squealer« 215
Starfighters 409, 464
Starr, Ringo 26, 129, 526
Stars 245, 257
Status Quo 43, 64, 101, 103, 209
Stead, Colin 217, 239, 604
Stern, Howard 502
Stevens, John 53, 56
Stewart, Al 245, 255
Stewart, Rod 130, 203, 205, 215, 369, 449
»Stick Around« 139
»Stiff Upper Lip« 507, 537
Stiff Upper Lip-Album 513, 514, 517
Stiff Upper Lip Live-DVD 522
Stinson, Tommy 573
Strachan, Graeme »Shirley« 132
Strange Man-Album 430
The Stranglers 203, 329
Strummer, Joe 193, 512, 529
Stubbs, Mick 244
Styx 273, 275
Sugar 244
Supertramp 375
Sutcliffe, Phil 173, 196, 303
Swain, Pam 320, 331
Swan, John 100, 119, 313, 343, 344, 353, 369, 411, 413, 604
Swanee 172, 343, 411
The Sweet 374
Swift, Jacqui 555
Swingle Singers 23

T

T. Rex 38, 68
Taj Mahal 501
Talmy, Shel 23

Tantrum 58, 60
Taylor, Barry 256, 257
Taylor, Noel 77, 79
Ted Mulry Gang 43, 120, 184
Tek, Deniz 251, 604
Thaler, Doug 236, 259, 261, 285, 292, 295, 297, 318, 319, 324, 333, 445, 479, 480, 604
»There's Gonna Be Some Rockin'« 180
Thin Lizzy 234, 299, 300, 301, 321, 327, 440, 531
»This House Is On Fire« 441, 443
Thompson, Paul 438
Thorpe, Billy 93, 104, 117, 126, 133, 144, 184, 186, 563, 604
»Thunderstruck« 463, 474, 478, 531
Tierney, Gerry 35, 37
»Tightrope« 436
»TNT« 172, 182, 234, 337, 451, 546
TNT-Album 157, 159, 171, 172, 174, 179, 183, 194, 209, 210, 215, 219, 221, 237, 437
Tommy Scott & the Senators 471
Tora Tora 440
Toronto Rocks-DVD 531
»Touch Too Much« 246, 320, 322, 345, 346, 580
Townshend, Pete 53, 330, 514
Train 80
Tramp and Moondance 27
Travers, Pat 292
Trust 272, 304, 335, 347, 348, 349, 360, 431
Turner, Chris 11, 239, 604
Turner, Ike und Tina 70, 380
Turner, Joe Lynn 536
Turman, Katherine 404
Tutt, Ronnie 472
Twain, Shania 538
Tyler, Steven 265, 528, 529
Tyler, Tom 373
Tytan 440

U

UFO 272, 299, 322, 323, 345, 348, 471
Ulrich, Lars 564
»Up To My Neck In You« 246, 286
Uriah Heep 129, 376, 378, 417, 472

V

The Valentines 27, 86, 89, 90, 91, 92, 93, 94, 95, 96, 110, 111, 113, 118, 126, 298, 347
Van Halen 292, 293, 295, 413, 444
Van Halen, Eddie 293
Van Kriedt, Larry 35, 37, 50, 51, 64, 69, 73, 75, 604
Van Zant, Johnny 401
Van Zant, Ronnie 258, 271, 401
Vance, Tommy 427
Vanda, Harry 15, 19, 24, 28, 32, 42, 48, 60, 74, 80, 91, 119, 120, 139, 157, 158, 164, 166, 167, 171, 180, 204, 231, 280, 354, 414, 418, 435, 455, 460, 473, 510
Vanilla-Studios 370
Vaughan, Mike 20
Velvet Underground 30, 37, 39, 42, 53, 55, 58, 65, 265, 374, 426, 463, 519, 552
Velvet Underground (US) 37, 265
Vincent, Gene 18
Vinck, Paul 268

W

Wagner, Dick 55
Wakeman, Rick 196, 370
Waller, Alan (Wally Allen) 28
Wall, Tony 550
Walsh, Joe 564
Warhol, Andy 25
Watt, Frank 295
Watts, Charlie 437, 525
Way, Pete 345, 348
Webb, Al 179
Wells, Peter 313, 339, 354, 356, 363, 414, 604
Wener, Ben 145
West, Leslie 53, 57, 84
Wharton, Darren 440
»What Do You Do For Money Honey« 389
»What's Next To The Moon« 289
Whisky a Go Go, Hollywood 435
Whitaker, Dave 377
White Lion 465
Whitesnake 421, 450
Whitfield, Terry 445
The Who 21, 23, 34, 37, 53, 66, 70, 91, 146, 183, 196, 237, 238, 240, 253, 265, 289, 329, 330, 368, 426, 486, 517, 553, 555, 558
»Who Made Who« 455, 456, 460, 496
Who Made Who-Album 455, 456, 496
»Whole Lotta Rosie« 205, 238, 288, 326, 329, 378, 380, 383, 418, 452, 461, 501, 508, 530, 546, 575, 583
Wilkeson, Leon 272
Williams, Cliff 242, 244, 246, 250, 255, 280, 403, 432, 444, 519, 527, 536, 570, 581, 582, 584
Williams, Robin 321
Wilkins, Richard 559
Wilson, B. J. 438
Winter, Johnny 261, 436, 486
Wisefield, Laurie 244, 444
Wishbone Ash 245
Wolfman Jack 210
Wood, Ron 268, 271, 525, 526
Wran, Neville 504
Wright, Graham 241
Wright, Simon 438, 439, 442, 443, 449, 450, 453, 465, 470, 563, 604
Wright, Stevie 19, 20, 21, 23, 27, 38, 65, 75, 76, 95, 120, 126, 127, 139, 148, 159, 310, 383
The Wynstons 89
Wyman, Bill 584

Y

The Yardbirds 49, 66, 67, 70, 79, 196, 372
Yates, Rod 548, 559, 605
Yes 71, 196, 348, 370, 449
Yesterday & Today 291
»You Shook Me All Night Long« 392, 405, 456, 502, 515, 528
Young, Alex 16, 27, 205, 206
Young, Angus 9, 16, 58, 66, 109, 145, 263, 431, 460, 535, 561, 572
Young, Ellen 326, 339
Young, George 15, 16, 17, 20, 21, 23, 58, 63, 73, 77, 80, 83, 90, 91, 111, 113, 115, 116, 127, 134, 139, 141, 157, 166, 170, 179, 180, 186, 204, 236, 280, 303, 354, 383, 389, 414, 435, 441, 455, 460, 473, 479, 510, 546

Young, James 501, 547
Young, John 16, 67
Young, John Paul 80, 148, 184, 311
Young, Linda 259
Young, Malcolm 12, 16, 58, 221, 288, 525, 539, 541, 547, 550, 552
Young, Margaret (Mutter) 16, 17
Young, Margaret (Schwester) 16, 38, 53, 69, 79, 119
Young, Sandra 70
Young, Stevie (Bruder) 16
Young, Stevie (Neffe) 409, 464, 465, 470, 546, 548, 550, 551, 552
Young, Stewart 452, 502
Young, Trevor 106, 107, 131, 559
Young, William (Bruder) 16, 18, 34
Young, William (Vater) 16, 68

Z

Zander, Robin 361, 388
Zappa, Dweezil 490
Zappa, Frank 180, 450, 490
Zégut, Francis 335, 347, 603
Zulaica, Don 531
ZZ Top 70, 218, 405, 439, 520